华夏祖源史考

李东 著

中国文史出版社
CHINA CULTURAL AND HISTORICAL PRESS

图书在版编目（CIP）数据

华夏祖源史考 / 李东著. -- 北京：中国文史出版社, 2019.1（2022.5重印）

ISBN 978-7-5205-0640-3

Ⅰ. ①华… Ⅱ. ①李… Ⅲ. ①中国历史－古代史－研究 Ⅳ. ①K220.7

中国版本图书馆CIP数据核字(2018)第290421号

责任编辑：卜伟欣

出版发行：中国文史出版社
社　　址：北京市海淀区西八里庄路69号院　　邮编：100142
电　　话：010—81136606　81136602　81136603（发行部）
传　　真：010—81136655
印　　装：廊坊市海涛印刷有限公司
经　　销：全国新华书店
开　　本：16开
印　　张：38
字　　数：697千字
版　　次：2021年3月北京第1版
印　　次：2022年5月第2次印刷
定　　价：78.00元

人在做 祖宗在看

  2018年6月，我陪94岁的老父亲回山东临沂老家，对他这个年龄的老人来说恐怕是最后一次，但说来惭愧，对已经虚活五十年的我来说却是第一次。而更让我惭愧乃至不安的是，我对自己家族祖先的认知只停留在我的祖父祖母这一辈，而且就是这一辈也认不完全。祖父辈以上，我是一片迷茫，甚至我父亲也说不完全。

  临沂古称琅琊，我知道琅琊是"王与马，共天下"和"旧时王谢堂前燕，飞入寻常百姓家"中那个王家的"族兴之地"。但琅琊跟我的李姓祖先有什么关系？他们是世代祖居于此，还是"衣冠南渡"而来？是祖上得姓一以贯之，还是中途易姓另立门户？如果曾经别为他姓，则他姓为谁？到底是因功被赐姓，还是为躲避战乱、仇杀而易姓？所有这些问题，我都回答不上来。作为一个曾经的历史专业的学生，我知道明清历代皇帝的世系，但我就是不知道我自己家族的世系；我也能大概说清楚隋唐帝王的族源和血统，但我就是不知道自己先祖的族源和血统；我对李白、李贺、李商隐、李煜、李清照如数家珍，但我就是对自己的祖辈中是否出过哪位文化历史名人一无所知。

  这就是我对我的先祖的认知。我知道，像我这样的人肯定不是绝无仅有。当读者您看到这里，不妨问一下自己，自己的先祖是谁？祖上出过哪些名人？

  也可能不会有人像我们这些学历史的人有寻根问底的职业病，有人可能会问，我为什么要知道自己的祖先是谁？事实上，就算是对自己的祖先耳熟能详或者一无所知，那些显赫或卑微的名字都不太可能对我们自己的人生发展产生什么样的影响，风水学上讲的祖先坟茔的地脉之气会影响后世子孙的运势的说法，信者信其有，不信者当其无，不在我们要探讨的话题之内。知道自己的祖先是谁，在我看来，只有一个作用，那就是回答你人生的几个最最基本的问题："我是谁？""我从哪里来？"

从祖根文化的角度看，"我是谁"这个问题可以很好地解释我们会有什么样的精神气质以及这样的精神气质会让我们过一种什么样的生活。我没有做过精确的统计，但从我对中国历史的粗浅了解，我很明白一个道理，一个家族的文化传统和精神对一个人的塑造具有决定性的意义，琅琊王氏及其支系太原王氏从秦汉至明清两千多年间，共培养出了以王翦、王贲、王祥、王羲之、王献之、王维、王昌龄、王安石、王阳明等人为代表的三十五个宰相、三十六个皇后和三十六个驸马以及数百位震古烁今的文人名士，绝非偶然；彭祖（篯铿，"陆终六子"之一）的后代钱镠创建了五代十国时期的吴越国，其在现代的后裔有著名科学家钱学森、钱伟长、钱三强、钱正英、钱永健和史学家钱玄同、钱穆等，也绝非偶然；陇西李氏出秦国名将李信和水利专家李冰、西汉名将李广、西凉武昭王李暠、整个李唐皇族、大诗人李白、宋代大词人李清照等，赵郡李氏出战国时赵国名将李牧、西汉广武君李左车、唐代著名诗人李商隐和李华、著名宰相李德裕和李泌、明代著名文学家李东阳等，恐怕也绝非偶然。"王侯将相宁有种乎"，这种观点不对，但"王侯将相""名门望族""书香门第"人才出产率较高，却也是不争的事实。

文化家族的精神气质是建立在对文化家族的文化传统的继承和传袭、家族发展历史的了解的基础上的，这一点古人为我们做了表率。对于很多现代人来说，不知道祖宗是谁、不了解祖根文化，等于失去了我们同"我们在天上的父"（《圣经》语，这里只是借用，没有别的意思）的联系。当我们自己不知道我们的祖先在哪里，我们是谁，从哪里来，则肯定也不能很好地回答我们此生要到哪里去的问题。如果我们的人生就这样像一只断了线的风筝，居无所依，漂无定所，随风而逝，就很容易让人产生无力感和虚空感，乃至于对人生的意义失去思考的动机和动力。

国家主席习近平在纪念孔子诞辰2565周年国际学术研讨会暨国际儒学联合会第五届会员大会开幕会上的讲话中指出：文明特别是思想文化是一个国家、一个民族的灵魂；无论哪一个国家、哪一个民族，如果不珍惜自己的思想文化，丢掉了思想文化这个灵魂，这个国家、这个民族是立不起来的；本国本民族一定要珍惜和维护自己的思想文化；优秀传统文化是一个国家、一个民族传承和发展的根本，如果丢掉了，就割断了精神命脉。

习总书记的这番话点出了中国传统文化研究的意义所在，那就是研究优秀传统文化是为了延续中华民族的精神命脉。我们了解自己的祖根文化，目的正是如此。不了解中华民族的起源和发展历史，不从本原上了解自己的祖根文化，了解中国人群体精神气质如何形成，也就无从去谈做一个称职的炎黄子孙。

这部书可以算是了解中国古代祖根文化和远古、上古历史的一本入门书，它记述了从盘古神话为代表的开创时代到夏王朝建立前的三百多万年时间里，在中国大地上出现过的为中华民族的种族繁衍、文明发展做出过各种贡献的先民的事迹，对古华夏民族乃至于中华民族的人种起源、发展和演变过程以及中国文明的起源、发展和演变过程进行了一次系统梳理，在一定程度上回答了古华夏民族的源流之谜，阐述了各个族群支系百转千回、九九归一的融合过程。它首次在黄帝族系和炎帝族系之外，又论证了炎帝族系的鬼族、黄帝－西王母族系的虎族、太暤－少昊－东夷族系的鸟族的存在和相互影响、嬗替、融合和流变的过程，对以孔子和司马迁为代表的儒家思想家所提出的中华民族血脉一统说，从源流考证的角度进行了印证。

也许会有人提出这样的疑问：这么漫长的历史中的人物，你是怎么知道的。要回答这个问题，首先我们需要知道现在所谓的以记述过去的历史事件和人物、研究和总结历史的发展规律为职业的"史"是怎么来的。简单地说，史，在原始时代，就是巫，后者在中国文明的起源过程中起到了举足轻重的作用。原始自然崇拜是人类文明的第一道曙光，而巫就是被这道曙光所启蒙的人类中最早的智者。巫的作用除了通达天意，指导人事，还有很重要的一项工作就是记述她（最早的巫师都是老女巫）或他所看到的异常的人物、事件、天象、地象，而在文字出现前，他们把这种"历史"留下来的方式就是一代一代口口相传。

关于口述历史的意义，著名神话学家袁珂在《神话论文集》中说："人民口头传说的东西，它的生命力是很强的，虽然经过千年万载，总还能把远古时代那么一点历史的影子传留下来……这些书籍，都是记叙的远古时代的情况，和今天所研究出来的原始社会各个历史阶段的发展情况，还是大体上相吻合的。这类记载，必不是这些书籍的作者的主观臆造，而是得之于当时的民间传闻。"后来，巫师发明了文字，这使得他们可以把口口相传的历史记述下来。以文字的出现为标志，史最终从巫中分离了出来，但他们世世代代把历史或传说传给后代的传统却一直没有改变，这一切才是我们今天还有机会了解远古和上古时期我们的祖先的事迹的最主要的原因。

这些事迹有些虽然因为年代过于久远而更像是只言片语，但已经足够让我们为之拍案称奇，可以说，世界上绝对找不出第二个国家可以把祖先清楚地追溯到那样一个遥远的年代。每当读到那些见载于战国时代成书的《世本》《竹书纪年》《山海经》和诸子书，西汉时期的《史记》《汉书》，西晋时期的《帝王世纪》，南宋时期的《路史》等古籍中的远古和上古时期历史伟人的名字，我就依稀觉得他们就在眼前，音容笑貌触手可及，就觉得体内的每一个基因、每一个细胞都想喷薄而出，要扑向这些伟大先祖的怀抱。

越是年代久远，笔者就越是希望能做到"言出有据"，以在一定程度上减少争议，所以读者会发现书中引录有一定量的古文。如果你是国学爱好者，其实这些文字不妨一读，能很大程度上增加我们的历史厚重感和文化质感；如果你不想这么"装学究"，那就把这些古文略过，直接读下面的译文（当然了，有些通俗易懂的古文我就没有再画蛇添足），也会有不错的阅读体验。

从我们学历史的人的角度看，史料披检与实物考古同样重要，相辅相成，甚至更多时候后者是为了验证前者的记载的准确性，最典型的就是甲骨文的发现对《史记·殷本纪》的真实性做了盖棺论定，让某些疑古派人闭上了嘴。但是很遗憾，目前为止并没发现足够多的实物考古证据来对每一条远古和上古时期历史人物的史料记载进行证实，这么做其实并不符合历史研究的方法和规律，但如果某些人就只愿意相信实物考古，或者只愿意按照西方历史学的标准——其实很奇怪，西方文明的起源要远远晚于古埃及文明、古两河文明、古印度文明和中国文明，但是历史研究，特别是国家文明的确定标准却是由西方历史学家所指定，按照这个标准，中国的夏王朝不存在——来研究中国的祖根文化，那么对不起，这本书并不适合您来读。

当然了，本书提到的很多古籍的记载，也未必准确，因为我们不能要求历史学家是他笔下所有历史事件的参与者或见证者。在口述历史的传述过程中，难免出现错讹；即便后来有了文字，在传抄过程中也难免会缺漏，所以古代史家接触到的史料就已经打了折扣，这是客观因素，但诚如袁珂所说，"必不是这些书籍的作者的主观臆造"。

还有一点，就是史家本人在著述时也可能掺杂个人主观意见，这方面的始作俑者就是孔子，孔老先生在做《春秋》时删改六经，为后代的历史学家开了个不好的先例。所以很多历史记载和对历史人物的评价可能与历史真相不同，这就需要在容错的前提下，由后代的史家在进一步深入研究新的史料和新的实物考古成果的基础上，对已经成为定论的历史再进行修正。历史学家某种程度上也是历史勘误专家，说的就是这个事。但那些只对历史有粗浅的了解就敢妄下断言推翻古史定论的人，不足为凭；那些有意靠语出惊人而博眼球的人则根本不足为取。

这部书从选题制定到资料准备用了四五年的时间，但真正动笔是在去年春天，沥沥啦啦，时断时续，直到今年的母亲节这天，5月13日，才最后收笔。或许是母亲在天一直看着我督促着我吧。"人在做，祖宗在看"，此刻突然感觉到有一种强大的精神力量在心头涌现。

李東

2018年5月13日于北京

目录

第一章　蒙昧时代

第二章　炎帝氏族联盟

第四章　少昊氏族联盟

第五章　华夏五帝氏族联盟

盘古画像（载《三才图会》，明万历刻本）

第一章 蒙昧时代

一 盘古（浑敦氏、浑沌氏）

邃古之初，谁传道之？上下未形，何由考之？冥昭瞢暗，谁能极之？冯翼惟像，何以识之？明明暗暗，惟时何为？

战国时期楚国伟大诗人屈原在《天问》开篇中提出的这几个关于"我们是谁，从哪里来"的本原问题，是本书首先要回答的。在笔者看来，从科学角度而言，盘古是不是我们的真正意义上的祖先，这个很难确定，但是从哲学角度来讲，万物皆有本原，我们也是如此。西方宗教认为人类源于上帝的创造，同样的道理，中国人也把自己的祖先归于盘古。

中华民族的创世大神

可能会令很多中国人觉得奇怪、匪夷所思乃至于尴尬的是，我们的这位创世大神盘古直到在东汉末三国时代才出现在文典中（当然了，也有可能记载盘古的先世典籍因为各种原因佚失了）——三国吴人徐整的《三五历纪》中最早出现了盘古的名字：

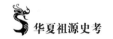

天地混沌如鸡子，盘古生其中。万八千岁，天地开辟，阳清为天，阴浊为地。盘古在其中，一日九变，神于天，圣于地。天日高一丈，地日厚一丈，盘古日长一丈。如此万八千岁，天数极高，地数极深，盘古极长。后乃有三皇。数起于一，立于三，成于五，盛于七，处于九，故天去地九万里。

——《艺文类聚·卷一·三五历纪》

读了这段文字，感觉作者徐整明显是受到了道家学派创始人老子的宇宙诞生理论的影响，老子是这样说的：

有物混成，先天地生。寂兮寥兮，独立而不改，周行而不殆，可以为天地母。吾不知其名，强字之曰"道"，强为之名曰"大"。大曰逝，逝曰远，远曰反。故"道"大，天大，地大，人亦大。域中有四大，而人居其一焉。人法地，地法天，天法"道"，"道"法自然。

——《老子注译及评价·二十五章》

著名道家文化研究者陈鼓应先生在其著作《老子注译及评价》一书中对这段文字的解释是：有一个东西浑然而成，在天地形成以前就已经存在。听不到它的声音也看不见它的形体，寂静而空虚，不依靠任何外力而独立长存永不停息，循环运行而永不衰竭，可以作为万物的根本。我不知道它的名字，所以勉强把它叫作"道"，再勉强给它起个名字叫作"大"。它广大无边而运行不息，运行不息而伸展遥远，伸展遥远而又返回本原。所以说道大、天大、地大、人也大。宇宙间有四大，而人居其中之一。人取法地，地取法天，天取法"道"，而"道"纯任自然。

《老子》第二十五章可以说是阐述道家宇宙观、自然观最重要、最经典的一个章节，很多学者认为这是两千五百多年前的伟大思想家老子对今天才获得证明的宇宙大爆炸理论、宇宙演变理论的定义和描述，有着石破天惊的意义。

徐整的盘古诞生说可以说是对老子的宇宙诞生说的通俗而形象的阐释，在这个意义上，与其说盘古是人，不如说盘古是宇宙本体、道、自然，其意义等同于基督教中创造宇宙的上帝。

盘古绝非舶来品

现在有种观点认为，盘古神话晚出太久，所以很有可能不是中国本土自生的，一时间，"盘古舶来说"甚嚣尘上，其中以著名学者何新先生提出的盘古的原型是印度的创造大神梵天最有代表性。

有一个问题需要大家明确，为什么盘古出现在东汉末的文典中，是因为东汉时期，道教才兴起，这个时候需要一套通俗的理论来向民众宣讲和布道，阐述道、宇宙、自然和人的关系，所以盘古就被适时借用了过来。注意，是借用，就是说盘古不是徐整发明的，在他之前，盘古就肯定存在，如果不是在文典中存在，就一定是在口述历史、民间传说或以其他形式来存在。

中国当代盘古学专家马卉欣先生认为至少在商周交替时代，就已有盘古名号出现在典籍中，其依据是西周太公望作《六韬》时，已记录有盘古。南宋史家罗泌的《路史·前纪》引《六韬·大明》就提到过盘古，马先生认为这才是最早的盘古记录：

召公对文王曰："天道净清，地德生成，人事安宁。戒之勿忘，忘者不祥。盘古之宗不可动也，动者必凶。"

但有学者查证今本《六韬》及1972年在山东临沂银雀山西汉古墓出土的前汉简书《六韬》和唐敦煌残卷《六韬》，均不见此文，罗泌引文出自何处，只能存疑。

南朝梁文学家、地理学家、藏书家任昉提供了在秦汉时民间就有盘古传说的说法，见载于他的著作《述异记》中：

盘古氏，天地万物之祖也。然则生物始于盘古。昔盘古氏之死也，头为四岳，目为日月，脂膏为江海，毛发为草木。秦汉间俗说：盘古氏头为东岳，腹为中岳，左臂为南岳，右臂为北岳，足为西岳。先儒说：盘古氏泣为江河，气为风，声为雷，目瞳为电。古说：盘古氏喜为晴，怒为阴。吴楚间说：盘古氏夫妻，阴阳之始也。今南海有盘古氏墓，亘三百余里。俗云后人追葬盘古之魂也。桂林有盘古氏庙，今人祝祀。南海中盘古国，今人皆以盘古为姓。

（任）昉案：盘古氏，天地万物之祖也，然则生物始于盘古。

——《述异记·卷上》

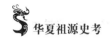

徐整在《三五历纪》讲了盘古之生，在《五运历年记》中讲了盘古之死，任昉除了讲盘古之死，还介绍了秦汉民间盘古崇拜的情况，甚至提到了盘古氏墓、盘古氏庙、南海盘古国等，为盘古信仰早于汉代之前就已存在提供了坚实的证据。

这里所说的"南海"，不是今天的海南，而是秦朝时设立的南海郡，也就是今天的广州，在广州花都区，有一座气势奇特的盘古王山，山麓上有一座盘古王庙，历年香火不绝。

也有学者认为，南海不只是指南海郡，而是包括今天的华南地区。在当代，专家们调查发现，在三国时期吴国所属的桂林郡所辖地域，也就是现在的广西来宾市一带，共有盘古庙二十八座，而且在这里，各处都盛行祭祀盘古诞辰庙会活动，如演盘古戏、唱盘古歌等，这跟《述异记》所记载的"桂林有盘古氏庙，今人祝祀"相吻合。此外，在来宾市兴宾区和秦代桂林郡郡治所在地贵港市等十几个县市，有许多"以盘为姓"的壮族居民，并有纯盘姓的壮族村落。这里民间不仅盛传各种版本的盘古故事、盘古歌谣、戏曲，而且冠以"盘古"之名的事物随处可见，形成了群落性的地名文化景观。这又印证了《述异记》中"今人皆以盘古为姓"的记载。

关于盘古信仰在汉代之前就存在的间接证据还有很多，最重要的当数北宋学者黄休复在其著作《益洲学馆记》中提到的成都玉堂石室壁画，"其壁上图上古盘古、李老等神及历代帝王之像，梁上绘仲尼七十二弟子，三皇以来名臣"；这个石室壁画在南宋人楼钥《秘涧大全文集》卷七十二所载的《汉文翁讲室画像》题跋中也得到了证实："成都有汉文翁高朕石室，壁间刻三皇五帝以来贤人画像，太守张收笔也。……盖自盘古氏以下至仲尼七十二弟子百一十三人，极尽精妙简古……"

《汉文翁讲室画像》题跋中提到的张收是汉献帝时人（一说为西晋太康中益刺史），创作壁画的时间为汉献帝兴平元年（194年）。但奇怪的是，从石刻壁画的内容看，汇集了儒家、道家、政界的代表人物，也就是张扬各自的意识形态思想主张，在"罢黜百家，独尊儒术"的汉代，在弘扬儒家道统、思想观念的学馆里，出现这样的安排很令人费解。如果说是为帝王歌功颂德，何以没有汉高祖刘邦？如果说是为贤臣铭功，何以没有汉相萧何？身为汉朝太守的张收，不把汉代的开国皇帝与历代名君并列，恐怕有点说不过去。所以，当今很多学者认为石刻壁画不应是东汉的作品。

那么有可能是秦代作品吗？学者普遍认为，可能性也不大，因为秦朝重法轻儒，曾搞过饱受诟病的焚书坑儒活动，不可能会把一群他们认为摇唇鼓舌、无事生非的腐儒刻像以祀之。

　　那么，继续上溯至战国时期，学者们发现也有问题，因为壁画中竟然没有亚圣孟子。孟轲是战国时期儒家的代表人物，声望和成就仅次于孔子，这样一位人物却被排除在旨在宣扬儒家主张的石刻壁画之外，而且声望远远不及孟轲的孔门七十二弟子却无一遗漏地被画影图形，这样于情不合，于理不通。

　　那为什么会这样呢？有一个合理的解释，那就是壁画产生时孟子还没有出世，石刻壁画创作的年代很有可能是在春秋时期。这样，东汉太守张收不是壁画的作者，很有可能只是对原有石刻壁画进行了一番描金涂彩而已。

　　解决了石刻壁画的创作年代，我们可以得出至少盘古在春秋时期就已经受到人们的尊崇与敬奉的初步结论。

　　那么，还有没有盘古在比春秋时期更早时代出现的证据呢？1965年1月，我国考古学家在云南沧源佤族自治县发现了大量岩画，其中一幅岩画的内容是：一人头上发出太阳之光芒，左手握一石斧，右手拿一木把，两腿直立傲视一切。这种形象与盘古立于天地之间，用斧头劈开混沌开天辟地的传说正相契合。据考证，沧源岩画的产生时间距今约两万年。

云南沧源岩画盘古图

根据沧源岩画盘古图整理的盘古形象

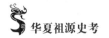

盘古并非盘瓠

现代人类学、社会学、历史学、民族学、语言学研究成果和民间文学、传说资料都证明，盘古神话可能最早产生于中国的中原地带，在裴李岗文化时期就已成熟，其流传地域就在神农部族的栖居地，也就是今天河南桐柏山南北两侧。

公元前841年，因不满周厉王的暴政，国都镐京的民众发动了暴乱，周厉王出奔，周定公、召穆公暂代王政，史称"周召共和"。当时有相当一部分人在王室成员率领下，逃到豫南地带。这部分人在这里接受了盘古神话。随后他们又陆续向南方迁徙，把盘古神话带向南方，带向各地。用民俗学家费孝通的话说，苗瑶系各族就是从这一带南迁的，同时带走的也有盘古信仰。

但是，苗瑶系各族的盘古信仰在以后漫长的历史发展过程中经历了一个变异的过程，一部分苗瑶系先民继续原来的盘古崇拜，也有一部分借用了盘古之名，而发展出另一套祖先崇拜系统，这就是盘瓠。当然，盘古、盘瓠同时崇拜的情况也是存在的。但当今一些学者从盘古、盘瓠发音相近而推断二者是同一事物，这是经不起深入推敲的。

古代文献中记载盘瓠事迹的主要有晋代干宝所著《搜神记》和南朝刘宋时范晔所著《后汉书·南蛮西南夷列传》、北魏郦道元的《水经注·沅水》等，其共同点是，都说盘瓠是一条狗。《搜神记》的记载是这样的：

> 高辛氏，有老妇人，居于王宫，得耳疾历时。医为挑治，出顶虫，大如茧。妇人去，后置以瓠篱，覆之以盘，俄尔顶虫化为犬，其文五色。因名盘瓠，遂畜之。
>
> ——《搜神记·卷十四·盘瓠子孙》

去掉这段文字中的神怪色彩，我们试着正本清源一下：所谓"老妇人"，可能就是指帝喾高辛氏时的一个母系氏族的部落；"出顶虫，大如茧"，很有可能说的就是蚕茧，这是一个已经懂得养蚕缫丝的部族，以蚕茧为图腾；"后置以瓠篱，覆之以盘"，是指养蚕出茧的方式，先把蚕放到瓢（瓠子老后结果为葫芦，劈之为瓢）里，上面再盖个盘子。但是这个茧没有化成蝶，而是"化为犬"，"其文五色"，可能指的是以蚕为图腾后来变成了以犬为图腾，但人们保留了祖上善于织造衣服的习性，爱穿五色衣服，而这个以犬为图腾的部族被称作盘瓠。

盘瓠之后的故事，《搜神记》说，帝喾高辛氏时，北方戎族中的吴部很强盛，多次侵犯边境，高辛氏无奈，向天下发布招募令，承诺谁能获取吴戎部将军的首级，即赏黄金千斤，封食邑万户，并把自己的小女儿嫁给他。后来这条叫盘瓠的狗，竟然衔着那位吴戎将军的人头，送到了王宫。帝喾的小女儿不顾人犬有别，决意重守信用，嫁给盘瓠。这对人犬夫妻后来就到山中生活，并生下六儿六女。盘瓠死后，六儿六女互相婚配，后来又归附中央王朝，被称为蛮夷。（文见《搜神记·卷十四·盘瓠子孙》）

《后汉书》《水经注》等书对此事的记载与《搜神记》都差不多。只要我们不把盘瓠当成一条犬，而是一个以犬为图腾的部族，我们就很容易理解上述这段内容了：帝喾高辛氏时，北方犬戎族吴部侵扰中原，帝喾约定，谁能击败强敌，就把自己女儿嫁给他。结果吴戎军中的盘瓠部发动内乱，斩杀了吴戎首领，携其首级投奔了帝喾，帝喾按照约定把女儿嫁给了盘瓠，并把他们一家安置到南方还未开发的山地生活。盘瓠夫妻同心，率部族开荒拓耕、茹毛饮血、筚路蓝缕，其后代最终发展成十二个分支部落，被称为蛮夷族群。

从盘瓠的起源和演变来看，它跟盘古的直接联系几乎没有，如果说一定有联系，那就是盘瓠和其后代的蛮夷族群与华夏民族都是盘古时代的先民的后裔。

人类学和生物考古学上的盘古时代

从我们今天研究的角度看，徐整等道教人士所搬出来的盘古，是宇宙创世大神，等同于西方文化种的上帝，是广义上的盘古，但这种说法对于我们探究谁是我们的祖先没有什么实质意义。根据现代天体物理学的计算，宇宙大爆炸以来，时间已经过了138亿年，在大爆炸后92亿年才出现地球，迄今地球年纪也已经46亿年，人类出现在地球上是在300万—350万年前。打个比方，如果把地球历史算作一天，那么在第23小时59分59秒的最后一秒，才出现了人类。确切地说还不能算是人类，是人类的祖先类人猿。

对于我们来说，我们更关注狭义上的盘古，他是我们中华民族的共祖，是我们血脉的本原。这个盘古，古代学者认为出现在3267000年前，这与后来考古发现的我国云南元谋"蝴蝶人"出现的时间惊人地吻合——1987年，云南省联合考古队对元谋县的竹栅、小河地区进行考古发掘，先后出土了人猿头骨1具（含8枚牙齿）、上颌骨1件（含3枚牙齿）、下颌骨2件（含6枚牙齿）、单个牙齿377枚。考古队将其

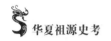

命名为"东方人"牙齿化石。专家认为，这种人猿生活在距今400万—300万年以前。

在发现"蝴蝶人"之前，考古学家在云南元谋还先后发现了距今170万年前的元谋人和距今270万年的"东方人"化石，至此，蝴蝶人、东方人、元谋人就形成了一个完整的进化演变链条，他们都具有铲形门齿特征，都生活在我国云南省境内。他们很有可能就是人类学上的蒙古人种，也就是中华人种的祖先。

二 三皇

"自从盘古开天地，三皇五帝到如今"，盘古时代之后，中国远古历史就进入了三皇时期。

在中国古代文献中，天皇是最早的中国统治者。根据东汉著名学者许慎所著的《说文解字》的解释，"皇"字最早上面不是"白"，而是"自"：

> 大也，从自。自，始也。始皇者，三皇，大君也。自，读若鼻，今俗以始生子为鼻子。
>
> ——《说文解字·卷一·王部·皇》

从白从王的皇字，最早出现在秦始皇会稽石刻上。皇字若从"自"，就是"开始"的意思；若从"白"，就是"空前"的意思，即"以前没有过"的王者。

三皇之说，不仅见于《春秋命历序》《路史》《古微书》《春秋元命苞》《春秋纬》《盘古年表》等纬书和非正统文献中，也见于历代官修典籍中。司马迁在《史记》中就记载，秦国平定六国后，嬴政即将称帝，让大臣们商讨帝号，李斯等人就奏说：

> 古有天皇，有地皇，有泰皇，泰皇最贵。
>
> ——《史记·卷六·秦始皇本纪第六》

《初学记》是唐代官修教材，其中也载有三皇之说。《艺文类聚》是唐朝国家官修之书，收录有三皇的介绍。可见当时的学术界对天皇氏、地皇氏、人皇氏还是作为史实来对待的。《太平御览》是中国宋代一部著名的类书，为北宋李昉、李穆、徐铉等学者奉敕编纂，里面也同样有大量的天皇氏、地皇氏、人皇氏的内容。南宋史家罗泌在其专门讲述上古时期的历史、地理、风俗、氏族等方面的史事和传说的著作《路史》中明确指出：

> 乃谓天地之初，有浑敦氏者出为之治，继之以天皇氏、地皇氏、人皇氏。
>
> ——《路史·卷一·初三皇纪》

"浑敦氏"就是盘古，在盘古之后，是三皇时代。这三皇在位有多长时间已无法确证。中国古史学家们之所以选择"天、地、人"这种三才立世说，恐无他意，只是说明了岁月的漫长。

天皇氏

根据中国古代传说和历代文献的记载，天皇氏时期为300万—170万年之间。

古人将天皇氏称为"天灵"，战国时楚国隐士鹖冠子在其著作中则说天皇氏别号"成鸠氏"：

> 泰上成鸠之道，一族用之万八千岁。
>
> ——《鹖冠子·王鈇第九》

宋代著名学者陆佃对此的解释是："成鸠，盖天皇之别号也。"至于为什么叫这个名字，语焉不详，于史无考。

道教典册《正统道藏·洞神部》把天皇氏的名字说得有鼻子有眼：

（天皇）姓望，名获，字子润。

古人想象中的天皇氏是这副样子：

> 天皇，顾赢、三舌、骧首、鳞身、碧驴、秃揭。
>
> ——《古微书·河图纬·洛书灵准听》

就是说，天皇氏长得身材颀长，赤身露体，三个舌头（意思是两瓣嘴唇和一个

天皇氏画像（载《三才图会》，明万历刻本）

舌头，看着像三个舌头？抑或是长着三个分叉的舌头？），头扬向上，满身鳞片，面色青绿，额头没有头发。

这段文字描写的天皇氏感觉很像是猿人。汉代还没有人类学和古生物学，他们根据什么把天皇氏说成这样，恐怕谁也弄不清楚。

三国时孙吴郎中项峻在其著作《始学篇》说：

天地立，有天皇十二头，号曰天灵，治万八千岁，以木德王。

——《太平御览·卷七十八·始学篇》

唐代历史学家司马贞在《史记·补三皇本纪》中也说：

天地初立，有天皇氏，十二头。澹泊无所施为，而俗自化。木德王。岁起摄提。

兄弟十二人，立各一万八千岁。

十二头可不是有十二个脑袋，而是有十二个原始部族的意思。这段话的意思是：天地初立，有天皇氏部族，共有十二个部落。他们顺其自然，自由生长，以木德统辖天下。从第一次摄提纪年开始，十二兄弟带领自己的部族各居一方，各传国一万八千年。

司马贞根据什么说天皇氏"十二头"，我们无从知晓，但猜测很有可能是因为天皇氏的人们已经懂得一年有十二个月。他们日出而作日入而息，这一出一入，他们称为一天；他们又注意到月亮每将近三十天圆满一次，这就是一个月；每过三个月，季节就变换，天气从寒、温、热、凉，再到寒，开始下一个循环，这期间月亮共圆满了十二次，这就是一岁，《易·系辞》所说的"寒暑相推而岁成"，说得就是这个。

以上就是古时候最基本的时历系统，这有点像数学上的公理，不需要复杂的论证程序，凭人们的生活经验就知道的。后来，天皇氏人通过长期的观察，认识到了另一个公理，就是太阳系中五大可以目测到的行星中，有一颗星差不多每十二岁绕太阳一周，就把这颗星叫作"摄提"，具体为什么这么叫不清楚，笔者猜测可能是当时十二部落中最早发现这颗行星的运行规律的人的名字，或者是天皇氏十二部落中排首位的部落首领的名字。这样，就开始有了纪年体系，所谓"岁起摄提"应该就是这个意思。之后，人们把这颗摄提星绕太阳公转的轨道分为十二份，每一份就是一岁，并且可能就用十二部落首领的名字分别加以命名（或正好相反），所以就有了《尔雅·释天》所记载的一套现在读起来莫名其妙、佶屈聱牙的纪年名字：摄提格、单阏、执徐、大荒落、敦牂、协洽、涒滩、作噩、阉茂、大渊献、困敦、赤奋若。

有了摄提纪年法，观察摄提星每岁的移动位置，以确定年份，就成了当时最重要的一项工作，而承担这一工作的人也被称为是摄提，实质上就是星官。我们今天已经知道，所谓的摄提星就是木星，也称岁星。所以，摄提星官的主要工作就是负责对木星进行观测并根据其移动位置来纪年。

封建时代有一些学者，以宋代大儒朱熹为代表，认为在天皇氏时期，人们就在所谓的木星纪年法的基础上发明了干支纪年法，他在自己编著的《通鉴纲目》一书中说：

天皇氏始制干支之名，以定岁之所在，《尔雅》曰：太岁在甲曰阏逢，在乙曰旃蒙，

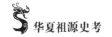

在丙曰柔兆，在丁曰强圉，在戊曰著雍，在己曰屠维，在庚曰上章，在辛曰重光，在壬曰玄默，癸曰昭阳，是为岁阳。太岁在寅曰摄提格，在卯曰单阏，在辰曰执徐，在巳曰大荒落，在午曰敦牂，在未曰协洽，在申曰涒滩，在酉曰作噩，在戌曰阉茂，在亥曰大渊献，在子曰困敦，在丑曰赤奋若，是为岁名。

——《通鉴纲目·前编》

这段文字充满了大量的外人听了一头雾水的名词，限于篇幅，这里不多解释，有兴趣的读者可以自己去查找资料了解，简单地说就是朱熹认为天皇氏时代就有了干支纪年法。

这种名称古怪的干支纪年法，后来被西汉伟大历史学家司马迁和北宋史学家司马光所采用，分别用于《史记》和《资治通鉴》中。两位史学大师之所以采用这种纪年称谓法，是尊崇这套干支术语是中国最早的官方时间术语，属于"皇纲"性质，故而采用其为历史的纪年词语，以表示历史的正统。

但是，在今天绝大多数的历史学者看来，天皇氏时代文明尚未萌芽，他们懂得木星纪年法的可能性都不大，更遑论干支纪年和计时法了，至于《尔雅》提到的太岁纪年法，就更是很晚的时候才出现的。

从考古学的角度说，古史天皇氏的初始阶段，正是我国中华人种的"东方人"向"元谋人"过渡阶段。当时我国北方的大部分地区都被冰雪覆盖，到处都是冰川，生存的动物已经很少。而我国云南省的中部，正处于北回归线附近，气候温暖，四季如春，所以便有大批的远古生物云集在这里。元谋盆地成了古生物的天府之国。汉代纬书《遁甲开山图》曾载"天皇被迹在柱州昆仑山下"，有学者认为这个昆仑山不是今天的昆仑山，而是"古昆仑山"，即今天云南大理的点苍山，所以天皇氏统治的地域可能为今天云南大理的苍山、洱海一带。1987年4月，云南联合考古队曾在元谋县的小河村和竹栅村等地发掘出动物标本300多件，碎骨牙40多公斤，便是这一时期历史的最佳物证。

天皇氏时期的考古发现，除元谋人牙化石外，还有1961年发现于山西芮城县西侯度村的西侯度文化，距今约180万年。西侯度文化共获得了打制石器数十件，制作简单而粗糙，有砍砸器、刮削器和一件三棱大尖状器，遗址中发现有烧骨炭灰，证明此时的西侯度人已会用火。

据分析，西侯度人很可能是云南东方人种的分支，在距今180万年时，由于当时全球气候转暖，冰川融化，寒冷的中国北方又恢复了生机，居住在元谋盆地的东方人因人口繁殖过剩，食物短缺，出现了生存危机。于是，"东方人"逐渐分裂成十几个支脉，陆续迁往新的地区开辟家园。这是冰川消融时期中华人种的第一次大分流，这次分流使中华人种向更广阔的地域开枝散叶，从此一发不可收拾。

地皇氏

"天皇之后，地皇兴起"。据明清间学者孙毂所编汉代纬书《洛书灵准听》载：

> 地皇，十一君，皆女面、龙颡、马踶、蛇身。

——《古微书·卷三十五·河图纬·洛书灵准听》

地皇氏画像（像载《三才图会》，明万历刻本）

"女面"可能是说这十一位首领都是女人，"龙颡、马踶、蛇身"可能说的是地

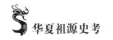

皇氏的图腾，从中已经让我们看到一丝龙的模样，不排除地皇氏也是由不同图腾信仰的人组成的部族，因而在族徽图腾上已经有了拼合的迹象。

道教古籍《正统道藏·洞神部》等书载说，地皇不但有名，还有姓：

（地皇）姓岳，名鑑，字子元。

这地皇的名字跟前面提到的天皇的名字一样，应该都是道教人士杜撰的，恐不足为信。

宋代类书《太平御览》引西汉纬书《遁甲开山图》载：

地皇兴于熊耳、龙门山。
——《太平御览·卷七十八·皇王部三·地皇·遁甲开山图》

就是说，地皇氏的活动范围在黄河中游地区的熊耳山、龙门山，地属今山西、陕西、河南三省的交界处。

地皇氏的活动时间为距今170万—70万年前，在古人类学上，正是从"东方人"向"元谋人"转变的时期。地皇时期的地质年代为新生代第四纪更新世的中期，考古年代为旧石器时代早期。1964年，我国考古工作者于陕西蓝田发现了距今115万—110万年前的古蓝田遗址，挖掘出许多当时古人所使用的石器，其中有刮削器、大型砍砸器，还有一种一头尖一头厚钝、断面呈三角形的尖状器，是利用石英砾石制成的，它和1957年发现于山西芮城匼河涧的石器基本相同。据考证"匼河文化"的主人约生活在距今70万年以前，"匼河文化"和"蓝田文化"为研究当时的人类生活状况提供了珍贵资料。

地皇时期的人类社会组织仍属于血缘家族公社，婚姻形式依然是血缘群婚。他们当时过着群居生活，食物主要是猎取动物和采集野果野菜。他们把石块磨制成锋利的武器用来打猎，打到动物后，先喝干动物身上的血，然后再切割猎物的肉分享。他们此时还不知羞耻，男女老少常年都赤裸着身体，也没有男婚女嫁，男女随意交合，生了孩子由女人照看，男人负责外出猎取食物。在匼河与蓝田两处遗址都发现有用火的痕迹，进一步证明那时的人类已经知道用火。

据南宋史家罗泌所著《路史》所载，地皇氏对人类有三大贡献：

天皇氏逸，地皇氏作……爰定三辰，是分宵昼，魄死魂生，式殷月候。

——《路史·前纪二·中三皇纪·地皇氏》

所谓"定三辰"，就是规定了日月星的名字。地皇氏之前虽然天上有了日、月、星辰，但并无名称，统称为"光"，太阳叫大光，月亮叫小光，星辰叫细光。地皇给"三光"起了名字，大光叫"日"，小光叫"月"，细光叫"星"。

所谓"分昼夜"，就是把一天分成两部分，有太阳的时间称为"白昼"，有星星、月亮的时间称为"黑夜"，白昼与黑夜合称为"一日"。

所谓"式殷月候"，就是月和年，《路史》卷二注引《通历》载：

地皇以三十日为（一）月，十一月为冬至。

地皇以三十日为周期定为一个小循环，以十一月为冬至月，每十二个月规定为一"岁"。特别需要指出的是，地皇氏时有了日月、日夜、岁时、四季之分的说法并非孤证，据云南省少数民族古籍整理出版规划办公室所编的彝族文献《赊豆榷濮、叙祖白》一书载：

一年十二月，一月三十天；白天十二时，一夜十二时。白天与黑夜，从此对半分。这些分好后，又分春与夏，再分秋与冬。一年为四季，四季都分明。日子长与短，年月与节令，都出地皇时。

彝族的祖先为古氐羌人，而古氐羌人与炎黄族是近亲，汉、彝民族都有地皇氏始创岁月计时的说法，或可证明地皇氏在历史上确实存在。

道教兴起后，地皇氏连同盘古、天皇氏和人皇氏等远古时期的圣贤都被架上了道教神坛，被奉为神仙。道教附会说天皇氏白日升仙之后，地皇氏便统治天下，太上老君又下凡在流纲山上，传授地皇氏《地皇内经》十四篇，地皇氏得此经，以道治世三万六千年之后，白日登仙，上升太极虚皇天中。

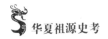

人皇氏

人皇氏是继天皇氏、地皇氏之后出现在远古华夏大地的古人类。汉代纬书《春秋命历序》载：

> 人皇氏九头，驾六羽，乘云车，出谷口，分九州。
>
> ——《黄氏逸书考·春秋命历序》

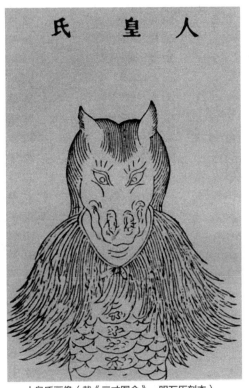

人皇氏画像（载《三才图会》，明万历刻本）

本书会多次提到《春秋命历序》这部纬书，所以在这里先简单介绍一下。"纬书"是相对于儒家的"经书"而言，是汉代的方士和儒生依托今文经义宣扬符箓、瑞应、占验之书，有的与经义在离合之间，有的则全无关系。汉代的纬书也称"谶纬""纬候""图纬""图谶"等，此学被称为"内学"。谶纬学说在西汉末已经流行，新朝皇帝王莽尤其好图谶，曾经召集大批通"天文图谶"的人"记说廷中"，大部分谶纬之书都是这时开始编订的。

汉代以后，图谶却成了历代野心家、阴谋家利用来篡夺政权、改朝换代的工具，所以也被历朝统治者加以禁绝，到了明代除了还有《易纬》八种被收入《永乐大典》幸存之外（也有残缺和佚失），其他的谶纬之书基本上佚失殆尽。直到清代的学者因为推崇汉学，对谶纬又开始重视，对纬书做了大量辑佚工作，使得后人能从中窥得崖略。《春秋命历序》这部书就是清代学者黄奭搜集整理的，他把搜集的纬书整理成《黄氏逸书考》，《春秋命历序》是其中之一。过去历史研究比较看轻纬书的作用，但现在则越来越重视，去除其中的神怪和荒诞的成分，很多纬书还是很有价值的，弥补了正史和经书的不足。

根据《春秋命历序》所说，人皇有"九头"，应该就是当时有九个部落，他们把天下按山川地势划分成九州，当时称"九囿"，九部落首领各管一州，所以人皇氏也被称为九头氏；"驾六羽，乘云车"，恐怕不能按字面的意思来理解，因为那个时候还根本谈不上有车这种东西，那是几十万年以后的事，可能用腾云驾雾来理解或许更靠谱一些，就是当时的古人还生活在树上，身上插满用于保暖的羽毛，他们可以在树木之间跳跃腾挪，可能有点类似"人猿泰山"。

人皇九头的记载也见于其他很多古籍，如三国吴人徐整的《三五历纪》载：

……有神圣人，九头，号人皇。

——《艺文类聚·卷一·三五历纪》

唐代历史学家司马贞说：

……人皇，乘云车，驾六羽，出谷口，兄弟九人，分长九州，各立城邑。

——《史记·补三皇本纪》

三国吴国郎中项峻《始学篇》载：

人皇九头，兄弟各三分，人各百岁。依山川土地之势财度，为九州，各居其一，乃因是而区别。

——《太平御览·卷七十八·皇王部·人皇·始学篇》

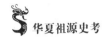

《路史》载：

> 地皇氏逸，于有人皇。九男相像，其身九章，胡洮龙躯，骧首达腋。出刑马山提地之国。相厥山川，形成势集，缵为九州，谓之九围。别局一方，因是区理，是以后世谓居方氏。
>
> ——《路史·前纪二·中三皇纪·九头纪·泰皇氏》

人皇氏为什么又被称为"居方氏"呢？《路史》说是"别局一方，因是区理，是以后世谓居方氏"，就是说人皇氏时人们已经懂得筑方城而居，故称。

此外，人皇氏还被叫作泰皇氏，《史记·秦始皇本纪》曾载，秦并天下后，秦王嬴政让大臣商议帝号，李斯等建议称"泰皇"，并说"古有天皇，有地皇，有泰皇，泰皇最贵"。泰皇的名称源自李斯的家乡楚国，楚国崇拜的天地、最高神为东皇泰一，又称泰皇。

根据道教古籍《正统道藏·洞神部》的记载，人皇氏"姓恺，名洮，字文生"。人皇氏这个名字诚拜道教所赐，所以除道教中人，没有人会把它当回事。

人皇氏的活动范围，古代学者认为是在刑马山：

> 人皇起于刑马。
>
> ——《太平御览·卷七十八·皇王部三·地皇·遁甲开山图》

《路史》也说是"出刑马山提地之国"。这个刑马山在哪，现在已经无法确定，有人认为就是《水经注·渭水》所称的"刑马之山伯阳谷"，即今天甘肃天水麦积区伯阳镇。

人皇时期的地质年代约为新生代第四纪更新世的中晚期，考古年代约为旧石器时代的早期至中期。1927年，在北京西南周口店龙骨山的一个山洞里，我国考古工作者发现了距今约50万年的中国猿人旧居，获得了中国猿人的头盖骨、牙齿、肢骨以及大量的石器，被考古界命名为"北京猿人"，或称"北京直立人"。经过科学考证，这一时期的中国古人类已经能够直立行走、奔跑，他们的上臂和手的灵活性已经和现代人相差不远，他们的身高大约有156厘米。他们所制造的石器已经很精致，所选用的材料都是坚硬的水晶、砂岩、燧石、石英岩等。他们已经能够使用火和管理火。

人皇时期的社会组织依然是血缘家族公社，婚姻形式仍为血缘群婚。不过此时他们已经知道了羞耻，开始用串起来的树叶和树皮做衣服遮体。

人皇时期我国境内发现的古人类除"北京猿人"外，还有1972年发现于贵州省遵义市桐梓县的"桐梓人"（距今约50万年）；1984年发现于辽宁省营口市的"金牛山人"（距今30万—24万年前）；发现于安徽和县龙潭洞的"和县直立人"（距今30万年前）、"南京汤山直立人"（距今30万年前）等。

《春秋命历序》《路史》《古微书》《春秋元命苞》《春秋纬》等历史文献都提到一种特殊的远古历史的分期法，从人皇氏开始至春秋鲁哀公十四年（前480年）获麟，总计二百七十六万年，分为十纪，每纪二十七万六千年，其名字为：九头纪、五龙纪、摄提纪、合雒纪、连通纪、叙命纪、循蜚纪、因提纪、禅通纪、疏仡纪（详见《路史·前纪二·中三皇纪·九头纪·泰皇氏》）。

限于篇幅，十纪不做详解，这种纪年法在历史研究中的意义不大，今人很少使用，我们只要了解这些名字、知道从人皇氏开始有这样一个纪年法就行了。

三　五龙氏

人皇氏之后，是五龙氏统治的时期，据唐代史学家司马贞的补《史记·三皇本纪》记载：

自人皇已后，有五龙氏。

司马贞自己又在这句话后补注说：

五龙氏，兄弟五人并乘龙上下，故曰五龙氏也。

汉代纬书《春秋命历序》载：

皇伯、皇仲、皇叔、皇季、皇少，五姓同期，俱驾龙，号曰五龙。

——《黄氏逸书考·春秋命历序》

这里提到的所谓的"五龙""五龙氏""兄弟五人",与天皇氏的"十二头"、地皇氏的"十一君"、人皇氏的"九头"一样,并非实指,而是当时的原始人类的群落的概数,说明由于各种原因,五龙氏时期的原始群落数较以往有很大程度的减少,当然也不排除这是原先的原始人类群落进行了各种形式的合并和融合的结果。

关于"五龙氏"的"龙",司马贞等认为是因"乘龙""驾龙"而得名,但是据今天的史家考证,自然界并无龙这种动物,龙定型于黄帝时期,是由当时黄帝氏族联盟的不同部落的图腾,各取其一部分相组合而成。所以,五龙氏时期,应该还没有龙的形象,有的只是与龙形貌相似的蛇、蟒、鳄等对当时的原始人类的生存构成极大威胁的动物。因为惧怕而崇拜,这是原始图腾形成的一个重要原因。

唐代高宗时史家李善注引汉代纬书《遁甲开山图》说:

五龙,皇后君也,昆弟五人,皆人面而龙身。长曰角龙,木仙也。次曰徵龙,火仙也。次曰商龙,金仙也。次曰羽龙,水仙也。次曰宫龙,土仙也。

这里的"皆人面而龙身"很值得注意。参照图腾学的研究成果,人与动物相结合的形象,往往表示的是原始人类群落、部族、氏族的神灵,是图腾形象。如果《遁甲开山图》的记载能够获得更信实的证据的支持,则可能五龙氏时期,人们已经懂得图腾崇拜,并且发现了金木水火土五大基本元素,并以之划分五个部族。但据笔者的常识来判断,五龙氏时期的人能够掌握这些东西的可能性不大,应该还是后人把后来的文明成果加到古人身上,始作俑者当数道教,东汉时期才出现的道教为了抬高自己,把很多传说中的古老人物都划到道家神仙系统里去,五龙氏也因此而被道教搬上神坛,成为道教五行神。

四 钜灵氏(巨灵氏)——《西游记》中巨灵神的原型

在五龙氏之后统治远古华夏大地的是钜灵氏,据清代康乾时期的藏书家、通俗历史学家吕抚的《纲鉴通俗演义》载:

继五龙氏而治者，曰钜灵氏。钜灵氏出于汾睢，与元气齐生，握大象，持大权，挥五丁之士，驱阴阳，反山川，居无恒处，而迹躔于蜀。

　　　　　　　——《纲鉴通俗演义·第二回·至三皇传多氏渐剖乾坤》

　　大家不要一看到"通俗演义"几个字，就认为《纲鉴通俗演义》是一部虚构的小说。这部书又称《二十四史通俗演义》，取材于《二十四史》和《通鉴纲目》，实际上是一部通俗的历史纲要和历史学启蒙读物，既具有历史演义小说的可读性，又具有很高的史料价值。

　　这段文字是说，在五龙氏之后进行统治的是钜灵氏。钜灵氏生于汾睢，就是今天的山西运城一代，北宋官修韵书《广韵》也载：

钜灵出于汾睢，今华阴县北一百二里有钜灵庙。

　　南宋史学家王偁曾著《东都事略》一书，在评价宋真宗时曾说：

咸平以来，君明臣良……于是朝帝陵、封岱宗、祀汾睢、谒亳社……

　　　　　　　——《东都事略·卷第四·本纪四·真宗》

　　这里的"祀汾睢"，应该就是到汾睢的钜灵庙祭祀钜灵氏，至少在宋代，祭祀钜灵氏与朝拜黄帝陵、封禅泰山和祭祀亳社（宋朝域土初以中原河南为中心，这里是春秋战国时期的宋国所在地，因以立为国名。宋国是商朝王室之后所建，商朝定都在亳，就是今天的商丘，所以宋国祭祀殷社——亳社。宋朝立国后，也祀亳社，类近国社）有着同等重要的意义。

　　在民间传说中，钜灵氏是位女性，系地皇氏之妻、人皇氏之母。《道藏》引《真书》就说："地皇生人皇。"地皇氏死后，钜灵氏以女王的身份统治天下，故又称她为后地皇氏或后地皇。这种说法虽然保持了远古时代人们心目中的先民始祖在脉系上的连贯性，但是还是出于后人的一厢情愿，于史无据，姑且妄听之。

　　钜灵氏是一位开山拓土的能人，善于平整土地，修路造桥，有点类似于后来的后土，明朝时民间流行的葬礼之歌《开歌路》就说：

钜灵氏，开险处，修平水旱道路平，造车船路好走，人们才能得远行。

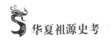

清代蒙学家张宜明所撰《三字鉴》也载说：

巨灵氏，持化权，挥五丁，反山川。

——《三字鉴·卷一》

钜灵氏，顾名思义可能是身材比较高大的远古人类，因为身大力不亏，所以多从事"开山返泽"的大型土木建设；所谓的"五丁"，应该是从当时五个不同部落选出来的壮丁。

民间传说钜灵氏干的最伟大的一件事是"劈"开了华山，据东晋文学家、史学家干宝著《搜神记》载：

二华之山，本一山也，当河，河水过之而曲行。河神巨灵，以手擘开其上，以足蹈离其下，中分为两，以利河流。今观手迹于华岳上，指掌之形具在，脚迹在首阳山下，至今犹存。

——《搜神记·卷十三》

类似的记载也见于北魏郦道元的《水经注》：

华岳本一山当河，河水过而曲行，河神巨灵，手荡足蹋，开而为两，今掌足之迹仍存。

——《水经注·卷四·河水》

二华之山指太华山和少华山，传说中本来是一座山，它正对着黄河，黄河水经过它时只能绕道而流。黄河之神巨灵，用手劈开山顶，用脚蹬开山麓，使这座山平分成两座，用来便利黄河的流动。现在到华山上去观看河神的手印，那手指、手掌的形状都还在；巨灵的脚印在首阳山下，到现在仍然保存着。

钜灵氏从远古时代的大力士变成黄河之神"河神巨灵"，虽然经历了漫长的演变过程，但力大无穷、劈山造海的神力却是一以贯之的。也正是因为钜灵氏的这一特点，所以明代小说家吴承恩在创作《西游记》时，就把钜灵氏也写进来，这就是表现得有点傻大三粗的巨灵神，并为他设立了一个可以劈山的兵器——宣花板斧，其身份被设计成是天宫天门的守门人。

钜灵氏的后代可能在最后落脚于四川，所以蜀地关于钜灵氏的传说比其他地方都更丰富，明代岭南学者张萱著《疑耀》一书，就提到：

钜灵之迹，传载所纪，多在蜀中。

——《钦定四库全书·疑耀·卷五·钜灵》

《艺文类聚》卷七引汉代扬雄所著《蜀王本纪》载"天为蜀王生五丁力士，能移山"。这几位能"移山"的"五丁力士"与钜灵氏手下的"持化权、反山川"的"五丁"非常相像，所以不排除钜灵氏曾经在远古时代统治过蜀地。

五　句彊氏

关于句彊氏，《路史》只记载了这样一个名字，其他无考。

六　钧阵氏（勾陈氏）

名见于《路史》。这又是一个只有名字，而事迹不详的原始人类氏族的首领。勾陈本是星座名，勾陈一即是现在的北极星。或许勾陈氏的得名就在于他发现了北极星。

这样一个身世不详的人正好被道教所利用，道教给勾陈氏设计了一套身世，说他是斗姆元君的长子，紫微大帝的胞兄，还给他加上了一个"勾陈上宫天皇大帝"的名号，又做西方太极天皇大帝，简称"勾陈大帝""天皇大帝"，为道教尊神"四御"中的第三位神。他奉玉皇上帝敕命，执掌天地人三才，主管人世间的众生，与一切兵戎、战争之事，故亦是武神。

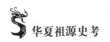

七 提挺氏

在人皇氏之后，是提挺氏部落崛起的时期，据《古三坟》载：

> 居方氏没，生子三十二世，强弱相迫，欲生吞害，中有神人，提挺而治，故号提挺氏。
>
> ——《古三坟》，明代何镗刻本"汉魏丛书"版

提挺氏，挺疑为梃，就是木棒，提挺氏，顾名思义就是最早懂得以木棒为武器的人。人皇氏（居方氏）在经过了三十二首领的统治期后，其后代中的提挺氏崛起了，而他们崛起的资本就是他们最早懂得制造和使用木棍，从而使他们在弱肉强食的生存竞争中取得优势。

八 谯明氏

南宋史家罗泌在《路史》中详细记述了上古时期的原始人部落首领的名字和传承世系，钜灵氏之后的世系如下：

> 《丹壶书》云：……而又有巨灵氏、句彊氏。自句彊而下，次谯明氏，次涿光氏，以次至次民氏；如下所叙，总曰循蜚纪，有号而无世。
>
> ——《路史·卷三·前纪三·循蜚纪》

《丹壶书》应该就是东晋著名道教学者葛洪在其著作《抱朴子》提到的已经佚失的道教经书《丹壶经》。罗泌搜集了《丹壶书》的部分材料，其中提到钜灵氏之后统治古华夏大地的原始部族是句彊氏、谯明氏、涿光氏、次民氏，他们都是"十纪史"中的第七纪——循蜚纪时代的人。但句彊氏、次民氏基本只保留了一个名字，没有其他史迹可考。谯明氏的情况比句彊氏、次民氏好不了太多，基本也是史无所载，只是在《山海经》里有根据谯明氏的名字命名的谯明山的记载，但也是只言片语：

又北四百里，曰谯明之山。谯水出焉，西流注于河。其中多何罗之鱼，一首而十身，其音如吠犬，食之已痈。有兽焉，其状如狟而赤豪，其音如榴榴，名曰孟槐，可以御凶。是山也，无草木，多青雄黄。

——《山海经·山经·北山经第三》

大意是：再往北四百里，是座谯明山。谯水从这座山发源，向西流入黄河。水中生长着很多何罗鱼，长着一个脑袋却有十个身子，发出的声音像狗叫，人吃了它的肉就可以治愈痈肿病。谯明山中有一种兽，形状像豪猪却长着柔软的红毛，叫声如同用辘轳抽水的响声，名称是孟槐，人饲养它可以辟凶邪之气。这座谯明山，没有花草树木，到处是青色的雄黄石。

谯明山有可能是谯明氏人的发祥地或主要活动区域，有学者考证说其地在今山东省淄博市临淄区。至于何罗鱼，有人认为可能是八爪鱼，也有可能是群居的鱼，共同跟随头鱼形成的景象。但从图腾学的角度看，这种形象很有可能是谯明氏的图腾，他们可能是一个由十个分支部落组成的以鱼为图腾的部族。

谯明氏的后代，目前已知的只有清代著名学者张澍所著《姓韵》所记载的"燧人氏四佐之一"的明由，张澍认为他是谯明氏的后裔。

九 涿光氏

根据《路史》的记载，在谯明氏之后出现在历史舞台上的是涿光氏。与谯明氏一样，涿光氏只在《山海经》中能够找到一些蛛丝马迹：

（谯明山）又北三百五十里，曰涿光之山。嚣水出焉，而西流注于河。其中多鳛鳛之鱼，其状鹊而十翼，鳞皆在羽端，其音如鹊，可以御火，食之不瘅。

——《山海经·山经·北山经第三》

意思是：（谯明山）往北三百五十里，是涿光山。嚣水从这座山发源，然后向西流入黄河。水中生长着很多鳛鳛鱼，形状像喜鹊却长有十只翅膀，鳞甲全长在羽翅的尖端，声音与喜鹊的鸣叫相似。它可以用来抵御火，吃了它的肉就能治好黄疸病。

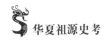

《山海经》这段文字中提到的"鳋鳋之鱼"跟前面提到的谯明水中的何罗鱼颇有些相似的地方，可能是指飞鱼，也可能就是指涿光氏的图腾。或许，涿光氏就是从谯明氏演变而来，之所以鱼长了翅膀，可能是这个时候人们的食物较谯明氏时期更丰富了一些，不但可以吃到鱼，也可以吃到飞鸟了。众所周知，鸟是后来的东夷族图腾的主要形象，所以，谯明氏、涿光氏或许就是后来的东夷人的祖先。

十 黄神氏（皇神氏、黄袟）、巨神氏（狙神、矩神氏、狙神氏）

根据《路史》的记载，在涿光氏之后出现的是黄神氏和巨神氏，另据汉代纬书《春秋命历序》载：

有人黄头大腹，出天齐政，三百四（十）岁，为狙神次之。号曰皇神。出淮，驾六飞羊，三百岁，五叶，千五百岁。

黄神氏或曰黄袟（一作袜），黄头大腹，出天参政，三百四十岁。狙神次之。号曰黄神。

有人黄头大腹，出天齐政，号曰皇（……）。（……）次，驾六蜚麋，上下天地，与神合谋。

神皇驾六蜚鹿，化三百岁。

——《黄氏逸书考·春秋命历序》

这几段文字很难懂，难就难在无法确定黄神、狙神到底是一个人还是两个人，从字面上理解，包括《路史》对远古人类（或类人猿）氏族（或群落）首领的排序，应该是先有黄神氏，后有狙神氏。黄神氏之所以得名，可能就是因为长得"黄头大腹"。狙神氏，怀疑是狙神氏，顾名思义，可能是猿人中的头领；当然，狙神氏也被称为是巨神氏、钜神氏、矩神氏，也有可能还是说身材高大的猿人，在弱肉强食的时代，他们是当然的首领人选。

文中提到黄神氏、巨神氏"驾六飞羊""驾六蜚麋"，可能说明当时的人们已经懂得抓捕野羊、野鹿等食草动物；"驾六飞羊、六蜚麋出淮"，可能说明当时有六个部落赶着羊、鹿等牲畜从淮水一带走出。

十一　犁灵氏

根据《路史》的记载，在巨神氏之后出现的远古人类氏族是犁灵氏。关于犁灵氏，《山海经》中只有一句话：

有神，人面兽身，名曰犁灵之尸。

——《山海经·海经·大荒东经第十四》

《路史》在"犁灵氏"条下，也只有一句话：

《东荒经》有犁灵之尸，犁灵氏之尸也，以不坏。

——《路史·卷三·前纪三·循蜚纪》

但是，《路史》著者罗泌可能是把载于《山海经·大荒东经》的"犁灵之尸"错写成是《东荒经》了。《东荒经》是西汉文学家东方朔所著《神异经》中的一章，经笔者查证，并无"犁灵之尸"的记载。罗泌把"犁灵之尸"理解成"犁灵氏之尸"，而且说它"以不坏"，颇为费解，或许是说犁灵氏首领死后，尸体没有腐坏。这种情况其实在历史上并不少见，只要具备必要的条件，比如在干燥的沙漠环境下，人或动物的尸体是可以做到不腐坏的。

还有一种可能，在古汉语里，"尸"不一定是指尸体，也有神主牌的意思，那么"犁灵之尸"就有可能是犁灵氏首领的木刻神牌、神像，被刻成是"人面兽身"，而且如果木质沉重，则可以做到"不坏"。

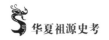

十二　大騩氏

从名字推断，大騩氏应是后来炎黄时期的重要部族、与炎黄同为华夏民族的始祖之族的魁隗氏、大隗氏——统称"鬼族"——的先祖。騩的意思是浅黑色的马，可能大騩氏就是最早懂得驯化马的鬼族人，据《路史》载：

大騩氏，见于南密，或曰泰塊，昔者黄帝访泰塊于具茨。一曰大騩，盖设于无垓坫之宇，而台简以游泰清者。后有傀氏、大傀氏。

——《路史·卷三·前纪三·循蜚纪》

南密就是今天的河南新密。大騩山是大騩氏的栖居地，就是今天的始祖山，古时曾一度叫作具茨山、大隗山。

大騩氏的后代中有一位伟大的人物，他就是炎帝氏族联盟的开创者魁隗氏。关于他，我们将在后面的"炎帝氏族联盟时代"一章，详加探讨。

黄帝时期，大騩氏、魁隗氏的直系后代称大隗氏，据《庄子·徐无鬼》载，黄帝曾亲自去大隗氏的栖居地具茨山拜访大隗氏首领大隗君。魁隗氏、大隗氏的后代有隗氏、大嵬氏、嵬氏、鬼騩氏、傀氏等，我们可以统称其为"鬼族"，这个部族在华夏民族的发展史上，起着举足轻重的作用，在后面我们讲到"黄帝之臣大隗氏"时，再和大家详细探讨。

十三　鬼騩氏

《路史》把鬼騩氏单列，但又没有特别的介绍。鬼騩氏应该是大騩氏的后裔，或者是其分支，但笔者认为，鬼騩氏更有可能就是大騩氏的另一个名字。

十四 弇兹氏

根据《路史》所载，在大騩氏和鬼騩氏之后取得原始人首领地位的是弇兹氏。弇兹氏事迹也无从稽考，网上大量充斥着弇兹氏在距今三万年前发明了用树皮搓绳技术，还说单股的绳称作"玄"，两股合成的称作"兹"，三股合成的称作"索"（又作素），等等，甚至把玄女、素女、织女等都同弇兹氏扯上关系，还说织女星也是弇兹氏最早观测到并命名的。这些说法不见史载，从何而来不得而知，所以只能姑且听之，但当不得真。

从弇兹的字面意思看，弇是覆盖的意思，就是在物上加盖东西；那用什么东西加盖，就是"兹"。兹的本字上面是草字头，写作"茲"，《说文解字》对这个字的解释是：草木多益，所以它根本就不是两个玄字的组合。弇兹的意思，很有可能就是用厚草覆盖，盖住身体、盖住洞穴、盖住食物等。弇兹氏，可能就是最早懂得用草当被，用草盖东西的人。

弇兹氏的栖息地应该是古昆仑山一带，并长期在这里繁衍生息，所以在这里留下了弇山、弇州之山等地名。《山海经》载：

> 西海渚中，有神人面鸟身，珥两青蛇，践两赤蛇，名曰弇兹。
>
> ——《山海经·海经·大荒东经第十四》

西海应该就是今天的青海湖。这段文字所反映的时代是黄帝时期，所以这里提到的弇兹显然不会是弇兹氏，二者之间至少相差几万年。但这个弇兹是不是就是远古弇兹氏的后代呢？我们只能说有这个可能性，但它更有可能是西迁而来的黄帝族系的一个部落。

这个弇兹部落的所在地，被称为是弇兹之山、弇山，据《穆天子传》载，周穆王西征昆仑山时，曾在这里宴请西王母，并在弇山上勒石铭功。弇兹之山后又被称为"崦嵫（音 yān zī）之山"，《山海经》载：

> （鸟鼠同穴山）西南三百六十里，曰崦嵫之山，其上多丹木，其叶如谷，其实大如瓜，赤符而黑理，食之已瘅，可以御火。
>
> ——《山海经·山经·西山经第二·西次四经》

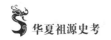

崦嵫之山，有人认为是山东兖州的嵫山，恐怕是南辕北辙了，两晋时期著名学者郭璞在给《山海经》崦嵫之山所写的注解中明确指出，"日没所入之山也"，就是说崦嵫之山一定是在西方日落之处。屈原的《离骚》千古名句"吾令羲和弭节兮，望崦嵫而勿迫；路漫漫其修远兮，吾将上下而求索"中的崦嵫，就是指日落之处。

屈原开了先河后，崦嵫在文人墨客笔下就成了日暮之处代名词，并进而引申为表示人生迟暮、垂老之年的惯用语，如汉代乐府诗有"浮云多暮色，似从崦嵫来"，魏晋时期的大诗人陆机写有"出西门，望天庭，阳谷既虚崦嵫盈。感朝露，悲人生，逝者若斯安得停"（《顺东西门行》），南宋大诗人陆游有诗"流光冉冉迫崦嵫，常抱秋风宋玉悲"（《秋兴二首·其一》），元代诗人黄公望有诗"人生无奈老来何，日薄崦嵫已不多"（《次韵梧竹主人所和竹所诗奉简四首·其四》）等，不一而足。但奇怪的是，好像崦嵫越是受到文人墨客的青睐，就越好像是远离人间烟火，而变成了只在诗笺中跃动的一个寄托文人墨客的无限遐想和神往之情的文化符号。

十五　泰逢氏（泰逢氏）

《路史》记载泰逢氏只有两句话：

> 和山者，实为河之九都，吉神泰逢司之；于萯山之阳出入有光，泰逢氏之神也。
>
> ——《路史·卷三·前纪三·循蜚纪》

《路史》作者罗泌根据什么认定泰逢氏是远古时期的人类氏族不得而知，而他用在这里的两句话却是出自《山海经·中山经》，只不过把泰逢氏写成泰逢氏：

> 又东二十里，曰和山，……吉神泰逢司之，其状如人而虎尾，是好居于萯山之阳，出入有光。泰逢神动天地气也。
>
> ——《山海经·山经·中山经第五·中次三经》

意思是：再往东二十里，是座和山，由吉神泰逢主管，他的形貌像人却长着虎一样的尾巴，喜欢住在萯山向阳的南面，出入时都有闪光。泰逢这位吉神能兴起风云。

　　泰逢氏和泰逢氏从名字看肯定是一样的，但循蜚纪时的泰逢氏和《山海经》所说的泰逢氏肯定不是一回事，后者说的应该是当时的一个大部族虎族（以虎为图腾的部族）的一位首领；泰的意思就是大，逢和逢古通，也都是大的意思，所以泰逢氏、泰逢氏的本意应该是大人氏、巨人氏，不过是说该氏族的人可能身形比较高大。

十六　冉相氏

　　《路史》认为在泰逢氏之后出现的是冉相氏。关于冉相氏，史书几乎无载，只有《庄子·则阳》中提到只言片语：

> 　　冉相氏得其环中以随成，与物无终无始，无几无时。日与物化者，一不化者也，阖尝舍之！
>
> 　　　　　　　　　　　　——《庄子·杂篇·则阳第二十五》

　　这段话的意思是：冉相氏体察了道的精髓因而能听任外物自然发展，随物自成，与物混同，既不知过去，也不知未来，更不知现在。他天天随外物而变化，而其凝寂虚空的心境却一点也不会改变，因此何尝舍弃过大道的精髓！

　　《庄子》笔下的这个冉相氏，与其说是远古时期原始人类氏族的一位首领，不如说是庄子借用来阐扬自己的"天地与我共生，万物与我为一"（《齐物论》）的天人合一思想的一个概念名称。庄子还多次表达过"古之人外化而内不化，今之人内化而外不化。与物化者，一不化者也"（《知北游》）的道家崇古思想，而冉相氏不过是这种思想的一个具化符号。作为庄子的精神理想的寄托者，他可以是冉相氏，也可以是空桑氏，还可以是泰壹氏，或别的什么远古人类的氏族首领。一句话，庄子的冉相氏只是一个符号概念，而不具有历史意义。我们只要知道在华夏民族的血脉之海里，可能有一滴血，是出自这样一个远古人类氏族就足够了。

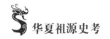

十七　盖盈氏

盖盈氏，名字意思不详，生平事迹也无从考证，《路史》只记载了根据盖盈氏命名的一个地名"盖盈之丘"：

> 若水之间，禺中之地，有盖盈之丘，盖盈氏之虚也。
>
> ——《路史·卷三·前纪三·循蜚纪》

这个"盖盈之丘"很有可能就是《山海经》中提到的"孟盈之丘"：

> 南海之外，黑水、青水之间，有木名曰若木，若水出焉。有禺中之国。……有九丘，以水络之：名曰陶唐之丘、有叔得之丘、孟盈之丘、昆吾之丘、黑白之丘、赤望之丘、参卫之丘、武夫之丘、神民之丘。
>
> ——《山海经·海经·海内经卷十八》

所谓"黑水、青水"或为"黑水、赤水"之误，《山海经·大荒西经》载"西海之南，流沙之滨，赤水之后，黑水之前，有大山，名曰昆仑之丘"。若木就是太阳树，在东方为扶桑，在西方为若木，古人传说太阳早晨从东方的扶桑树而升，晚上在西方的若木而栖。

综合以上分析，若木可能就是西方昆仑山一带的树木，或许就是指这里的蟠桃树，也就是神话中西王母举行蟠桃会的那个蟠桃树。在这里有个"禺中之国"，也就是"禺中之地"，在"禺中之地"和若水之间就是"盖盈之丘"，是远古时代的九丘之一。所以不难看出，远古时代盖盈氏的栖居地就是古昆仑山一带，这里是古羌人的发祥地。炎帝族系、黄帝族系都是源自于古羌人。从这个意义上说，盖盈氏是炎黄族人的远古祖先是有一定道理的。

十八　大敦氏

敦是一种古代食器，简单地说就是两个半球扣在一起，最早可能是天然的、石头的，后来才出现人工挖凿的。也有人认为，敦是堆土的意思。那么，大敦氏可能是最早发现和使用了敦这种器具，也可能是最早懂得墩土为丘，就是把地势垫高，所以才得名，并因此留下了敦丘（今河南温县东）这个地名，后来黄帝之子伯儵的姞姓子孙曾被封于敦丘，其后人以其封地为氏，是为敦氏。

十九　云阳氏

《路史》载：

云阳氏，是为阳帝，盖处于沙，亦著甘泉，以故黄帝以来，大祀于甘泉。

——《路史·卷三·前纪三·循蜚纪》

这里的沙，古称流沙，应该是在今天的甘肃张掖一带，就是《山海经·大荒西经》所载"西海之南，流沙之滨，赤水之后，黑水之前，有大山，名曰昆仑之丘"的那个流沙；所谓甘泉，就是甘水，有人认为这里是后来的女娲氏的发祥地，所谓的黄帝"大祀于甘泉"，就是祭祀女娲氏。这里仍然有一个特点，就是距离昆仑山不远，进一步证实了古昆仑山是炎黄族系发祥地的判断。

二十　巫常氏

这又是一个只在《路史》中留下个名字，其他无从考证的原始人类氏族，《春秋元命苞·循蜚纪》称"人皇氏有巫常氏"，恐不可信，因为两个年代相距过于久远。从名字看，巫常氏可能是最早的巫族。

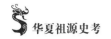

二十一　泰壹氏

泰壹氏也被称为皇人，理由不详，《路史》载：

泰壹氏，是为皇人，开图挺纪，执大同之制，调大鸿之气，正神明之位者也。

——《路史·卷三·前纪三·循蜚纪》

《山海经》有皇人之山的记载：

又西五百里，曰皇人之山，其上多金玉，其下多青雄黄。皇水出焉，西流注于赤水，其中多丹粟。

——《山海经·山经·西山经第二》

有人认为泰壹氏就是楚国神话中的天帝、至高神东皇太一的原型。屈原的《九歌·东皇太一》是楚辞中最为隆重、庄肃的一篇，其诗自始至终都是对祭礼仪式和祭神场面的描述。汉代之后的文献里记载的"泰一""泰皇"、壹氏等，均与东皇太一有关。

汉武帝时，东皇太一成为国家主祭的最高神，唐代再次成为主要祭祀对象，北宋后道教以东皇太一为原型，炮制出一个玉皇大帝作为天地最高神，从此东皇太一退出了人们的视野。

二十二　空桑氏

空桑氏是远古时期栖息在空桑之山的一个原始人类氏族，《山海经》载：

东次二经之首，曰空桑之山，北临食水，东望沮吴，南望沙陵，西望湣泽。

——《山海经·山经·东山经第四》

空桑之山，无草木，冬夏有雪。空桑之水出焉，东流注于滹沱。

——《山海经·山经·北山经第三》

空桑是个很古老的地名，东周晚期还在使用，据考其地在今天的山东兖州、曲阜一带，《路史》载：

空桑氏，以地纪。空桑者，兖卤也，其地广绝。

——《路史·卷三·前纪三·循蜚纪》

空桑历史上以一物一圣著名，一物是说这里出产制作琴瑟的材料，以至于空桑后来就成了名琴的代称；一圣，是说这里是孔子的出生地。

二十三 神民氏

《路史》载：

天地开辟，爰有神民。民神异业，精气同行，都于神民之丘，一曰神皇氏。驾六蜚鹿，政三百岁。

——《路史·卷三·前纪三·循蜚纪》

这里的"天地开辟，爰有神民"很令人费解，是说从这个时候开始，原始人类有了对神的信仰、人神从此有所区分了吗？"六蜚鹿"，可能是指神民氏有六个分支，都以鹿（不一定是今天意义上的鹿）为图腾神兽；"政三百岁"恐非确指，实际恐怕远远不止三百年。

"神民之丘"也见载于《山海经》：

有九丘，以水络之：名曰陶唐之丘……神民之丘。

——《山海经·海经·海内经卷十八》

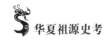

九丘应该是九个原始部落先民的栖息地、聚落中心，但这九个部落是不可能同时出现在历史舞台上的，像其中的昆吾之丘应该是黄帝时期才有的，是黄帝之子、昆仑山守护神伯儵（陆吾）的栖息地。而陶唐之丘应该出现得很晚，陶唐就是唐尧，陶唐之丘就是唐尧族人的栖居地，这个时候比黄帝时期都已经晚了两千多年了。"神民之丘"的出现时间更是要提前到黄帝之前数十万年。但是九丘也有一个共同点，就是其地理范围基本都在古昆仑山一带，说明这里确实是人类的起源地之一，是我们华夏民族的发祥地。

二十四　倚帝氏（猗帝氏）

倚帝氏，又名猗帝氏，猗是阉割的犬，说明他们可能是最早懂得阉割动物的人类。

倚帝氏史载不详，《路史》只有四个字：都倚帝山。《山海经》对倚帝山的描述是这样的：

> 又东三十里，曰倚帝之山，其上多玉，其下多金。
> ——《山海经·山经·中山经第五·中次十一经》

在远古时期，原始人类以狩猎为生，基本是住在山上，所以形成了山地聚落，所谓"九丘"，说的可能就是这样的地方。倚帝氏就是以倚帝山为中心的原始人类氏族，据考证，这个地方在今天河南的镇平县，过去称南阳。倚帝山现称五垛山，这里曾出土有旧石器早期的石片刮削器、砾石砍砸器和石核等，证明在六七十万年以前，就曾有人类祖先在这里活动。

倚帝山这个名字至少在唐代还在用，唐代诗人吴筠进士落第后就曾隐居南阳倚帝山，写有《游倚帝山二首》和《秋日上倚帝山》。

二十五　次民氏

《路史》对次民氏的记载是：

次民氏，是为次是（民）。次是（民）没，元皇出，天地易命，以地纪，穴处之世终矣。

——《路史·卷三·前纪三·循蜚纪》

次民氏可能就是"次氏（是）"，古时是、氏不分。次有"次止"的意思，原始社会时期，人们迫于生计，居无定所，随穴而居，或许是到了次民氏时期，随着生产力水平的提高，人们开始过上定居生活。

二十六　辰放氏

从辰放氏开始，就进入了远古时期十纪纪年法的第八纪——因提纪。《路史》载：

辰放氏，是为皇次屈。渠头四乳，驾六蜚麔，出地郭，而从日月，上下天地，与神合谋。古初之人，卉服蔽体。次民氏没，辰放氏作。时多阴风，乃教民揺木茹皮以御风霜，絢发闿首以去灵雨。而人从之，命之曰"衣皮之人"。治三百有五十载。

——《路史·卷四·前纪四·因提纪》

按照一些学者的说法，皇次屈应该是辰放氏首领的名字。也有人说是"次屈"应为"次民氏"，应该说也有一定的道理，那么"皇次屈"就是"皇次民氏"，意思就是"次民氏"的首领；"渠头"就是"榘头"，大头的意思；"四乳"，就是长有四个乳头，古人认为是帝王之相，传说周文王就是四乳，《淮南子·修务训》曾载"文王四乳，是谓大仁"。"驾六蜚麔"，麔就是麟，蜚麔就是飞麟，是说辰放氏有六个以飞麟为图腾的分支部落。卉服就是用草、葛一类的东西制作的衣服片。辰放氏最重

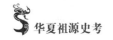

要的功绩就是教会原始先民拔取木头杂揉兽皮，用作御寒的衣服，还教会他们用枝条挽发和编织雨笠，以抵挡风雨。人们纷纷仿效，把他们叫作是"把皮穿在身上的人"。"治三百有五十载"未必是实数，实际恐怕远远不止这个时间。

二十七　蜀山氏

《路史》把蜀山氏也归到因提纪，还说"蜀之为国，肇自人皇，其始蚕丛、拍濩、鱼凫，各数百岁"，说蚕丛、拍濩、鱼凫是蜀山氏的祖先，恐怕犯了本末倒置的错误。蚕丛是古蜀国的第一任国王，其建国在公元前八百年左右，比黄帝时期的蜀山氏都晚了至少三千年，更别说因提纪时期的蜀山氏了。因提纪时期的蜀山氏即使存在过，也要比黄帝时期的蜀山氏早数十万年，二者之间是否有血脉延承关系，不得而知。

二十八　豗傀氏

豗（音 huī）傀氏应该还是和之前的大騩氏、鬼騩氏系出同源，《路史》载：

> 豗傀氏，后有豗氏、傀氏、豗傀氏之迹，学者必以不著，每以属之皇神农，后世遂谓神农为豗傀氏，失之。
>
> ——《路史·卷四·前纪四·因提纪》

罗泌在这里提出了一个很重要的观点，那就是豗傀氏不是后来的神农氏（皇神农）。为什么这二者会扯上关系，是因为在神农氏担任炎帝（炎帝是氏族首领的称号）之前，大騩氏、鬼騩氏、豗傀氏的后裔魁隗氏也出任过炎帝，称炎帝魁隗氏，正因为他们都出任过炎帝，所以，后世学者才会有把豗傀氏混同于神农氏（皇神农）的误会。关于炎帝魁隗氏和炎帝神农氏，我们会在后面会跟大家详细探讨。

二十九　东户氏

在罗泌笔下，东户氏时期就是其乐融融的太平盛世：

> 东户氏之熙载也，绍荒屯，遗美好，垂精拱默，而九寰以承流。当是之时，禽兽成群，竹木遂长，道上颜行而不拾遗，耕者余饷，宿之陇首。其歌乐而无淫，其哭哀而不声。皆至德之世也。

——《路史·卷四·前纪四·因提纪》

大意是：东户氏之时天下安和，其乐融融，人们安贫乐道，和睦相处，垂拱而治，寡言少语，而九州之内人们纷纷仿效。那个时候，禽兽成群，竹木茂盛，百姓在道上行走，见人失落的物件，也不去拾取；耕种者有吃不尽的余饷，也只管放在陇首，虽经宿也没人偷取。他们唱的歌充满欢乐但温和有度，遇到悲哀的事也不会号啕大哭。

古代文人墨客对遥远的上古社会一直有一种憧憬和向往的情怀，认为那个时候民风淳朴，天下无为而治，百姓无欲无求，"日出而作，日入而息，逍遥于天地之间而心意自得"（《庄子·杂篇·让王》），陶渊明就表达过对东户氏时代生活的向往："仰想东户时，余粮宿中田。鼓腹无所思，朝起暮归眠"（《戊申岁六月中遇火》）。但是，真实的情况恐怕与文人们的浪漫情怀大相径庭，那时的原始社会生产力水平极其低下，陶渊明们如果真的能回到那个时代，等待他们的只能是没完没了的天灾横祸和漫山遍野的毒蛇猛兽。

三十　皇覃氏

《路史》载，皇覃氏又叫离光氏：

> 皇覃氏，一曰离光氏，兑头日角，格六凤凰，出地衡，在而不治，官天地，府万物，审乎无假。是故死生同兆，而不可相陵。治二百五十载。

——《路史·卷四·前纪四·因提纪》

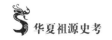

皇覃氏长着方头，额骨中央部分隆起，这是古人常说的帝王之相，李商隐的著名诗句"玉玺不缘归日角，锦帆应是到天涯"(《隋宫》)说的就是同样长着日角面貌的唐高祖李渊，意即如果不是玉玺被长着日角的李渊夺走，隋炀帝的用锦作帆的豪华龙船可以一直驶往天涯。皇覃氏应该也是有六个分支，他们以鸟（凤凰）为图腾，或许跟后来的以太阳鸟为图腾的伏羲氏有关系。皇覃氏时期，他们无为而治，以天地为官，以万物为府，明白顺乎自然无所依凭的道理，视死生都是一回事，而没有重生轻死之分。皇覃氏治世二百五十载，也是虚指而已。

三十一　启统氏

关于启统氏，罗泌从道家的角度对其进行了高度的赞扬：

治古盛德之君，未有闻焉者多矣，岂非地宁天澄、物无害生、万庶涵泳春风之中，而不知所以为称邪？草木以土为生而不知土；鱼鳖以水为命而忘其水。是故圣人父母万物，泽及天下，而不知其谁氏。上清玄格曰：大道似不肖，盛德若不足。韬光晦迹，自黥其身而人不知，其启统氏之谓乎？

——《路史·卷四·前纪四·因提纪》

这段文字有点长，但是不难懂，简单地说就是启统氏时代，"地宁天澄、物无害生"，百姓浑然不知道还有启统氏这个首领的存在，就像"草木以土为生而不知土，鱼鳖以水为命而忘其水"，这就是老子说的"太上，不知有之"(《道德经第十七章》)。启统氏"韬光晦迹，自黥其身而人不知"，已经到了统治者的最高境界。

三十二　吉夷氏

吉夷氏这个名字只见于《路史》，但是语焉不详，无从稽考。

三十三 几蘧氏

《路史》对几蘧（音qú）氏的描述仍然带有鲜明的道家色彩：

> 几蘧氏之在天下也，不治而不乱，狗耳目内通，而外乎心知，天下之人不知其父，鹑居鷇饮而不求不誉。昼则旅行，夜乃类处。及其死也，藁异风化而已。
>
> ——《路史·卷五·前纪五·因提纪》

"鹑居鷇饮"典出《庄子·外篇·天地》："夫圣人鹑居而鷇食，鸟行而无彰"。鷇（音kòu），待母哺食的幼鸟，它不挑拣食物。"鹑居"就是像鹑鸟一样居无定所。看来罗泌是按照庄子的圣人标准来设计几蘧氏的，在他笔下，几蘧氏过着无为而治的生活，他们心性淳朴，头脑简单，只知其母不知其父，如鹑鸟一样居无定所，像幼雏一样饥不择食，白天到处觅食谋生，晚上则群居而处，人死了也就是草草埋葬，任其随风而化。

三十四 倄韦氏（豨韦氏）

《路史》所称的"倄韦氏"应该就是庄子所称的"豨韦氏"。豨也作狶，就是猪，韦是熟治的猪皮，有时候也指猪。顾名思义，豨韦氏可能是最早驯化野猪的人，而且他们专门发明了饲养野猪的地方，叫"圂"，这事载于《庄子·知北游》：

> ……豨韦氏之圂，黄帝氏之圃，有虞氏之宫，汤武之室。
>
> ——《庄子·外篇·知北游第二十二》

这句话的意思是，豨韦氏居住的地方叫圂，黄帝居住的地方叫圃，有虞氏居住的地方叫宫，商汤和周武王居住的地方叫室。为驯养野猪，豨韦氏先民围起了栅栏，"圂"这个字的本义就是把猪圈起来，圈起来的这个地方，就叫作"圂"。人们聚圂而居，后来更是在圂上搭棚而住，这就是"家"。

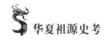

野猪的驯化在人类发展史上有着划时代的意义，这意味着食物来源有了一定的保证，人们从此有了定居的可能。庄子把豨韦氏看作是比伏羲还早得道的古帝，他说：

夫道，有情有信，无为无形……豨韦氏得之，以挈天地。

——《庄子·内篇·大宗师第六》

但豨韦氏的"得道"恐怕是庄子一厢情愿，真实情况应该是那时候的人还不具备这样的智识，他们可能是偶然多打了几头野猪，一时吃不了，就用栅栏围起来，养起来，这样未来一个时期食物就有了保证。后来豨韦氏人都如法炮制，慢慢他们就掌握了驯化野猪的办法，从而大大提高了族群的生存力，最终他们在远古时期原始人类氏族之间的生存竞争中脱颖而出。

三十五　有巢氏

恩格斯说："人们最初怎样脱离动物界（就狭义而言），他们就怎样进入历史。"（《自然辩证法》）树屋的出现是人类从穴居时代迈进到巢居时代的重要标志，是野蛮时代向文明开化时代迈进的第一步。

有巢氏时期是古代华夏文明的肇始时期。根据很多古史的记载，有巢氏出现在前面提到的"十纪纪年法"中的第八纪——因提纪，在距今70万—50万年前，考古学上属于旧石器时代。

人类文明的第一线曙光

在远古的华夏大地，中华民族始祖人类的生存环境极其恶劣，他们不仅要与变化无常的自然灾害抗争，还要随时面对各种凶猛的野兽蛇虫，"日与禽兽居，族与万物并"（《庄子·外篇·马蹄》）。为躲避这些灾害，先民只好就穴而居，一开始是就天然洞穴而居，后来是就地挖穴而居，诚如《墨子》所言：

古之民，未知为宫室时，就陵阜而居，穴而处……

——《墨子·辞过第六》

古者人之始生、未有宫室之时，因陵丘堀穴而处焉。

——《墨子·节用第二十一》

穴居而处相对之前流浪漂泊、随处而卧、随遇而安的生活方式是个进步，但洞穴阴暗潮湿，很不适合人类体质，于是有人想到了在木头堆上支起架子，覆以兽皮，这就是一些古史所说的"橧巢"：

昔者先王未有宫室，冬则居营窟，夏则居橧巢。

——《礼记正义·卷二十一·礼运第九》

风一吹就倒的橧巢还远远不能算是房子。我们可以想象，当时有一位先民在猎获鸟蛋时，通过对鸟巢的近距离观察，一下子受到启发，想到把橧巢挪到树上，利用交错的树杈做主体，就地取材，用石头砍下一些粗树枝架到树杈上，从地上捡来干草铺上，再用小树枝相互攀附形成支架，上面盖上兽皮、干草，用石头压住，就形成了一个树屋。

第一个发明树屋的人被当时的先民奉若神明，推举为部落的首领，这就是有巢氏，如《庄子》载：

古者禽兽多而人民少，于是民皆巢居以避之，昼拾橡栗，暮栖木上，故命之曰"有巢氏之民"。

——《庄子·杂篇·盗跖第二十九》

《韩非子》则载：

上古之世，人民少而禽兽众，人民不胜禽兽虫蛇。有圣人作，构木为巢，以避群害，而民说（悦）之，使王天下，号之曰"有巢氏"。

——《韩非子·五蠹第四十九》

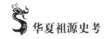

有巢氏发明巢居后，很快相邻部落的人纷纷来学习模仿，并愿意把部落归附"神明附体"的有巢氏统领，据发现于宋代的《古三坟》载：

有巢氏生太古之先，觉识于天、地、草、木、虫、鱼、鸟、兽，俾人居巢穴，积鸟兽之肉，聚草木之实，天下九头，咸归有巢，始君也。动止，群群相聚而尊事之。

——《古三坟》，明代何镗刻本"汉魏丛书"本

"天下九头，咸归有巢"，是说自人皇氏以来形成的九州中的所有部族都归附了有巢氏，尊其为共主，远古时代第一个氏族部落联盟就这样自然形成了。

著名史学家吕思勉认为："吾国开化之迹，可征者始于巢、燧、羲、农。"巢就是有巢氏。除吕先生外，尚秉和、王桐龄、郭沫若、范文澜、翦伯赞等诸多史学大家均认为有巢氏如炎黄一样都是中华民族的"创世先祖"。

有巢氏时代的其他文明成果

有巢氏以"首创巢居"而名垂史册，但当时的发明创造远不止于此。这一点，明代学者罗颀在其编著的《物原》中，做了较为系统的归纳：

教民巢居：

有巢始为巢穴。

——《物原·室原第十二》

教民食果：

太古茹毛而饮血，有巢始教民食果。

——《物原·食原第十》

教民衣皮：

有巢始衣皮。

——《物原·衣原第十一》

教民土葬：

> 几蓬蒿异而风化，有巢始以累里掩之。
>
> ——《物原·葬原第十六》

有巢氏还推行土葬方式，让死者"入土为安"，这一点更是划时代的文明举措，并从此形成葬礼和祭礼制度。

有巢氏之后

据《古三坟》载：

> 燧人氏，有巢子也，生而神灵，教人炮食，钻木取火，天下生灵尊事之。始有日中之市，交易其物，有传教之台，有结绳之政，寿一太易，本通姓氏之后也。伏羲氏，燧人子也，因风而生，故为风姓。
>
> ——《古三坟》，明代何镗刻本"汉魏丛书"本

《古三坟》说燧人氏、伏羲氏都是有巢氏之子，燧人氏、伏羲氏成了兄弟，这至少是不严谨的。燧人氏可以说是有巢氏的近支后裔，而伏羲氏从存在年代上看，与有巢氏还距离相当远。但是有一点可以说，有巢氏之后兴起的氏族和部落，都是有巢氏的后代，这也包括后来的炎黄族系。如果把我们今天中华民族的十四亿人看成是一片血脉汪洋的话，那这片汪洋就源于有巢氏这颗最早的精血，广义上说，我们所有人都是有巢氏的后代。

狭义上的有巢氏后代是指有巢氏部族首领的直系后裔。据晋代史家皇甫谧所著《帝王世纪》载，有巢氏（大巢氏）的后代中有一位出任过伏羲女娲氏族联盟的首领：

> 庖牺氏没，女娲氏代立，为女皇，亦风姓也。女娲氏没，次有大庭氏、柏黄氏、中央氏、栗陆氏、骊连氏、赫胥氏、尊庐氏、浑沌氏、昊英氏、有巢氏、朱襄氏、葛天氏、阴康氏、无怀氏，凡十五世，皆袭庖牺之号。
>
> ——《帝王世纪辑存·自皇古至五帝第一》

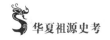

这里讲述的是伏羲女娲氏族联盟（我们会在后面讲到）的传承世系，其中又提到了有巢氏的名字。据有些学者考证，有巢氏（大巢氏）生活在距今20万—5万年前的旧石器时代晚期，而伏羲氏的时代，据著名历史学家王大有先生的推算为公元前7724—前5008年前后，那何以在十几万年后又出现了"袭庖牺之号"的有巢氏呢？合理的解释是，这后一个有巢氏是前一个有巢氏（大巢氏）的后代或者是有巢氏部落在当时的首领，他曾经出任过伏羲女娲氏族联盟的首领伏羲——伏羲在这里是伏羲女娲氏族联盟的首领的称号。《路史·前纪九》注引《河图》有一段说明："有巢氏王天下也，驾六龙、飞麟，从日月，号古皇氏。"这个别号古皇氏的有巢氏，应该也是"袭庖牺之号"的这位有巢氏。

有巢氏故地，有学者认为就是今天安徽的巢湖一带，夏朝时这里曾诞生一个南巢国，又称巢伯国，商汤灭夏后，夏桀曾逃亡到这里。这个小国历经夏商周三代，至鲁昭公二十四年（前518年）才被吴国所灭。此后，巢伯国故地被称为"巢邑""巢门"，秦代则设立居巢县。

三十六　燧人氏

如果说巢居是我们的祖先——原始人类向高等智慧生命进化的第一步，那么第二步，也是最重要的一步，他们用了差不多六十多万年。

在距今五万年前，在今天的河南商丘古森林里，生活着一个原始人类氏族。他们因最早懂得开辟道路，而被称为遂人氏，遂就是道路之意。遂人氏时，人们已经懂得使用天然火，就是热风引燃干枯的树木引发的山火、雷电引发的"天火"、火山喷出的岩浆烈火等。古代先民偶然采集被火烧熟的动物尸体来吃，发现这种肉不但好吃，最重要的是易于咀嚼，所以就有意地捡拾烧红的木炭带回营地，再堆集枯树枝一起烧，为了不让火灭掉，还派专人随时守候火种，不断添柴加薪。

有一天遂人氏氏族的一个成员偶然发现鸟在啄树时发出火星，从中受到启发，试着用小枝钻木取火，结果获得成功。这个人一定意识不到，他的发明不只让他登上了这个氏族首领的宝座，人们都激动地尊称他为"燧人氏"，更彻底宣告了人类发展史上漫长的黑暗期的结束。

燧人氏发明火的过程见载于东晋人王子年所著《拾遗记》：

> 燧明国有大树名燧，屈盘万顷。后有圣人，游至其国，有鸟啄树，粲然火出，圣人感焉，因用小枝钻火，号燧人氏。

> ——《太平御览·卷七十八·皇王部三·拾遗记》

《拾遗记》的这段记载，很多历史研究者可能不以为然，认为它是志怪类书，不足为信。但是，不知大家注意到一个事实没有，古代的文人墨客特别喜欢搜集和记录奇闻异事，而很多这样的东西都来自民间祖祖辈辈传下来的传说，《山海经》就是这样的集大成者。民间传说十有八九会传走样，但是我们通过抽丝剥茧，还是能还原一些历史原貌。这段文字中，"燧明国有大树名燧"这句话基本不可信，应该是先有燧人氏，后有燧明国；"后有圣人，游至其国"也可信度不高，但是后面说他看到"有鸟啄树，粲然火出"，于是"圣人感焉，因用小枝钻火"却是符合生活常识的，因此是有一定可信度的。

燧人氏是我国古史中有大量明确记载的最早的先民，成书于战国末期的典籍《韩非子》载：

> 上古之世，人民少而禽兽众，人民不胜禽兽虫蛇；……民食果蓏蚌蛤，腥臊恶臭而伤害腹胃，民多疾病。有圣人作，钻燧取火，以化腥臊，而民悦之，使王天下，号之曰燧人氏。

> ——《韩非子·五蠹第四十九》

汉代典籍《礼记》载：

> 昔者先王未有宫室，冬则居营窟，夏则居橧巢。未有火化，食草木之实，鸟兽之肉，饮其血，茹其毛。未有麻丝，衣其羽皮。后圣有作，然后修火之利。范金，合土，以为台榭、宫室、牖户；以炮，以燔，以亨，以炙，以为醴酪。

> ——《礼记·礼运第九》

东汉末三国时典籍《古史考》载：

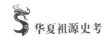

太古之初，人吮露精，食草木实，山居则食鸟兽，衣其羽皮，近水则食鱼鳖蚌蛤，未有火化，腥臊多，害肠胃。于使（是）有圣人出，以火德王，造作钻燧出火，教人熟食，铸金作刃，民人大悦，号曰燧人。

——《太平御览·卷七十八·皇王部三·古史考》

钻木取火的伟大发明是人类从蒙昧时代向文明时代转化的一道分水岭，燧人氏创造的第一颗火种，在五万年的时间里，燃遍了神州大地，燃遍了世界，这就是《庄子》说的，"指穷于为薪，火传也，不知其尽也"（《庄子·内篇·养生主》）。至少在唐代，尽管金燧、石燧已经广泛流行，但钻木取火的方法仍在使用，大诗人杜甫就写有这样的诗句："旅雁上云归此塞，家人钻火用青枫。"（《清明诗》）青枫是枫木，用于春日取火。古人不同的时节选用不同的木料来取火。北宋文学家曾巩有诗"操舟众工立禁痒，湿橹钻火磨星红"（《喜晴》），是说湿的木橹也可出火。

燧人氏时的文明成果，除了人工取火之外，可能在星象观测上也有重大发现，据《尸子》载：

燧人上观辰星，下察五木，以为火也。

——《太平御览·卷八百六十九·火部二·尸子》

辰星就是心宿，也就是大火星，就是《诗经》"七月流火，九月授衣"（《国风·豳风·七月》）的那个"火"。《尸子》这句话说燧人氏通过上观大火星，下察各种树木，而发现了制造火的方法，恐怕实际上正好相反，他们懂得了用火，所以才用火命名大火星。

根据《左传》的一条关于大火星的记载，人们判断出燧人氏的大概活动范围：

若火作，其四国当之，在宋卫陈郑乎。宋，大辰之墟也……

——《左传·昭公十七年》

宋国国都商丘是大辰星的分野，可见燧人氏观辰星的位置理应在商丘，也就是今商丘睢阳境内一带。

燧人氏时期见于史载的发明创造还有一条，就是髻，宋人高承所著《事物纪原》载：

燧人氏为髻。

——《事物纪原·二仪实录》

髻是盘在头顶或脑后的发结，是古人最常见的挽发方式。如果从燧人氏开始算，那么我们的祖先用这种方式挽发的时间将近五万年，这是一个令人瞠目结舌的事实。

三十七　华胥氏

若问华夏始祖是谁这样一个问题，许多人都会不假思索地回答：炎帝、黄帝，再说得远一点就是伏羲女娲了。其实，另外还有一个比这些祖先们更早、更真实的"老祖母"曾生活在我国陕西省蓝田县的华胥镇一带，她就是华胥氏。

伏羲、女娲之母

华胥氏是燧人氏族群中最重要的一个分支，它是华夏民族可考的最早的祖先之一，是华夏民族所以得名的最古老的源头。在距今八千年左右的母系氏族公社时期，华胥氏部族和其他分支的燧人氏部族通婚和融合，产生了伏羲女娲部落联盟。

华胥氏在雷泽履雷神足迹而孕，生下伏羲的记载，几乎在历代典籍里随处可见。成书于春秋时期的晋国史籍《竹书纪年》记载：

太昊之母居于华胥之渚，履巨人迹，意有所动，虹且绕之，因而始娠。

——《竹书纪年·伏羲氏》

东汉学者王符在其著作《潜夫论》中记述：

大人迹生雷泽，华胥履之生伏羲。

——《潜夫论·五德志》

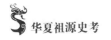

魏晋时期的史学家、医学家皇甫谧则指出：

太昊帝庖牺氏，风姓也。燧人之世，有巨人迹出于雷泽，华胥以足履之，有娠，生伏羲于成纪，蛇身人首，有盛德。

——《帝王世纪·第一》

唐朝著名史学家司马贞在其著述《补三皇本纪》中写道：

太皞庖牺氏，风姓。代燧人氏，继天而王。母曰华胥。履大人迹于雷泽，而生庖牺于成纪。蛇身人首。

——《史记·补三皇本纪》

《后汉书·人表考》记载：

华胥生男子为伏羲，生女子为女娲。

——《后汉书·人表考》卷二引《春秋世普》

宋代罗泌的《路史》记载：

太昊伏羲氏，……母华胥，居于华胥之渚，尝暨叔嫟，翔于渚之汾，巨迹出焉，华胥决履以践之，意有所动，虹且遶之，因孕。

——《路史·卷十·后纪一·禅通纪·太昊纪上》

华胥氏生养了伏羲、女娲，伏羲、女娲又分别繁衍了自己的氏族部落，在相当长的时间里，这两个氏族部落又不断联姻和融合，最终繁衍出包括古羌人族系、炎帝族系、黄帝族系、东夷族系在内的古华夏民族族群。

华胥氏之得名

湖南省社会科学院炎黄文化研究所所长、中华民族史专家何光岳先生考证说，华胥氏的得名与他们最早认识到一种叫作瓠子的葫芦瓜类的植物有关。浙江河姆渡出土物中有瓠瓜子，河南新郑裴李岗新石器遗址出土物中有瓠瓜皮，另外，湖北江陵阴湘城的大溪文化的文化遗址，以及长江下游的罗家角、崧泽、水田畈等新石器遗址里也发现过葫芦。

瓠是一种普遍蔓生于土壤疏松深厚而肥沃的黄土高原的植物，夏天开白花。瓠瓜嫩叶可食，青嫩的瓠瓜更是美味。华胥氏部落因为与较早使用了火的燧人氏部落通婚，所以也掌握了煮食瓠瓜的方法，从而为古代先民的食物革命做出了自己的贡献。《诗经》中有不少称道瓠的诗，如：

> 幡幡瓠叶，采之亨之。君子有酒，酌言尝之。
>
> ——《诗经·小雅·瓠叶》

意思是：随风飘动瓠瓜叶，把它采来烹煮忙。君子家中有淡酒，斟满一杯请客尝。

瓠子又分甘苦两种，甘者大，苦者小；甘者名瓠，苦者名匏，《诗经》中对此专有记述：

> 南有樛木，甘瓠累之，君子有酒，嘉宾式燕绥之。
>
> ——《诗经·小雅·南有嘉鱼》

> 匏有苦叶，济有深涉。深则厉，浅则揭。
>
> ——《诗经·国风·邶风·匏有苦叶》

樛（音 jiū）树木向下弯曲的意思。前一句诗的大意是：南国树弯弯，甜瓠绕其间。君子有好酒，宴宾乐平安。瓠子长老变成匏瓜的时候，一般是农历八月，这个时候，就像《庄子·秋水》所说，"秋水时至，百川灌河"，河里水涨了，那么隔着济水相恋的一对青年男女怎么相见？姑娘就说，"水深的地方，你就和衣而过河，水浅的地方，你就提着衣襟过河来吧"。这就是后一句诗的意思。

瓠和匏的区别是，"长而瘦上曰匏，短颈大腹曰瓠"；瓠瓜长老了，就成了匏瓜。瓠瓜可食，匏瓜可用。对此，《诗经》也有记载：

七月食瓜，八月断壶。

——《诗经·豳风·七月》

这里的瓜，是还嫩的瓠瓜；这里的壶，就是已经老了不能吃的匏瓜，断壶就是摘葫芦，因为瓠瓜老了可以做壶、瓢之类的容器，所以瓠也有壶瓜、瓢瓜、葫芦、壶卢、蒲卢的名称。

《论语》曾记载了一个孔子和匏瓜的著名典故。春秋末期，晋国权臣赵简子的家臣、中牟宰佛肸（音 bì xī）发动叛乱，想把孔子招至麾下。政治抱负远大但一直怀才不遇、已经饥不择食的孔子动了心，想去应召。子路说："从前我听老师您说过：亲身做过恶事的那等人，君子是不会与之为伍的。如今佛肸据中牟叛乱，明明是做不善的事啊，老师想前去，是什么理由呢？"孔子说了一段话：

然。有是言也：不曰坚乎，磨而不磷；不曰白乎，涅而不缁。吾其匏瓜也哉？焉能系而不食。

——《论语·阳货篇第十七》

孔子有点恼羞成怒地说：是的，我说过这话。但我也说过真正坚硬的东西，磨也磨不薄吗？本质洁白的东西，染也染不黑吗？难道我是匏瓜，只能挂着看而不能吃吗？孔子的言外之意就是，我只能是百无一用的书生吗？后常以"匏瓜空悬"的成语，比喻怀才不遇的人。

匏瓜的器用功能，古代典籍记载得还有很多，比如，《论语·雍也》在提到颜回简单的生活时有"一箪食，一瓢饮，在陋巷"这样的记述，说明当时已经把葫芦当作舀水的瓢用了。北宋大文学家苏东坡《前赤壁赋》中有"驾一叶之扁舟，举匏樽以相属"、《病中游祖塔院》中有"道人不惜阶前水，借与匏樽自在尝"的句子，两句中的匏樽，就是葫芦做的酒樽。

葫芦除用作盛物的日常器具之外，在古代还由于它成熟时密度很小而被当作浮水的用具。《庄子·逍遥游》中写了一个著名的故事：

惠子谓庄子曰："魏王贻我大瓠之种，我树之成，而实五石。以盛水浆，其坚不能自举也。剖之以为瓢，则瓠落无所容。非不呺然大也，吾为其无用而掊之。"庄子曰："夫子固拙于用大矣。……今子有五石之瓠，何不虑以为大樽，而浮于江湖，而忧其瓠落无所容？则夫子犹有蓬之心也夫！"

——《庄子·内篇·逍遥游第一》

　　庄子借惠子之口讲了一个貌似大而无用的东西"大瓠"：魏惠王给了惠子一颗大瓠的种子，惠子种下它，结果长成后的葫芦大得能盛下五石那么多的东西。惠子用它来装水，却因其硬度不够，无法提举。惠子又切开它当瓢用，但又太大了，没有什么地方可以放得下。惠子说：这东西大是够大的了，但大而无用，我把它砸了。庄子说：您老先生真不善于使用大的物件。……如今你有五石容积的大葫芦，怎么不考虑用它来制成船，而浮游于江湖之上，却只是担心葫芦太大无地置容呢？可见您的心识还是浅陋啊。

　　可能有人觉得庄子有点夸张，怎么可能有那么大的可以做船的葫芦，然而，记载唐朝时期云南割据政权南诏历史的史书《蛮书》，就记载古代西南地区出产一种大葫芦，"匏长丈余，冬瓜亦然，皆三尺围"，可见庄子所言不虚。

　　古籍中，用挖空的葫芦作为辅助渡具的记载就更多了。明朝人罗欣所著《物原》载"燧人以匏济水"，说上古时期的燧人氏，也就是华胥氏的母族，就已经懂得用葫芦来渡河了。

　　先秦时期的道家和兵家著作《鹖冠子》中有这样一句著名的格言：

　　中河失船，一壶千金，贵贱无常，时使物然。

——《鹖冠子·学问》

　　这里的壶就是用老熟的瓠子，也就是匏瓜做的葫芦。这句话是说，别看葫芦这东西平时不金贵，但如果是船到水中翻了，那么一只可以凫水保命的葫芦千金都不换。我们看一件东西是否有价值，那要看它在时下是否有用。

　　瓠子这种东西又能吃，又能做器用，对于最早发现这两种功用的华胥氏先民来说不啻具有划时代的意义。在生活实践中，华胥氏先民们注意到，当瓠花开得多、开得艳、开得好的时候，瓠瓜产量也就多，先民们就能吃饱，人员的生存机遇就大，部族的人口增殖速度就快，于是，在原始先民的意识中，瓠子这种枝蔓的繁衍、昌盛，瓠子的多籽，就与子嗣繁盛和部族血脉的繁衍与光大联系起来。另外，葫芦的外形，尤其是那种腰部细长的亚腰葫芦的外形，与女性的体型极其相似。此外，葫芦的外形与哺乳期女性膨胀的乳房，与即将分娩的孕妇的体型都极其相似，这就

很难让人们不产生遐想。因此，瓠子，乃至葫芦就逐渐有了生殖崇拜的意义。《礼记·昏义》记载：

> 妇至，婿揖妇以入，共牢而食，合卺而酳，所以合体，同尊卑，以亲之也。

这里的牢，就是古代称作祭品的牲畜；卺（音 jǐn），就是瓢，合卺，就是把一个葫芦剖开，夫妻两人各持一瓢，共同饮酒；酳（音 yìn），意同酌，小饮的意思。这句话的意思是，新娘到门，新郎要向新娘行拱手礼后，牵手领入，两人要吃从同一个祭品上切下的肉，各执由同一个葫芦切开、用红绳相互拴住的半瓢交杯对饮，然后把两个半瓢合在一起，以此表示夫妻同体连枝，亲如一人。

综上所述，瓠子在华胥氏先民的生活里是如此重要，可以说到了关乎生存和种族繁衍的地步，因此，华胥氏先民以瓠为图腾也就不足为奇了。到这里，可能有朋友会问，华胥氏以瓠为图腾，跟华胥氏得名是什么关系？关系就在瓠子花上。花这个字，上古时代是没有的，至少不在先民们的第一批造字之列。那么瓠子开花，古人用什么表示呢？这就是"华"字。华的小篆体是这样的：

我们看它是不是很像瓠子长得枝繁叶茂的样子？在华胥氏先民眼里，瓠花因为代表了生存的保障而显得比什么花都更美丽。据考证，西周青铜器《毛公鼎》《命毁》等铭文中的"华"字，字形看都像草木开花。在先秦两汉古籍中，凡是用到表示后来的"花"的概念的地方，用的都是"华"字，如：

> 桃之夭夭，灼灼其华。之子于归，宜其室家。
>
> ——《诗经·国风·周南·桃夭》

意思是：桃花绚烂，枝繁叶茂，那个女子嫁过去，一定会像桃花一样让夫家人丁兴旺。

> 苕之华，芸其黄矣。心之忧矣，维其伤矣。苕之华，其叶青青。知我如此，不

如无生。

——《诗经·小雅·鱼藻之什·苕之华》

意思是：凌霄花儿叶正鲜黄，我心忧苦黯然神伤；凌霄花儿叶正青青，早知如此何如无生。

这些诗句中的"华"字，都是做花解的。华因为本义是花，那么花的美丽、美好、艳丽就为华所承载，《说文解字》说：

华，荣也。

《尔雅·释草》说：

木谓之华，草谓之荣。

于是，华字逐渐就有了华丽、华美、华彩、华光、华耀、华茂、繁华等特定含义。隋唐时的大儒孔颖达在注释《尚书》和《春秋》时说的"中国有礼仪之大，故称夏；有服章之美，谓之华"的训释，显然是由上述思想转化而来。

至于华胥氏中的"胥"字，《说文解字》谓：

胥，蟹醢也。

胥就是肉酱的意思。胥字的小篆是这样的：

这个字，上面是"足"，下面是表示肉的意思的"月"，那么，胥的本义就是足踏在肉上做肉酱。华胥，应该就是把瓠子捣烂和肉块一起煮而成的酱，应该是当时对于华胥氏先民来说具有标志性意义的一道饭食。

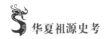

华胥氏在中国文化中的符号意义

华胥氏作为伏羲氏和女娲氏的母族，在伏羲女娲氏族联盟时期，仍然作为独立的氏族而存在，是联盟中近百个部落之一。甚至到了黄帝时代，华胥氏部落仍然独立存在，《列子·黄帝篇》就曾记载了一个黄帝梦游华胥国的著名的故事，在这个华胥国中，没有统治和被统治之分，人民没有超出必需的欲望，也淡然面对生死；对人对物，以一待之，毫不偏废；既不爱惜什么，也不畏惧什么，一切都顺其自然。这个理想国，在《礼记》里是"天下为公"的"大同世界"；在《道德经》里是"鸡犬之声相闻，老死不相往来"的"小国寡民"；在陶渊明笔下是"不知有汉，无论魏晋"的"桃花源"。这个理想国在历代无数文人墨客们看来，寄托了他们的政治理想，代表了他们在封建专制时代幻想寻求精神自由的一种情结。

具体而言，在后世的文学作品中，华胥国一词具有了三层意义：

第一，被视为远古盛世的象征。如晚唐诗人曹唐，在《圣帝击壤歌四十声》诗中，对唐尧盛世予以热情歌颂，对华胥国那种朴素、安逸、衣食富足而又道德高尚的太素之乡，寄予深切的企盼。其中有句曰："窅寐华胥国，嬉游太素乡。"表达类似意义的古人诗句还有"世言黄帝华胥境，千古蓁荒孰再游"（陆游《睡觉作》之一）、"竹床能几尺，上有华胥国"（辛弃疾《菩萨蛮·昼眠秋水》）等，不一而足。

第二，被视为可以逃避现实烦恼的乐土，如黄庭坚《醉落魄》："陶陶兀兀，尊前是我华胥国。争名争利休休莫。雪月风花，不醉怎生得。"陶陶兀兀，形容沉湎于酒，放纵傲慢。这几句是说，只有沉醉于酒，才能不再去想追名逐利，才能充分享受风花雪月。

第三，作为清美之梦的代称，如姜夔《踏莎行》："燕燕轻盈，莺莺娇软，分明又向华胥见。"是说作者怀念美丽的情人却无法相见，只能在梦里与之重逢了。类似的诗句还有"待得华胥春梦觉，半竿斜日下厢风"（晚唐诗人吴融《便殿候对》）、"竹鸡呼我出华胥，起灭篝灯拥燎炉"（王安石《书定林院窗》之一）、"饭余一枕华胥梦，不怪门生笑腹便"（陆游《晨雨》）、"酒酽未须令客醉，路长终是少人扶，早教幽梦到华胥"（周邦彦《浣溪沙》）、"风声水声闭清都，梦中令人羡华胥"（元好问《题商孟卿家明皇合曲图》），等等，诸如此类，不胜枚举。

传说中的华胥国的世界是那样美好，以至于古今无数文人墨客为此魂牵梦萦，但是从文明发展的角度看，华胥氏时代对于人类而言，还是一个荆棘遍地、凶险四伏、生存条件极其脆弱的时期，这一点那些文人墨客们不是不清楚，但是他们更宁愿一厢情愿地相信那是一个天堂一样的世外桃源，像坚持信仰一样坚信这一点，甚至有人认为那就是《圣经》中的伊甸园。这与其说是他们对远古理想国的憧憬，不如说是他们对世态炎凉、人情冷漠，各种竞争和冲突激烈而残酷的现实社会的极度失望所引起的一种极端反应。

三十八　伏羲氏

公元前7800年前后，在华胥氏之后崛起于古华夏大地的人类氏族是伏羲氏和女娲氏。古史记载和民间传说都认为伏羲和女娲创造历法、教民渔猎、驯养家畜、烹饪食物、婚嫁仪式、始造书契、发明陶埙、琴瑟乐器、创制氏族联盟制度、任命官员、始尊龙（蛇）为图腾等；他们都被后世历代王朝尊奉为中华文明滥觞之源和华夏血脉始祖。

"因风而生"

中国古代有一本专门记载伏羲、神农和黄帝时期的历史的典籍，叫《三坟》，根据这本书的记载，伏羲"因风而生"，所以姓风：

> 伏羲氏，燧人子也，因风而生，故风姓。
>
> ——《三坟·山坟·天皇伏羲氏皇策辞》

这里说伏羲是燧人氏之子，恐是一种泛泛的说法，确切地说应该是燧人氏之后。后世的研究认为，伏羲氏和女娲氏都是远古时期人类氏族华胥氏的后裔，而华胥氏也属于燧人氏的后代。关于"因风而生"，字面意思无非是在有风的天气中出生，但实际可能不是这么简单，我们先来看"风"的甲骨文形象：

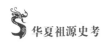

从字形看，有学者认为风的意思是风吹动羽毛或者树梢，据此认为有风的存在，飞在风中的鸟就叫作凤，但笔者以为，这个字代表鸟不假，但不是一般的鸟，而是

汉代画像石中的三足乌

太阳鸟三足乌，就是金乌，我们来看汉代画像石的三足乌形象：

现代研究表明，古人是把太阳黑子想象成了三只足的黑鸟。太阳黑子是在特定情况下（如日食），凭肉眼就能观测到的东西，或许正是在伏羲时代，人们就看到了太阳黑子。伏羲氏人把三足乌想象成是背负太阳的神鸟，据《山海经》载：

汤谷上有扶木，一日方至，一日方出，皆载于乌。

——《山海经·海经·大荒东经卷十四》

阳鸟概念形成后，伏羲氏人就把这种鸟作为具化的太阳神而加以崇拜，这可能才是鸟夷－东夷族系鸟图腾崇拜的"始祖鸟"——我们现在常说的神鸟凤凰，其原型很有可能就是三足乌。

有人可能会认为，甲骨文的这个"风"字，与我们今天使用的"风"字，在字源上看不出有什么联系，把"风"理解成是三足乌、凤凰是不是有些牵强。风的小篆体是这样的：

我们可以看到，这个字下面是个"虫"字，所以风的繁体字就是"風"。从这一点来看，它与三足乌确实看不出有什么关联。虫在上古语境下，很多时候表示的是蛇，而蛇是龙的具化形象，所以不排除这个是晚出的龙族人仿效风族人对"风""凤"的组字习惯而造的本族用字，即把下面的"鸟"换成了"龙"，风族的"风"意思是鸟御风而飞，而龙族的"风"就是龙御风而行。小篆体是秦代统一六国文字的成果，丞相李斯在厘定通用文字时，身为楚国人的他可能有意选用了其祖先黄帝族系使用的"风"字（或者可能就是楚国使用的"风"字，楚国王室是黄帝族系祝融吴回之后），而把伏羲族的"风"字确定为凤鸟的凤字。

综上所述，伏羲"因风而生"，意思就是伏羲出生在崇拜太阳神鸟三足乌的氏族，以风——也就是三足乌——为图腾，其后裔均以风为族徽，黄帝时代的大风、风后、风伯和尧舜时代的防风氏等，应该都是这一部族的嫡系后裔；甲骨文中的"四方风"就是四方风姓夷人的代称；夏商之际"九夷"中的"风夷"估计也属于这种情况。《国语·鲁语》曾载"禹致群神于会稽之山，防风氏后至，禹杀而戮之"，这个防风氏应该就是尧舜时期的防风氏的后裔。

"雷泽履迹而生"

伏羲"因风而生"，这其实本没什么神异的意思，但是到了汉代，天人感应、"五德－五帝终始说"思想开始盛行后，伏羲是"履大人迹而生"这种说法就开始盛

伏羲氏真像

太昊伏羲生于成纪风姓木德王都陈立百一十五年

清代画家姚文瀚绘伏羲画像

行，从本质上说，这不过是"感神迹而生圣人"的中国古代流行文化思想的又一次翻版。如果从出现时间看，伏羲感神迹而生还要晚出些。目前已知这种事的最早记载是《诗经·大雅·生民》所载的姜嫄履迹而生后稷，后来这种手法被汉代一些儒士们争加仿效，逐渐成为对圣人之出的定制性描述手法，在这之后，黄帝母亲附宝"之郊野，大电绕斗，枢星耀，感附宝"，生黄帝（《河图纬·握矩记》）、帝尧母庆都感赤龙而生帝尧（《春秋纬·合成图》）、安登感神龙首而生神农、女枢感瑶光贯月而生颛顼、握登感大虹而生舜、修纪感白帝金星之精而生禹等明显是互相复制的说法此起彼伏。

后来的传记作者在给历代开国皇帝所作的本纪中都几乎如法炮制，就连民间百姓也不能免俗，唐代大诗人李白的族叔李阳冰在给李白所作小传中，也说李白母亲"惊姜之夕，长庚入梦，故生而名白，以太白字之"（《草堂集》序）。长庚星就是太白金星，所以李白字太白。

"华胥履迹生伏羲"的始作俑者首推汉代纬书：

　　大迹出雷泽，华胥履之，生宓羲。

　　　　　　　　　　　　　　　　——《纬书集成·诗纬·含神雾》

　　华胥履迹，怪生皇牺。

　　　　　　　　　　　　　　　　——《纬书集成·孝经纬·钩命决》

　　华胥于雷泽履大人迹，而生伏羲。

　　　　　　　　　　　　　　　　——《纬书集成·河图纬·稽命征》

上述说法出来后，很多史典都奉为圭臬，全盘照收，如东汉末三国时代的史家皇甫谧所著的专述上古以来帝王世系及事迹的史书《帝王世纪》所载：

　　太暤帝包牺氏，风姓也，母曰华胥。燧人之世有巨人迹出于雷泽，华胥履之，而生伏羲于成纪。

　　　　　　　　　　　　　　　　——《帝王世纪辑存·自皇古至五帝第一》

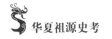

唐代史学家司马贞在《补史记·三皇本纪》中也说：

太皞包牺氏，风姓，代燧人氏继天而王。母曰华胥，履大人迹于雷泽，而生庖牺于成纪。蛇身人首，有圣德。"

同属感神迹而生的神话手法，东晋王嘉《拾遗记》提供了另一种说法：

春皇者，庖牺之别号。所都之国有华胥之州，神母游其上，有青虹绕神母，久而方灭，即觉有娠，历十二年而生庖牺。

——《拾遗记·卷一·春皇庖牺》

这是说，伏羲之母感青虹在她头上盘旋，即觉有了身孕，这一孕就是十二年，才生下伏羲——圣人怀胎远超一般人的十月之期也是一种惯用的神化手法。

所以，总体而言，伏羲母亲华胥氏雷泽履迹而生伏羲，是一种典型的神化手法，其真实性不必较真。

华夏民族的太阳神始祖

伏羲有多个名字，太暤、包牺氏、庖牺、春皇、虙牺、皇雄氏、宓羲、伏戏、牺皇、皇羲、太昊、伏牺等。关于伏羲的含义，东汉著名历史学家班固的解释是：

谓之伏羲者何？古之时未有三纲、六纪，民人但知其母，不知其父，能覆前而不能覆后，卧之詓詓，起之吁吁，饥即求食，饱即弃余，茹毛饮血而衣皮革。于是伏羲仰观象于天，俯察法于地，因夫妇正五行，始定人道，画八卦以治下，治下伏而化之，故谓之伏羲也。

——《白虎通义·卷一·号》

班固说伏羲因对百姓"伏而化之"，所以得名，这种解释令人难以苟同，这是典型的以今推古，就是根据后世的文化习俗和礼制而推定前世的事情。相比之下，皇甫谧的解释似乎更有道理些：

蛇身人首，有圣德，取牺牲以充包厨，故号曰包牺氏，后世因谬故或谓之伏羲，或谓之虙牺，一号皇雄氏，在位一百一十年。

——《帝王世纪辑存·自皇古至五帝第一》

在皇甫谧看来，伏羲这个名字是错讹的，应该叫包牺，包就是庖，源自于他最早把用于祭祀的牲畜在祭祀完毕后，交由厨房宰杀，再由大家分而食之。这种解释也得到了其他史典的印证，据《拾遗记》载：

庖者，包也，言包含万象，以牺牲登荐于百神，民服其圣，故曰庖牺，亦谓伏羲。变混沌之质，文宓其教，故曰宓牺。……以木德称王，故曰春皇。其明睿照于八区，是谓太昊。昊者，明也。位居东方，以含养蠢化，叶于木德，其音附角，号曰"木皇"。

——《拾遗记·卷一·春皇庖牺》

在笔者看来，作为氏族首领，伏羲更应该被称作太昊或太暤、大皥，这不是伏羲本来的名字，是他（她）的官号，而这个名字最早是对太阳神的称呼。太暤最早可能是负责祭祀太阳神的女巫兼部落首领，在父系社会时代，被追予了男性化的身份。在伏羲时代漫长的存续时间里，太暤氏应该出现过好几十位，后来有一位太暤氏首领首倡以牺牲充庖厨之后，他（她）就被尊称为是太暤庖牺氏。

伏羲就是太暤、太昊，最早见于先秦时期的典籍《世本》：

太昊伏羲氏。

——《世本八种·王谟缉本·三皇世系》

《世本八种·张澍萃集补本》也有此说法。但是在反映上古时期人文地理的经典著作《山海经》中却没有伏羲的名字，只有太暤：

西南有巴国。大暤生咸鸟，咸鸟生乘釐，乘釐生后照，后照是始为巴人。

——《山海经·海经·海内经第十八》

不管是暤，还是昊，也有古籍写作皓、暤，都是当时的人对太阳神的称谓，"昊"即"昊天"，指太阳高照而广袤无边的天，也有太阳经天而行的意思。后世以

东汉画像砖拓片——太阳神伏羲，1956 年四川省彭州市出土。画中一羽人，人首鸟身，戴冠，冠上飘羽。腹部有一圆轮，轮中有一金乌。

"皞皞"或"皓皓"形容洁白，以"皓旰"形容盛大，都与日出相关联。

主持祭祀太阳神的巫师同时也是部落首领，也被称为皞或昊，这一名称就约定俗成为部落首领的代名词，为区别后来的伏羲氏的后裔——东夷族系首领少昊，所以，伏羲被称为太昊、太皞。

伏羲氏是东夷族的祖先，这种说法没有错，但是不完整，应该说伏羲氏是所有华夏族系先民的祖先，这既包括东夷族系，也包括古羌人、炎帝族系、黄帝族系，乃至蚩尤九黎族系，相比之下，严格意义上的东夷族系的出现要晚很长时间。

龙图腾的源起

很多典籍都提到，伏羲的母亲华胥氏履神迹而怀上伏羲的地方叫雷泽。雷泽又称雷夏泽，最早见于《尚书》：

雷夏即泽，雍、沮会同。

——《尚书·夏书·禹贡》

唐人张守节《史记正义》引《括地志》说：

雷夏泽在濮州雷泽县郭外西北，雍、沮二水在雷泽西北平地也。

濮州雷泽经考证就是今天的菏泽，菏泽在远古时期原系天然古泽。

在中国古文化研究者看来，所有神话传说都有其事实成分，我们在仔细分析了上述文字后，对雷泽有了一些思考。雷泽因何而名，因雷而名。古人相信，雷泽是雷神的居住地，《山海经》记载：

雷泽中有雷神，龙身而人头，鼓其腹。在吴西。

——《山海经·海经·海内东经第十三》

《淮南子》载：

雷泽有神，龙身人头，鼓其腹而熙。

——《淮南子·地形训第四》

雷神的典型形象就是"龙身而人头"，在野外见过闪电的人都应该清楚，这副形象与张牙舞爪的闪电非常相像；"鼓其腹"，意即腹中响声如鼓，指的就是打雷声。现代科学常识告诉我们，因为闪电的传播速度要远远快于雷声的传播速度，我们都是先看到闪电，后听到雷声。所以，我们先看到这个雷神"龙身而人头"，然后会听到"鼓其腹而熙"。

我们再结合东晋王嘉《拾遗记》记载的另一种伏羲诞孕的传说，就不难看出点什么了：

春皇者，庖牺之别号。所都之国有华胥之州，神母游其上，有青虹绕神母，久而方灭，即觉有娠，历十二年而生庖牺。

——《拾遗记·卷一·春皇庖牺》

前述几乎所有古籍都认为，华胥氏是因跟雷神交合而怀孕，交合的方式是履雷神的足迹。用今天合理的逻辑来解释，就是华胥氏一个女子在7800多年前的某一天，在野外遭遇了闪电，闪电打在地上，露出一行坑迹。这位华胥氏女子一路踩着泥泞跑回家。之后，"风雨如晦，鸡鸣不已，既见君子，云胡不喜"（《诗经·郑风·风雨》），在等雨停的时间里，华胥氏与男人发生了关系。雨停风住后，华胥氏所住的地方还出现了彩虹，就是《拾遗记》所说的青虹。之后不久，华胥氏就发现自己怀孕了，最后诞下了伏羲。之后又经过十二年，伏羲的后代们演化成伏羲部落，并掌握了所在部落联盟的领导权。古代十二年是一纪，所以伏羲的诞生地被命名为"成纪"。

华胥氏认为自己是受了雷神的灵气而怀孕，所以，就根据张牙舞爪的闪电和雨后出现的彩虹，设计出一种图腾形象，并根据其发出的声音，命之为"龙"。闪电和彩虹是龙的两种形态，龙是愤怒的虹，虹是平和的龙。虹的甲骨文形象是：

从直观看，它像什么？像蛇，两头蛇，或者说是两条正在交尾的蛇。可能正是因为龙（虹）的形象与蛇非常相像，而伏羲和女娲都把这种形象作为自己的图腾，所以后人认为伏羲和女娲都是蛇身，也就不奇怪了。《艺文类聚》卷十一引《帝王世纪》：

太昊帝庖牺氏，风姓也，蛇身人首。

晋王嘉《拾遗记》：

蛇身之神，即羲皇也。

《山海经·大荒西经第十六》郭璞注：

女娲，古神女而帝者，人面蛇身，一日中七十变。

《昭明文选》载东汉王延寿的《鲁灵光殿赋》说：

伏羲鳞身，女娲蛇躯。

《艺文类聚》卷十一引《帝王世纪》：

女娲氏，亦风姓也，作笙簧，亦蛇身人首。

《艺文类聚》卷十一引曹植《女娲赞》：

或云二皇，人首蛇形，神化七十，何德之灵。

河南南阳出土的汉代砖墓画像中的伏羲、女娲形象，腰身以上是人形，穿袍戴冠，腰身以下则是蛇躯，尾端亲密地卷曲在一起。又如山东嘉祥出土的画像石，伏

南阳市草店东汉墓石刻伏羲、女娲交尾图（左为原物图，右为拓片图），两人各执华盖，各拥日月。始祖神兼日月神的伏羲女娲，作为对偶神二尾相交，蕴含阴阳交合，夫妻和谐的象征寓意。文物原为鲁迅所藏。

羲、女娲的形象亦同于南阳汉墓画像，两人背向，伏羲在左，手执曲尺，女娲在右，手执圆规，空中有几位长着翅膀的人首蛇身的小人。

华胥氏的后代后来孕育出很多部落，每个部落都有自己独特的龙形图腾，以互相区别，据三国时魏人张揖所著的百科辞典《广雅》记载：

有鳞日蛟龙，有翼日应龙，有角日虬龙，无角日螭龙。

此外，还有一条腿的夔龙、龙头鱼身的鱼龙、一身首尾各一头的并逢龙，一头双身的肥遗龙、一身两头的窃曲龙、枳首龙、象鼻龙、天鼋龙、玄武龙、马龙，还有被归入不同说法的龙生九子的各种龙，如囚牛、睚眦（yá zì）、嘲风、蒲牢、狻猊（suān ní）、赑屃（bì xì）、狴犴（bì àn）、螭吻／鸱尾（chī wěn/chī wěi）、负屃（fù xì）、饕餮（tāo tiè）、蚣蝮（gōng fù）、椒图（jiāo tú）、麒麟、犼（朝天吼）、貔貅等。上述这些应该都是伏羲女娲这个龙图腾部族联盟中不同的部落的专有图腾形象。

一些古籍还记载，伏羲还以龙的名号来命名一些职官。据《左转》载：

太皋氏以龙纪，故为龙师而龙名。

——《左转·昭召公十七年》

据《通鉴补记外编》载，伏羲任命的一些龙官如下：

太昊时有龙马负图出于河之瑞，因而名官始以龙纪，号日龙师。命朱襄为飞龙氏，造书契；昊英为潜龙氏，造甲历；大庭为居龙氏，造屋庐；浑沌为降龙氏，驱民害；阴康为土龙氏，治田畴；栗陆为水龙氏，繁滋草木，疏导泉源。又命五官：春官为青龙氏，又日苍龙；夏官为赤龙氏；秋官为白龙氏；冬官为黑龙氏；中官为黄龙氏。

此外，还有专事养龙的豢龙氏，驾龙的御龙氏等。一些古籍还提到有句龙氏、应龙氏、烛龙氏等，足见伏羲女娲部落联盟中出自同一祖先血脉的后裔分支之多。

龙图腾形象的最后完善和定型是在黄帝时期，黄帝在先后战胜炎帝神农氏、蚩尤和其他部族的叛乱后，创建了黄帝氏族联盟，并举行了由境内各部落和氏族首领参加的大会盟，史称"釜山会盟"，在这次盟会上，黄帝在自己本族系的龙图腾的基础上，添加进其他部族的部分图腾形象，结果就形成了我们今天看到的"头似驼，角似鹿，眼似兔，耳似牛，项似蛇，腹似蜃，鳞似鲤，爪似鹰，掌似虎"这样的合成龙。我们今天说中华民族是龙的传人，其更深远的文化意义是说，我们都是8000年前生活在中华大地上的伏羲女娲氏族联盟的后裔。

伏羲时代的文明成果

后人总结伏羲时代的文明成果，归纳为"四大发明"：

首先是网。《易·系辞下》载：

古者庖牺氏之王天下也，做结绳而为网罟，亦佃亦渔。

需要指出的是，伏羲是太暤部族首领的称号，而不是一个人的名字，伏羲氏可能有过多位首领，而发明网的这位首领是哪一位，已经不可考，所以，统称为伏羲所制。伏羲时代，用给绳子打结的方法来记录猎获物的数量，但令所有人意想不到的是，有一天一个人突然想到把打了结的绳子再互相按横向和纵向缠织在一起，这就出现了网。也有古史记载说，伏羲是看到了蜘蛛结网而受到启发而发明的网罟，据东晋道教学者葛洪的著作《抱朴子》载：

太昊师蜘蛛而结网。

——《抱朴子·内篇·对俗卷三》

关于网的发明者也有另一种说法，那就是伏羲的臣子芒：

伏羲臣芒氏作罗。芒作罔。

——《世本八种·秦嘉谟缉补本·作篇》

罗是用来捕鸟的，而网是用来捕鱼的。不管是谁发明了网，这种工具在伏羲时代就已出现，这一点史家好像没有异议。

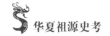

网的发明及使用，不啻于一场技术革命。最早的网是用植物纤维编织的，伏羲氏族人用这种原始的渔网，开始了人类最早的捕捞作业。渔网的出现使鱼获量急速攀升，人们的食物来源有了更充分的保证。另外，网不只是用来捕鱼，用来捕猎也是很好的工具，从此天上飞的、地上跑的猎获物都得到了极大的增加，裹腹的食物、蔽体的兽皮变得充足甚至剩余，氏族人口就开始增加。在原始社会，人口数量就意味着生产力，意味着更强的生存竞争力和更大的生存空间。网罟的发明使伏羲氏在远古时代与其他人类氏族的生存竞争中脱颖而出。

上古时代的渔网到今天已经实物难寻，但在上古时代的陶器中，渔网纹饰屡见不鲜。1958年，我国考古学家在陕西省宝鸡出土了一件新石器时代仰韶文化的彩陶壶，壶两壁以赭黑彩绘的网纹，至今清晰可辨，该壶两头尖翘，一般被认为是船形，而渔网挂在船侧，也就顺理成章。

陕西宝鸡仰韶文化遗址出土的网纹彩陶船形壶上，壶两壁以赭黑彩绘网纹，至今清晰可辨。现藏中国国家博物馆

伏羲时代的第二项重大文明成果就是举世闻名的八卦，《帝王世纪》载：

伏羲氏仰观象于天，俯观法于地，观鸟兽之文与地之宜，近取诸身，远取诸物，于是造书契以代结绳之政，画八卦以通神明之德，以类万物之情。

——《帝王世纪辑存·自皇古至五帝第一》

意思是：伏羲氏仰观天文，俯察地象，研究鸟兽在天上飞过、在地上爬过的痕迹，近观察自身，远观察万物，于是发明了数字符号来代替用在绳子上打结计算和记事的方法，推演出八卦来和神明沟通，以获知万物的运行规律。

皇甫谧说了这么多，其实就是简单一句话，出于趋利避害的考虑，古人希望能预知吉凶祸福，就试图总结一些天文、地象所昭示的规律，这就是占算，八卦的主要目的就是占算。《古微书》卷十二引《春秋内事》说"至伏羲乃有消息祸福，以制吉凶，始合之以为元"，说的就是这个。

伏羲以"—"为阳，以"--"为阴，用三组阴阳符号的不同排列组合，推演出乾、坤、震、巽、坎、艮、离、兑八卦，分别象征天、地、雷、风、水、火、山、泽八种自然现象，这就是"以类万物之情"。

传说伏羲根据黄河出水的龙马所负河图而创制八卦，这不过又是一种神化手法，其实八卦最开始可能就是一种二进位制记事方法，用以代替落后的结绳记事法。但是，当八卦与自然物象相匹配，八卦所代表的自然物象之间又可以不断组合，来象征各种自然现象和人事现象，其神妙性就显现出来了。古人在评价伏羲创制八卦的意义时说"一画开天"，正如南宋大诗人陆游所说"无端凿破乾坤秘，祸始羲皇一画时"（《读易》），就是说自从有了八卦，就等于找到了揭开宇宙秘密的钥匙。

在伏羲之后，有好事者又搞出什么先天八卦图、中天八卦图、后天八卦图等。到了商朝末年，周文王在被纣王囚禁期间，在狱中由八卦推演出六十四卦。在此后的近三千年的时间里，易学成为中国文化中无可替代的显学，其所体现的辩证观、自然观也深深地植根于华夏民族的精神意识中。

八卦符号还被后人认定为是中华文字的起源。

更让世界惊奇的是，现代科学的许多重大发现和突破，如二进制、原子结构、生物遗传等学科理论，都可以从八卦理论中找到相对应的解释。法国数学家笛卡尔、德国数学家莱布尼茨都承认，现在广泛应用于计算机机技术上的二进制就是源于八卦。随着科学的发展，八卦及由其衍生的六十四卦会带给我们更多的惊喜，让我们认识更多的宇宙奥秘，所有这一切恐怕都是八千年前的我们的老祖宗伏羲他老人家始料不及的。

【明】仇英 帝王道统万年图之伏羲

　　伏羲时代的第三大文明成果就是改革了嫁娶制度。在此之前，原始先民实行的是氏族群婚制度，正如《吕氏春秋》所载：

　　昔太古尝无君矣，其民众生群处，知母而不知父，无亲戚兄弟夫妻男女之别，无上下长幼之道……

——《吕氏春秋·卷二十·恃君览·恃君》

　　当时的情况就是男女之间无论长幼、血亲都可以互相婚媾，乱伦和近亲婚媾的现象十分普遍。伏羲认识到这种婚姻关系的弊病，"老阳不生，老阴不育"，再加上血亲不分，极容易造成生育率低下和近亲繁殖，所以他规定青壮年男女互为婚姻，这就是男女对偶婚。

传说中伏羲女娲本是兄妹，而成为夫妻，就是这种对偶婚的一种反映。但需要指出的是，这种说法并不准确，伏羲女娲分别是两个氏族，虽然同出于华胥氏，但分属于华胥氏的两个不同分支，应该只是名义上的兄妹部族，可能有一定的血亲关系，但就像我们现在家族中的远房兄妹一样。在当时，由于各种原因，特别是天灾和疫病，很有可能其他的人类氏族濒于灭绝，而伏羲和女娲氏族由于生产力水平要高于其他人类氏族，所以在这场生存竞争中幸存下来，他们无从选择，而只能实行互婚，但为了不使互婚关系过于混乱，伏羲规定了嫁娶制度，据成书于战国时代的典籍《世本》载：

伏牺制以俪皮嫁娶之礼。

——《世本八种·陈其荣增订本·帝系篇》

俪皮就是成对的兽皮。伏羲规定男女双方只有行俪皮之礼，才可以结成婚姻，说白了也是通过这种方式在一定程度上固化婚姻双方，尽量避免亲兄妹、姐弟之间的婚媾。为了区分血缘关系的远近，伏羲还规定了姓氏制度，据《路史》载：

正姓氏，通媒妁，以重万民之丽。丽皮荐之，以严其礼，示合姓之难，拼人情之不渎。

——《路史·卷十·后纪一·禅通纪·太昊纪上》

所谓"正姓氏"，主要是指姓，当时是母系社会，还没有后来的氏的概念。伏羲规定同母所出，随母而姓，"同姓不婚，惧不殖也"；"通媒妁"是女娲当政时推出的制度，目的是通过媒妁之人，进一步对男女婚媾双方的年龄、血缘进行甄别。所有这一切都是为了减少乱伦和近亲繁殖，以利优生。

伏羲时代的第四大文明成果是音乐和以琴瑟为代表的乐器的出现。琴和瑟都是拨弦乐器，但是弦数不同。据《世本》载：

庖牺氏作瑟。瑟，洁也，使人精洁于心，纯一于行也。宓羲作瑟，八尺一寸，四十五弦。庖牺作五十弦。黄帝使素女鼓瑟，哀不自胜，乃破为二十五弦，具二均声。

伏羲作琴，伏羲造琴瑟。

——《世本八种·茆泮林补本·作篇》

瑟最早是五十根琴弦，每根弦有一柱，唐代大诗人李商隐诗"锦瑟无端五十弦，一弦一柱思华年"（《无题》）就是说的这种瑟。后来黄帝觉得五十弦瑟声音太过凄婉，更可能是因为弹奏太为复杂，就让人改为二十五弦。

除了琴瑟，《拾遗记》载说，伏羲时代还出现了埙：

丝桑为瑟，均土为埙。礼乐于是兴矣。

——《拾遗记·卷一·春皇庖牺》

埙是用陶土烧制的一种吹奏乐器，圆形或椭圆形，有六孔，亦称陶埙。

宋代类书《太平御览》引《通礼义纂》载，伏羲时还出现了箫：

伏羲作箫，十六管。

——《太平御览·卷五百八十一·乐部十九·通礼义纂》

有了乐器，就一定要有音乐，据唐代史学家杜佑的《通典》载：

伏羲作乐，名曰《扶来》，又名《立本》。

——《通典·卷第一百四十一·乐一》

楚辞则记载了伏羲时的另一首乐曲，叫《驾辩》：

伏戏《驾辩》，楚《劳商》只。

——《楚辞·大招》

《隋书·音乐志》记载伏羲时还有"网罟之咏"：

伊耆有苇龠之音，伏牺有网罟之咏，葛天八阕，神农五弦，事与功偕，其来已尚。

——《隋书·音乐志卷十三》

—074—

所有这些乐曲，我们今天只知道名字而难闻其详，但已经充分说明，伏羲时代，随着生产力水平的提高，人们的温饱问题得到解决，就自然产生了精神娱乐的要求。

三十九　女娲氏

女娲与伏羲是什么关系？女娲氏与伏羲氏同源共祖，所以民间才有伏羲和女娲为兄妹的说法，实际上，两部族的关系应该与炎帝族系和黄帝族系的关系差不多，他们是亲族不假，但还没有亲到是亲生兄妹一样的关系。从一些史书的记载看，女娲氏更可能是在伏羲氏之后成为氏族联盟首领的，如皇甫谧所说：

> 女娲氏，亦风姓也，承庖牺制度，亦蛇身人首，一号女希，是为女皇。
> ——《帝王世纪辑存·自三皇至五帝第一》

唐代史家司马贞也说：

> 女娲氏，亦风姓，蛇身人首，有神圣之德，代宓牺立，号曰女希氏。无革造，惟作笙簧，故《易》不载，不承五运。
> ——《补史记·三皇本纪》

在当时，由于伏羲和女娲这两个部落的生产力水平、生存竞争力、抗御自然灾害的能力都比同时期其他部落要高，所以其他部落都选择与伏羲和女娲部落结盟或归附，其结果是中国历史上最早的部落联盟组织——伏羲女娲氏族联盟就此出现，一开始可能是伏羲氏人担任首领，后来，女娲氏崛起，"代宓牺立"，成为氏族联盟首领，但是女娲氏对伏羲时期的一切制度、方式全盘继承，除了发明了用竹子做的笙簧乐器外，没有别的改易之处，所以，以皇甫谧、司马贞为代表的传统史家不认为女娲是建立了一个新的王朝，不适用五德终始说，而是认为她与伏羲一样同属木德。

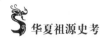

史上第一位"媒婆"

女娲在出任氏族联盟首领期间所做的最重要的一件事是正婚姻。前面我们说过，在远古时期，人们实行的是部落群婚制，男女互婚而不分长幼亲疏，婴儿出生率、存活率、健康率都十分低下，伏羲氏发现了这个问题，而对男女婚媾方式进行了改革，规定青壮年男女互为婚姻，这就是青壮男女群婚制，还规定了要有嫁娶之礼，不能随意婚媾。女娲氏在这个基础上进一步规定，男女之间要发生婚媾关系，必须要通过媒人，而且女娲氏亲自担任历史上的第一位媒人，据东汉史家应劭所著《风俗通义》载：

女娲祷神祠，祈而为女媒，因置婚姻。

女娲以氏族联盟首领的身份兼任媒人，正说明这个职位的重要性，她要对男女双方的年龄，特别是血缘远近、健康情况进行核查，没有其首肯，男女不得婚媾。女娲氏时代开始的媒人制度是最具有中国特色的婚检制度，从女娲时起，一直贯穿整个封建时代，即便在今天也还能见到，可以说是人类社会发展史上的一大奇迹。

关于"抟土造人"

关于女娲，我们熟知的还有抟土造人和采石补天两大神话。关于抟土造人，一些古史是这样记载的：

俗说天地开辟，未有人民，女娲抟黄土作人，剧务，力不暇供，乃引绳于絚泥中于举以为人。故富贵者黄土人也，贫贱凡庸者絚人也。
——《太平御览·卷七十八·皇王部三·女娲氏·风俗通》

意思是：天地开辟之初，大地上并没有人类，是女娲把黄土捏成团造了人。她干得又忙又累，竭尽全力干还赶不上供应，于是她就拿了绳子把它投入泥浆中，举起绳子一甩，泥浆洒落在地上，就变成了一个个人。后人说，富贵的人是女娲亲手抟黄土造的，而贫贱的人只是女娲用绳沾泥浆，把泥浆洒落在地上变成的。

抟土造人可能还是与女娲确定的一种婚姻制度有关，这就是走婚制，由于当时是母系氏族社会，女娲规定男人要到女方家成婚，子女也由女方家族抚养，所以在总体上说，所有子女都是母系氏族的首领的后裔，当时的首领是女娲，所以她就成了名义上的所有氏族成员的大家长、始祖母。至于女娲亲手抟土造的人就是富贵人，用绳子甩泥浆甩出来的就是凡夫俗子，则纯粹是后世阶级社会的御用文人别有用心地炮制出来的荒诞不经的论调。

女娲补天神话的真相

关于女娲补天，实际的真相可能远比这则神话所带给人的想象惨烈得多。这次事件以《淮南子》的记载最为"生动"：

往古之时，四极废，九州裂，天不兼覆，地不周载；火爁焱而不灭，水浩洋而不息。猛兽食颛民，鸷鸟攫老弱。于是女娲炼五色石以补苍天，断鳌足以立四极，杀黑龙以济冀州，积芦灰以止淫水。

——《淮南子·览冥训第六》

意思是：远古时代，四根擎天大柱倾倒，九州大地裂毁，天不能覆盖大地，大地无法承载万物，大火蔓延不熄，洪水泛滥不止，猛兽吞食良民，凶禽捕击老弱。于是女娲冶炼五色石来修补苍天，砍下鳌足当擎天大柱，斩杀黑龙来救济冀州，堆积芦灰来阻止洪水。

这段记载确实生动，所以很多古文选集，或古代神话选集都进行了收录。但必须要说的是，这确实只是一则生动的神话故事，为了让这则神话显得更合理，还有人续写了为什么会"四极废，九州裂，天不兼覆，地不周载"，是因为有二神争战，其中一位撞倒了天柱，这就是水神共工和火神祝融的"水火大战"：

当其（女娲氏）末年也，诸侯有共工氏，任智刑，以强霸而不王。以水承木，乃与祝融战，不胜而怒，乃头触不周山，崩，天柱折，地维缺，女娲乃炼五色石以补天，断鳌足以立四极，聚芦灰以止滔水，以济冀州。天是地平天成，不改旧物。

——《史记·补三皇本纪》

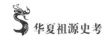

这段故事因为中国人差不多都耳熟能详,这里就不赘译了。笔者想说的是,一般人认为历史上的共工和祝融都各只有一个,但实际上共工和祝融都不是人名,共工是对水官的称谓,祝融是对火官的叫法,所以在不同的历史时期都有不同的共工和祝融,炎帝族系有共工和祝融,黄帝族系也有共工和祝融,女娲时代有女娲时代的共工和祝融。"水火大战"发生在哪个时期的共工和祝融身上,有很大争论。

有学者考证,在先秦之前,女娲炼石补天和共工怒触不周山是完全独立的两个故事,是由东汉时王充把两件事焊接到一块的。王充在《论衡·谈天篇》种把"女娲炼石补苍天"的原因归结于"共工触怒不周山"导致天塌地陷,至此,女娲与共工,融合成了一则救世神话。

共工和祝融之战,《论衡·谈天篇》和《淮南子·天文训》都说是共工与颛顼之战,但实际上更有可能是炎帝时期炎帝族系的共工和祝融之间的冲突,这个我们在后面讲到"炎帝之臣共工和祝融"时还会跟大家探讨。如果是共工与颛顼之战,则颛顼时代与女娲时代中间间隔了好几千年,女娲时代的补天与共工把天柱撞倒没有什么关系。

那么,"女娲炼石补苍天"到底是怎么回事呢?中国地震局第一监测中心的研究员王若柏从他的专业角度给出了答案:女娲补天的神话实际上可能是远古时代的一次陨石雨灾害。王若柏通过研究发现,今天的河北白洋淀流域的特殊地貌是全新世中晚期的一次规模巨大的陨石雨撞击留下的。

王若柏和他的同事们在研究白洋淀流域区的历史地貌时发现,从任丘、河间到保定、望都一带,向西偏北的方向延伸,一直到完县、满城附近,存在大量特殊的地貌现象——碟形洼地及其群体。他们比对近百年前出版的地形图和现代航空照片,使用计算机数字技术(DTM)将现代地形和人工地物层层剥去,仅保留原始的自然地貌景象,将这种洼地的复原图与形成年代相近的国内外其他地区的陨石撞击坑进行对比后发现,白洋淀地区碟形洼地和其群体是史前规模巨大的陨石雨撞击后,在近代冲积平原上留下的遗迹。这次撞击发生的地域非常广,从晋北一直到冀中,甚至可能延伸到渤海湾附近。陨石雨发生的时间大概在史前的某一时刻,最有可能是距今4000—5000年间。

近年考古学已有明确的证据,女娲补天的神话的遗迹主要存在于山西、河北一带。这些遗迹的地理分布位置恰恰位于白洋淀流星雨撞击区的南部和西部附近。

所以,女娲补天,补的不是天,而可能是被砸坏、烧坏的屋顶、洞顶,所谓"天柱折",应该是指部族的图腾神柱被陨石击倒,"地维缺"就是指被陨石砸出的

明末清初时期的画家任伯年绘《女娲炼石图》

坑，"炼五色石以补天"就是修复被砸坏的神庙的屋顶，"断鳌足以立四极"可能就是在房子四角埋下石头基柱，"聚芦灰以止淫水"可能就是用烧出来的草灰混合泥土，抹在石头上作粘合剂来修筑被砸坏的水坝。

我们从宋代之前还有的民间节日天穿节也可以管窥一下"补天"的真正含义，明代"三才子"之首、文学家杨慎在《同品》一书中记载：

> 宋以正月二十三日为天穿日，言女娲氏以是日补天，俗以煎饼置屋上，名曰补天穿。此为"天穿节"。

可见，女娲补天，补的可能就是屋顶。

伏羲女娲氏族联盟的主要成员

伏羲女娲氏族联盟是历史最早、也是当时世界上最大的一个人类聚群，除伏羲氏、女娲氏部落外，还有很多重要的氏族部落，如《庄子》中所载：

> 子独不知至德之世乎？昔者容成氏、大庭氏、伯皇氏、中央氏、栗陆氏、骊畜氏、轩辕氏、赫胥氏、尊卢氏、祝融氏、伏牺氏、神农氏，当是时也，民结绳而用之，甘其食，美其服，乐其俗，安其居，邻国相望，鸡狗之音相闻，民至老死而不相往来。若此之时，则至治已。
>
> ——《庄子·外篇·胠箧第十》

这段文字充分表达了庄子对上古时代小国寡民、垂拱而治、安居乐俗的社会风情的高度景仰和向往之情。庄子说，你唯独不知道那盛德的时代吗？在从前容成氏、大庭氏、伯皇氏、中央氏、栗陆氏、骊畜氏、轩辕氏、赫胥氏、尊卢氏、祝融氏、伏牺氏、神农氏的时代，人民靠结绳的办法记事，把粗疏的饭菜认作美味，把朴素的衣衫认作美服，把纯厚的风俗认作欢乐，把简陋的居所认作安乐窝，邻近的国家相互观望，鸡狗之声相互听闻，百姓直至老死也互不往来。像这样的时代，就可说是真正的太平治世了。

另据《遁甲开山图》载：

汉代的伏羲和女娲形象，直观看是交缠在一起的两条蛇（龙）

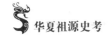
女娲氏没，大庭氏王有天下，五凤异色。次有柏皇氏、中央氏、粟陆氏、骊连氏、赫胥氏、尊卢氏、祝融氏、混沌氏、昊英氏、有巢氏、葛天氏、阴康氏、朱襄氏、无怀氏，凡十五代，皆袭庖牺之号。

——《太平御览·卷七十八·皇王部三·女娲氏·遁甲开山图》

《帝王世纪》也载说：

包牺氏没，女娲氏代立，为女皇，亦风姓也。女娲氏没，次有大庭氏、柏皇氏、中央氏、粟陆氏、骊连氏、赫胥氏、尊卢氏、混沌氏、皞英氏、有巢氏、阴康氏、无怀氏凡十五世，皆袭包牺之号也。

——《帝王世纪辑存·自皇古至五帝第一》

上述引文中提到的那些氏族的名字在炎黄族群的形成过程中都起到了非常重要的作用，几乎所有这些氏族中都出过杰出人物，一些人还做过伏羲女娲氏族联盟以及之后的炎帝氏族联盟的首领。这些部族和氏族互相联姻和融合，其后代是构成炎黄族群的重要组成部分。

· 共工氏

共工，长沙子弹库楚帛书作"共攻"。共工这个名字大家都耳熟能详，但可能并非所有人都知道共工不单纯是个人的名字，它在几千年的时间里都是上古时期专门从事治水的氏族的名字，后来还变成了掌管水利的水官的名字。

共工本义是筹谋、齐举齐攻、恭敬、供奉、供给的意思。甲骨文中的"工"字写作上"工"下"口"，而"工"的形状为斤锛之类斫木工具，所以甲骨文"工"字表示用斤锛之类工具整修东西，或者进行这类活动的工匠。可知"共工"一词的含义是合作完成一件复杂的事情。兴修水利是一件比较复杂的事情，用现代话说就是一个系统工程，需要多个工种，数以百计的工匠通力合作，同时还需要相当程度的组织协调工作才能完成。由"共工"这一名称可知，共工氏是一个善于组织人力治水的部落。

风姓共工氏是伏羲女娲氏族联盟中的一个非常重要的成员，其族长曾位居联盟的上相之位，史载：

皇曰：咨予上相共工，我惟老极无为，子惟扶我正道，咨告于民，俾知甲历，日月岁时自兹始，无或不记，子勿怠。

共工曰：工居君臣之位，无有劳，君其念哉。

——《三坟·山坟·天皇伏羲氏皇策辞》

根据《三坟》的记载，伏羲女娲氏族联盟成立后，天皇伏羲氏命昊英氏制定历法，昊英氏历时二十二年，终于制定完成。伏羲于是专门召集氏族联盟大会颁布这套历法。上述这段文字就是伏羲训诫上相共工氏，要他像伏羲一样遵守无为而治的天道规律，要让百姓都了解这部历法，按历法行事和记事，不要有任何懈怠，等等。

风姓共工氏世代担任水官，所以其氏族名字共工也慢慢演变成了水官这一职位的名号而一代一代传承下去。需要我们特别注意的是，神话传说中的"水火大战"的当事人之一的共工氏，不是这里说的风姓共工氏，而是炎帝族姜姓共工氏，我们在下文还会探讨。

伏羲女娲氏族联盟被炎帝魁隗氏氏族联盟取代后，水官共工的职位从此均出于姜姓炎帝魁隗氏氏族，风姓共工氏被同化。

· 柏皇氏

柏皇亦作"柏黄""栢篁"。有学者考证说，柏皇氏为燧人氏东迁北方的一个支脉，他们在平顶山东南一处水草丰茂、自然资源丰厚的地方驻扎下来，在那里开疆辟土建造房舍，建立柏邑（今河南驻马店市西平县柏城镇），始称柏皇氏。

柏皇氏是伏羲女娲氏族联盟中的一个重要部落，早在联盟初期就已经很强大，曾被联盟首任首领伏羲封为下相，为朝中的主政大臣，史载：

皇曰：下相皇桓，我惟老极无为，子惟扶我正道，抚爱下民，同力咨告于民，俾知甲历，日月岁时自兹始，无或不记，子其勿怠。桓曰：居君臣之位，无有劳，君其念哉。

——《三坟·山坟·天皇伏羲氏皇策辞》

对照天皇伏羲氏给上相共工氏的训诫，大家会发现给下相柏皇氏的训诫只多了"抚爱下民，同力"几个字，我们的理解就是让柏皇氏把主要精力还是放在管理自己下属的民众上，行有余力，则要与共工氏一起，传播新编订的历法，显然他和共工

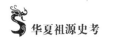

氏之中，还是以共工氏为主，许多事项管理方面，柏皇氏要协助共工氏。

• 昊英氏

昊英一名最早见于《商君书》，商鞅说：

> 昔者昊英之世，以伐木杀兽，人民少而木兽多。

> ——《商君书·画策》

意思是：过去昊英氏统治的时代，让民众砍树捕杀野兽，那是因为当时民众少而树木、野兽多。

关于昊英氏的身份，史载：

> 皇曰：命子英居我潜龙之位，主我阴阳甲历，咨于四方上下，无或差。英曰：依其法亦顺，君无念哉。皇曰：无为。后二十二易草木，昊英氏进历于君曰：历起甲寅。

> ——《三坟·山坟·天皇伏羲氏皇策辞》

意思是伏羲氏说：命令子英居我潜龙之位，主持阴阳卜筮之事，向天地四方做咨询和观察，千万不要出差错。昊英说：我一定依法度从事，君上您就放心吧。天皇伏羲氏说：一切都要顺应天道不要有人为的因素。过了二十二年，昊英氏向伏羲氏进献了一部历法，说：这部历法从甲寅年开始。

显然，昊英氏在伏羲女娲氏族联盟任负责历法制定的天文官员，相当于后世的钦天监，在上古时代，这是一个非常重要的职位。

• 大庭氏

"女娲氏没，大庭氏王有天下"，这里的"女娲氏"应是指伏羲女娲氏族联盟，而"大庭氏"应是指在伏羲女娲氏族联盟之后兴起的炎帝氏族联盟，后者中有很多氏族的首领都担任过联盟的领袖，其中就包括大庭氏，所以，在某些特定情况下，大庭氏也作为炎帝神农氏的别称，南宋历史学家郑樵就指出：

> 炎帝神农氏起于烈山，亦曰连山氏，亦曰大庭氏，亦曰魁隗氏。

> ——《通志·三皇纪》

不过，需要特别指出的是，郑樵这里所说的炎帝神农氏应该为炎帝魁槐氏，关于后者，我们还会在下面详细讨论。

大庭氏的得名应该是他们擅长建筑屋舍，史载：

> 皇曰：大庭，主我屋室，视民之未居者，喻之，借力同构其居，无或寒冻。庭曰：顺民之辞。
>
> ——《三坟·山坟·天皇伏羲氏皇策辞》

这段话是说，伏羲氏对大庭氏首领训话说，大庭你们的主要工作是建筑房屋，如果看到那些还没有住上房子的百姓，就告诉其他人，让他们互相借力，一起打造屋舍，使他们免于冻馁之苦。

大庭氏一族原兴起于太行山，经过数百年的发展，族群逐渐强大起来，形成了一个很有实力的部落。于是，这个部落在首领的带领下走出了太行山，在黄河以北吕梁山以南，兴建了一个较大的村镇，成为本部落的活动中心，从此定居下来。因为领导开发新村镇的首领名叫大庭，族人便把新村命名为大庭，此后族人便改称大庭氏。

• 中央氏

中央氏是伏羲女娲氏族联盟时期活动于沁水流域的一个部落，都于沁阳（今河南焦作市西南），为燧人氏东迁北部所属的一个分支，一般认为是风姓后裔。

• 栗陆氏

栗陆氏，《汉书·古今人表》及《帝王世纪》等古籍均有记载。据《世本集贤》等古书的描述，距今8500—8200年前，就有栗陆氏存在了，所以，这是伏羲女娲氏族联盟中一个历史非常古老的部落。

栗陆氏在伏羲时曾主管过氏族联盟内的农业和水利工作，被封为"水龙氏"，据《三坟》记载：

> （伏羲令）栗陆氏居北。……皇曰，栗陆子居我水龙之位，主养草木，开道泉源，无或失时，子其勿怠。陆曰：竭力于民，君其念哉！
>
> ——《三坟·山坟·天皇伏羲氏皇策辞》

这段话清楚地表明，伏羲氏让栗陆氏居于北方，并封栗陆氏为"水龙氏"，工作是"主养草木，开道泉源"，就是繁滋草木，寻找泉源，栗陆氏堪称中国水利的始祖。

据当今学者考证，栗陆氏最早活动于西华及栗广之野，都于栗城（今河南商丘市夏邑县古城）。

在栗陆氏后期，栗陆氏首领栗睦刚愎自用，滥杀无辜，导致了栗陆氏氏族的崩溃，以致使部落先民走上西迁之路。据载：

> 栗陆氏，是为栗睦，敦昏勤民，愎谏自用，于是乎民始携。东里子者，贤臣也，谏不行，而醉之，栗陆氏杀之。天下叛之，栗陆氏以亡。
>
> ——《路史·卷十二·后纪三·禅通纪》

这段文字是说，栗陆氏末代首领栗睦昏愦无能，劳民奔命，刚愎自用，于是百姓开始心怀二心。贤臣东里子屡屡劝谏，栗睦不听，东里子就想弃昏君而去，结果被栗睦杀害。之后，百姓群起反叛，栗陆氏灭亡。《路史》还记载说，东里子的后人发动复仇之役，杀了栗陆氏，取得了部族的领导权。

栗陆氏被杀后，其族人一部分开始向西迁移，他们迁徙到西北甘青高原、陕西、四川一带定居下来，逐渐与周围的土著民族融合，逐渐形成新的族群，成为氐羌的一部分。《后汉书·西域传》记载有"栗戈国"：

> 栗戈国属康居，出名马牛羊葡萄众果，其土水美，故葡萄酒特有名焉。
>
> ——《后汉书·卷八十八·西域传第七十八》

这个"栗戈国"极有可能为栗陆氏西迁后建立的国家。

由于战乱灾害等原因，栗陆氏部族后人又向南迁移，至四川的雅砻江和川滇交界的金沙江两岸的广大地区，成为今天的傈僳族人的祖先。

• 骊连氏

骊连氏，也称昆连氏，是伏羲女娲氏族联盟的一个重要支脉，风姓，其后一直延续到氏族联盟时代结束。其地望大约在今陕西西安市临潼区一带，部落活动的中心地约在今骊山镇一带。

伏羲女娲氏族联盟时期，骊连氏是负责杀伐和兵事的部落，史载：

> 皇曰：昆连，子主我刀斧，无俾野兽牺虎之类伤残生命；无俾同类大力之徒驱逐微弱。自其伏之。连曰：专主兵事，君无念哉！
>
> ——《三坟·山坟·天皇伏羲氏皇策辞》

这段话的意思是：伏羲氏训诫说：昆连，你主持刑罚事务，不要让野兽猛虎之类伤残百姓，不要让人类中恃强耍蛮之徒欺压弱小。你们自己也要遵纪守法。昆连氏说：谨奉圣命专主兵事，君上您就放心吧。

伏羲女娲氏族联盟初期，身为联盟上相、主管水利事务的共工氏发动叛乱，骊连氏奉命率族人与祝融氏联合攻打共工氏，并取得胜利。

氏族联盟解体后，骊连氏形成了多个分支，一部分改姓骊（或作郦），一部分改姓连。所以，骊、连两姓的共同祖先就是骊连氏。他们的先祖距今最少有九千年的历史。

• 朱襄氏

朱襄氏是风姓燧人氏后裔，也是伏羲女娲氏族联盟的重要成员，又号飞龙氏。朱襄氏最重要的贡献是发明了"六书"，可能就是规定了汉字的六种造字方法，据元代书法家郑杓的书论《衍极》载：

> 太吴（昊）之时，龙马负图出于荥河。帝则之，画八卦，以龙纪官，乃命飞龙朱襄氏造六书，于是始有龙书。
>
> ——《衍极·卷一·质朴篇》

朱襄氏的功绩除了"六书"外，更重要的是他发明了五弦瑟这种乐器。据《吕氏春秋》载：

> 昔古朱襄氏之治天下也，多风而阳气畜积，万物散解，果实不成，故士达作为五弦瑟，以来阴气，以定群生。
>
> ——《吕氏春秋·卷五·仲夏纪第五·古乐》

朱襄氏曾出过一位伏羲女娲氏族联盟的首领。在他（她）当政时候，气候多风，阴阳不调，百物散解，五谷不丰。于是，他（她）命令手下一个名叫士达的人，发明了五弦之瑟，用来调节阴阳，使生命得以繁衍。传说朱襄氏用这种瑟谱写的乐曲被命名为《来阴》。

朱襄氏作瑟，与太昊作琴、女娲作笙簧、伶仑以竹子作乐器一样，在中华民族历史上都有重要意义。

据今人考证，朱襄氏的活动区域在黄河以南，核心区在朱邑（亦称襄城，今河南商丘市柘城县大仵乡一带），后迁于平顶山以南（今河南南阳市方城县广阳镇一带）。

• 葛天氏

葛天氏为伏羲女娲氏族联盟的主要成员，氏族中也出过联盟的首领，被称为"伏羲葛天氏"。

葛天氏的得名，可能在于他们最早懂得了葛滕的采编技术。大约5000年前，随着农业的发展和手工造技术的提高，纺织技术出现并发展起来。以葛天氏为首的部落酋长，将葛滕采集、晾晒，清除外皮，或像《诗经·葛覃》所说的那样，"是刈是濩，为絺为绤，服之无"，煮去外皮和连接纤维之间的那些多余物以提取葛的纤维，然后再编结成布，做成衣服。葛天氏用葛这种植物纤维编布做成衣服，以蔽体和御寒，在当时是一种革命性的发明，受到部落之民的拥戴而成为首领。

然而更让葛天氏名闻天下的，是他们发明的一种乐舞，称"葛天氏之乐"，据《吕氏春秋》载：

昔葛天氏之乐，三人操牛尾，投足以歌八阕：一曰载民，二曰玄鸟，三曰遂草木，四曰奋五谷，五曰敬天常，六曰建帝功，七曰依地德，八曰总禽兽之极。

——《吕氏春秋·卷五·仲夏纪第五·古乐》

"葛天氏之乐"由操牛尾的三人共同完成，内容有八个部分：载民、玄鸟、遂草木、奋五谷、敬天常、建帝功、依地德、总禽兽之极。

这种"三人操牛尾歌八阕"，是最古老的音乐文化艺术，也是世界上最为原始的歌舞艺术；这种舞是在尊祖先、敬天地的同时，表达对农耕、畜牧等农业活动的重视与祈愿心理，反映的不仅仅是葛天氏部族社会生活的一个侧面，更是当时社会、经济、文化等方面的缩影。

葛天氏乐舞一经推出，就受到极大的欢迎，史载"听葛天氏之歌，千人唱，万人和，山岭为之震动，川洛为之荡波"（《史记·司马相如列传》），其影响极其深远。

葛天氏善于治理天下，开创了上古和谐盛世，被后来封建时代的无数文人墨客奉为"理想之世"。东晋伟大诗人陶渊明照自己的样子设计了一个"闲静少言，不慕荣利"的方外之士五柳先生。在他心目中，五柳先生就是一位葛天氏之民：

黔娄之妻有言："不戚戚于贫贱，不汲汲于富贵。"其言兹若人之俦乎？衔觞赋诗，以乐其志，无怀氏之民欤？葛天氏之民欤？

——《陶渊明集·五柳先生传》

黔娄是战国时期齐国稷下学派的著名学者，生前无意仕进，屡次辞去诸侯聘请，死后其妻赞其"不为贫贱而忧愁，不为富贵而苟求"。陶渊明说，黔娄的妻子大概说的就是五柳先生这一类人吧？五柳先生一边喝酒一边作诗，过着自己想要的生活而感到无比的快乐。他相信上古无怀氏或葛天氏时代的人，过的就是这样的生活。

自陶渊明后，葛天氏就成了封建文人笔下太平盛世下幸福人民的代名词。唐代大诗人杜甫有"上古葛天民，不贻黄屋忧。至今阮籍等，熟醉为身谋"（《晦日寻崔戢李封》）的诗句；北宋诗人范仲淹则写道"或落孟嘉帽，或抛陶令巾。吾非葛天氏，谁为刘伯伦"（《依韵答提刑张太博尝新酝》）。孟嘉帽、陶令巾都是中国文化史上的著名典故，已经成为风雅倜傥、超凡脱俗的约定俗成的说法。范仲淹这么写，是表达自己也想像孟嘉、陶渊明、刘伶和葛天氏一样过上心无挂碍、恬淡闲适的幸福生活的美好愿望。

葛天氏的发祥地现在被确认为河南长葛。

• 阴康氏

阴康氏是伏羲女娲氏族联盟时代的一个风姓部落，燧人氏是其母族。史载，阴康氏居处于水边湿地：

皇曰：阴康子居水土，俾民居处，无或漂流，勤于道，达于下。康曰：顺君之辞。

——《三坟·山坟·天皇伏羲氏皇策辞》

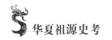

在伏羲女娲氏族联盟大会上，联盟首领天皇伏羲氏对阴康氏首领说，阴康氏你们就在水边安居，让百姓有固定居所，不要让他们随波逐流；要勤于究研和恪守天道，并能按照天道规律治理百姓。

阴康氏不是因为做了什么错事而被强制安排在水边湿地定居的，而是他们世代就在这种环境下生存，阴康氏的得名恐怕就跟他们的这种生长环境有关。《吕氏春秋》有一段记载：

> 昔阴康氏之始，阴多滞伏而湛积，水道壅塞，不行其原，民气郁阏而滞着，筋骨瑟缩不达，故作为舞而宣导之。
>
> ——《吕氏春秋·卷五·仲夏纪第五·古乐》

阴康氏长期在阴湿的环境里生活和劳作，导致阴气进入百姓体内，不能散发，筋骨抽缩成一团，不得伸展，实际上就是得了风湿病。为了解决这种问题，阴康氏中的能人发明了一种舒筋活血的舞蹈。《路史》对此有过记载：

> 阴康氏时，水渎不流，阴凝而易闷人，郁于内，理滞著而多重腿，阴康氏所以利其关节，乃制舞焉，治于华原。
>
> ——《路史·卷九·前纪九·禅通纪·阴康氏》

"理滞著而多重腿"，应该就是今天所谓的大骨节病。为了对付这种疾病，阴康氏发明了一种"摔筋骨、动支节"的养生方法，被称为"大舞"，实际上就是一种类似于气功导引的养生方法，其基本作用是宣达腠理、通利关节，达到散瘀消积、保持健康的目的。

关于阴康氏的活动地域，罗泌说阴康氏"治于华原"，据《夏商国邑考》记载，"华原是夏商时期雍州所辖的众多国邑之一"，地处漆沮之间、荆山之北、彭衙之西、皇过、云阳之东，应该就是今天陕西省铜川市境内的耀州区一带。

• 金提氏

史籍对金提氏的记载只有只言片语，只知道它也是风姓族群之一，在伏羲女娲氏族联盟时代曾被女娲封赐在桐柏太白顶，主管化俗，因此，他们的活动区域就在今天的今天河南南阳市桐柏县。

- 视默氏

史籍对金提氏的记载也不详，它应该也是风姓族群之一，在伏羲女娲氏族联盟时代曾被女娲封赐于犬丘（今陕西兴平市东南），主管灾恶，可能就是负责祭祀灾神恶鬼，以求消灾祈福吧。

- 乌明氏

乌明氏，在伏羲女娲氏族联盟时代曾被女娲封赐于东明（今山东菏泽市东明县），主管建福，可能就是负责祭祀福禄之神，目的同样是消灾祈福。

- 尊卢氏

据考，尊卢氏与伏羲氏、女娲氏同出自燧人氏北方集团的一个分支，同为风姓。

伏羲女娲氏族联盟时代，尊卢氏主管物资调配、粮食储备工作。当时伏羲部族东迁，尊卢氏随迁于潼关以东、黄河以南、洛水以北一带，活动区域分布在北与大庭氏为邻，东与中央氏为邻，西与骊连氏和赫胥氏为邻，南面是伏牛山山区。

尊卢氏的得名，是因为他们最早懂得以柳条编制的器具糊上浓稠的泥浆，用火烧烤，就成为原始的陶器，它可以用来蒸煮食物和贮存东西，这种陶器古人初造字时称"卢"。《说文》中对卢字的解释是：

饭器也，从皿声。

《说文大字典》解释是：

盛火器也。

不仅指出"卢"是盛火器，而且指明为烧、烤、煮用的盛火器。卢与"火"结合成"炉"，这包含着把糊上泥浆的卢器在炉火中烧制的意思。

尊卢氏的另一大发明是钱币，明代学者陈士元著《荒史》载：

尊卢氏之立政也，官天地、府万物、革天下故，唯以币行，抱德阳和，以顺天下，而世用宁焉。

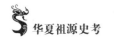

古书《俗书》载：

太昊氏金尊卢氏币，其文具存，与今小篆不殊。

尊卢氏以币治世，开创了人类货币交易的先河。

• 混沌氏

据今人考证，伏羲女娲氏族联盟初期，混沌氏主要活动在昆吾屯留一带（今天山西长治西北），后来迁居于黄河以北（今河南济源市以西）。在济源西北约三十里处有两山对峙，东称磨脐山，西称陡崖山，两山之间的开阔地称盘谷，当地人又称"盘古"，传世是混沌之初盘古开天辟地之处。因此，人们便把居住在这一地区的居民称作混沌氏。

古史中关于混沌氏的确切记载很有限，只有在《三坟·山坟》中有伏羲氏训诫混沌氏的两句话："命降龙氏何率万民"和"皇曰：混沌，子居我降龙之位，惟主于民。"这两句话有些费解，字面意思是说命降龙氏浑沌率领万民，做百姓的主宰，这么说显然不合混沌氏作为伏羲氏臣子或者官员的身份。比较合理的解释是：命降龙氏浑沌制定万民遵守的法律和规条，替百姓做主。混沌氏的职业或许是讼官？

混沌一词本无贬义，相反最初代表了上古时期一种善良淳朴、返璞归真、天真烂漫、心无挂碍、心胸坦荡、自然和谐的一种社会生活方式，跟封建时代一些文人墨客所向往的无怀氏、葛天氏的生活没什么两样。关于混沌氏，庄子曾讲过一个耐人寻味的故事：

南海之帝为儵，北海之帝为忽，中央之帝为浑沌。儵与忽时相与遇于浑沌之地，浑沌待之甚善。儵与忽谋报浑沌之德，曰："人皆有七窍以视听食息，此独无有，尝试凿之。"日凿一窍，七日而浑沌死。

——《庄子·内篇·应帝王第七》

南海的帝王名叫儵，北海的帝王名叫忽，中央的帝王叫浑沌。儵与忽常常相会于浑沌之处，浑沌款待他们十分丰盛，儵和忽在一起商量报答浑沌的深厚情谊，说："人人都七个窍孔用来视、听、吃、呼吸，唯独浑沌没有，我们试着为他凿开七窍。"他们每天凿出一个孔窍，七天后，七窍凿完了，浑沌也死去了。

庄子笔下的混沌氏朴拙得可爱，它借助这样一个形象的悲剧结局来表达道家所倡导的听任自然、顺乎天道的主张，反对违背自然规律、强加于人的社会规条、礼仪制度。

不知道什么时候起，混沌氏由庄子笔下的纯良朴拙之辈变成了糊涂蛋、混蛋的代名词，史载：

> 昔帝鸿氏有不才子，掩义隐贼，好行凶德，丑类恶物，顽嚚不友，是与比周，天下之民谓之浑敦 。
>
> ——《左传·文公十八年》

意思是：帝鸿氏这个不学无术的儿子，掩蔽道义，包庇奸贼；越是那些丑类败类，愚昧奸诈，穷凶极恶的人，他越是跟他们同流合污。天下的百姓都把他们称作浑敦。

关于这个帝鸿氏到底是谁，古人有很多种说法，有说是黄帝轩辕氏的，有说是九黎氏族联盟首领蚩尤的，有说是炎帝族末代共工氏（以区别黄帝族共工氏）的。本书倾向于最后一种说法。可能到了五帝时期，共工氏和混沌氏这两个不受华夏先民待见的氏族也互相通婚，或者干脆是更强大的更好斗的共工氏氏族合并了混沌氏氏族，这样混沌氏就成了末代共工氏帝鸿"之子"。

这个浑敦，就是浑沌，西晋经史学家杜预注释说：浑敦，不开通之貌。近代著名史学家、小学大师章炳麟先生说得更直接：

> 《左传》"浑敦"，杜解谓不开通之貌，今音转谓人不开通者为昏蛋。
>
> ——《新方言·释言》

什么是昏蛋？就是我们现在骂人时常说的浑蛋！

或许因为浑沌氏世代主持刑狱，一家独断，那么难免冤假错案，或者干脆徇私舞弊，贪赃枉法，受到百姓的唾骂。

在后世的尧舜禹时期，浑沌氏被归为"四凶"之一，据汉代地理书《神异经》记载：

> 昆仑西有兽焉，其状如犬，长毛，四足似黑而无爪，有目而不见，行不开，有

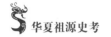

两耳而不闻,有人知性,有腹无五藏,有肠直而不旋,食径过。人有德行而往抵触之,有凶德则往依凭之,名浑沌。

——《神异经·西南荒经》

这里描绘的混沌形象显然是经过了丑化处理,它长得像狗,浑身长毛,四足长得像熊罴一样粗壮,但是没有尖爪;它有眼睛却看不见东西,不敢走动;它长有两耳,却听不见声音;它有人的智识却无人性;它大腹便便,却是空无内脏;它长着不会盘曲的直肠,食物直进直出。如果遇到道德高尚的人,浑沌便用角去顶他;如遇到恶人,浑沌便会跑到恶人一边听从他的指挥。

这样是非不分、胡搅蛮缠、助纣为虐的浑敦氏显然是作为全民公敌而被污名化出来的,之所以如此是有其原因的,这一点,我们在后面讲到"黄帝之子帝鸿氏"时还会探讨,这里就不再赘述。

混沌氏最后的结局是,与"四凶"中的另外三位难兄难弟(穷奇、梼杌、饕餮)一起被舜帝流放到古代中国四边荒远的地方去了。

- 无怀氏

无怀氏是一个比伏羲氏还古老的氏族,应属燧人氏众多分支中的一支。古籍中最早提到无怀氏的是《管子》,说的是齐桓公完成霸业后,想像古人一样封禅泰山,管仲为了劝止齐桓公,就罗列了一堆他知道的封禅泰山的古代帝王,第一个提到的就是无怀氏,"昔无怀氏封泰山,禅云云"。唐朝学者尹知章对此注释说:"无怀氏,古之王者,在伏羲前。"

管仲劝齐桓公不要封禅的基本理由是,古代封禅的圣王都建树了丰功伟业,他们封禅时,献上的都是各地的特产和奇珍,表示在他们治下,家国安宁,物产丰富,人民幸福。那么,按照管仲的这个说法,我们看看无怀氏封禅到底因为做了哪些功绩,据《路史》载:

惟彼无怀,以德安形,人甘其食,而重其生;形有动作,心无好恶。尨犬相闻,龟龙以格。登代降云,勒坚昭示。孰曰无怀,聿臻文辞。

——《路史·卷九·前纪九·禅通纪·无怀氏》

"以德安形,人甘其食,而重其生",这就是无怀氏的功业,在古人看来,遵从天道规律，顺其自然，无为而治，小国寡民，自给自足，其乐融融，这就是太平盛世，这就是千秋功业，是封建时代文人墨客心目中的理想王国。

- 赫胥氏

赫胥氏之名始见于《庄子》：

> 夫赫胥氏之时，民居不知所为，行不知所之，含哺而熙，鼓腹而游。
>
> ——《庄子·外篇·马蹄第九》

这个赫胥氏，有学者考证就是伏羲和女娲的母族华胥氏，隋唐时期的著名道家学者成玄英说：

> 赫胥，上古帝王也。亦言有赫然之德，使民胥附，故曰赫胥。盖炎帝也。亦称"赫苏氏"。
>
> ——《南华真经注疏·卷第四·马蹄第九》

这个"赫苏氏"，南宋学者罗泌也认为就是赫胥：

> 赫苏氏，是为赫胥。赫胥氏之治也，尊民而重事。……光曜赫奕，而隆名。有不居，即以胥而自况。后有赫氏、赫胥氏。
>
> ——《路史·卷七·前纪七·禅通纪·赫苏氏》

著名历史学家吕思勉先生同样认为："华胥之名，当有所本，疑即《庄子·马蹄篇》之赫胥氏也。"当代历史学家王献唐也说："《庄子》书中有赫胥氏，注者谓炎帝。赫华纽音俱通，赫胥即华胥。华胥为东方伏羲之旧族，散居泗水一带。泗水、曲阜接壤，并在一方。族之所居，亦以华胥为号。"

综上所述，伏羲女娲氏族联盟时代的赫胥氏应该与伏羲、女娲部落的母族华胥氏一脉同源，是华胥氏部落的直系后裔。

伏羲女娲氏族联盟的后期，栖居于今天陕甘地区的炎帝氏族开始强大起来，其势力很快扩展到伏羲女娲氏族联盟统治的中原地区（今长江、黄河中下游）。伏羲女娲氏族联盟在内外双重力量的合击下，逐渐衰败瓦解。公元前5000年前后，炎帝氏族的队伍向伏羲女娲氏族联盟发起了全面进攻。之后不久，炎帝魁隗氏率族人入主中原，伏羲女娲氏族联盟被迫放弃中原，退守山东半岛，成为后世著名的东夷少昊集团。就此，伏羲女娲氏族联盟退出中原的历史舞台。

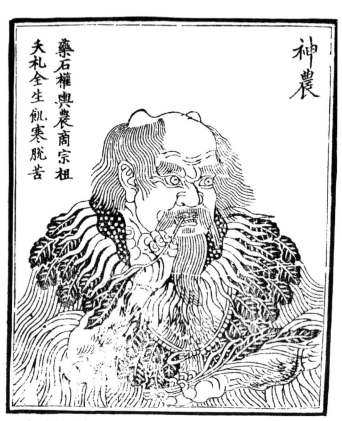

神農

藥石權輿農商宗祖
夭札全生飢寒脫苦

【明】朱天然《历代古人像赞》中的炎帝神农氏

第二章　炎帝氏族联盟

一　炎帝族源起

公元前5400年至前5000年，全球受冰川期后期的影响，气温普遍升高，造成原有的冰川大面积融化，促使海洋水位上升。当时我国东部沿海地区的海平面上升十米左右，华北平原大部分被海水吞没，水位一直延伸到太行山东麓。

大洪水给兴起于华北平原的伏羲女娲氏族联盟带来了空前的灾难，幸存者被迫离开居住了数十代的故土，迁徙到陌生的高地和山区居住。大迁徙造成了伏羲女娲氏族联盟内部的动乱，从而使曾经强大的联盟逐渐走向衰落。而这时，留居在古昆仑山、祁连山、不周山及秦安大地湾一带的少典氏和有蟜氏逐渐兴旺起来，他们迁徙到秦岭的常羊山一带，重建观天祭祀中心，发展和繁衍了"炎黄氏族"。

父族少典氏

少典氏是炎帝，包括另一位中华民族的人文始祖黄帝的父族，此事最早见载于战国时期的典籍《国语》：

昔少典娶于有蟜氏，生黄帝、炎帝。黄帝以姬水成，炎帝以姜水成。成而异德，故黄帝为姬，炎帝为姜。

——《国语·卷十·晋语四》

意思是：以前少典娶了有蟜氏，生了黄帝和炎帝。黄帝依姬水而成长，炎帝依姜水而成长，长大以后两人的德行不同，因此黄帝姓姬，炎帝姓姜。

司马迁的《史记》、皇甫谧的《帝王世纪》等都主张少典是炎黄之父，但《山海经》注家、晋代经学家郭璞认为，"诸言生者，多谓其苗裔，未必是亲所产"，就是说炎黄都是少典的后裔，而并非亲子，这种说法可能更为合理。

民间传说少典氏是伏羲女娲氏族联盟时代的无怀氏之后，但不见史载，所以我们姑妄听之。

少典氏又作小典氏，其上似应有大典氏，但未见史籍，可能因其在位时间短暂而湮没无闻。从典字的甲骨文看，它与册字形象相似，可能是以竹册、木牍串在一起的简片，应该是记载氏族重大事件、异常天象和灾难的东西，而负责记录这些东西的人一般都是部族的重要人物，比如巫师，这一部分职能后来演变成典史、史官。而根据《康熙字典》的解释，典也有典守的意思，字面意思就是守护典册的人，上古时期，守护典册的人一般都是部族首领，所以典守也就有了主、君、王、首领的意思。

少典氏还可能是最早发明文字符号的人。黄帝时代的仓颉发明文字，是刻于陶器上或岩壁上，而少典氏则可能是刻于竹木片上，用藤葛串连起来保存，所以典字后来衍出典册、典籍、典常、典型、典范等名词。

少典氏建立的部落方国号"有熊"，据战国时期的典籍《世本》载：

少典生轩辕，是为黄帝，号有熊者，以其本是有熊国君之子故也。

——《世本八种·秦嘉谟辑补本·帝系篇》

另据西汉著名易学家焦延寿的《焦氏易林》载：

黄帝，有熊国君少典之子。有熊，即今河南新郑是也。

《路史》也载：

少典，有熊之开国，今郑之新郑。

——《路史·卷二十四·国名纪·黄帝后姬姓国·少典》

一般而言，反映少典历史阶段的文化为距今七八千年以前的裴李岗文化。它是分布在河南省境内以嵩山地区为中心的一支早期新石器文化，1977年发现于新郑县裴李岗，以豫中地区为中心，分布于新郑、密县、登封、巩县、中牟、长葛、鄢陵、郏县、漯河、舞阳、扶沟、项城、商水、临汝、渑池、潢川、方城、淇县等地，共发现遗址五六十处。

母族有蟜氏

伏羲女娲氏族联盟的末期，女娲氏部落的后裔有蟜氏部落与伏羲女娲氏族联盟中的少典氏部落长期进行通婚，其苗裔中最重要的两支当属炎帝氏族和黄帝氏族。

蟜（音 jiǎo），《山海经》说蟜虫就是蜜蜂：

缟羝山之首，曰平逢之山。南望伊、洛，东望谷城之山，无草木，无水，多沙石。有神焉，其状如人而二首，名曰蟜虫，是为螫虫，实维蜂蜜之庐。

——《山海经·山经·中山经第五·中次六经》

《海内北经》也提到过蟜虫：

大蠭其状如蝥，朱蛾，其状如蛾。蟜，其为人虎文，胫有脋，在穷奇东。一曰状如人，昆仑虚北所有。

——《山海经·海经·海内北经第十二》

这里对蟜的描述又像马蜂。一般而言，《山海经》中描写的有人的特征的奇虫异兽，往往都是所属部族的图腾形象，所以蟜虫应该是有蟜氏的图腾。但是，从经验来说，上古时期的人类氏族往往以猛兽和令人生怖的毒虫为图腾，目的是为了震慑对手，而蜜蜂或者马蜂恐怕都难有这样的效果。有蟜氏可能最早懂得饲养蜜蜂，但蜜蜂是否就真的是有蟜氏的图腾？为了回答这个疑问，我们先从史籍中对有蟜氏的记载来分析看有什么发现，据《孟子》载：

神农，有娲氏之女安登，为少典妃，悉神龙而生帝。承庖羲之本，伏羲氏禅位。

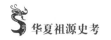

以火德王，故日："炎帝"。

——《孟子·梁惠王章句上》

《史记》载：

神农氏，姜姓也，母日任姒，有蟜氏女，登为少典妃，游华阳，有神龙首，感生炎帝。

——《史记·卷一·五帝本纪第一》

据司马贞《三皇本纪》载：

女娲氏没，神农氏作。炎帝神农氏，姜姓。母日女登，有娲氏之女，为少典妃，感神龙而生炎帝，人身牛首，长于姜水，因以为姓；火德王，故日炎帝，以火名官。

——《史记·补三皇本纪》

《帝王世纪》载：

炎帝神农氏，姜姓也，母日任姒。

——《帝王世纪辑存·自皇古至五帝第一》

有学者考证过，有蟜氏其实可能是有娲氏的另一种说法，或者是其一个分支。我们前面已经讲述了女娲氏的图腾是根据闪电和彩虹而幻化成的龙，龙的形象，特别是虹的形象，非常接近于蛇，因此在炎帝时期，甚至后来很长一段时间，蛇都作为简化的龙的形象而出现。那么，有蟜氏名称中的这个"蟜"，可能就是根据虹的形态而造出来的字。虹的甲骨文是这样的：

从直观看，它与上引《山海经·中次六经》描述的"其状如人而二首"的"蟜虫"一样，都是首尾二首，因此，这个"蟜虫"应该不是指蜜蜂，而是虹。虹又是什么？我们前面分析过，虹就是龙，龙是愤怒的虹，虹是平和的龙。

虹的甲骨文既像两条正在交尾的蛇——这是伏羲女娲氏族联盟的图腾符号，更像是一座拱桥——后世出现的拱桥，很有可能就是受到了雨后天上出现的彩虹的启发。彩虹在中国民间一直有仙人桥的说法，认为凡人成仙，就是要踏过彩虹桥。这种又像虹，又像桥的意象，被有蟜氏所吸纳，蟜就有了虹桥的意思。有专家考证，有蟜氏有可能其技术专长就是造桥。虹又是龙的化身，蛇的形态，所以，蟜也就有了前述多重含义。《汉书·薛宣朱博专》引吕靖云的注解说：

蟜，毒虫也。今借以为矫字。

我们再来看炎帝神龙氏母亲的名字任姒。姒同巳，而巳在甲骨文里是这样的：

这让我们联想到什么？对，巳就是蛇！蛇是什么，蛇是简化的龙，或者说蛇是龙的幼年。成书于战国时代的《左传》《孟子》常"龙蛇"并提。其实在甲骨文中龙蛇的写法几乎没有什么区别。《韩非子》载：

昔者黄帝合鬼神于西泰山之上，……虎狼在前，鬼神在后，腾蛇伏地……

　　　　　　　　　　　　　　　　　　——《韩非子·十过第十》

此处的提到的"腾蛇"，《尔雅·释鱼》注：

腾蛇，龙类，能兴云雾而游其中。

至汉代，人们仍习惯上并称龙蛇，如《洪范·五行传》郑玄注：

蛇，龙之类也。

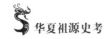
南朝时期著作《述异记》还有"虺（虺龙，就是蛇）五百年化为蛟（没有角的龙），蛟千年化为龙，龙五百年为角龙，千年为应龙"的说法。

综上，不管蟜是虹的意思，还是蛇的意思，都是从伏羲女娲部落联盟的龙图腾演化而来，据此，有蟜氏应该是女娲氏的直系后裔或分支，以蛇为图腾，而不太可能是以蜜蜂或马蜂为图腾。

【明】仇英 帝王道统万年图之神农氏

炎帝族是古羌人

前面我们提到，炎帝源出母族有蟜氏、父族少典氏，后来因为他们最早知道驯化一种长着弯角、浑身是毛的动物，而最终在当时的众多氏族中脱颖而出。他们把这种动物命名为羊，用象形符号表示就是：

他们自命为羌，就是牧羊人，用象形符号表示就是：

他们还发明了很多与羊有关的象形字符，后来都演化成象形文字甲骨文，比如羊大，就是"美"；羔，就是小羊；用羊羔做的肥美的肉，就叫"羹"；由头羊（君）带领的众多羊只就叫作"群"；羊和表示神明的示字，就合成了吉祥的祥；养（養），则是以羊为食来养活人；义（義）就是"我"戴上羊头面具，或者穿着羊皮衣服，表示"己之威义"。这个字现在用作仪式的仪。现代我们常说的词大义凛然，其实本意是一个人威武的仪表让人生畏。诸如此类，不一而足。

后来，羌人中的一支把他们生活的地方的一条河流命名为姜水，姜这个字用象形字表示就是：

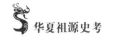
这个字的意义是一个女人在跪地挤羊奶，表明当时还是在母系氏族时期，女性族长负责管理羊群和家族。

姜水流域不断繁衍生息的羌人后来到了父系氏族时代就以姜为族姓。再后来，姜姓氏族中不断涌现出英雄人物，有的发明了耜、耒等各种农具，有的通晓了用植物治病的方法，有的最早懂得种植五谷，有的掌握了烧山开田的刀耕火种的技术，最终这些在姜水边繁衍生息的姜姓羌族人在伏羲女娲氏族联盟后期异军突起，进而一举取代后者，建立了一个新的氏族联盟，首领称炎帝，所以被称为是"炎帝氏族联盟"。

二 关于炎帝氏族联盟

先有魁隗氏后有神农氏

一般认为，炎帝氏族联盟的存续时间约公元前5000年到约公元前4500年，据汉代纬书《春秋命历序》载：

炎帝传八世，合五百二十岁。

我们权且认为这种说法成立，那么平均每位炎帝在位时间为六十五年，即使他们每人都是十五岁就出任炎帝，那么他们的寿命也在八十岁，这个人均寿命标准即使在今天也算是高的了，在近六七千年前，这几乎是不可能的，那个时候的人均寿命可能三十岁还不到。所以，如果炎帝氏族联盟的存续时间为五百年是可信的话，那么炎帝不可能只有八位。

需要读者注意的是，关于炎帝世系，历来有《山海经》和《帝王世纪》两种说法，前者的记载是这样的：

炎帝之妻，赤水之子听訞生炎居，炎居生节并，节并生戏器，戏器生祝融，祝融降处于江水，生共工，共工生术器，术器首方颠，是复土壤，以处江水。共工生后土，后土生噎鸣。

——《山海经·海经·海内经卷十八》

日本江户时代的画家前村洞和绘炎帝神农氏

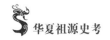

意思是：炎帝之妻、赤水部落首领的女儿听訞（音yāo）生了炎居，炎居生了节并，节并生了戏器，戏器生了祝融，祝融迁居江水，在那里生下共工，共工生了术器，术器的头是平顶方形，他恢复了祖父祝融的土地，从而又住在江水。共工还生了后土，后土生了噎鸣，而"噎鸣生岁十有二"。

而《帝王世纪》的记载是这样的：

神农氏……凡八世：帝承、帝临、帝明、帝直、帝来、帝哀、帝揄冈。又曰本起烈山，或时称之，一号魁隗氏，是为农皇，或曰帝炎。

——《帝王世纪辑存·自三皇至五帝第一》

意思是：神农氏共传八世，分别为：神农、帝承、帝临、帝明、帝直、帝来、帝哀、帝揄冈。神农氏兴起于列山，所以又被称为是列山氏，又号魁隗氏，又称农皇，也被叫作帝炎。

上述两个炎帝世系大相径庭，曾经让学界为此争论不休。最近以来，认为炎帝时代分为前后两期的说法逐渐获得更多人的认可，上海社会科学院历史研究所研究员杨善群先生的《炎帝与神农氏"合二为一"考辨》（载《探索与争鸣》2007年第8期）就是这一说法的代表之一。只不过杨善群先生认为神农氏是神农氏，炎帝是炎帝，后者与黄帝同时，而前者要早于黄帝时期。

最近以来，随着更多史料的出现，学界已经开始逐渐接受一种新的观点，那就是炎帝氏族联盟分为两个时期，前期是炎帝魁隗氏时期，《山海经》所载炎帝世系可能是指炎帝魁隗氏世系；后期是炎帝神农氏时期，《帝王世纪》所载炎帝世系应该是炎帝神农氏世系，这样的话，《帝王世纪》说炎帝神农氏"一号魁隗氏"就不对了。当然了，也有学者认为正好相反，前期是炎帝神农氏，后期才是炎帝魁隗氏。但不管怎么区分，有一点是很显然的，那就是不管是神农氏还是魁隗氏，他们同祖同源同号炎帝，后人把他们混为一谈其实也不奇怪。

炎帝魁隗氏

我们先来探讨一下魁隗氏名字的由来。魁隗氏的祖先应该是远古时代的大騩氏，隗是大騩氏人对自己的栖息地的称谓。騩、隗，均带一个鬼字，这个鬼与我们今天的概念完全不同，大家千万不要混淆。大騩氏、鬼騩氏、豗傀氏以及后来的魁隗氏、大隗氏等，我们都可以统称为"鬼族"。

从族源上看，鬼族属于古羌人，可以称为是古羌人炎帝鬼族支，而炎帝神农氏则可以称为是古羌人炎帝神农氏支，而黄帝族系则可以称为是古羌人黄帝族支。

在某年的某个时候，鬼族部落出了一位能人，他注意到了天上的一组星星很像

民国时期年画"魁星踢斗"

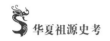

他们生活中使用的一种装运土的工具——斗，就根据自己的族名命名为"魁"，就是"鬼+斗"。今天我们知道，北斗七星中的第一颗星为天枢星，在民间就被称为是魁星。由于是北斗七星之首，所以，魁后来就有了首位、第一的意思，在魁星主管文运的说法兴起后，"魁星踢斗"或者"魁星点斗"就成了科举高中的美称，出现了"魁首""经魁""五魁"等名目，状元称"魁甲"，解元又称"魁解"。今天意义上的鬼的概念出现后，人们便把魁星想象成是一个鬼一脚站在鳌头上、一脚向上后踢斗的形象。今天很多人都认为魁星之所以是个鬼是从"魁"这个字而来，现在我们明白了，正好相反，"魁"这个字是从发现了北斗星的鬼族的名称而来，这个魁神不是鬼，而是鬼族人。

确定北斗星座，这是当时的古人的一个重要发现，最早提出这一概念的人就被推举为氏族首领，继续被称为炎帝，但氏族名字却由此变成了"魁隗氏"。

据《山海经》载，炎帝魁隗氏世系如下：

炎帝之妻，赤水之子听訞生炎居，炎居生节并，节并生戏器，戏器生祝融，祝融降处于江水，生共工，共工生术器，术器首方颠，是复土壤，以处江水。共工生后土，后土生噎鸣，噎鸣生岁十有二。

——《山海经·海经·海内经第十八》

据前引《山海经·海内经》载，"噎鸣生岁十有二"，有学者认为是噎鸣发明了一年十二个月的历法，但也有一种说法认为是噎鸣根据岁星纪年法的十二个名称——困敦、赤奋若、摄提格、单阏、执徐、大荒落、敦牂、协洽、涒滩、作噩、阉茂、大渊献——命名其十二个部落，这十二个部落的图腾动物后来演变成十二生肖。

炎帝魁隗氏的后代中，最有故事的当属祝融和共工，二人本是父子关系，但却为争夺氏族联盟首领之位反目为仇，我们将在后文"炎帝之臣祝融和共工"中详细探讨。

炎帝神农氏

公元前4800年左右，炎帝氏族联盟中的神农氏部落崛起，最终取代魁隗氏掌握了炎帝氏族联盟，仍称炎帝，是为炎帝神农氏。

炎帝神农氏又称伊耆氏，据《竹书纪年》记载：

炎帝神农氏，其初国伊，继国耆，合称，又曰伊耆氏。

《路史》也载说：

炎帝长于姜水，成为姜姓。其初，国伊，继国耆，故氏伊耆。

——《路史·卷十二·后纪三·禅通纪·炎帝》

除了伊耆氏，神农氏还有个名字叫列山氏，后来引申出烈山氏、厉山氏：

肇迹列山故，又以列山、厉山为氏。

——《路史·卷十二·后纪三·禅通纪·炎帝》

当然我们今天用得最多的称呼还是神农氏。所谓神农氏，就是在农业方面有重大发明创造，而被推举为氏族首领的人。神农氏的农业成就表现在以下几个方面：

首先是始作耒耜，教民农耕。据《周易·系辞》载：

包牺氏没，神农氏作，斫木为耜，揉木为耒，耒耨之利，以教天下，盖取诸《益》。

——《周易·系辞下第八》

《淮南子》载：

古者民茹草饮水，采树木之实，食蠃蚌之肉，时多疹病毒伤之害。于是神农乃始教民播种五谷，相土地之宜，燥湿肥硗高下……

——《淮南子·修务训第十九》

《汲冢周书》载：

神农之时，天雨粟，神农耕而种之，作陶冶斤斧，为耒耜、锄耨，以垦草莽，然后五谷兴。

——《太平御览·卷七十八·皇王部三·炎帝神农氏·周书》

关于神农氏始作农耕的事迹，史书中随处可见，民间也是广为传颂这位"五谷先帝"。作为华夏农业文明的开创者、奠基人，神农氏永远是让我们自豪的英雄祖先。

神农氏的另一项伟大的功绩就是举世闻名的"始尝百草，始有医药"，他因此而被尊称为"药祖"，据史载：

（神农氏）尝百草之滋味、泉水之甘苦，令民知所避就。当此之时，一日而遇七十毒。

——《淮南子·修务训第十九》

唐代史家司马贞的《三皇本纪》载：

（神农氏）于是作蜡祭，以赭鞭鞭草木。始尝百草，始有医药。

——《史记·补三皇本纪》

需要指出的是，神农氏尝百草的初衷并不是为了找药物，而还是为了寻找可以食用和种植的植物，在这个过程中，善于总结的神农氏发现很多植物吃下后，身体有不同的反应，就一一记录下来，再告知其他人，并让他们互相转告，"令民知所避就"。《淮南子》说，曾经神农氏一天之内中毒七十次，这个未免夸张，可能是把神农氏族人的功劳都算到了首领神农氏身上。另外，作为部族首领的炎帝神农氏至少有八位，有传说其中某位神农氏就是因中毒而死。

神农氏时期初步确定了氏族联盟的领域概念，从而第一次奠定了华夏先民的生存空间的基础，这是神农氏留给我们的又一伟大遗产，据《淮南子》载：

其地南至交趾，北至幽都，东至阳谷，西至三危，莫不听从。当此之时，法宽刑缓，囹圄空虚，而天下壹俗，莫怀奸心。

——《淮南子·主术训第九》

汉代纬书《春秋命历序》载：

神农始立地形，甄度四海，东西九十万里，南北八十一万里。

——《太平御览·卷七十八·皇王部三·炎帝神农氏·春秋命历序》

《春秋命历序》对炎帝神农氏氏族联盟的统治区域的描述肯定有所夸大，我们只要知道那个时候我们的祖先的生存空间与我们今天相比，范围可能有所差别，但中心并无本质不同。在亚洲东部这块广袤的土地上，华夏民族是地地道道的原住民，这块大陆是我们的祖宗茹毛饮血开发和耕种的，是留给我们的最宝贵的物质遗产。

神农氏时期另一个伟大的创新是市场的出现，这是人类从原始共产主义社会向原始市场经济和私有制社会卖出的第一步，据载：

（神农氏）日中为市，致天下之民，聚天下之货，交易而退，各得其所，盖取诸《噬嗑》。

——《周易·系辞下第八》

神农氏教人日中为市，交易而退，各得其所。

——《史记·补三皇本纪》

炎帝神农氏世系可以参照《帝王世纪》所载炎帝世系：

神农氏，……凡八世：帝承、帝临、帝明、帝直、帝来、帝哀、帝榆冈。

——《帝王世纪辑存·自三皇至五帝第一》

这八位神农氏中的某一位（或就是首位神农氏）有两个女儿，一个叫瑶姬，一个名女娃。瑶姬，就是著名的"旦为朝云、暮为行雨"的巫山神女，据东晋史学家习凿齿的《襄阳耆旧记》载：

楚襄王游云梦，望朝云之余，上有云气，宋玉曰："昔先王（楚怀王）游高唐，怠而昼寝，梦一妇人，暧乎若云，皦乎若星，将行未至，如浮如倾，对曰：'我帝季女，名曰瑶姬，未行而丧，封乎巫山之台，精魂为草，实为灵芝。'"

——《太平御览·卷三百八十一·人事部二十二·美妇人下》

而瑶姬传说应该源于《山海经》中帝女女尸死于姑媱之山，并化为䔄草的故事：

东晋大画家顾恺之的传世神作《洛神赋图》（局部），画中描绘的巫山神女即炎帝神农氏的女儿瑶姬

又东二百里，曰姑媱之山。帝女死焉，其名曰女尸，化为䔄草，其叶胥成，其华黄，其实如菟丘，服之媚于人。

——《山海经·山经·中山经第五·中次七经》

这位炎帝神农氏的另一个女儿女娃就是鼎鼎大名的精卫。据《山海经》载：

又北二百里，曰发鸠之山。其上多柘木。有鸟焉，其状如乌，文首、白喙、赤足，名曰精卫，其鸣自詨。是炎帝之少女，名曰女娃。女娃游于东海，溺而不返，故为精卫。常衔西山之木石，以湮于东海。

——《山海经·山经·北山经第三》

这段文字讲的是：北山往北二百里，有座山叫发鸠之山，山上长了很多柘树。有一种鸟，它的形状像乌鸦，头部有花纹，白色的嘴，红色的脚，名叫精卫，它的叫声像在呼唤自己的名字。传说这种鸟是炎帝小女儿的化身，名叫女娃。有一次，女娃去东海游泳，被溺死了，再也没有回来，于是化为精卫鸟，经常口衔西山上的树枝和石块，想把东海填掉。

精卫填海和《列子》所记载的愚公移山的故事有异曲同工的地方，都反映了古华夏民族先民顽强不屈、坚韧不拔、不屈不挠的伟大精神意志，这种精神意志是我们这个民族五千多年来，虽然历经无数浩劫、遭遇无数灾祸而始终顽强繁衍、文明绵延不断、国家屹立不倒的根本原因。

三　炎帝氏族联盟的主要成员

炎帝族系火官祝融

伏羲女娲氏族联盟时期管理火种和用火事务的部落为风姓祝融氏，据南宋罗泌《路史》载：

祝诵氏，一曰祝和，是为祝融氏……以火施化，故后世火官因以为谓。

——《路史·卷八·前纪八·禅通纪·祝融氏》

因为火官祝融非常重要，所以炎帝时期的火官祝融改由炎帝亲族担任，据前引《山海经·海内经》载：

炎帝（魁隗氏）的妻子、赤水氏氏族的首领听訞生了炎居，炎居生节并，节并生戏器，戏器生祝融。炎帝祝融在长江边生下了共工。

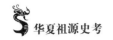

"戏器生祝融"，是说戏器的后辈中有人担任了火官祝融一职。这个祝融还很不简单，还被推举担任过炎帝魁隗氏氏族联盟的大首领，称炎帝祝融。炎帝祝融没有把联盟首领之位传给担任水官共工之职的儿子，引起儿子的反目，从而引出历史上著名的炎帝祝融与水官共工之战，又称"水火大战"。

炎帝氏族联盟被黄帝氏族联盟取代后，火官祝融之职又改由黄帝族系的人担任，这个我们将在后文详述。

炎帝族系水官共工

与前文提到的祝融的演变规律一样，共工最早是伏羲女娲氏族联盟中的一个善于治水的部落，后来因为这个部落世代从事治水工作，因而氏族的名字共工变成了水官的代名词。伏羲女娲氏族联盟后来被炎帝魁隗氏氏族联盟取代，担任水官共工的就不再是原来的风姓共工氏族的人了，而变成了炎帝魁隗氏姜姓族人。

姜姓水官共工氏的栖息地，如《山海经》所言，就是长江边。"江"，据汉末刘熙所作的《释名》载：

江，共也，小江流入其中，所公共也。

共工这个词的最初含义很可能就是川流汇入的"公共"地方。在我国，川流汇入的最大的河流就是长江，所以，江在古代相当长的时间里，就是指长江。还有一点，从直观看，江的得名很有可能与共工有关，从读音看，古音"江"与"鸿"通，很可能是"共工"一词的快读。所以，极有可能，江的最初意义就是共工氏居住的地方。

水官共工氏虽是治水世家，但他们治水的方法很简单，就是"平土"，把高地铲平，低地填高，在平地上修筑堤防，用土堤来挡水。这种方法没有疏通河流，遇到小雨、小的洪水还能应付，但遇到暴雨、大洪灾就无能为力，所以共工氏的治水最后都遭到失败。为此，身为炎帝氏族联盟首领的炎帝祝融对儿子共工进行了严厉责罚，并且拒绝在自己死后把联盟首领之位传给后者，遂导致父子反目为仇，爆发了历史上著名的祝融与共工之战，这就是历史上著名的共工怒触不周山，导致天倾地覆的神话的由来。据史载：

诸侯有共工氏，任智刑以强霸而不王，以水乘木，乃与祝融战，不胜而怒，乃头触不周山，崩，天柱折，地维绝。

——《史记·补三皇本纪》

这段文字，用合理的逻辑来解释的话，就是共工氏任性刁蛮想取得氏族联盟首领职位而不得，于是乘木驾舟，与炎帝氏族联盟发生冲突，共工氏无法取胜，绝望之下，恼羞成怒，就丧心病狂决堤放水，导致不周山一个山脚被冲塌，建于山上的炎帝魁隗氏图腾柱，同时也是观察太阳影像判定时间和季节的表柱被毁。大水向西南方向汹涌流泻，酿成大水漫漶、遍地泽国、尸横遍野的人间惨剧。

然而仇恨的种子并没有因为共工氏的这次残虐行径而泯灭，在之后相当长的时期内，共工氏一直以桀骜不驯的叛逆之子形象出现，与各时期的"中央政权"都冲突不断，最终在帝舜时期被列入"四凶"，流放边地。这是后话。

赤松子（赤将、赤将子舆、赤松子舆、缴父）

2016年热映的国产动画电影《大鱼海棠》中，有一个骑着仙鹤拯救万民的神仙人物，女主角喊他"松子哥哥"，有人说这个人的原型就是上古炎帝神农氏时代的雨师——赤松子。

• 赤松子也是部落名称

赤松子，又名赤诵子，是炎帝神农氏时期的雨师。现在已知赤松子为仙人的最早记录出现在《楚辞》中：

闻赤松之清尘兮，愿承风乎遗则。贵真人之休德兮，美往世之登仙。与化去而不见兮，名声著而日延。

——《楚辞·远游》

意谓：闻听赤松子清高绝尘，愿继承他的遗则风范。敬重真人赤松子的美德，赞美古人的飞升成仙。身躯与大化同去而消失，名声日益显赫千古流传。

关于赤松子，较早载其名迹的还有西汉皇室、淮南王刘安主持编订的《淮

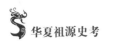

南子》：

> 今夫王乔、赤诵子，吹呕呼吸，吐故内新，遗形去智，抱素反真，以游玄眇，上通云天。
>
> ——《淮南子·齐俗训第十一》

较为详尽记载赤松子事迹的还有托名于西汉经学家刘向的《列仙传》：

> 赤松子者，神农时雨师也，服冰玉散，以教神农，能入火不烧。至昆仑山，常入西王母石室中，随风雨上下。炎帝少女追之，亦得仙，俱去。至高辛时，复为雨师，游人间。今之雨师本是焉。
>
> ——《搜神记·卷一·赤松子》

大意是：赤松子是神农时的雨师。他服食水晶，把服食的方法还教给神农；他能够在烈火中自由出入而毫发无损；他还常常去昆仑山上，在西王母的石室里歇息，随风雨自由上下。炎帝的小女儿追随他学道，也成了神仙，和赤松子一起飞去。到帝高辛的时候，赤松子又重新成为雨师。如今的雨师之职，就是据此设置的。

南宋史家罗泌的《路史》也记载说：

> 赤松子者，诸侯也，移老襄城，于是下之致为雨师。
>
> ——《路史·卷十二·后纪三·禅通纪·炎帝》

> 赤松子者，炎帝之诸侯也，既耄，移老襄城，家于石室。
>
> ——《路史·卷三十九·余论二·赤松石室》

所谓诸侯，在当时的情况下，就是部族、部落，也就是说，赤松子不是某一个个人，而是世代以祈雨为业的巫师部族。所以，炎帝神农氏有雨师赤松子，黄帝时期有赤将子舆（音yú），他们是不同时期的赤松子部落的首领。

这个赤将子舆，也称赤将子，据《搜神记》载：

赤将子轝者，黄帝时人也，不食五谷，而啖百草华。至尧时，为木工，能随风雨上下。时于市门中卖缴，故亦谓之缴父。

——《搜神记·卷一·赤将子轝》

赤将子轝就是赤松子舆、赤松子，更准确地说，是炎帝时代的赤松子部落首领的后代，到了黄帝时期仍然担任本部落的首领。他可能掌握了一套辟谷的方法，能够不吃五谷，而只吃各种草木的花。到帝尧时代，赤将子轝还做过"木工"。人们传说，他能随着风雨上下来去自如。他还经常在集市上卖缴（音zhuó），就是一种绳子，所以人们也叫他为"缴父"。

这里的"木工"应为负责春耕农桑事务的官员"木正"之误，或者《搜神记》的作者干宝正是因为对"木正"概念望文生义，所以认为这是个负责木工事务的专业人员。而像他一样理解或者受他误导的还有南宋史家罗泌，他在《路史》中说：

乃命宁封为陶正，赤将为木正，以利器用。

——《路史·卷十四·后纪五·疏仡纪·黄帝纪上》

罗泌把陶正、木正相提并论，并说"以利器用"，显然是认为木正就是木工头，但是木正的地位和职责显然要重要得多，赤松子部落的首领在炎黄两朝都世代为"帝师"，不可能只是木工头那么简单，正因为他们世代是雨师，而降雨直接攸关农业生产，所以他们就以雨师身份世代担任氏族联盟时代最为重要的农业事务的官员。

到了帝喾时期，赤松子部落依然存在，其首领与他们的先祖一样，也兼任帝师，据《韩诗外传》载：

哀公问："然则五帝有师乎？"子夏曰：黄帝学乎大填，颛顼学乎禄图，帝喾学乎赤松子……

——《韩诗外传·卷第五》

帝尧时期，赤松子则为"官师"，即与"火师、龙师"一样负责祈雨的国师之一。

综合以上看来，不同时期的赤松子是不同时期的赤松子部落的首领。但是，古人在世代的口碑传承中，把赤松子传成是一个人，那这个赤松子得有数千岁，为了

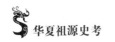

自圆其说，他们就把赤松子归入仙人之列，这就是仙人赤松子的"前世今生"。

• 史上辟谷第一人

从上引典籍看，赤松子有两大本事，一是绝五谷，一是入火不死，而能随烟气上下。西汉经史学家刘向评价赤松子说：

> 子舆拔俗，餐葩饮露。托身风雨，遥然矫步。云中可游，性命可度。
>
> ——《列仙传·卷一·赤将子舆》

但实际情况可能远不是刘向说得这么浪漫。赤松子不吃五谷，这个比较好理解，他应该是中国辟谷术的最早修炼者和实践者。他不吃五谷，吃各种花，此外还吃松实，服用灵芝等。据东晋著名道教学者、炼丹家、医药学家葛洪所说：

> 赤松子好食柏实，齿落更生。……火芝，常以夏采之，叶上赤，下茎青，赤松子服之，常在西王母前，随风上下，往来东西。
>
> ——《艺文类聚·卷九十八·抱朴子》

关于赤松子服食的最神奇的说法是，他常年服用"水玉"（据《列仙传》）、"冰玉散"（据《搜神记》），并因此而成仙。这两种东西其实是一个东西，就是《山海经·南山经》中所说的"堂庭之山，多水玉"的这个"水玉"。两晋时期著名文学家、训诂学家郭璞解释说，水玉就是水晶，他说：

> 水玉冰体，潜映洞渊，赤松是服，灵蜕乘烟，吐纳六气，升降九天。

隋唐道士、自号青霞子的苏元朗所著的《丹台录》则称赤松子为昆林仙伯，辖牿南岳山，可化玉为水而服。

总体评价，赤松子用水玉而得长生是不可信的，不管是直接服用，还是化玉为水来饮用，都令人难以置信。但他不食五谷，而服用灵芝、柏实、各种花朵，做到身轻体健，这个是有可能的，所以今世有学者称赤松子为辟谷第一人。

• 赤松子"烧化登仙"的真相

相比于服冰玉而登仙的本领，赤松子的第二大本事——能出入烟火而随风上下——更是有着浓厚的神话色彩，但这一点，经过后代史家的考证，其真相可能会让人目瞪口呆：赤松子的"入火自烧，随风上下"很可能是祈雨失败而被投入烈火中烧死！《路史》曾记载有炎帝神农氏时代的祈雨仪式、祈雨规矩和祈雨流程，为我们了解原始社会时期人们的生活习俗特别是宗教文化习俗提供了珍贵的史料：

> 《神农求雨书》曰：春夏雨日而不雨，甲乙命为青龙，又为火龙，东方小童舞之；丙丁不雨，命为赤龙，南方壮者舞之；戊己不雨，命为黄龙，壮者舞之；庚辛不雨，命为白龙，又为火龙，西方老人舞之；壬癸不雨，命为黑龙，北方老人舞之。如此不雨，潜处阖城门，置水其外，开北门取人骨埋之；如此不雨，命巫祝而暴之，如此不雨，神仙积薪击鼓而焚之。
>
> ——《路史·卷三十九·余论二·神农求雨书》

这段文字大意是说，《神农求雨书》规定，举行雩祭求雨的时候，主祭人要穿青衣，而惩戒土地公的方式是用红色的绳子缚住土地公。这是符合阴阳之义的道理的。《神农求雨书》说：春天夏天该下雨的时候而不下雨，甲乙时归青龙或者火龙掌管，就让来自东方的小孩子跳祭舞；丙丁时不下，责在赤龙，就让来自南方的壮汉跳祭舞；戊己时不下，责在黄龙，就让壮汉跳祭舞；庚辛时不下，责在白龙或者火龙，就让来自西方的老人跳祭舞；壬癸时不下，责在黑龙，就让来自北方的老人跳祭舞。如此还不下雨，就暗地里关上城门，在城外置水，然后打开北门，把人骨埋在那里。如此还不下雨，就认为责在巫师而把他置于太阳下暴晒；如此还不下雨，那就堆起柴薪，一边敲着鼓，一边把被奉为"神仙"的巫师送到火堆上，让他们上天亲自去向天帝求告。

值得注意的是，在《列仙传》中，类似赤松子这样因火烧而"登仙"的神话人物还有宁封子、师门、啸父及陶安公等。闻一多先生在其著作《神仙考》中说，由"烧化"而登仙这种思想观念，应是从中国原始社会的火葬习俗而来。山东大学历史文化学院教授王青先生认为，赤松子为雨师，职责就是主持祈雨、止雨仪式的巫师，负责将民意上告、天意下达。但在古代祈雨仪式中有其残酷的一面，一旦祈雨不至，往往需要把巫师投入火中，让"巫师乘火气上达天庭，亲自向天帝报告"。王青先生在甲骨卜辞中发现了很多关于这样的记载：

戊戌卜，烄雨？于舟烄雨？

贞：烄有从雨？贞，勿烄亡其雨。

贞：烄雨？烄亡其雨？

关于烄，《说文解字》的解释是：

烄，交木然也。

中国现代著名古文字学家、考古学家陈梦家说"此字（烄）从交下火，当即许书（即《说文解字》）之烄字。烄字于卜辞皆为求雨之辞，绝无例外。"台湾历史语言研究所的张秉权先生也说："卜辞烄从火从交，《说文》：'交，胫也，从大，象交形。'大是人的象形字，所以交是象人的交胫之形。烄的意思是置交胫之人于火上，正是焚人的会意字。"这种祭仪至春秋时还时常可见，《左传》载：

夏，大旱，公欲焚巫尪。

——《左传·僖公二十一年》

《周礼》也说：

鲁僖公欲焚巫尪，以其舞雩而不得雨。

——《周礼·春官宗伯·司巫》

这两条材料可能指的是同一事，由此可见春秋时焚巫求雨之风尚存。据此，我们有理由认为，传说中的赤松子"烧化而登仙"的真相可能远不是人们想象的那样浪漫和魔幻，而更多的是残酷。作为求雨的最后手段，某一位赤松子被送到火堆上，但是雨最后并没有下，她（相当时间内巫师都是老女人）也就绝望地被烧死，但给现场所有观者的感觉就是巫师随蒸腾的烟气而飞升了，一些观者（或为女巫弟子）激动地别有用心地说他们从烟气中看到了赤松子的身形，就这样赤松子被传颂为登遐成仙了。

赤冀（赤制）

赤冀，也叫赤制，是炎帝神农氏时代的人，《吕氏春秋》记载说他发明了臼，所谓"赤冀作臼"（《审分览·勿躬》）。

关于杵臼的发明者，古史上有多种记载，《黄帝内传》说"帝斩蚩尤，因作杵臼，断木作杵，掘地为臼，以火坚之，使民春粟"；几乎所有版本的《世本》都载说"雍父作杵臼"；东汉著名哲学家、经学家桓谭在其著作《桓谭新论》中则载说，"伏羲作杵臼"。这个其实不奇怪，也不矛盾，杵臼这种工具不是什么高科技、高智慧的东西，很多人都能想到太正常不过了。杵臼有春米的大型杵臼，有石制的杵臼，也有用于日常生活的木制杵臼，赤冀可能是这种木制杵臼的发明者。

南宋史家罗泌则不但认为赤冀发明了杵臼，还说他发明了另外一些生产和生活的器具：

（神农）乃命赤冀创捄鈇，为杵臼，作耝、耨、钱、镈、桮、鬵、井、灶，以济万民。

——《路史·卷十二·后纪三·禅通纪·炎帝》

捄鈇（音jiù fū），是一种割草的工具；耝就是耡，最早是木制的，今天写成锄，是因为改成铁制的了；耨（音nòu），是锄草的工具；这里的钱可不是今天的金钱的意思，是一种农具；镈（音bó），也是一种农具；桮（音xuān），是一种木碗；鬵（音zèng），今天写成甑，是一种蒸食用具。炎帝神农氏让赤冀创制了这一系列生产和生活工具，极大地方便了人们的生活。

从上述赤冀发明的工具我们不难看出，赤冀可能是一位精于木工活的工匠，这就不得不让我们联想到前面提到的炎帝神农氏的大臣赤将子轝，他也是一位精于木工活的人。不排除赤冀、赤将就是一个人，当然最大的可能是他们出于同一部族，或者是不同时期的赤将部落的首领。

巫咸

巫咸是上古时期炎帝氏族联盟中的巫师部族——是的，巫咸仍然不是一个人，

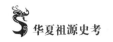

而是一个世代从事在上帝与下帝之间的信息交流中介工作的巫师部族。这个巫师部族，后来还建立了巫咸国，历经黄帝氏族联盟、五帝氏族联盟、夏商两朝，历时长达两千多年。

• 巫之得名

根据东汉经学家、文字学家许慎所著《说文解字》的解释，巫的本义是通过跳某种舞蹈降神的人：

> 祝也，女能事无形，以舞降神者也，象人两褒舞形，与工同意。古者巫咸初作巫。凡巫之属皆从巫。
>
> ——《说文解字·卷五·巫部·巫》

许慎认为，巫就是祝。但是，清代著名文字训诂学家、经学家段玉裁认为，巫是巫，祝是祝，巫一开始都是女人，而祝是男巫。巫的女人身份，是母系氏族时代的特征，在当时，很多母系氏族的首领本身就是女巫，她们因为能够通神，所谓与看不见摸不到但无所不在的神灵沟通，所以才被推举为氏族或部落的首领。男巫，称祝，或觋（音xí），应该是晚于巫很长时间才出现的。

巫的甲骨文和金文分别写作：

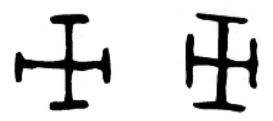

从字形上看，巫是两个"工"的交叉。工的本意是规和矩，这两样东西是原始社会的圣器，有了规矩才有了方圆乃至各种工具、器皿、用具、房屋、宫殿、工程等一切，有了规矩才有了认识自然奥秘的可能，而这种本事从一开始就被蒙上了神秘的色彩，被认为是通神的本事，所以懂得使用规矩的人一定不是普通人。近代汉墓考古中发现的伏羲女娲交合图上，伏羲和女娲一人持规，一人拿矩，说明他们都被认为是具有神圣的能力，甚至不排除他们的身份就是巫。

巫的通神方式就是让神灵附身，而附身的表现形式就是俨如被神支配而自己没有知觉的手舞足蹈，《国语·楚语》所谓"明神降之"，就是这个意思。《左传·僖公十年》记太子申生附身于新城之巫，就是降神附身的一个事例。这种风俗在今天某些地方我们仍能看到——萨满教的"跳大神"就是原始巫舞的遗存。"巫"音从"無"，"舞"这个字和音也均从"無"，其本意应该就是让无形的神灵附在巫师身上，巫师通过随性的乱舞的方式证明神灵附体并以此发布神谕。巫的小篆体写作这样：

从字形看，这就像两个人围着宫殿的大柱挥袖起舞的样子。跳舞的地方应该是四周无墙壁的公共祭祀场所，中间是图腾柱，这种柱子被认为是连接上帝和人间的天梯，只有巫师才能通过图腾柱往来于天地之间。图腾柱信仰在今天的部分西南少数民族中仍然可以见到，如布依族叫娘娘柱，是不可侵犯的神柱。

从巫师这个职业诞生那天起，巫师起舞就是之后的历朝历代国家祭祀、求福、祈雨、禳灾典礼的重要组成部分，比如遇到旱灾，就要跳一种祈雨舞，称为"舞雩"，据史载：

> 司巫掌群巫之政令。若国大旱，则帅巫而舞雩；国有大灾，则帅巫而造巫恒。……女巫掌岁时祓除、衅浴、旱暵，则舞雩。
>
> ——《周礼·春官宗伯第三·司巫/神仕》

司巫是周代的国师或者宗教领袖，他负责管理所有的巫师。如果国家发生大旱，他就率领群巫起舞而进行雩祭。国有大灾，他就要率领巫官拜祭巫师之祖，察视先世之巫禳除灾害的旧例，以便仿行。女巫掌管每年在一定时节举行祓祭以除去邪疾，以及用香草煮水沐浴的事。当发生旱灾时，就为雩祭而舞。

任何事物都有其源起，我们现代所见的各种花样繁多的舞蹈形式，其滥觞之源都是数千年前的巫师之舞。《论语》就记载了这种雩之舞走下了神坛，成为民间流行

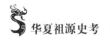

的舞蹈：

> （曾皙）曰："莫春者，春服既成，冠者五六人，童子六七人，浴乎沂，风乎舞雩，咏而归。"夫子喟然叹曰："吾与点也！"
>
> ——《论语·先进第十一》

这是《论语》中非常著名的一段记载，它之所以有名不在于其中的说教，更在于他透露了孔子的真性情，借由弟子曾皙之口，孔子说出了他作为普通人的幸福理想，那就是在春意盎然时，能携亲挈友，到大自然中沐浴春风，自在起舞，吟诗作赋。这个舞，就是远古时期传承下来的本来是用于祈雨仪式上的雩舞，在孔子时代已经成为广受欢迎的流行舞。

- 巫人之祖灵恝（灵契）——氐人的祖先

巫人之祖为炎帝神农氏之孙灵恝（本音 jiá，但这里读 qì）。据《山海经》载：

> 有互人之国。炎帝之孙名曰灵恝，生百互人，是能上下于天。
>
> ——《山海经·海经·大荒西经卷十六》

这个"互人国"，据清代著名经学家、训诂学家郝懿行先生的考证，就是《山海经·海内南经》提到的"氐人国"，"氐、互二字，盖以形近而讹，以俗氐正作互字也"。史学泰斗顾颉刚先生所著《史林杂识·氐》也认为："氐人"即"互人"。这个"氐人国"，很多学者认为就是南北朝时五胡之一的氐人的祖先。

《山海经》说灵恝是炎帝之孙，是哪一位炎帝，则没有说，而据《路史》记载，这位炎帝名叫器，而且，也不是"炎帝之孙"，而是"炎帝之曾孙"：

> 炎帝器，器生钜及伯陵、祝庸……陵为黄帝臣，生三子，曰吙、曰鼓、曰延。……鼓……生灵恝，灵恝生氐人
>
> ——《路史·卷十二·后纪三·禅通纪·炎帝纪下》

灵恝是末代炎帝神农氏榆冈的侄子、袭任炎帝族首领、仍称炎帝的器的曾孙，其父为鼓，其祖父为当时身为黄帝大臣的伯陵，是器的儿子。恝，本音 jiá，但两晋

时期著名文学家、训诂学家郭璞认为"音如券契之契"；当代著名历史学家吕思勉先生在《读史札记·鬼方考》一文中也说："灵恝的恝，与乞姓之乞，音同字异，只是同音而写法不同罢了。"他认为这个灵恝的恝读作"qì"，与《山海经·海内经》载文"伯夷父生西岳，西岳生先龙，先龙是始生氐羌，氐羌乞姓"的"乞"是同音同用之字。这就表明，"氐羌"是炎帝之裔伯夷父（并非商末孤竹国君的长子、"耻食周粟"的那个伯夷）的后代，那也就是炎帝的后代，本是"姜"姓。到"灵恝"以后，改用"灵恝"的名字"恝"作为后代氐羌人的姓，只不过"恝"写成了"乞"。

上古史专家何光岳先生认为，灵恝就是灵契。灵，就是巫，是通过卜筮等方法问询天意的人。有研究认为，上古时期的巫师都是由女人，特别是老女人、有残疾的女人担任，因此，灵恝的性别很有可能是女性。

大概因为灵恝是第一个向天祈雨以求丰收，然后把卜辞刻于甲骨、木片、竹板或岩石上的人，所以这种卜辞就叫作"契"。何光岳先生据此认为，甲骨文并非殷商之人所发明，而为灵恝所最早使用。（据何光岳《炎黄源流史》）

《山海经》把灵恝所在地列入《大荒西经》，说明其地在西方。今天甘肃有灵台县，为隋朝所置，地近炎帝神农氏起源地，据载：

有灵山，巫咸、巫即、巫盼、巫彭、巫姑、巫真、巫礼、巫抵、巫谢、巫罗十巫从此升降，百药爰在。西有王母之山、壑山、海山。

——《山海经·海经·大荒西经第十六》

神话学家袁珂也认为，灵山就是巫山。

• 灵契或也是丁零之祖

灵契的部族后来可能分成了两支，一支以女人为主，世代继续从事巫师行业，发展成后来的巫师之国——巫咸国；还有一支可能成了后来丁灵人的祖先，据《山海经》载：

有钉灵之国，其民从厀以下有毛、马蹄，善走。

——《山海经·海经·海内经第十八》

何光岳先生认为，钉灵就是丁灵、丁令、丁零，后来又称为铁勒、敕勒，即为

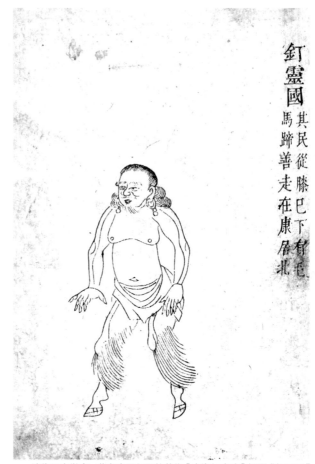

釘靈國 其民從膝巳下有毛 馬蹄善走在康居北

清代历史学家、藏书家吴任臣的著作《山海经广注》插图"钉灵国"

灵人的一支，后演变为北狄丁令族。钉灵人为我国最早的骑马民族，被当时的人误传为长有马蹄，膝盖以下生毛，善走。

作为游牧部族的钉灵人后来从甘肃灵台东迁和北上，今天宁夏有隋朝时开始设置的灵武县，北魏称灵州，可能就是因为钉灵人迁徙到这里而得名。今天蒙古还有一条河名色楞格，音近钉灵，有可能也是因为钉灵人曾迁居于此。

灵契后人中的巫师部族，后来因为在蚩尤联盟和黄帝联盟的冲突中选边站而分裂成两个阵营，据北宋历史学家刘恕所撰《通鉴外纪》载：

黄帝与蚩尤战于阪泉之野，应龙氏使其龙，平地兴水，尽灭群巫及魑魅魍魉，乃擒蚩尤杀之。

这里的群巫就是支持蚩尤一方的巫师族，他们利用自己的巫师身份煽动魑魅魍魉部族的人支持蚩尤，结果被应龙氏用水战攻破，蚩尤也被擒杀。战后，一部分灵人随蚩尤族人南逃东遁，在今天的河北、山东、安徽、浙江、福建、湖北、贵州、湖南、广东等地等留下了很多含灵字的地名，如灵丘、灵城、河北灵山、灵门、灵壁、灵溪、灵江、灵源山、酃湖、灵渠、灵川、凌博山、灵洲山等，不一而足。

• 最早的巫师

"古者巫咸初作巫"，目前所知中国上古社会最早的巫师名叫咸，出现在炎帝神农氏时期，据载：

乃命司怪主卜，巫咸、巫阳主筮。
——《路史·卷十二·后纪三·禅通纪·炎帝》

我们现在常说卜筮这个概念，在古代，卜和筮是不同的，《礼记·曲礼》说：龟为卜，筴（音cè）为筮。"龟为卜"，意谓用烧裂的龟甲来占卜，卜的甲骨文形象就是龟甲烧过后出现的裂纹，所以，卜的本意是用火灼烧龟甲，通过烧开的裂纹推测行事的吉凶；炎帝神农氏时期，从事龟甲占卜的巫师名叫司怪。

"筴为筮"，是用簸箕扬洒蓍（音shī）草，根据掉落的蓍草的数量、单双来预测吉凶；筮专指巫师用蓍草占问吉凶。金文的"筮"字字形如下：

从字形看，这个字就是巫师身边放着蓍草。

巫师们在蓍草占卜实践中，结合他们的祖先伏羲所创的八卦而进一步推演出六十四卦。他们认为推演万物的变化以八卦中的艮卦开始为最恰当。艮在八卦中代表山，方位代表东北，炎帝神农氏的巫师们就以艮卦为始卦，两个艮卦上下相加，就叫作连山卦，所以这套卦法也被称为是"连山易"，推行这套卦法的炎帝神农氏也

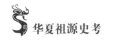

被称为"连山氏"。

炎帝神农氏氏族联盟时期，最早掌握蓍草占卜方法的巫师，一个名叫咸，一个名叫阳，他们应该都是灵契的后代。这个时期虽已进入父系氏族阶段，但仍保留有母系氏族的遗风，从事上帝和下地之间的信息传递工作的巫师还都是女人，所以这两个分别叫咸和阳的巫师应该都是女性。巫咸因为发明了蓍草占卜法而成为巫师们的首领，她的名字后来也成了整个巫族的名字。

至于巫阳，她的工作可能与巫咸略有不同，她很可能是负责用蓍草占卜法来招魂的，让失魂的人回魂返阳，所以名阳。后来巫咸部族中世代专门负责给人招魂的巫师，就称为"巫阳"。屈原曾在《楚辞·招魂》中讲述了巫阳的招魂方法和过程：

帝告巫阳曰："有人在下，我欲辅之。魂魄离散，汝筮予之。"

巫阳对曰："掌瞢（音mèng），上帝其难从。"

"若必筮予之，恐后之谢，不能复用。"

巫阳焉乃下招曰："魂兮归来！"

这里，第一个"帝"应该是"下帝"，就是某个氏族联盟的首领，他对巫阳说："有个人在下界，我想要帮助他。但他的魂魄已经离散，你用蓍草占法将灵魂还给他。"巫阳回答说："让沉睡的人醒来，上帝恐怕也难做到啊。"下帝说："你必须用蓍草占法把灵魂还给那个人，恐怕再迟他就谢世，再把魂招来也没有用了。"巫阳于是向下界呼喊说："魂啊回来吧！"

此后，巫阳就成为招魂使的代名词，如唐代文学家、大诗人韩愈有诗"又诏巫阳反其魂，徐命之前问何冤"（《陆浑山火和皇甫湜用其韵》），北宋文学家、大诗人苏东坡有诗"余生欲老海南村，帝遣巫阳招我魂"（《澄迈驿通潮阁两首》之二），北宋文学家、诗人宋祁有诗"迷魂复干闻清唱，不减巫阳筮些诗"（《病间答杂端庞淳之见寄》），北宋诗人张耒有诗"迷魂不待巫阳些，自有骚词继远游"（《福昌杂咏五首·其五》），南宋末文坛领袖、著名诗人刘克庄有诗"休休也，任巫阳来下，未易招魂"（《沁园春·其一·答陈上舍应祥》），等等，这些诗句中提到的巫阳都是招魂使。

· 巫咸作鼓

一般传说都认为，黄帝是鼓的发明者，但是，我们知道，黄帝时期的很多发明创造都是假名于黄帝，而实际上发明者另有其人。黄帝的第三位夫人肜鱼氏所生的一个儿子叫夷鼓，之所以叫这个名字，可能正是因为他才是鼓的发明者，据前秦时期的典籍《世本》载：

> 巫咸作鼓。……夷作鼓。
>
> ——《世本八种·秦嘉谟辑补本·作篇》

这里的夷应该是黄帝的第三位夫人肜鱼氏的族属，鼓是他的发明，因此他也被称为是夷鼓。那么，"巫咸作鼓"又是什么意思呢？这句简短的文字非常耐人寻味。

前文已经提到，巫咸很可能是巫师之祖灵恝的后代，而灵恝的父亲是谁，读者朋友还记得吗？对，《路史·炎帝纪》说过，"炎帝器，器生钜及伯陵……陵为黄帝臣，生三子，曰吠、曰鼓、曰延。……鼓……生灵恝，灵恝生氐人"，灵恝的父亲是炎帝氏族联盟末期和黄帝氏族联盟初期的大臣伯陵的儿子鼓。这就很有意思了。

上古时期，人们一般没有名字，只有那些对氏族和部落发展有特殊贡献，比如某些工具、器具的发明者才有名字，而他的名字又往往是他的发明的名字。我们后面还会详细讲到，黄帝有个儿子叫夷鼓，而末代炎帝榆罔的侄孙、黄帝的大臣伯陵的儿子也叫鼓。我们如果认为这是两个人的话，那他们差不多生活在同一时期，他们不约而同可能都发明了鼓，这未免也太巧了。但是在没有更新的史料来补证之前，我们也只能认为当时黄帝的儿子、肜鱼氏之子夷鼓和伯陵之子鼓，他们分别发明了鼓。

伯陵的儿子鼓生子（抑或是女儿）灵恝，是为巫师之祖。灵恝的后代中有一位女巫名叫咸，她因为在黄帝氏族联盟和蚩尤联盟的战争中站在了黄帝一边而被黄帝任命为巫师首领。巫咸在自己的先祖发明的鼓的基础上，想到了用生活于长江中上游的一种鳄鱼——名夔龙，也就是今天我们所说的鼍龙、扬子鳄——的皮蒙鼓。这种鼓一开始可能只是用于祭祀和行巫仪式，后来则作为一种声音震天的战鼓，被用于黄帝氏族联盟与蚩尤联盟的战争中，据载：

> 黄帝伐蚩尤，玄女为帝制夔牛皮鼓八十面，一震五百里，连震三千八百里。
>
> ——《绎史·卷五·黄帝内传》

这位玄女，历来的解释是九天玄女，但结合"巫咸作鼓"的实际情况，更有可能是巫师族的黑衣女巫们。巫师族的栖居地在灵山，灵山就是巫山，这里的长江流域在上古时代是有鳄鱼生活的。巫咸让人捕杀鳄鱼，让女巫们缝制出八十面夔鼓，是完全有可能的。夔鼓制成后，巫咸又用雷兽——可能是一种犀牛——的腿骨做鼓槌，敲击夔鼓就能发出巨大的声响。

这种夔鼓在黄帝联盟与蚩尤联盟的战争中发挥了巨大的作用，蚩尤联盟的人听到惊天动地的夔鼓的声音，以为是黄帝那边请来了天兵天将，对神灵的恐惧导致蚩尤方面军心顿时涣散，不管是在人数上、战斗力上还是武器装备上都处于劣势的黄帝联盟军队才能一举反败为胜。

《世本八种·张澍稡集补本·作篇》还记载说"巫咸作铜鼓"，虽然从当时的生产力水平看，也不是没有这种可能，蚩尤已经懂得用铜打造兵器，当时的人用铜作鼓也是可以期望的，但是因为只有这一条孤证，所以我们姑且留此存疑。

· 历代巫咸

巫咸是整个巫师族首领的称呼，就像炎帝和黄帝分别是炎帝族和黄帝族首领的称呼一样。所以，我们在翻检史籍时，会在不同的历史时期都见到巫咸，前引《路史·禅通纪·炎帝》说神农使巫咸主筮，说巫咸是用筮占卜的创始人，则巫咸为神农时人；而《归藏》则称巫咸为黄帝作筮，则巫咸是黄帝时代人：

昔黄神与炎神争斗与涿鹿之野。将战，筮于巫咸曰，果哉而有咎。

——《太平御览·卷七十九·归藏》

《归藏》是三易之一，传统认为是商代的《易经》，汉唐时代随日本遣唐使到日本，中国则已失传。这部《易经》以坤卦为首卦，故名为《归藏》。在这里黄帝被称为黄神，炎神有人认为是炎帝，但更有可能是出自炎帝族系的蚩尤。黄帝和蚩尤在涿鹿大战前，黄帝专门向巫咸问筮，巫咸说这场战争一定会快速取胜，但是会有灾祸。

《世本》还曾说过巫咸是帝尧时期的人：

巫咸，尧臣也，以鸿术为帝尧之医。

——《世本八种·秦嘉谟辑补本·作篇》

东晋郭璞也说巫咸是帝尧时期人：

> 盖巫咸者，寔以鸿术为帝尧医，生为上公，死为贵神。
>
> ——《巫咸山赋·序》

鸿术就是高超的方术。这里是说，巫咸以高超的方术而成为帝尧的御医，能祝延人之福寿，知人之生死存亡；她对树发出咒语，树就干枯；对正在飞的鸟发出咒语，鸟就从天上坠落。她生前位列上公，尧帝敬之为神巫，并封为良相，死后被奉为贵神。

《尚书》则记载了商代的巫咸的情况：

> 伊陟相大戊，亳有祥桑谷共生于朝。伊陟赞于巫咸，做《咸乂》四篇。
>
> ——《尚书·商书·咸乂·序》

> 太戊臣有巫咸、巫贤。
>
> ——《尚书·商书》

> 在太戊，时则有巫咸，乂王家。
>
> ——《尚书·君奭》

商代甲骨文中，巫咸写作咸戊，这是巫咸这个名字见于历史的最早记录。太戊是殷商的第十代君主，史称殷中宗，伊陟是他的相。当时发生了一件怪事，在商都亳都的朝堂上，竟然同时长出了桑树和谷子，《史记·封禅书》则说得更为夸张，云"一暮大拱"，就是说一晚上就长出了两手合拱那么粗的桑树和谷子。伊陟把这件怪事报告给了巫咸，巫咸做了解释，并做《咸乂》等四篇文章。乂，《说文》解为"芟草也"，引申为治理。这是说，在太戊时期，巫咸经常参与国家的管理事务，而且其地位甚至还在商相伊陟之上。

商代巫咸是男是女，在史家看来就有争议了。东汉著名经学家马融和唐代经学家孔颖达均认定太戊时的巫咸是男性，他与太戊之孙、商王祖乙时候的名相巫贤为父子关系。现代学者陈梦家先生梳理甲骨卜辞文字发现，女子名字多加女旁，或称妇某，实为姓氏的滥觞；但在甲骨文中出现的卜人名字中，没有一个有女旁，他因

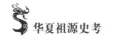

此认为在商代，男巫代兴，女权旁落已是不争的事实。

但实际上，殷墟发掘出的甲骨卜辞为商王盘庚迁都之后八世十二王两百多年的史料，而巫咸与巫贤生活的太戊至祖乙时期，恰在盘庚迁都之前，史称商代前期，所以这个时期的巫咸是男是女、巫咸与巫贤是父子关系还是母女关系恐怕难有定论。但从甲骨卜辞中有女子主持祭祀和商王武丁的妻子妇好甚至能带兵出征的记载来看，商代恐怕尚未完全脱离母系中心社会，女性地位还很高，这时候作为国家最重要的神职人员和政府要员的巫咸很有可能沿袭惯例和传统仍然由女性所担任。只有到了父系宗法制完全发展成熟的西周时期，巫师才更多的由男人来充任。

作为商相的巫咸，其"主营业务"较前有了很大的扩展，除了占筮老本行之外，还增加了占星术，司马迁说：

昔之传天数者：高辛之前重黎；于唐虞，羲和；有夏，昆吾；殷商，巫咸；周室，史佚、苌弘；于宋，子韦；郑则裨灶；在齐，甘公；楚，唐昧；赵，尹皋；魏，石申。

——《史记·卷二十七·天官书第五》

所谓传天数者，就是天象观测师，即占星师。司马迁列举的这些人都是各代的王家和政府的占星师，其中提到商代的占星师就是巫咸。

不管是占筮，还是观测星象，都离不开数学计算，商相巫咸被认为是中国最早和最优秀的算学家之一，据南宋人洪迈《容斋三笔》记载：

大观中，置算学如庠序之制，……于是中书舍人张邦昌定其名，风后、大挠、隶首、容成、箕子、商高、常仆、鬼臾区、巫咸九人封公……

——《容斋三笔·卷十三·大观算学》

宋徽宗大观三年（1109年），宋徽宗诏令把历史上的算学家排个座次，中书舍人张邦昌（就是那个靖康之难后，被金国强立为"伪楚"傀儡皇帝的臭名昭著的汉奸张邦昌）确定以风后、箕子、大挠、商高、常仆、容成、鬼臾区、隶首、巫咸九人为算学公爵。

商相巫咸还被认为是中国人最隆重的节日除夕的设置者。据宋人高承所著《事物纪原》载：

伏羲初置元日，神农初置腊节，轩辕初置二社，巫咸始置除夕节……

西周时期，巫咸的名字仍时常被提及，据载：

> 筮人掌三易，以辨九筮之名，一曰连山，二曰归藏，三曰周易。九筮之名，一曰巫更，二曰巫咸，三曰巫式，四曰巫目，五曰巫易，六曰巫比，七曰巫祠，八曰巫参，九曰巫环，以辨吉凶。凡国之大事，先筮而后卜。
>
> ——《周礼·春官宗伯第三·大卜/诅祝》

这段文字说得很明白，西周时期的军国大事都是先占筮，后占卜。占筮之人掌管三种《易》书的解释权，一是《连山》，二是《归藏》，三是《周易》。他们还掌握九种筮法：一是巫更，二是巫咸，三是巫式，四是巫目，五是巫易，六是巫比，七是巫祠，八是巫参，九是巫环。

从名称看，这九种筮法是由九个不同的巫师所掌握的，巫咸掌握的就叫巫咸法，应该是从神农氏时期祖辈传下来的占筮方法。巫易就是巫阳（陽），应该也是从神农氏时期的巫阳世袭传承而来。需要指出的是，西周时期的巫咸、巫阳等巫官，可能已经不完全是女人，而由男人担当了。

春秋战国时期，巫咸的名字也不断见诸史籍，《楚辞·离骚》载：

> 巫咸将夕降兮，怀椒糈而要之。

这段文字，有译家译作"巫咸今夜将降临，我带着椒香拌精米制成的祭祀的食物去迎接他（指巫咸）"，但更合理的解释是"巫咸今晚将要降神，我带着用椒香拌精米制成的祭祀的食物去迎接他（指神）"。

《列子》也记载说：

> 有神巫自齐来，处于郑，名曰巫咸，知人生死存亡，期以岁月旬日如神。
>
> ——《列子·黄帝第二》

这个郑国巫咸，《庄子》也提到过：

> 郑有神巫曰季咸，知人之生死存亡，祸福寿夭。
>
> ——《庄子·内篇·应帝王》

综上所述，巫咸作为上古时期氏族联盟的大巫师，前前后后在中国历史舞台上存在了数千年，他们和其他巫师同行一道见证和参与了上古文明的发展过程，他们发明了宗教神学，发明了文字，发明了巫舞，并进而发明了武术，发明了中医学，发明了巫史记事方法，发明了通过敲击战鼓来鼓舞士兵斗志的作战方式。一句话，在中华文明的开创和发展过程中，巫师们起到了举足轻重的作用。

• 两桩历史疑案：夏禹和商汤是巫咸吗？

在父系宗法制度完全确立之前，巫师一般是由女人担任，男性巫师，巫觋一般认为出现很晚，但是也不排除有例外，上古史、民族史专家何光岳先生就认为夏王朝的开创者夏禹和他的儿子夏启都是具有男巫和世俗政权的领导的双重身份的人。

在道教的祷神仪礼中，经常会见到一种奇怪的步法动作，传为夏禹所创，故称禹步。有人认为这种步法依北斗七星排列的位置而行步转折，宛如踏在罡星斗宿之上，又称"步罡踏斗"。但在一些学者看来，禹步就是巫步，确系大禹所创，大禹应该就是一个男巫。据先秦时期的杂家著作《尸子》载：

古时龙门未辟，吕梁未凿，……禹于是疏河决江，十年未阙其家，手不爪，胫不毛，生偏枯之疾，步不相过，人曰禹步。

——《太平御览·卷八十二·皇王部七·夏帝禹》

"偏枯"就是半身不遂，亦称半枯、偏瘫，常见于中风后遗症。这段话的意思是大禹治水，十年不过家门，一只手蜷成一团不能伸开，腿上没有体毛，行走困难，得了偏枯病，两腿不能前后交替行走，一腿前迈而一腿拖行，人称"禹步"。

大禹偏枯、"禹步"还在很多文献中都有记载，如《庄子·盗跖篇》就曾记载"禹偏枯"，《吕氏春秋·行论》也说：

禹……以通水潦，颜色黧黑，步不相过，窍气不通。

——《吕氏春秋·卷二十·恃君览·行论》

大禹因为长期在水里浸泡得了偏瘫病，这个其实没有什么太奇怪的，但当时以及后来有很多巫师纷纷仿效大禹走路的样子，这就很奇怪了，西汉文学家扬雄就说：

昔者姒氏治水土，巫步多禹。

——《扬子法言·重黎卷第十》

东晋经学家李轨对此段文字进行注解时说：

姒氏禹也，治水土，涉山川，病足，故行跛也。……而俗巫多效禹步。

巫师们仿效大禹的样子走路，一个很大的可能就是大禹本人也是巫师，而且是巫师领袖，也就是巫咸，他的一举一动都有示范作用，很多巫师在举行巫祝活动时，刻意模仿大禹的"禹步"，因为这种奇怪的步姿结合巫祝活动时独特的音乐、舞蹈，能极大地增加巫祝活动的神秘性、异常性，增加人们的敬畏心理。后来，在战国时代，"禹步"更是成了巫师们举行巫祝活动时的标准步姿，被称为是"巫步"。

除了大禹，其子夏启可能也是一位巫师，据《路史·后纪·卷十四》引《归藏·郑母经》载：

夏后启筮，御飞龙登于天，吉。

夏启子承父业，既是夏朝君主，也是大巫师，说明夏王朝从一开始就是初级形态的"政教合一"的国家。

夏代的创始人可能是巫师，无独有偶，商代的创始者也有可能是巫师。我们知道，殷商的祖先叫契，可能正是因为他继承和发展了灵恝的卜辞记法，所以也被称作是"契"。而把卜辞刻在甲骨、木板、岩石上的这个行为，后来就叫"锲"。在很长时期内，"契"和"锲"这种事都只能是巫师来完成，所以殷商的祖先叫契并非偶然，契与其说是他的名字，不如说是他的巫师身份，或者说正表明他是一个很擅长刻录记事的巫师。

那么，契刻录的是什么？很简单，就是文字。从中国上古文明的发展实践来看，最初的文字可能都是巫师发明的，也只有巫师才使用，其最直接的目的就是记录占卜结果。从这个意义上说，殷商的祖先契一定是一个擅长文字记录、书写和刻录的巫师，并因这种本事而在众多巫师中脱颖而出为大巫师，并进而成为商族领袖。从这一点看来，石破天惊的甲骨文文明成果诞生于商朝绝非偶然。

契的第十四代孙就是成汤，他推翻了夏王朝的统治，创建了商王朝。现代研究表明，成汤与大禹、夏启和自己的祖先契一样，都有两个身份，一个是世俗社会的领袖，一个是巫师领袖，也就是巫咸。甲骨卜辞中有"贞，咸不宾于帝。……贞，咸宾于帝。……贞，大甲不宾于咸。……贞，大甲宾于咸"等提法，这里的咸，应该就是"巫咸"。这位巫咸一直被商王朝奉祀为先祖，地位极其崇高，仅次于"帝"，商朝的另两位先祖大甲、祖乙也要向他拜谒。现代很多学者都认为，这个巫咸很有可能就是成汤。

成汤被认为是巫师领袖的另一个证据是，他曾为了求雨，而把自己架到火上，用这种极端的方式向老天爷求雨，而这本是出于一个大巫师的职责，据载：

汤贵为天子，富有天下，然且不惮以身为牺牲，以祠说于上帝鬼神。

——《墨子·兼爱下》

此外，《昭明文选·思玄赋》李善注引《淮南子》（今本无）的记载也说：

汤时，大旱七年，卜，用人祀天。汤曰："我本卜祭为民，岂乎？自当之！"乃使人积薪，剪发及爪，自洁，居柴上，将自焚以祭天。火将然，即降大雨。

《荀子》《尸子》《说苑》《论衡》《太平御览》等很多古籍也都记载有商汤祷雨这件事。

按照儒家学者的说法，商汤祷雨显示了商汤大公无私、仁爱天下而不惜牺牲一己之身的伟大德操，但是实际情况是，商汤被架上火堆（或按照正统说法是自己坐到火堆上），更可能是出于他一个巫师的职责和当时的社会传统，他回避不掉、推脱不掉，只能硬着头皮坐到柴堆上听天由命。戏剧性的是，一场大雨及时而至（不排除是商汤看准了这天要下雨而在这天举行祈雨仪式），不仅挽救了商汤，也挽救了商王朝，挽救了中国历史。

· 巫咸国

自炎帝神农氏时期巫咸开创了巫师之业后，巫师在人们的社会生活中的作用越来越大，人们的衣食住行、氏族联盟的征战杀伐、祈福禳灾、婚丧嫁娶、天象解读等都需要卜筮，所以，从事这一行当的人也就越来越多，到了黄帝时期，就形成了一个绝无仅有、空前绝后的全部由女性巫师组成的巫咸族群；帝尧时期，更是把她们所在的地方封为巫咸国。有学者考证，巫咸国应该就在今天的巫山脚下的巫溪河谷一带，据《山海经》载：

丈夫国在维鸟北，其为人衣冠带剑。

女丑之尸，生而十日炙杀之。在丈夫北。以右手鄣其面。十日居之，女丑居山之山。

巫咸国在女丑北，右手操青蛇，左手操赤蛇。在登葆山，群巫所从上下也。

并封在巫咸东，其状如彘，前后皆有首，黑。

女子国在巫咸北，两女子居，水周之。一曰居一门中。

轩辕之国在此穷山之际，其不寿者八百岁。在女子国北。人面蛇身，尾交首上。

——《山海经·海经·海外西经第七》

这几段文字比较难理解，其合理的解释可能是这样的：在一个以雄鸟为图腾的部族的北边，有一个丈夫国，那里的人都是穿衣戴帽而佩带宝剑的模样，应该就是一个具有父系氏族特征的部族。

女丑就是女巫，或者更确切地说是初级女巫。在丈夫国的北面，有一个堆放死去的女巫的尸体的地方，这些女巫是在祈福禳灾的祭祀仪式上被十个以太阳为图腾的部族烧死的。女巫们平时都是以右手衣袖掩面，遮挡刺眼的阳光。十日族居住在这个地方，而女巫们都住在山上。

在这座山的北面，有一个巫咸国，其图腾特征是一个人右手握着一条青蛇，左手握着一条红蛇。我们知道，蛇是黄帝族系的图腾龙的一种简化形式或原始形式，这表明这个时候的巫咸国已经从最初的炎帝族系演变成黄帝族系了。巫咸国里有一座登葆山，是巫师们来往于天上与人间的地方。

在巫咸国的东边，有一个以双头猪为图腾的部落，其样子就像猪，前后都有脑袋，是黑色的。

在巫咸国的北边是一个女子国，可能是还具有母系氏族特征的部落，其图腾形象是两个女子在一起，四周有水环绕；也有一种说法是，她们住在一扇门里。

在女子国的北面望去一直到目力所及的远山，这个地方叫轩辕国，那里的人就算不长寿的也有八百岁。轩辕国的图腾形象是人面蛇身，首尾交合。

轩辕国应该就是黄帝氏族联盟，"人面蛇身，首尾相交"正是炎黄氏族联盟的前身伏羲女娲氏族联盟的图腾形象。

巫咸国的巫师们根据术业专攻的原则而各有分工，至少有十种之多，据载：

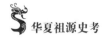

> 大荒之中有山，名曰丰沮玉门，日月所入。有灵山，巫咸、巫即、巫盼、巫彭、巫姑、巫真、巫礼、巫抵、巫谢、巫罗十巫从此升降，百药爰在。
>
> ——《山海经·海经·大荒西经第十六》

大意是：在大荒之中，有座山名叫丰沮玉门，是太阳和月亮降落的地方。有座灵山，巫咸、巫即、巫盼、巫彭、巫姑、巫真、巫礼、巫抵、巫谢、巫罗等十个巫师，从这座山升到天上和下到世间，各种各样的药物就生长在这里。

根据《说文解字》的解释："灵，巫也，以玉事神。"灵的繁体字为靈，下半部就是巫字。所以"灵"和"巫"二字在古代是一个意思，因此"灵山"即"巫山"。

• 咸盐、盐巴的由来

《山海经》中还提到一个"巫载（音zhí）国"，有学者认为就是巫咸国：

> 有载民之国。帝舜生无淫，降载处，是谓巫载民。巫载民盼姓，食谷，不绩不经，服也；不稼不穑，食也。爰歌舞之鸟，鸾鸟自歌，凤鸟自舞。爰有百兽，相群爰处。百谷所聚。
>
> ——《山海经·海经·大荒南经第十五》

大意是：帝舜生了无淫，无淫被贬到载这个地方居住，他的族民就是所谓的巫载民。巫载民姓盼，吃五谷粮食，不从事纺织，但有衣服穿；不从事耕种，但有粮食吃。这里有能歌善舞的鸟，鸾鸟自由自在地歌唱，凤鸟自由自在地舞蹈。这里又有各种各样的野兽，群居相处。这里还是各种农作物汇聚的地方。

《山海经》的这段描述非常浪漫，但是也让人颇为不解，"不绩不经，服也；不稼不穑，食也"，那么那些巫师们靠什么生活呢？而且巫咸国如果从黄帝氏族联盟时期算起，到先夏时期被巴国兼并，前后历时近三千多年，他们是怎么过来的呢？

答案是，他们就靠当地的一种特产——盐。

巫咸国所生活的巫溪山谷，有一条盐泉，古称咸泉；另外清江附近也有咸池、咸池河，古称盐池、盐池河。两晋之交时期著名文学家、训诂学家郭璞曾著《盐池赋》，对盐池产盐的情况进行过详细描述：

> 水润下以作咸，莫斯盐之最灵。傍峻岳以发源，池茫尔而海渟。嗟玄液之潜洞，

羌莫知其所生。

——《艺文类聚·卷九·盐池赋》

　　玄液就是黑色的液体，"玄液潜洞"，是说巫咸山下有暗流通过地下潜洞与盐池沟通，能"致灵润乎百里"。明万历二十五年的《河东盐池之图》碑，标明了贯穿解池盐田的黑河位置。另据清代文献记载："黑河圈入禁垣，紧靠畦畔，绵亘东西，地势极卑，泥性纯黑，故称黑河。"黑河被古人称为"产盐之母"，因其河床底部能够接触到未被淤泥覆盖的盐层矿脉，雨水和外来淡水汇集入黑河以后，浸溶盐层，浓缩为含有大量盐分的卤水。

　　巫咸国的巫师很早就发现他们所在的地方有盐泉，于是就把炼制盐的事项垄断下来，通过出产的盐与周边地区进行买卖和交换，这就是"不绩不经，服也；不稼不穑，食也"的由来。

　　我们今天所说的味道咸淡的"咸"，古代写成"鹹"，从卤从咸，这个字应该就是从巫咸的"咸"而来，就是说因为巫咸国的人掌握了炼制盐的技术和资源，所以那个时候的盐就被叫作"咸"。《说文解字》说："盐，卤咸也。"卤咸乃盐之味，两者可以相互变通，咸即是盐。

　　有人制盐，就有人转卖盐，即把巫咸国出产的盐专卖到其他地方去，而从事这一行当的就是远古时期伏羲氏族的后裔——巴人。据《山海经》载：

　　有盐长之国，有人焉鸟首，名曰鸟氏。……西南有巴国。大皞生咸鸟，咸鸟生乘厘，乘厘生后照，后照始为巴人。

——《山海经·海经·海内经卷十八》

　　巴人的祖先是大皞（伏羲），大皞的后裔中有一个以人形鸟首为图腾的部族，生活在出产盐的地方，叫咸鸟族；咸鸟部族的后代部族是乘厘，乘厘的后代部族是后照，后照的后代部族建立了巴国，其民被称为巴人。

　　著名民族史学家任乃强先生认为，咸鸟暗示着巴人祖先的职业，咸鸟可能是巴人发明的一种鸟形的小船，巴人用这种交通工具把巫咸国出产的盐转卖到其他地方去。但也有一种说法认为，咸鸟就是太皞-少昊族系的图腾神鸟——太阳鸟，咸鸟的意思就是"巫咸国地区的鸟族"。

　　起源于长阳武落钟离山的巴人廪君部落，因从事贩盐业而逐渐发展壮大起来。

被称为"盐水女神"的巫咸国的女巫首领希望通过与廪君务相联姻而消除后者对自己的威胁，对他说"此地广大，鱼盐所出，愿与共君"（《后汉书》引《世本》），结果廪君不为所动，"务相乘土船而王夷水，射杀盐神，巴人以为神"（《水经注》引《世本》），廪君务相率众射杀了巫咸国首领"盐水女神"，夺取了巫咸国的盐矿资源。从此以后，这里出产的盐就被称为"盐巴"。在相当长时间之后，盐巴又逐渐从对巫咸国地域出产的盐的特指而变成了对所有产地和所有种类的盐的泛称。

僦贷季

黄帝时期是中国传统医学发展的一个突变期，涌现了很多在中医史上具有里程碑式地位和影响的伟大医师，而其中的执牛耳者当数岐伯。岐伯与黄帝是亦师亦臣的关系，这已为史家所公认。但是很多人并不知道，岐伯的医学知识和技能也有师承，他的授业恩师叫僦贷季，大约生活于神农氏族联盟的末期，此人可能才是真正意义上中医学的开山鼻祖。

僦贷季这个名字最早见于成书于战国时代的中医学圣经《黄帝内经》，岐伯在回答黄帝的医学问题时提到了他的这位先师僦贷季：

> 色脉者，上帝之所贵也，先师之所传也。上古使僦贷季理色脉而通神明，合之金木水火土，四时八风六合，不离其常，变化相移，以观其妙，以知其要，欲知其要，则色脉是矣。
>
> ——《黄帝内经·素问·移精变气论》

大意是：观色切脉的诊病方法，即观察青赤黄白黑五色的变化和切脉象，是上帝所重视的，它是由我的先师传授于我的。上古时期，上帝派僦贷季探究和整理望色、切脉之理以通神明之妙。僦贷季把五色、脉象的变化与金木水火土五行，以及四时、八风、六合，相互融会贯通，观察其不偏不离、其常有度；一变亦变、相互移转，这其中微妙的变化，是知道其中的要领。所以要想能够预测疾病、生死，辨别疾病的程度，就必须研究色脉的理论。

记载上古时期神话和传说的历史专著《路史》也明确提到僦贷季受神农之命而"理色脉"：

【宋】佚名 神农采药图

乃立方书，命僦贷季理色脉，对察和齐，摩踵訰告，以利天下。而人得以缮其生。

——《路史·卷十二·后纪三·禅通纪·炎帝》

也有一些古代文献认为僦贷季是黄帝时期的人，唐代官修史书《南史·王僧儒传》记载僦贷季是黄帝时代人，岐伯之师，能运用观察病人面色和诊脉的方法，以决定治疗。明代徐春甫撰《古今医统》也记载说："僦贷季，黄帝时人，岐伯师也。岐伯相为问答，著为《内经》。"

僦贷季至迟在明代被列为太医院供奉的历代名医中的第一人，明朝人沈德符在其随笔集《万历野获编补遗》中说：

至诏修太医院、三皇庙，仍釐正祀典，正位以伏羲、神农、黄帝，配位以勾芒、祝融、风后、力牧四人，其从祀：僦贷季……十人。

——《万历野获编补遗·兵部·武庙》

另据《明史》载：

嘉靖间，建三皇庙于太医院北，名景惠殿。中奉三皇及四配。其从祀，东庑则僦贷季、岐伯、伯高、鬼臾区……

——《明史·志第二十六·礼四·吉礼四》

明代太医院祭祀古代名医礼制也为清代所承袭，据《清史稿》载：

群祀先医，初沿明旧……东庑僦贷季、岐伯……

——《清史稿·志五十九·礼三·吉礼三》

僦贷季这个今天看来很奇怪的名字因为在明清两代进入了庙堂受到国家奉祀而就此为大家所熟知。

垂（工倕）

耒、耜、铫、耨都是农具，最初主要是木质的、石质的或骨质的。

神农氏氏族联盟时期是原始农业出现和迅速发展的阶段，其标志就是农作物品种的丰富和农业工具的出现。考古发掘成果表明，石质和骨质的农业生产工具，在同一时期的各处遗址中均有发现。相当于仰韶文化晚期的红山文化、良渚文化中均发现有石犁，仰韶文化中木犁也已出现。

至迟到了神农氏族联盟时代中后期，就出现了专门用于耕作的农业工具耒耜，用木头或大型动物的骨头制作，一般认为是神农发明了这种工具，但历史上的神农氏有多位，所以具体是哪位神农氏不得而知。还有一种可能，与后来人们把很多发明创造都寄名于黄帝一样，或许耒耜也不是出自氏族联盟首领的神农氏的直接发明，而是其部族中的某个人，而托名于神农氏，古史《世本》就记载：

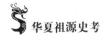

神农作耒。古者垂作耒耜，神农之臣也。咎繇作耒耜。垂作耨。垂作铫。

——《世本八种·陈其荣增订本·卷一·作篇》

这位叫垂的人不仅发明了耒耜，还发明了耨（音nòu）——一种除草的木制工具，还有铫（这个字有好几个发音，在这里音yáo），就是耕田用的大锄。注意，这个字已经有了表示金属的偏旁，而金属工具是在黄帝时期的蚩尤发明了金属兵器之后出现的，所以显然，发明木制农具耒耜的垂和发明金属农具铫的垂不是一个人，而可能是神农氏族联盟中垂部族的前后不同时期的首领。

据《世本》载，垂还有一个发明，就是乐器钟，所谓"垂作钟"（引据同上）。《礼记·明堂位》也说"垂之和钟"。东汉末三国时期的经学家应劭在其著作《风俗通》中，认为这个垂是黄帝时期的乐工。

《世本》中还记载有一个名"倕"的人，"倕作规矩准绳"（引据同上），《世本》注家、三国时期的著名经学家宋衷认定这个倕就源自垂，意即百工之长，又称"工倕"。做规矩准绳的这个倕是虞舜时期的人，很有可能是黄帝时期的垂的后代，或垂部族到了到虞舜时期的首领。这个名字也曾在《庄子》里出现过：

工倕旋而盖规矩，指与物化，而不可以心稽。

——《庄子·外篇·达生第十九》

这句话的意思是：倕以手旋物即能测定其方圆，胜过圆规与矩尺。其手指和工具已能合而为一，不必用心去做，就能画出方圆。至此，"工倕之指"就成为能工巧匠的代名词。当然了，在崇尚自然、主张返璞归真的庄子笔下，"工倕之指"还有另一种意思，代表了束缚人的心性和自由意志的礼法、仁义、规矩、条条框框、小聪明、肤浅智慧、阴谋诡计等，所以庄子提出：

毁绝钩绳而弃规矩，攦工倕之指，而天下始人含其巧矣。

——《庄子·外篇·胠箧第十》

意即毁坏钩弧和墨线，抛弃圆规和角尺，折断工倕的手指，天下人方才能保有他们天然的智巧。

《山海经》中提到过一个叫巧倕的人，说他是帝俊之孙：

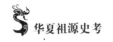

又有不距之山，巧倕葬其西。……帝俊有子八人，三身生义均，义均是始为巧倕，是始作下民百巧。

——《山海经·海经·海内经卷十八》

《山海经》里的帝俊原来是少昊族人对少昊的称呼，后来这一称谓得以传承下去，少昊氏族联盟大首领均称帝俊，所以不同情况下出现的帝俊到底指的是哪一位大首领，需要做甄别。这里的帝俊指的是帝舜，义均是帝舜之子，又称商均，巧倕可能是他的官职。这样看来，巧倕义均与发明了耒耜等农具的垂显然不是一个人。

关于倕的发明，还有"倕作弓"（见《荀子·解蔽》）、"巧垂作舟"（见《墨子·非儒下》）等说法，这里的垂、巧倕，其身份应该也是工倕，即百工之长，指官职，绝非指一个人。

刑天（郉夭、刑夭、形天）

• 作为一代战神的刑天

刑天是上古英雄神话中最为著名的人物之一，他是炎帝族的忠臣，在与黄帝族的大战中失败，被黄帝砍头，《山海经》记载了这段悲壮的传奇历史：

形天与帝至此争神，帝断其首，葬之於常羊之山，乃以乳为目，以脐为口，操干戚以舞。

——《山海经·海经·海外西经第七》

形天即刑天，刑天和黄帝争夺神位，黄帝砍掉了他的头，并把他的头葬在常羊山。刑天竟然用两乳为双目，用肚脐作口，挥舞盾牌和大斧，继续与黄帝抗争。

人被砍掉脑袋还能"操干戚以舞"无论如何难以置信，实际情况可能是刑天被砍头后，刑天的部族继续打着刑天的旗号与黄帝对抗，他们把死后的刑天的恐怖形象作为部族的新图腾，用以震慑敌人。

• 作为音乐家的刑天

刑天为什么叫这个名字，历来说法很多，最常见的一种说法认为，天在这里是"颠"，是指人的额头；刑，就是杀戮。但是，根据越来越多的史料来考证，刑天很有可能是传抄中的错误所致，其更早的名字应该是"刑夭"。我们知道，"夭"在古汉语里还有砍伐的意思，宋代大文豪苏东坡的父亲苏洵所著《木假山记》有"木之生，或蘖而殇，或拱而夭"之句，这个"夭"就是砍伐之意。或许正是因为刑天是被黄帝砍头，所以"天"在以后才有了这个意思。

但是"刑夭"也可能不是本名，它有可能是从"郴夭""林夭"而来。

夭的本义是草木茂盛，所以《诗经•周南》有"桃之夭夭，灼灼其华"的名句，《诗经•凯风》有"棘心夭夭，母氏劬劳"之句，《诗经•国风•桧风•隰有苌楚》有"夭之沃沃，乐子之无知"之说，《尚书•禹贡》则有"厥草惟夭"的记载。我们今天所说的"夭折"之意的"夭"，实际上应写作"殀"，但源头还是表示草木初生的意思的这个"夭"。

炎帝族因为最早发现了食用植物、发明了耒耜等农具，掌握了农耕技术，所以他们的居住地一般都是青苗茂盛、沃野连片的地方，这就是"夭"，《山海经》就记载"轩辕国有诸夭之野"：

此诸夭之野，鸾鸟自歌，凤鸟自舞。皇卵，民食之；甘露，民饮之，所欲自从也。
——《山海经•海经•海外西经第七》

这段文字的意思是：有个叫作诸夭之野的地方，鸾鸟自由自在地歌唱，凤鸟自由自在地舞蹈；凤凰生下的蛋，那里的居民食用它；苍天降下的甘露，那里的居民饮用它，凡是他们所想要的都能随心如意。

刑天就诞生在"诸夭之野"，很多人不知道的是，刑天一开始并不是"刑天舞干戚"那样的勇猛的英雄形象，而是一位音乐家，据载：

乃命刑天作扶梨之乐，制丰年之咏，以荐釐来，是曰下谋。
——《路史•卷十二•后纪三•禅通纪•炎帝》

很多史家把"扶梨之乐"解释成是"扶犁之乐"，就是在犁地耕作时唱的歌子，这很值得商榷。"扶梨之乐"应该指的是"扶徕之乐"或"扶来之乐"。来的古意是麦，我们来看来的甲骨文和小篆的字形：

从字形可以看出，来就是禾苗、麦苗。《诗经·周颂》有"贻我来牟"的说法，《说文解字》解释"来"字说："来，周所受瑞麦来麰也。"《前汉书·刘向传》则写作"饴我釐麰"。来牟、釐麰、来麰都是一个东西，就是我们今天所说的小麦和大麦。

"扶徕之乐"或"扶来之乐"本是太昊伏羲氏时代人们在麦类丰收时唱的歌子，神农氏让刑天仿照"扶徕之乐"，创作炎帝族人庆祝丰年的歌咏，用于向麦神的祭献仪式，这个歌曲就叫作《下谋》。

- **"诸夭之野"是楚国王族的发祥地**

湖南学者张式成先生考证说，刑天的"刑"应为"林"或者"梣"，在他看来，随着"诸夭之野"农业水平的不断提高，生活环境优越，各部落人群不断在这里汇集。还有一点也是非常重要的，炎帝神农氏族人在这里"尝百草"的过程中，发现了药用植物"梣"，就是我们今天所说的蒿类植物——说到这，我们想起2016年我国中医药专家屠呦呦因提纯青蒿素而获得我国历史上第一个诺贝尔医学奖，这就是说至少在5000多年前的仰韶文化中晚期，我们的祖先就懂得了使用蒿类植物治病，这在世界文明史上是绝无仅有的。

"诸夭之野"因农业而兴，更因药材"梣蒿"等而旺，遂逐渐成为城邑，当时的名字可能就叫"林"。春秋时期楚国把这个城邑命名为"郴"，注意这里不读chēn，读作lín，意为在林地的城邑。《韩非子·和氏》开篇即说"春秋林人卞和，得璞于荆山，卞和奉献于楚厉王……"南宋地理志《舆地纪胜》载"在湖广郴州永兴县荆山观傍有玉洞，世传卞和取玉之地"。那么"春秋林人卞和"，也就是"春秋郴人卞和"。

根据南宋史家郑樵的《通志》所载：

郴，芈姓，楚怀王熊心，号义帝，都郴，子孙氏焉。

——《通志·卷二十五·氏族略第一·以国为氏》

众所周知，芈姓是春秋时楚国祖先的族姓。楚怀王之所以把都城定在郴这个地方，可能正是因为这里是楚国王族的发祥地。

·"诸夭之野"是炎帝魁隗氏之妻的故乡

"诸夭之野"中有个部落叫赤水氏，赤水氏部落首领的女儿听訞（音 yāo）嫁给了炎帝魁隗氏，这件事在《山海经》有载：

炎帝之妻，赤水之子听訞，生炎居，炎居生节并，节并生戏器，戏器生祝融。

——《山海经·海经·海内经第十八》

湖南学者张式成先生考证说"奔水氏"应为"莽水氏"，"莽"就是古"莽"字，所以，"莽水氏"就是"莽水氏"（张式成《南岭传说人物郴夭与农耕、医药起源探来源》）。莽水就是从莽山流出的水，莽山在今天的湖南郴州境内，那里的土壤富含氧化铁，呈红色，所以，流出的水也是赤浑的，可能正是因为这一层原因，炎帝氏族联盟时期在这里生活的人也被称为"赤水氏"（当然，炎帝之所以又有赤帝之称，可能也是因为其所辖境内多赤土地，正如黄帝之名来源于其所辖之境多黄土地）。

夙沙氏（宿沙氏）

夙沙氏是上古时期最早食用海盐并发明了煮海水为盐的方法的部族。据《康熙字典》的解释，夙的古字，左边是个人字旁，右边是一个囟字。囟（音 tiàn），《康熙字典》谓"以舌钩取也"，那么夙沙氏的本意可能就是"用舌头舔舐沙子的人"。另外，夙沙氏也称宿沙氏，可能更早就叫宿沙氏，意思就是居止在沙子中的人。这里的"沙子"应该就是盐粒。

古史中曾记载蚩尤氏"食沙"，有人直接理解为是吃沙子，有人认为是吃大米，但更有可能蚩尤与同出于东夷族系的夙沙氏都有舔舐盐粒的习惯，甚至不排除夙沙氏是蚩尤氏食盐的提供者，或者夙沙氏本来就是蚩尤氏族联盟的一个成员。

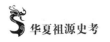

战国史籍《世本》载：

宿沙做煮盐。

——《世本八种·陈其荣增订本·卷一·作篇》

凤沙氏煮海为盐。

——《世本八种·王谟辑本·作篇》

就是说，宿沙氏是最早懂得煮海水做盐的部族，《世本》注家宋衷认为宿沙指的是齐灵公时候的大臣宿沙卫，这一点也对也不对，不对是因为我国人民食用海盐的历史绝不可能始自春秋时期，对是指齐灵公时期仍然有宿沙氏从事煮盐的工作，但他们应该只是上古时期的宿沙氏的后裔。

那么，凤沙氏最早到底是什么时候的人呢？清代著名文字训诂学家、经学家段玉裁在其给《说文》做注解时称：

凤沙，大庭氏之末世。

大庭氏是一个非常古老的部落，兴起于伏羲女娲氏族联盟时期，在早期炎帝魁隗氏氏族联盟时期，其某位族长还担任过联盟的首领。

《吕氏春秋》则持凤沙氏是炎帝时期的部族的说法：

凤沙氏之民，自攻其君而归神农。

——《吕氏春秋·卷十九·离俗览·用民》

《路史》也认为凤沙氏是"炎帝之诸侯"。元代史典《通鉴续编》明确记载凤沙氏是炎帝时诸侯：

炎帝之世，诸侯凤沙氏叛，不用帝命，其臣箕文谏，而被杀。炎帝益修厥德。凤沙氏之民，自攻其君，而来归其地。

——《通鉴续编·卷一》

大意是，炎帝神农氏时代，诸侯夙沙氏发动反叛，不再听从炎帝命令。夙沙氏之臣箕文力谏夙沙氏首领，却被后者所杀。神农氏并不着急去兴兵讨伐，只是愈加完善自己的德行。久而久之，夙沙氏的百姓都厌恶头领暴虐无道，于是自行造反，杀了头领，并把其领地献给炎帝。

夙沙氏的治辖区域一般认为是在今天山东省潍坊、寿光一代，这里属于《尚书》所载古代中国地理区划的九州中的青州，据载：

海岱惟青州，隅夷既略，潍淄其道，厥土白坟，海滨广斥，厥贡盐绨，海物惟错。

——《尚书·夏书·禹贡第一》

大意是青州范围东到大海，西至岱岳，盛产海物，多以海盐与葛布为贡品。

《禹贡》所载也得到了今天的考古发掘的证明。2003—2008年，山东省文物考古研究所、北京大学考古文博学院、寿光市博物馆，在羊口镇双王城水库周围三十平方公里区域内进行了七次大规模考古调查、勘探与发掘，发现了五大古代制盐遗址群，共计八十九处，其中龙山文化时期三处，商朝晚期至西周初期七十六处，东周四处，宋元时期六处，是目前发现的我国境内历史最久、规模最大、数量最多、分布最密集、保存最完好的古代制盐遗址。

公元前4500年左右，与炎帝神农氏族出同源的黄帝轩辕氏崛起于昆仑山地区，先后战胜了炎帝神农氏、炎帝神农氏的近亲部族蚩尤氏，从而统一了华夏地区的各部落，建立了历史上第一个统一的部落方国联盟——黄帝氏族联盟。一个伟大的文明大爆炸、华夏民族族系大融合的时代就此开启。

黄帝多所改作造兵井田乘衣裳立宫宅

山东嘉祥武梁祠汉代石刻黄帝像拓片，为已知最早的黄帝形象

第三章 黄帝氏族联盟

从本质上说，黄帝部族是与炎帝部族同源共祖的兄弟之族。炎帝部族要早于黄帝部族大概五百年崛起，建立了炎帝神农氏氏族联盟，但最后在公元前4500年左右，还是被新兴的黄帝部族所取代，中华民族的第一次大统一时代就此到来。

一 黄帝之名

狭义的黄帝

黄帝这个名字有狭义和广义两个意思，狭义的黄帝，就是指黄帝氏族联盟的创始者黄帝轩辕氏。这位黄帝不仅名字有好几个，连姓都有好几个，《史记》的第一句话就是：

黄帝者，少典之子，姓公孙，名曰轩辕。

——《史记·卷一·五帝本纪第一》

这是说黄帝姓公孙，名轩辕，但是《国语》则说黄帝为姬姓：

昔少典娶于有蟜氏，生黄帝、炎帝。黄帝以姬水成，炎帝以姜水成。

——《国语·卷十·晋语四》

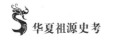

皇甫谧的《帝王世纪》则认为黄帝是以所居处的地方而得名：

（黄帝母附宝）生黄帝于寿丘，长于姬水，龙颜，有圣德；受国于有熊，居轩辕之丘，故因以为名，又以为号。

——《帝王世纪辑存·自皇古至五帝第一》

唐代经史学家司马贞在给《史记》做注解时，采取的是一种和稀泥的做法，就说黄帝本姓公孙，因在姬水边成长，故改姓姬。

黄帝姓姬，源自姬水，这个是一般公认的说法。说黄帝姓公孙，可能是因为他是有熊国君少典的后代，同时与炎帝神农氏是共祖关系，也算是王公之后，所以姓公孙。这种命名法，在春秋、战国时期非常常见。黄帝号有熊，那就更好理解了，他是有熊国国君少典之子，后来又继承了国君之位。

南宋史家罗泌的《路史》在记载黄帝的名字时，则采取的是一种兼容并蓄的办法，把古史所载黄帝之名都罗列在一起：

黄帝，有熊氏，姓公孙，名荼，一曰轩，轩之字曰玄律。小典氏之子，黄精之君也。母吴枢，曰符葆。秘电绕斗轩而震，二十有四月而生帝子寿丘，故名曰轩。

——《路史·卷十四·后纪五·疏仡纪·黄帝纪上》

一个显而易见的问题是：黄帝为什么叫黄帝呢？司马贞《史记索隐》中的解释是：

有土德之瑞，土色黄，故称黄帝，犹神农火德王而称炎帝然也。

这种用五行学说来解释黄帝之名未免牵强。其实，黄帝之名应该直接源自他们所发祥和居住的黄土高原，黄帝就是"黄土地之神""黄土地之王"，我们今天所说的皇天后土，在古代就是黄天后土。

后世作为最高统治者的名号的皇帝应该就是源起于黄帝，当代国学大师马衡、历史学家刘师培、郭沫若等均持类似观点。

黄帝为什么又叫轩辕氏呢？一般而言有两种可能，一是以地名而为人名，因"居于轩辕之丘"而被称为轩辕，持这种观点的代表人物是皇甫谧。

有熊就是今天河南的新郑，是当时黄帝部族的活动中心。后经考证，轩辕丘就位于新郑市中心，即今黄水河（古溱水）和双洎河（古洧水）交汇处的高台地上，面积30多平方千米，其地貌形态东有马陵岗，西有双岭岗，南有黄岗，北有裴李岗，中间是盆地，其状就像一驾马车的车厢。这种地形恐怕才是轩辕之丘这个名字的最初由来，而黄帝名轩辕氏可能就跟这个地名有关。

现代学者还有一种看法，就是黄帝从轩辕之丘的地形受到启发，发明了轩辕之车，所以才被称为是轩辕氏。这一点，《路史》讲得最具体，说黄帝在空桑山北造出车子，"横木为轩，直木为辕，故号曰轩辕氏"。

据《说文解字》载：

轩，曲辀藩车也，谓曲辀而有藩蔽之车也。曲辀者，戴先生曰：小车谓之辀，大车谓之辕。

——《说文解字·卷十四·车部·轩》

简单地说，轩辕就是有围棚、帷幕和篷顶的大车。黄帝家族擅长造车，这也是于史有载的，三国时蜀汉著名学者谯周就曾经说：

黄帝作车，引重致远。其后少昊时驾牛，禹时奚仲驾马。

——《艺文类聚·卷七十一·舟车部·古史考》

这段文字的意思是，黄帝发明的车，还是以人力拉的，到了少昊时代，改用牛拉车，到了大禹时候大臣奚仲发明了马拉的车。

黄帝的后裔，如匈奴人、奚人、契丹人、高车人、铁勒人、黑车子族人、蒙古人等，都以善于驾驭大车而驰名，他们很早就已经学会驾驭牛车、马车在广阔的草原上游牧迁徙。其中，铁勒人又叫高车人，就是因他们使用高轮大车而得名。

除了这种轩辕车，黄帝还发明了指南车，在后来战胜九黎蚩尤的战争中发挥了重要的作用。

除上述外，黄帝被称作轩辕氏还有一种说法，是因为黄帝是轩冕之服的发明者，东汉历史学家班固所著《汉书》载：

始垂衣裳，有轩冕之服，故天下号曰轩辕氏。

——《汉书·卷二十一·律历志第一下》

【明】朱天然《历代古人像赞》中的黄帝

　　另外，还有一种说法，说轩辕得名于黄帝部落的图腾天鼋，天鼋的发音与轩辕非常相像，据《国语》载：

我姬氏出自天鼋。

——《国语·卷三·周语下》

　　郭沫若先生对"我姬氏出自天鼋"的解释是："天鼋即轩辕也。"而所谓天鼋，现代研究一般认为就是四象中的玄武，其形象是龟蛇相交。我们知道，黄帝族的图腾形象是龙，龙的原型就是蛇，所以经常龙蛇共称、龙蛇互称。黄帝族的后代也不断与周边其他部族相通婚，其龙图腾形象也就一直存在很多变体，所谓的"龙生九子"可能就是对这种现象的一种描述。天鼋，也就是玄武，应该是"龙生九子"（九在这里是虚指，泛称）之一。

　　有些古籍记载，黄帝还有一个名字，叫"荼"，宋代类书《太平御览》引汉代纬书《河图挺佐辅》就说：

荼，古舒字，或作余，即黄帝也。

前引《路史》也载"黄帝，有熊氏，姓公孙，名荼"。很有可能受这些记载的影响，清代学者、《世本》注家张澍认为黄帝叫"伯荼"，就是《世本》提到的伯余：

伯余作衣裳。

——《世本·陈其荣增订本·卷一·作篇》

但这个伯荼很有可能不是黄帝，而是黄帝之子伯儵（音 shū），我们在后面讲到伯儵时再与大家详细探讨。

黄帝还有另外几个名字，可能就跟继任黄帝的人的名字有关了。根据《左传》记载，黄帝亦号帝鸿氏。唐代张守节所著《史记正义》说黄帝还有缙云氏、帝轩氏的称谓。这些名字我们在后面还会提到，到时再跟大家详细探讨。

广义的黄帝

黄帝，还有一个广义的意思，就是指在长达一千五百年的存续时间里，黄帝氏族联盟的历任首领都号黄帝——黄帝是最高首领的名号。据汉代纬书《春秋命历序》载：

黄帝传十世，千五百二十年。

这十世首领，都叫黄帝。

二　黄帝之时

黄帝政权存续的时间一直有多种说法，传统史学界认为黄帝的活动时间为公元前2717年—前2599年，而且认为黄帝只有一代。这种说法难以置信，以古人的生活

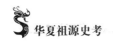

条件和医疗条件，寿命都不会太长，黄帝不可能活到一百多岁，换句话说，黄帝一定有很多代。

关于黄帝氏族联盟的存在时间，汉代就有一种观点，认为远不止一百来年，一些纬书甚至认为黄帝时期有一千五百多年：

黄帝一千五百二十年。

——《纬书集成·易稽览图》

黄帝一曰帝轩辕，传十世，一千五百二十年。

——《纬书集成·春秋命历序》

此外，唐代法琳所著《辩正论》、北宋道家经典《云笈七签·轩辕本纪》、成书于南宋时期的《历世真仙体道通鉴卷·轩辕黄帝传》、南宋郑樵所著《通志》、元代《佛祖历代通载》等书也记载说，黄帝时期为一千五百二十年。

那么，黄帝年代距今天多长时间呢？这要从《春秋命历序》所载的五帝纪年往前推算。该书说"帝喾传十世乃至尧"，又说"帝喾传十世，四百年"。《史记·三代世表》说"帝喾生尧"，因此帝喾传十世应该包括尧，历时四百年。假如舜执政五十年可信，那么夏代立国距帝喾初当为四百五十年。夏代的立国时间，学术界认为大体在公元前二十一世纪，即距今四千一百年左右。以此为基础向上推算，帝喾年代当始于公元前二十六世纪，即距今四千五百五十年左右。

《春秋命历序》还说："颛顼传九世（一说传二十世），三百五十年。"在帝喾积年的基础上向前推算，颛顼年代当始于公元前二十九世纪，即距今四千九百年左右。从公元前二十九世纪到夏朝建立的公元前二十一世纪，五帝时期历时八九百年。

在颛顼积年的基础上向前推一千五百年，则黄帝年代当始于公元前四十五世纪，即距今六千四百年左右。

三 黄帝之祖

中国历史最早的记载炎帝、黄帝族源的史料是成书于战国时期的典籍《国语》，凡是研究炎黄发展史的古今学者都必须要提到这本书中的一条记载：

> 昔少典娶于有蟜氏，生黄帝、炎帝。黄帝以姬水成，炎帝以姜水成。成而异德，故黄帝为姬，炎帝为姜，二帝用师以相济也，异德之故也。
>
> ——《国语·卷十·晋语四》

这段文字的意思是：以前少典娶了有蟜氏，生了黄帝和炎帝。黄帝依姬水而成长，炎帝依姜水而成长，长大以后两人的德行不同，因此黄帝姓姬，炎帝姓姜，两帝动用武力互相攻伐，就是因为德行不同的缘故。

但是，作为史料，这段文字却远非字面意思那么简单。结合历代史籍的相关记载，确切的表达应该是有蟜氏和少典氏两个氏族长期通婚，诞育了炎帝神农氏族和黄帝轩辕氏族两大支系。炎帝族在姜水流域建功立业，黄帝族在姬水流域发展壮大。

《国语》也好，后来司马迁也好，都笼统地不加限定地使用炎帝和黄帝的概念，造成了我们理解上的一些误区，从古至今，都有很多人认为黄帝和炎帝是同辈兄弟，汉代著名文学家、思想家贾谊甚至认为他们是同母兄弟，而且黄帝还是兄长，他指出：

> 黄帝者，炎帝之兄也。炎帝无道，黄帝伐之涿鹿之野，血流漂杵，诛炎帝而兼其地，天下乃治。
>
> ——《贾谊新书·卷一·益壤》

但是，从古至今汗牛充栋的研究来看，黄帝氏族联盟的建立者黄帝有熊氏与炎帝神农氏氏族联盟的建立者炎帝神农氏——我们姑且称之为首任炎帝神农氏——绝非同辈兄弟，在这一点上，《帝王世纪》的记载可能是相对准确的：

> 黄帝有熊氏，少典之子，姬姓也，母曰附宝，其先即炎帝母家有蟜氏之女，世与少典氏婚，故《国语》兼称焉。及神农氏末，少典氏又取附宝，……生黄帝于寿丘，长于姬水，因以为姓。
>
> ——《帝王世纪辑存·自皇古至五帝第一》

炎帝神农氏族的始祖母叫女登，她是黄帝之妻附宝的有蟜氏同族的先祖，两人

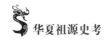

之间差至少二百年。同样的道理，黄帝的父亲也只能说是与炎帝神农氏的始祖父同出自少典氏族，但实际上两人也差个二百年。首任炎帝神农氏的母亲叫女登，她与黄帝有熊氏之母附宝同属有蟜氏，但不是同期的人。有人推算，女登可能长于附宝两百多年，因此，首任炎帝神农氏也比黄帝有熊氏要年长两百多岁。实际上，与黄帝有熊氏同期的炎帝神农氏名叫榆冈，我们权称之为末代炎帝神农氏。司马迁在记述阪泉之战时，简单归之为是轩辕氏与炎帝之战，这是很不精确的说法，实际上，阪泉之战是黄帝有熊氏与末代炎帝神农氏榆冈之战，诚如《汉书》所载：

> 黄帝《易》曰："神农氏没，黄帝氏作。"火生土，故为土德。与炎帝之后战于阪泉，遂王天下。
>
> ——《汉书·卷二十一·律历志第一下》

黄帝有熊氏虽然是炎帝神农氏时代的终结者，但黄帝族和炎帝神农族系出同族、同源，这一点历代史家殊无疑义。

四　黄帝之图腾

很多民族都有把自己的祖先的出生与某些奇异天象联系在一起的习惯，黄帝出生也不例外。据《竹本纪年》载：

> 黄帝轩辕氏，母曰附宝，见大电绕北斗枢星，光照郊野，感而孕，二十五月而生帝于寿丘。弱而能言，龙颜，有圣德。
>
> ——《今本竹书纪年疏证·卷上》

《史记》注家，唐朝著名学者张守节在《史记正义》中也说：

> （黄帝）母曰附宝，之祁野，见大电绕北斗枢星，感而怀孕，二十四月而生黄帝于寿丘。

如果我们合理分析的话，黄帝母亲附宝应该是在一个雷电之夜与丈夫交合，过程中突然看见一道闪电在北斗所在的位置划过，光芒把郊野都照亮了，后来她就怀上了黄帝，而且一怀就是二十五个月。我们在前面分析过，伏羲的母亲华胥氏履雷神之迹而孕伏羲，这个雷神就是闪电，闪电就是龙的原型。那么，黄帝入孕时出现的闪电在当时的人看来一定也是龙，这也就是说，伏羲、黄帝都是神龙之裔，都是龙种，是龙的传人。

黄帝部族以龙为图腾的说法，有很多文献依据，《淮南子》说：

中央土也，其帝黄帝，其佐后土，执绳而治四方，其神为镇星，其兽黄龙，其音宫，其日戊己。

——《淮南子·天文训第三》

《史记》说：

轩辕，黄龙体。

——《史记·卷二十七·天官书第五》

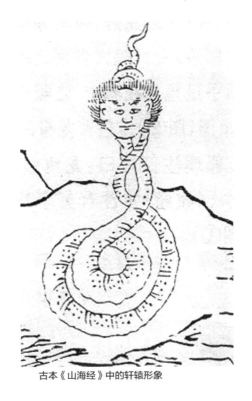

古本《山海经》中的轩辕形象

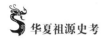

《史记》又说：

> 黄帝采首山铜，铸鼎于荆山下。鼎既成，有龙垂胡髯下迎黄帝。黄帝上骑，群臣后宫从上者七十余人，龙乃上去。
>
> ——《史记·卷二十八·封禅书第六》

按有些学者的理论，这便是说黄帝的图腾祖先龙来接其子裔黄帝回归天庭，所以黄帝族的图腾是龙。

此外，《河图稽命徵》《汉书人表考》等也都说黄帝"龙颜有圣德""河目龙颜"。

当代历史学者也大多持黄帝龙图腾的观点。闻一多考证认为，上古姬通女又通巳，而巳即是蛇，蛇是龙的简化形式或初始形式，被黄帝部落奉为图腾（闻一多《伏牺考》）。

我们前面还讲到过，黄帝的母族叫有蟜氏，这个蟜就是蛇，或者说是虹，有蟜氏为有娲氏的后裔，有娲氏即女娲，这个"娲"，现代基本一致的观点认为就是蛇，所以伏羲女娲的标准形象是双蛇互缠。黄帝的母族以蛇为图腾，黄帝以蛇为图腾也就一点都不奇怪了。至于蛇如何变成龙，那是黄帝统一华夏各部族之后的事，我们马上会讲到。

五　黄帝之功

武功

黄帝最伟大的功业就是武功，司马迁在《史记》首篇"五帝本纪"中开宗明义指出：

> 轩辕之时，神农氏世衰。诸侯相侵伐，暴虐百姓，而神农氏弗能征。于是轩辕乃习用干戈，以征不享，诸侯咸来宾从。而蚩尤最为暴，莫能伐。炎帝欲侵陵诸侯，诸侯咸归轩辕。轩辕乃修德振兵，治五气，蓺五种，抚万民，度四方，教熊罴貔貅貙虎，

以与炎帝战于阪泉之野。三战，然后得其志。

——《史记·卷一·五帝本纪第一》

　　意思是：轩辕时代，神农氏的后代已经衰败，各诸侯互相攻战，残害百姓，而神农氏没有力量征讨他们。于是轩辕就习兵练武，去征讨那些不来朝贡的诸侯，各诸侯这才都来归从。而蚩尤在各诸侯中最为凶暴，没有人能去征讨他。炎帝想进攻欺压诸侯，诸侯都来归从轩辕。于是轩辕修行德业，整顿军旅，研究四时节气变化，种植五谷，安抚民众，丈量四方的土地，率领以熊、罴（音pí）、貔（音pí）、貅（音xiū）、貙（音chū）、虎等猛兽为图腾的部族，跟炎帝在阪泉的郊野交战，先后

【明】仇英 帝王道统万年图之黄帝

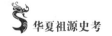

打了三仗，才征服炎帝，如愿得胜。

与炎帝神农氏部族的战争之后不久，曾为炎帝氏族联盟成员的蚩尤部族拒不服从黄帝的领导，发动了叛乱，《史记》载：

蚩尤作乱，不用帝命。于是黄帝乃征师诸侯，与蚩尤战于涿鹿之野，遂禽杀蚩尤。而诸侯咸尊轩辕为天子，代神农氏，是为黄帝。

——《史记·卷一·五帝本纪第一》

蚩尤发动叛乱，不听从黄帝之命。于是黄帝征调各诸侯的军队，在涿鹿郊野与蚩尤决战，终于擒获并杀死了他。这样，诸侯都尊奉轩辕做天子，他因此取代了神农氏，成为新的氏族联盟的大首领，这就是黄帝。

不久，北部的荤粥部族开始南下袭扰中原。黄帝趁势挥师北上，一举将荤粥赶回草原。随后，大约在公元前3000年，黄帝号令天下所有部族首领会聚于今河北涿鹿的釜山，举行了史上最大规模的合符共盟大会。

关于这几次重大事件，《史记》中只有短短的三句话：

北逐荤粥，合符釜山，而邑于涿鹿之阿。

——《史记·卷一·五帝本纪第一》

"合符釜山"只有短短四个字，但却是一场不折不扣的无声惊雷，划过中国历史的天空。"合符"在我国是一项传之久远的会盟征信制度，一般是用竹、木、玉石等制成凭证，上刻文字，以此作为结盟的信誓之物。"合符釜山"主要完成了三件大事：

一、共推轩辕氏为氏族联盟的首领，即黄帝，公认其为华夏氏族共主；黄帝以下，分封诸侯（部落），即划定联盟内各部族、氏族、部落的统治区域，《史记·封禅书》载："黄帝万诸侯，而神灵之封居。"《史记索引》韦昭注解说："黄帝时万国，其以修神灵得封者七千国"；在氏族联盟中央设立各种职官，协助黄帝管理天下。

二、定都涿鹿。黄帝作为天子，奉天之命"邑于涿鹿之阿"，就是在涿鹿一个高地上建起了都城，即黄帝城。

三、合符契，即将原来各氏族、部落、部落联盟各自的图腾或叫符契一律废除，同时，以原黄帝部族的蛇图腾形象为基础，取各主要氏族、部落、部落联盟图腾的某一突出特点，加于其上，所谓"合诸侯符契圭瑞，而朝之于釜山"（《史记索隐》），这就是古史上说的"大合鬼神"，确定了"以蛇为主体，以鲤鱼鳞为龙鳞，以鱼尾为龙尾，以狮头为龙头，以鹿角为龙角，以鹰爪为龙爪，以虎掌为龙掌，以兔眼为龙眼，以牛耳为龙耳"的黄帝氏族联盟的联合图腾——龙。

北京故宫九龙壁局部之黄龙

　　龙图腾的出现是华夏民族发展史上一个具有里程碑意义的伟大事件，从此，华夏民族不仅拥有了共同敬奉的图腾符契，更因此发展出颠扑不破、百折不挠的共同的精神信仰，在所有华夏民族子孙的心中织就了一条割不裂、扯不断的精神纽带。从此以后，在黄帝的统领下，黄帝氏族联盟的先民们南下北上，西去东行，"东至渤海，西至空桐，南至长江，北至釜山"（《史记·五帝本纪》），与所到之处的各民族、各部族继续接触和融合，最终既确立了延承和接续至今天的中华民族的生存疆域，我们今天的国家疆域和版图都是在这一基础上扩展而成。还有一点更为重要的是，黄帝的丰功伟业铸就了以炎黄族群和东夷族群为主体的中华民族的血脉构成，这一血脉绵绵不绝延续至今五千多年未曾中断，成为人类发展史上绝无仅有的奇迹。

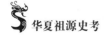

文治

黄帝时期是中国历史上一个文明大爆发的时期。据《史记·五帝本纪》载，黄帝时期已经懂得"艺五种"。"五种"，据东汉末年儒家学者、经学大师郑玄的解释，是指"黍、稷、菽、麦、稻"五谷。按古史传说神农氏时仅能种植黍、稷，而黄帝时则能种植多种粮食作物，表明黄帝时期的原始农业有了进一步的发展。

此外，黄帝的大臣中还有人发明了杵臼，改进了耒耜等农具，开辟了园、圃，种植果木蔬菜，种桑养蚕，饲养兽禽，进行放牧等；缝织方面，黄帝大臣中有人发明了机杼，可以制作衣裳、鞋帽、帐幄、毡、衮衣等；制陶方面，当时的人们已经可以制造碗、碟、釜、甑、盘、盂、灶等；冶炼方面，人们已经初步掌握炼铜技术，可以制造铜鼎、刀、钱币、钲、铫、铜镜、钟、镟等；建筑方面，人们已经懂得建造宫室、楼、门、阶、祠庙等；交通方面，当时的人们已经掌握了舟楫、车、指南车、记里鼓车等的制造技术；兵械方面，人们已经可以制造刀、枪、弓矢、弩、六纛、旗帜、五方旗、号角、剑、射御等；日常生活方面，人们已经懂得熟食，会烹饪粥、饭、肉，会酿酒，发明了称尺、斗、规矩、墨砚、几、案、床、席等生活工具。

黄帝时代农业经济和技术的突飞猛进也得到了考古材料的印证。依据现有考古发现和研究可知，分布在陕西、河南、山西南部、河北南部及安徽西北部的黄河中游的龙山文化，是与仰韶文化一脉相承的黄帝时期的文化。这一时期，社会经济有了突出的进步，石制生产工具磨制得更加精细，打制石器已极为少见，人们已经使用挖土工具木耒，有的遗址还发现石钺和三角犁形器。这些改进了的生产工具，大大提高了开垦土地的能力。穿孔石刀以及石镰、蚌镰等收割工具的大量使用，表明农业生产已经具有一定规模，收获量有所增加。当时人的衣着材料，也多由兽皮演进为植物纤维。村落分布更加稠密。陶、石、玉、漆、木等质料的礼器和乐器令人惊叹，甚至达到精妙绝伦的程度。蓄养家畜的品种和数量都有所增加，有的墓葬中用猪头随葬。

在距今六千年左右的西安半坡遗址的房屋、窖穴和墓葬中，考古学家发现了很多粟的遗存，其中有一个小窖穴，深不到一米，底径约一米，内有粟粒朽灰堆积，显然是一个储存粟米的粮窖。粟还发现于墓葬当中，成为女孩的随葬品，可见粟在半坡人的生活中占有重要地位。距今七千年左右，在长江中下游地区，今天的浙江余姚河姆渡遗址发现了大量稻的遗存。在同一时期的河南裴李岗文化遗址中也发现了年代相近的粟遗存，出土的农业工具有类似磁山文化的石磨盘、石磨棒、石铲和石镰等，且制作更为精细工整。

与农业生产有密切关系的井的发明，古人也归功于黄帝。如《世本》说："黄帝见百物，始穿井。"《易》井卦释文引《周书》云："黄帝穿井。"等。中国史前农耕聚落分布，每每呈现出沿小河而居的特点，它反映出早期农业对于河流的依赖。然而沿河而居必然限制人们的活动空间，束缚农业生产的规模。井的发明改变了农业对于河流的依赖，使得农业生产规模空前扩大，聚落也可以不受河流的限制而获得扩展。

在氏族联盟管理上，黄帝首创了以水井为核心的分土建国、划野分疆、区块管理的模式，以八家为一井，三井为一邻，三邻为一朋，三朋为一里，五里为一邑，十邑为都，十都为一师，十师为州，全国共分九州。据《汉书·地理志》说：

> 昔在黄帝……方制万里，划壄分州，得百里之国万区。
>
> ——《汉书·卷二十八·地理志第八》

为对日益壮大的黄帝氏族联盟实施有效管理，黄帝还设立了职官制度，《左传·昭公十七年》在提到黄帝的官制时说："昔者黄帝氏以云纪，故为云师而云名。"《史记·五帝本纪》也载："（黄帝）官名皆以云命，为云师，置左右大监，监于万国……举风后、力牧、常先、大鸿以治民。"《史记·五帝本纪》注引东汉末学者应劭的话说："黄帝受命，有云瑞，故以云纪事也。春官为青云，夏官为缙云，秋官为白云，冬官为黑云，中官为黄云。"据统计，黄帝设立了左右大监、三公、三少、四辅、四史、六相、九德等共一百二十多个职官。所有这一切，都使黄帝氏族联盟初步具备了国家政权的性质。

除上述之外，黄帝时期最伟大的文明成果是出现了早期的文字，产生于这一时期的一些刻画和书写符号已大体可以确定为汉字的雏形，特别是确定了造字的原则意义更加重大。此外，黄帝时期还在历法、天文观测、阴阳五行、十二生肖、甲子纪年、文字、图画、著书、音律、乐器、医药等领域取得巨大进步，并制定了祭祀、婚丧、棺椁、坟墓、祭鼎、祭坛、祠庙、占卜等礼制。

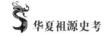

六　黄帝之妻

古史载黄帝有四位妻子，正妃为西陵氏，名嫘祖；次妃方雷氏，名女节；三妃彤鱼氏，四妃嫫母。

凡研究黄帝的历史学者，都绕不开一条重要的史料，就是《国语·晋语》中记载的"黄帝之子二十五宗"：

凡黄帝之子，二十五宗，其得姓者十四人为十二姓，姬、酉、祁、己、滕、箴、任、荀、僖、姞、儇、依是也。

——《国语·卷十·晋语四》

黄帝四妃和黄帝这二十五子的对应关系，正史中无从稽考，但是在收藏于湖南省图书馆的《青山彭氏敦睦谱》一书第一卷《宗系》是这样记载的：

黄帝生二十五子，依序为：娶西陵氏生昌意、玄嚣、酉、祁、冯夷、滕等六子，娶方雷氏生龙苗、葳、荀、休、清、采等六子，娶雕鱼氏生夷鼓、挥、缙云、乔伯、姞等五子，娶鬼方氏生苍林、禺阳、儇、詹人、衣、禺猇（貌）、累祖、白民等八子，一女曰嫥。

这条记载未经其他史料证实，所以真实性未知。文中提到"雕鱼氏"恐为"彤鱼氏"之误；而"禺猇"恐为"禺貌"之误；"禺阳"经权威史家考证，应为禺貌之子；"累祖"应该就是黄帝的元妃嫘祖，不知道为什么成了黄帝之子了；黄帝之女"女嫥"也有问题，可能说的是"女华"，但女华是黄帝后代帝颛顼的外孙媳，也就是皋陶之母（颛顼女为女修，女修生子大业，大业娶女华生皋陶），与黄帝根本就不是一个时期的人。所以，这条民间谱牒史料，我们姑且了解一下就行了。

嫘祖

《史记》载：

黄帝居轩辕之丘，娶于西陵之女，谓之嫘祖。嫘祖为黄帝正妃，生二子，其后皆有天下。

——《史记·卷一·五帝本纪第一》

《山海经·海内经》作"雷祖"：

黄帝妻雷祖，生昌意。

——《山海经·海经·海内经第十八》

郭璞注《世本》载：

黄帝娶于西陵氏，谓之累祖。

明代典籍《历代神仙通鉴》插图——嫘祖

　　西陵氏是古羌人的一支，很早就游牧到今天四川的岷山一带。岷山地区附近多桑树，西陵氏人通过观察发现，一种专门以桑叶为食的虫子能够吐出像蜘蛛丝一样的丝线，但是却比蜘蛛丝坚韧很多，于是他们把这种能吐丝的虫子叫作"蠋（音zhú）"，实际上就是野蚕，把出产蠋的山命名为蜀山，生活在这一地区的西陵氏人也有了一个新名字，叫蜀山氏。逐渐地，西陵氏族中一些妇女专以搜集蜀丝为业，在叠溪地区形成了母系氏族关系的嫘部落。

这个部落后来出了一位伟大的人物，她发现，搜集蠋丝不但艰难，而且产量和质量都很低，就琢磨把蠋这种虫子带回家养，经过反复实践，最终取得了成功，她把驯养的蠋称为"蚕"，从这一天起，中华文明就掀开了新的一页。这位女子因这样一件伟大的发明而被族人一致推举为部落酋长。她就是嫘祖。清代大金石学家孙诒让在考证西周金文中的"嬭妊"的"嬭"字时，认为这个字就是嫘祖二字的合组，只是后世因为嫘祖最早懂得治丝的技术，所以将"嬭"字的下部改为从丝而写作了"嫘"（繁体字原字：左边是个女字，右边是个纍字）。

嫘祖的发明轰动了当时整个中华地区。黄帝氏族联盟的首领黄帝不远千里亲自来求婚，寻求联姻，嫘祖以缲丝养蚕的技术为嫁妆，遂成为黄帝的元妃，并因此成为华夏民族的始祖母和人文始祖之一，被奉为"蚕神""先蚕"，据古代文献记载：

> 黄帝之妃西陵氏曰嫘祖，以其始蚕，故又祀先蚕。
>
> ——《路史·卷十四·后纪五·疏仡纪·黄帝纪上》

唐高宗皇子李贤注《汉旧仪》中记载：

> 春蚕生而皇后亲桑于苑中。祭蚕神曰苑窳妇人寓氏公主，凡二神。

据《隋书·礼仪志》记载，最晚从北齐始祀螺祖为先蚕神，嗣后道教、民间皆以其为蚕神，奉祀至今。

据《路史》载，嫘祖为黄帝生有三个儿子：

> 元妃西陵氏，曰儽祖，生昌意、玄嚣、龙苗。
>
> ——《路史·卷十四·后纪五·疏仡纪·黄帝纪上》

嫘祖的三个儿子中，长子是玄嚣还是昌意有争议。

按照传统儒家史官的观点，继黄帝氏族联盟之后出现在中原的四个华夏民族氏族联盟——帝颛顼氏、帝喾氏、唐尧、虞舜——的首领，都是嫘祖的后裔。

方雷氏女节

嫘祖与黄帝成婚后，其所在的西陵氏嬻部落就成为黄帝氏族联盟的重要同盟，他们中的一支在部落首领——姜嬻（雷），嫘祖之父，有说为末代炎帝榆冈的长子，则嫘祖为榆冈外孙女，但实际上为榆冈族人的可能性更大——的带领下，参加了黄帝氏族联盟平定蚩尤之乱的战争，战后因功而被赐封到方山，也就是今天陕西的陇县方山，遂成为方雷氏。

方雷氏创始首领姜嬻（雷）的女儿名叫女节，后来成为黄帝的次妃。照这种说法，嫘祖与女节当为姐妹。姐妹同嫁的现象在古代屡见不鲜，尧帝的两个女儿娥皇和女英就是同时嫁给舜帝。这种风气在春秋时期仍然盛行，如齐灵公娶仲姬、戎姬姐妹，晋献公娶狐姬姐妹，生重耳和夷吾，等等。

传说女节是个非常聪明的女人，她发明了骨针，用丝线穿在骨针尾部，缝起衣裳飞针走线，所以，黄帝后宫里没有人不佩服的。

女节最大的发明是梳子。据说，她从人们吃剩下的大鱼骨受到启发，用来梳理头发，效果非常好。后来，她又让木匠制作了木梳。我们今天使用的各类梳子，其制作原理与5000年前的女节的发明恐怕没有本质的区别。

女节为黄帝生下休、清两个儿子，据《路史》载：

次妃方嬻氏，曰节，生休及清。休，继黄帝者也，是为帝鸿氏。清次，封清为纪姓，是生少昊。

——《路史·卷十四·后纪五·疏仡纪·黄帝纪上》

这段文字说得很清楚，方雷氏的儿子休，继黄帝之后担任了黄帝氏族联盟的首领，称帝鸿氏，一些史籍上所说的"黄帝又曰帝鸿氏"可能就是指这件事。帝鸿氏我们在后面讲到"黄帝之子休"时还会提到；而她的第二个儿子清，被称己姓青阳，是为小昊青阳氏，他一千五百年之后的后代，在中国上古历史上有着显赫的名声，他就是当时的东夷族领袖少昊金天氏。

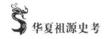

彤鱼氏

黄帝的第三个妻子彤鱼氏，炎帝神农氏的后裔，姓姜，这也就是说，黄帝的四位妻子中，三位都姓姜，都是炎帝神农氏族，这也正说明黄帝族和炎帝族两族融合程度之深。

所谓的黄帝二十五子中，夷鼓是彤鱼氏所生，这一点基本没什么争议，据战国史典《国语》记载：

黄帝之子二十五人，其同姓者二人而已；唯青阳与夷鼓皆为己姓。……夷鼓，彤鱼氏之甥也。

——《国语·卷十·晋语四》

这里的"甥"与今天的意思不同，古人把外孙称作甥，至少在春秋时期就有这个用法。"彤鱼氏之甥"的彤鱼氏是指黄帝的三妃彤鱼氏的父亲，他是彤鱼氏部族的首领，夷鼓是其外孙。

历代很多史学家，以晋代皇甫谧、唐代司马贞、北宋刘恕为代表，都认为彤鱼氏为黄帝只生了夷鼓这一个儿子。司马贞说：

黄帝立四妃，象后妃四星。皇甫谧云：……次妃彤鱼氏女，生夷鼓，一名仓林。

——《史记索隐卷一·五帝本纪第一》

《资治通鉴》副主编刘恕也明确指出：

（黄帝）次妃曰彤鱼氏，生夷鼓，一名苍林。

——《资治通鉴外纪·卷第一·包羲以来纪》

也有史学家认为彤鱼氏还生有一个儿子，名字叫挥，比如南宋史学家罗泌就持这种观点：

次妃彤鱼氏，生挥及夷彭。

——《路史·卷十四·后纪五·疏仡纪·黄帝纪上》

还有史学家认为挥不是黄帝之子，而是黄帝之孙，这个问题我们在后面讲到挥时还会深入探讨。

彤鱼氏在黄帝后宫中负责人们的饮食住行。当时，很多人因吃生肉，经常患病，黄帝手下的名医岐伯、俞跗想了很多办法都未治好，黄帝为此事经常忧心。有一次，部落成员跟随彤鱼氏上山打猎，在雷电引发的一场森林大火中，彤鱼氏发现烧焦的野兽肉特别香，而且特别好嚼，就叫大伙都来尝尝。从此，她让大家都把猎物烧熟再吃。为了烧烤猎物，她又带领女性族人磨制大小石板；为避免手指烧伤，她又试着用木棍来翻弄食物，结果因此发明了筷子。这种看似世界上最简单的吃饭工具，对中国人来说却是最伟大的发明，我们一用就用了六千五百多年。

嫫母（方相氏）

·嫫母或就是西王母

黄帝的第四任妻子，就是著名的嫫母。嫫母的族源，从其名字来看或许可以看出些端倪。有学者考证，嫫母的"嫫"实际应为"貘"，据先秦时的典籍《尸子》载：

中国谓之豹，越人谓之貘。

《尔雅·释兽》云：

貘，白豹。

貘就是我们今天说的雪豹，是昆仑山一带特有的猫科动物，也是西王母族的图腾神兽。嫫母的母与西王母的母都不是今天说的母亲的意思，而是从"貘"字引申而来，表示"貘族"首领的意思。

也有一种观点认为，嫫母的"嫫"字从女从莫。莫就是暮，指夕阳西下，"嫫"就是太阳落山地方的女子。太阳落山的地方就是西方，而在黄帝时期，西方的昆仑山是古羌人的栖息地，也是黄帝族的发祥地，那里当时生活着与黄帝族出同源的西

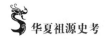

王母族，至今甘青一带，还把母亲称为"媄"。

综上所述，媄母很可能就是当时的西王母族的女首领。黄帝迎娶媄母，不只是因为如后世的儒学理论家说的她道德高尚，而是因为她背后是西王母族，可以成为黄帝的重要支持力量。

《路史》载媄母之子叫禺阳，是黄帝最小的儿子，而根据《山海经》的记载则叫禺猇：

> 次妃媄母……是生苍林、禺阳。禺阳最少，受封于任，为任姓。
>
> ——《路史·卷十四·后纪五·疏仡纪·黄帝纪上》

> 黄帝生禺猇，禺猇生禺京，禺猇处东海，禺京处北海，是为海神。
>
> ——《山海经·海经·大荒东经第十四》

经过清代著名经学家、训诂学家郝懿行的考证，《山海经》的记载是准确的，他并考证出禺阳是禺京的音转，也就是黄帝、媄母之子是禺猇，禺京是禺猇之子。不知大家注意到没有，禺猇这个名字具有鲜明的虎族特征，猇（音hào），意思就是虎叫。昆仑山虎族人称虎为"於菟"，而这个名字可能来自昆仑山的守护神陆吾，所以昆仑山虎族人也被称为是昆吾人、吴人，古代吴、虞通假，虞又与禺通；而媄母之子禺猇有这么鲜明的虎族特征，可能更说明媄母源出以虎豹为图腾的西王母族。

黄帝的儿子中，还有一个也有着鲜明的虎族特征，这就是伯儵。以笔者愚见，伯儵相比禺猇更像是媄母之子，他的虎族特征更鲜明。关于他，我们接下来会跟大家详细探讨。

民间传说媄母有一个伟大的发明流传于今，这就是镜子。据说，她最早掌握了通过打磨石片而制造石镜的技术。

但让媄母远近闻名的不是她的发明，而是她的丑陋。汉代王子渊所著《四子讲德论》中说："媄母倭傀，善誉者不能掩其丑。"倭意矮，傀意壮实，倭傀就是又矮又壮。据唐代典籍《珥玉集·丑人篇》中的描述，媄母的尊容是"锤额顣頞（音促俄），形籚（音路）色黑"，即额如纺锤，塌鼻紧蹙，体肥如箱，貌黑似漆，乃"黄帝时极丑女也"。媄母的丑可能有别的意义，标明了她的身份，即她很有可能是西王母部落的大巫师兼部落首领，在炎黄时代，充任巫师的往往都是又老又丑的女人。如果不是媄母非同寻常的身份，黄帝恐怕也不会与她联姻。

嫫母貌丑，但为人贤德，性情温柔，古史中也多次提到过嫫母貌丑心善的特点，如《吕氏春秋》就载说：

> 故嫫母执乎黄帝。黄帝曰："厉女德而弗忘，与女正而弗衰，虽恶奚伤？"
>
> ——《吕氏春秋·卷十四·孝行览·遇合》

意谓：所以嫫母做黄帝的妻子服侍他。黄帝说："对她训导过的女德她不会忘记，交给她的事务她不会荒疏，虽然长得丑又有什么关系？"

与虎族首领嫫母联姻，等于黄帝氏族联盟与西王母部落实现了结盟，之后黄帝历次对外征伐，政治活动中都能看到虎族的影子。《史记·五帝本纪》曾载，黄帝"教熊、罴、貔、貅、䝙、虎，以与炎帝战于阪泉之野"，其中的熊、罴很有可能是黄帝的本族部落，因为黄帝号有熊氏，以熊为图腾，而貔、貅、䝙、虎这个四个部落应该就是来自其最强有力的盟友——昆仑山虎族西王母族。

• 从嫫母到方相氏

黄帝的元妃嫘祖病逝后，黄帝让嫫母负责祭祀事务，一路监护灵枢，防止仇人鬼族人（炎帝魁隗氏族人）的偷袭，关于虎族人和鬼族人的冤仇情节，我们会在后面的"黄帝之子伯儵"一节详细讲述。黄帝还让巫师戴上虎族的虎头面具，在驱鬼消魔仪式上跳舞，以行震慑之力，后来这种巫师就被称为"方相士"（方相氏）。也有人认为，"方相士"跳巫舞时戴的面具就是根据嫫母的丑貌而画的假面具。其实还有一种可能，在笔者看来真实性更大，那就是嫫母之所以丑，正是因为她戴着一个面目狰狞的虎头面具，这应该是西王母首领或巫师的身份的标志，至于方相氏，可能就是仿效嫫母戴虎头面具跳大神的巫师。

对于方相氏的得名，东汉末经学大师郑玄认为："方相，犹言'放想'，可畏怖之貌。"而《周礼》载：

> 方相氏掌蒙熊皮，黄金四目，玄衣朱裳，执戈扬盾，帅百隶而时难，以索室驱疫。大丧，先柩。及墓，入圹，以戈击四隅，驱方良。
>
> ——《周礼·夏官司马第四·虎贲氏/道右·方相氏》

方良就是魍魉，也叫魍象、罔象、蝄蜽、罔两、疆良、罔阆等，其原型是蚩尤

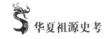

氏族联盟中的鬼族系魑魅部族，后来被妖魔化了。

到了周代，方相氏成为巫官中的一个，其从职人数、服装、职能都有定制，据《周礼》载：

方相氏，狂夫四人。

——《周礼·夏官司马第四·叙官·方相氏》

方相氏设四人，应该是每人负责驱赶东南西北一个方向的疫鬼；狂夫，就是没有爵的武士，但直接理解成癫狂之人应该也不错，他们的主要工作就是在驱魔时疯狂跳舞，"让神明附身"。

由于世代相传方相氏有驱鬼的本领，所以，至少从汉代开始，人们就在墓穴墙壁上绘上方相氏的形象，帝王们则在墓旁雕方相氏塑像，以震慑恶鬼，所谓"魍象好吃亡者肝脑，人家不能，常令方相立于墓侧以禁御之"（《周礼·夏官司马·方相氏》）。

方相氏驱疫鬼的仪式叫傩。仪式举行时，方相氏头戴面貌恐怖丑陋的面具，跳着勇猛激烈的舞蹈，嘴里不住地发出"傩""傩"的呐喊声，以吓退厉鬼。周以后，傩仪成为祭神、祈福和驱疫仪式等社会生活的重要组成部分。《吕氏春秋·季冬》记云："命有司大傩。"《论语》中也有"乡人傩"的记载。

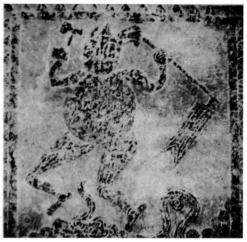

山东滕州古薛国汉墓出土画像石"方相氏扬幡"画像石拓片

傩仪后来也称傩祭、傩袚、驱傩，不管是在民间还是历代王朝政府都非常重视，唐朝时更成为军礼之一；在宋代有大傩仪、小傩仪之分，盛行于宫中的主要为大傩仪。据宋代人解释，大傩，意在"逐尽阴气为阳导也，今人腊岁前一日击鼓驱疫，谓之逐除是也"。

大傩后来逐渐娱乐化，在民间演变为傩戏，今天在江西南丰、四川、甘肃、贵州、安徽贵池、西藏以及湖北西部山区等地农村，仍时有见到。

日本奈良时代以前，傩从中国传入日本，叫作追傩式，由神道教神社负责。日本每年除夕和立春会都会举办追傩式。

方相氏演变到后来也被称为方相士，简称方士，秦以后用来称呼访仙炼丹以求长生不老的人，其所行之术也就被称为方术。

七　黄帝之宗（黄帝之子）

黄帝（这里特指黄帝氏族联盟的创建者黄帝）到底有几个儿子，这些儿子都是谁？历代典籍里有很多种说法。有人说黄帝有一妻、三妃、十妾，直系子嗣应该很多，但是司马迁只记载黄帝与元妃嫘祖生有二子：

嫘祖为黄帝正妃，生二子，其后皆有天下。其一曰玄嚣，是为青阳，青阳降居江水；其二曰昌意，降居若水。

——《史记·卷一·五帝本纪第一》

比《史记》成书要早三百多年的《国语》则记载说，黄帝还有夷鼓、苍林几个儿子：

黄帝之子二十五人，其同姓者二人而已；唯青阳与夷鼓皆为己姓。青阳，方雷氏之甥也。夷鼓，彤鱼氏之甥也。其同生而异姓者，四母之子别为十二姓。凡黄帝之子，二十五宗，其得姓者十四人为十二姓，姬、酉、祁、己、滕、箴、任、荀、僖、姞、儇、依是也。唯青阳与苍林氏同于黄帝，故皆为姬姓。

——《国语·卷十·晋语四》

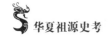

这段话是说：黄帝的儿子有二十五人，其中同姓的分别只有二人。青阳与夷鼓都姓己。青阳是方雷氏所生，夷鼓是彤鱼氏所生。其他同父所生而异姓的，四个母亲的儿子分别为十二个姓氏。凡是黄帝的儿子，有二十五宗。其中得姓的有十四人，分为十二姓，那就是姬、酉、祁、己、滕、箴、任、荀、僖、姞、儇和依。只有青阳与苍林氏的道德及得上黄帝，因此都姓姬。

这段文字非常重要，它是我们今天所见的关于黄帝子嗣的最早的记载。我们可以从中读出以下信息：

"四母之子别为十二姓"，就是说黄帝四个夫人的孩子总共得了十二个姓，那么，两个姓姬，两个姓己，再加上十个别姓的孩子，这是十二个姓，十四个孩子。黄帝的其他儿子们，根据《山海经》、南宋史学家罗泌所著《路史》及另外一些古籍的记载，还有龙苗、休、清、挥、禺阳、万阳、班、禺虢、伯儵、骆明、禺疆、挥、刘雷、羌人、夏后等多种说法。

不管是"黄帝之子二十五人"，还是史书记载的黄帝的其他子嗣，实际情况是他们可能都未必是黄帝氏族联盟的创始黄帝的直接后代，而更有可能他们都是共同源起于黄帝部族，但也是在与周边许多部族或氏族的融合和兼并过程中发展起来的，即与其说他们是黄帝之子，不如按《路史·国名纪》的提法，说他们是黄帝之宗可能更准确。

伯儵（伯余、陆吾、开明兽、神荼），姞姓——虎族、氐羌之祖

关于黄帝之子，我们第一个要谈的是伯儵，为什么要如此，是因为伯儵的身份非常特殊，颇具传奇色彩。

· 伯儵之母或为当时的西王母族首领嫫母

《路史》认为伯儵是黄帝之子：

结姓伯儵，封于南燕，后有吉氏、姞氏、孔氏。

　　　　　　　　——《路史·卷十四·后纪五·疏仡纪·黄帝纪上》

伯儵是黄帝二十五宗（子）之一，黄帝赐姓姞（结），但他本人到底是黄帝

二十五子中的第几子、母亲是谁，一直存在各种说法。我们从其虎图腾崇拜的特点和其生活的地域得出判断，伯儵与虎图腾的部族西王母存在很深的交集。我们前面说过，黄帝的妻子中，具有鲜明的虎族特征的就是黄帝的第四个妻子嫫母。有学者认为嫫母的"嫫"应为"貘"，母也不是母亲的意思，而与西王母的母是一个意思，都指的是这个貘。貘就是雪豹，是昆仑山特有的动物，是西王母的图腾神兽。嫫母的本义就应该是"貘族的首领"，而"貘族"当然就是西王母族。

对比伯儵信奉的虎图腾和嫫母的貘图腾，我们有理由认为伯儵应为黄帝和西王母联姻的成果，伯儵的母亲应该就是西王母的首领嫫母。

•"衣"和"裳"的发明者

伯儵，也叫伯荼，儵、荼，同读shū，可能是因为儵的古字非常难写，所以古人就用了简单一些的同音字荼来替代，而伯荼又很容易被写成伯余，所以，伯儵、伯荼、伯余，都是一个人。

伯儵是儵部落的首领，伯在这里是霸、王的意思，而根据《说文解字》的解释，儵的本意是"青黑缯缝白色也"，就是青黑色缝着白边的衣服，也就是说，伯儵是这种服装的发明者。关于衣裳，《世本》有一条非常重要的记载：

黄帝之世，……伯余作衣裳。

——《世本•陈其荣增订本•卷一•作篇》

伯儵，或称伯余，应该不是最早懂得穿衣服的人，我们前面在讲黄帝之妻嫘祖时就说过，嫘祖的母族西陵氏很早就懂得用蚕丝织衣，以衣蔽身。伯余的发明在于，他把原来一整块简单披或裹在身上的衣料裁成两部分，上一部分做"衣"，下一部分做"裳"，这就是衣裳的来历。

不过，《淮南子》为我们提供了另外一种"伯余作衣"的说法，是说他发明了用麻织布的方法：

伯余之初作衣也，緂麻索缕，手经指挂，其成犹网罗，后世为之机杼胜复，以领其用，而民得以掩形御寒。

——《淮南子•氾论训第十三》

这段文字简单描述了衣服的产生过程，它说：伯余当初做衣服的时候，用麻丝和葛缕为原料，用手指头穿引丝线，像织网一样做成衣服，后来人们发明了机杼，织出来的布更好，从此衣服得到广泛使用，人民用它来蔽体和御寒。

可能因为当时生产力还很低下的原因，衣裳一开始并未得到普及，只有黄帝及其主要大臣才能享受穿衣裳的待遇，所谓"黄帝垂衣裳而天下治"。从这一层意思上说，伯余是黄帝的"御用服装师"。

- 昆仑山守护神陆吾就是伯儵

有一种说法认为，黄帝部族在入主中原之前，是活动于昆仑山地区的游牧人，所以在黄帝氏族联盟建都轩辕之丘后，昆仑之丘仍是黄帝的下都。黄帝走后，镇守昆仑山的是一位叫陆吾的人。

【清】汪绂图本《山海经》中的神陆吾

西南四百里，曰昆仑之丘，是实惟帝之下都，神陆吾司之。其神状虎身而九尾，人面而虎爪；是神也，司天之九部及帝之囿。时有兽焉，其状如羊而四角，名曰土蝼，是食人；有鸟焉，其状如蜂，大如鸳鸯，名曰钦原，蠚鸟兽则死，蠚木则枯；有鸟焉，其名曰鹑鸟，是司帝之百服。

——《山海经·山经·西山经第二·西次三经》

　　这里的"帝"，据神话学家袁珂考证，就是黄帝（据袁珂《中国神话传说词典》）。这段文字的字面意思是：往西南四百里，是座昆仑山，这里是黄帝的下都，由天神陆吾主管。这位天神的形貌是老虎的身子却有九条尾巴，长着一副人的面孔却有老虎的爪子；这个神，主管天上的九部和黄帝的苑圃。山中有一种野兽，形状像普通的羊却长着四只角，名叫土蝼，能吃人；山中有一种禽鸟，形状像一般的蜜蜂，大小与鸳鸯差不多，名叫钦原，这种钦原鸟刺螫其他鸟兽就会使它们死去，刺螫树木就会使树木枯死。山中还有另一种禽鸟，名叫鹑鸟，它负责提供黄帝的各种服装。

　　文中提到的"神陆吾"，是昆仑山的守护神，它虎身、人面，但是长着九条尾巴和虎爪，与其说这是人，不如说这是陆吾部落的图腾。所谓的九条尾巴，应该是指这个部落还有九个分支。文中提到的土蝼、钦原、鹑鸟，应该都是这九个分支中的部落。其中的鹑鸟需要特别引起注意。清代著名经学家、训诂学家郝懿行认为鹑鸟就是凤凰，实际上很有可能是一个以鹑鸟为图腾的部落，黄帝让这个部落的人专门负责织造黄帝的各种服装。我们前面提到过，伯儵（伯茶、伯余）部族也是专为黄帝织造衣服的，在这一点上，与鹑鸟部落具有高度相似性。伯儵的名字与陆吾的名字，也具有相似性，儵、茶与吾发音近似，所以我们可以大胆想象一下：陆吾与伯儵似应是一个人。

　　陆吾部族也被称为是"昆吾"：

　　大荒之中，有龙山，日月所入。有三泽水，名曰三淖，昆吾之所食也。

　　　　　　　　　　　　　　　　　——《山海经·海经·大荒东经第十四》

　　昆吾，字意就是昆山之吾，或许就是昆仑山之陆吾的意思。

　　陆吾族的图腾神兽是虎，而虎在中国南方特别是楚国语中叫什么，大家知道吗？"於菟（音wū tú）"，据《左传》载：

　　初，若敖娶于䢵，生鬭伯比，若敖卒，从其母畜于䢵，淫于䢵子之女，生子文焉，䢵夫人使弃诸梦中，虎乳之，䢵子田，见之，惧而归，夫人以告，遂使收之。楚人谓乳谷，谓虎於菟，故命之曰斗鬭於菟，以其女妻伯比。实为令尹子文。

　　　　　　　　　　　　　　　　　　　　　　——《左传·宣公四年》

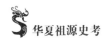

这段文字讲的是楚国一代名相令尹子文的身世。子文的祖父若敖在祁国娶妻，生了鬭伯比。若敖死后，鬭伯比跟着母亲养在祁国，他和祁子的女儿私通，生了子文。祁子夫人让人把子文丢在云梦泽里，结果有老虎给他喂奶。祁子打猎，看到这场面，害怕而回来。祁子夫人就把女儿私生子的情况告诉祁子，祁子就让人收养了子文。楚国人把哺乳叫作"穀"，简化字作"谷"，把老虎叫作"於菟"，所以就把这个孩子叫作鬭穀於菟。祁子做顺水人情，干脆把女儿嫁给鬭伯比作妻子，其子鬭穀於菟就是令尹子文。

今湖北省云梦县古称"於菟"；至今还在某些农村可以见到一种舞"跳於菟"，舞者赤裸身体，涂上虎皮纹路，戴虎头面具，这恐怕都是这一地区上古虎文化的遗存。

我们有理由认为，於菟这个名字直接源于虎图腾的部族首领陆吾，而陆吾、昆吾、伯荼都指的是黄帝之子伯儵。

• 昆仑山守护神陆吾就是开明兽

《山海经》还提到在昆仑山有一种长得也像老虎的神兽开明兽，负责把守昆仑山九门：

> 昆仑之虚，方八百里，高万仞。……面有九门，门有开明兽守之，百神之所在。……开明兽身大类虎而九首，皆人面，东向立昆仑上。
>
> ——《山海经·海经·海内西经第十一》

【清】汪绂图本《山海经》中的开明兽

开明兽长得像虎，有九个脑袋，都是人的面孔。拿开明兽的形象跟陆吾形象相对比，我们会发现除了头尾的差别——开明兽九头一尾，陆吾九尾一头——二者都是"人面虎形"，其职责、守护范围也都一样，所以十有八九二者是一个东西。因为昆仑山有九门，可能就是指有九个山口，所以，开明兽有九头，而陆吾有九尾。著名神话学家袁珂的结论是，开明兽就是神陆吾。

支持陆吾和开明兽是一个东西的证据还有一条，这就是记载于《山海经·大荒东经》提到的神人"天吴"：

> 有神人，八首人面，虎身十尾，名曰天吴。
>
> ——《山海经·海经·大荒东经第十四》

"八首人面"，比开明兽少了一头，"虎身十尾"，比陆吾多了一尾，这样一个与开明兽、陆吾都非常相像的神人，叫天吴。一个陆吾，一个天吴，天下还有这样巧合的事吗？还有，前面提到的昆仑山守护神陆吾，晋代著名学者郭璞认为就是《庄子·大宗师》中提到的"肩吾"：

> 夫道有情有信，无为无形……肩吾得之，以处大山；黄帝得之，以登云天……
>
> ——《庄子·内篇·大宗师第六》

肩吾、天吴，发音显然非常相像。综上所述，很有可能，陆吾、开明兽、肩吾、天吴都是同一个人，他们的得名可能都源自陆吾、伯荼、於菟，都与伯儵和虎有关。

• 从昆仑山守护神伯儵到门神神荼

在炎帝魁隗氏"鬼族"统治末期，黄帝族开始崛起，"鬼族"和黄帝族之间为争夺生存空间和农牧资源的冲突逐渐激化，最后终于爆发了大规模的族群战争。这场战争的发生地很有可能就是当时黄帝族的聚居地昆仑山地区。当时"司昆仑山九门"的是黄帝之子、以虎为图腾的伯儵-西王母的部族，所以这场战争可称之为"虎鬼大战"。

这场战争的结果是，进犯昆仑山的鬼族在与虎族的血腥厮杀中蒙受重创，几乎覆亡。虎族人对待鬼族战俘就是两种方式，一个是杀掉，一个就是——吃掉，对，这听上去骇人听闻，令人毛骨悚然，但却是原始社会最常见的对待战俘的方式，因为

商代晚期青铜酒器虎食人提梁卣，现藏日本泉屋博物馆

没有比把敌人吃掉更能让敌人感到恐惧的事了。中国民间一直有"虎吃鬼""鬼怕虎"的说法，所谓"恶害之鬼，执以苇索，而以食（音 sì，喂食之意思）虎"，"凶魅有形，故执以食虎"（王充《论衡·订鬼篇》），其根源就在于此。

发生"虎鬼大战"的地方曾经是一片茂密的桃林，此战后，桃木就对于"鬼"有了特殊的意义，据载：

沧海之中，有度朔之山，上有大桃木，其屈蟠三千里，其枝间东北曰鬼门，万鬼所出入也。

——《论衡·卷二十二·订鬼篇第六五》

我们今天民间传说的桃木可以驱鬼、"鬼门关"等说法，就来源于此。

西汉文学家东方朔曾经在其著作《神异经》中记载了一个专吃鬼的神人黄父的故事，很耐人寻味：

南有人焉，周行天下，其长七丈，腹围如其长，朱衣缟带，以赤蛇绕其项，不饮不食，朝吞恶鬼三千，暮吞三百。此人以鬼为饭，以露为浆，名曰尺郭，一名黄父。

——《神异经·东南荒经》

这个黄父，古今很多史家都认为是黄父鬼，笔者觉得恰恰相反，他不是鬼，也不是鬼族人，而正是鬼族觉得不共戴天的人，他很有可能就是指伯儵，或者就是指黄帝，"以赤蛇绕其项"，说明其图腾形象是赤龙，"朝吞恶鬼三千，暮吞三百"，"以鬼为饭"可能反映的正是对鬼族俘虏进行屠戮和吃掉的情况。

河南密县打虎亭汉墓出土画像砖：手牵虎豹的神荼、郁垒

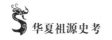

黄帝闻听伯儵的胜利喜讯后，就让人根据此事创制了一种军礼——“驱鬼礼”，“以时驱之”，凡有重大祭祀活动和军队出征仪式，都要演礼，重现当年虎族大胜鬼族的盛况。在古代中国，人们把白虎视为战神、杀伐之神，其根源就在于此。

此外，黄帝还让人在大门一侧画上让鬼族人闻风丧胆的伯儵（荼）的形象，命之为神荼，以震慑鬼族，这样伯儵就由昆仑山守护者而走向黄帝族人千家万户的神坛，成为家宅的守护神，即门神。在门板的另一侧，黄帝让人画上黄帝族的另一个驱魔神怪，这就是方相氏，其原型就是黄帝的丑妻嫫母，并命之为“禺儡”，本义就是虞人、虎族人的神像。虞，就是吴上面加个“虎头”，而吴就是天吴，就是陆吾。“禺儡”后来就演变成郁垒。到这里我们就明白，原来中国最早的门神就是嫫母和伯儵母子。

• 伯儵之后

伯儵后裔中，最重要的当数吴人。吴这个名字源自天吴，《山海经》里多次提到这个名字：

有神人，八首人面，虎身十尾，名曰天吴。

——《山海经·海经·大荒东经第十四》

君子国在其（奢比尸）北，衣冠带剑，食兽，使二大虎在旁，其人好让不争。……朝阳之谷神曰天吴，是为水伯。……其为兽也八首人面，八足八尾，皆青黄。

——《山海经·海经·海外东经第九》

天吴，也叫天虞，古代吴、虞同，发音都一样，吴字上加个虍头，就是虞。与其说天吴是人的名字，不如说这是一个图腾形象，我们前面分析过，这就是伯儵族的虎图腾；君子国，应该是指某个时期的华夏族氏族联盟，那里已经有了初步的文明成果；“使二大虎在旁”，可能是说这个君子国旁边有两个虎族部落；“朝阳之谷”，就是太阳升起的地方的山谷，古史称旸谷。

伯儵族原来是守卫黄帝的龙兴之地昆仑山的，随着昆仑山气候环境的越来越恶劣，或由于我们还不知道的其他原因，这些虎族人后来向中原迁徙，根据今天甘肃、山西、陕西、河南等出现的含“吴”或“虞”字的地名，如吴山、虞山、虞城、虞

天 吴

【清】汪绂图本《山海经》中的天吴

坂、虞渊、虞谷、昆吾等名字判断，虎族人应该是先迁徙到晋、陕一带，与炎黄族会合。

在虞渊昧谷这个地方，黄帝之子昌意的后代、帝颛顼的庶子穷蝉因有音乐天赋，擅长制作乐器，常引百鸟和鸣，凤凰翔集，于是获得帝颛顼的赐封为有虞氏，他也被称为是虞幕。需要特别指出的是，根据《史记》《山海经》等古史的记载，有虞氏只是借用了虞这个名称，但各部落方国的建立者并不是黄帝之子伯儵支系的虎族人后代，而是黄帝另一个儿子昌意支系的后代。

迁徙到中原的虎族人，看到的是这里已经分封殆尽的局面，所以，黄帝或当时的氏族联盟首领只好把他们安置到当时还属于蛮荒之地的东南海滨长江三角洲一带。虎族人到了那里后，仍然以自己的族名来命名当地为吴、虞、天吴、天虞。吴地多水，河川纵横，因此虎族人首领也被任为"水伯"，言即水地之伯，水地的首领。之后，这里出现了吴山、虞山等虎族人特征鲜明的地名。安徽有个地方，我们今天称为马鞍山，但是古时被称为昆山，而为什么会叫这个名字，可能就是因为山上产良石，让虎族人联想到同样出产玉石的昆仑山故土，所以，虎族人就用祖宗之地的神山命名，并且把山上所产的玉石命名为昆山石、昆石。

与有虞氏非常相似的是，帝喾时期有个昆吾国，商末周初时吴地出现了个吴国，但这两个方国都不是虎族人所建；昆吾国是帝喾时期的火正官祝融吴回之孙樊的封国，而吴回是昌意系的帝颛顼之后；吴国的建立者是黄帝的另一个儿子玄嚣支系的后代、周族首领古公亶父的长子泰伯和弟弟仲雍。为了不使想把周族首领之位传给小儿子季历的父亲古公亶父为难，泰伯和仲雍就携手跑到吴地，创建了勾吴古国。

　　1987年，在河南省濮阳西水坡出土的仰韶文化遗址中发现的蚌塑"中华第一龙"，位于墓主右边，墓主左边是虎，经碳十四测定距今6500多年。龙为黄帝族图腾，虎为西王母族图腾，同时也是黄帝之子伯儵族的图腾。这反映了当时龙虎两大集团相互融合的情况周武王立国后，就封吴太伯之后周章为吴君，这是姬姓吴国之始。所以，确切地说，虽然有虞氏族人、昆吾国人和姬姓吴国的国民可能主要是伯儵系虎族，但有虞氏首领，包括虞幕的后代虞舜建立的虞朝的各代首领、昆吾国的首领和姬姓吴国的王室并不是出自伯儵系。

作为黄帝之子，伯儵的辉煌就在于他打赢了"虎鬼之战"，使鬼族只能远徙四外边荒地区，但是在与黄帝其他后代的竞争中，伯儵的后代们却可以说毫无建树，至少从古史记载上看，黄帝之后的历代氏族联盟的大首领均非伯儵系。古史之后对伯儵的后裔也载之甚少，曾经烜赫一时的虎族就这样被湮没在浩瀚的历史长河中了。

•《山海经》记载的其他虎族

/　鸙蚳

鸙蚳（音lóng zhì），应该是生活在昆吾之山的一个虎族部落：

> 又西二百里，曰昆吾之山，其上多赤铜。有兽焉，其状如彘而有角，其音如号，名曰鸙蚳，食之不眯。
>
> ——《山海经·山经·中山经第五·中次二经》

> 又南五百里，曰凫丽之山……有兽焉，其状如狐，而九尾、九首、虎爪，名曰鸙侄，其音如婴儿，是食人。
>
> ——《山海经·山经·东山经第四·东次二经》

现考，昆吾山属于济山山系，在今河南济源附近。昆吾山上有一种神物，叫鸙蚳，长得"九尾、九首、虎爪"，从其构成形式看，与虎族神兽开明兽、天吴兽非常相像，所以很有可能也是一个虎族部落的图腾。"是食人"，说明他们还保留着"虎鬼大战"时留下来的吃人的陋习，当然更有可能是把祖先的骇人行为吹嘘到自己身上，以达到震慑敌人的目的。

鸙蚳也有可能是《大荒北经》中提到的"蜚蛭"：

大荒之中，有山名曰不咸。有肃慎氏之国。有蜚蛭，四翼。有虫，兽首蛇身，名曰琴虫。

——《山海经·海经·大荒北经第十七》

这里的不咸山，就是长白山，肃慎是女真族也就是后来的满族的祖先。不咸山上的"蜚蛭"，有可能就是肃慎氏的图腾，"四翼"说明有四个分支。"兽首蛇身"的琴虫，可能是虎族肃慎氏的龙族邻居。如果能证明蠿蚔就是蜚蛭，那么就说明肃慎氏从广义上说，也是黄帝后裔，而且是从中原北迁至长白山地区的。

/ 彊良

彊良见载于《大荒北经》：

大荒之中，有山名曰北极天柜……又有神，衔蛇操蛇，其状虎首人身，四蹄长肘，名曰彊良。

——《山海经·海经·大荒北经第十七》

强良应该是个虎族部落名称，但从对其图腾形象的描述看，这个部落也兼有龙族的特征——"衔蛇操蛇"，所以可能是虎族与龙族的合成部落。

/ 穷奇

穷奇是上古时代四凶之一，传为少昊之子，《左传》载：

少暤氏有不才子，毁信废忠，崇饰恶言，靖谮庸回，服谗搜慝，以诬盛德，天下之民谓之穷奇。

——《左传·文公十八年》

穷奇之所以被归为四凶之一，是因为他们有吃人的劣习：

穷奇状如虎，有翼，食人从首始。

——《山海经·海经·海内北经第十二》

又西二百六十里，曰邽山。其上有兽焉，其状如牛，猬毛，名曰穷奇，音如獆狗，是食人。

——《山海经·山经·西山经第二·西次三经》

穷奇的特点是"食人""状如虎""音如獆狗"等，说明穷奇因不改吃人的恶习，而被驱赶至北方大漠。他们虽然还保留有一些虎族的特征，但与当地的犬族融合后，已变得面目全非。

自被归入"四凶"后，穷奇就被妖魔化了，《史记正义》注引《神异经》道：

西北有兽，其状似虎，有翼能飞，便剿食人，知人言语，闻人斗辄食直者，闻人忠信辄食其鼻，闻人恶逆不善辄杀兽往馈之，名曰穷奇。

这里把穷奇说得浑不讲理，两人争斗，他去吃那个有理的人；听说有忠信之人就把他鼻子吃掉，而听说哪个人不好，则杀了牲畜给它送过去。这里，不由不让人想起"龙生九子"中的第七子狴犴，它平生好讼，急公好义，仗义执言，而且能明辨是非，秉公而断，完全就是穷奇的截然反面。狴犴或许是对穷奇的矫枉，是炎黄族针对作恶多端的不肖子穷奇而专门创生出的一种旨在自我心理补偿和自我安慰的神兽。

/ 狰

在现代汉语里，当形容一个人凶恶、恶相难看时，我们会用到"狰狞"这个词。但狰狞的本意是红色的豹子，如果再进一步说，狰狞应是虎族一个部落的图腾，据《山海经》载：

又西二百八十里，曰章莪之山，……有兽焉，其状如赤豹，五尾一角，其音如击石，其名如狰。

——《山海经·山经·西山经第二·西次三经》

"五尾一角"的赤豹，应该也是一个合成图腾。五尾，可能说明它有五个分支部落；长着角，说明它可能同以羊为图腾的部落实现了融合；赤豹，则说明它的主体是虎族。他们的祖先是昆仑山以雪豹为图腾的陆吾族，赤豹应是其旁系偏支或后裔。

民间传说中的狰狞是一种怪兽，人形，直立行走，面目恐怖，在野外与人相遇，先将上肢遮盖其脸，待人接近时，突然放下上肢，露出面目，使人惊吓而死。这有点像对可以短时直立的鬣狗的描述，但更有可能是对狰狞族人的描述。

民间传说中还有一种动物，叫猊狞兽，上身长得像狰狞，下身长得像"龙生九子"之一的狻猊，有可能是炎黄族系的狻猊部落与狰狞部落的合体部族的图腾。这个部族出现的地方常有灵物生长，如灵芝、暖玉等。

/ 英招

英招应该也是个合成部落的图腾：

> 又西三百二十里，曰槐江之山……实惟帝之平圃，神英招司之，其状马身而人面，虎文而鸟翼，徇于四海，其音如榴。
>
> ——《山海经·山经·西山经第二·西次三经》

英招部落应该由马图腾、虎图腾和鸟图腾的人融合而成。"帝之平圃"是相对于"昆仑悬圃"而言的，应该就是位于昆仑山下平原地带的黄帝的另一处园圃。整个昆仑山地区的守护神是虎图腾的神陆吾，所以英招或许是陆吾族属之一。

/ 黑人

黑人应该是虎族人与东夷鸟族人融合而成的部族：

> 南方有赣巨人……又有黑人，虎首鸟足，两手持蛇，方啗之。
>
> ——《山海经·海经·海内经第十八》

"赣巨人"很有可能是指长臂猿或黑猩猩，说明"黑人"部落的栖息地是南方湿热地带。"两手持蛇，方啗之"，可能指以蛇为食，但更有可能是把在与炎黄族系的人冲突中抓获的俘虏吃掉。值得一提的是，今天云贵地区的崇拜虎的少数民族如彝族、纳西族、怒族等族人自称"诺苏、纳西、怒苏"，用汉语来解释，就是"黑人"。彝族尚黑，以黑人或黑族自称，是因为他们认为自己是黑虎（青虎）之后，其世代所居住地的山水往往带有黑的含义。所以，上面这段《山海经》文字提到的"黑人"很有可能是彝族、纳西族、怒族等族的祖先。

/ 罗罗

罗罗见载于《海外北经》：

> 北海内有兽焉，其名曰駮，状如白马，锯牙，食虎豹。……有青兽焉，状如虎，名曰罗罗。
>
> ——《山海经·海经·海外北经第八》

这句话前面提到的"駮"（音bó）是一种以虎豹为食的神兽，但实际上可能是鬼族系白马部落的图腾，"食虎豹"是以虎豹族的人为食。我们前面多次提到虎族人吃鬼族人，现在反过来了。

罗罗就是青虎，其得名很有可能是从昆仑山守护神"陆吾"的名字而来。"罗罗"的位置约在今天的甘肃张掖之北酒泉、敦煌等地，这里曾是上古时期陆吾虎族人的栖息地、迁居地。我们知道，陆吾族是黄帝族系，黄帝族系从族源上看，是远古羌人，因此从某种意义上说，华夏民族也是远古羌人的后代。但是繁衍到今天的远古羌人后代不止华夏民族这一支，中国南方和西部云贵川藏青地区的藏族、羌族、彝族、纳西族、普米族等十六个民族都是古羌人之后。

彝族或是陆吾族的后裔，他们很有可能在黄帝时期从甘青地区往南迁徙，而把自己的虎图腾也带到了新的栖息地。彝族人崇拜虎，认为虎是自己的祖先。他们把虎称为罗罗，男人自称"罗罗颇"或"罗颇"，即公虎；女人自称"罗罗摩"或"罗摩"，即母虎。

关于彝族、虎和罗罗的关系，很多古史也有记载，元代《云南志略·诸夷风俗》里说：

> 罗罗即乌蛮也。酋长死，以豹皮裹尸而焚（虎皮临时难获，代以豹皮），葬其骨于山。

明代陈继儒《虎荟》卷三也说：

> 罗罗，云南蛮人，呼虎为罗罗，老则化为虎。

所谓"老化为虎"，即彝族巫师认为若不火化，灵魂便不能转化还原为虎，也就是回到虎族祖先那里。

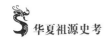

至今在云贵川青藏地区，与虎有关的地名、人名、族名、风俗信仰和生活习惯非常多，是上古陆吾虎族不断迁徙、持续繁衍到今天的有力证据。

/ 驺虞

商末时，有一个林氏国，出一种似虎非虎的神兽，名叫驺虞：

林氏国有珍兽，大若虎，五彩毕具，尾长於身，名曰驺虞，乘之日行千里。

——《山海经·海经·海内北经第十二》

这个林氏国有可能是《中山经》提到的"吴林之山"，应该是虎族人的一个部落所在地。驺虞可能是"吴林之山"上的一种猫科动物，从《山海经》的这段描述看，很像是云豹。林氏国人把它奉为神兽，很可能是因为它有点像自己部族——虎族的图腾神兽开明兽。不过这个时候的虎族人已经把驺虞完全理想化和神化了，认为它是一种仁兽，说它生性仁慈，连青草也不忍心践踏，不是自然死亡的生物不吃。

听说林氏国出现奇珍异兽，为了解救正被关在商纣王监狱里的周文王，文王的好友闳夭跑到林氏国，求得驺虞，献给纣王，纣王大悦，就放了文王，后来文王和其子武王举事，推翻了商纣王，建立了周王朝。

驺虞作为仁兽一直被历代文人所歌颂，《诗经·国风·召南》就收有一首驺虞颂

【明】《内府驺虞图》，现藏台北故宫博物院

诗。后代一些别有用心之徒为了拍皇帝的马屁，就不断声称有驺虞出现，以为国朝之祥瑞。史载，明成祖永乐二年，"周王朱橚来朝，献驺虞"；宣德四年三月，"南京守备、襄城伯李隆献驺虞"。当时的画家特别将驺虞画下，名"内府驺虞图"，现藏台北故宫博物院。从此图看，画的就是一只白虎，或者称雪豹，而雪豹就是黄帝之子伯儵族的图腾神兽。

/ 泰逢

泰逢可能是一位虎族部落首领：

> 又东二十里，曰和山……吉神泰逢司之，其状如人而虎尾，是好居于萯山之阳，出入有光。泰逢神动天地气也。
> ——《山海经·山经·中山经第五·中次三经》

萯山是后世的大禹化熊的地方，一般认为是在今天河南省新密市曲梁乡。这段话的意思是：再往东二十里，是座和山……吉神泰逢主管这座山，他的形貌像人却长着虎一样的尾巴，喜欢住在萯山向阳的南面，出入时都有闪光。泰逢这位吉神能兴起风云。

泰是大的意思，逢在古汉语里也有大的意思，泰逢氏或许就是大人氏、巨人氏的意思，可能是说泰逢氏人身型比较高大。黄帝氏族联盟中有一位大臣，叫逢伯陵，可能与泰逢氏有关。有人可能会说泰逢氏是黄帝族系的虎族，而逢伯陵是炎帝族系，是不是还是该有所区别。但是，黄帝氏族联盟建立后，炎黄族系相互融合的情况就开始逐渐增多，据《大荒北经》载，逢伯陵建立的部落方国北齐（以与后来姜太公建立的齐国相区分）的臣民中就有虎族：

> 有北齐之国，姜姓，使虎、豹、熊、罴。
> ——《山海经·海经·大荒北经第十七》

虎、豹、熊、罴这都是黄帝族系的部落，虎和豹则是黄帝族系的虎族。两族系融合后的新的图腾形象或许就是泰逢。

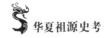

/ 马腹

马腹也是《山海经》里记载的众多吃人的虎族部落之一：

伊水出焉，而东流注于洛。有兽焉，其名曰马腹，其状如人面，虎身；其音如婴儿，是食人。

——《山海经·山经·中山经第五·中次二经》

需要说明的是，关于虎族食人，陆吾族守卫昆仑山发生"鬼虎大战"时，虎族人把鬼族战俘杀了吃掉是可能的，但是后来的不同地方和分支的虎族都有吃人的说法，那真实性就需要打个折扣了，或许只是他们把祖先吃人的本事移到自己身上，目的还是为了震慑敌人。

/ 峳峳

峳峳应该是黄帝族系的虎图腾的部落与炎帝族系的牛图腾的部落的合成部落的图腾：

东次二经之首，曰空桑之山……有兽焉，其状如牛而虎文，其音如钦，其名曰峳峳，其鸣自詨，见则天下大水。

——《山海经·山经·东山经第四》

空桑是个很古老的地名，一直到东周晚期还在沿用，后来归入九州之一的兖州，是孔子的出生地。"见则天下大水"，换句话说就是"天下大水则见"，说明他们应该也属于懂得垒堤筑坝的部族，每次洪水泛滥，就能看到他们的身影。

/ 鹿蜀

《南山经》记载的这个动物，有人说就是斑马：

又东三百七十里，曰杻阳之山……有兽焉，其状如马而白首，其文如虎而赤尾，其音如谣，其名曰鹿蜀，佩之宜子孙。

——《山海经·山经·南山经第一》

斑马是非洲的特有动物，中国境内是不可能有的，而且从《山海经》这段描述看，也与斑马不同。这应该还是一个黄帝族系的虎图腾的部落和炎帝族系的马图腾的部落的合成图腾。

- 汉字中的虎族文化遗存

/ 貘

音mò，古史中很多情况下是指大熊猫，但《尔雅》认为是指白豹，《山海经》则说是指猛豹。实际上，白豹就是雪豹，是西王母首领的图腾。

/ 䠂

音shù，字意是黑虎，但这个字才最应该是黄帝之子伯儵的名字用字。

/ 虍

音hū，虎皮上的斑纹。

/ 琥

《说文解字》的解释是：琥，发兵瑞玉。虎族人最早用玉虎做调派军队的凭证，后来这一习俗被后世所沿用，这就是虎符。

/ 鷉

也写作鷈，音tī，本指的是一种水鸟，但实际可能是虎族与东夷鸟族融合后形成的新的部落的图腾。

/ 觑

音yán，二虎相争，一定怒目相向，所以这个字的意思就是虎人发怒。

/ 鋔

音hǔ，身披盔甲之虎，虎中大将。金与虎的结合，意指大富大贵；鋔福同音，所以也是庇护幸福的神兽。

/ 虒、磃

音 sī，虒是一种似虎有角的兽，应该也是虎族部落的图腾之一。虎鬼大战后，神荼成为黄帝族的守门神，而虒则是守门兽，石头做成的守门兽就是磃。在狮子进入中国前，古代帝王及贵族、官僚门前陈放的用来镇宅的东西，就是磃。

/ 篪

音 chí，虎族篪部落发明的一种竹制八孔吹奏乐器。

/ 虥，虦

音 zhàn，浅毛的虎，应该也是一个虎族部落的图腾。

/ 俿

音 hǔ，意思是虎族的人，成语"为虎作伥"中的"虎"很可能原字就是"俿"。"为俿作伥"的意思可能就是给虎族人做帮凶的鬼族人，给虎族人当奴隶，又称"伥鬼"，后来讹传成被老虎吃掉而变成老虎的仆役的鬼魂。

/ 謕、謕

音 tí，虎叫，表示其他动物叫的"啼"字也是从这个字来的。

/ 彪

本义是老虎身上的斑纹，右边的乡字，音 shān，就是指虎纹。现用来指有文采。另外，说虎高大威猛也是这个字，后来则用来形容人高大威猛。

/ 虓

音 xiāo，虎怒吼，表示人勇猛的"枭"就是从这个字而来。

/ 蹏

音 tí，本指虎蹄，是"蹄"的本字。

/ 禠

音 sī，《说文解字》的解释是："禠，福也。"应该是虎族人向祖先祈福的意思，古语有"祈禠禳灾"的说法。

/ 虏

本意是虎族人抓获的俘虏。

/ 虐

本意是虎抓伤人，虍头下字符代表虎爪。

/ 虚

音 xū，现在写作"虚"，最早是虎族人用来称呼自己的生息之地昆仑之墟的，意思是大丘、大山，因为昆仑之墟是黄帝族的下都，所以，虚后来也有都城的意思，如"少皞之虚""颛顼之虚""大皞之虚""祝融之虚"等。

/ 號、虢

虎大声叫，这个字现在简化为"号"，但意思基本与古意一样。

/ 虙

音 fú，这个字是鬼族人发明的称呼自己的远祖伏羲的伏字，有人读作谧，是错的。

/ 虣

音 bào，虎族人动用武器，今天写作"暴"。

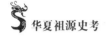

/ 虎贲

原意是虎族军队，后来就是精锐之师、虎狼之师的代称。

/ 貙

音chū，虎族部落图腾，据《史记·五帝本纪》载，貙部落曾参加黄帝族系对炎帝族系的阪泉之战。貙虎连用，表示威猛的勇士。《后汉·礼仪志》载有"貙刘之礼，祠先虞"，立秋日举行，祭祀虞人的祖先。

/ 貔貅

又名天禄、辟邪、百解，其形似狮而带翼，也有说似虎，应该是陆吾虎族部落中的两支，曾追随黄帝参加与炎帝族系的阪泉之战，因作战勇猛，后来竟成为威猛军队的代名词。貔貅也是"龙生九子"之一，所以本原上还是黄帝族系。

受虎吃鬼的传说的影响，后世人们认为貔貅能辟邪、消灾、镇宅，其作用与门神神荼差不多，只不过神荼是画在门板上，而貔貅是要戴在身上。

汉代壁画中的貔貅形象

玄嚣，姬姓——帝喾、帝尧之祖

玄嚣是黄帝的嫡长子，母亲是嫘祖。玄嚣曾因可能参与了黄帝的另一个儿子夷鼓发动的叛乱，而受到黄帝贬谪，"降居江水"。后来，玄嚣又迁居清阳，所以玄嚣又被称为清阳、青阳、青阳氏。自玄嚣之后，玄嚣部族和部族首领的名号也被称为青阳。

但是，根据前引《国语》的记载，黄帝之子有两个青阳，一个是姬姓青阳，一个是己姓青阳。那么，玄嚣到底是姬姓青阳还是己姓青阳呢？这个问题非常重要，因为己姓青阳就是黄帝时期的东夷族首领少昊青阳氏（即后来的少昊氏族联盟的创建者少昊金天氏的先祖），弄清这个问题，也就弄清了东夷族的族源。

探讨这个问题，还是得回到前面所引《国语》的那段文字上去。"唯青阳与夷鼓皆为己姓。青阳，方雷氏之甥也。夷鼓，彤鱼氏之甥也"。这句话如果照现代的字面意思来说就是，青阳与夷鼓都是己姓，青阳是方雷氏的外甥，夷鼓是彤鱼氏的外甥。"青阳，方雷氏之甥也"这句比较好理解，因为我们前面已经分析过，黄帝元妃嫘祖和次妃方雷氏女节是姐妹，那么嫘祖的儿子青阳相对于方雷氏就是外甥。但是，我们又怎么理解后面那句"夷鼓，彤鱼氏之甥也"呢？夷鼓是彤鱼氏的儿子，是"彤鱼氏之生"，而非"彤鱼氏之甥"。难道是《国语》这段文字误把"生"错写成了"甥"吗？

问题的关键还是在这个甥字上。古人的很多称谓，其意思与今天是不一样甚至是大相径庭的，比如唐代诗人朱庆余的"洞房昨夜停红烛，待晓堂前拜舅姑"诗句中的舅姑，跟今天的意思就完全不一样，在唐代，舅姑就是公婆的意思。另外，唐人王建的诗，"三日入厨下，洗手作羹汤。未谙姑食性，先遣小姑尝"，其中的小姑，与今天用法一样，而"姑"，是夫家之母即婆婆的意思，与今天不同。同样，"方雷氏之甥""彤鱼氏之甥也"中的这个"甥"与今天的用法也不一样，据东汉末时文字训诂学家刘熙所著《释名》一书载：

甥亦生也，出配他男而生，故其制字男傍作生也。

什么意思呢？女儿出嫁所生的孩子，就叫"甥"，换作今天的话讲就是外孙。另据成书于元代的《古今韵会举要》所载，古人就是把外孙称作甥，至少在春秋时期就有这个用法。如果《国语》这段文字里的甥作外孙解，那么其意思就变成了"青阳是方雷氏的外孙，夷鼓是彤鱼氏的外孙"。我们知道，方雷氏和彤鱼氏既可以是某个个人的名字，但多数情况下还是氏族首领的名号，那么就说得通了，这句话的意思就是："青阳是方雷氏首领（当时是姜雷）的外孙，夷鼓是彤鱼氏首领的外孙"，那也就有了"青阳是方雷氏（黄帝次妃）所生，夷鼓是彤鱼氏（黄帝三妃）所生"的意思了。结论是，"唯青阳与夷鼓皆为己姓"这个青阳，就是方雷氏女节所生的青阳，也就是后来的少昊氏族联盟的首领少昊己挚的祖先，那么"唯青阳与苍林氏同于黄帝，故皆为姬姓"这句话中的青阳，就是嫘祖的儿子——姬姓青阳玄嚣了。

玄嚣的儿子名叫蟜极，司马迁说蟜极就是五帝之一的帝喾高辛氏的父亲：

> 帝喾高辛者，黄帝之曾孙也。高辛父曰蟜极，蟜极父曰玄嚣，玄嚣父曰黄帝。自玄嚣与蟜极皆不得在位，至高辛即帝位。
>
> ——《史记·卷一·五帝本纪第一》

帝喾高辛氏后来成为帝喾氏族联盟的首领，他娶陈锋氏女，生子放勋，这就是唐尧，后来创建了帝尧氏族联盟。

黄帝到尧帝这段历史，司马迁只讲了这么多，但实际上这段时间至少有两千年，不可能像司马迁说的那样，只传了几代人。正确的表述应该是，黄帝的儿子（或后代）是玄嚣，玄嚣之后是蟜极，蟜极的后代中有个叫高辛的，后来创建了帝喾氏族联盟。帝喾与陈锋氏部落联姻，生下儿子伊祁放勋，他后来创建了帝尧氏族联盟。

昌意，箴姓——帝颛顼之父（或爷）、虞舜、楚国王室、拓跋鲜卑王族、党项王族之祖

• 颛顼之父还是颛顼之爷？

关于昌意与帝颛顼的关系，史上历来有两种说法，一个以《史记》、晋代史学家皇甫谧的《帝王世纪》为代表，认为昌意是黄帝、嫘祖之子，颛顼之父，北魏地理学家郦道元也持这种观点：

若水沿流，间关蜀土，黄帝长子昌意，德劣不足绍承大位，降居斯水，为诸侯焉。娶蜀山氏女，生颛顼于若水之野。

——《水经注·卷三十六·若水》

但《山海经》却说昌意是颛顼的爷爷：

流沙之东，黑水之西，有朝云之国、司彘之国。黄帝妻雷祖，生昌意。昌意降处若水，生韩流。韩流擢首、谨耳、人面、豕喙、麟身、渠股、豚止，取淖子曰阿女，生帝颛顼。

——《山海经·海经·海内经卷十八》

清代经学大师郝懿行认为："蜀，古字通濁，又通淖，是淖子即蜀山子也曰阿女者。"所以，这段话的意思就是：流沙的东边，黑水的西边，有朝云国和司彘国。黄帝的妻子嫘祖生了昌意。昌意被放逐到若水，生了韩流。韩流长着长脸、小耳、人面、猪嘴、蛇身、罗圈腿、猪脚。他娶了一位蜀山氏的女子，名叫阿女，生了帝颛顼。

持昌意是颛顼爷爷的说法还有《路史》：

昌意就德，逊居若水，有子三人，长曰乾荒，次安，季悃。乾荒生帝颛顼，是为高阳氏。

——《路史·卷十四·后纪五·疏仡纪·黄帝纪上》

在笔者看来，昌意是颛顼之父，还是颛顼之祖，可能都有一定道理，但是也都有难以自圆其说的一面。前面我们提到过，黄帝氏族联盟的存续时间长达一千五百多年，如果昌意是创始黄帝的儿子，而颛顼是在黄帝时代结束后出任的华夏氏族联盟大首领，他只能算是创始黄帝一千五百多年之后的后代。

• 昌意到底姓什么？

关于昌意是黄帝十二姓中的哪一个，《帝王世纪》认为是姬姓，而根据前引《国语·晋语》载"唯青阳（玄嚣）与苍林氏同于黄帝，故皆为姬姓"，所以昌意肯定不是姬姓；再根据"唯青阳（少昊青阳氏）与夷鼓皆为己姓"，那么可以确定，昌意也

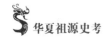

不会是己姓。有人说可以从其子帝颛顼高阳氏的姓反过来推断昌意到底姓什么，而据《太平御览》引三国时期的文献《古史考》说：

> 高阳氏，妘姓，以水德王。

帝颛顼高阳氏是妘姓，其父昌意就也可能是妘姓？但妘姓就不在"黄帝之后得姓十二"中，所以昌意根本就不可能是妘姓。有一种说法是，妘姓系出箴姓，那这么说，昌意倒可能是箴姓。还有人认为帝颛顼是姬姓，所以反推昌意也是姬姓，那就又回到上面那个问题——"唯青阳（玄嚣）与苍林氏同于黄帝，故皆为姬姓"——昌意不可能是姬姓。

那昌意到底姓什么呢？恐怕还需要更深入的研究、更多的资料才能得出结论。

• 昌意帝系

黄帝之子中，其后代最为显赫的当属昌意，这一系可谓帝王之家，共出了帝颛顼高阳氏、虞朝的开创者舜帝、夏朝的开创者大禹、西周时楚国的创建者芈氏、晋朝的创建者司马氏等多个帝族。

关于帝颛顼，我们前面已经讲过，历史上有两种说法，一个说是昌意之子，一个说是昌意之孙，姑且存疑。

关于舜帝世系，《史记》有完整的记载：

> 虞舜者，名曰重华。重华父曰瞽叟，瞽叟父曰桥牛，桥牛父曰句望，句望父曰敬康，敬康父曰穷蝉，穷蝉父曰帝颛顼，颛顼父曰昌意：以至舜七世矣。自从穷蝉以至帝舜，皆微为庶人。
>
> ——《史记·卷一·五帝本纪第一》

关于禹夏世系，《世本》的记载是：

> 黄帝生昌意、昌意生颛顼，颛顼生鲧。鲧取有辛氏女，谓之女志，是生高密。禹取涂山氏女，名女娲，生启。
>
> ——《世本八种·王谟辑本·夏世系》

注意，这里的"鲧"不是大禹的父亲，而是"鲧祖"，颛顼到大禹之间至少有几百年时间，不可能只有一代人，所以，这位"鲧"只能是鲧的祖先鲧祖。根据《世本》注家宋衷的注解，高密就是禹的封国。禹之子启开创了夏王朝。

关于楚国王室世系，《大戴礼记》的记载最为完整：

> 昌意娶于蜀山氏，蜀山氏之子谓之昌濮，氏产颛顼。颛顼娶于滕氏，滕氏奔之子谓之女禄，氏产老童。老童娶于竭水氏，竭水氏之子谓之高緺，氏产重黎及吴回。吴回氏产陆终。陆终氏娶于鬼方氏，鬼方氏之妹谓之女隤，氏产六子……其六曰季连，是为芈姓。……季连者，楚氏也。
>
> ——《大戴礼记·帝系第六十三》

芈姓就是楚国王室的姓氏。

司马氏是吴回的哥哥重或黎的后代，其世系当以司马迁的记述最为权威，他说：

> 昔在颛顼，命南王重以司天，北正黎以司地。唐虞之际，绍重黎之后，使复典之，至于夏商，故重黎氏世序天地。其在周，程伯林甫其后也。当周宣王时，失其守而为司马氏。司马氏世典周史。惠襄之间，司马氏去周适晋。晋中军随会奔秦，而司马氏入少梁。
>
> ——《史记·太史公自序第七十》

从前颛顼统治天下时，任命南正重掌管天文，北正黎掌管地理。唐虞之际，又让重、黎的后代继续掌管天文、地理，直到夏商时期。周朝时候，程伯林甫就是他们的后裔。当周宣王时，重黎氏因失去官守而成为司马氏。

自从司马氏离周到晋之后，族人分散各地，赵国有个叫蒯聩的，以传授剑术理论而显扬于世，他就是司马氏的后代。秦国有个官员叫司马错，曾与张仪发生争论。后来秦惠王派司马错率军攻打蜀国，攻取后，让他做了蜀地郡守。司马错之孙司马靳，奉事武安君白起。司马靳与武安君白起坑杀赵国长平军，回来后与武安君一起被赐死于杜邮。司马靳之孙司马昌，是秦国主管冶铸铁器的官员，生活在秦始皇时代。蒯聩玄孙司马卬，曾为武安君部将并带兵攻占朝歌。汉王刘邦攻打楚霸王项羽之际，司马卬归降汉王，汉以殷地为河内郡。司马昌生司马无泽，司马无泽担任汉朝市长之职。司马无泽生司马喜，司马喜封爵五大夫，司马喜生司马谈，司马谈做

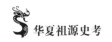

了太史公，他就是司马迁的父亲（原文详见《史记·太史公自序》）。

据《晋书》所载，司马迁提到的司马卬就是晋宣帝（追封）司马懿的十一世祖司马仰：

> 宣皇帝讳懿，字仲达，河内温县孝敬里人，姓司马氏。其先出自帝高阳之子重黎，……楚汉间，司马仰为赵将，……自仰八世，生征西将军钧，字叔平。钧生豫章太守量，字公度。量生颍川太守俊，字元异。俊生京兆尹防，字建公。帝即防之第二子也。

——《晋书·卷一·宣帝纪》

司马仰八世孙为东汉征西将军司马钧，司马钧之子为豫章太守司马量，司马量之子为颍川太守司马俊，司马俊之子为京兆尹司马防，司马懿就是司马防的第二子。司马懿之子为司马昭，司马昭之子晋武帝司马炎创建晋朝。

• 昌意可能参与"夷鼓之乱"

《史记》等古史都记载，黄帝时期，"昌意降居若水"，所谓"降居"，就是贬谪迁居，那因为什么昌意要"降居"呢，《帝王世纪》说得很清楚——"德劣"。

"德劣"应该是一种委婉的说法，昌意一定是犯了事，但是犯了什么事呢？有一件事或许能给我们一些想象的空间，这就是只载于《山海经》的"夷鼓之乱"：

> 又西北四百二十里，曰钟山，其子曰鼓，其状人面而龙身，是与钦䲹杀葆江于昆仑之阳，帝乃戮之钟山之东曰磙崖。

——《山海经·山经·西山经第二》

钟山一般认为就是昆仑山，黄帝死后就是钟山之神；鼓是他的另一个儿子，又叫夷鼓。钦䲹（音pī）又叫堪坏，就是一种鱼鹰，被古人奉为"神鸟"。实际上，钦䲹就是以这种鸟为图腾的一个部落，与"白虎"陆吾同是昆仑山守护神。当时的真实情况可能是，钟山之神——黄帝的儿子鼓的部落和钦䲹部落联手作乱，合谋在昆仑山之阳杀害了当时的黄帝氏族联盟的大臣葆江，激怒了黄帝，黄帝率军讨伐，在昆仑山脉的山峰之一钟山的东面，一个叫磙崖的地方，杀死了夷鼓及其叛众。

昌意和他的哥哥玄嚣可能也参与了"夷鼓之乱"，失败后只好逃到他们的母族蜀山氏的所在地，"青阳（玄嚣）降居江水，昌意降居若水"。若水据考证就是今天四川盐边县的雅砻江，正是昌意的母亲嫘祖的母族西陵氏或者称蜀山氏、蚕丛氏的所在地。

• 昌意与伯儵的交集之谜

从地理距离上看，蜀山氏所在地与伯儵族所在的昆仑山不远，甚至也有学者认为古昆仑山就是今天的岷山，那样的话，昌意族所居地和伯儵族所居地就形成了重叠。另外，也有一种说法，认为"昌意降居若水"的这个"若水"，不是雅砻江，而是昆仑山脚下的"弱水"，那样的话，昌意就完全和伯儵的势力范围重合了。

不管是不是因为两族比邻而居的原因，反正在很多地方，伯儵和昌意两族表现出了高度的相似性，或者换句话说，昌意的后代，特别是帝颛顼之后的后代，很多人都带有鲜明的伯儵系虎族的文化特征。首先，关于颛顼在昆仑地区的活动，《山海经》中有多处记载：

大荒之中，有山名曰日月山，天枢也。吴姬天门，日月所入。有神，人面无臂，两足反属于头山，名曰嘘。

……

大荒之中，有山，名曰大荒之山，日月所入。有人焉三面，是颛顼之子，三面一臂，三面之人不死。是谓大荒之野。

——《山海经·海经·大荒西经第十六》

东南海之外，大荒之中，河水之间，附禺之山，帝颛顼与九嫔葬焉。……丘西有沈渊，颛顼所浴。

……

大荒之中，……有叔歜国。颛顼之子，黍食，使四鸟：虎、豹、熊、罴。

……

西北海外，流沙之东，有国曰中䗐，颛顼之子，食黍。……

西北海外，黑水之北，有人有翼，名曰苗民。颛顼生驩头，驩头生苗民，苗民厘姓，食肉。

——《山海经·海经·大荒北经第十七》

列举这几条记载，主要是想说一件事，那就是这些记载中，许多地名都在昆仑山附近，可以肯定，有关颛顼事迹传说的中心在昆仑山。

其次，细心的读者可能会注意到，颛顼之子名穷蝉，但是更著名的名字是虞幕，是有虞氏的创建者，虞朝的创建者舜帝就是虞幕之后。虞和吴通，吴是吴地的吴，是虎族神兽天吴的吴，是昆仑山"吴姬天门，日月所入"的吴，吴再往上溯源，就是昆仑山守护神陆吾，他又可简称为昆吾，而所有这些名字基本都和虎族人对虎的称呼"於菟"有关。

颛顼之后，帝喾高辛氏时期的火正官祝融吴回这一系，更是有很多的虎族文化特征。吴回的吴，就是天吴的吴。还有，《大荒西经》载，"有人反臂，名曰天虞""有人名曰吴回，奇左，是无右臂"。天虞就是天吴，天吴可能就是吴回。吴回没有右臂，而手臂是用来平衡身体的，如果只有一臂，则一般是把这一臂背到身后去，这也是为了走路使身体平衡。所以，这里的天吴就是吴回。

吴回之子名陆终，陆是陆吾的陆，而终，有些训诂学家认为是螽斯的螽，但笔者更相信是《大荒西经》所载的"有虫状如菟，胸以后者裸不见，青如猨状"的虫。虫的繁体写成蟲，"有虫状如菟"，就是有个长得像老虎的大虫；把老虎叫成毛虫、大虫，在唐宋之前是一种很常见的叫法。陆终的父亲吴回在给陆终取名时，应该不会用表示蝈蝈的"螽"，而更有可能选择表示老虎的"蟲"。

刚才说到昆仑山之神陆吾又可简称为昆吾，陆终的长子就叫昆吾，这是巧合吗？

陆终的小儿子叫季连，芈姓，是春秋时楚国王室的祖先，也是伟大诗人屈原的祖先。而说到屈原，他的昆仑山情结在他的诗歌里可谓随处可见，《离骚》就写了两次神游昆仑的情景：

朝发轫于苍梧兮，夕余至乎县圃。
欲少留此灵琐兮，日忽忽其将暮。
吾令羲和弭节兮，望崦嵫而勿迫。
路漫漫其修远兮，吾将上下而求索。
饮余马于咸池兮，总余辔乎扶桑。
折若木以拂日兮，聊逍遥以相羊

这里提到的"县圃""崦嵫""咸池""若木"等都是昆仑山地名。

屈原作品中，集中提到昆仑神话的是《天问》，有二十则之多，广为传颂的有：

昆仑悬圃，其尻安在？
增城九重，其高几里？
四方之门，其谁从焉？
西北辟启，何气通焉？

屈原的《九歌》和《九章》中也多次写到昆仑山：

登昆仑兮四望，心飞扬兮浩荡。

——《河伯》

驾青虬兮骖白螭，吾与重华游兮瑶之圃。登昆仑兮食玉英，与天地兮比寿，与日月兮齐光。

——《涉江》

冯昆仑以瞰雾兮，隐岷山以清江。

——《悲回风》

屈原为什么会对遥远的昆仑山情有独钟呢？很有可能是因为这里是他的故乡，是其先祖颛顼的出生地和颛顼一族的发祥地。

伯儵的虎族后代，留在昆仑山的是昆吾族，《大荒西经》载：

大荒之中，有龙山，日月所入。有三泽水，名曰三淖，昆吾之所食也。
——《山海经·海经·大荒西经第十六》

颛顼族和昆吾族之间到底发生了什么事情，为什么颛顼族有太多昆吾族的文化特征，史书无载，我们只能推测，两族之间可能发生了合并，而相对发达的昆吾族的文化被颛顼族所接受和推崇，后者喜欢以昆吾族英雄的名字来给自己的后代命名，同时乐于接受吴、天吴、天虞、虞人、昆吾、昆山、禺等虎族文化的概念成为自己

—209—

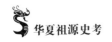

族群的文化符号。颛顼在少昊金天氏后继任华夏氏族联盟的大首领，就一并把虎族文化也带回了中原和楚地。

- 安息（古伊朗）、拓跋鲜卑、党项鲜卑之祖

根据《氏族典》等史籍记载，昌意除了名为颛顼和韩流的儿子外，还有乾荒、安、悃等儿子：

> 昌意，姬姓，生子三人，长曰乾荒，次曰安，季曰悃。乾荒生帝颛顼。
> ——《氏族典卷氏族总部·氏族总部汇考十一》

编修于宋朝的《唐表》载说，安是西方古国安息国的创建者：

昌意次子安居西方，号安息国，后汉末遣子世高，入朝因居洛阳，后徙辽左，又徙子安，武威。唐时赐抱玉、抱真，为李姓，是为武威李。

这段文字的意思：昌意的儿子安后来跑到西方，建立了安息国。东汉时候，安息国的王子世高还回到祖国，并在洛阳定居，后来迁徙到辽左，还迁到过子安和武威。唐朝时，安的后代被赐姓李，是为武威李氏。

据考，安息国就是今天的伊朗。自汉武帝时，中国开始派使者至安息国。安息国王传位到太子安清、也就是世高时，他不愿当国王，出家为僧，于东汉桓帝建和二年（148年），回到中国河南洛阳，宣传佛教，随后定居。安清还到过辽左、子安和武威传扬佛教。安清的部分后人以安为姓，是中国安姓的祖源之一。

类似的记载也见于《路史》：

> 安处西土，后曰安息，汉来服者为安氏、李氏。
> ——《路史·卷十四·后纪五·疏仡纪·黄帝纪上》

昌意的小儿子叫悃，生平事迹不详，只知道他跑到了"北土"，也就是内蒙古的大兴安岭一带，古称大鲜卑山。东汉末期，在大鲜卑山崛起了一个在中国历史上有着举足轻重的地位和影响的游牧部族，这就是拓跋鲜卑，北齐史家魏收所著《魏书》开宗明义就指出，拓跋鲜卑之祖是昌意的这位小儿子：

> 昔黄帝有子二十五人，或内列诸华，或外分荒服。昌意少子，受封北土，国有

大鲜卑山，因以为号。……北俗谓土为托，谓后为跋，故以为氏。

——《魏书·卷一·帝纪第一·序纪》

《魏书》的记载也为唐代史学家李延寿所采纳，他在《北史·魏本纪》中说：

魏之先出自黄帝轩辕氏。黄帝子曰昌意，昌意之少子受封北国，有大鲜卑山，因以为号。

——《北史·卷一·魏本纪第一》

《路史》则说：

悃迁北土，后为党项之辟，为拓跋氏，至郁律二子，长沙莫雄，次什翼犍，初王于代，七子其七窟咄生魏帝武道，始都洛为元氏。

——《路史·卷十四·后纪五·疏仡纪·黄帝纪上》

在罗泌看来，昌意的小儿子悃不但是拓跋鲜卑的始祖，也是党项王族李氏的始祖。实际上，在史学界，历来就有建立西夏王朝的党项王族李氏本是拓跋鲜卑之后的说法。

不过学界过去一般认为拓跋鲜卑把祖宗溯源到黄帝后裔，是典型的冒认别人祖宗，这种说法也有其偏颇之处。几乎所有的北方少数民族都把自己的祖宗上溯到炎黄族系，这就不是简单一个冒认别人祖宗就可以下定论的，事实上，在分子生物考古学兴起后，科学家通过比对汉人和中国境内主要少数民族人的DNA，发现它们之间具有极高的相似性，证明北方少数民族认祖归宗的说法并非完全是虚妄。

苗龙（龙苗），姓氏不详——犬戎之祖

黄帝的第三个儿子，名叫龙苗，也称苗龙，据史载：

黄帝生苗龙，苗龙生融吾，融吾生弄明，弄明生白犬，白犬生牝牡，是为犬戎。

——《山海经·海经·大荒北经第十七》

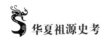

《路史》载，苗龙母亲为嫘祖：

> 元妃西陵氏，曰儽祖，生昌意、玄嚣、龙苗。……龙苗生吾融，为吾氏。吾融生卞明，封于卞为卞氏。卞明弃其守，降之南，裔生白犬，是为蛮人之祖。
>
> ——《路史·卷十四·后纪五·疏仡纪·黄帝纪上》

这两段文字，用我们现在的话来表述，那就是黄帝的儿子（或后代）有个叫龙苗（苗龙）的，龙苗的后代中有个叫融吾，融吾的后代中有个叫弄明，弄明的后代中有一个叫白犬的（可能是最早驯服狼和懂得饲养狼的后代犬的人），建立了以白犬为图腾的部族，白犬部族后来又分为母族和父族（或一开始是母系氏族，后来进化到父系氏族），两个部族间又互相联姻（有点像伏羲氏族和女娲氏族的关系），就生成了犬戎族。犬戎人称自己是二白犬之后，指的可能就是这个。这个犬戎就是那个灭亡了西周的北方游牧民族，严格来讲，他们也是黄帝的后裔，是华夏民族的远亲。

苗龙的文化成就是作画，据清代著名学者张澍引《易通卦验》说："轩辕子苗龙，为画之祖。"黄帝之前没有绘画的记载，最多是"史皇作图"，"图为画物象也"（据《世本》）。"画物象"是用于记事，还不能算是画，考古成果表明，到了黄帝时期的仰韶文化中晚期，出现了举世瞩目的彩陶绘画。但是不是龙苗最早发明了绘画形式和技法，于史无考。

帝鸿氏，僖姓（釐姓）——浑敦（驩兜）、苗民之祖

·黄帝帝鸿氏

黄帝的第四个儿子，名叫休，是次妃女节方雷氏所生。这个儿子和其后代史载不详，只有罗泌语出惊人地说：

> 次妃方雷氏，曰节，生休及清。休，继黄帝者也，是为帝鸿氏。
>
> ——《路史·卷十四·后纪五·疏仡纪·黄帝纪上》

《路史》还载说，帝鸿氏为釐姓：

帝鸿氏，鳌姓。帝律生帝鸿，是为帝休。母方纍氏，感披晶而生，生而多祥。黄帝厌，帝休是立。

——《路史·卷十五·后纪五·疏仡纪·黄帝纪下》

这个鳌与僑、厘在古语中互通，那么帝鸿就应该是"黄帝二十五宗十二姓"之一的僑姓。帝律就是黄帝，黄帝字律。"黄帝厌，帝休是立"，厌就是魇，这句是说黄帝病重，帝休被立为继任者。一些史籍上所说的"黄帝又曰帝鸿氏"可能就是指这件事。而为什么会叫这个名字，可能是因为休曾经做过黄帝氏族联盟的水官共工，或者就是当时的共工氏部族的首领，共工快读就是"鸿"，由水官共工而成为黄帝，则称"帝鸿"。"帝鸿"也称"帝江"，"江"在古语里不读 jiāng，读 hóng，这个字拆开就是水工，正是水官共工之意。因为休的母亲方雷氏源出炎帝族系，与共工氏同族，按母系社会的传统，休当归属母族，为姜姓，所以他出任共工氏首领是有可能的。后来，帝鸿被黄帝赐僑姓，从而成为"黄帝二十五宗"之一。

• 帝鸿就是葆江？

《路史》提到的这位黄帝之子帝鸿氏休公，有学者认为就是在黄帝另一个儿子夷鼓发动的叛乱中被杀的"葆江"。帝鸿氏休公接任黄帝氏族联盟的首领，这可能引起了黄帝另一个儿子夷鼓的不满。按照母系氏族的传统，夷鼓因母亲彤鱼氏属炎帝族系东夷人，所以他也被归入东夷族。他和以钦鴉鸟为图腾的钦鴉部落共同作乱，在"昆仑之阳"杀死了葆江。

• 帝鸿之裔浑敦

根据《山海经》的记载，帝鸿至少有两个儿子，一个就叫"帝江"（浑敦），一个叫"白民"：

又西三百五十里，曰天山……有神焉，其状如黄囊，赤如丹水，六足，四翼，浑敦无面目，是识歌舞，实为帝江也。

——《山海经·山经·西山经第二·西次三经》

有白民之国。帝俊生帝鸿，帝鸿生白民，白民销姓，黍食，使四鸟、豹、虎、熊、黑。

——《山海经·海经·大荒东经第十四》

帝江

《山海经》插图——帝江（帝鸿）混沌氏

在这里，帝俊指黄帝。黄帝之子为帝鸿，帝鸿之子为帝江，他应该是帝鸿被杀后，他所属的共工氏首领的继任者。这位帝江名叫浑敦，又叫混沌，"其状如黄囊，赤如丹水"，颜色上看兼具黄帝族系和炎帝族系的双重特征；"六足"可能是说帝鸿氏有六个分支部落；"四翼"则可能是与他们结盟或者互婚的四个东夷鸟族部落；"浑敦无面目"，可能是指帝鸿氏的图腾没有面孔，抑或是指帝鸿氏除了是部族首领，还是戴着面具的巫师；"是识歌舞"，也指明了帝鸿氏的巫师身份，因为在那个时代，歌舞一般都是巫祝活动的重要组成部分，只有巫师才擅长。

帝鸿被杀，可能引起了帝鸿之子浑敦（混沌氏）的强烈不满，于是他们不断滋事，与其他部族冲突不断，据《左传》载：

昔帝鸿氏有不才子，掩义隐贼，好行凶德，丑类恶物，顽嚚不友，是与比周，天下之民谓之浑敦。……舜臣尧，宾于四门，流四凶族混沌、穷奇、梼杌、饕餮，投诸四裔，以御魑魅。

——《左传·文公十八年》

浑敦氏掩蔽道义，包庇奸贼，喜欢做那些属于凶德的事情，与丑类恶物、冥顽凶恶之辈狼狈为奸。舜做了尧的臣下以后，四方来服，就把浑敦、穷奇、梼杌（音 táo wù）、饕餮（音 tāo tiè）四凶族赶到四边荒远的地方，让他们去抵御被驱赶到那里的鬼族系魑魅魍魉部族。

帝鸿的另一个儿子就是《大荒东经》所说的"白民"，"白民销姓"，销姓就是僖姓，"黍食，使四鸟、豹、虎、熊、罴"，就是以谷物为食，其部族由四个鸟图腾的部落和以豹、虎、熊、罴为图腾的部落组成。豹、虎是"黄帝-伯儵-西王母族系"的图腾神兽，熊、罴是黄帝父族少典氏的图腾神兽，说明白民与黄帝族系渊源非常深。

• 帝鸿之裔苗民

《路史·国名纪》在"帝鸿后釐姓国"目录下还列举了白民、防风、汪芒、缙云、崇山、三苗、三危、大人等名字，也就是说这些都是帝鸿氏的后代所创建的部落方国。而其中的苗民，需要我们特别关注一下。苗民，据《山海经》载：

西北海外，黑水之北，有人有翼，名曰苗民。颛顼生驩头，驩头生苗民，苗民釐姓，食肉。

——《山海经·海经·大荒北经第十七》

苗民、三苗与今天的苗族有直接的承续关系。苗民姓釐，这是"黄帝十二姓"之一的僖姓。苗民得姓于他们的父系祖先驩头，也就是驩兜。西晋时期的著名经学家、史学家杜预和贾逵都认为驩兜就是"帝鸿氏不才子"浑敦。帝鸿氏为釐姓（僖姓），则其子浑敦或曰驩兜、驩头也为釐姓，其"孙"苗民也就都是釐姓了。

看到这，有些人可能马上会提出疑问：驩头不是颛顼之子吗？其实所谓的"颛顼生驩头"，不是说驩头是颛顼真正的儿子，而是说驩头是颛顼氏族联盟的嫡系宗族，他们有一个共同的祖先，这就是黄帝。

《大荒北经》提到的这个苗民，很多学者认为是现代苗族的祖先，对此史学大师章太炎、吕思勉等并不认同，一个很简单的原因就是，现代苗族认黄帝时期的九黎联盟的蚩尤为祖，而驩兜也好，颛顼也好，都属于黄帝族系。古代民族认错祖宗的事是很难以想象的，特别是黄帝和蚩尤又是一对仇家，如果现代苗族是黄帝族系的

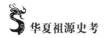

三苗的后裔,那他们怎么能把蚩尤当祖宗?

《山海经》插图——人面鸟喙的讙兜

依笔者看来,上述两种观点都对,但可能也都失之片面,比较全面的说法是:三苗和苗民是黄帝族、炎帝族、东夷族三大族系融合而成。

首先,从图腾形象看,"有人有翼,名曰苗民",说明苗民具有东夷鸟族特征。

其次,三苗具有黄帝族系特征。三苗之祖为帝鸿氏,帝鸿为黄帝之子。还有一点,三苗族以狸猫为图腾,"苗"的读音古代是读作"毛",今天西部的苗族方言自称"蒙",就是指猫、苗,所以《山海经》所载的三苗国亦称"三毛国":

> 三苗国在赤水东,其为人相随。一曰三毛国。
>
> ——《山海经·海经·大荒南经第十五》

狸猫当然是虎族,而虎是黄帝族图腾神兽之一。

再次,三苗有深厚的炎帝族血统。传统史学观点认为,三苗与蚩尤时期的九黎有承续关系。九黎之"黎",其实颇有讲究,它很可能源自"黄帝十二姓"中僖姓,又称釐姓、厘姓,也称黎姓。现在看来,九黎应该是晚出概念,至少晚于黄帝十二姓之后出现。九黎、蚩尤之乱、黄帝赐姓僖姓给帝鸿氏,这个几个事件的发生关系或许是这样的:

第一阶段,蚩尤之乱,参与者为炎帝族系的共工氏等部落;

第二阶段，蚩尤之败，黄帝氏族联盟成立，黄帝与炎帝族系的方雷氏发生联姻，方雷氏女节之子休成为炎帝族系的领袖共工氏的首领，这就是帝鸿氏，并被黄帝赐"黄帝十二姓"中的僖姓；

第三阶段，僖姓帝鸿就任黄帝，之后与僖姓帝鸿相关的炎帝族系部落都一跃成为僖姓，以沾"容光之喜"。这就是九黎，九黎不是确指概念，而是泛称，与我们今天常说到的词语"黎民百姓"是一个意思。

第四阶段，后人用晚出的九黎这个概念来称呼参与蚩尤之乱的炎帝族系各部族。

至此，我们就能理解，为什么今天的苗族以蚩尤（炎帝族系）为祖，同时又兼具东夷族系、黄帝族系特征了。

因为是三大族系之后，所以苗民才被称为是"三苗"，苗，就是胤，后代的意思。东汉著名经学家高诱说："帝鸿氏之裔子浑敦，少昊氏之裔子穷奇，缙云氏之裔子饕餮，三族之苗裔，故谓之三苗。"这三族后来都被流放到四外蛮荒地区，被流放到西南的三族后裔最终就形成了"三苗"这个族群。

帝尧时，帝舜通过各种原因登上帝位，尧子丹朱被流放到丹水。对于帝舜的行为，三苗表示强烈反对，这就是所谓的"昔尧以天下让舜，三苗之君非之"（《山海经》郭璞注），三苗于是找到丹朱，共同发动了叛乱，但以失败告终，帝舜就把三苗流放到西部的三危地区，事载《尚书·尧典》：

> 流共工于幽州，放驩兜于崇山，窜三苗于三危，殛鲧于羽山，四罪而天下咸服。
>
> ——《尚书·舜典》

《史记》的记载是这样的：

> 三苗在江淮、荆州数为乱。于是舜归言于帝，请流共工于幽陵，以变北狄，放驩兜于崇山，以变南蛮，迁三苗于三危，以变西戎，殛鲧于羽山，以变东夷。四罪而天下咸服。
>
> ——《史记·卷一·五帝本纪第一》

这"四罪"中，驩兜和三苗可以算是同一部族，共工和鲧是同一部族，鲧就是共工二字的混读。实际上，帝尧、帝舜是把两族拆分成四个部分，把他们分布在东西南北四个方向，以使"四罪"孤掌难鸣，难以对中央政权形成强大的威胁。

经过颛顼、尧、舜、禹的多次征伐，三苗被逐步驱赶到四外蛮荒之地，向西

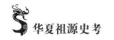

南发展的，陆续形成今天的苗族、瑶族、畲族；向东南发展的，则成为荆蛮，后融入楚国；向北方发展的，则融入北狄、猃狁等族；其留在中原的成员在商周时建立了苗、邓曼、蛮子、尢、丹、黎、鄘等小国，后来也尽数被楚国所灭；三苗发展到最南的，则是进入今天的东南亚国家中，发展到最西的，甚至到了今天的伊朗和阿富汗。

- 帝鸿之裔——妹喜，"红颜祸水"始作俑者

一千五百多年后，帝鸿的后代在夏代建立了一个部落方国，这个方国因为一个人的出现而在历史上很有影响，这个方国就是位于今天的湖北恩施一带的有施氏方国。这个施国常年受到夏王朝的征伐，国君为免于灭国，就把女儿妹喜——注意是妹喜，不是妹（音mò）喜——献给夏桀。此事最早载于《国语》：

> 昔夏桀伐有施，有施人以妹喜女焉；妹喜有宠，于是乎与伊尹比而亡夏。
>
> ——《国语·晋语一》

比，在这里是勾结之意，就是说妹喜与商相伊尹勾结，灭了夏朝。注意，这里并无妹喜放荡、惑君、喜听裂帛之声、裸游嬉戏、酒池肉林的记载，说她是中国最早的间谍还有情可原，但是后世的人一定要为夏朝灭亡找个合理的理由，以荀子为代表的文人就把罪责归于妹喜身上，她也因此成为中国历史上第一个"红颜祸水"。

少昊青阳氏，己姓——少昊金天氏之祖

黄帝之子中有两个青阳，一个是姬姓青阳玄嚣，一个是我们马上要说的己姓青阳，其母为黄帝第二妃方雷氏女节。

以成书于战国时期的典籍《世本》为代表的历史文献都载说少昊青阳氏是黄帝之子，但同样成书于战国时期的《逸周书》则说少昊是黄帝之臣，最"离经叛道"的当数《孔子家语》所说的"黄帝者，少昊之子"。如果从不同的角度看，这三种说法可能都有一定的道理。

我们先来看第一种说法。少昊为黄帝之子是最普遍的一种说法。《世本》说少昊是黄帝之子青阳，但是据《国语·晋语》所载，黄帝之子中有两个青阳，一个是

黄帝次妃方雷氏之子己姓青阳，另一个就是黄帝元妃嫘祖之子姬姓青阳，名叫玄嚣。《世本》的注家——三国时期的著名学者宋衷认为少昊是玄嚣，也就是姬姓青阳，皇甫谧的《帝王世纪》也持同样的观点，所不同的是，皇甫谧认为姬姓青阳的母亲是方雷氏女节。

关于黄帝和少昊的父子关系，《汉书·律历志》提供了另一种说法：

> 少昊帝，《孝德》曰：少昊曰清。清者，黄帝之子清阳也，是其子孙名挚，立土生金，故为金德，天下号曰金天氏。
>
> ——《汉书·卷二十一·律历志第一·世经》

按照上述观点，少昊是黄帝之子不假，但这个少昊名叫清，又称清阳。他的后代中有个叫挚的，"立土生金，故为金德"，为当时少昊氏族联盟的首领，称少昊金天氏。

南宋史家罗泌所著《路史》认可《汉书·律历志》的这一说法，但认为少昊是黄帝之孙：

> 次妃方纍氏，曰节，生休及清。……清次，封清为纪姓，是生少昊。
>
> ——《路史·卷十四·后纪五·疏仡纪·黄帝纪上》

清代著名《世本》注家雷学淇综合历代说法，提出了两个观点，第一，少昊为己姓；第二，少昊之前还有个小昊，名叫清，他才是黄帝之子，而少昊帝挚是其裔孙：

> 淇案：……考《国语》有两青阳，皆黄帝子，一为姬姓。……一为己姓。方雷氏之甥，《逸书》谓其名曰质，因继蚩尤而宇于少昊，故又曰小昊清。其裔孙是为少昊帝挚。故《三统历》引《考德》云，少昊曰清，清者黄帝之子清阳也，是其子孙名挚。
>
> ——《世本八种·雷学淇校辑本》

综合上述史载情况，我们可以得出这样的结论：

一、所谓的黄帝之子少昊，应为己姓青阳而不是姬姓青阳，称少昊青阳氏；

二、一般认为黄帝氏族联盟之后是少昊氏族联盟时期，但是黄帝氏族联盟历时长达一千五百多年，那么，身为少昊氏族联盟首领的少昊绝不可能是少昊青阳氏，而是他一千五百年之后的后代，名叫挚，称为少昊金天氏。

三、在黄帝时期，黄帝之子己姓青阳很有可能与东夷族系发生通婚关系。我们后面还会说到，己姓青阳的妻族为寒类氏，也就是伏羲女娲氏族联盟的直系后裔、东夷族系的羲和常仪部族，己姓青阳或因黄帝之子的这一层关系（也有可能是因为黄帝族对东夷族的征服）而成为东夷族系的领袖，被称为"少昊"——昊是东夷族人对自己首领的称谓，为区别远古时代东夷族人的祖先太昊，所以己姓青阳被称为少昊，我们可以称为"少昊青阳氏"。

四、在黄帝氏族联盟的后期，联盟已经濒于崩溃，己姓青阳少昊的后裔中有个叫己挚的，先是成为东夷族系鸷鸟部落的首领，继而成为东夷族系的首领，仍称少昊，后来他重新统一华夏民族各部族，建立了一个新的氏族联盟，这就是少昊氏族联盟；"立土生金，故为金德"，就是说己挚出身于土德的黄帝之族，在土德的黄帝氏族联盟的原有基础上，创造了一个新的符合"金德"的氏族联盟，所以称"少昊金天氏"。

关于黄帝和少昊关系的第二种说法以《逸周书》为代表，称少昊是黄帝之臣：

> 王若曰："……赤帝分正二卿，命蚩尤于宇，少昊以临四方，司□□上天末成之庆。蚩尤乃逐帝，争于涿鹿之河，九隅无遗。赤帝大慑，乃说于黄帝，执蚩尤，杀之于中冀……乃命少昊清司马、鸟师，以正五帝之官，故名曰质。"
>
> ——《逸周书·尝麦解第五十六》

这段文字的核心意思是说，蚩尤和少昊在炎帝时族联盟末期，曾为炎帝之臣，后来蚩尤作乱，放逐炎帝，炎帝求助于黄帝，最终执杀了蚩尤。黄帝任命少昊清为司马，掌管以鸟为图腾的部族的军队，并让他修正东西南北中五帝职官体系，所以名叫"质"。

由于少昊不是某个人的名字，而是东夷族系首领的称号，所以在黄帝时期，东夷族系的首领少昊在黄帝氏族联盟中任职并不奇怪，但这个少昊算不算是黄帝之子不得而知，是与不是都有可能，但他肯定不是后来的少昊氏族联盟的首领少昊金天氏却是一定的。

黄帝和少昊关系的第三种说法是《孔子家语》所说的"黄帝者，少昊之子"。有注家认为"少昊之子"应为"少典之子"之误，有这种可能，但由于黄帝也不是某个人的名字，而是黄帝氏族联盟首领的称号，所以，东夷族少昊部之后有人出任黄帝也不是完全不可能，但这位黄帝显然不是黄帝氏族联盟的开创者黄帝轩辕氏，而是其之后长达一千五百多年的存续时间里的继任者之一。

挥——张姓之祖，姬姓还是己姓？黄帝之子还是黄帝之孙？

挥之母，有学者认为是黄帝第三妃彤鱼氏，但无确证。

关于挥之父，史家向有黄帝之子和黄帝之孙两种分歧性观点，以东汉末年泰山太守、著名学者应劭为代表的史家认为挥是黄帝之子：

张氏，黄帝第五子挥，始造弦，实张网罗，世掌其职，后因氏焉。

——《风俗通·姓氏篇》

与应劭持同样观点的史典有不少，如北宋陈彭年的《重修广韵》、北宋邵思的《姓解》、南宋王应麟的《姓氏急就篇》、南宋邓名世的《古今姓氏书辩证》、元代《氏族大全》、明代杨明信的《姓源珠玑》、明代凌迪知的《万姓统谱》、明代傅作兴的《文竿汇氏》等都持挥为黄帝第五子的说法。

南宋史家罗泌也认为挥为黄帝之子，但不是第五子，是第十五子：

挥，次十五子，造弧矢，及司率罟，受封于张，为弓氏、张氏、李氏、灌氏、叱罗氏、东方氏。

——《路史·卷十四·后纪五·疏仡纪·黄帝纪上》

当然了，"挥次十五子"有两种理解，一是说挥是黄帝的第十五个儿子，一是说挥的第十五个儿子，也就是黄帝的孙子辈。

认为挥是黄帝之孙的观点以《世本》为代表：

张氏，黄帝第五子青阳生挥，为弓正，观弧星，始制弓矢，主祀弧星，因姓张氏。

——《世本八种·秦嘉谟辑补本·氏姓》

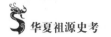

这是说挥是黄帝第五子己姓青阳的儿子。

唐代史学家林宝，奉唐宪宗诏命，在"穷究旧史、诸家谱牒无不参详"的基础上，撰成《元和姓纂》。这本书沿袭上述《世本》的说法：

> 黄帝第五子青阳生挥，为弓正，观弧星，始制弓矢，主祀弧星，因姓张氏。

北宋大文学家欧阳修和宋祁等人合撰的《新唐书》也认为挥是黄帝之孙，而且明确挥之父为己姓青阳，即少昊青阳氏：

> 黄帝子少昊青阳氏第五子挥为弓正，始制弓矢，子孙赐姓张氏。
> ——《新唐书·卷六十一·表第十二下·宰相世系二下》

总之，挥到底是黄帝之子，还是黄帝之孙，是主要的争论焦点。若是黄帝之孙，则其父到底是姬姓青阳玄嚣还是己姓青阳少昊，古今史家也一直争论不休。

挥最大的贡献是发明了弓。据说某一天，挥在夜观天象时，有一颗流星自弧矢九星间飞速划过，令挥顿悟。弧矢星，属井宿，共九星，在天狼星东南；八星如弓形，外一星像矢。挥详细地研究了弧矢九星的排列特点，然后折枝仿形弯条成弓，削竹木为矢，制皮为弦，研制成了人类历史上的第一张弓。

弓箭的发明大大提高了人们征服自然和抵御外部威胁的能力，黄帝后来正是靠着这种可以远射而制敌于非命的武器胜炎帝，诛蚩尤，杀刑天，从而确立了天下诸部落联盟盟主的地位。后来，黄帝任命挥为弓长，让挥的部族从此世代以做弓箭为生，并把其部族所在的地方命名为"张"，作为其部族的领地。今天的中国三大姓之一的张姓就得姓于此。

张姓最早的地望在清阳，据一些学者考证为今河北清河县东面，是为著名的清河张氏的发祥地。民间有"天下张姓出清河"的说法。

夷鼓，己姓（夷彭、巫彭）

根据《国语·晋语》"唯青阳与夷鼓皆为己姓"的记载，夷鼓是己姓。

夷鼓是黄帝二十五子中非常特别的一个，他既是发明家，发明了鼓和弓箭，也可能是个巫师，因为黄帝时期有可能处于母系氏族阶段的末期，巫师多由女人担任，所以，他更有可能是她，是黄帝之女。还有一点，她还是巫医之祖，而巫医则是现代中医之祖。再往远一点说，她还有可能是大禹的最直接的祖先。

• 夷鼓就是夷彭

夷鼓的本名应该是叫鼓。他的母亲是黄帝的第三位夫人彤鱼氏，彤鱼氏虽属炎帝族系，但已融入东夷族，可能正是因为这一层原因，鼓随母族被归入东夷，称夷鼓。

夷鼓之所以叫鼓，很有可能是因为他是鼓的发明者之一。现代文字研究者认为，"鼓"这个字来源于"壴"（音zhù）。请看下图：

这是甲骨文的壴、鼓和彭。望文生义，左边的壴字就是名词概念的鼓，中间那个字表示的是手执鼓（骨）棒以击鼓，而右边的彭字是击鼓发出的声音，从壴，从散点。声音是只能听见却看不见的，正如气味只能闻到也看不见。这种四处飘散传播的气味和声音在甲骨文造字中都用散点表示。所以，彭的本义就是击鼓所发出的"嘭嘭"的声音。

正是因为鼓和彭具有对应性和同源性，所以在另外一些典籍中，夷鼓也被称作是夷彭。据南宋历史学家罗泌所著《路史》载：

次妃彤鱼氏，生挥及夷彭。……夷彭纪姓，其子始封于采，是为左人。有采氏、左人氏、夷鼓氏。

——《路史卷十四·后纪五·疏仡纪·黄帝纪上》

从上述可知，夷鼓就是夷彭，应该是可信的。

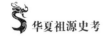

• 夷彭就是巫彭

根据上述《路史》的记载，夷彭的儿子叫左人。左人与其说是名字，不如说类似于一种职官。上古时期以左为尊。什么人能坐在氏族联盟大首领的左边呢？是巫师。我们现在说旁门左道，带有贬义，上古时期恰恰相反，以巫蛊之术为左道，表示尊崇。这也就是说，夷彭之子是巫人。左人如果是巫人，巫人一般都是世袭的，则他父亲夷鼓或夷彭就应该也是巫师，这样，夷彭和巫彭就形成了对等关系。

巫彭是谁？他很有可能是东夷族的巫师，他发明的鼓不是作为乐器和军鼓之用，而是跳巫舞、请神时的一种伴奏工具。夷鼓制作鼓的材料，史载不详，应该也是兽皮之类。后来，黄帝氏族联盟的大巫师巫咸把夷鼓、夷彭或者说巫彭发明的鼓加以改良和增大，用长江中的扬子鳄的皮蒙鼓，就做成了军鼓，这就是《世本》所载的"巫咸作鼓"。

• 黄帝之子还是黄帝之女？

如果夷鼓就是巫彭，有一点还是难以圆说，那就是在黄帝氏族联盟时期乃至后来的相当长时期内，巫师都是女人。照此而言，巫彭是女人，那么巫彭＝夷彭＝夷鼓，那么夷鼓就应该是黄帝之女而不是黄帝之子了？或者，夷鼓以黄帝后代的尊贵身份而成为巫师中的例外，似也不是没有这种可能。具体真相如何，还需要继续考证。

• 巫彭作医

黄帝氏族联盟时期，拜巫之风极为盛行，大巫师巫咸甚至组建了全部由巫师，确切地说是女巫组成的巫师之国——巫咸国。巫咸国众多的女巫们已经初步实现了专业分工，而巫彭——或许是黄帝之女——因为专司通过巫术来消除人们的疾患而在众多的巫师中脱颖而出。

现代研究公认，巫与医是同源的。原始社会时期，人们认为疾病是妖魔鬼怪作崇，或者是因为做错事而受到神明的惩罚，所以，每当生病时，总是要请巫师做法，驱除魔怪，聆听神意。从汉字上看，医最初写作毉，下面是巫字，直到周朝时巫和医才分家。从殷墟甲骨文所见，殷周时期的巫医治病，在形式上看是用巫术，造成一种神秘、神圣的气氛，对患者有强大的安慰、精神支持的心理作用，但真正治疗身体上的病，还是借用药物，或采取技术性治疗。

最早记录巫医的历史典籍当数《山海经》，据载：

> 开明东有巫彭、巫抵、巫阳、巫履、巫凡、巫相，夹窫窳之尸，皆操不死之药以距之。窫窳者，蛇身人面，贰负臣所杀也。
>
> ——《山海经·海经·海内西经第十一》

窫窳（音yà yǔ）又称为猰㺄，本是烛龙氏部落首领的儿子，"龙首，是食人"（《山海经·海内经》）。窫窳在与贰负部族的冲突中，被一个名叫危的人打伤，昏死过去，这就是《海内西经》所说的"贰负之臣曰危，危与贰负杀窫窳"。烛龙氏首领求告于黄帝，黄帝就让氏族联盟巫师团中的巫医专家巫彭、巫抵、巫阳、巫履、巫凡、巫相等人前往救治，这几位巫医各使手段，最后竟然把窫窳救活了。

《大荒西经》也记载说：

> 有灵山，巫咸、巫即、巫盼、巫彭、巫姑、巫真、巫礼、巫抵、巫谢、巫罗十巫从此升降，百药爰在。
>
> ——《山海经·海经·大荒西经第十六》

这里的灵山，《说文解字》说就是巫山。这句话的意思是，有一座灵山，是巫咸、巫即、巫盼、巫彭、巫姑、巫真、巫礼、巫抵、巫谢、巫罗等十个巫师生活的地方，从这座山升到天上和下到世间，各种各样的药物就生长在这里。

据当代研究者认为，《大荒西经》中的巫盼、巫礼、巫谢就是《海内西经》提到的巫凡、巫履、巫相。上述所有巫人都与巫医有关，巫彭得名是巫师跳神祛病时击打鼓发出的声音；巫抵的抵，本意是推拿；巫阳的阳，本意是针砭；巫履的履，本意是巫师行法诊治时走的一种特殊的步伐；巫凡的凡，就是药方之意，用药物为医；巫相的相，就是看相、省视，相脉诊疗的意思，都与医术有关。

从根源上说，巫师部族的创始者巫咸是炎帝神农氏时代的人。现在一般都认为是神农氏尝百草，但也不能排除是巫咸受命于神农氏而探究用草药治病的方法。

在所有巫医中，巫彭的医术可能最好，所以后世人们把巫彭视为医祖，《吕氏春秋》记载说：

> ……巫彭作医，巫咸作筮。
>
> ——《吕氏春秋·卷十七·审分览·勿躬》

东汉著名经学家、文字学家许慎也说：

医，治病工也。……古者巫彭初作医。

——《说文解字·酉部》

《路史》则载：

命巫彭、桐君处方、盄饵、湔澣、刺治，而人得以尽年。

——《路史卷十四·后纪五·疏仡纪·黄帝纪上》

盄，音 diào，熬煮之意；湔澣，音 jiān huàn，洗濯之意。这句话的意思是：黄帝让巫彭和另一位名医桐君负责给病人开处方、熬煮药饵、清洗患处、针刺病灶，使百姓得以活到天年。

巫彭后来成为历代世袭巫医的代名词，并演变成一种医官名称，至少在商代还存在，甲骨文的卜辞中就有"贞人彭"的名字。到了周代，巫和医才开始真正分家，据《周礼》记载，当时朝廷有在大史之下设"掌医之政令"，并有食医、疾医（内科）、疡医（外科）、兽医等医学分科，标志着巫、医开始分家，司巫的职能在政权机构中的作用逐渐削弱。从此巫师不再承担治病救人的职责，只是问求鬼神、占卜吉凶。而大夫（医生）也不再求神问鬼，只负责救死扶伤、悬壶济世。周代的医学理论也提高到了一个新的阶段。

• 夷鼓的结局

我们在前面讲到黄帝之子昌意时说到过，夷鼓可能发动过一场"夷鼓之乱"，他与东夷族的钦鸡部落联手杀死了黄帝的大臣葆江，激怒了黄帝，黄帝率军讨伐，在昆仑山脉的山峰之一钟山的东面，一个叫磘崖的地方，杀死了夷鼓及其叛众。夷鼓后来的结局是：

钦鸡化为大鹗，其状如雕而墨文白首，赤喙而虎爪，其音如晨鹄，见则有大兵；鼓亦化为鵕鸟，其状如鸱，赤足而直喙，黄文而白首，其音如鹄，见即其邑大旱。

——《山海经·山经·西山经第二·西次三经》

钦䲹部落被平定后，图腾形象由钦䲹改为大鹗。大鹗的形象是长得像雕，浑身黑色，头是白的，喙是红的，最重要的是长着虎爪（说明与昆仑山地区的虎族实现了融合）。大鹗的叫声像早晨的鸿鹄，人们都传说这种鸟出现的时候，天下就会有大的战争。"夷鼓之乱"的主角夷鼓被杀后，其残众逃到东夷鸟族所在地，改图腾形象为鶄鸟，以逃避黄帝的追杀。鶄鸟长得像鹞鹰，红爪直嘴，黄羽白头，什么地方出现这种鸟，什么地方就会大旱。这个鶄鸟需要引起我们的注意，它本义指太阳鸟，很有可能是当时的东夷族领袖少昊青阳氏部族的图腾，也就是说，夷鼓余众投奔了与夷鼓同为己姓的异母兄弟少昊青阳氏，从而彻底变成了东夷族。

苍林，姬姓——北狄之祖？

苍林是黄帝的第四个夫人嫫母所出。《国语·晋语四》载"唯青阳与苍林氏同于黄帝，故皆为姬姓"，说的就是这个苍林。苍林的生平事迹，史载不详，《路史》载说，苍林有一个儿子，倒是名头响亮，这就是始均，是北狄之祖：

> 苍林姬姓，生始均，是居北狄，为始氏。
>
> ——《路史·卷十四·后纪五·疏仡纪·黄帝纪上》

始均被认为是北魏的创建者拓跋鲜卑的祖先，但是始均到底是苍林之子，还是黄帝另一个儿子昌意之子，史家历来有争议。罗泌自己也蒙了，他前面刚说始均是苍林之子，后面又说昌意的小儿子悃是北魏拓跋氏、党项拓跋氏之祖：

> 悃迁北土，后为党项之辟，为拓跋氏，至郁律二子，长沙莫雄，次什翼犍，初王于代，七子其七窟咄生魏帝武道，始都洛为元氏。
>
> ——《路史·卷十四·后纪五·疏仡纪·黄帝纪上》

综合来看，始均是昌意之子悃的后代的可能还是比较大些。

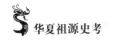

禺貌（禺號、禺猇）、禺阳（禺疆、禺强、禺京、淫梁、北海若），任姓——东海、南海、北海之神、周王室母族

据《路史》载，黄帝"一后三妃"中的第三妃嫫母所出的一个儿子叫禺阳：

次妃嫫母，……是生苍林、禺阳。禺阳最少，受封于任，为任姓。谢、章、舒、洛、昌、契、终、泉、卑、遇，皆任分也，后各以国令氏。

——《路史·卷十四·后纪五·疏仡纪·黄帝纪上》

这段文字说得很清楚，禺阳为嫫母所出，是黄帝最小的儿子，因为被封于任地，所以为任姓。后来的谢、章、舒、洛、昌、契、终、泉、卑、遇这些姓氏都是任姓所出。但奇怪的是，罗泌在这段文字之下，突然又接着说：

禺號生禺京、傜梁、儋人。京居北海，號处南海，是为海司。

——《路史·卷十四·后纪五·疏仡纪·黄帝纪上》

这里出现了禺阳、禺號并列的情况。禺阳是黄帝之子，那么，禺號跟禺阳、黄帝是什么关系呢？《路史》没有解答，罗泌很有可能被《山海经》中的两条记载给弄蒙了，所以干脆搁置在这里。《山海经》的这两条记载是这样的：

帝俊生禺號，禺號生淫梁，淫梁生番禺，是始为舟。

——《山海经·海经·海内经第十八》

东海之渚中有神，人面鸟身，珥两黄蛇，践两黄蛇，名曰禺猇。黄帝生禺猇，禺猇生禺京，禺京处北海，禺猇处东海，是为海神。

——《山海经·海经·大荒东经第十四》

郭璞认为，"猇，一本作號"，如此，上述《路史》《山海经·海内经》中的"禺號"和《大荒东经》的"禺猇"应系同一个人。但《海内经》说，"黄帝生骆明"，接着又说"帝俊生禺號"，《大荒东经》又说"黄帝生禺猇"。那么，到底是谁生了禺貑（禺號）？黄帝和帝俊是什么关系？

《山海经》中的帝俊，也叫帝夋（音 qūn），最初是指少昊金天氏（详见第七章"少昊氏族联盟"的相关解释）。后来成为殷商先民对先祖、天帝的统称。所以，这里的"帝俊生禺號"中的"帝俊"是指黄帝。

黄帝就是帝俊，禺貑或者禺號是黄帝之子得到了确认，但是同样作为黄帝之子的禺阳和禺貑是什么关系呢？我们能简单推论说，禺阳就是禺貑吗？恐怕不能。

罗泌说黄帝少子是禺阳，很可能是受了《新唐书》有关记载的影响，据这本书载：

> 任姓出自黄帝少子禹阳，受封于任，因以为姓。
>
> ——《新唐书·宰相世系表三·任氏表》

根据清代经学家、训诂学家郝懿行等人的考证，禺阳是禺京、淫梁、禺彊音转而来，京在古语中读作"梁"，今天按照这个音读的字还有凉、晾、谅、椋、倞、綡、辌等。《路史》中提到的"僒梁"也是前面《海内经》中提到的"淫梁"的音转。这样的话，根据《海内经》《新唐书》和《路史》记载的禺阳就不是黄帝之子，而是黄帝之子禺貑之子，即黄帝之孙。

禺貑的形象，《大荒东经》描绘说是"人面鸟身，珥两黄蛇，践两黄蛇"。但与其说这是东海之神的形象，不如说这是禺貑部族的图腾形象，它已经把东夷族群的鸟图腾和黄帝族群的龙蛇图腾做了嫁接，揭示了两大族群已开始相互融合和相互影响的事实。

《山海经》说禺貑为东海之神，《路史》则说"號处南海，是为海司"，反正他不是东海之神就是南海之神。他的儿子，或名禺阳，或名禺京，或名淫梁，或名禺彊，也有书上称为是禺疆、禺强，就是古史上经常提到的北海之神。《庄子·外篇·秋水》里说北海神叫"若"，称为"北海若"，这个"若"应该就是禺彊的音转。

禺彊因为是北海神，所以后来又演变为北方神，《庄子·大宗师》说"禺彊得道，立乎北极"，《山海经·海外北经》也说"北方禺彊"。《列子》中也有一段禺彊命巨鳌顶举仙山的记述：

> 五山之根无所连着，常随潮波上下往还，不得暂峙焉。仙圣毒之，诉之于帝。帝恐流于西极，失群仙圣之居，乃命禺彊使巨鳌十五举首而戴之。迭为三番，六万

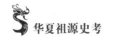

岁一交焉。五山始峙而不动。

——《列子·汤问篇第五》

列子说，渤海之东有岱舆、员峤、方壶、瀛洲、蓬莱五座仙山，但这五座仙山的根却不同海底相连，常随海水随波逐流，不得片刻安静。仙圣们为之苦恼，向天帝诉说。天帝唯恐这五座仙山流向西极，使仙圣们失去居住之所，便命令北方之神禺疆，派十五只巨鳌，用头把仙山顶起来。这些巨鳌分三批轮班，六万年轮换一次。这样，五座仙山才得以耸立不动。

禺虢（禺號）还有个儿子叫儋人，据《路史》载：

禺號生禺京、倏梁、儋人。……儋人任姓，生牛黎。

——《路史·卷十四·后纪五·疏仡纪·黄帝纪上》

儋人所在的地方应该就是《山海经》中所提到的"儋耳之国"：

有儋耳之国，任姓，禺虢子，食谷。北海之渚中，有神，人面鸟身，珥两青蛇，践两赤蛇，名曰禺强。

——《山海经·海经·大荒北经第十七》

儋耳意即耳朵上戴大耳环，把耳垂坠大，乃至接连肩部，貌似超大的耳朵。这个任姓儋耳之国应该是以大耳为美。这种习俗，在汉代的少数民族中仍有所见，据史载：

哀牢人皆穿鼻儋耳，其渠帅自谓王者，耳皆下肩三寸，庶人则至肩而已。

——《后汉书·卷八十六·西南夷列传第七十六·哀牢》

众所周知的老子，名李耳，号老聃，从名字可推他的耳朵很大，有学者认为他可能也有儋耳之国的人的遗风。《史记》中还提到个人叫太史儋，司马迁怀疑他就是老子，只不过年龄不符。至于后来民间传说的三国蜀汉皇帝刘备"大耳垂膝"，可能有点夸张了，但很有可能说明刘备也有戴大环坠大耳的习性。这种习性可能是一种上古遗风。

任姓是"黄帝二十五宗得姓十二"之一，也就是说，禺貌得姓"任"，他和儿子禺阳、儯人的栖居和赐封地就被命名为"任"，就是今天的河北任丘一带。禺貌就是今天任姓的得姓始祖。

禺阳的儿子中有个叫番禺的，发明了舟；番禺的后代中有个叫奚仲，在夏禹时期发明了马车，《山海经·海内经》载：

> 淫梁生番禺，是始为舟。番禺生奚仲，奚仲生吉光，吉光是始以木为车。
>
> ——《山海经·海经·海内经第十八》

因为发明了马车，大大便利了出行，所以奚仲被夏禹任命为车正，据史载：

> 夏之兴，有任奚（仲）为夏车正，以封于薛，后迁于邳。
>
> ——《世本八种·氏姓篇》

车正就是管理车驾的最高长官，奚仲因此也被后世尊为车马鼻祖。夏禹后来把奚仲封到薛地，后又迁到邳地。

奚仲之子名吉光。吉光本是一种神马的名字，就是腾黄，南朝梁陈间官员、文字训诂学家、史学家顾野王所著《符瑞图》载：

> 腾黄者，神马也，其色黄。一名乘黄，亦曰飞黄，或曰吉黄，或曰翠黄，一名紫黄。其状如狐，背上有两角。出白氏之国。乘之寿三千岁。
>
> ——《太平御览·卷八百九十六·兽部八·符瑞图》

现代汉语中的成语"飞黄腾达"应该就是从这来的。

另据《山海经》载：

> 有文马，缟身朱鬣，目若黄金，名曰吉良，乘之寿千岁。
>
> ——《山海经·海经·海内北经第十二》

"吉良"就是"吉光"。奚仲以神马名为儿子命名，正体现了奚仲为车正的特色，也足证当时有了以马拉车的情况。

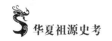

奚仲父子"以封于薛",即被封为薛侯,其地在今山东滕州张汪镇境内。今天薛姓的得姓始祖就是奚仲。奚仲的十二世孙仲虺辅佐成汤灭夏,建立商王朝,被封为左相。仲虺的后代有个叫祖己的,是商王武丁的重臣。祖己七世孙时,家中出了一位伟大的女性,就是太任,她嫁给了周族的首领季历,生下一个儿子,这就是周王朝的开创者文王姬昌。从这个意义上说,周文王之后的周代王室成员均是黄帝之子禺虢的后裔。

周武王立国后,恢复了薛国,至此薛国成为跨夏商周三代的古老方国,可考者凡六十四世,这在中国历史上可谓绝无仅有。战国时,周显王四十六年(前322年),薛国亡于田氏齐国。

薛国传世青铜器有薛侯匜、薛侯鼎、薛仲铜簠等。

大隗氏,祁姓(黄盖童子、耆童、大灰、大块、大騩)——天下鬼族之祖,帝尧母族、楚国王室母族

• 祁姓黄帝之宗

大隗,《路史·黄帝纪》称大恢,"访大恢于具茨";《路史·循蜚纪》则称为"大騩""泰塊":

> 大騩氏,见于南嶽,或曰泰塊,昔者黄帝访泰塊于具茨。一曰大騩,……后有傀氏、大傀氏。
>
> ——《路史·卷三·前纪三·循蜚纪》

这个大隗、大块,应该是三皇时代的古老氏族大騩氏和后来的炎帝魁隗氏的直系后裔,他们与炎帝神农氏同族,但不同支。神农氏时期,魁隗氏虽去帝号,但其族系已经形成规模,这就是"鬼族"。黄帝时期的大隗氏首领大隗君可以说是天下鬼族的精神领袖。黄帝氏族联盟建立初期,黄帝族系的虎族与炎帝魁隗氏族系的鬼族之间曾有过非常残酷和血腥的战争,结怨甚深,为了改变这种局面,取得与鬼族的和解,黄帝曾亲自前往具茨山拜会大隗君。

黄帝上了具茨山，见了大隗君，却发现原来这位大隗君、天下鬼族的领袖是位"童子"，人称"黄盖童子"，据《抱朴子》载：

黄帝北到洪堤，上具茨，见大隗君黄盖童子，受《神芝图》。

——《抱朴子·内篇·地真卷第十八》

不过，从黄帝之后赐"黄盖童子"为"耆"，并称其为耆童——意即老小孩——判断，他或许是得了侏儒症的老人，看起来像个孩子，长着一头枯黄的头发，所以得名。黄帝拜会大隗氏，可能达成了后者并入黄帝族系的重要共识。

关于耆童，《山海经》载：

又西一百九十里，曰骢山，其上多玉而无石，神耆童居之，其音常如钟磬，其下多积蛇。

——《山海经·山经·西山经第二·西次三经》

骢山又叫大隗山、大骢山、大塊山，后来叫具茨山，有学者认为就是今天的中岳嵩山余脉，现称始祖山，是炎帝魁隗氏后裔大隗氏的栖居地。"神耆童"就是大隗氏的首领大隗君。

黄帝赐大隗君耆姓，除了可能因为后者面相老而身材像小孩之外，也是因为大隗君的祖上，也就是炎帝魁隗氏姓伊耆氏。这个"耆"，源自炎帝魁隗氏时巫师卜筮用的蓍草。在古语中，"耆"又与"祁"通，《康熙字典》的解释是：

（祁）又通作耆。《史记·五帝纪注》尧姓伊祁；《礼·郊特牲》作伊耆。

——《康熙字典·午集下·示部·祁》

所以，黄帝赐大隗君的耆姓，后来就演变成"祁姓"。

祁姓是黄帝十二姓之一。历来关于黄帝之子中谁姓祁，古史记载非常有限，现在看来，这个祁姓就是赐给了大隗君。但大隗君不是黄帝之子，从这个意义上说，所谓的"黄帝二十五子"更准确的说法是"黄帝二十五宗"，即黄帝有二十五个嫡系部落，这其中当然有黄帝儿子的部落，也有耆童这样的"入赘户"，甚至可能更多的是"入赘户"。

黄帝以炎帝魁隗氏的姓氏赐其后裔部族大隗氏为祁（耆）姓，以奉魁隗氏之祀，既是对大隗氏作为魁隗氏继承人的一种官方认可，借以表达对其先祖的一种尊重，更重要的是，黄帝是借此对与鬼族和解表现出一种高姿态，从此黄帝族和天下鬼族实现化敌为友。

帝颛顼时期，伊祁氏耆童部族仍然存在，并且与颛顼族系发生了深度联系，进而诞育出一个庞大的家族体系，据《山海经》载：

颛顼生老童，老童生重及黎，帝令重献上天，令黎邛下地。
······
颛顼生老童，老童生祝融，祝融生太子长琴。

——《山海经·海经·大荒西经第十六》

《世本》载：

颛顼娶於滕坟氏，谓之女禄，产老童，老童娶于根水氏，谓之骄福，产重及黎。

——《世本八种·陈其荣增订本·帝系篇》

老童就是耆童。老童应该是伊耆氏首领的官称而不是名字，跟祝融是一个道理。这位老童娶根水氏女，名叫骄福，生下重和黎（一说重黎是一人）。重和黎担任黄帝族系的火官祝融，他们的弟弟叫吴回，在两个哥哥先后因工作失误被杀掉后，吴回继任祝融之职。吴回生子陆终，陆终娶鬼方女，名叫女隤，隤就是隗，应该是大隗氏族人。陆终、女隤生有六子，这就是陆终六姓，其中就包括楚国的先祖——芈姓季连。所以，从族源上看，季连之母为女隤，鬼族，季连的曾祖父老童，是伊耆氏的首领，也是鬼族。楚国王室父系和母系都是既有黄帝族系血统，也有炎帝魁隗氏族系血统，是典型的炎黄融合之族。

"祝融八姓""陆终六姓"是今天数百个姓氏的得姓始祖。

值得一提的是，黄帝另一个儿子玄嚣支系的后裔帝喾，后来也与伊祁氏长期保持通婚关系。帝喾娶伊祁氏支系陈锋氏首领的女儿庆都，生下个儿子叫尧，号放勋，随母姓为伊祁，或曰耆、祁，明代学者廖用贤的《尚友录》就明确记载："耆，尧姓，伊耆氏之后。"尧后被封到唐地，史称唐尧，他在这里建立自己的部落陶唐氏，陶唐氏后来统一华夏氏族联盟各部，唐尧成为大首领，是为"五帝"之一。

帝尧之后，在商代有个方国唐国，为祁姓，在西周时期有杜国、鼓国，也都是祁姓。

- 魈武罗

魈武罗这个人，史载很少，有些专家考证，她便是屈原作品中描写的山鬼的原型。但是在现代网络游戏游戏中，这个名字确经常被提及，那么，这里就简单地说一下这个人，或神。

魈武罗，也有人称为神武罗，这实际是错的，"魈"这个字发音与神一样，本意是大隗氏鬼族人的神，是个狭义概念，而神是广义概念。当然了，不排除神这个字就是从魈而来的，鬼族称自己的祖先为魈，其他部族也仿效之，但是改鬼偏旁为示补偏旁。

魈武罗可能是大隗氏鬼族的女巫，我们先来看《山海经》这段记载：

又东十里，曰青要之山，实惟帝之密都。……魈武罗司之，其状人面而豹文，小要而白齿，而穿耳以镰，其鸣如鸣玉。是山也，宜女子。

——《山海经·山经·中山经第五·中次三经》

密都就是黄帝氏族联盟的都城轩辕之丘，这里距具茨山——大隗氏鬼族的发祥地很近。"其状人面而豹文，小要而白齿，而穿耳以镰"应该是对魈武罗部族首领的描写。"豹文"略让人疑惑，其本义应该是魈武罗披着豹子皮，但按说他或她是鬼族人，而虎豹都是他们不共戴天的敌人虎族的神兽，把敌人的神兽的皮穿在身上，是什么意思？虎族人，比如现在的彝族人，就有死后必须服虎豹皮火化的传统，这是一种崇拜，其意是穿上祖先神兽之皮才能化为祖先神兽，回到祖先那里。那么，魈武罗穿豹皮，是对虎族神兽表示轻蔑还是正好相反是崇拜呢？恐怕还需要更深入的研究和更多的文献证据才能得出结论。

"宜女子"，可能是说青要之山有很多女人出没，应该是魈武罗女巫族的聚居地，有点类似炎黄族系的巫咸山，那里就是女巫们的集居地。

- 诸狄之祖

大隗氏的近世祖先是炎帝氏族联盟的开创者魁隗氏，远祖则应该是远古蒙昧时

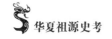

代的大騩氏。騩音guī，是一种浅黑色的马，说明大騩氏可能是最早驯化马的部族。大騩氏、魁隗氏、大隗氏，我们统称为鬼族。但是，鬼族之鬼与我们现在谈之色变的鬼无关。现代小说《鬼吹灯》中描写的充满神幻色彩的所谓鬼族，根本不是历史上真正意义上的鬼族。

到了黄帝氏族联盟时代，鬼族发展成为炎帝神农氏、黄帝轩辕氏族系之外最大的一个族群，有魑、魅、魍、魉、魖等多个分支部落，其中的魑、魅、魍、魉部落在黄帝、蚩尤大战中站到蚩尤一边，而魖部落则归附于黄帝氏族联盟。战后，作为失败者的魑、魅、魍、魉部落被黄帝流放到四方边远地区，这就是"鬼方"；北支鬼方建立的部落方国被称为鬼国，据《山海经》载：

> 鬼国在贰负之尸北，为物人面而一目。一曰贰负神在其东，为物人而蛇身。
> ——《山海经·海经·海内北经第十二》

贰负是神话传说中的神，人面蛇身，是古代跑得最快的神人。但是实际上，贰负可能是一个养马的部族，所以，与其说贰负是跑得最快的神人，不如说是跑得最快的马。贰负的图腾形象是人面蛇身，所以应该是黄帝族系部族。在贰负部族的北边或西边是鬼国，即鬼部族，其人只有一只眼睛，或许是脑门中间涂了一块颜色，看起来像是一只眼睛，这种形象其实在现实生活中并不陌生，在南方的一些少数民族和北美印第安族人中至今还有在眉际间涂画假眼的习惯。

贰负、鬼国这两个毗邻部族都以养马著称。值得注意的是，在两国旁边，还有一个犬封国，也叫犬戎国，他们也擅长养马，养的是一种带有斑纹的马，"缟身朱鬣，目若黄金，名曰吉量，乘之寿千岁"（《山海经·海内北经》）。三个养马的部族毗邻而居，甚至是重叠而居，说明当地应该是草原环境，同事牧马，说明他们族源可能相同，都有可能是远古时候最早驯化马的大騩氏的后裔，也就是可能都是鬼族。

鬼国人从在历史舞台上出现以来就没有消停过，他们不断侵扰中原地区和黄帝氏族联盟域内其他地区，因为在他们看来，这是他们的祖居之地。在魑魅魍魉之后，中原政权也不断把一些凶顽不化、作恶多端的部族驱赶到四方边远地区，一厢情愿地希望他们充当中原地区和鬼族人之间的屏障，这就是《左传·文公十八年》所载的"投之四裔，以御魑魅"。在帝尧时期，中原政权把所谓四凶族——浑敦、穷奇、梼杌、饕餮，流放到边地，但是这些部族后来大都融入了鬼族。

鬼族还有一个族源，这就是中原的华夏族，融入方式是联姻，据《大戴礼记》载：

> 陆终氏娶于鬼方氏，鬼方氏之妹谓之女隤，氏产六子……
>
> ——《大戴礼记·帝系第六十三》

陆终是帝喾高辛氏的火正官祝融吴回之子，吴回与鬼方氏——很可能是当时的帝喾氏族联盟中的大隗氏部族——联姻，让儿子陆终迎娶了鬼方氏首领的妹妹女隤。女隤生下了六个儿子，这就是著名的"祝融六姓"，其中长子名樊，被封在昆吾国。

陆终联姻鬼族，反映了黄帝族系和鬼族相互融合的情况，对这部分人，商朝人不加辨别一律称之为鬼方、鬼、戎吴，周人称之为虞、吴氏、禺氏。在本书第一章讲到盘古和盘瓠的关系时，我们曾提到过《搜神记》中记载的一条史料，说在帝喾高辛氏时期，北方"戎吴强盛"，"乃募天下有能得戎吴将军首者，赠金千斤，封邑万户，又赐以少女"（《搜神记·盘瓠子孙》），后来这个"戎吴将军"被一条叫盘瓠的狗给杀了，帝喾高辛氏信守承诺，把女儿嫁给了盘瓠。这个"戎吴将军"很有可能就是鬼族与华夏族联姻后的部族的首领。

昆吾国与夏朝同源，都是帝颛顼高阳氏一系。商汤灭夏后，昆吾君拒绝归附商朝，选择了逃亡，逃亡地就是自己的始祖母族鬼方，形成"昆吾系鬼族"；当时夏桀的庶子淳维率夏朝残孽也随昆吾国众一起逃到了鬼方。

周武王发动灭商之战时，"昆吾系鬼族"也加入到灭商大军中，也算是为自己的祖先报了一箭之仇。西周立国后，昆吾氏因为擅长冶金术而在周朝中担任冶官，《逸周书·大聚解》曾载，周武王曾"召昆吾冶而铸之金版"。

商朝时，鬼族与中原政权的关系也并不都是兵戎相见，留在大隗氏发祥地的鬼族曾向中央王朝臣服，被封为隗国，国君称鬼侯，据《战国策》载：

> 昔者鬼侯、鄂侯、文王，纣之三公也。鬼侯有子而好，故入之于纣。以为恶，醢鬼侯。
>
> ——《战国策·赵策三》

鬼侯，《史记·殷本纪》写作"九侯"，曾位列纣王三公之一。鬼侯有女儿温良贤淑，就嫁给了纣王做妃子，这个妃子看不惯纣王的倒行逆施，屡有怨言，纣王迁

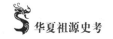
华夏祖源史考

怒于鬼侯，就把鬼侯杀了剁成肉酱，此事成了纣王覆灭的导火索，在武王灭商的战争中，鬼侯的亲族——戎狄系鬼族扮演了重要的角色。

西周时期，北方形成了一些列鬼族系隗姓戎狄国家，如赤狄、白狄、狄、鲜虞、犬戎、山戎、潞、鼓、肥、洛、泉、徐、蒲等，与中央王朝的关系是或服或叛。周幽王时，犬戎还曾攻破镐京，周平王被迫迁都雒邑，周朝历史就此改写。国学大师王国维先生总结为一句话：春秋隗姓，诸狄之祖。因为隗姓戎狄主要是在西部和北部荒远的边地出没，所以这些地方在周代也被称为是"鬼服"，南朝刘宋诗人颜延之的诗句"往秘奇于鬼服，来充美于华京"（《白鹦鹉赋》）中的"鬼服"，就是这个意思。这些北方戎狄人与夏末时逃往北方草原的夏后氏淳维、昆吾系鬼族等不断融合，最终形成了北方游牧民族族系，成为盘踞于中国北方和西北方的草原与大漠、前赴后继为患华夏民族数千年的猃狁、玁狁、山戎、北狄、犬戎、丁零、匈奴、突厥、鲜卑、蒙古等游牧民族的共同祖先。

• 南迁鬼族——彭祖、屈原之祖

除了北迁，大隗氏也曾有一支迁往南方，据《大戴礼记》载：

> 陆终氏娶于鬼方氏，鬼方氏之妹谓之女隤，氏产六子；孕而不育，三年，启其左胁，六人出焉。其一曰樊，是为昆吾；其二曰惠连，是为参胡；其三曰籛，是为彭祖；其四曰莱言，是为云郐人；其五曰安，是为曹姓；其六曰季连，是为芈姓。
>
> ——《大戴礼记•帝系第六十三》

陆终氏这六个儿子，就是所谓的"祝融六姓"；"肋生"，应该就是剖腹产，这在上古时代是非常罕见的，所以被视为神异之事；"孕三年产六子"那是不可能的，应该是三年里诞育了六个儿子。

昆吾前面已经讲过了，陆终的二儿子名惠连，赐妘姓，封于参胡国。这个参胡国后来是个什么结局已经无从稽考了，但是惠连的后代中有一个人物还是很著名的，这就是惠施，是名家学派的开山鼻祖和主要代表人物。我们熟悉惠施，是因为庄子，庄子是惠施的好友，但是常常被庄子调侃，著名的哲学论战"子非鱼安知鱼之乐"就是在二人之间进行的。

陆终的第三子，名籛，也叫铿，封于大彭，就是今天的彭城，商朝时曾为侯伯，商亡后，彭国被灭。陆终的这个儿子更以彭祖而闻名于世，是妇孺皆知的长寿仙人。

清代画家任熊绘屈原

陆终的第四子，名求言，也叫莱言，妘姓，被封于郐（音kuài），世称郐人。周武王封其裔为郐子国，春秋时为郑武公所灭。

陆终的第五子，名安，或曰晏安，或曰安斟，封在曹国，后代还在周朝建立了邾子国，战国时期，被同宗的楚国所灭。

陆终的六儿子名季连，得芈姓，楚国王室都是其后人，这其中也包括楚国伟大诗人屈原，他是楚武王熊通之子屈瑕的后代。

• 战国赵国之始祖母

春秋战国时期，晋国人与周边少数民族通商、通婚的现象十分普遍，国君也不例外。春秋五霸之一的晋文公重耳的母亲就是大戎氏女狐姬，他的弟弟夷吾的母亲则是小戎氏女。晋献公死后，晋国发生内乱，重耳被迫逃亡到狄国，据史载：

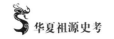
晋公子重耳之及于难也，……遂奔狄。……狄人伐唐咎如，获其二女叔隗、季隗，纳诸公子，公子取季隗，生伯倏、叔刘，以叔隗妻赵衰，生盾。

——《左传·僖公二十三年》

唐咎如就是一个鬼族部落方国，狄人把唐咎如国君的两个女儿叔隗、季隗抢走，分别送给了前来避难的晋国公子重耳和随行的大臣赵衰。重耳和叔隗的儿子伯倏、叔刘后来有什么惊天伟业，于史不详，倒是赵衰和季隗的儿子赵盾这一支，后来名声显赫，赵盾的孙子就是著名的"赵氏孤儿"赵武，赵武的六世孙赵烈侯赵籍于公元前408年开创了后来成为战国七雄之一的赵国。

• 鬼谷子之祖

大隗氏留在中原的人后来基本融入华夏民族中，他们生活的很多地方都被称为"鬼谷"，其中特别值得一提的就是在今天的河南新密浮戏山中的鬼谷，这里诞生了一位伟大的思想家、纵横家、谋略家、阴阳家、道家宗师，他就是鬼谷子，战国时代纵横捭阖、叱咤风云的军事家、政治家庞涓、孙膑、苏秦、张仪等人，都是鬼谷子的门生。

• 国人祭祖源于鬼族祭鬼

在中国文化体系中，让很多人闻之色变的"鬼"是核心概念之一。人死后为鬼，这是现代人们的基本看法，也是现代汉语对鬼的基本解释，但鲜为人知的是，鬼最早的意思只有一个，那就是指鬼族人的祖先、神明，祭鬼就是鬼族后人对大騩氏、炎帝魁隗氏、大隗氏等鬼族祖先的祭拜。后来随着鬼族的崛起、壮大和不断地繁衍，特别是魁隗氏统一上古时期古羌人的各个部族，建立了炎帝魁隗氏氏族联盟，祭鬼就由鬼族人的祖先崇拜方式而变成了所有部族的祖先崇拜方式。孔子说，"非其鬼而祭之，谄也"（《论语·为政篇》），这里的鬼就是祖先之意。

祭鬼由鬼族人对祖先的祭拜而演变为对死去的人的祭拜，始于黄帝。据《山海经》载：

黄帝乃取峚山之玉荣，而投之钟山之阳。瑾瑜之玉为良，坚粟精密，浊泽有而色。五色发作，以和柔刚。天地鬼神，是食是飨；君子服之，以御为祥。

——《山海经·山经·西次三经第二》

　　崟山就是密山，也就是炎帝族系的魁隗氏鬼族的发祥地和栖居地具茨山。黄帝族系的虎族和炎帝魁隗氏族系的鬼族在"虎鬼大战"后，两大族系不共戴天，冲突不断，黄帝为求与鬼族和解，曾亲自前往具茨山拜访魁隗氏的直系后裔大隗氏的首领、同时也是鬼族的精神领袖大隗君，后来又在昆仑山南举行祭祀仪式，把产于鬼族发祥地密山的白玉、玉荣作为祭品，投到昆仑山谷，"天地鬼神，是食是飨"，让战死在这里的鬼族人的亡灵享用，获得安息。从此，祭鬼从原来的祭祀鬼族祖先慢慢扩展成炎黄族系之人对死者的纪念仪式；服玉，就是在衣服上佩戴玉石，也成为炎黄族系人的一种流行时尚。有人把服玉理解成食用玉石、丹石，应该是一种误解。

　　• 中国文字中的鬼族文化遗存

　　中国文化中的鬼族元素还有很多，《说文解字》中带有"鬼"的字，基本都与鬼族文化有关，这里试列举几例如下：

　　/ 鬼、畏

　　甲骨文鬼字是这样的：

　　这个字上面是个"田"，下面是个人下跪的样子。这个"田"到底是什么意思呢？答案在下面"畏"字的甲骨文解释上可以找到。

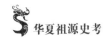

这个字就是"畏",《说文解字》的解释是：

> 恶也，从甶，虎省。鬼头而虎爪，可畏也。
>
> ——《说文解字·卷九·甶部·畏》

这样我们就明白了，甲骨文鬼字上面的"田"是表示老虎的虎头，鬼字的意思就是见到虎就瘫软跪地的人，而畏就是见到虎就恐惧的意思。

/ 隗、巍、嵬、塊、碨

隗音wěi。这个字的左边阝是一个汉字偏旁，读音为fǔ，俗称"左耳刀"，同"阜"。阜的本义是土山，原始山坡的象形。 隗应该是鬼族人发明较早的字，本义是表示鬼族人的发祥地具茨山山势高峻，后来被他们用作族名。类似意思的还有巍、嵬、塊（块）、碨（音wěi）等。大块本来可能是鬼族人对自己的祖居地的称谓，后来演变成对大地、大自然、世界的称谓，《庄子·大宗师》里说"夫大块载我以行，劳我以生，佚我以老，息我以死"；李白的著名散文小品《春夜宴从弟桃李园序》有"况阳春召我以烟景，大块假我以文章"之句，这里的大块指的就是大地。

/ 蛫

这个字有两个读音，分别表示两个意思，一个是guǐ，是鬼族人对蚕蛹的称谓。它还有一个读音，huǐ，是对毒蛇的称呼，同于黄帝族人的用字"虺"。

/ 媿

音kuì，字意看就是女鬼，实际上应该是鬼族人对女巫师的称呼。上古时代，巫师多是骨骼惊奇、样貌奇丑的老女人，鬼族人认为这样与众不同的人才有通神的本事。女巫把自己弄成这副样子，也是为了有震慑之意。鬼族人认为巫师有摄人心魄的能力，所以面对巫师，往往心生畏惧，局促不安，如果暗地做过坏事，更担心被巫师看穿，这种心理就是媿，这就是我们现在所说的惭愧。愧是"心中有鬼"，这个鬼不是鬼魂、鬼灵，是祖先之神。

/ 醜、魗

音chǒu，就是繁体的丑字，古代丑陋的丑和子丑寅卯的丑不是一个字。醜字本由媿而来，媿是鬼族女巫，特别是指年纪大的女巫婆，其最大特点就是容貌奇丑，令人生畏，所以也写作"魗"，即长寿的鬼族女巫。醜字左边的酉偏旁，根据《说文解字》的解释，"酉者，萬物之老也"，所以，魗和醜都是人（鬼族人）老了样貌变得丑陋的意思。

/ 魌

音qī，这个字源于"顂"字，"頁"是头的意思，顂就是头上戴面具，魌则特指古代人们在驱赶疫鬼时所戴的面具，又叫魌头，其原型是身为巫师的黄帝的丑妻嫫母在跳巫舞时所戴的虎头面具。

/ 餽

清代著名文字训诂大师、经学家段玉裁先生在《说文解字》中明确指出，"吴谓祭鬼为餽"。所以，给鬼族祖先提供祭品就是"餽"，后来这个意思转为馈赠的馈。

/ 傀

鬼族人把祖先形象刻到木头上，祭祀时作为受享者，就是"傀"。傀儡之意亦从此出。

/ 愧

鬼族人心中有鬼（祖先），做坏事时，这个鬼时刻在看着自己，是为愧。

/ 槐

大家众所周知的槐树，古代称"鬼木"，应该是大隗氏鬼族人所命名的，但是因为其字中有鬼字，"人死为鬼"的概念出现后，民间就有了槐树乃木中之鬼、因其阴气重而易招鬼附身的说法，现代的风水学禁止把槐树种在房屋的附近。但实际情况是，在上古时期，人们对槐树的看法与现代正好相反，那时候没有朝堂，鬼族部落的首领和长老们在树下围坐商量事情，只有最受尊敬的长老才能坐在槐树下，其他

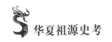

人都只能坐在棘树下，这种风俗也传到后世，古代朝廷都在朝堂外种三槐九棘，槐树在众树之中品位最高，史载汉武帝修建上林苑时，群臣远方各献名果异树，其中槐树就被列为吉树贡献了六百多株。风水学上关于槐木阴气重、住宅前后不宜栽种的说法，经今人查证也是无稽之谈，古代风水学专著《阳宅十书》中就记载"中门有槐，富珊三世"，可见古人认为槐树可以辟邪招财的。

/ 魁、魓、魒、魒、魌

鬼族人最早对一些星座进行了观察，并予以命名，北斗七星第一至第四星因形状像个斗被鬼人称作魁（鬼+斗），第一星天枢星也称为魁星，魁首、魁甲就有了第一名的意思。北斗七星中的第四星为魓（音 xíng）星，第五星为魒（音 bì）星，第七星被他们命名为魒（音 piāo）星，北斗七星加上第六星旁的一颗辅星和北斗勺端的招摇星，称为九魌（qí），就是北斗九星。

/ 魌

这个字，《说文解字》的解释是："魌，神也，从鬼申声。"段玉裁注："魌，当做神鬼也。神鬼者，鬼之神也。故字从鬼、申。《山海经》提到有个神叫"魌武罗"。所以，最早的鬼神，就写作鬼魌，都是鬼族对祖先的称谓。

/ 魂、魄

魂被鬼族人认为是阳气，指能离开肉体而存在的精神，它附身人则活，离身而去则人亡；所谓祭鬼，就是用祭品的馨气供养魂；魄，是阴神，是依附形体而存在的精神，形体亡，魄也亡。

/ 魖、魅、魖、魈

这几个字本来说的是鬼族的不同分支部落的图腾，魖的本义是山神，《周礼正义》引东汉经学家服虔的《左传解谊》说："山神，兽形，或曰如虎而噉虎。"这里的"噉虎"很值得注意，"噉虎"并不是吃老虎，而是吃以虎为图腾的部族的人。我们前面讲过，在黄帝时代，鬼族在与虎族的战争中蒙受重创，很多人被杀掉，甚至有很多人被吃掉，汉代画像砖中常能见到虎吃鬼、虎吃魖的景象就是这一事件的反映。鬼族人对虎族人又恨又怕，所以也希望"噉虎"报仇。

魅部落的图腾形象是"人面兽身而四足"，生活在林地中，与魖应该是亲族。

魍和魉可能都是生活在水边的鬼族。

因为魑魅魍魉助纣为虐，帮助蚩尤对抗黄帝，所以在失败后被黄帝流放在四外边远地区，后来这几个字就成了恶人、恶鬼的代名词。

/ 魖

《说文解字》："魖，耗神也。"《玉篇》则说："耗鬼也。"魖，音 xū，是鬼族人用来指只耗损人们的钱财却不护佑人们的鬼神，后来，这个意思被"虚"代替。

/ 魃

《说文解字》："魃，旱鬼也。"《玉篇》："旱神也。"在鬼族，专门祭祀魃神的部落可能也被称为魃，我们熟知的女魃应该就是魃部落的女首领。

/ 彪

音 mèi，《说文解字》："彪，老精物也。"鬼族人认为，不但人有祖先神，万物皆有神，"物之老而能为精怪"。这个意思现在写成"魅"。

/ 魝

音 jì，《说文解字》："魝，鬼服也，一曰小儿鬼，从鬼支声。"鬼服有两个意思，一个是鬼方人出没的荒远地区，类似荒服；还有一个意思，就是对祖先神的侍奉。但魝这个字更有可能是鬼族人对小孩死去的魂灵的称谓。

/ 魁

音 hū，这个字很有意思，左边一个代表鬼族的鬼字，右边一个代表虎族的虎字，本来是两个死对头，现在却连在了一起，那么这个字是什么意思？明代崇祯朝国子监生张自烈所编的辞书《正字通》"鬼部"载："魁，虎怅也。"这个字应该是鬼族人对背叛鬼族投靠虎族人，或与虎族人结盟、联姻的鬼族人的称谓，所以发音也近于虎。

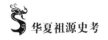

/ 蒐

音sōu，是鬼族人发现的一种红色的草，《山海经》有过记载：

又北三十里，曰牛首之山，有草焉，名曰蒐草，其叶如葵而赤茎，其秀如禾，服之不忧。

——《山海经·山经·中山经第五》

这种草的汁液是红色的，鬼族人认为服食它可以补血。古人常搜集这种草来做染料，所以这个字后来也有搜集、聚集的意思。春天蒐草花开，人们集聚到野外采集蒐草，顺便围猎野物，这就有了春蒐的说法，后来就完全变成春猎的代称。

/ 瘣

音huì，顾字思义，病鬼，生病的鬼族人。

/ 魇

本义是鬼族人睡梦中觉得有东西压在身上，引申为做噩梦。

/ 虢

这个字是以“虎”做偏旁的，但是从字意看，像是鬼族人发明的字，而不是虎族人发明的字。《说文解字》的解释是：

虢，虎所攫画明文也。从虎、寽声。

——《说文解字·虎部》

许慎认为虢的本义是虎爪抓划的印痕，但是后人根据商周时期青铜器上的铭文的虢字字形，对其有新的解释。虢字最早见于殷墟甲骨一期卜辞。甲骨金文虢字大体有三种写法：

第一种，郑“虢仲簋”中的“虢”字金文由三部分组成：右边是虎，左边上下是爪和又（表示手的意思）。此形从双手、从虎，做两手搏虎状。李孝定《甲骨文字集释》卷五引著名古文字学家丁山先生的话说：“当是象两手搏虎之形，虢之初文

也。"《说文解字》选定的是这个"虢"字，但释义不同。

第二种，是"昭录伯簋"中的"虢"字金文由三部分组成：右边是虎，左边上干下又。此形从攴，从虎，做持械击虎状。

第三种，也是最常见的"虢"字写法，就是以著名的中国国家博物馆的镇馆之宝之一的"虢季子白盘"中"虢"字为代表的写法：

这个"虢"字金文由四部分组成：右边是虎，左边的中间是卜，上下是爪和又（表示手的意思）。关于"卜"字，《说文》中的解释是"灼剥龟"，源于在龟甲上占卜，使用的甲板要先剥去龟壳上的皮，故卜有剥皮之义。所以，"虢"的本义可能是徒手搏虎并剥下虎皮之意。

这里的"虎"，我们可理解为是自然界中的动物虎，但也有可能是指虎族，我们已经知道，虎族人有吃鬼族俘虏的恶习，所以，鬼族人把抓来的虎族人剥皮也同样可以理解。

通过对以上"鬼"族字的简单分析，可大致看出有关鬼的文化与鬼族人当时的思想认识有关。《汉语大字典》里，带鬼偏旁的字有多达二百一十一个，足以看出鬼神信仰在古人、特别是鬼族人心目中的重要地位。

酉姓黄帝之子——尖底形酒器的发明者

黄帝之子二十五人，得姓十二，其中第二姓是酉。这个酉姓黄帝之子到底是谁，已经很难考证，我们只能从酉字甲骨文字形猜测，他可能是发明了尖底陶器的人：

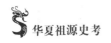

在仰韶文化考古挖掘中，已经多次发现这种小口、尖底的陶器。这种小口瓶有些有双耳，有的在腹部偏下有两只腹耳或者宽沿，有些底部还有烟炱。

仰韶文化红陶抛光尖底瓶

这位酉姓黄帝之子，可能因为发明了酉这种陶器，而被赐姓酉，其所在的栖居地也被命名为酉。《尚书·禹贡》曾载地名酉水，或许就是远古时期的酉氏族人所命名，酉水流域就是酉部族的栖居地。随着农业生产力的提高，粮食有了剩余，酉部族的人偶然发现粮食被水泡了不久，经过发酵后出来的水浆有种独特的味道，就把这种水浆命名为酒，意思是"酉里的水"。

经历了数千年的发展，酉姓仍然是个小姓，历史上的名人也不多，尽管如此，如果你身边有姓酉、酒的人，那么你可以告诉他，这是一个骨灰级别的姓氏，得姓始祖是轩辕黄帝二十五子中那个姓酉的儿子。

滕姓黄帝之子

滕姓也是黄帝十二姓之一。史籍中关于滕姓源流、发展、流脉的记载非常有限，除了在今天山东滕县留下个滕这个地名外，几乎再找不到其他资料。

山东滕县地域是西周时滕国的所在地，但是这个滕国是姬姓，除了国名，其他与滕姓黄帝之子无关。这个姬姓侯国滕国是周文王第十四个儿子、周武王之弟滕文公姬绣所建。此滕国于公元前1122年立国，公元前414年被越王朱勾所灭。在七百多年的历史里，滕国一直默默无闻，与宗亲国鲁国、晋国关系友善，不时依附宋国等其他大国，在夹缝中勉强生存。

滕国史上唯一值得一提的人是滕文公，也不是因为他做了什么经天纬地的事，而是因为他以太子身份出使楚国途中，曾两次专门到宋国拜会孟子，寻求治国之道。滕文公做国君后，根据孟子的意见，在国内推行仁政，实行礼制，兴办学校，改革赋税制度等，滕国就此进入了一段中兴时期。孟子和他的学生把孟子与滕文公的谈话收进《孟子·滕文公》中，正是由于这部书，这位滕文公才为我们所熟知。

箴姓黄帝之子

箴姓也是黄帝十二姓之一，但黄帝二十五子中的谁是箴姓，母亲是黄帝的哪位妃子，史载不详。

箴可能不是黄帝赐姓时用的本字，而可能是"葴"字，据唐人林宝的《元和姓纂》载：

黄帝庶子葴姓，封滑。

——《元和姓纂·十四四黠韵》

这个"葴"是一种药用植物，很可能最早发现于"日出扶桑，入于咸池"（据《淮南子》）的咸池。咸池据考证就是天池，古称瑶池，即今天的青海湖，青海湖及周边的昆仑山地域是黄帝族系的发祥地之一。咸池的得名，估计与黄帝氏族联盟时期的大巫师巫咸有关，这除了因为巫咸可能在这一地区经常举行祭天、祭祖活动外，也很大程度上是因为巫咸族人在其栖居地，也就是今天的四川巴山一带发现了盐泉，

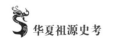

人们就以巫咸的名字来命名这种泉水的味道，并进而把昆仑山山下的那汪咸水圣湖命名为咸池。

为了笼络在当时有着举足轻重的地位和影响力的巫族，黄帝就用巫咸族发现和命名的药草——葴为姓，赐给巫咸族，通过这种方式，把巫族纳入"黄帝二十五子"，也就是黄帝族系二十五宗之中。

"葴姓黄帝之子"的后裔，现在能查到的是商代有个葴姓滑国，商王朝灭亡后，周成王即位不久，商纣王的儿子武庚联合了本来是被派驻在他旁边监视他的周成王的三个叔叔——管叔鲜、蔡叔度、霍叔处发动"三监之乱"，葴姓滑国附逆随叛，后来战败被周公灭国。周成王在滑国故地改封姬姓宗亲，这就是姬姓伯爵滑国。这个滑国于周襄王二十五年（前627年），被秦国所灭。

荀姓黄帝之子

一提到黄帝十二姓中的荀姓，很多人马上会想到战国时期的思想家荀子，但是，荀子不姓荀，就跟孔子不姓孔是一个道理，荀子的这个"荀"与黄帝之子的这个"荀"不是一个"荀"。

据《山海经》载，荀本意是一种香草：

> 又东十里曰青要之山，……有草焉，其状如葌，而方茎、黄华、赤实，其本如藁本，名曰荀草，服之美人色。

—— 《山海经·山经·中山经第五·中次三经》

青要之山是黄帝的密都，荀草是产自山上的一种香草，郭璞在《山海经图赞·中山经》说："荀草赤实，厥状如菅，妇人服之，练色易颜。"就是说服食这种香草能够让人的肤色变美，显然这也是一种药草。黄帝用这种药草的名字作为姓氏，其赐姓对象或许就是专门为黄帝和后妃采集和加工这种药草的部落。当时为黄帝守卫密都的是个叫魃武罗的人，或许黄帝就是把荀姓赐给他了吧。

关于"荀姓黄帝之子"，文献记载也就这么多，其唯一确切的遗产就是荀这个地名，这里应该是当时黄帝给"荀姓黄帝之子"的封地。根据《氏族略》的记载，周王朝开国后，周文王把荀地封给自己的第十七子（《姓苑》所载为第十八子）荀伯，创建了姬姓伯爵荀国，又称郇国。春秋时，荀国被同宗的晋国国君晋武公所灭。晋武公把荀国故地封给了大夫原黯，从此原黯以荀为氏。原黯姓姬，字息，所以以后就叫作荀息、荀黯。此姬姓荀氏后来又衍生出中行氏、智氏、程氏，后来中行氏和智氏成为晋国六卿中的二卿。中行氏在晋国衰落后，族人改回荀氏，后裔中有荀子、荀氏八龙等历史名人。所以，荀子祖上不姓荀，本姓姬，为姬姓荀氏。

儇姓黄帝之子

黄帝十二姓中还有个儇（音 xuān）姓，但可惜，关于这个有五千年历史的姓氏的情况，史载非常有限，《路史·国名纪》提到"黄帝之宗有儇国"，或与黄帝儇姓之子一系有关，但这个儇国到底是个什么情况，也没人说得清楚。

依姓黄帝之子

黄帝十二姓中的依姓是个非常耐人寻味的姓氏，如果考察文献，我们会发现基本找不到。有人说依姓或许在漫长的历史发展过程中灭绝了，这种可能性是不太大的。我们前面提到过，黄帝二十五子，可能更准确的说法是黄帝二十五宗，其中的祁姓可能是黄帝对鬼族的赐姓，以此表示把鬼族归入黄帝嫡系。这个依姓或许也是同样的道理，它可能是黄帝对太昊伏羲氏的直系后裔部族鸟族的赐姓。《山海经》曾提到有一个"毛民之国"，就是依姓，很能说明问题：

有毛民之国，依姓，食黍，使四鸟。

——《山海经·海经·大荒北经卷十七》

从名字看，这个"毛民之国"就是鸟族之国。鸟族人是以太阳神的象征——神鸟阳乌为图腾的部族。阳乌又称金乌、踆乌、三足乌，其原型或者说其凡间同类就是玄鸟，也就是燕子。燕在古语中有很多叫法，比如在东夷故地齐鲁地区民间，燕子就被称为乙鸟、鳦鸟，据《说文解字》：

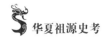

（乚）玄鸟也，齐鲁谓之乚，取其鸣自呼。象形。凡乚之属皆从乚。鳦，乙或从鸟。

—— 《说文解字·卷十二·乚部·乚》

黄帝以鸟族人给燕子起的名字作为姓氏，赐给鸟族人，这是完全合情合理的。在被黄帝赐姓后，鸟族人可能就被称为依人，直到他们发明弓箭后，才创制了"夷"字作为族名，而发音仍然与黄帝赐的姓"依"一样。同样的道理，夷人后来创立有鸥、嬴、偃、奄、晏、郯、益、羿、应、英等部落方国，特别是还建立了商王朝，又称殷朝，商人又称殷人，所有这些都是对其始祖图腾燕子的称谓。

黄帝赐鸟族人为依姓，等于通过这种方式把鸟族人纳入黄帝嫡系宗亲之族，这对于黄帝氏族联盟的巩固有着决定性的作用。通过这种方式，黄帝把当时的四大族系——黄帝族系的龙族和虎族、炎帝族系的鬼族、太暤伏羲族系的鸟族都统一在黄帝氏族联盟的龙旗之下了。

八　黄帝氏族联盟的主要成员

蜀山氏－蚕丛氏

在黄帝氏族联盟中，最重要的成员当数黄帝元妃嫘祖和次妃方雷氏所出的西陵氏－蜀山氏－蚕丛氏这个氏族。

西陵氏以居于西陵山而得名。西陵山位于岷山南麓，东与大巴山脉遥遥相对，大巴山古亦有传称为东山、东陵者，故岷山之麓有西陵之号。

在公元前4500年前后，西陵氏出了一位伟大的女人，她就是嫘祖。嫘祖给中华文明所做的最大贡献是发明了养蚕治丝的方法。

据考，嫘祖发明家蚕养殖法，应该是受到了野蚕吐丝的启发。在嫘祖生活的时代，当时的岷山地区长有大量的桑树，桑树上随处可见以桑叶为食的野蚕。嫘祖的祖先——很早就迁居到这里的古羌人，偶然发现桑树上的毛虫可以吐出丝线，就把这种虫子命名为蜀。蜀的金文和小篆文是这样的：

金文"蜀"字上面是一个白色的眼睛，下面垂着的是丝线和"虫"的象形字符。令人惊奇的是，1936年，日本学者中丹羽毛在浙江宁波发现寄生在桑树上的白眼虫，一年两化，他认为是家桑蚕的祖先。我国历史学家邓少琴先生认为这些野桑蚕就是蜀。

蜀的本义就是野蚕，在《诗经》中也能找到印证：

蜎蜎者蜀，烝在桑野。

——《诗经·国风·豳风·东山》

蜎蜎意谓虫子蠕动的样子，这句诗的意思是：蜿蜒蠕动的野蚕，已经遍布桑树之野。

野蜀的驯养，应该是比较艰辛的。最早人们是采用野蜀吐出的丝，用来纺织用。据《山海经》记载：

欧丝之野，在大踵东，一女子跪据树欧丝。

——《山海经·海经·海外北经第八》

大踵为古代国（部落）名，即长着大脚板人的方国。欧丝，就是吐丝。这句话的意思是：在大踵的东边，有个地方叫"欧丝之野"，一个女子跪靠着树（桑树），收集野蚕吐出的丝。

嫘祖把驯养的野蜀叫作蚕，慢慢地专门从事养蚕缫丝的蜀山氏的分支就有了另一个名字，叫蚕丛氏。著名民族史学家任乃强先生的《蚕丛考》有一个见解，他根据"野蚕性不群居"的特性，说："蚕丛之义，谓聚蚕于一箔饲之，共簇作茧，非如原蚕之蜎蜎独生，分散作茧。是原始人类一大发明创造，故成为氏族专称也。今蜀人犹称作茧之草树为'簇'（cu），语音作'丛'（cong）之入声。疑及蚕丛语变也。"任先生的见解很有说服力，"蚕丛氏"意思就是"将蚕集起来饲养的人。"

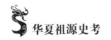

　　嫘祖因为发明了养蚕治丝的技术而名声大噪，引起了黄帝轩辕氏的注意，他遂不远万里求婚于嫘祖，从此蜀山氏以及后来的蚕丛氏都成了黄帝氏族联盟的重要成员和坚定的盟友。他们中的一支在部落首领——末代炎帝之子榆冈的长子姜嫘（雷），嫘祖之父或其父族——的带领下，参加了黄帝氏族联盟平定蚩尤之乱的战争，战后因功而被封赐到方山，也就是今天陕西的陇县方山，遂成为方雷氏。姜雷后来又把自己的另一个女儿也嫁给了黄帝，这就是方雷氏女节。

　　大约在西周中期，蚕丛氏创立了古蜀国，其开国君主就自称蚕丛。晋刘逵《蜀都赋注》引《蜀王本纪》云：

　　蜀王之先，名蚕丛、柏濩、鱼凫、蒲泽、开明。

　　唐代大诗人李白在其伟大诗作《蜀道难》中，感叹道：

　　噫吁嚱，危乎高哉！蜀道之难，难于上青天！
　　蚕丛及鱼凫，开国何茫然，
　　尔来四万八千岁，不与秦塞通人烟！

　　因为李白的这首诗，蚕丛氏古蜀国和其两位国王的名字得以成为蜀文化的标志符号和称谓，而在中国历史上永远地被记录下来。

方雷氏

• 名氏源起

　　关于方雷氏起源的历史研究很多，本书倾向于认为方雷氏源出炎帝神农氏的一个重要分支西陵氏。西陵氏是古羌人的一支，很早就游牧到今天四川的岷山一带，他们最早发现野蚕，并命名为"蜀（蠋）"。逐渐地，西陵氏族中一些妇女专以搜集蜀丝为业，在叠溪地区形成了母系氏族关系的嫘部落。这个部落后来出了一位伟大的人物，因最早掌握了野蚕变为家蚕的技术，而被推举为部落首领，她就是嫘祖。嫘祖后与黄帝联姻，此后姜姓嫘部落的首领就由姜雷担任。姜雷的女儿——更可能的情况是嫘部落的一位姜姓女子——女节后来也嫁给了黄帝，从而进一步加强了嫘部落在黄帝氏族联盟中的地位和作用。嫘部落在姜雷率领下参加了黄帝氏族联盟击败蚩尤氏族联盟的战争，"以功封方山"（一说在今天的陕西陇县方山，一说在今天的河南禹州一带），在那里建立了方嫘（雷）氏部落方国。

在生产实践中，方雷氏部族的人对炎帝神农氏以来一直使用的一种古老耕作农具进行了改良，改直木为曲木，这种工具就称为"方耒"。著名原始社会史、民族史专家何光岳先生说："方为曲木之耒，是最原始的起土工具。由于方雷氏之祖炎帝神农氏发明原始农业，刀耕火种，至方雷氏才把最简单的尖棍钻土播种，改为曲棍扁尖起土，松土耕种，无疑在原始农业生产技术上又进了一步，故（方雷氏）以耒为图腾及部落名称，称'方'。"（《炎黄源流史》第536页）

方的甲骨文形象如图：

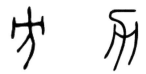

从字形上看，"方"完全就是耒的样子。上面右图是小篆的"力"字，显然后者是从前者演化而来。

何光岳先生还说："由于方耒的产生，对改进农耕起着积极作用，因而受到人们的爱护和崇拜，于是便出现了祭祀农器的宗教仪式，称为'方祭'。由于村寨周围都有开辟的农耕土地，便将耒放在四方祭祀。久而久之，东南西北便称为四方，演变为方向、方面、方法以至方国了。放置耒的茅草棚便叫'房'。祭耒也叫'祊'，向制造方耒的技师学习技术叫'访'；怕别的氏族部落来偷耒叫'防'；祭祀的四方之神叫'方帝'，如卜辞或言祭'方帝'，乃祭四方之统称。"据研究，祭祀农具的习俗，在五六千年之后的今天，西南许多少数民族都还保留着。

何光岳先生并指出："原始社会时用方耒来起土农耕，是以氏族集体协作而进行的，可以成为'一方'；若干氏族进行耒耕则称为若干方。到夏商时，大多数氏族发展成部落，并建立了部落联盟，后来形成为国家，于是称邦（社的单位）为'方国'。商代的方国名称便大量地出现了，如土方、鬼方、龙方、吉方、茍方、微方、亘方、虎方、夒方、盂方、箕方、苦方、人方、林方、辰方、危方、刀方、井方等。"（《炎黄源流史》第537页）

何光岳先生还指出："原始社会人们在渡河时，驾驶独木舟，当遇到风浪时，大家用耒伸出舟外划着水面，发现能起到平衡舟身的作用。后来，人们使用方耒的曲木二至四根钉上长木板，搭钉在独木舟和木筏的一侧，使舟不易因风浪颠簸而反覆。这种方法至今在太平洋中的密克罗尼西亚、波利尼西亚群岛的土人中广泛使用着。后来才发明用两舟并合而成方舟，使航行过渡更加平稳。"所以，方舟并不是方形的舟，而是两舟或数舟并排，《庄子·外篇·山木》中曾提到的"方舟而济于河"，意谓把两条船并在一起过河。

• 名医雷公

作为炎帝神农氏的后代，方雷氏部族中不仅有人继承了神农氏的农耕文明成果并发扬光大，还有人继承了神农氏尝百草、悬壶济世的本领，这就是雷公，据葛洪《抱朴子》载：

黄帝著脉诊，则受雷、岐。

——《抱朴子·极言》

雷就是指雷公，岐指的是当时的另一位神医岐伯。

西晋史家皇甫谧《帝王世纪》载言：

黄帝有熊氏命雷公、岐伯论经脉，旁通问难八十一，为《难经》。教制九针，著《内外术经》十八卷。

——《帝王世纪辑存·卷一·自皇古至五帝第一》

南宋罗泌的《路史》载：

命俞跗、岐伯、雷公察明堂，究息脉，谨候其时，则可万全。

——《路史卷十四·后纪五·疏仡纪·黄帝纪上》

据现代研究者推论，雷公应系方雷氏部族之人，或者就是方雷氏部族的某一任首领，他是黄帝众多精通医学的臣子之一，《黄帝内经》记载，雷公是受业于黄帝：

黄帝坐明堂，召雷公而问之曰：子知医之道乎？

雷公对曰：诵而颇能解，解而未能别，别而未能明，明而未能彰，足以治群僚，不足至侯王。愿得受树天之度，四时阴阳合之，别星辰与日月光，以彰经术，后世益明，上通神农，著至教，疑于二皇。

帝曰：善！无失之，此皆阴阳表里上下雌雄相输应也，而道上知天文，下知地理，中知人事，可以长久，以教众庶，亦不疑殆，医道论篇，可传后世，可以为宝。

雷公曰：请受道，讽诵用解。

——《黄帝内经·素问·著至教论第七十五》

这几段古文的意思是：黄帝坐于明堂，召见雷公问道：你懂得医学的道理吗？雷公回答说：我诵读医书不能完全理解，有的虽能粗浅地理解，但不能分析辨别，有的虽能分析辨别，但不能深入了解其精奥，有的虽能了解其精奥，但不能加以阐发和应用。所以我的知识，只足以治疗一般官吏的病，不足以治疗侯王之疾。我很希望您能给我关于树立天之度数，如何合之四时阴阳，测日月星辰之光等方面的知识，以进一步阐发其道理，使后世更加明了，可以上通于神农，并让这些精确的道理得到发扬，其功可以拟二皇。

黄帝说：好。我教给你的这些知识千万不要忘了，这些都是阴阳表里上下雌雄相互应和的道理，就医学而言，必须上通天文，下通地理，中知人事，才能长久流传下去，用以教导群众，也不致发生疑惑，只有这样的医学论篇，才能传于后世，这是最宝贵的遗产。

雷公说：请把这些道理传授给我，以便背诵和理解。

雷公精于针灸，通九针六十篇。除上引"著至教论"外，《黄帝内经》中的"示从容论""疏五过论""征四失论"等多篇，都是以黄帝与雷公讨论的形式写成的。

历史上托名雷公的医学著作还有《雷公药对》《雷公炮灸论》等。

历代药王庙里配祀药王孙思邈的古代名医中，左首第一位就是雷公。

南朝刘宋时期，袁王寿所著的《古异传》载说，雷公为民治病，还有专为他入山采药的采药使，名啄木，死后化为啄木鸟，每日为树啄虫治病。

风后氏

注意我们现在要讲的这个"后"，可不是繁体字"後"的简化字，在古代这是不同的两个字。"后"是个非常古老的汉字，其最初的象形字是一个女人半蹲式的产子形状，所以这个字原本是对母系氏族时代女性酋长的称谓，在父系氏族发展阶段，这一称谓得以延续，演变成对不分性别的部落首领、国君的称呼，如称土地神为后土、夔龙氏的首领为后夔、大禹之子启为后启、夏代有穷国君主为后羿、周族始祖稷为后稷等；再后来，在王、君、皇、帝等专属男性统治者的称号确立后，"后"才又部分回归其原始本意，即对女性君长的称谓，如皇后、王后、太后等，但已不是最高首领。

风后，本义上就是风部族的首领。根据《路史》的记载，风部族的母族是伏羲女娲氏族：

> 上世因国于风而为姓，故帝之后，有风后。
> ——《路史·卷二十四·国名记·太昊后风姓国》

由于炎黄时期正是从母系氏族时代向父系氏族氏族转化的阶段，风后到底是男主还是女主，无法断定，后人只是根据风后的所作所为——多次指挥黄帝氏族联盟的军事行动——的特点猜测其为男性。

在炎帝时期，风部族就是神农氏氏族联盟的重要成员，到了黄帝时期，其分支之一的风后氏部落与黄帝结成联盟，并成为黄帝赖以仰仗的一支重要力量，司马迁说：

> （黄帝）举风后、力牧、常先、大鸿以治民。
> ——《史记·卷一·五帝本纪第一》

这四人都是黄帝氏族联盟创建时期的重要领导，他们所统属的四个部落也是黄帝氏族联盟的中坚，而风后更是被列入"黄帝三公"之首，据《帝王世纪》载：

> 黄帝以风后配上台，天老配中台、五圣配下台，谓之三公。
> ——《帝王世纪辑存·自皇古至五帝第一》

风后结缘于黄帝，据说是由于黄帝做的一个梦，据史载：

黄帝梦大风吹天下之尘垢皆去。……帝寤而叹曰："风为号令，执政者也……于是依占而求之，得风后于海隅，登以为相……"

——《帝王世纪缉存·自皇古至五帝第一》

有一次，黄帝梦见大风把天下的尘垢都吹去了。黄帝醒后感叹道："风是号令，这个人一定是执政者。"于是就去问卜，结果在海隅找到了风后，就拜他为相。

风后氏在黄帝氏族联盟剿灭蚩尤的战争中发挥了不可替代的作用，晋人虞喜在《志林》一书中记：

黄帝与蚩尤战于涿鹿之野。蚩尤作大雾弥三日，军人皆惑。黄帝乃令风后法斗机，作指南车，以别四方，遂擒蚩尤。

——《太平御览·卷十五·天部十五》

黄帝联盟的军队与蚩尤联盟的军队战于涿鹿之野，蚩尤部逐渐不支，但就在黄帝联盟即将发起总攻之际，天突降大雾，黄帝联盟的将士顿时东西不辨，迷失四方，不能作战。一向善于观天象的风后部族的首领，就根据北斗七星不管斗如何转动，而斗柄始终不变的原理，设计出了指南车，能够准确辨别方向。就这样，黄帝大军顺利走出大雾，一举擒获了蚩尤。

风后还被公认为是中国历史上最早的军事理论家，他根据其先祖伏羲发明的八卦理论，创制了八阵图，"因八卦设九宫，以安营垒，定万民之窠。蚩尤之灭，多出其徽猷"（清乾隆四十一年《新郑县志》）。后人把风后的军事思想进行了整理，有《握奇经》一卷，《风后》十三篇，图二卷，《孤虚》二十卷等。2004年4月26日，在今河南密县云岩宫，由唐朝军事家、太常博士、常州刺史独孤及撰文的《云岩宫风后八阵兵法图》碑问世，碑文详细记载了黄帝和风后研创《八阵图》，"用经略，北清涿鹿，南平蚩尤，底定万国"，统一中原的事迹。这就是说，三国时期蜀汉政治家和军事家诸葛亮的"功盖三分国，名成八阵图"（杜甫《八阵图》）的说法可能需要更正，诸葛亮不是八阵图的发明者，而只能算是改良者和创新者。八阵图在诸葛亮出生前三千五百多年就已经存在于世了。

风后还是中国封建制的始创者，据载：

（黄帝）命风后方割万里，画野封疆，得小大之国万区，而神灵之封隐焉。

——《路史·卷十四·后纪五·疏仡纪·黄帝纪上》

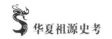

黄帝让风后勘察各地的地理情况，据此实行分疆化域，让黄帝氏族联盟内大大小小的众多部族都享有自己的生养之地。我们今天的地理分疆很大程度上都是拜风后所赐。

风后除负责上述军政工作外，还被列为"黄帝七辅"中的第一人，也就是黄帝执政内阁的首辅。东汉纬书《论语摘辅象》说"风后受金法"，《路史》说"风后决法"，就是说风后还有可能是负责刑狱诉讼事务的官员。

风后部族在尧舜禹时代也一直存在，据载：

> 上世因国于风而为姓，故帝之后有风后。尧诛大风，禹访风后，皆其祚云。
>
> ——《路史·卷二十四·国名记·太昊后风姓国》

帝尧曾经命大羿诛杀的参与十日部族叛乱的大风氏，大禹曾就黄帝的"胜负之图、六甲阴阳之道"的藏匿地方而垂询的风后，都是黄帝氏族联盟时期风后氏的后裔。

风后死后，黄帝把他葬于今山西省芮城县城以西的黄河渡口，地随人名，称之为"风陵渡"，其位置正处于黄河东转的拐角，是山西、陕西、河南三省的交通要塞，跨华北、西北、华中三大地区之界，自古以来就是兵家必争之地。兵家鼻祖守兵家要地，这也是一种历史的必然吧。

在黄帝时期，风后氏还有一个同族，就是风伯氏，但是与风后氏的政治立场不同，他们是蚩尤联盟的成员，我们将在后面专门讲述。此外，这两支风族部落原本都是以祭祀风神为业，后来随着时间的推移，慢慢都由风神主祀者而被神格化为风神，并且分别发展出南北两个风神信仰系统，这个我们也会在后面讲到风伯氏时专门探讨。

蚩尤氏

• 古史中的蚩尤

蚩尤是我国赫赫有名的传说人物，九黎联盟首领，涿鹿之战被黄帝擒杀。蚩尤活动的年代与华夏族首领炎黄二帝同时，距今约6000年。

汉代砖刻蚩尤像

　　九黎及其首领蚩尤，作为神话传说人物，经史诸子多有记载。首先，来看最重要的历史典籍《史记》：

　　轩辕之时，神农氏世衰。诸侯相侵伐，暴虐百姓，而神农氏弗能征。……而蚩

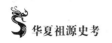

尤最为暴，莫能伐。……蚩尤作乱，不用帝命。于是黄帝乃征师诸侯，与蚩尤战于涿鹿之野，遂擒杀蚩尤。

——《史记·五帝本纪第一》

司马迁采信的是黄帝先是与炎帝战于阪泉而胜之，后与蚩尤战于涿鹿的说法，《逸周书》则持正好相反的观点：

（蚩尤大败炎帝后）炎帝大慑，乃说于黄帝，执蚩尤，杀之于冀中。

——《逸周书·尝麦篇》

按照《逸周书》的说法，炎帝先是败于蚩尤，转而向自己的盟友黄帝求救，双方合力攻击蚩尤的九黎联盟，终于在冀中之野涿鹿擒杀了蚩尤。

《山海经》载：

蚩尤作兵伐黄帝，黄帝乃令应龙攻之冀州之野，应龙蓄水。蚩尤请风伯、雨师，纵大风雨。黄帝乃下天女曰魃，雨止，遂杀蚩尤。

——《山海经·海经·大荒北经卷十七》

西晋皇甫谧《帝王世纪》载：

昔蚩尤无道，黄帝讨之涿鹿之野，西王母遣道人以符授之，黄帝乃立请祈之坛，亲自受符，视之乃昔梦中所见也，即于是日擒蚩尤。

——《帝王世纪辑存·自皇古至五帝第一》

本书认同司马迁的阪泉之战先于涿鹿之战的观点。

· 蚩尤之名

"蚩"是贬词。《说文解字》释为"虫也"。作定词用，就像今天骂人的话"小爬虫"之类。《六书正伪》说，"凡无知者，皆为蚩名之"。

"尤"为部落名。尤又作由，意为农。《吕氏春秋》载：

管子复于桓公曰："垦田大邑，辟土艺粟，尽地力之利，臣不若宁遫，请置以为大由。"

——《吕氏春秋·卷十七·审分览·勿耕》

该文注说："大由，大农也。"

《管子》说：

相高下，视肥瘠，观地力，明诏期，前后农夫，以时均修焉；使五谷桑麻，皆安其处，由田之事也。

——《管子·立政篇第四·右首事》

诏期即《礼记·月令》所谓"王命布农事"之日期。由田即农田，《韩诗外传》说："东西耕曰横，南北耕曰由。"另外农官也被称为由。蚩尤本属"由部落"，亦即农部落，贬之即谓"蚩尤"。

• 蚩尤的族源

关于蚩尤的族源，一般有两种观点，一是认为蚩尤是炎帝族，姜姓；一是认为蚩尤是东夷族。但是东夷是商、周时代"华夷五方"格局形成后的称呼，时代较蚩尤晚得多，或说东夷有蚩尤族的成分，更为恰当。

以夏曾佑、丁山、吕思勉为代表的一些史学家认为蚩尤即炎帝。他们以《水经注》对涿水的记载为主要根据，考证出蚩尤、黄帝对战的"涿鹿"和末代炎帝与黄帝对战的"阪泉"实为一地，两次大战实为同一次，而蚩尤与炎帝之所指也便相同。另外，蚩尤和炎帝都以牛为图腾，这在古史中也有印证，如南朝的《述异记》就记载：

蚩尤氏人身牛蹄，四目六手，耳鬓如剑戟，头有角，与轩辕斗，以角抵人，人不能向。

双角牛头是炎帝族系的图腾形象，黄帝在"合符釜山"，以氏族联盟内各部族的图腾形象为基础来拼接炎黄族的图腾形象时，就把炎帝族的牛头作为龙头。

还有一种观点，认为蚩尤为炎帝之后：

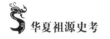

蚩尤姜姓，炎帝后裔也。

——《路史·卷十三·后纪四·禅通纪·炎帝下》

西汉纬书《遁甲开山图》也说：

蚩尤者，炎帝之后，与少昊治西方之金。

——《纬书集成·遁甲开山图》

《初学记》云：

蚩尤出自羊水，八肱八趾疏首，登九淖以伐空桑，黄帝杀之于青丘。

——《初学记·卷九·归藏·启筮》

综合来看，蚩尤与末代炎帝为一人的可能性不大，但为二者族属相同的可能性很大，蚩尤在末代炎帝归附黄帝后自立为炎帝以号召炎帝族众的可能性是有的。所以，一些史家的观点认为，涿鹿之战是炎黄阪泉之战的延续，蚩尤是作为末代炎帝榆冈的亲族而起事替炎帝报仇。

• 蚩尤的九黎联盟

蚩尤是九黎联盟的首领，史载：

蚩尤，九黎君子也。

——《战国策·秦策一》

孔子的十世孙、西汉大儒孔安国说：

九黎君号蚩尤是也。

——《史记·正义》

其他如《吕氏春秋·荡兵》、唐代陆德明的《经典释文·吕刑下》等，也都说蚩尤是九黎之君。

• 蚩尤作盐和蚩尤作兵

蚩尤的九黎部落联盟是由炎帝神农氏族发展而来的一群农耕部落中实力最强的一个。之所以如此，一是得益于其居地出产盐卤，二是他们在煮海盐的生产过程中，发明了冶炼金属与制作兵器的技术。

汉代纬书《龙鱼河图》说：

黄帝摄政，有蚩尤兄弟八十一人，并兽身人语，铜头铁额，食沙石子，造五兵，仗刀戟大弩，威振天下。

——《太平御览·卷七八·纬书集成·龙鱼河图》

"蚩尤兄弟八十一人"，是说蚩尤共有八十一个兄弟部落；"兽身"是说他们都披着兽皮；"铜头铁额"是说他们已经懂得制造头盔；所谓"食沙石子"，有学者考证说，就是他们吃盐粒（一说是吃大米）。炎帝氏族联盟中有个夙沙氏，就是一个以煮海盐为务的部族，或即为蚩尤八十一部落之一。宋代人沈括还特别记载了一种名为"蚩尤血"的盐卤：

解州盐泽，方面二十里。久雨，四山之水，悉注其中，未尝溢；大旱未尝涸。卤色正赤，在版泉之下，俚俗谓之蚩尤血。

——《梦溪笔谈·卷三·辨证一》

所谓的红卤，就是盐水中混入了含铁元素比较丰富的红土；解州就是今天的山西运城，黄帝时期，那里是蚩尤的势力范围。解州有个盐泽，盐卤为红色，人们就把它想象成是蚩尤之血。

"造五兵"就是说蚩尤族人已经懂得制造五种金属兵器。蚩尤在与黄帝军队交战时使用了金属兵器的说法最早见于《管子》：

葛卢之山发而水出，金从之。蚩尤受而制之，以为剑、铠、矛、戟。是岁，相兼者诸侯九。雍狐之山发而出水，金从之，蚩尤受而制之，以为雍狐之戟、芮戈，是岁，相兼者诸侯十二。

——《管子·地数第七十七》

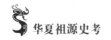

这里提到的"金"是指青铜器。在蚩尤统治的地域内,人们发现了青铜矿,并从林火炙烧青铜矿石受到启发而掌握了最原始的青铜冶炼技术,做出了青铜兵器。

"蚩尤作兵"也获得了考古发掘的证实。在距今五千年到三千年前的多处仰韶文化遗址中,考古学家都发现有青铜器,在河北、山西等地还发现有铸铜遗渣,在西安半坡和临潼姜寨,更是发现了距今六千年前的青铜和黄铜;在甘肃距今五千年前的马家窑文化中,也发现了铜器。这表明,在黄帝-蚩尤时代,青铜器确已出现,而且使用广泛。

正因为蚩尤懂得使用青铜兵器,尽管还很粗糙,与主要使用木制、石制、只有少量金属兵器的炎黄联军相比,优势明显,所以战争进行得异常艰难,过程极为曲折。蚩尤"制五兵之器,变化云雾""作大雾,弥三日",黄帝"九战九不胜""三年城不下"。《鱼龙河图》载黄帝"不敌"蚩尤,"乃仰天而叹,天遣玄女下授黄帝兵信神符",即依靠女神"玄女"的力量炎黄联军一方才取胜。一说黄帝借助风后所做之指南车在大雾中辨明方向,才获得胜利。不管怎么说,炎黄联军是在天时地利人和乃至神助的情况下,才侥幸取得了对蚩尤部族的胜利。

• 蚩尤的悲壮结局

关于蚩尤的结局,众说纷纭,大部分观点认为蚩尤是被擒获而斩杀了,如前引述《史记》《逸周书》所记,而且把他的头颅和身子分别埋在不同的地方;《山海经》则载蚩尤戴过的染血枷锁被掷于大荒之中,化为一片火红的枫树林:

枫木,蚩尤所弃其桎梏,是为枫木。

——《山海经·海经·大荒南经第十五》

但是,许多人并不知道的是,黄帝在杀死蚩尤和处理蚩尤的尸体过程中,有很多令人难以启齿的行为,与传统史典中的黄帝形象大相径庭。据马王堆汉墓出土的《黄帝四经》载:

黄帝身遇蚩尤,因而擒之。剥其皮,革以为干侯,使人射之,多中者赏。翦其发而建之天,名曰蚩尤之旌。充其胃以为鞠,使人执之,多中者赏。腐其骨肉,投之苦醢,使天下集之。

上帝以禁。帝曰:毋乏吾禁,毋流吾醢,毋乱吾民,毋绝吾道。乏禁,流醢,乱民,绝道，反义逆时，非而行之，过极失当，擅制更爽，心欲是行，其上帝未先而擅兴兵，视蚩尤、共工。屈其脊，使甘其俞。不死不生，悫为地楹。

——《黄帝四经·十大经·正乱》

意思是：黄帝遭遇蚩尤，并把他抓住了。黄帝让人剥下蚩尤的皮做成靶子，让大家射箭，射中多者有赏。黄帝还让人剪下蚩尤的头发高挂在建木上，起名叫"蚩尤旗"。黄帝又让人把蚩尤的胃填满干草做成一个球让大家抢，抢得次数多的人有赏。黄帝还令把蚩尤的骨肉做成肉酱，混合到苦菜酱里，命令天下人都来分吃。

黄帝以上帝的名义向臣民颁布禁令。黄帝说：不要废坏我所立的禁规，不许把我分给你们的人肉酱扔掉，不要想扰乱我的人民的心志，不要背弃我所秉执的天道。废坏禁规、扰乱民心、弃绝天道、违背信义悖逆天时，明知不对却一意孤行，违犯法度和天道，专断无常，肆意行事，未受天命而擅自兴兵，这些都将受到像蚩尤、共工一样的惩罚。谁敢这样，就把他的脊柱打弯，让他吃自己的粪便，让他求生不得求死不能，在地下给我做垫脚石！

也有的史书记载，蚩尤死后被黄帝剥皮蒙鼓了，事见《帝王世纪》：

黄帝杀蚩尤，以其皮为鼓，声闻百里。

——《帝王世纪辑存·自皇古至五帝第一》

以罪人的皮蒙鼓，在上古时期应该是一种比较常见的震慑方式。这种习俗在新中国成立之前的西藏就存在，可以看作是上古野蛮习俗在现代的一种文化遗存。

在上述处理蚩尤的方式上，黄帝展现了他的另一面，也许这才是真实的一面，在被儒家抬上神坛粉饰两千多年后，这真实的黄帝让我们不寒而栗。

蚩尤被黄帝杀死后，黄帝为安抚其族众，允其续蚩尤之祀，并尊其为"兵主"，即战争之神，甚至让人把蚩尤的形象画在黄帝的军旗上，很多诸侯见蚩尤像视蚩尤重生而不战而降。中国的蚩尤战神信仰在秦始皇时期得到确立，秦始皇曾亲祭被立为八神之一的战神蚩尤，以至后世帝王、武将出征之前都是祭拜蚩尤以求庇佑。《史记·封禅书》及《史记·高祖本纪》都曾载，秦始皇东游及汉高祖刘邦起兵，皆从民俗礼祠蚩尤。

• 蚩尤之后

现在也有一种观点，是说蚩尤没有死，而是归顺了黄帝，如《龙鱼河图》所载：

制服蚩尤，（黄）帝因使之主兵，以制八方。蚩尤没后，天下复扰乱。黄帝遂画蚩尤形象，以威天下。天下咸谓蚩尤不死，八方万邦皆为弭服。

——《艺文类聚·卷十一·龙鱼河图》

意思是说，蚩尤并没有死，而是归服了黄帝，黄帝还让他出任军事统帅。蚩尤死后，天下又乱，黄帝让人把蚩尤的形象画下来，以威慑天下，天下人都以为蚩尤还没死，就又都归服了黄帝。

关于"蚩尤不死"可能的真实情况是，"蚩尤"和"炎帝""黄帝"一样，是蚩尤部族首领的名号。率众抗击炎黄联盟的蚩尤被杀掉，这是完全可能的，而接任蚩尤部族首领的人，仍然叫作蚩尤，他选择归服了黄帝，并率领蚩尤部族的人参加了战后的"大合鬼神之会"，据《韩非子》载：

昔者黄帝合鬼神于泰山之上，驾象车而六蛟龙，毕方并辖，蚩尤居前，风伯进扫，雨师洒道，虎狼在前，鬼神在后，腾蛇伏地，凤皇覆上，大合鬼神，作为清角。

——《韩非子·十过第十》

汉代砖刻拓片"黄帝战蚩尤"

在这次会盟中，炎帝族系的鬼族、黄帝族系的虎族和龙（腾蛇）族、蚩尤部族和其盟友风伯部族、雨师部族以及东夷鸟族（凤皇）的新首领都参加了，而且表现得毕恭毕敬，说明这些部族均已对黄帝表示臣服。

黄帝对新任蚩尤给予了充分的信任，乃至任命他为"六相"之首，据载：

> 昔者黄帝得蚩尤而明于天道，……黄帝得六相而天地治，神明至。蚩尤明乎天道，故使为当时……
>
> ——《管子·五行第四十一》

意思是：从前，黄帝得蚩尤为相而明察天道，……黄帝得六相而天地得治，可以说神明到极点了。蚩尤通晓天道，所以黄帝用他当"当时"官，可能就是负责颁布授时、节令相关法令的官员。

黄帝还让新任蚩尤主管氏族联盟的金属冶炼事务，辅佐少昊青阳氏，并把他安置在少昊部族旁边，显然有让少昊部族对其进行监管的意思，据载：

> （黄帝）命蚩尤于宇少昊，以临四方。
>
> ——《逸周书·尝麦解》

"宇"释为"边"，于屋则檐边为宇，于国则四垂为宇。这句话的意思是说蚩尤部落曾被安排在少昊青阳氏部落的边邻居住。这部分蚩尤部族后来随少昊的东夷族一起融入华夏民族，当今一些汉族姓氏可能直接和蚩尤有关，如阚、邹、屠、黎、蚩等。

还有一部分九黎联盟的人选择了向其他地方迁徙。东徙者，成为东夷族的重要来源。今人常称蚩尤是东夷的首领。其实"东夷"是商、周时代"华夷五方"格局形成后的称呼，时代较蚩尤晚得多，或曰殷商时期的东夷乃蚩尤部分族众之后，更为恰当。

南渡黄河的九黎联盟的人，聚居于长江中下游及西南地区一带，根据《尚书》《国语》等多种古籍及其传、注记载，这部分遂成为三苗部族的重要来源。

三苗是今天苗族等族的祖先。根据一些苗族史诗、歌谣、传说，蚩尤是苗族的大祖神，具有非常崇高的地位。一些学者特别是苗族学者提出，苗族先民在上古时代本来居住在黄河流域，由于被华夏族所败，被迫迁徙至今天的贵州和湘西、鄂西南等地区。在苗族川黔滇方言区，至今流传有"格蚩爷老"的传说。"格蚩爷老"又译"格蚩尤老"，"格蚩"，意为爷爷、老人，"爷老"是英雄之意。黔东南、广西等地苗族，每六年或十三年举行一次大型祭祖仪式"吃鼓藏"时，也要首先祭始祖"姜尤"。黔南还有苗族史诗《榜蚩尤》在民间传唱，歌唱"第一位祖先"香尤公的故事。云南、武定苗族有"跳月"或"踩花山"的风俗，传说此风俗与蚩尤关系密切。当地人相传蚩尤率领苗民抵抗黄帝东进，失败之后退入深山。为召集四方苗人，蚩尤在山上树起树杆，系上腰带，令男女年围绕花杆歌舞，吹奏芦笙。此俗后成为定期的歌舞盛会，成为苗族传统节日。

苗族还有崇拜枫木的民俗，甚至以枫木为图腾，此俗与《山海经·大荒南经》所载蚩尤死后，曾绑缚蚩尤的桎梏化为红枫的记载有关。

九黎部落联盟成员中除了苗族以外，还有黎族、瑶族、畲族等少数民族。

九黎三苗部族中有一部分人继续南迁和西迁，成为西羌的祖先，据《后汉书》载：

> 西羌之本出自三苗，羌姓之别也。其国近南岳。及舜流四凶，徙之三危，河关之西羌地是也。

——《后汉书· 卷八十七·西羌传第七十七》

古羌人是炎黄两族的祖先，今天的陕、甘、云、贵、川、青、藏，就是古代羌人的游牧和栖息之地。九黎三苗被打败后，他们选择了逃到自己古代祖先的发祥地，并且与当地的与他们族出同源的古羌人后裔相结合，形成了新的羌人族群，这个羌人族群是今天的羌族的直系祖先。

羌族西迁到西藏的人自称为"乌斯藏"，乌斯就是乌氏，藏就是羌，乌斯藏就是乌氏羌的统称。现在所谓的"西藏"，实际上就是西羌。这就可以说明，今天的藏族与羌族同源。如果从古羌人的角度看，两族与汉民族有着同一族源。

北迁的九黎部族的人，一部分后来演化成东夷的分支东北夷，后来的夫余乃至高句骊族可能源自这部分人。还有一部分北迁的九黎部族的人，与荤粥（匈奴的前身）有族源关系。

风伯

黄帝氏族联盟中有风后氏，这个我们在前面讲过，而在蚩尤联盟里也有一个风姓部族的人，这就是风伯，据载：

蚩尤作兵伐黄帝……蚩尤请风伯、雨师，纵大风雨。

——《山海经·海经·大荒北经卷十七》

这里的风伯，是蚩尤联盟中风部族的首领，与黄帝氏族联盟中风后任首领的风部族应该是同宗共祖的，都直接源出于伏羲女娲氏族，但由于政治立场不同而选择了分道扬镳，这种兄弟阋墙的情况，在上古时期并不少见。

在涿鹿之战中，黄帝率军杀掉蚩尤，"附逆"的风伯的命运估计也好不了，很有可能也是被杀掉，但是黄帝允许风部族推举新首领，以奉风族之祀，这位新首领，随同新任蚩尤部族的首领、新任雨师部族的首领参加了在涿鹿釜山举行的大会盟。

黄帝氏族联盟实现统一后，蚩尤、风伯等九黎部族联盟就逐渐与炎黄族群实现了血缘和文化的融合，源于风后氏和风伯氏的祖先崇拜也逐渐演变为华夏民族的祖神崇拜，风神就成为华夏民族共祀的主神之一。

从本原上看，风后、风伯最早都是主祀风的部族，其职能是"掌八风消息，通五运之气候"。风是气候的主要因素，事关济时育物。东汉学者应劭《风俗通》说：

《易·巽》为长女也，长者伯，故曰风伯。鼓之以雷霆，润之以风雨，养成万物，有功于人，王者祀以报功也。

——《风俗通·祀典第八·风伯》

"鼓之以雷霆，润之以风雨，养成万物，有功于人"，这就是风后、风伯举族以观测风气、祭祀风神为业想要达到的目的。

在以后长达两千多年的历史发展过程中，在百姓心目中，风后、风伯慢慢由主祀者变成了祀神，变成了风神，这一道理就跟羲和常仪原来是主祀太阳和月亮的部族，后来被百姓升格为太阳神和月神一样。但是，需要注意的是，风后氏和风伯氏可能分别发展了两套不同的风神系统，在风后氏活动的中国北方和中原地区，风神被称为箕伯，是二十八宿中东方七宿之一的箕星，据史载：

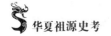

> 大宗伯之职，……以禋祀司中、司命、飘师、雨师……
>
> ——《周礼·春官宗伯第三·大宗伯》

飘师就是风师。《风俗通》称"风师者，箕星也，主簸物，能致风气也"；东汉经学大师郑玄注说："风师，箕也，离于箕，风扬沙，故知风师箕也"；曹魏文学家蔡邕在其著作《独断》中称："风伯神，箕星也。其象在天，能兴风。"古人观测箕星，发现一个规律，就是一旦箕星特别明亮，就是起风的预兆，所以以箕星为风神。

至于北方系风神的形象，一般认为主形象是犬，这其中的原因与八卦文化相关，凡灾风、狂风、干热风、厉风、寒风多的地方，往往在西北，冬天导致天寒地冻的寒风也基本是从西北而来，按八卦来看，西北属戌位，在生肖上属狗，所以风神就和狗扯上了关系。在商代，人们用狗祀风神，以求止风，甲骨卜辞中有"宁风，北巫犬""宁风，巫九犬""于帝史风，二犬"等，说的就是这种事。

另据《山海经》载：

> 又北二百里，曰狱法之山。……有兽焉，其状如犬而人面，善投，见人则笑，其名山　，其行如风，见则天下大风。
>
> ——《山海经·山经·北山经第三》

《山海经》中的很多怪兽今天看起来让人匪夷所思，但是可能多数是当时的人们口耳相传的上古氏族和部落的图腾形象，所以，这个形状像狗却长着人的面孔，擅长投掷，一看见人就嘻笑，走起来就像刮风，一出现天下就会起大风的怪兽山𤟤，怀疑就是风后氏部落的图腾形象。还有，这个"狱法之山"的"狱"也很有讲究，它是双"犬"夹一"言"，即可能是两个犬图腾的风族部落共居的地方。此外，汉字"飙"，可能原意就是指三个犬图腾的风族部落。

北方系风神系统在举行祀典时，离不开狗元素，《周礼·春官宗伯·大宗伯》称："戌之神为风伯，故以丙戌日祀于西北。"《后汉书·祭祀志下》也说："以丙戌日祠风伯于戌地。"礼奉风神，日期选戌，地点选戌。时间与空间都择戌而成仪礼，当是大有深意的设计。

到了风伯氏所处的南方楚地，风神有另外的一套系统。在当地，风神的形象不是人，而是动物，被称作飞廉，又作蜚廉，屈原《离骚》有句诗称"前望舒使先驱兮，后飞廉使奔属"。晋代学者晋灼注飞廉称"鹿身，头如雀，有角而蛇尾、豹

汉画像砖：狗头鸟身的风神

文"。成书于南朝梁陈时期的地理书《三辅黄图》载：

> 飞廉，神禽，能致风气者，身似鹿，头如雀，有角而蛇尾，文如豹。

秦汉以后，道教吸收了风神信仰，并对南北风神形象、文化内涵进行了统一，北宋道教类书《云笈七签》称风神名吒，号长育。吒是说明风的特征，长育是指风吹拂大地，化生生物。《历代神仙通鉴》卷二说："蜚廉生得鹿形蛇尾，爵（雀）头羊角，与蚩尤同师一真道人，进居南祁，见寸山之石，每遇风雨则飞起似燕，天晴安状如故。"

在山东、江苏等地的汉画像中均可见到一种力士鼓唇吹气的形象，这一形象就是汉代人塑造的风神风伯。风伯或出现于雷电云雨之神出行的队列中，或张口弄舌地吹掀屋顶，或与箕星为伴驰骋于月夜星空。通过对诸类图像的分析可以看出，汉代风伯神话是在先秦流行的箕星信仰与飞廉崇拜的基础上发展、演变而来的。

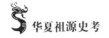

雨师

· 炎帝族系雨师

雨师之名，据《风俗通》称：

师者，众也。土中之众者莫若水。雷震万里，风亦如之。至于太山，不崇朝而遍雨天下，异于雷风，其德散大，故雨独称师也。

——《风俗通·祀典第八·雨师》

应劭对雨师的解释显然没有说到关键点，简单地说，雨师就是祈雨巫师。华夏民族是传统的农耕民族，降雨对农业的影响至关重要，"国之大事在祀与戎"，雨祀是一件天大的事，西周时期，以春官之长大宗伯来负责祭祀雨神，可见其地位之重：

大宗伯之职，……以槱祀司中、司命、飘师、雨师……

——《周礼·春官宗伯第三·大宗伯》

不管是炎帝族系，还是黄帝族系，以至于东夷族系，雨师都是举足轻重不可或缺的人物。

蚩尤作乱时，追随者中就有雨师部落，这就是《山海经》所载的"蚩尤作兵伐黄帝……蚩尤请风伯、雨师，纵大风雨"。这里的雨师，应该是炎帝族系的雨师。我们在前面讲到"炎帝之师赤松子"时说到过，赤松子部落的首领世代都是雨师，那么，不排除参与蚩尤作乱的雨师部落就是赤松子部落在黄帝时期的后裔的可能。这位首领的结局于史无载，合理的推测应该是在战后被杀掉了。黄帝允许雨师部落推举自己的新首领，这位新首领参加了后来黄帝举行的"合符釜山""大合鬼神"的会盟仪式，等于以此方式归附了黄帝。

· 黄帝族系雨师

黄帝族系的雨师，据《山海经》的注家、两晋时期著名文学家、训诂学家郭璞说，叫屏翳：

雨师妾在其北，其为人黑，两手各操一蛇，左耳有青蛇，右耳有赤蛇。一曰在十日北，为人黑身人面，各操一龟。

——《山海经·海经·海外东经第九》

这段话的意思是：雨师妾国（部落）在汤谷的北面，这个国家的国民全身黑色，两只手各握着一条蛇，左耳挂有青蛇，右耳挂有红蛇。另一种说法认为，雨师妾国在十个以太阳神为图腾的部落的北面，那里的身体是黑色的而长着人的面孔，两只手各握着一只龟。

有学者认为"雨师妾"，本无妾字，所以郭璞注说："雨师，谓屏翳也。"另外，屈原在《天问》中有诗句"蓱号起雨"。汉代王逸注称："蓱，萍翳，雨师名也。"

这个屏翳，或称萍翳，"为人黑"，应该是全身上下裹着黑色的衣服，左右手或操蛇，或持龟。黑色，在古代又称玄色；龟蛇的组合，又称玄武，应该是黄帝族系的北方之神、水神、阴间之神、北海之神、冬神——黄帝之孙禺强（又名禺阳、禺疆、禺京）部落的图腾。玄武又称玄冥，武、冥古音是相通的，所以，《山海经》提到的雨师也可称为玄冥。《左传》载：

郊人助祝史除于国，禳火于玄冥、回禄，祈于四鄘。

——《左传·昭公十八年》

西晋著名学者杜预注说："玄冥，水神。"水与雨相通，所以，玄冥就是雨师。

• 东夷族系雨师

东夷族系的最显著特征是鸟图腾，所以他们的雨师形象是一只名叫"商羊"的鸟，据史载：

齐有一足之鸟，飞集于公朝，下止于殿前，舒翅而跳。齐侯大怪之，使使聘鲁，问孔子。孔子曰："此鸟名曰商羊，水祥也。昔儿童有屈起一脚，振讯两眉而跳，且谣曰：天将大雨，商羊鼓舞。今齐有之，其应至矣也。"急告民趋治沟渠，修堤防，将有大雨为灾。顷之，大霖雨，水溢泛诸国，伤害民人。惟齐有备不败。

——《孔子家语·卷三·辩证第十四》

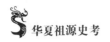

　　大意是：有一天，齐国出现了一只怪鸟，只有一只脚，在朝堂上飞翔，最后在殿前落下，展翅跳舞。齐侯觉得非常奇怪，就让使臣到鲁国去，咨询博学多闻的孔子，孔子说："这鸟叫商羊，凡是它出现，就说明天要降大雨了。过去常有小孩学商羊的样子跳独脚舞，一边唱儿歌：天将大雨，商羊鼓舞。现在齐国出现了商羊鸟，说明快下大雨了。"齐侯闻讯赶紧让百姓挖沟筑堤。很快，大雨倾盆而下，其他国家因为事先没有防备而受了灾，只有齐国安然无事。

　　道教典籍《三教源流搜神大全》也以商羊为雨师，称"雨师者，商羊是也。商羊，神鸟，一足，能大能小，吸则溟渤可枯，雨师之神也"，说神鸟商羊可大可小，大到可以吸干溟海和渤海的水，较孔子之说更为荒诞不经。

　　自孔子解释了商羊所代表的意义后，"商羊舞""商羊鼓舞"就成了要下大雨的典故。据说，现在儿童玩的"撞拐"的游戏——游戏为两儿童各将一腿抱起，用膝盖相互撞击——就起源于古代的商羊舞。此外，在古典民族舞中仍有"商羊腿"的动作名称，其动作是一足立一足抬起。至今在山东民间，仍有跳商羊舞的，但只是作为民间的一种舞蹈形式，供乡人娱乐和健身，不再有祈雨的功能。

1983 年 4 月，河南南阳市出土一幅盖顶（汉墓）画像《风雨图》，画上部刻三神人共拽引五星车，一神驭之，双手挽缰，是为风伯；下部四神人，头发皆披在一旁，各抱一口罐正倾向下方，罐中的水流似瀑布倾泻而下，象征降雨。右边一神，赤身裸体，双腿跪地，张口做吹嘘状，口吐云气，云气弥漫空间，是为雨师

大鸿（臾区、臾蓲、鬼臾区、鬼容区、鬼容蓲、车区）

　　据《史记·五帝本纪》记载，大鸿是黄帝的大臣，炎帝族系大隗氏族人，与风后、力牧、常先共为黄帝四相。《史记·封禅书》中说："黄帝得宝鼎宛朐，问于鬼

奂区。鬼容区号大鸿，黄帝大臣也"，指的就是他。

大鸿有三个身份，一个是军将，《汉书·艺文志·兵书略》说大鸿著有兵书《鬼容区》三篇，图一卷。传说，大鸿在大隗氏部落具茨山训练黄帝的军队，后人就把他练兵的山峰称为大鸿山，屯兵的地方叫大鸿寨。

有学者认为大鸿就是大隗君，当然更有可能他是大隗氏族人，因为有功于黄帝氏族联盟，而受到黄帝另封，从而自立门户。

大鸿的另一个身份是占星家，承担着观星象、察云物、占吉凶、明瑞祯的工作，据《路史》载：

黄帝命奂区占星，计苞授规，正日月星辰之象，分星次象应，始终相验，于是乎有星官之书。

——《路史·卷十四·后纪五·疏仡纪·黄帝纪上》

意谓黄帝命奂区观察星象，让计苞根据星象结果制定百姓的行为规矩，他们对日月星辰的运行规律和其星象所对应的吉凶祸福进行了总结，而且往往都能验证，他们就据此写成占星之书。

《路史》还载：

车区占风道，八风以通乎二十四……

——《路史·卷十四·后纪五·疏仡纪·黄帝纪上》

这个车区，是大气流向的研究专家，他在摸清了八面来风的基础上，又总结出二十四个方向的气流规律。而根据清代学者张澍的考证，车区就是奂区，他在《世本八种·张澍稡集补注本》中"奂区占星气"这句话的注解中明确说"奂区即车区，亦作鬼容区，实一人也"。所以，大鸿的第三个身份应该是气象专家，能够预测风向，通过风向辨别吉凶祸福、灾变情况。

女魃

长期以来，女魃（音bá）被认为是黄帝的女儿，最早见载于《山海经》：

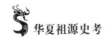

有人衣青衣，名曰黄帝女魃。蚩尤作兵伐黄帝，黄帝乃令应龙攻之冀州之野。应龙畜水，蚩尤请风伯雨师，纵大风雨。黄帝乃下天女曰魃，雨止，遂杀蚩尤。魃不得复上，所居不雨。叔均言之帝，后置之赤水之北。叔均乃为田祖。魃时亡之，所欲逐之者，令曰："神北行！"先除水道，决通沟渎。

……

有钟山者。有女子衣青衣，名曰赤水女子献。

——《山海经·海经·大荒北经第十七》

大意是：女魃常穿一件青色的衣服。黄帝、蚩尤大战时，蚩尤制造了多种兵器用来攻击黄帝，黄帝便派水师应龙到冀州的原野去攻打蚩尤。应龙积蓄了很多水，而蚩尤请来风伯和雨师，纵起一场大风雨。黄帝就让女魃助战，大雨马上被止住，于是蚩尤兵败被杀。女魃因神力耗尽而不能再回到天上，只好留在地上，但是她居住的地方没有一点雨水。后来大臣叔均将此事禀报给黄帝，黄帝就把女妭安置在赤水的北面，所谓的"赤水女子献"应该说的就是女魃。叔均便做了田神。女魃常常逃亡而出现旱情，如果有谁要想驱逐她，便祷告说："神啊，快到你赤水以北的家去吧！"每当女魃出现，大家就加紧疏浚水道，疏通大小沟渠。

从文字学的角度去看，魃的左边是个"鬼"字，一般而言，凡是含有"鬼"的字，一般都与上古时期的炎帝族系鬼族有关。从这个意思上说，女魃应该不是黄帝之女，而是黄帝的盟友鬼族魃部落——即专门奉祀魃神的部落——的女首领兼大巫师。大家知道，在黄帝、蚩尤大战中，蚩尤方的盟军有魑魅魍魉，也是鬼族，这说明，在黄帝和蚩尤的战争中，鬼族也发生了分化，一部分人支持黄帝，一部分人支持蚩尤。蚩尤战败后，黄帝把魑魅魍魉几个鬼族部落都流放到荒远的边地去，而把女魃部落安置在赤水以北。但是女魃族很不安分，经常到处袭扰，叛服无常，而每次女魃族滋事，都是趁干旱季节，这正说明女魃部可能是北方游牧部落，每当这个时候，中原地区的农耕族人就加紧疏浚水道，疏通沟渠，形成水网，不让女魃族轻易踏足农田。

女魃部落在归附黄帝之前，应该随同其他鬼族攻打过黄帝的下都昆仑山，受到黄帝族系虎族的严重打击，后来考古学家在很多汉代墓葬画像中都发现有虎吃女魃的画面，这可能正反映的是虎图腾的伯儵族，与女魃部落的冲突及后者受到严重打击的情况。此战后，战败的女魃部落选择归附了黄帝。

南阳汉画像石拓片虎吃女魃图

女魃部落在帝尧时代仍然存在，北齐史家魏收所著《魏书》曾载北魏拓跋氏的先祖、黄帝之曾孙始均（黄帝子昌意系）曾于帝尧时在弱水征讨女魃：

黄帝以土德王，北俗谓土为托，谓后为跋，故以为氏。其裔始均，入仕尧世，逐女魃于弱水之北……

——《魏书·卷一·帝纪第一·序纪》

唐代杜佑《通典》也说：

拓跋氏亦东胡之后，别部鲜卑也。或云黄帝之苗胤，以黄帝土德，谓土为拓，后为跋，故以为氏。其裔始均仕尧时，逐女魃于弱水北，人赖其勋，舜命为田祖。

——《通典·卷一百八十五·边防十二·北狄三》

文中提到的弱水应该是《山海经·大荒西经》所载的"弱水之渊"，在昆仑山下。这两段文字说明，从黄帝时期一直到帝尧时代，女魃部就没有中断过对黄帝族的袭扰。

帝尧时期之后，女魃从史籍中消失，估计最后也是化于戎狄鬼族之中了。

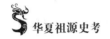

夸父氏

• 夸父之名

"夸"字曾见于甲骨文与金文中，字从"大"从"于"，在甲骨文中是作为方国名存在的；商代青铜器中有以"夸"或"大于"为标识的爵和戈。据此，"夸"当是族名。"父"，《说文》说是"家长率教者"，那应该就是氏族首领。太公望又称尚父，就因为他是氏族首领。春秋时宋国有乐父、皇父、华父、孔父等，他们都是族长，故才有"父"之名。这从神话关于夸父执杖的描述中也可以看到，杖在原始时代，有象征权力的意义。一般只有头人才能执杖。因而"夸父"即夸族之长。

• 夸父族源

夸父部族是蚩尤九黎部族联盟的重要成员，与蚩尤一样源出炎帝族系，甚至有专家认为他们是炎帝族系后土部族的后代。但是在黄帝氏族联盟时期，由于与黄帝族系不断交流和联姻，也具有了很多黄帝族系的文化和符号特征。据史载：

> 博父国在聂耳东，其为人大，右手操青蛇，左手操黄蛇。
>
> ——《山海经·海经·海外北经第八》

> 大荒之中，有山名曰成都载天。有人珥两黄蛇，把两黄蛇，名曰夸父。后土生信，信生夸父。
>
> ——《山海经·大荒北经卷十七》

所谓"博父国"，就是夸父部落，这个部族的人都长得比较高大。"右手操青蛇，左手操黄蛇""珥两黄蛇，把两黄蛇"，是说夸父头戴两蛇为装饰，左右两手还把弄两条蛇。这与其说是夸父的个人形象，不如说是夸父部族的图腾形象。我们已经了解，蛇是黄帝族系部族的图腾，所以，夸父族在这个时候，应该已经融合了很多黄帝族系的血脉。但是，夸父部族源出后土部族的"信"这一支族，而后土部族是炎帝族系，所以夸父部族本质上是炎帝后裔。

• 夸父族的图腾

《山海经》中提到一种神物，叫举父，郭璞考证说就是"夸父"：

西次三经之首，曰崇吾之山，……有兽焉，其状如禺而文臂，豹虎而善投，名曰举父。

——《山海经·山经·西山经第二·西次三经》

意思是：西方第三列山系之首座山，叫作崇吾山，山中有一种野兽，形状像猿猴而臂上却有斑纹，有豹子一样的尾巴而擅长投掷，名叫举父。

那个这个叫举父的神物到底是什么呢？我国当代著名史学家、古文字学家朱芳圃考证说，夸父就是玃（音 jué）父。《尔雅·释兽》说："猱蝯擅援，玃善顾。"郭璞注解说，玃是一种猿猴，"似猕猴而大，色苍黑，能攫持人，好顾盼。"

《山海经》所记载的举父应该就是夸父族的图腾形象，这是一种今天已经绝迹的猿猴，身形高大，有专家说可能是类似神农架和喜马拉雅山的巨大雪人那样的巨大的类人猿。从古代到现在，一直流传夸父是巨人的说法，这一方面可能的确是因为夸父族人都比较高大，另一方面可能说的是他们以高大的类人猿或大猩猩为图腾神兽。

列子曾记述了一个著名的神话故事"愚公移山"，说北山有个愚公，深感家门口的太行、王屋两座大山挡住自己的出路，导致生活不便，就率族人挖山，受到了河曲智叟的嘲笑，愚公道出了"子子孙孙无穷尽也"直到把山挖走的雄心壮志。结果是：

操蛇之神闻之，惧其不已也，告之于帝。帝感其诚，命夸娥氏二子负二山，一厝朔东，一厝雍南。自此，冀之南，汉之阴，无陇断焉。

——《列子·汤问》

这个愚公很像世代以平整土地、修路造桥为业的后土部族，所谓"挖山"，乃是在太行和王屋山上开路，而这个操蛇之神，应该是龙图腾的黄帝部族的某位首领。他们知道了愚公的事情后，就报告给黄帝，黄帝深为感动，就命巨人族夸娥氏两个儿子率其族人去帮助他们，最终他们齐心协力，把山路挖通了。这个夸娥氏，经中

—281—

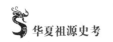

国当代著名神话学家袁珂考证，就是夸父。

夸父族在追随蚩尤与黄帝为敌而失败后，被迫迁至黄河中下游一带，与当地的鸟夷——也就是后来的东夷族的前身——相互接触和通婚，最后也效法鸟夷的鸟图腾，而改夒图腾为瞿图腾。瞿就是今天我们所说的猴面鹰。商代有瞿人族，青铜器中发现有"瞿父鼎"，这个瞿人应该就是夸父族的后裔。

- 夸父逐日的真相

夸父逐日的神话主要见载于《山海经》：

> 夸父与日逐走，入日；渴，欲得饮，饮于河渭；河渭不足，北饮大泽。未至，道渴而死。弃其杖，化为邓林。
>
> ——《山海经·海经·海外北经第八》

> 夸父不量力，欲追日景，逮之于禺谷，将饮河而不足也，将走大泽，未至，死于此。应龙已杀蚩尤，又杀夸父，乃去南方处之，故南方多雨。
>
> ——《山海经·海经·大荒北经卷十七》

> 大荒东北隅中，有山名曰凶犁土丘。应龙处南极，杀蚩尤与夸父，不得复上。
>
> ——《山海经·海经·大荒东经第十四》

对夸父逐日的事情记载最为详尽、连小学语文课本都选用的当数《列子》的记载：

> 夸父不量力，欲追日影。逐之于隅谷之际，渴欲得饮，赴饮河渭，河渭不足，将走北饮大泽。未至，道渴而死。弃其杖，尸膏肉所浸，生邓林。邓林弥广数千里焉。
>
> ——《列子·汤问》

《山海经》和《列子》都是说夸父自不量力，去追逐日影，最后渴死在逐日途中。夸父死后，躯体变成夸父山，有神话学者认为就是今天河南灵宝县的夸父山。邓林，就是桃林。灵宝县古又叫桃林县，原因正在于此。

为什么夸父要去追日,《山海经》和《列子》都言之不详。而经过我们披拣和分析史料,得出的结论是,夸父族追的不是太阳,而是水源。黄帝联盟与蚩尤联盟在冀州之野涿鹿进行激战,适逢天降大雨,黄帝让应龙氏修筑堤坝,截蓄洪水,确保黄帝大军免于洪水之灾。几天的大雷雨过后,却是长达数月的干旱酷热天气。蚩尤一方因为事先未做准备,所以很快出现了饮水和中暑问题,而黄帝方面,因为应龙氏事先筑坝蓄水,所以饮水有充足的保证。结果,涿鹿之战,黄帝大军一战而胜,蚩尤战败,被应龙氏人在凶黎土丘斩杀。

随后,黄帝大军在应龙氏人带领下,一路追杀在外寻找水源的夸父部落。夸父族人先后赶到黄河和渭水,结果两河因为干旱都已濒于枯竭,夸父族人只好继续北上,终于在前往北方大泽(有人说是贝加尔湖)的途中,水断粮绝,几乎举族尽亡。

关于黄帝时期曾经出现异常的干旱天气的情况,其他史书也记载过,如《庄子·在宥》就载说黄帝向广成子问道,广成子说,自你治理天下以来,"云气不待族而雨,草木不待黄而落"。《经典释文》引西晋史学家司马彪的解释称:"未聚而雨,言泽少;不待黄而落,言杀气。"用我们现在的话来解释,天气长时间高温干旱,缺乏充沛的降水,虽值夏天,草木绿叶竟然也出现掉落的现象。

传说当时这一极端干旱天气是女魃所为。旱魃的出现,正说明当时遇到了严重的干旱。夸父族在黄帝与蚩尤的战争中严重受挫,但还不至于伤了元气,真正让他们遭遇灭顶之灾的就是这个干旱。他们在一路不断迁徙寻找水源的过程中,部族子民不断流散,最后终于消亡。很多逃往北部边地的夸父族人,与当地的族群结合,形成了今天一些少数民族的祖先,这就说《吕氏春秋·求人》所言的"犬戎之国,夸父之野"。夸父族留在中原的族人,则逐渐与黄帝族融合,成为华夏民族的一部分。我们在商周文字记载中仍不时可以看到"夸"族的存在。

封钜氏(姜钜、大封)、封胡

• 炎帝之后

姜钜是黄帝氏族联盟的创始人黄帝轩辕氏的老师,汉末学者应劭《汉书集解音义》记载:"封钜,黄帝师。"南朝刘宋人何承天《姓苑》记载:"炎帝裔孙名姜钜,

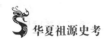

曾为黄帝之师。"这里所说的炎帝，似应为炎帝魁隗氏。

《路史》载封钜世系如下：

炎帝（节茎）生克及戏，戏生器及小帝，自庆甲以来疑年。器生巨及伯陵、祝庸。巨为黄帝师，胙土命氏而为封钜。

——《路史·卷十三·后记四·禅通纪·炎帝纪下》

这里提到的"巨"就是姜钜。但这个世系与《山海经·海内经》载炎帝魁隗氏世系还是有些不一样的，《路史》所称的"节茎"可能就是《海内经》所说的"节并"；《路史》说炎帝节茎生了克和戏（音xì）两个儿子，戏又称生器和小帝两个儿子，戏和器是父子，而《山海经》说戏器是一个人；《路史》说器生了姜钜、伯陵、祝庸三个儿子，而《山海经》说戏器只有一个儿子，就是祝融。在前一章我们讲过，这个祝融是当过炎帝的，时间可能是在炎帝魁隗氏末期。如果姜钜、伯陵、祝庸是炎帝魁隗氏末期、炎帝神农氏初期的人，则姜钜就不可能与黄帝同时而为黄帝的老师。唯一的解释是，姜钜、伯陵、祝庸不能说是炎帝器（戏器）之子，而只能说是后代。

黄帝拜姜钜为师，姜钜部族很早就与黄帝部族结成联盟，并随黄帝南征北战，东征西讨，在"钜鹿"（古代泽名，在今河北巨鹿）、钜野（古代泽名，在今山东巨野北）、钜定（古代湖名，在今山东寿光西北）等地都留下了自己的名字和活动痕迹。

在炎黄联盟的内战阪泉之战中，与炎帝神农氏同族但可能不同宗的姜钜选择与黄帝为伍，所以黄帝在取得政权后，就对劳苦功高的姜钜部族行"封"之事，就是把一片土地划出来，让姜钜部族植树封土，设疆立界，不再允许其他部族随便进入，这就是"封"的本意。这块地方也因此被命名为"封"。以后约定俗成，就把所有建置诸侯的事称为"封"，后来衍生出分封、封赐之意。自此以后，黄帝氏族联盟出现了族、国林立的盛况，《史记·封禅书》有"黄帝万诸侯，而神灵之封居"的说法。《史记索引》韦昭注说："黄帝时万国，其以修神灵得封者七千国。"所谓修神灵，就是有自己的祖先崇拜系统，源出可证。这样的大大小小部落，在黄帝时期多达七千多个。

姜钜初封后，姜钜也就被称为封钜、大封。除赐予封地外，黄帝还任命封钜为六相之一，据《管子》载：

昔者黄帝得蚩尤而明于天道，……得大封而辩于西方，……故使为司马。

——《管子·五行第四十一》

《路史》也载说：

大封辨乎西，以为司马。

——《路史·卷十四·后纪五·疏仡纪·黄帝纪上》

二书都明确说，大封被任命为司马，负责黄帝联盟西方地区的行政和军事事务。

除了被列为黄帝六相之一，大封还被列入了黄帝"五正"，进一步说明了他是主政黄帝联盟西方事务的重要大臣：

岐伯，天师；后土，中正；龙，东正；融，南正；大封，西正；大常，北正。

——《三坟·地皇轩辕氏政典》

• 封钜的直系部落之一：封豨氏

封钜部族有一支直系后裔，他们最早驯化了野猪为家畜，所以他们也改之前炎帝族的羊图腾为野猪图腾，后世称封钜的这个后裔部族为"封豕"，或"封豨"。

因为和猪的这一层关系，古人把天上的一个像大猪一样的星座命名为"大封"，又名奎宿，《史记·天官书》曰："奎曰：封豕。"值得一提的是，在封建科举文化里，奎星主文运，而我们在前一章介绍魁隗氏时说到过，魁星也主文运，现在我们在说奎星时还往往是指魁星，两个星宿之间有很多交集。为什么会这样，难道仅仅因为是同音字吗？魁星源于魁隗氏的族名，而奎星呢，是不是也是因为封钜源出魁隗氏呢？

封钜在黄帝时期开始接掌乐正，主管桑林之祭，也就是黄帝氏族联盟政权的祭祀大典，并世代从事此业。

• 封钜的后代：封胡氏、犬戎国

除了封钜，黄帝朝还有个人叫封胡，应该是封钜的后人，封钜部族的首领，古史有"于是申命封胡以为丞"(《路史·黄帝纪上》)的记载。封钜是黄帝氏族联盟创始人黄帝轩辕氏的老师，封胡也是当时的执政黄帝的老师。唐高祖李渊的第十二女、淮南大长公主李澄霞的丈夫、驸马都尉封言道的墓志铭在溯源其封氏先祖时也曾明确提到"封胡为帝者之师"。

封胡追随时任黄帝参与了那个时候的历次战争，所以也被视为黄帝的军将。《汉书·艺文志·兵书略》载有《封胡》五篇，班固注说这是后人托名封胡而作。

封胡继承和发扬了其先祖封钜驯化家畜的本事，驯化了犬类，所以他的封地被时人称为"犬封"。据《山海经》载：

> 犬封国曰犬戎国，状如犬。
>
> ——《山海经·海经·海内北经第十二》

犬封国也叫犬戎国；"状如犬"，不是说那里的人都是狗的模样，而是说那里有很多人穿着狗皮、狼皮、狐皮衣服，所以看起来是"人模狗样"。

逢伯陵——西周王室母族

逢伯陵源出炎帝魁隗氏，据史载：

> 炎帝之孙伯陵。伯陵同吴权之妻阿女缘妇，缘妇孕三年，是生鼓、延、殳。始为侯。鼓、延是始为钟，为乐风。
>
> ——《山海经·海经·海内经卷十八》

> 伯陵为黄帝臣，封逢实，始于齐。同吴权之妻何女缘妇，孕三年，生三子，曰殳、曰鼓、曰延。
>
> ——《路史·卷十三·后记四·禅通纪·炎帝纪下》

"炎帝之孙伯陵"，还是要理解成炎帝的后代伯陵。两段文字里都提到了"同吴权之妻阿女缘妇"这件事，这是怎么回事呢？"同"在这里是同"通"，通奸的意思。吴权是黄帝的老师之一，阿女缘妇是他的妻子的名字。那么，这句话的意思就是，伯陵与吴权的妻子阿女缘妇通奸。阿女缘妇怀孕三年（真实情况可能是三年接连怀孕三次），生下三个儿子，一个叫殳，一个叫鼓，一个叫延。鼓和延是编钟和磬的发明者，也是乐曲的最早创制人；他们的兄弟殳则发明了击打钟磬的木制工具，就以自己的名字命名为"殳"，后来他又对这种工具进行改良，而创造出了一种用竹木做成的有棱无刃的兵器——殳戟。

伯陵本人在黄帝氏族联盟中担任什么职务，现在已很难考实，我们只知道他被黄帝封到逢这个地方，据《路史》载：

> 逢，伯爵，伯陵之国，黄帝所封。夏有逢蒙，《穆天子传》逢公其后也。地今开封逢池，一曰逢泽。
>
> ——《路史·卷二十四·国名纪·炎帝后姜姓国》

伯陵先是被黄帝封到逢这个地方，据考地点在今天的开封逢池一带，后来又被改封到齐地，地方在今天山东的临淄，一些古书上也称之为北齐，以与后来姜太公建立的齐国相区分，据载：

> 有北齐之国，姜姓，使虎、豹、熊、罴。
>
> ——《山海经·大荒北经卷十七》

我们一看到"使虎、豹、熊、罴"这句话，就觉得非常熟悉，司马迁在记述黄帝与炎帝的阪泉之战时也提到过这些名字：

> 炎帝欲侵陵诸侯，诸侯咸归轩辕。轩辕乃修德振兵，治五气，蓺五种，抚万民，度四方，教熊、罴、貔、貅、貙、虎，以与炎帝战於阪泉之野。
>
> ——《史记·卷一·五帝本纪第一》

现代研究一般认为，虎、豹、熊、罴、貔、貅、貙这些都是黄帝族系的部落的图腾。黄帝把自己的嫡系军队放心地交由炎帝族系的伯陵指挥，足见黄帝对伯陵的信任。伯陵与黄帝并肩作战，而他们的作战对象正是自己源出一脉（但不同宗）的炎帝姜姓族人。

伯陵和他创建的逢部落在整个黄帝氏族联盟时期都受到历代黄帝，乃至之后的

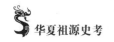

历代华夏氏族联盟和首领的充分信任，而成为以炎黄族团为构成主体的华夏民族的重要组成部分。

伯陵的后代，在夏代有个较著名的，叫逢蒙，也叫逢蒙，是个神箭手，据载：

羿、逢蒙者，天下之善射者也，不能以拔弓曲矢中微。

——《荀子·正论篇第十八》

荀子在这里说，羿、逢蒙，是天下最善射的人，但是他们也不能用别扭的弓和弯曲的箭去射中微小的目标。

而《孟子》则记载说，逢蒙的箭术师从于羿：

逢蒙学射于羿，尽羿之道。思天下唯羿胜己，于是杀羿。

——《孟子·离娄下》

孟子笔下的逢蒙是个忘恩负义之徒，但实际情况可能未必尽然。这里的羿不是帝尧时期的大羿，而是夏初时期的后羿，后者是前者的后裔。大羿是帝尧的射正，曾指挥帝尧政权军队平定了十个主祀太阳神的部族的联合叛乱，这就是历史上的"大羿射日"神话的本来内容。夏初时的后羿，是东夷族有穷氏的首领，当时夏王启的儿子太康耽于游乐田猎，不理政事，夏朝统治力量衰弱，后羿趁机发难，驱逐了太康。太康死后，后羿立太康之弟仲康为夏王，实权操纵于后羿之手。仲康死后，其子相继位，后羿又驱逐了相，自己当了八年的国王，这在史书上称作太康失国、后羿代夏。

由逢伯陵的哥哥封钜的后代建立的夔龙氏部族因反对后羿篡夏而受到后羿讨伐，几乎灭族，夔龙氏族人暗中联络后羿的大臣寒浞和后羿的徒弟、逢伯陵的后代逢蒙，寻机杀掉了后羿。《淮南子》说，"羿死于桃棓"，就是被人用桃木棒打死的，民间传说凶手就是逢蒙。相传后羿死后成为鬼王，始终对桃木棒非常恐惧，推而及之，以后所有的鬼都对桃木忌惮万分。

到了商代，姜姓逢国正式成为商朝诸侯国之一，爵位为伯爵，封地改到齐地薄姑（今临淄附近），据《左传》载：

公曰："古而无死，其乐若何？"晏子对曰："古而无死，则古之乐也，君何得焉？昔爽鸠氏始居此地，季荝因之，有逄伯陵因之，蒲姑氏因之，而后大公因之。古者无死，爽鸠氏之乐，非君所愿也。"

——《左传·昭公二十年》

　　鲁昭公二十年十二月的一天，齐景公与晏子等大臣一起喝酒，喝到酒酣耳热的时候，齐景公突然发感慨说："从古以来如果没有死，该有多快活啊！"晏子回答说："从古以来如果没有死，那您现在的欢乐就是古人的欢乐了，君王您还不知道在哪呢。从前爽鸠氏开始居住在这里，接着是季荝住在这里，再接着是有逄伯陵居住在这里，再接下来是蒲姑氏在这里生活，最后接下来是姜太公定居在这里。从古以来如果没有死，那只是爽鸠氏的欢乐，一定不是君王所希望的啊。"

　　晏子的"有逄伯陵因之"是逄国由原来的河南开封改到山东临淄的最好证据，关于这一点，《路史》也有记载：

　　齐，侯爵，伯陵氏之故国，以天齐渊名，吕尚复封，都营丘，今青之临淄也。
　　……
　　北齐，内传：齐之先有逄伯陵。盖伯陵前封逄，后改于齐。故《山海经》有"北齐之国，姜姓"，是两齐云。

——《路史·卷二十四·国名纪·炎帝后姜姓国》

　　商代的逄国后被东夷族蒲姑氏所取代，一部分逄国人被迫西迁，然后北跨渡过古济水，来到今日的山东肥城刘台村附近，重新建立了自己的国家。还有一部分人选择了东迁到莱人之地，与莱人结合成蓬莱部落。更有一部分逄人从蓬莱扬帆东海，到了日本，至今日本人中有逄、逄川、逄台、逄池、逄坂、逄初、逄阪、逄鹿等逄姓系列姓氏，应该都是逄人的后裔。

　　公元前1042年，周成王继位，因成王年幼，由周武王之弟周公旦辅政，引发周公的三个弟弟管叔、蔡叔、霍叔的不安，他们与殷商纣王之子武庚勾结起来，发动了叛乱。蒲姑氏国参与了"三叔"叛乱，周公奉成王命东征，蒲姑氏等国均被消灭。

　　之后，周武王将逄国故地的临淄等地分封给了太公姜子牙，建立了齐国。尽管如此，逄国仍然继续生存了下来，这得益于他们与周王室的联姻。《周语》中曾记载了爽鸠氏一个后人叫伶州鸠的乐官的一段话：

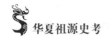
则我皇妣太姜之侄，伯陵之后，逢公之所凭神也。

——《国语·周语下》

这句话对于西周历史研究者来说非常重要。太姜是周朝先祖古公亶父（音 dǎn fǔ）的正妃。逢国君主逢公是逢伯陵的后人，同时也是太姜的侄子，那么也就是说，太姜也出自逢国。太姜生下儿子季历，也叫王季，就是周文王之父，因此，我们可以说有周一朝的君主均是逢伯陵的后代。

据研究，逢国与周王室一直维持着通婚关系。1979—1985 年，考古工作者先后对山东肥城刘台高地西周贵族墓群进行了三次考古发掘，出土了带有铭文的青铜器、卜骨、玉器、石器等珍贵文物两千余件，其中 3 号墓出土的簋有两字铭文"逢彝"，6 号墓出土的鼎有一字铭文"逢"。由此人们得知，刘台遗址大约是周昭王时期（前 1052 年至前 1002 年）逢（逢）国国君或贵族的墓地。据出土的其他青铜器的铭文可知，逢公的女儿也嫁给了周王室，她曾为自己的女儿龙姬做彝器；而另一位逢国公主则嫁给了周昭王并为女儿也做了彝器。除此以外，在这次考古发掘中，周文王之父王季为墓主逢公所做的鼎也被发现。由此，逢国与周王室的关系之深可见一斑。

后来逢国至少延续到春秋中期，才被齐国所吞并。

黄帝时期的水官共工

前面提到过，共工源于上古伏羲女娲氏族联盟专门从事水利工程建设的氏族部落共工氏。这个风姓共工氏世代担任水官，所以其氏族名字共工也慢慢演变成了水官这一职位的名号。伏羲女娲氏族联盟被炎帝魁隗氏氏族联盟取代后，水官共工的职位就出于姜姓炎帝魁隗氏氏族。在黄帝氏族联盟时期，水官共工始终由炎帝族系人担任，一直到尧舜时代，水官共工才出现黄帝族人担任的情况。

共工氏以治水见长，也毁于其治水。他们世代相传的治水方法就是把高地铲平，低地填高，在平坦地面上修筑堤防，用土堤来挡水，这种方法对付小的洪水可能还有效果，对大洪水则根本无效，所以共工的治水总是受到人们的诟病。《国语·周语》曾详细论述过共工氏治水的错误所在：

灵王二十二年，谷、洛斗，将毁王宫。王欲壅之，太子晋谏曰："不可。晋闻古之长民者，不堕山，不崇薮，不防川，不窦泽。……昔共工弃此道也，虞于湛乐，淫失其身，欲壅防百川，堕高堙庳，以害天下。皇天弗福，庶民弗助，祸乱并兴，共工用灭。"

——《国语·卷三·周语下》

周灵王二十二年，谷水与洛水争流，水位暴涨，将要淹毁王宫。灵王打算堵截水流，太子晋劝谏说："不要这么做。我听说古代的执政者，不毁坏山丘，不填平沼泽，不堵塞江河，不决开湖泊。……但过去共工背弃了这种做法，沉湎于享乐，在肆意胡为中葬送了自身，还准备堵塞百川，坠毁山陵，填塞池泽，为害天下。皇天不赐福给他，百姓不帮助他，祸乱一起发作，共工因此而灭亡。"

黄帝时期，共工治水，屡屡失败，劳民伤财，加之这时候的共工氏族人因历史上炎帝祝融没有把炎帝之位传给其共工氏先祖，所以共工氏族人与乃祖炎帝祝融氏以及整个炎帝族系，都反目为仇，到了黄帝联盟时期，干脆形成了桀骜不驯、狂放不羁、好勇斗狠的特性，史载共工与历代华夏氏族联盟政权冲突不断，帝颛顼高阳氏、帝喾都对共工氏进行了严厉的惩罚，据载：

共工为水害，故颛顼诛之。

——《淮南子·兵略训第十五》

帝喾时期，还发生了因为大臣对作乱的共工氏打击不力而引来杀身之祸的事件：

共工氏作乱，喾使重黎诛之而不尽，帝乃庚寅日诛重黎。

——《史记·卷四十·楚世家》

黄帝的后代重黎在帝喾政权中担任火正祝融的职务。共工氏发动叛乱后，帝喾让重黎去剿灭诛杀共工氏，但他未能将共工家族斩尽杀绝，帝喾一怒之下就在庚寅那一天杀死了重黎，让他的弟弟吴回接替重黎，任火正之职。

尧舜时期，共工氏仍然不消停，又重演了一次决堤放水的恶行，史载：

舜之时，共工振滔洪水，以薄空桑，龙门未开，吕梁未发，江淮通流，四海溟滓，民皆上丘陵，赴树木。

——《淮南子·本经训第八》

共工这次人为制造大洪水，导致大水一度逼近空桑，这时龙门尚未凿开，吕梁还没挖通，长江、淮河合流泛滥，天下四海一片汪洋，百姓纷纷逃往山上，爬上大树，一片狼藉。

忍无可忍的帝尧命令把共工氏列为"四凶"之一，让当时还是大臣的虞舜将其族人悉数赶到四极中的北方的幽州，史载：

> 流共工于幽州，放欢兜于崇山，窜三苗于三危，殛鲧于羽山，四罪而天下咸服。
>
> ——《尚书·尧典》

共工氏被赶到北地后，心性不改，继续不断骚扰中原，摇身一变成了北狄：

> 于是舜归而言于帝（尧），请流共工于幽陵，以变北狄。
>
> ——《史记·卷一·五帝本纪第一》

"以变北狄"，不是变成北狄，而是影响北狄使之进化的意思。共工氏被流放到北方时，自然也将炎帝族的先进文化带到了北方，确实会起到"以变北狄"的效果。在这个过程中，很有可能共工氏通过文化实现了对北狄这个华夏民族远房兄弟的征服，而最终在中原各国看来，事实上就变成了戎狄。但不管怎么说，戎狄相对于华夏民族，更像是远亲兄弟，他们始出同源，虽然中间曾经与华夏民族析流而行，但最终百川归一，成为中华民族的重要组成部分。

后土

在中国传统文化中，皇天后土是一个基本的概念，《左传·僖公十五年》就有"君履后土而戴皇天"的明确记载。皇天一般指上天，一开始就是个形而上的概念，即从一开始就是神明，但是后土不同，后土最早确有其人，可能是专职负责祭祀大地之神的巫觋人员，后来与大地之神的概念合为一体，完成了由人到神的转变过程。

• 后土出自炎帝族系

根据《山海经·海内经》的说法，后土是炎帝（魁隗氏）后裔，是当时的水官共工之子：

炎帝之妻，赤水之子听訞生炎居，炎居生节并，节并生戏器，戏器生祝融，祝融降处于江水，生共工，共工生术器，术器首方颠，是复土壤，以处江水。共工生后土，后土生噎鸣，噎鸣生岁十有二。

——《山海经·海经·海内经卷十八》

这段文字不长，但是信息很多。我们知道，历史上的共工氏是个以治水擅长的氏族，从炎帝氏族联盟初期就存在，一直到帝尧时期被作为"四凶"之一流放北地，存续时间长达数千年。后土之父共工到底是哪个时期的共工呢？这位共工有一个重要的特征，就是曾经"霸九州"，当过当时的氏族联盟的最高首领，据载：

共工氏之伯九有也，其子曰后土，能平九土，故祀以为社。

——《国语·卷四·鲁语上》

共工氏之霸九州也，其子曰后土，能平九州，故祀以为社。

——《礼记·祭法》

这里的"伯九有"和"霸九州"是一个意思，就是说共工曾经当过炎帝，而这个炎帝之位是他从自己的父亲炎帝祝融那里夺来的，这就是历史上著名的水神共工和火神祝融的"水火大战"。后土就是这位炎帝共工的儿子或后代。"后"字最初的象形字，是一个女人半蹲式的产子形状，所以，"后"最初是母系氏族时代女性氏族首领的称谓。后土，就是专门负责平整土地的氏族部落后土氏的首领。最初的后土氏首领，不排除是女性。

共工氏因为治水方法不当而屡屡失败，但是后土氏却在平整土地的工作上建树不断，为炎黄农耕文明的发展做出了重要贡献，所以，至迟在帝颛顼时代，后土氏首领就被任命为五行官中的土正之职，就是管理土地事务的最高官员，这是其祖业所决定的，因为土地只有被平整好，才能耕种，所以，后土在百姓心目的威望和地位极高，并逐渐被神化，先是在民间，后来广及到官方，被作为土地神、社神而崇拜。

• 后土的职掌

在黄帝氏族联盟建立后，当时的后土氏首领被黄帝任命为六相之一，参与氏族联盟事务的管理工作，主管刑狱，据载：

昔者黄帝……得后土而辨于北方。黄帝得六相而天地治，神明至。……后土辨乎北方，故使为李。

——《管子·五行第四十一》

这段文字的大意是：从前，黄帝得后土为相而明察北方。黄帝得六相而天地得治，可以说神明到极点了。……后土明察北方，所以黄帝用他当"李"官。所谓李官，就是理狱之官，主管刑狱诉讼。

除被列为黄帝六相、分管刑狱事务外，据《三坟·地皇轩辕氏政典》载，后土氏首领还是黄帝"五正"之一的"后中正"，负责管理黄帝氏族联盟中央、都城地区的行政事务。

• 勾龙氏（句龙氏）是后土吗？

勾龙是社神名，很多典籍都记载句龙氏是共工氏之子后土：

颛顼氏有子曰犁，为祝融；共工氏有子曰句龙，为后土，此其二祀也。

——《左传·昭公二十九年》

社神，盖共工氏之子勾龙也，能水土，帝颛顼之世，举以为土正。天下赖其功，尧祠以为社。

——蔡邕《独断》卷上

于惟太社，官名后土。是曰勾龙，功著上古。德配帝皇，实为灵主。

——《曹子建集·卷七·社颂》

世号共工，厥有才子，寔曰句龙，称物平赋，百姓喜雍。

——《艺文类聚·礼部·社稷·何承天·社颂》

　　需要特别指出的是，"颛顼氏有子曰犁，为祝融"中的这个祝融不是炎帝族系的祝融，而已经变成了黄帝族系祝融，黄帝之孙颛顼高阳氏的儿子重黎，这时出任帝喾高辛氏火正官祝融。"共工氏有子曰句龙，为后土"，这里的句龙就很让人迷惑，按说共工氏是炎帝族系，而句龙明显是黄帝族系，怎么就搞到一起了呢？

　　一个合理的解释是，"共工氏有子为后土"，这是对的，共工和后土都是炎帝族系；而"共工氏有子曰句龙"，只有在一个条件下是对的，那就是这个共工氏是黄帝族系的人，而共工氏为黄帝族系的人担任是在帝尧时期，当时就任这个职位的是鲧，鲧字就是共工一词的混读、快读，而鲧之子，我们知道就是大禹，许慎《说文解字》解"禹"为"虫也，象形"。神话学家丁山根据甲骨文、金文字形，解"禹"为"虺蛇"，就是"勾龙"。丁山《古代神话与民族》论证夏朝的图腾即为"句龙"："夏有祀龙之官者，当因民族祀典，以龙为尊。龙者，句龙也。而世传夏后氏郊鲧宗禹，此余所以疑禹即句龙；句龙平九土，亦演自夏后氏图腾神话。"闻一多《天问疏证》也曾说："共工子勾龙即鲧子禹"。当今被考古界定论为夏朝遗址的二里头文化陶器上，便绘有"蛇身龙"，龙身修长、弯曲如勾，可称"勾龙"。至此，我们就清楚了，"共工氏有子曰句龙"中的共工氏就是鲧，句龙则为鲧子大禹，"勾龙"就是夏族、夏朝的图腾。

　　后土是社神是对的，但那是夏王朝之前的事，之后由国家奉祀的社神和由诸侯奉祀的社神都是句龙氏，据史载：

　　王为神群姓立社，曰太社；自立社；曰王社；诸侯为百姓立社；曰国社；自为立曰侯社。大夫以下置社。但立名虽异，其神则同，皆以勾龙配之。

——《艺文类聚·礼部·社稷》

　　在民间，人们并不去区分作为夏朝社神的句龙氏与夏朝之前社神的后土有什么不同，而是简单地把二者归为同一人，这就是句龙氏为后土的由来。

• 道教神坛上的后土娘娘

　　道教兴起后，对后土的神化又有了一个飞跃。本来最初的后土氏首领可能为女性，后来到了父系氏族时代，应该转为男性担任，但是道教兴起后，为了与易经"天行健，地势坤"的理论相匹配，后土被设计成女性神祇，掌农业、阴阳生育、万

物之产与大地山河之秀，与紫微北极大帝、南极长生大帝、勾陈上宫天皇大帝并为道教"四御"。汉朝时，后土被列为国家祀典，并为后来的历代帝王所沿袭。宋徽宗时，这位道君皇帝敕封后土为"承天效法厚德光大后土皇地祇"，简称"承天效法后土皇地祇"，俗称"后土娘娘""地母"。

明代绢本水陆画《天妃后土》图（局部），出自山西介休后土庙

既然后土是最高的女性土神，就有人把她与女娲联系在一起，记载我国远古传说的《风俗通义·皇霸篇》引《春秋纬运斗枢》说，古代所谓三皇的天皇、地皇、人皇，就分别是伏羲、女娲、神农。这里女娲即是地皇，她自然就与土地最尊之神的后土是一个人了。这种说法在我国民间比较盛行，但是缺乏足够的证据来支持。

天老

天老是黄帝最重要的宰辅之一，与黄帝是亦师亦臣的关系，据《列子》载：

（黄帝）昼寝，而梦游于华胥之国。……黄帝既寤，怡然自得，召天老、力牧、太山稽，告之曰："朕闲居三月，斋心服形……"

——《列子·黄帝第二》

这里讲的是著名的黄帝梦游华胥国的故事，醒来后，黄帝召天老、力牧、太山稽，就梦中的事情求教于几位贤臣。

给黄帝解梦，是天老等辅臣的重要工作之一，除此之外，当出现反常天象和天气时，黄帝也要召对天老等人，寻求解释，据《竹书纪年》载，某年连着三天大雾不散，黄帝召天老、力牧、容成询问是怎么回事，天老说：

臣闻之，国安，其主好文，则凤凰居之。国乱，其主好武，则凤凰去之。今凤凰翔于东郊而乐之，其鸣音中夷则，与天相副。以是观之，天有严教以赐帝，帝勿犯也。
……
雾既降，游于洛水之上，见大鱼，杀五牲以醮之，天乃甚雨，七日七夜，鱼流于海，得图书焉。《龙图》出河，《龟书》出洛，赤文篆字，以授轩辕，接万神于明庭。

——《古本竹书纪年辑证·卷上·黄帝轩辕氏》

这段文字详细描述了《河图》《洛书》问世前出现的反常现象和反常天气情况，翻译成现代汉语如下：

我听说，国家安定，国君一定喜好文化，那么凤凰就会到来。国家混乱，国君一定喜好武力，那么凤凰就会离去。如今，凤凰在东边的郊野中歌唱，它鸣叫的音律符合十二音律中的夷则之律，夷则之律与秋七月相配，象征着阴气开始盛行，所以凤鸟的叫声与天意相合。如此看来，上天要给您一个严厉的警示，您不能触犯呀。

大雾散去之后，黄帝在洛河边郊游，突然看见一条大鱼，黄帝命令杀掉五牲牛、羊、猪、犬、鸡来祭祀，天就下了大雨，七日七夜没有停止，大鱼就游到海里去了。黄帝就这样得到了《龙图》。《龙图》从黄河中浮出，《龟书》从洛河中漂来，都是用红色的篆字书写。有人把《龙图》和《龟书》交给轩辕黄帝，黄帝于是把万神恭敬地迎接到明庭。

类似《河图》《洛书》问世这样的神异事件，黄帝执政期间，还发生过不少，比较著名的还有"凤凰栖于庭"，说黄帝即位后，施行仁政，天下承平，遗憾的是从没有出现过凤凰集飞的祥瑞景象，因此心有不平，朝思暮想，就把天老找来一问究竟，天老说：

夫凤之象，鸿前而麟后，蛇颈而鱼尾，龙文而龟身，燕颔而鸡啄。戴德负仁，抱中挟义。小音金，大音鼓。延颈奋翼，五彩备明。举动八风，气应时雨。食有质，饮有仪。往即文始，来即嘉成。惟凤为能通天祉，应地灵，律五音，览九德。天下有道，得凤象之一，则凤过。得凤象之二，四凤翔之。得凤象之三，则凤集之。得凤象之四，则凤春秋下之。得凤象之五，则凤没身居之。

黄帝曰："于戏，允哉！朕何敢与焉！"于是黄帝乃服黄衣，带黄绅，戴黄冕，致斋于中宫。凤乃蔽日而至。黄帝降于东阶，西面，再拜稽首，曰："皇天降祉，敢不承命！"凤乃止帝东园，集帝梧桐，食帝竹实，没身不去。

——《韩诗外传·卷八·第八章》

天老向黄帝描述了凤凰的长相和出现的条件，并详细阐释了从最低到最高五级凤象都是怎么回事。黄帝听了自愧弗如，行事更加恭谨，正服危冠，正襟危坐，虔诚斋戒，终于有一天凤鸟遮天蔽日而来，落满了黄帝东园的梧桐树，并且应了凤象的最高一级——凤鸟"没身不去"，就是终其一生再也不离开。

关于天老在黄帝诸臣中的地位，西晋史家皇甫谧认为他是黄帝三台、三公之一，地位仅次于风后：

黄帝以风后配上台，天老配中台、五圣配下台，谓之三公。

——《帝王世纪辑存·自皇古至五帝第一》

除被列为三公，天老也被列为"黄帝七辅"中的第二人，其职责根据东汉纬书《论语摘辅象》载"黄帝七辅：……天老受天录"和《路史》"天老录教"的记载，可能是负责官员任免、任命书发放等事务，约相当于后世的吏部天官。

不管是黄帝三公，还是黄帝七辅，还是黄帝的占梦师，都说明天老位高权重，所以后世渐将天老作为宰辅的代称，如李白诗说："明主越羲轩，天老坐三台"（《金陵凤凰台置酒》）；储光羲诗说："期之比天老，真德辅帝鸿。"（《刘先生闲居》）；张说诗曰："扈跸参天老，承恭忝夏官。"（《奉和圣制太行山中言志应制》）；杜甫曰："天老书题目，春官验讨论。"（《奉留赠集贤院崔于二学士诗》）；等等。

　　道教兴起后，一些道教理论家为了抬高道教的地位，把天老编排成是老子的前世化身，西晋时出现的《化胡经》说："老子……幽王时出为帝师，号曰天老，复称老子，为柱下史，作《长生经》。"此外，以天老命名的《天老养生经》一书中，天老则完全成了老子的别名。把上古英雄和神话人物强加进道教神仙体系，这是道教自我标榜和抬高的一个重要方式，颇多荒诞不经之处，我们在研究时不能不加以甄别。

缙云氏、饕餮

缙云氏与黄帝族系、炎帝族系都有着密切的关系。

• 黄帝族系帝鸿氏之子

缙云氏，一些古史记载说是黄帝之子——僖姓的帝鸿氏休公的儿子：

帝鸿氏继黄帝而为君。缙云氏，帝鸿氏之子。

——《名义考·卷五》

《路史》也载说：

缙云氏，亦帝之胄也。

——《路史·卷十五·后纪六·疏仡纪·黄帝纪下·帝鸿氏》

这里的"帝"，就是指曾经出任过黄帝的帝鸿。

• 炎帝族系方雷氏之孙

缙云氏如果确认出于帝鸿氏，则应该随帝鸿氏为僖姓，但是很多史籍都记载说缙云氏为姜姓，出于炎帝族系，如《史记》集解引东汉著名经学家贾逵的话就称：

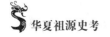

而缙云氏，姜姓也，炎帝之苗裔。

北宋史学类书《册府元龟》也载说：

缙云氏，姜姓，炎帝之苗裔也。

——《册府元龟·卷五·帝王部·创业第一》

清代经史学家余萧客搜辑钩稽唐以前经籍训诂的缺散资料而编著的《古经解钩沉》同样记载：

缙云氏，姜姓也，炎帝之苗裔，当黄帝时在缙云之官，同投诸四裔，四裔之地娶王城四千里，同以御魑魅。

——《古经解钩沉·卷十八》

可能有些读者会觉得困惑，一会儿说缙云氏"姜姓也，炎帝之苗裔"，一会儿说缙云氏是帝鸿之子，而帝鸿是黄帝之子，那么这缙云氏到底出于炎帝族系还是黄帝族系？这个问题还是要从帝鸿的母亲方雷氏谈起。方雷氏是炎帝族系，如果按照母系氏族社会的传统，方雷氏所生的儿子帝鸿就应该就是炎帝族系。但当时又处在向父系氏族社会的过渡阶段，黄帝在创建黄帝氏族联盟后，赐姓给宗族和盟友，这就是所谓的"黄帝十二姓、二十五宗（子）"，帝鸿就被黄帝赐僖姓，理论上他之后的子嗣后裔就都是僖姓了，也就是说被归入黄帝族系了，所以缙云氏既是黄帝族系，又是炎帝族系。

· 夏官缙云氏和黄帝缙云氏

《左转·昭公十七年》曾记述了春秋时期，郯国国君郯子出访鲁国，与鲁昭公的一段对话，其中，郯子谈到了上古时期"纪官名号"的情况，就包括"昔者黄帝氏以云纪，故为云师而云名"，所以，《左传事纬》载：

缙云氏，黄帝官。

——《左传事纬·前集卷七》

《古经解钩沉》记载：

黄帝以云名官，盖春官为青云氏，夏官为缙云氏，秋官为白云氏，冬官为黑云氏，中官为黄云氏。

——《古经解钩沉卷二十》

此外，《春秋左传注疏》也载：

黄帝受命有云瑞，故以云纪事，百官师长皆以云为名号，缙云氏盖其一官也。

——《春秋左传注疏·卷四十八》

黄帝以云名官，分别管理一年四季之事，其中夏官的官名就叫作缙云氏。

缙云氏中不但有人做过黄帝的夏官，应该还有人出任过黄帝氏族联盟的大首领，也就是黄帝，唐人张守节所著《史记正义》载说：

黄帝为有熊国君，号有熊氏，及曰缙云氏，又曰帝鸿氏，亦曰帝轩氏。

这句话结合我们最新的研究成果来说，就是黄帝作为有熊国国君出任过黄帝氏族联盟的大首领，但是缙云氏、缙云氏之父帝鸿氏（帝轩氏）都有人担任过这个职位，都号黄帝。

• 缙云氏之妻土敬氏

缙云氏的妻族，只有《路史》有所记载：

缙云氏亦帝之胄也。妻土敬氏，曰炎融，遗腹而生驩头，为尧司徒。弃义隐贼，好行凶，天下之人谓之倱伅，尧放之于崇山。驩头者，驩兜也。以狐功辅缪，亡其国。生三苗氏。

——《路史·卷十四·后纪五·疏仡纪·黄帝纪上·帝鸿氏》

从炎融这个名字看，疑土敬氏出于炎帝祝融氏。这个炎融，其地位还是很重要的，因为她是驩头之母。驩头又叫驩兜。这个驩头严格来说，只能算是炎融的后代。我们前面说过，"帝鸿氏有不肖子浑敦"，这个浑敦（混沌），据古今一些历史学家的考证，认为就是驩兜，甚至还认为驩兜就是帝尧之子丹朱。

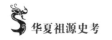

浑敦、驩兜、丹朱、苗民，他们之间的关系到底是什么，我们往下看。

· 缙云氏之不才子——"饕餮"

现代人知道缙云氏的不多，但是缙云氏后代中出过的一个坏蛋，却千百年来远近闻名、妇孺皆知，他就是饕餮（音 tāo tiè）。据《左传》载：

缙云氏有不才子，贪于饮食，冒于货贿，侵欲崇侈，不可盈厌……天下之民以比三凶，谓之饕餮。

——《左传·文公十八年》

贪食曰饕，贪财曰餮。缙云氏出的这位不才子，既贪吃贪喝，也贪婪财货，欲壑难填而且奢靡无度，没有餍足。天下的百姓把他和三凶（浑敦、穷奇、梼杌）相提并论，称他为饕餮。

饕餮原本很有可能是炎帝的后裔九黎蚩尤的一个分支部落的图腾，在涿鹿之战后，蚩尤被杀，相传其被斩下的首级，吸集怨气，就变成了饕餮，有吞噬万物之能。所以，我们今天在烹煮食物的商周时期的鼎镬的钮盖上，会发现一个只有脑袋没有身子的神物，这就是饕餮。据《吕氏春秋》载：

周鼎著饕餮，有首无身，食人未咽，害及其身，以言报更也。

——《吕氏春秋·卷十六·先识览·先识》

宋代著名学者聂崇义所纂辑的《三礼图集注》也记载说：

《春秋传》缙云氏有不才子，贪于饮食，冒于货贿，天下之民谓之饕餮。古者铸鼎以知神奸，鼎有此象，盖著饮食之戒。

——《三礼图·卷四》

《路史》也载：

蚩尤天符之神，状类不常，三代彝器，多者蚩尤之像，为贪虐者之戒。

——《路史·卷十三·禅通纪·炎帝纪下·蚩尤传》

罗泌还认为饕餮的原型就是蚩尤，把他刻在夏商周三代的青铜祭器上，是提醒人们不要像饕餮和蚩尤一样犯贪婪暴虐的过错。

周鼎上的饕餮其实也很可怜，只有一个脑袋，所以就算是他吃了东西，也没地方下咽，这就是他为恶祸己，恶有恶报。

饕餮再加上另外的三凶——分别出自帝鸿氏、少皞氏、颛顼氏的浑敦、穷奇、梼杌，这就是所谓的四凶。这四个部族从黄帝时代一直延续到帝尧时代，一直为害不止，帝尧也拿他们没办法，只有到了虞舜时代，他们才被击败，从而被分别流放到四个边远地方，让他们在那里防御魑魅魍魉等鬼族。

• 浑敦、饕餮、驩兜、苗民（三苗）皆为同族

从上文我们可以总结出以下几点：

帝鸿氏不肖子为浑敦，浑敦就是驩兜，驩兜生苗民；而帝鸿氏之子缙云氏（浑敦兄弟）有"不才子饕餮"，则浑敦、饕餮、驩兜、苗民皆为同族。事实上，古代就有很多学者认为饕餮族就是苗民：

> 有人面目手足皆人形，而胳下有翼，不能飞。为人饕餮，淫逸无理，名曰苗民。《春秋》所谓三苗，《书》云窜三苗于三危。
>
> ——《神异经·西南荒经》

这里，西汉文学家东方朔明确说饕餮就是被流放或驱逐到西南的苗民、三苗。与东方朔持同样看法的还有西汉经学大家孔安国，他说：

> 三苗，国名，缙云氏之后，为诸侯，号饕餮，三危西裔。
>
> ——《尚书注疏·卷二》

苏东坡先生的《书传》也记载：

> 三苗，缙云氏之后，为诸侯，三危西裔。
>
> ——《书传·卷二》

宋代学者马端临所著《文献通考》说：

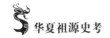

有苗氏，缙云氏之后，作五虐之刑，杀戮无辜，尧遏绝其世，舜摄政放之于三危。

——《文献通考·卷二百六十一》

苗民，又称三苗。苗，就是胤，后代的意思，所以东汉著名经学家高诱说："帝鸿氏之裔子浑敦，少昊氏之裔子穷奇，缙云氏之裔子饕餮，三族之苗裔，故谓之三苗。"

高诱对三苗的解释是对的，但关于三苗的组成，如果把"少昊氏之裔子穷奇"改成驩兜，则就完全对了，三苗就是浑敦、饕餮、驩兜的后裔，他们族出同源，都属于黄帝之子帝鸿氏支系。

到这里，可能有人会问，既然苗民为黄帝族系，那为什么众所周知，苗民、三苗以炎帝族系的蚩尤为祖呢？这还是要回到黄帝之妻、帝鸿氏之母方雷氏的族源上去看。方雷氏属于炎帝族系，则其子帝鸿如果按母系社会传统，属于炎帝族系，而按父系社会制度，则属于黄帝族系。所以，苗民也好，三苗也好，按黄帝族系论，姓僖，按炎帝族系算，姓姜。之所以苗民以蚩尤为祖，一方面遵循的是母系社会的传统，另一方面不排除苗民因为在黄帝族系社会中受到排挤和打压甚至是镇压，所以他们更愿意归祖于炎帝族系的蚩尤。但是，他们还是保留有很多黄帝族系虎族的特征，比如他们以猫科动物狸猫为图腾，有学者认为苗民之"苗"就是"猫"。此外，他们还视虎特别是白虎为神兽。

从黄帝族系的角度看，苗民为僖姓，后世的一些人不明就里，也可能是为了叫着方便，就倒推苗民的母系祖先那边的蚩尤联盟的九个部落为"九黎"。黎，其实就是僖、狸、釐、厘，都是一回事。所以，"九黎"应该是晚出概念，至少晚于"黄帝十二姓"和僖姓苗民的概念出现之后。

• 饕餮族的海外余脉

饕餮部族后来的发展可能出乎所有人的预料。我国当代上古史和民族史学家何光岳先生考证说，饕餮部族被驱赶到四裔后，并没有安分守己待在边地，而是四处游荡和迁徙，其中一支跨过白令海峡冰桥，由阿拉斯加到达南北美洲，遂成为今天印第安人的先祖，图腾（totem）一词就是饕餮的音译。另一支经东南沿海，远航太平洋诸岛，成为当地土著，今天加里曼丹的达雅克人、印尼的答厘岛土人、新西兰的毛利人、马绍耳群岛之人、澳大利亚的阿内德民族，都有饕餮图腾的祭祀活动。

商晚期青铜饕餮纹瓿，现藏日本藤田美术馆

　　还有一支饕餮部族被放逐到甘川交界的三危山，经川藏黔滇进入西藏以及印度支那半岛，如柬埔寨、泰国、缅甸、越南等，有的到达印度的阿萨姆一带（参阅何光岳《南蛮源流史》）。

　　后来反倒是中国的饕餮族在历史的长河中变得湮没无闻，我们今天只有在周代青铜礼器上还能见到饕餮和其变形形象，这就是饕餮纹。饕餮就这样逐渐从上古时期的一个令人生惧的凶神恶煞而变成了庄严礼法的守护神，它虽然面目狰狞，但却尽显威严，极具震慑力，会使人产生极大的心理压力，从而形成对自身行为自觉的约束力。

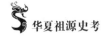

力牧（力黑、力墨）

力牧是黄帝氏族联盟肇业时期一位杰出的军事将领，清代著名经史学家梁玉绳所著《史记、汉书诸表订补十种·古今人表考》记载说："力牧始见于《列子·黄帝》《淮南子·览冥》，姓力名牧。"《荀子·赋篇》《韩诗外传》载有"力父"，与嫫母并称，后世史家认为就是力牧。司马迁在《史记》中说：

黄帝举风后、力牧、常先、大鸿以治民。

——《史记·卷一·五帝本纪第一》

马王堆汉墓出土帛书《黄帝四经》则称力牧为力黑：

（黄帝）令力黑潜行伏匿，周流四国，以观无恒，善之法则。力黑视（示）象，见黑则黑，见白则白。

——《黄帝四经·十大经·观》

意谓：黄帝委派大臣力黑微服出访，巡视各国，考察人们品德上有否不合规范的地方，并为之制定准则。力黑仔细考察各种事物现象，发现丑恶的品行便加以惩罚，发现善良的品行便加以褒奖。

《黄帝四经》所载的另一篇文章《成法》中也提到了力黑：

黄帝问力黑：唯余一人兼有天下，滑民将生……请问天下有成法可以正民者？

——《黄帝四经·十大经·成法》

黄帝问力黑说：我现在一人治理天下，奸猾之人即将产生……请问天下有没有既定的法则来端正民心？

经后世学者考证，力黑就是力墨，而力墨就是力牧。

与风后被黄帝简拔的传奇经历相似，力牧为黄帝所用，也是源于黄帝做的一个梦，据《帝王世纪》载：

黄帝……又梦人执千钧之弩，驱羊万群。帝寤而叹曰："……天下岂有姓力名牧者哉？"于是依占而求之，……得力牧于大泽，进以为将。

——《帝王世纪缉存·自皇古至五帝第一》

　　黄帝梦见有人拿着千钧之弩，放牧万群羊。黄帝醒后感叹道："天下难道有姓力名牧的人吗？"于是就去问卜，结果在大泽找到了力牧，就提拔他为军将。

　　力牧果然不负所望，在涿鹿之战中，为黄帝战胜蚩尤立了大功。战后，黄帝把力牧所在的地方封给力牧部族，称为牧地。力牧自己也在黄帝氏族联盟中担任左相，是黄帝最为倚重的大臣。

　　力牧除了作为黄帝的主要军事将领参与黄帝氏族联盟的几乎所有的军事指挥事务外，还进入了黄帝执政内阁"黄帝七辅"，其职责如东汉纬书《论语摘辅象》言，"受准斥"。根据东汉末西晋初的学者宋均的解释，准斥就是几事，机密之事，力牧可能是兼任黄帝的枢密顾问，署理黄帝的中枢官署。

　　力牧的治国的理念和具体方法于史无载。《汉书·艺文志·诸子略》收有道家人士写的《力牧》二十二篇，班固注曰："六国时所作，托之力牧。"《汉书·艺文志·兵书略》有阴阳家写的《力牧》十五篇，班固也注说："黄帝臣，依托也。"所以，这些书应该都是后人托力牧之名而作而非力牧亲笔。

　　以力牧为首的牧部落后来慢慢发展成城邦制国家牧国，并一直延续上千年，到商代都还有记载。甲骨文卜辞有"甲辰卜，在归牧，祉启……"这个牧不是游牧、放牧的牧，而是商代的牧国，商王不可能去放牧，而是到牧国去。这个牧国应该在商朝旧都朝哥（今河南淇县）之南，这里的两个地方牧泽和牧野都是得名于牧国。

　　牧野又称坶野，据载：

　　《郡国志》曰："朝歌县南有牧野。《竹书纪年》曰：周武王率西夷诸侯伐殷，败之于坶野。《诗》所谓'坶野洋洋，檀车煌煌'者也。"

——《水经注·卷九·清水、沁水、淇水、荡水、洹水》

　　牧野因为发生了周武王灭商的牧野之战而闻名于世，但很多人并不知道，这里原来得名于黄帝的贤臣力牧。

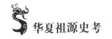

黄帝七辅

在封建时代，人们把黄帝治下的大臣，按照当时的封建官吏体制进行了划分和归类，有所谓黄帝"三公""四面""五正""六相""七辅""七圣"等说法。这里简单谈谈"黄帝七辅"是怎么回事。

关于"七辅"，东汉纬书《论语摘辅象》载：

黄帝七辅：风后受金法；天老受天箓；五圣受道级；知命受纠俗；窥纪受变复；地典受州络；力墨受准斥。

——《纬书集成·论语摘辅象》

而《路史》对"黄帝七辅"的记载是这样的：

而视四民，命知命纠俗，天老录教，刀牧准斥，鵊冶决法，五圣道级，阚纪补阙，地典州络。七辅得而天地治，神明至。

——《路史卷十四·后纪五·疏仡纪·黄帝纪上》

两书比较，《论语摘辅象》的七辅中有风后，没有鵊冶，《路史》的七辅中没有风后，有鵊冶；但是从两书分别对风后和鵊冶的职责的描述看，却好像是一样的：《论语摘辅象》说"风后受金法"，《路史》所载鵊冶的职责是"决法"，从字面意思看，颇相似。不过，我们不能因此得出风后和鵊冶是一个人的结论，根据《汉书·艺文志·兵书略》所载，风后、鵊冶各有兵著，风后有兵书十三篇，图两卷；鵊冶有兵书一篇，图一卷（当然均是后人托名而作），所以，二者应该不是一个人。

除上述之外，《论语摘辅象》所记七辅中的窥纪、力墨，《路史》写作阚纪和力牧；其他人物都一样。

从前文我们知道，风后、天老和五圣是黄帝三公，风后和天老我们前面有专文讲述，这个五圣，一般认为是一个人，也有人说是五个人，托名姜太公的道家兵书《六韬》就说：

风后、力牧、五圣为七公。则五圣五人也。

不管五圣是一个人还是五个人，今人查遍史籍也无从考据其事迹情况，所以我们只好就此存疑。

关于七辅的各自职责分工,《论语摘辅象》和《路史》的描述都让人一头雾水,所幸西晋经学家宋均曾对《论语摘辅象》做过注解,而其中的关于七辅这一段的注解被宋人李公焕收录于《笺注陶渊明集·集圣贤群辅录》中,才使我们能够对七辅有一个基本的了解:

关于"风后受金法",宋均说"金法,言能决理是非也",风后除了是黄帝氏族联盟的最高将领之外,可能还是负责刑狱诉讼事务的官员。

关于"五圣受道级",宋均说"级,次序也",五圣可能是负责宗教礼法事务、祭祀等级的安排等。

"天老受天箓",宋均说"箓,天教命也,天帝所授官爵",可能天老负责官员任免、任命书发放等事务,约相当于后世的吏部天官。

"知命受纠俗",宋均说"纠,正也",知命可能是负责纠察民风、维持地方秩序的。

"窥纪受变复",宋均的解释是"有祸变,能补复也",《路史》说是"补阙"。补阙是唐代武则天时设立的谏官,职责为对皇帝进行规谏及举荐人才。可能窥纪是负责规谏黄帝,并纠察官员的过失的,大约类似于后来的御史。

"地典受州络",宋均说"络,维络也",可能地典是负责百姓土地和各部落氏族统辖疆域划分的,其地位和作用非常重要,所以东汉伟大科学家、思想家张衡在第二次担任史职后,曾撰《应闲》文以明志。其中曰:"方将师天老而友地典,与之乎高眠而大谈,孔甲且不足慕,焉称殷彭及周聃!"在张衡眼里,地典是比孔甲、彭祖和老子都重要的人物。

"力墨受准斥",《笺注陶渊明集·集圣贤群辅录》引宋均的解释是"准斥,凡事也","凡事"可能为"几事"之误。几事,就是机密之事,力墨(力牧)可能除了参与黄帝氏族联盟的军事指挥事务外,也是黄帝的枢密顾问,署理黄帝的中枢官署。

综上所述,七辅很有可能是黄帝氏族联盟刚建立时的执政内阁。

仓颉、沮诵

中国的汉字起源于甲骨文,这已为史学家、考古学家和古文字学家所公认。但甲骨文已经是一种比较成熟的文字,一般而言,文字发展到甲骨文这个程度,其过

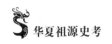

程至少要几千年。那么，甲骨文或更早的象形文是谁发明的呢？现在不管是民间传说，还是官修正史，都认为是黄帝氏族联盟时期的大臣仓颉发明的文字，《世本》开宗明义就说：

> 黄帝之世，始立史官，仓颉、沮诵居其职矣。仓颉作书，仓颉作文字。沮诵、仓颉作书。史皇作图。
>
> ——《世本·陈其荣增订本·卷一·作篇》

唐代官修教材《初学记》则明确说，仓颉是黄帝的左史，而沮诵是右史。但是客观而言，仓颉一个人发明文字是不可能的，他也不可能一个人在短时间内完成这样一个"惊天地，泣鬼神"的工程。比较合理的解释是，仓颉作为黄帝氏族联盟负责记录氏族日常事务的书记官，和他的同事沮诵对上古时期历代传下来的各种文字符号进行了整理，并统一了书写方法，这就是荀子说的：

> 故好书者众矣，而仓颉独传者，壹也。
>
> ——《荀子·解蔽篇第二十一》

在荀子看来，发明文字符号的人很多，但是为什么只有仓颉的名字传下来，就是因为他一门心思潜心研究文字符号的使用规律，从而制定和统一了文字符号的使用规则，为以后甲骨文的出现奠定了基础。仓颉的造字原则，我们从《韩非子》中的一条记载可以看到些端倪：

> 古者苍颉之作书也，自环者谓之私，背私谓之公，公私之相背也，乃苍颉固以知之矣。
>
> ——《韩非子·五蠹第四十九》

我们现在用的这个"私"字，在仓颉时代还没有，仓颉造的表示"私"的意思的字符是"厶"，什么意思呢？就是围着自己绕圈子，见下图：

这就叫作"厶"；与"私"相背的就叫作"公"。

西晋著名书法家卫恒认为仓颉造字的基本规则有六条，他说：

昔在黄帝，创制造物。有沮诵、仓颉者，始作书契以代结绳，盖睹鸟迹以兴思也，因而遂滋，则谓之字，有六义焉。一曰指事，上下是也；二曰象形，日月是也；三曰形声，江河是也；四曰会意，武信是也；五曰转注，老考是也；六曰假借，令长是也。夫指事者，在上为上，在下为下。象形者，日满月亏，象其形也。形声者，以类为形，配以声也。会意者，止戈为武，人言为信是也。转注者，以老为寿考也。假借者，数言同字，其声虽异，文意一也。

——《晋书·卫恒传·四体书势》

这段文字是说，古代在黄帝之世，创建制度，发明事物。有沮诵、仓颉两个人，开始制作文字符号，用来代替结绳记事。他们大概是看见了鸟的足迹而受到启发，于是描画成形，就叫它"字"。造字的规则有六条，一叫指事，"上下"二字就是这样；二叫象形，"日月"二字就是这样；三叫形声，"江河"二字就是这样；四叫会意，"武信"二字就是这样；五叫转注，"老考"二字就是这样；六叫假借，"令长"二字就是这样。这指事的字，如画一横，在上面加一画是"上"（甲骨文的"上"字，就是"二"字）字，在下面加一画是"下"（甲骨文的"下"字，就是"二"字倒写）字。象形的字，如"日"字圆满，"月"字亏缺，就像它们的形状。形声的字，以部类为形，配以声旁。会意的字，止戈为"武"，人言为"信"，就是如此。转注的字，如用"老"字转注"寿考"的"考"字。假借的字，是指数言同字，字声虽各异，文意是相同的。

从上述可见，仓颉和沮诵的造字原则是很有创意的同时也是很有意思的，我们后来的很多汉字也遵循的是这些最古老的造字规则而被发明出来的。造字原则确定了，但每个人根据这个原则所造的字在字体、字形上可能完全不一样，就需要进行统一的书写规范，《路史》载说，沮诵奉黄帝之命发明了最初的通用文字——云书：

乃命沮诵作云书。

——《路史·卷十四·后纪五·疏仡纪·黄帝纪上》

云书就是篆字，因其笔画如云，故称。当然，那个时候的篆字与后来的篆字还

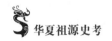

有很大不同，有学者认为这还不能称作是文字，只能是一种象形符号，即便如此，对象形符号进行书写规范也是一个伟大的文明进步，它是后来以甲骨文为代表的中国古代文字诞生的基础。

在黄帝时期，我们的祖先创造了很多具有划时代意义的文明成果，《吕氏春秋》曾总结上古有六大发明：

奚仲作车，仓颉作书，后稷作稼，皋陶作刑，昆吾作陶，夏鲧作城，此六人者，所作当矣。

——《吕氏春秋·卷十七·审分览·君守篇》

但是在今天看来，其他的五大发明，远远与文字的发明的意义不可同日而语。有了文字，文明从此肇始，文化得以传承，正所谓"苍颉作书，以教后嗣"（西汉《敦煌马圈湾木简》），在共同文化基础上的真正意义上的民族才开始形成。《淮南子》在评价仓颉作书的积极意义时，甚至说：

昔者仓颉作书而天雨粟，鬼夜哭。

——《淮南子·本经训第八》

中国第一部绘画通史《历代名画记》的作者、唐代著名文艺理论家张彦远对这句话的解释是：

（有了文字后），造化不能藏其密，故天雨粟；灵怪不能遁其形，故鬼夜哭。

——《历代名画记卷一·叙画之源流》

用今天的话说就是：天地万物已经不能隐藏其秘密了，所以上天被感动得下了一场粟雨；灵怪鬼魅不能隐遁其形迹了，所以鬼魅被惊吓得夜间大哭。文字的发明，其影响力可见一斑。在这一意义上，仓颉对中华文明的贡献用居功至伟来形容毫不为过。

有一点还是要强调，仓颉、沮诵与炎帝、黄帝这些名字一样，不只是个人的名字，在相当长的时间里是氏族的名字、氏族首领的名号。作为黄帝史官的仓颉，祖上也有着煊赫的背景。在伏羲女娲氏族联盟时代，伏羲氏族与史皇氏氏族长期通婚。伏羲氏族的某位男子与史皇氏的女首领成婚，生下一个孩子，这就是史皇氏仓颉，就是黄帝史官仓颉的先祖。史皇氏仓颉是个神童，从小就对文字符号有浓厚的兴趣，史载：

> 仓帝史皇氏，名颉，姓侯冈，生而能书，于是穷天地之变化，观奎星圜曲之势，俯察鸟羽山川，指掌而创文字。
>
> ——《纬书集成·春秋元命苞》

史皇氏仓颉凭借最早懂得用文字符号记事的本事而被推举为炎帝氏族联盟的记事史官，并世代相传从事文字符号的创制和记事工作。史皇氏仓颉还因此被推举为史皇氏部族的首领，仓颉也从此成为首领的名号。在炎帝氏族联盟的中后期，某一位史皇氏仓颉还曾率部族击败过末代炎帝氏族联盟，建立了历时约一百二十年的史皇氏仓颉氏族联盟，首领改称苍帝。仓颉氏族联盟末期，炎帝部族卷土重来，仓颉氏族联盟被推翻，于是他们回到炎帝氏族联盟中，继续做老本行——记事史官。

到了黄帝氏族联盟世代，历任史皇氏仓颉都是记事史官的不二人选。《世本》《吕氏春秋》等古籍都记载了这个时期"史皇作图"一事，但这个图到底是什么，史家也有争议，有的说是史皇创制了地图，并在炎黄联盟对蚩尤的战争中发挥了重要的作用。也有人认为史皇发明了绘画，宋人韩拙的《山水纯全集》就载说"史皇状鱼、龙、龟、鸟之迹。"北宋道教类书《云笈七签》也说"黄帝有臣史皇，始造画"。明代的《画史会要》则说："史皇与仓颉，具黄帝臣，史皇善画，体象天地，功侔造化，写鱼龙鱼鸟之形，以受仓颉而作文字。"客观来分析，即使说黄帝时期史皇能绘制地图，恐怕也只是对山川物态的描摹，形态上可能还是更接近绘画。但不管怎么说，史皇为中华文明的肇创和发展做出了不可磨灭的贡献，无愧于人文始祖的称誉。

应龙氏

应龙本来是一种长有翅膀的龙，据南朝梁代著名文学家任昉编写的《述异记》记载：

> 水虺五百年化为蛟，蛟千年化为龙，龙五百年为角龙，千年为应龙。
>
> ——《述异记》卷上

成书于三国魏明帝时期的百科词典类书《广雅》说：

有鳞曰蛟龙，有翼曰应龙，有角曰虬龙，无角曰螭龙。

也就是说，应龙是一种高级的长有一对翅膀的龙。应龙氏，顾名思义就是以应龙为图腾的氏族。应龙氏的祖先应该是以鸟为图腾的东夷族群中的一支，世代与龙为图腾的黄帝部族通婚和融合，就此产生了一个新的氏族，于是，应龙氏就取鸟的最主要特征——翅膀与龙结合，形成了新的氏族图腾。

应龙氏应该是一个比较强大、英勇善战和充满智慧的部族，它是黄帝氏族联盟统一战争的有力盟友和最主要的支持者。黄帝氏族联盟与九黎蚩尤部族联盟在冀州之野涿鹿进行激战，适逢天降大雨，黄帝让应龙氏修筑堤坝，截蓄洪水，确保黄帝氏族联盟大军免于洪水之灾。几天的大雷雨过后，是长时间的响晴薄日的天气，酷热蒸腾。蚩尤部族因为事先未做准备，所以出现了饮水和中暑问题，而黄帝氏族联盟方面，因为应龙氏事先筑坝蓄水，所以饮水有充足的保证。结果，涿鹿之战，黄帝氏族联盟大军一战而胜，蚩尤部族的首领也被应龙氏人在凶黎土丘斩杀。随后，黄帝氏族联盟大军在应龙氏人带领下，一路追杀在外寻找水源的蚩尤的亲族和盟友夸父部族。最后夸父部族在前往北方大泽的途中，水断粮绝，几乎举族尽亡。

1964年绥德县贺家沟砖窑梁出土的画像砖中的应龙图案

涿鹿之战后，应龙氏被黄帝委派到南方多雨地带，进行治理，继续发挥其擅长治水的特长。到大禹时代，应龙氏族又是治水的先锋，佐助大禹打通阻塞，疏浚江河，导水入海，成就了千万年的伟业。

"擒杀蚩尤""追杀夸父""导水入海"这三件奇功，使应龙氏的地位空前高涨。随着部族的不断发展，应龙氏族与其他氏族一起，进入了更高一级的社会形式，这就是方国。应龙氏族部落在夏末商初建立了应国。应国的领土，据考，在今山西应县雁门关一带，其地北有龙首山，南有雁门山，正应了应龙的氏族名称。周灭商后，应国的土地为周兼并。

黄帝族系火官祝融

祝融源起于伏羲女娲氏族联盟时期管理用火事务的祝融氏，其先祖燧人氏族人发明了钻木起火，而由祝融氏族世代负责保管火种和祭祀火神。

在长达数千年的原始社会的发展过程中，祝融逐渐由专门负责用火事务的氏族的名字演变成了原始社会氏族联盟政权中最重要的职位之一火官的名号。在伏羲女娲氏族联盟时代，火官祝融由风姓的祝融氏氏族世袭担任，到了炎帝氏族联盟时代，炎帝族或是通过与风姓祝融氏族联姻，或是通过强制手段，取得了火官祝融的大权，是为姜姓祝融；姜姓祝融中甚至有人出任过炎帝氏族联盟的首领，是为炎帝祝融。到了黄帝时代，在很长一段时内，火官祝融仍由姜姓祝融后人担任，据史载：

炎帝（节茎）生克及戏，戏生器及小帝，自庆甲以来疑年。器生巨及伯陵、祝庸。
——《路史·卷十三·后记四·禅通纪·炎帝纪下》

祝庸就是祝融，"器生……祝庸"，是说炎帝器的儿子出任了火官祝融。需要指出的是，这个时候炎帝名号虽在，但已不是天下之主，天下之主是黄帝轩辕氏。也就是说，火官祝融虽然出身炎帝族，但其身份已经变成黄帝氏族联盟的火官。据史载，这位祝庸还是黄帝六相之一：

昔者黄帝得……祝融辩乎南方，故使为司徒。
——《管子·五行第四十一》

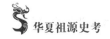

黄帝得祝融明察于南方，所以任命他为"司徒"，负责管理民众、土地及教化等事情，职位相当于宰相。

此外，《世本》还有"祝融作市"的记载，是说黄帝时期的祝融首先建立了市肆。

以上说明，在黄帝氏族联盟里，祝融的职责较以往有很大改变，由以前的主管用火事务和祭祀火神、观察大火星的近似神职人员变成了承担氏族联盟具体管理工作和南方地区事务的官员。

到了帝颛顼高阳氏时代，祝融已经完全演变成官职，而不再是氏族部落的名称，本是炎帝族系的祝融，也从此被黄帝族系的祝融所代替，其图腾形象也有所改变，据载：

南方祝融，兽身人面，乘两龙。

——《山海经·海经·海外南经第六》

龙是黄帝族系的图腾，说明这个时候的祝融已经出自黄帝族系了。帝颛顼高阳氏即位后任命自己的儿子犁担任祝融之职：

颛顼氏有子曰犁，为祝融。

——《左传·昭公二十九年》

当然了，这位祝融，《山海经》说是颛顼之孙，而《史记》说他是颛顼的重孙重黎。后来帝喾时期发生了共工氏作乱，帝喾让重黎平乱，结果"重黎诛之而不尽"，没有完成这一任务，于是帝喾就杀掉了重黎，而以重黎的弟弟吴回继任祝融之职。吴回生了陆终，陆终生子六人，这就是历史上的"陆终六姓"。"陆终六姓"后来又变成著名的"祝融八姓"，但这里的祝融是指祝融吴回，与远古的风姓祝融氏、姜姓祝融氏没什么关系了。

师延

师延，确切地说是从黄帝时期开始，世代担任乐官的一个部族，其始祖名师延，后来人们把他们的部族也称为师延。据东晋人王嘉撰写的《王子年拾遗记》载：

师延者，殷之乐工也。自庖皇以来，其世遵此职。至师延精述阴阳，晓明象纬，终莫测其为人。世载辽绝，而或出或隐。在轩辕之世，为司乐之官。

——《王子年拾遗记·卷第二百三·乐一》

师延部族的历史可以上溯到伏羲时代，那个时候这个部族就以出乐工而闻名。作为乐工，师延能够精确地表达出阴阳之声，能够通晓经天纬地的变化，人们始终对师延部族有一种神秘感。他们的历史非常悠久，时而出世时而隐没。到了黄帝轩辕氏时期，师延部族的首领出任黄帝氏族联盟的"司乐之官"。

到了殷商时，师延全面修编了三皇五帝时的乐章，而且发明了箜篌这种乐器。这时候师延的演奏技艺已经精湛到了只要他弹起一弦琴，地下的神灵都升出地面来聆听；吹起玉笛，天神都降临凡世来欣赏。师延部族到了黄帝轩辕氏时代，已经存在数百年了。他能从各国的乐声中听出兴亡的征兆。到了夏朝末年，师延部落首领抱着乐器投奔殷商。

然而到了殷商末年，纣王沉溺于声色之中，将乐官师延幽拘在阴宫中，准备处以极刑。师延在阴宫中演奏清商流徵调角等雅乐，看守阴宫的狱卒向纣王汇报，纣王厌烦地说："这些都是上古时期的淳朴的乐音，不是我们这样的人可以享受的！"所以，拒绝释放他。于是，乐官师延只好演奏"北里之舞、靡靡之乐"这些迷魂淫魄的靡靡之音，用这种音乐来配合纣王彻夜不休的淫逸生活，纣王这才免予对他施以炮烙之刑。后来，师延听说周武王兴师伐纣，就趁乱逃亡，结果在过濮水时就没了音信。有人说，他是自己投水而亡了。因此，晋国、卫国的民众镌石铸金刻画上师延的图像，不断有人为师延立祠供奉。

师延的故事并没有因师延的死而结束，《史记·乐书》曾记载了一个非常有想象力和戏剧性的故事，说卫灵公有一次去晋国，途中驻扎在濮水上游，半夜听到了一种从没听过的曲子，就问左右跟随的人，他们都回答说"没有听到"。卫灵公叫来卫国著名乐师师涓，对他说："我听到了抚琴的声音，问身边的从人，都说没有听到。这事有些古怪，你为我仔细听一听，把琴曲记下来。"师涓九一边听卫灵公叙述一边拨弄琴弦，把曲子记录了下来。

到了晋国，卫灵公对晋平公说起在濮水上游听到奇怪的乐音并让师涓记录了下来，晋平公马上就要听，师涓于是让晋国著名乐师师旷协助他演奏，还没演完，师

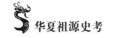

旷甩袖制止说："这是亡国之音，不要再奏了。"原来这首曲子就是当年让商纣王亡国的"北里之舞、靡靡之乐"，是当时的乐师师延跳濮水自杀前所作，谁听了此曲，谁的国家就要遭殃。晋平公执意要听，二位乐师无奈只好继续演奏，结果晋国之后大旱三年，寸草不生。

大挠（大桡）

大挠，也作大桡（音ráo），战国时期的秦国丞相吕不韦认为大挠是黄帝的老师之一：

神农师悉诸，黄帝师大挠，帝颛顼师伯夷父……

——《吕氏春秋·卷四·孟夏纪·尊师》

一般认为，大挠是我们民间至今仍在使用的甲子记日法的发明者，大约在战国末年，依据各国史官长期积累下来的材料编成的史书《世本》就载说：

容成造历，大桡作甲子。

——《世本八种·王谟辑本·作篇》

《世本》注家、三国时著名学者宋衷补充说：

二人皆黄帝之臣，盖自黄帝以来，始用甲子纪日，每六十日而甲子一周。

《汉书》则记载说：

黄帝使羲和占日……大桡作甲子……

——《汉书·卷二十一·律历志第一下》

唐代史学家刘恕在《通鉴外纪》中也说：

（黄帝）其师大挠，探五行之情，占斗刚所建，始作甲子。甲、乙谓干，子、丑谓枝，枝干相配以名日。

——《资治通鉴外纪·卷一上·庖牺以来纪》

至于大挠如何发明甲子，《礼记》载：

大挠采五行之精，占斗纲所建，于其始作甲乙以名日，谓之干；子丑以名月，谓之支，支干相配以成六旬也。

——《礼记·月令》

《辞源》说，"干支"取义于树木的"干枝"。十天干及其具体含义是：

甲，像草木破土而萌，阳在内而被阴包裹。也有认为认为，甲者铠甲也，把万物冲破其甲而突出了。

乙，草木初生，枝叶柔软屈曲。

丙，就是炳，如赫赫太阳，炎炎火光，万物皆炳然著见而明。

丁，草木成长壮实，好比人的成丁。

戊，茂，象征大地草木茂盛。

己，意思是起、纪，万物抑屈而起，有形可纪。

庚，就是更，秋收而待来春。

辛，金味辛，物成而后有味。也有人解释说，辛者新也，万物肃然更改，秀实新成。

壬，妊，阳气潜伏地中，万物怀妊。

癸，揆，万物闭藏，怀妊地下，揆然萌芽。

十二地支及其含义是：

子，就是孳，草木种子，吸土中水分而出，为一阳萌生的开始。

丑，草木在土中出芽，屈曲着将要冒出地面。

寅，演也、津也，寒土中屈曲的草木，迎着春阳从地面伸展。

卯，取音自茂，日照东方，万物滋茂。

辰，源于震，万物震起而长，阳气生发已经过半。

巳，意思是起，万物盛长而起，阴气消尽，纯阳无阴。

午，万物丰满长大，阳气充盛，阴气开始萌生。

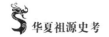

未，本义是味，果实成熟而有滋味。

申，本义是身，物体都已长成。

酉，本义是酋，万物到这时都酋缩收敛。

戌，意思是灭，草木凋零，生气灭绝。

亥，意思是劾，阴气劾杀万物，到此已达极点。

黄帝时期也有伏羲女娲时代传下来的古老历法，但粗糙而不准确，往往耽误农时，也无法准确纪年和计时，黄帝于是让大挠在天干地支计时法的基础上研究新历法。大挠氏通过观察太阳系的五大行星，发现三月木星转到正东，这一天就是春分；七月火星运行到正南天，这一天就是夏至；九月金星转到正西方，这一天是秋分；十一月水星转到正北方，这天就是冬至。除此之外，天干地支计年法以每年的立春日为始，不是以正月初一为准。这种纪年法把一天分成十二个时辰，一个月三十天，一年十二个月。

天干地支纪年法是中国传统文化的集中体现，它是先贤们智慧的结晶，时至今日，它也并没有过时，对指导农业生产仍然非常有效。它所制定的节令很多已经成为我们中国人的节日，在我们的社会生活中起着至关重要的作用。

容成子（大容氏、大容）

在黄帝氏族联盟时期，有一个重要的部族为华夏民族远古文明的发展做出了重大的贡献，这就是容成氏，也称有容氏、大容氏、庸氏，据《庄子·胠箧》记载：

昔者容成氏、大庭氏、伯皇氏、中央氏、栗陆氏、骊畜氏、轩辕氏、赫胥氏、尊卢氏、祝融氏、伏羲氏、神农氏，当是时也，民结绳而用之。

——《庄子·外篇·胠箧》

《淮南子》还描绘了容成氏时代天下大同的景象：

昔容成氏之时，道路雁行列处，托婴儿于巢上，置余粮于亩首，虎豹可尾，虺蛇可展，而不知其所由然。

——《淮南子·本经训第八》

意思是：以前古帝容成氏的时代，人们像大雁一样有序地在大道上行走，干农活时将婴儿放在鸟巢里也没危险，余粮放在田头也不会丢失；可以尾随虎豹、可以脚踩毒蛇而不受其害，人们也不知道为什么能够这样太平。

庄子把容成氏列为与伏羲、神农同时代的人，这个未免有点夸张，但经后人研究，容成氏在历史上的活动时间范围相当大，《列子》曾载黄帝在崆峒山向容成子学气功，《列仙传》则记载容成公见过周穆王，《庄子》也说过："老子师容成"。但是黄帝时代的容成子和周穆王时代、老子时代的容成子绝不可能是一个人，而只能是容成氏不同时期的首领。

也有一种观点——以宋代类书《集韵》为代表——则认为容成是高阳氏八恺之一的"仲容之后"。高阳氏就是帝颛顼。《山海经》载：

有中容之国。帝俊生中容，中容人食兽、木实，使四鸟：豹、虎、熊、罴。

——《山海经·海经·卷十四·大荒东经》

这里提到的"帝俊"，有学者考证说就是帝颛顼，"中容"就是"仲容"。《左传》载，"昔高阳氏有才子八人，世得其利，谓之'八恺'"。但是，与其说这"八恺"是帝颛顼之子，不如更确切地说，这"八恺"是帝颛顼氏族联盟的八个重要的部族。这里认为容成子是"仲容之后"，既有道理也没有道理，有道理是说帝颛顼时期的仲容一定跟容成子有关系，仲容可能是部族名称，而容成子是部族首领的称谓；没有道理的是，容成子不应该是"仲容之后"，黄帝时期的容成子很有可能是"仲容之先"。

黄帝时期的容成子的最大成就是发明了黄帝历法，这就是我们常说的黄历，《世本》载：

容成作《调历》。

——《世本八种·张澍稡集补注本·作篇》

司马迁说：

盖黄帝考定星历，建立五行，起消息，正闰余，于是有天地神祇物类之官，是谓五官。各司其序，不相乱也。

——《史记·卷二十六·历书第四》

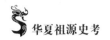

意谓：黄帝时考察星度，制定历法，建立了五行序列，确立起阴阳死生消长的规律，纠正了闰月余分数值的大小，于是有了分管天地神祇和其他物类的官员，称为五官。各自掌管自己的一套，不相杂乱。

容成子的《调历》不是凭空臆想出来的，而是在已有的一些天文历法知识的基础上综合、整理、修订而成，据《汉书》载：

> 黄帝使羲和占日，常仪占月，臾区占星气，伶伦造律吕，大桡作甲子，隶首作算数，容成综此六术而著《调历》也。
>
> ——《汉书·卷二十一·律历志第一下》

《调历》又称《黄帝调历》。中国科学院国家天文台研究员、博士生导师赵永恒遍考古代文献，考证出《调历》始于公元前4377年1月15日，并据此推算出黄帝出生、即位和炎黄蚩尤战争的年代，详见《黄帝年代之历法钩沉》，发表于《科学》期刊2005年第五期，读者有兴趣可以参考。

除了改进历法，容成子还发明了一种叫"盖天"的天文仪器，据载：

> 容成作盖天，综六术以定气象。
>
> ——《路史·卷十四·后纪五·疏仡纪·黄帝纪上》

这种天文仪器可能是最早的观象仪。

上述史籍记载的黄帝时期的天文历法成就也获得了现代考古发掘的证实，1987年，考古学家在安徽省含山县凌家滩，发现了距今五千年前大汶口文化的玉板龟书八卦图，天文史专家认为是中国最早的历法。同一年，考古工作者又在河南省濮阳市西水坡遗址，发现大规模的古墓葬群，包含仰韶、龙山、东周和汉代等几个时期的文化遗存，尤以仰韶文化最为丰富，其中一座据今六千四百年前的一座仰韶大墓，墓圹南圆北方，反映了当时已经出现了天圆地方盖天说理论。墓主人左右随葬有蚌壳摆塑的龙虎，天文学家认定当时出现了对天体"东宫""西宫"的认识，也正是对历法中春分秋分的认识。天圆地方的盖天说，在红山文化、良渚文化中都有反映，特别是良渚文化的玉琮很能说明问题。

除了在天文历法上的突出贡献，黄帝时期的容成子还被认为是气功导引术和胎息术的发明人，据载：

唯黄帝与容成子居空峒之上，同斋三月，心死形废；徐以神视，块然见之，若嵩山之阿；徐以气听，砰然闻之，若雷霆之声。

——《列子·汤问第五》

这段文字描述了黄帝与容成子在崆峒山上练习气功的事。他们一同斋戒了三个月，练到了心如死灰形如槁木的境界，这时他们慢慢地用神念去观察事物，小土块一样微小的东西，在他们看来也像是嵩山的山丘那样高大；他们慢慢地用气去倾听，本来微弱的砰砰之声，在他们听来就像是雷霆之声。

黄帝时期的容成子还被古人认为是黄帝时期的原始祭天乐舞《云门》《大卷》的作者，史载：

命大容作承云之乐，是为《云门》《大卷》，着之栓楬，以道其龢。

——《路史·卷十四·后纪五·疏仡纪·黄帝纪上》

这段文字的另一种句读形式为：命大容作承云之乐，是为《云门》，大卷着之栓楬，以道其和。这里，大卷变成了人名，句意就变成了黄帝命大容做承云之乐，名字叫《云门》，大卷则用栓（音qiāng）、楬（音jiē）两种打击乐器进行配乐处理，使乐舞更加祥和动听。

在《路史》作者、南宋史学家罗泌看来，《云门》就是黄帝时期的著名乐舞《咸池》，代表了古代很多学者的看法。云门乐舞的具体内容今天已经不可考，1973年，台湾人林怀民创办了一个名为"云门舞集"的职业舞蹈团，但只是借用云门这个黄帝时期乐舞的名字而已，与黄帝乐舞没有什么干系。

除了黄历、天文仪器、气功、云门乐舞这些文明成果的发明者，黄帝时期的容成子还被认为是古代房中术的鼻祖，是采阴补阳说的最早提出人，据载：

容成公者，自称黄帝师，见于周穆王。能善补导之事，取精于玄牝。其要谷神不死，守生养气者也。髮白更黑，齿落更生。事与老子同。亦云老子师也。

——《列仙传·卷上·容成公》

道教类书《云笈七签》也载说：

-323-

有窖成公善补导之术，守生养气，谷神不死，能使白发复黑，齿落复生，黄帝幕其道，乃造五城十二楼，以候神人即访。

——《云笈七签·卷一百·纪传部·纪一·轩辕本纪》

从上述我们可以看出，容成氏是一个部落，一个可能世代研究气功导引术和房中术的部落，其不同时期的首领分别指导过黄帝、周穆王和老子。也有观点认为，房中术是后世道教出现后才有的东西，类似《容成阴道》《容成经》之类的房中术著作，不过是后人假托容成子之名而已。

容成氏的后代在商代建立过庸国，西周周穆王时期创建过"容氏国"，据大清光绪《彭县志》记述：

庸国，善于铸造大钟，常向王室献宝，得到信任，被封为诸侯国。

山西博物馆珍藏有一个战国晚期"容侯鼎"，鼎文铭载："容侯作国然，昇凡其万年，宓考永宝用。"此鼎是关于有容氏建国的重要物证，可与文史记载相佐证。

上海博物馆所收藏楚简中，有《容成氏》一篇，全篇共存完、残简五十三枚，约两千多字，记叙了自上古容成氏至于西周文王、武王等古代帝王的事迹。经北京大学中文系著名教授、先秦考古及中国古汉语专家李零先生的整理，及陈剑先生的重新缀连，已基本可以通读。该文献中包含有大量战国时期古史传说的重要讯息，是近年来所出战国楚简中性质较为重要和特殊的一篇。

岐伯

中医又称"岐黄之术"，黄就是黄帝，岐就是指黄帝氏族联盟时期的大臣岐伯。岐伯，顾名思义，就是岐山这个地方的部落首领。据北宋道教类书《云笈七签》载：

时有仙伯，出于岐山下，号岐伯，善说草木之药性味，为大医，帝请主方药……作内外经。

——《云笈七签·卷一百·纪传部·纪一·轩辕本纪》

显然，岐伯是生活在岐山地区的一位医学家，并以所居住的地方命名，有可能就是岐部落的首领。

另据《路史》载：

（黄帝）复岐下见岐伯，引载而归，访于治道。

——《路史·卷十四·后纪五·疏仡纪·黄帝纪上》

黄帝氏族联盟建立后，黄帝到各地巡访有道之人，结果在岐山找到了岐伯，就把他用自己的车驾带回自己的王庭有熊（今河南新郑），向他咨询治国之道。

关于岐伯的治国安邦之术，我们知之不多，但众人皆知的是他是一代名医，中医鼻祖之一，他的老师就是炎帝氏族联盟中那个尝百草的僦贷季，另外，据传广成子、赤松子、中南子等"仙人"也向岐伯传过医术。

黄帝就医学问题求教于岐伯和另一位医师雷公，他们之间的对话，经时人整理成文后，就是后来被奉为中医学圭臬的宝典——《黄帝内经》。汉代张仲景在《伤寒论》自序中说：

黄帝与岐伯，上穷天纪，下极地理，远取诸物，近取诸身，更相问难，垂法以福万世……而《内经》作矣。

东汉末、西晋初时的经学家和医学家皇甫谧在其著述《针灸甲乙经》中则记载说岐伯和当时的一些医师发明了针灸术：

黄帝咨访岐伯、伯高、少师、少俞之徒，内考五脏六腑，外综经络、血气色候，参之天地，验之人物，本之性命，穷神极度，而针道生焉。

这段文字谓：黄帝访寻岐伯、伯高、少俞等医生，对人体内部器官进行了考证，同时结合对人体外部经络、气血、肤色和特征等进行观察，并把天道运行规律用于检验人体运行实践，探究生命根本，穷究生命的变化规律，在这一切的基础上，创建了针道。

《路史》载，黄帝还让岐伯、雷公以及当时的另一位名医俞跗建立了中国历史上第一家中医研究院——明堂：

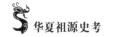
命俞跗、岐伯、雷公察明堂，究息脉，谨候其时，则可万全。

——《路史·卷十四·后纪五·疏仡纪·黄帝纪上》

除了在医学上的伟大贡献，岐伯还是军乐器和军乐的发明人：

岐伯作鼓吹、铙角、灵鞞、神钲，以扬德建武，历士风敌而威天下，重门击柝，备不速客。

——《路史·卷十四·后纪五·疏仡纪·黄帝纪上》

岐伯作为一个世代出医师的部族，在商代时一直生活于岐山一带，但由于受到当时的戎人的侵扰而逐渐衰亡下去，到了周祖古公亶父来到岐山时，岐伯之地已变得荒凉不堪，后来岐伯部族就与周人融合，从此在历史的舞台上消失，但其先祖以降所世代口口流传的治病救人的方法，却在战国时期被整理成《黄帝内经》，作为中华文明的一个标志性的文明成果，而永远地流传了下去。

素女——黄帝的房中术老师

素女为古代传说中的神女，古人认为她与黄帝同时。

素女的族属现在已经不可考，有学者认为可能出自非常古老的弇兹氏部族，传说在距今三万年前，弇兹氏部族的女首领发明了用树皮搓绳的技术。她发明的绳索有三种：单股的绳称作"玄"，两股合成的称作"兹"，三股合成的称作"索"，又称素。素女的得名可能与此有关。

素女以两个方面的专长而闻于世，首先，古人认为她是二十五弦瑟的发明者。据《世本》载：

疱牺作五十弦。黄帝使素女鼓瑟，哀不自胜，乃破为二十五弦。

《史记·封禅书》中也有"太帝使素女鼓五十弦瑟"。东汉许慎的《说文解字》载说，"瑟，庖牺所作弦乐也"，是说伏羲发明了五十弦的瑟。有一天，黄帝让素女鼓瑟，素女在弹奏过程中，黄帝觉得"哀不自胜"，素女于是改五十弦瑟为二十五弦，不仅使音声更加委婉动听，更重要的是使弹奏更为便易，从而更便于流传。

使素女盛名于世的最大原因不是她改良了瑟这种乐器，而是她是黄帝的房中术老师、房中术实践的参与者或者说是房中术理论的最早提出者。据东汉王充的《论衡》载：

> 素女对黄帝陈五女法，非徒伤父母之心，乃又贼男女之性。
>
> ——《论衡·命义》

这个五女法，可能是御女法。不过王充显然认为素女的房中术是淫乱之术，不只是让父母伤心，而且还对后代子女的身心构成了伤害。

东周至南梁的诗歌总集《玉台新咏》卷一曾登载东汉著名天文学家、科学家、文学家张衡的《同声歌》，其中提到：

> 重户结金扃，高下华灯光。
> 衣解巾粉御，列图陈枕张。
> 素女为我师，仪态盈万方。

诗中"列图陈枕张"，就是说新婚夫妇在交合之际，要看图学习性爱技巧和理论，"素女为我师，仪态盈万方"，点名图上画的做示范动作的女人就是素女，而且表明性爱花样还不少。

另据东晋时期的著名道士葛洪的《抱朴子》载：

> 黄帝论道养性，则资玄素二女。
>
> ——《抱朴子·内篇·极言》

道教类书《云笈七签·轩辕本纪》也载说：

> （黄帝）于玄女、素女受房中之术，能御三百女。
>
> ——《云笈七签·轩辕本纪》

玄女就是九天玄女，应该也是素女的同族之人。九天玄女和素女应该都是黄帝的房中术老师，故后世也把房中术称为玄素或素女之道。

素女的房中术理论基本载于《素女经》，据考证，这本书约成书于战国至两汉之间，显系时人托其名而作，魏晋时在民间得到广泛流传、补充和修改。《隋书·经籍志》著录《素女秘道经》一卷、《素女方》一卷、《素女养生要方》等，这些书都在隋唐时失传，幸由日本医学家丹波康赖（丹波家族世代为天皇御医，其祖先为东汉皇室东渡日本的支派后裔）于公元982年编成一部《医心方》，将书中观点大段辑录，其精华才得以保存。清光绪年间，长沙一位叫作叶德辉的医师将《医心方》中相关内容辑成《素女经》一书，收入《双梅景闇丛书》之中，古老的房中术秘籍才得以留存于世。

素女在中医学的发展上也有自己的贡献。相传是她创造了切脉的方法，对疾病的诊断技术有了突破性的发展。据记载素女著有《素女脉诀》《素女方》等医学书籍，但均已散佚。《礼记·曲礼》强调"医不三世，不服其药"，所谓"三世"，即指三世之书，一指《黄帝针灸》，二指《神农本草经》，三指《素女脉诀》。意思是说，作为医生如果不能充分掌握三世医书之精髓，其医术就不能被大众所认可，由此可见《素女脉诀》在当时之地位是多么重要。

九天玄女

九天玄女又称玄女，俗称九天娘娘、九天玄女娘娘、九天玄母天尊，相传是黄帝的老师之一。

关于玄女的由来，历来说法很多，莫衷一是，这里仅列举几种：

• 出自弇兹氏部族说

有学者认为玄女可能出自非常古老的弇兹氏部族。传说在距今三万年前，弇兹氏部族的女首领发明了用树皮搓绳的技术。她发明的绳索有三种：单股的绳称作"玄"，两股合成的称作"兹"，三股合成的称作"索"，又称素。所以，她的两个女儿因此被命名为玄女和素女。

• 炎帝之母说

有一种说法认为"九天玄女"应为"九天壬女"，因"壬"是天干第九位，玄色，故名九天壬（玄）女。而之所以叫壬女，是因为她是炎帝的生母任姒（名女登），任就是妊，也就是壬。

明代作品"九天玄女像"

• 女魃说

以台湾静宜大学教授胡万川先生为代表的学者将玄女和女魃联系起来，认为九天玄女是由黄帝蚩尤之战神话中"天女魃"所衍变出来的女神。他们可能因为女魃被称为"天女"，与玄女同为女神，女魃所衣青衣之"青"（黑色）又与玄女之"玄"（黑而有赤色）相似，所以得出了女魃即玄女的结论。更为重要的是，女魃与玄女都被认为是帮助黄帝战胜蚩尤的女神，于是很容易产生玄女即女魃所衍变的联想。

但把女魃与玄女相比较，便可看出两者差异甚大：第一，女魃是遵从黄帝之命来对付蚩尤的大风雨的，玄女则是上天派遣或主动降临来为正在一筹莫展的黄帝出谋划策的。第二，女魃是"黄帝乃下"，须听从黄帝的指挥，而玄女的地位远远高于黄帝，以至于黄帝对其"稽首再拜，伏不敢起"。第三，女魃受黄帝之命直接参战，以旱止雨，玄女则向黄帝传授兵法神符。二者地位如此悬殊，很难把她们强拉在一起。

• 房中术大师说

除了帮助黄帝战胜蚩尤之外，玄女还是一位很有影响的传授房中术的女神。房中术文献中的"玄牝""玄门"等术语皆与玄女有密切关系。玄牝、玄门，语出《老子》第六章：

> 谷神不死，是谓玄牝。玄牝之门，是谓天地根。绵绵若存，用之不勤。

有学者指出：《老子》论"道"，重点是天地万物的生化。为了说明这个"道"，其以一个至大无外、其深无底的生殖器即"玄牝"为喻，说一切"实有"都是从这个"虚空"产生。如果说，"玄牝"等语汇在《老子》中是一种比喻，那么在有关房中术文献中则为实指。

在1973年出土的马王堆汉墓房中术书《合阴阳》中有："入玄门，御交筋，上欲精神，乃能久视而与天地牟存。交筋者，玄门中交脉也"等句。此外，《洞玄子》中的"玄圃"、《素女妙论》中的"玄珠"等，亦皆为同类语汇。不少学者认为，玄牝、玄门、玄圃和玄珠都是女性生殖器的代称。玄女的"玄"与"玄牝"等的"玄"当为同一含义，皆深远神玄之义，而牝又为女性所特有，与玄女之"女"暗合。所以，玄女很可能来自"玄牝"之类远古的女性生殖崇拜。

扁鹊

1958年，山东省微山县两城山东汉画像石出土。据山东大学考古专业创始人刘敦愿先生介绍："石上浮雕着从前未曾发现过的一种神话题材，即在带状的画幅内，一端刻着一个半鸟半人的神物（胸以上是人，胸以下是鸟），它对面是鱼贯而来的人群，人数多少不等，均做披发跪坐的姿势。神物一只手和来人为首的那个相握，另一只手则做扬举之状，或是握一短棒状物。"

这个人首鸟身的神人就是扁鹊。注意，这个扁鹊可不是指战国时期的名医扁鹊，后者真名叫秦越人，扁鹊是当时的人们对他的尊称，而这个尊称的由来就是黄帝时期的神医扁鹊，就是微山县两城山东汉画像石上的那位人首鸟身的神人。

扁鹊的本意是一种鸟，宋代《类篇》及清代《汉书人表考》说"扁"指"鶣"，扁鹊就是鶣鹊。这个"鸟身人面"的形象应该是以鸟为图腾的东夷族扁鹊部落的图腾，而在画像石中，这个形象代表了这个部落的首领——一位已经懂得用石针给人们医病的医生。据三国时魏国张揖所著《广雅》载，"石针谓之砭"；清代著名文字学家、训诂学家王念孙的《疏证》说："砭者，锐末之名，鸟喙谓之砭，义相近也。"很有可能，扁鹊部落的一位能人发明了用鹊鸟的尖喙刺扎病患部位来治病的方法。民间传说中至今也还有扁鹊化为鸟，用鸟喙给患者针灸的故事。

1958 年山东两城山出土的东汉画像石"扁鹊问诊黄帝"图

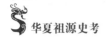

后来，扁鹊部落有人由使用鸟喙改为用石针，这位发明了石针的人不仅成为扁鹊部落的首领，还成为黄帝的御医和黄帝氏族联盟的重要官员。

由于历史久远，有关黄帝时期的扁鹊的针灸文献早已散佚，我们现在从史籍仅能看到一些零星的记载，如道家经典《云笈七签》中的一篇《轩辕本纪》谓："帝乃著内外经""……又有扁鹊、俞跗二臣定脉方。"《汉书·艺文志》也载有《泰始黄帝扁鹊俞跗方》二十三卷。

宁封子

中国在世界上号称陶瓷之国，连英语国名（CHINA）都取自陶瓷一词（china）。但是很多人并不知道中国的制陶之祖是谁，是谁在世界上第一个想到了把泥巴烧成陶器，这个人叫宁封子。在这之前，古人盛水装物的东西只有石碗、石釜，最多就是用兽皮扎成袋子。石碗、石釜不但制作困难，而且非常笨重，特别是取水效率很低，所以他们只能沿水源、河流而居。宁封子通过观察发现，河泥被太阳暴晒或者被篝火烧烤后就会变硬，于是就有了用火烧泥制器皿的想法。经过反复烧制试验，最终他总结了一套烧制陶器的办法和程序，并传授给其他人。

黄帝轩辕氏听闻有能人烧制出了陶器，极大地便利了人们的生活，就拜宁封子为陶正，就是负责烧制陶器的官员。但在一次烧制过程中，烧窑坍塌，正在窑边添柴加火的宁封子不幸落入火窟，成为人类历史上第一个为烧制陶器而献身的悲剧英雄。在场的很多人都说看到了冉冉升腾的烟气中有宁封子的形影，就认为他是得道成仙了。

宁封子后来被道教列为神仙人物，作为陶器之祖来供奉，其事迹也被收入道教典籍《列仙传》中：

> 宁封子者，黄帝时人也，世传为黄帝陶正。有人过之，为其掌火，能出五色烟，久则以教封子。封子积火自烧，而随烟气上下，视其灰烬，犹有其骨。时人共葬于宁北山中，故谓之宁封子焉。
>
> ——《列仙传·卷上·宁封子》

值得注意的是，《列仙传》说宁封子烧陶烧出了五色烟，如果是真的，则可能是烧制彩陶光折射的一种反映。彩陶的出现是制陶史上的一项重大突破，它是烧陶技术的革命性成果。

传说宁封子成仙后，黄帝曾在青城山又见到了他，黄帝向宁封子询问"龙蹻飞行"之道。元代道士全阳真人赵道一在其著作中记载说：

> 宁封先生栖于蜀之青城山北岩，黄帝师焉，请问三一之道，先生曰："吾闻天真皇人被太上敕，近在峨嵋，达三一之源，可师而问之也。"因以《龙蹻经》授黄帝，黄帝受之，能荣（乘）云龙以游八极，乃筑坛其上，拜宁君为五岳真人。
> ——《历世真仙体道通鉴卷三·宁封子》

这段文字的大意是：黄帝向栖居在青城山北岩的宁封先生求教三一之道（《道德经》：道生一，一生二，二生三，三生万物），宁封子向他推荐了另一位近在峨眉山的仙人天真皇人，并且向黄帝传授了《龙蹻经》，黄帝学了后，能够驾云龙遨游八极之外。后来黄帝就在青城山筑坛，拜宁封子为五岳真人，就是主管五岳的山神。

五岳真人也被称为五岳丈人，故青城山又名丈人山。宁封子因为向皇帝传授《龙蹻经》，所以也被称为龙蹻真人。

被道教拉上神坛的宁封子其实远不如人类制陶始祖这个身份更让我们怀念。陶器的出现解决了人类日常生活中的一大困难，表面看方便了人们取用东西，其更深远的意义在于使我们的祖先的生存活动空间得到扩大。近现代以来，考古工作者从西安半坡，黄陵的桥山，河南的仰韶、龙山等地发现了大量彩陶如尖底瓶、陶罐、陶碗、陶盆等，这都是宁封子的制陶技术得以传播和发扬光大的结果。

从宁封子的时代算起，制陶业在我国已有六千年的历史，中国的陶瓷之国、陶瓷之祖的名号绝非浪得。

伶伦

黄帝时期已经有了以演奏和创作音乐为业的乐官，这就是伶。其中最著名的一位伶官名字叫伦，他被奉为华夏民族的音乐之祖。

有关伶伦作乐最早的记载见于《吕氏春秋》：

昔黄帝令伶伦作为律。伶伦自夏之西，乃之阮隃之阴，取竹于嶰溪之谷，以生空窍厚均者，断两节间，其长三寸九分，而吹之，以为黄钟之宫，吹曰舍少。次制十二筒，以之阮隃之下，听凤凰之鸣，以别十二律。其雄鸣为六，雌鸣亦六，以比黄钟之宫，适合。黄钟之宫皆可生之。故曰：黄钟之宫，律吕之本。黄帝又令伶伦与荣将铸十二钟，以和五音。以仲春之月，乙卯之日，日在奎，始奏之，命之曰《咸池》。

——《吕氏春秋·卷五·仲夏纪·古乐》

这段文字对于中国原始社会音乐发展史的研究非常重要。其大意是：黄帝命令伶伦创作乐律。伶伦从大夏山的西方，到昆仑山的北面寻找，从嶰溪山谷中取来竹子，选择中空而壁厚均匀的竹子，从两节之间断开，每节长三寸九分，伶伦一吹，竹子发出声音，伶伦把它定为黄钟律的宫音，吹出来的声音称为"舍少"。伶伦依次制造了十二只竹筒，拿着它们到昆仑山下，一边听凤鸟的鸣叫，一边据此校正十二乐律。伶伦把雄凤鸣叫分为六音，雌凤鸣叫分为六音，用这些声音定出的乐律来与黄钟律的宫音相比对照，直到两相适合；黄钟律的宫音都可以产生这样的声音。所以说：黄钟律的宫音，是音律的根本。黄帝又命令伶伦和荣将铸造十二口编钟，用以调和五音，用来展示华美的乐音。在仲春的月份，乙卯之日，太阳行在奎的星宿之位时，伶伦指挥乐队首次合奏了一曲，这支曲子被命名为《咸池》。

伶伦在发出宫音的竹管的长度的基础上，再按"三分损益法"，经过几次的"三分损益"，其他的四个音阶商、角（音 jué）、徵（音 zhǐ）、羽也就产生了。

伶伦作律在考古发掘中也得到了验证。2011年4月，我国考古工作者在江西南昌汉代海昏侯刘贺墓中发现了两件和田玉作的玉管，稍粗的玉管大约合当时的9寸；稍细的玉管大约合8寸半。海昏侯墓出土的近万件精美的玉饰中，大多出土于主椁室东、西两侧，组玉佩出土于西藏阁的娱乐用具库，而这两件玉管却出土于主棺之中，放置在离刘贺遗体最近的地方，说明这是墓主人生前极为珍爱之物。

那么，这两件东西到底是什么呢？检索史书可以查到，《礼记》载"黄钟者，律之始也。九寸，仲冬气至则黄钟之律应。"《汉书·律历志》也称"故黄钟为天统，律长九寸。"原来，海昏侯格外看中的这两件玉器，一个是黄钟，一个就是大吕，它们的意义已经超出了玉器本身的玩赏功能，是我国古代度量衡的基础，与海昏侯墓中的那方"刘贺"玉印一样，象征着王侯的权力、地位和财富。

中国著名乐律学史专家李来璋遵循《管子·地员》和《吕氏春秋·音律》的相关记载，进行了吹律和制律的实践探索，结果成功地做出了十三根律管，从而证明了，远在六千多年前的黄帝时代，我们的先祖就已经发明了十二律音体系，这在当时的世界上是绝无仅有的。

伶伦发明的律吕不但用于音乐上，还被用在历法计算和节气的推算上，这就是《千字文》所说的"律吕调阳"。伶伦按"三分损益法"做了十二根竹管，其中最长的九寸，因为九是阳的极数，最短的四寸六分，然后按长短次序将竹管排列好，上面的管口一边齐，下边长短不一，像切大葱一样，留斜茬，然后插到土里面。竹管是空的，里面灌满用苇子膜烧成的灰。这种飞灰最轻，叫暇莩（音fú）。把这些管埋在西北的阴山，拿布幔子遮蔽起来，外面筑室，绝对吹不到一点风。到了冬至的时候，一阳生，这时，第一根九寸长、叫黄钟的管子里面的灰，自己就飞出来了，同时发出一种"嗡"的声音。这种声音就叫黄钟，这个时间就是子，节气就是冬至。用这种声音来定调相当于现代音乐的C调；同时可以定时间，来确定物候的变化，所以叫作"律吕调阳"。

伶伦发明的用律吕确定节气的方法，至少在唐朝民间还在使用，有大诗人杜甫的《冬至》诗作为佐证：

> 天时人事日相催，冬至阳生春又回。
> 刺绣五纹添弱线，吹葭六琯动飞灰。

葭就是葭莩，葭的灰；琯是竹管的美称。

为音乐制定了"五声""八音""十二律"的伶伦被公认为我国音乐之祖，他创作和指挥演奏了《咸池》这首艺术性很高的乐曲，说他是中国第一位杰出的音乐理论家、作曲家和演奏家、音乐之祖是完全当之无愧的。后世把乐师、乐工统称为伶人，其本原就在伶伦。

道教产生后，伶伦也被拉入道教神仙体系，被称为"洪崖先生"。据道教典籍《列仙传》记载：

> 洪崖先生，或曰皇帝之臣伶伦也，得道仙去，姓张氏。或曰尧时已三千岁矣。汉仙人魏叔卿在终南绝顶与数人博，其子度臣问卿曰："同与博者为谁？"叔卿曰："洪崖先生辈也"。

据传，西汉时，洪崖先生栖居华山，仙人卫叔卿服食云母得道成仙后，两人相

今人摹吴道子"洪崖仙图"

携在华山之巅戏游。汉武帝曾派使者梁伯与卫度臣（卫叔卿之子）寻找卫叔卿。二人来到华山，见卫叔卿在陡峭的山崖下与洪崖先生、许由、巢父、太玄公、飞黄子、王子晋、薛窅诸仙下棋遣兴。

晋人郭璞《游仙诗》中说："左挹浮丘袖，右拍洪崖肩。"表达了希望能与浮丘公、洪崖先生两位仙人共享长寿的愿望。南朝梁陶弘景《真诰》则记载，洪崖先生居四川青城山，为"青城洞真"，服食琅玕树花之后，登仙而去。陶弘景《真灵位业图》中列其为"青城真人"。

关于洪崖先生还有一种传说，称其曾隐居于豫章郡境内的西山，故此山又称"洪崖山"。隋文帝开皇九年（589年）还因此改豫章郡为洪州，这就是唐初大诗人王勃在《滕王阁序》开篇句"豫章故郡，洪都新府"的由来。时至今日，江西南昌以洪州、洪都、洪城命名的道路、工厂、企业、学校等比比皆是。

常先（恒先）

常先最早应该叫恒先，可能因为避讳汉文帝刘恒的名字，而在汉代以后被人改为常先。据《史记》记载，常先是黄帝的大臣，黄帝族系，与风后、力牧、大鸿共为黄帝四相。《帝王世纪》载：

力牧、常先……等，或以为师，或以为将，分掌四方，各如己视，故号曰黄帝四目。

——《帝王世纪辑存·自皇古至五帝第一》

常先在黄帝氏族联盟政权中的职位是司空，掌水利、营建之事，据《路史》载：

于是申命封胡以为丞，……恒先为司空。

——《路史·卷十四·后纪五·疏仡纪·黄帝纪上》

传说常先还是牛皮鼓的发明者，但未见史载。

羲和、常仪（常羲）

• 以奉祀日月为务

黄帝时代负责祭祀太阳神伏羲、月神女娲，并负责对太阳和月亮进行观测，根据观测结果制定日历、月历的工作，由黄帝氏族联盟中东夷族群的羲和部族的人世代担任。《史记》载：

盖黄帝考定星历，建立五行，起消息，正润余。

——《史记·卷二十六·历书第四》

《汉书》载：

黄帝使羲和占日，常仪占月，臾区占星气……

——《汉书·卷二十一·律历志第一》

意谓黄帝让羲和负责观日，让常仪负责观月，臾区负责观测星象。这三人应该都是黄帝氏族联盟的专祀日月星神的巫师和天文官。

据《尚书》，帝尧时期也有羲和，应该是黄帝时期的羲和部族发展到帝尧时期的首领，做的跟他们的祖先是一样的工作：

乃命羲和，钦若昊天，历象日月星辰，敬授人时。

——《尚书·虞书·尧典》

关于羲和常仪部族的族源，有学者认为他们就是伏羲女娲氏族的直系后裔，伏羲和女娲的名字组合起来就是羲和（娲转音就是和）；羲和部族以太阳和月亮为图腾，也与伏羲女娲氏族联盟的日月崇拜相吻合。

羲和部族由两部分人组成，除了专管太阳神祭祀和观测的人，还有专管月神祭祀和观测的人，称为常仪。常仪也就是常羲，"仪"字繁体字作"儀"，最初作"義"，此字与"羲"不管在字形读音都十分相近，因此可以通用。

• 日御羲和

正因为羲和有授时的本事，所以原始先民认为羲和有驾驭太阳的能力。后来由于羲和部族的人寒哀——下面我们马上会提到——发明了车驾，而成为黄帝的车夫，于是原始先民也把羲和想象成是太阳神的车夫，即日御。伟大诗人屈原在《离骚》中生动描绘了日御羲和的形象：

驷玉虬以乘鹥兮，溘埃风余上征。
朝发轫于苍梧兮，夕余至乎县圃。
欲少留此灵琐兮，日忽忽其将暮。
吾令羲和弭节兮，望崦嵫而勿迫。
路漫漫其修远兮，吾将上下而求索。

崦嵫，指太阳落山的地方。这段文字因千古名句"路漫漫其修远兮，吾将上下而求索"而成为《离骚》中最著名的一段，其大意是：我以凤凰为车，白龙为马，御着那飘忽的长风飞向天上。清晨，我从那南方的苍梧之野起程，傍晚，我到昆仑山下的悬圃卸妆。我本想在灵琐停留片刻，无奈太阳下沉，暮色苍茫。我叫那日御羲和按节徐行，不要急急地驰向崦嵫山畔。前面的路程遥远而又漫长，我要上天下地到处去寻觅心中的太阳。

《淮南子》也记载：

爰止羲和，爰息六螭，是谓悬车。

——《淮南子·天文训第三》

螭（音chī），是一种没有角的龙。太阳神的车夫是羲和，而他驾驭的是六条龙。当羲和把车驾停下来，六龙也停下歇息的时候，叫"悬车"。这个时候应该是一天中的黄昏。

- 寒哀作御、"嫦娥奔月"的历史真相

据《世本》载，黄帝的车夫名叫寒哀：

韩哀作御。

——《世本·张澍稡集补注本·作篇》

韩哀就是寒哀，《吕氏春秋》就写成"寒哀作御"（《吕氏春秋·审分览·勿躬》）。韩这个字，据笔者考证，其本字应为榦，韩、榦古语相通，意即井边的木栏，韩哀应该是发明了井边木栏的部落的首领，"韩哀作御"，我们与其理解为韩哀是黄帝的车夫，不如理解为韩哀发明了给黄帝的车驾加装木栏，使之从普通车驾而变为帝王车驾。他的灵感或许就来自于天帝的车驾——北斗七星。

韩在古语中又通寒。在古代，负责祭祀月神、司寒之神的祭祀活动称为寒类，类在这里是一种祭祀的名字，《尚书·舜典》有"肆类于上帝"的提法；《诗经·大雅》有"是类是祃"之句；《周礼·春官·肆师》则称"类造上帝"。这里的类，都是祭祀名。"寒类氏"应该就是专门负责祭祀司寒之神的人。司寒，据《左传·昭公四年》载：

古者日在北陆，而藏冰西陆……其藏之也，黑牡秬黍，以享司寒。

黄帝时期负责月神、司寒之神的祭祀的人被称为是寒类氏，他们来自于太暤伏羲氏-女娲氏的直系后裔羲和常仪部族中的常仪部落。羲和常仪部族的人称首领为"娥"，应为女娲的"娲"的转音。寒哀很有可能就是寒娥，也就是寒类氏部落的首领。

寒与韩通，韩与榦通，榦与干通，所以寒类氏，也可以称为是干类氏，这个干类氏很有可能就是黄帝之子己姓青阳的妻族，我们来看《路史》的相关记载：

> 小昊，青阳氏，纪姓，名质，……配于类氏，曰娥，居河之湄，逆星流槎，奏便媚之乐，乐而忘归，震而生质，白帝子也。
>
> ——《路史·卷十六·后纪七·疏仡纪·小昊》

这里的小昊有别于后来少昊氏族联盟的少昊，他是黄帝之子己姓青阳，因为是黄帝时期的东夷族少昊部的首领，又称少昊青阳氏。他娶了"于类氏"的女子"娥"为妻。这个"于"应为"干"之误，"于类氏"实际就是"干类氏"。有些《路史》电子版的繁体版本写做是"於類氏"，这是以讹传讹了。

这么一推论，少昊青阳氏的妻族就是羲和常仪部族中的常仪部落，也就是寒类氏部落。

因为给黄帝车驾发明了围栏这件功劳，黄帝就把寒哀及其亲族所栖居的地方命名为寒，寒哀在这里成立了一个原始部落方国——寒国。

到了夏代初期，出现了同源共祖的寒国、常仪部落同时存在的情况。夏启死后，其子太康即立，有穷氏的首领后羿欲篡夏政，就将太康困于外，使其不能归国，后来太康病死于阳夏。其弟仲康即位后，获得当时的乐正夔龙氏伯封的支持，因而遭到后羿的仇视，后者为此起兵征讨伯封的封国封父国，伯封战败被后羿射杀。后羿将伯封的肉烹了送给帝仲康吃，并用伯封祭天，以此威胁帝位。

伯封死后，后羿霸占了伯封之母玄妻，篡夺了夏政，从此更加荒淫无道，整天沉迷田猎，不务政事，疏远贤臣，宠用寒浞。寒浞本是东夷族伯明氏首领之子，因为品性恶劣而被赶出家门，却被后羿收留。寒浞在内部暗中勾结与后羿有杀子之仇的玄妻，在外边广施财物大行贿赂，收买了后羿的家众和徒弟逢蒙。终于有一天，后羿准备结束田猎回到朝中，这时后羿的家众突然发难，逢蒙借机抓住了后羿。玄妻以其人之道还治其人之身，让人把后羿剁碎烹熟，逼后羿的儿子去吃。后羿之子怎么也不肯就范，结果在有穷氏的祖庙里被杀，有穷氏至此亡国绝祀。

寒浞取代后羿当上夏王，也把玄妻在内的后羿的妻室都揽入自己怀中，其中就包括后羿之妻嫦娥。嫦娥与寒浞本是同族（但无血亲），都以月亮为图腾。寒浞为了取悦嫦娥，建造了一座宫殿供她居住。本来寒国的宫殿统称"寒宫"，这座新宫殿因规模尤其宏大而被称为"广寒宫"，著名的"嫦娥奔月"的故事即出于此。

嫦娥为寒浞生下浇和豷两个儿子，据《左传》载：

靡奔有鬲氏。浞因羿室，生浇及豷，恃其谗慝诈伪而不德于民。

——《左传·襄公四年》

伯靡是后羿的大臣，寒浞叛乱时，伯靡逃往有鬲氏。当初少康的伯祖、夏启之子太康失国时，仲康子姒相逃往同姓之诸侯斟寻氏以及斟灌氏避难。为了除掉后患，寒浞让浇率军灭掉了"二斟"：

使浇用师，灭斟灌及斟寻氏。处浇于过，处豷于戈。靡自有鬲氏，收二国之烬，以灭浞而立少康。少康灭浇于过，后杼灭豷于戈。

——《左传·襄公四年》

1999 年，中国邮政取材于河南南阳汉代墓葬画像石"嫦娥奔月"形象而设计的邮票

"二斟"被灭，斟相被杀，斟相妻后缗逃往自己的娘家有仍氏，在那里生下了遗腹子少康。之后，伯靡不断搜罗"二斟"余民，并联络有仍氏，最终有一天，伯靡、有仍氏联军灭掉了寒浞，少康得以继立夏王，史称"少康中兴"。

寒国被灭后，族人南迁。到了商朝时期，寒（韩、斡、斡、干）人因擅长于干栏建筑，故以"干"为国，是商王朝的属国，并以"干"为姓氏。至商朝末期，寒（干）人迁至徐州、江西一带，徐州至今还有称作"寒山"之地。

周王朝中叶以后，古干国由徐州南迁到临淮，称邗国。史书记载："干，国，在临淮，出宝剑。盖为莫邪，洞鄂之形也。"传世名剑干将、莫邪的铸造者就是春秋战国时期的铸剑大师干将。

寒（干）人立国于临淮，居有定所，故其后人加"邑"偏旁作"邗"字。春秋时期，邗国为吴国所灭。邗国被灭亡后，国人中的一支留于原临淮、邗等地，后被并入到宋国，族人皆为干氏。到后来的宋国大夫干犨、汉朝时期蜀尉干献和京兆尹干已衍、三国时期孙吴国军师干吉、晋朝时期大将军干瓒和散骑常侍、《搜神记》的作者干宝等，均为此支邗氏族人的后代。

广成子

很多人都知道，黄帝问道广成子的传说。那么，这个大名鼎鼎的广成子是谁呢？

广成子是黄帝的老师之一，应该是其中最重要最著名的一位。关于广成子的身世，史载不详，最早提到他的名字的典籍是《庄子·在宥》，记述了黄帝前往空同山向广成子问道的事迹。

自从庄子讲了黄帝到空同山问道广成子后，后世的很多典籍，特别是道教典籍，都把这件事当做是历史上确有其事，东晋著名道教学者、炼丹家、医药学家、道号抱朴子的葛洪把《庄子·在宥》记载的关于黄帝和广成子的对话删减了一下，就成了《神仙传·广成子》的内容。

庄子说的空同山，到了道教人士那里，就变成了崆峒山。这个崆峒山，有人说是今天河南汝州临汝镇崆峒山，有人说是甘肃平凉的崆峒山。传说广成子活了一千两百岁后升天，在崆峒山留下了两个升天时的大脚印。

周秦时期，黄帝登临崆峒山向广成子问道的事开始广为流传。治学严谨的司马迁在《史记·五帝本纪》中记载了这件事。而司马迁本人曾于汉武帝元鼎五年（前112年），亲自登临崆峒。他在《太史公自叙》中说："吾尝西至崆峒，北过涿鹿，东渐于海，南浮江淮矣。"这说明，他的记载是在博采众长和实际考察的基础上谨慎做出的，应当是可信的。当代台湾学者南怀谨先生也在其著作中说："黄帝遍学各种学问，最后西上甘肃的崆峒山，问道于广成子……"

　　黄帝时代大体与仰韶文化相对应。1967年，文物工作者在甘肃崆峒山望驾山东北麓甘家坟发现了属于新石器时期的齐家文化、仰韶文化遗址。其后，又在附近发现了大量齐家文化遗址。从出土的陶器可以看出，在黄帝时代，这一带已相当文明了，以至于后来形成著名的大部族崆峒族。所以先秦时期的典籍《逸周书》说：大夏、莎车、姑他、旦略、貌胡、其尤、东胡、戎翟、匈奴、楼烦、月氏、胡、北狄等十三部族悉归于崆峒。另一部典籍《汲冢周书》中也有"正北大夏、莎车、戎翟、月氏、空同、姑藏等十部族统为空同"的记载。崆峒族能使北方十二部族悉归，而作为在这里已修炼得了"至道"的思想家广成子，黄帝向他问道也就不足为奇了。

雍父

· 雍父作臼杵

雍父是黄帝氏族联盟的大臣，是臼杵的发明者。据史载：

雍父作臼杵，舂也。

——《世本八种·秦嘉谟辑补本·作篇》

　　东汉末、三国时期的经学家宋衷注解说："雍父，黄帝臣也。"现代考古发现表明，黄河中游陕甘地区在公元前五千年甚至六千年前的大地湾文化（又名老官台文化）时代，即有此类粮食加工装备，这与古史的记载是吻合的。

　　雍父部族应该是滥觞于上古时期雍水流域的黄帝族系成员，史载其姓"姞"，这是"黄帝二十五子，得姓十二"之一，所以，雍父如果不是黄帝的儿子，也很有可能是黄帝的亲族，或黄帝姞姓子的后代。黄帝之子伯儵就姓姞，但雍父与伯儵是什么关系，史载不详，不好妄下论断。

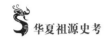

杵和臼的发明极大地便利了五谷的加工和食用，因此，黄帝就把雍父部族所在的地方命名为雍，并作为雍父的封地。今陕西凤翔县西北的雍山、雍水一带，应该就是黄帝时期雍部落的发源地和栖居地。

雍父的后裔在唐虞时代东迁河南，原雍地后来演变成《禹贡》九州之一的雍州，可见雍部落在当时是颇为强大的。《史记·封禅书》载，黄帝曾在雍地郊祭天帝，并在此住了三个月。后来秦迁都于雍，又设立"五畤"，成为秦、汉时代祭祀天帝的圣地。《汉书·郊祀志》曾记载：

祭五帝于雍畤，在山上四望，不见四方，故曰雍畤。

从此，雍畤成为古代祭五方天帝的祭坛的代称。

• 姞姓雍国

雍父的后裔、姞姓雍部落东迁至河南后，曾居洛阳东北二十里处，该地因此叫"雍氏"，河南阳翟县东北有"雍氏城"。到夏王朝初年，姞姓雍国有部分族人迁居雍梁，后再迁雍丘（今河南杞县）。

商兴后，商王武丁把他的儿子封在姞姓雍人所居之地，称为"子雍"，姞姓雍国灭亡。到了西周初期，周武王把子姓雍国改封给文王第十三子雍伯，是为姬姓雍国。雍国后被晋国所灭。据说，在国破之时，雍伯衣着整齐，面色坦然，在晋军如林刀枪的面前仪态端庄、从容不迫地走出宫闱，晋军将士们在他的君王威仪下皆不禁震服，崇敬地向他施以军礼。从此，中国文化中出现了"雍容"一词。

特别需要一提的是，姞姓雍国在被周武王灭掉后，雍人并未在历史上消失，而是以另一种身份重新登上历史舞台，这个身份就是周王室的御厨，从此"雍人"就作为御膳官的代名词出现在历史舞台上，据史载：

雍人概鼎、匕、俎於雍爨，雍爨在门东南北上。

——《仪礼·少牢馈食礼》

东汉末经学大师郑玄注说："雍人，掌割亨之事者。"因为雍人善于做饭，所以他们烹调鱼肉的厨灶，被称为"雍爨"（音cuàn）。此外，周王室御膳房的最高长官也被称为"雍正"——熟悉历史的人都知道，三千多年后的清代世宗皇帝胤禛的年号就是从这来的。

由于跟周王室的这样一层关系，姞姓雍国被允许在祖国故地复立。1974年12月，考古工作者在陕西扶风县北桥村的雍水之滨，出土"伯吉父鼎""伯吉父簋"，为西周铜器文物。在"伯吉父鼎"上铸有铭文云：

唯十又二月初吉，伯吉父作毅尊鼎，其万年子子孙孙永宝用。

还有一件西周铜器文物"善夫吉父鬲（音lì，鼎的一种）"，其铭文为：

善夫吉父作京姬尊鬲，其子子孙孙永宝用。

善夫即膳夫，此"吉父"是国君吉伯之亲族，为周王掌管御厨，他娶了姬姓京国的女子为妻，所以就铸了个"尊鬲"，来表示庆贺和纪念，并留给"子子孙孙永宝用"。

这个姞姓雍国春秋中期为卫国所并，其后人在卫任大夫，其中部分后人又成为孔氏。注意这个孔氏可不是孔子的那个孔氏。卫国大夫孔圉的女儿名孔姞，根据古春秋时期妇女的取名原则，孔是其母家氏，姞才是母家姓，这说明孔圉姓姞，其子孔悝当然也姓姞。孔姞生了卫庄公蒯聩，那么卫庄公的后代也就都有了姞姓雍人的血统了。

俞跗

黄帝氏族联盟时期出了很多名医，俞跗（音fú）就是其中之一。唐朝贾公彦的《周礼疏》记载：

黄帝臣有医官俞柎，当为俞姓之始。……俞柎，黄帝臣，善医术。

《路史·黄帝纪》则记载黄帝曾经让俞跗、岐伯、雷公三位名医组建了中国历史上第一个医院和医学研究院——明堂。

最早记载俞跗的行医实践的文献是战国时期楚国隐士鹖冠子所著的《鹖冠子》：

卓襄王问庞暖曰："夫君人者亦有为其国乎？"庞暖曰："王独不闻俞跗之为医乎？已成必治，鬼神避之。……楚王闻传暮（害咸）在身，必待俞跗。"

——《鹖冠子·世贤第十六》

战国时期赵国君主赵悼襄王问鹖冠子的学生庞暖："君主应该怎样管理国家呢？"庞暖说："您听说过上古名医俞跗吗？他善治百病，连鬼神都躲避他。楚王一旦晚上听说自己染病，则一定让像俞跗这样的良医立刻来诊治。

汉文帝时的著名儒学学者、经学家韩婴在其著作《韩诗外传》中也提到过俞跗：

（中庶子）又曰："吾闻中古之为医者曰踰跗，踰跗之为医也，搦脑髓，爪荒莫，吹区九窍，定脑脱，死者复生。子之方岂能若是乎？"

——《韩诗外传·卷十·第九章》

这段故事被韩婴写成了像笔记小说一样富有戏剧性。故事说扁鹊有一天从虢国经过，虢国王子突然暴病而亡。扁鹊急忙造访虢国王宫，跟守门官员说："你们赶紧进去禀报，就说郑人秦越人能让王子死而复活。"虢国宫中的一位喜好医术的内官出来迎候扁鹊，他对扁鹊说："中古时期有位名医叫踰跗，他能开颅探看脑髓，手可以触到人体最致命的膏肓地方，还能够用艾灸灼烤人的九窍。您的治病方法能像这样吗？"扁鹊说："不能。"

西汉史学家司马迁在《扁鹊列传》中也记载了这件事，谈及俞跗时，对俞跗的超卓的行医本事介绍得更详细：

中庶子曰："先生得无诞之乎？何以言太子可生也！臣闻上古之时，医有俞跗，治病不以汤液醴洒，镵石挢引，案扤毒熨，一拨见病之应，因五藏之输，乃割皮解肌，诀脉结筋，搦髓脑，揲荒爪幕，湔浣肠胃，漱涤五藏，练精易形。先生之方能若是，则太子可生也；不能若是而欲生之，曾不可以告咳婴之儿。"

——《史记·扁鹊仓公列传第四十五》

内官中庶子说："先生该不是胡说吧？怎么说太子可以复活呢！我听说上古的时

候，有个叫俞跗的医生，治病不用汤剂、药酒，镵针、砭石、导引、按摩、药熨等办法，一解开衣服诊视就知道疾病的所在，顺着五脏的腧穴，然后割开皮肤剖开肌肉，疏通经脉，结扎筋腱，按治脑髓，触动膏肓，疏理横隔膜，清洗肠胃，洗涤五脏，修炼精气，改变神情气色，先生的医术能如此，那么太子就能再生了；不能做到如此，却想要使他再生，这种事连欺骗刚会笑的孩子都不可能。”

从上述记载我们不难看出，俞跗擅长外科手术，包括开颅、开胸和剖腹等大手术。他的诊断方法之高明，如果说不是在黄帝时期的另一位神医扁鹊之上的话，也至少不在其下；他不但可以洞察人的五脏六腑，而且一眼就能看到疾病的根子所在，甚至预知疾病传播时要经过的经络、脏腑和腧穴；他治病时完全不用后世医生使用的汤药、药酒、砭石、针刺、导引、按摩、药物热熨等治疗方法，一眼看到疾病的准确位置后，就直接手术治疗；他还使用熏灼九窍的方法以确定疾病传播的经络通道，通过炼养精气而达到强健病人形骸的作用。

今天很多俞姓人和喻姓人都把俞跗奉为得姓始祖，但是俞跗自己却并不姓俞，那个时候尚处在母系氏族时代末期，男子还没有严格意义上的姓。俞跗最初只有一个名字，叫跗或者拊。付在甲骨文中是“一手持艾，灸灼人背”的形象，手或者足的偏旁表明的是灸灼的人体地方，也就是说，俞跗最早是用艾灸法灸灼人体穴位，并通过艾灸过程中热流在体内的流动规律而发现了经络。因为他医术高超，愈人无数，所以被称为“俞跗”。后来，人们又根据俞跗的名字，而把他最早发现的人体经络称为“腧”。

司马迁说俞跗“一拨见病之气”，就是通过人体脚上的特效穴，点拨之间就治好了病。所以，俞跗也是现代足疗的祖师爷。

少俞

俞跗还有一个弟弟，也是当时的名医，是我国历史上最早使用针灸疗法治病的医生之一，据明代《古今医统大全》载：

少俞、黄帝臣，俞跗弟也，医术多与其兄同。

最早提到少俞的是成书于战国时期的医学典籍《黄帝内经》。《黄帝内经》下卷

《灵枢》中的《五变》《论勇》《论痛》和《五味论》四篇对少俞的医学思想都有详细记载。一般而言，这些都是托名少俞之论，但这些以少俞和黄帝答辩的形式所成的各篇，其前后论述的内容和观点如出一辙，存在着内在的联系性。可以这样说，这些内容在一定程度上反映了少俞学派的学术观点，从中足以窥见该学派学术的博大精深，对后世中医学的影响十分深远。

东汉末、西晋初时的著名经学家、文学家和医学家皇甫谧在其医学著作《针灸甲乙经·序》中说：

> 黄帝咨访岐伯、伯高、少俞之徒，内考五脏六腑，外综经络血气色候，参之天地，验之人物，本性命，穷神极变，而针道生焉。

皇甫谧认为针灸治疗的历史可以追溯到黄帝时期，黄帝访寻岐伯、伯高、少俞等医生，对人体内部器官进行了考证，同时结合对人体外部经络、气血、肤色和特征等进行观察，并把天道运行规律用于检验人体运行实践，探究生命根本，穷究生命的变化规律，在这一切的基础上，创建了针道。

夔龙氏

• 夔到底是什么东西

夔龙氏是黄帝氏族联盟时期以夔为图腾的一个部族。夔的小篆体是这样的：

根据这个字形，我们可以猜测，夔应该满足这些条件：一对牛角、一个长鼻（中间的自，代表鼻子）、有脚（止代表脚趾）、还长得像龙（巳代表蛇，就是龙）、身后拖着一条长尾巴。

显然，这是夔族人想象出来的一种动物，最有可能是多种动物特征的集合体。我们再来看一下文献记载的夔是什么样的，据《说文解字》载：

夔，神魅也，如龙，一足。

唐代类书《六帖》也记载说：

夔，一足，踔而行。

这就是说，夔像龙，一条腿，跳跃而行。但是所谓"夔一足"的说法明显是受到了《山海经·大荒经》中的"夔牛"的误导。《大荒东经》载：

东海中有流波山，入海七千里。其上有兽，状如牛，苍身而无角，一足，出入水则必风雨，其光如日月，其声如雷，其名曰夔。黄帝得之，以其皮为鼓，橛以雷

明代胡文焕版《山海经》中的夔牛形象

兽之骨，声闻五百里，以威天下。

——《山海经·海经·大荒东经第十四》

　　这段文字的意思是：东海当中有座流波山，这座山在进入东海七千里的地方。山上有一种野兽，形状像普通的牛，是青苍色的身子却没有犄角，仅有一只蹄子，出入海水时就一定有大风大雨相伴随，它发出的亮光如同太阳和月亮，它吼叫的声音如同雷响，名叫夔。黄帝得到它，便用它的皮蒙鼓，再拿雷兽的骨头敲打这鼓，响声可以传到五百里以外，用来威震天下。

　　结合夔的字形、夔的文献记载情况，有学者认为这个身如龙、状如牛的奇怪动物是犀牛，也有人认为是河马，但都有极大争议，他们都不满足"一足"这个条件。但是，研究《山海经》的学者都会注意到一个现象，《山海经》中所描述的很多稀奇古怪的动物形象，很可能并非真的有长成那样的动物，而是集约化了的多部族的图腾，夔龙很有可能就是龙和夔牛的合体而拼接出来的图腾形象。但是，即使是拼接而成的图腾形象，在实际生活中应该都能分别找到实际的动物来对应。那么，这个夔龙最有可能是由哪些动物的形象演化而来的呢？《山海经》和《黄帝内经》等先秦时期的古籍都提到过黄帝在战胜蚩尤的战争中，使用了夔鼓，就是用夔的皮蒙制的鼓。当代著名神话学家何新考证认为夔的原型就是鳄鱼，他说："（《山海经·大荒东经》中描述的）这种苍色、如龙或如水牛，出入海水，呼啸风雨，吼声如雷的'雷兽'夔，其实就是蛟鳄。"而所谓的"夔一足"，就是指鳄鱼的那条粗大的尾巴。

　　1978年至1980年，我国考古工作者在山西襄汾陶寺龙山文化古墓中的发现印证了何新先生的上述观点。这次考古活动共发现了八件土鼓，皮虽然已不存，但是在鼓腔中发现有鳄鱼的鳞甲，证明鼓面是用鳄鱼皮蒙制而成，这就是鼍鼓。《说文解字》解释"鼍"为"水虫，似蜥易，长大"。关于鼍龙，《山海经》也有相关记载：

　　又东北三百里，曰岷山，江水出焉，东北流注于海，其中多良龟，多鼍。

——《山海经·山经·中山经第五·中次九经》

　　郭璞注解说："似蜥易，大者长二丈，有鳞彩，皮可以冒鼓。"按照今天的生物学分类，鼍，属于鳄形目鳄科鼍亚科鼍属，又名中华鳄、扬子鳄，俗名土龙、猪婆龙。因此，鼍鼓，即为用扬子鳄皮蒙制的鼓。《诗经·大雅·灵台》中，有"鼍鼓蓬蓬"的诗句，意思是说，鼍敲起来"砰、砰"的声响。这种鼍鼓至少在唐代还在使

－350－

用，大诗人李贺的《将进酒》就提到"吹龙笛，击鼍鼓；皓齿歌，细腰舞"；晚唐诗人许浑的《赠所知》诗也有"湖日似阴鼍鼓响，海云纔起蜃楼多"的诗句；张祜的《观杨瑗柘枝》诗也提到"促叠蛮鼍引《柘枝》，卷帘虚帽带交垂"，说明南方少数民族的人仍在使用一种叫"蛮鼍"的鼍鼓。这都说明，鼍鼓在唐代官方和民间还是比较常见的。

我们在前文介绍过，鼓的发明者之一是黄帝时期的巫师首领巫咸，巫咸创立的"十巫之国"的地理范围就在今天的巫山、巫峡一带，这里在上古时期存在扬子鳄生活的自然条件。巫咸发现用扬子鳄的皮蒙鼓，发出的声音很大，而且具有动人心魄的效果，就专门组织人来捕杀、饲养扬子鳄和制造鼍鼓，这些人就是夔龙氏，他们把原来的部族图腾牛的形象与鼍龙的形象，特别是扬子鳄的大尾巴形象相结合和相拼接，从而形成了"一足"的夔龙的形象，成为部族的新图腾。

- 乐正

夔是扬子鳄，扬子鳄生活在长江中上游，夔龙氏出夔鼓，根据这几个条件，我们大概可以知道夔龙氏的栖居地应该在今天的长江中上游一带，再结合巫咸发明夔鼓，巫咸创立"十巫之国"于巫山、巫峡一带，则可以推断出夔龙氏的栖居地也是在这一带。

近巫则巫，与巫咸国重叠而居，夔龙氏少不了经常参加巫咸国的巫术活动，每逢天有灾相，比如大旱或者淫雨，夔龙氏即协同群巫，立于巫山之上，跳舞祭天，祈求天降甘霖或者风和日丽。跳舞祭天，必须精通音律，长此以往，夔龙氏的音乐才能不断得到提升，后来，夔龙氏就被黄帝任命为乐正，是当时负责礼乐事务的最高官员。

- 夔龙氏族源臆测

我们已经知道，夔这种东西既像牛，也像龙，而牛是炎帝族的图腾，龙（蛇）是黄帝族的图腾，所以夔龙氏就很有可能是炎帝族与黄帝族相互联姻和融合而成的一个部族。我们在前一章提到过，炎帝族系分为两部分，一是魁隗氏，一是神农氏，夔龙氏很有可能源出魁隗氏、大隗氏，也就是鬼族，不只是因为夔这个名字与鬼同音，更因为夔龙氏的栖息地鬼族文化盛行，他们所在的丰山，被称为是"鬼山""幽都""鬼都"，至今重庆市丰都仍称"鬼城"，即源于此。

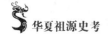

马师皇——兽医鼻祖

黄帝氏族联盟时期是我国传统中医学大发展的时代，除了涌现出扁鹊、雷公、大鸿、岐伯、俞跗、巫咸、桐君等名医外，还出现了一位擅长给马治病的医生，被尊为兽医之祖，这就是马师皇。

马师皇最早见于汉光禄大夫刘向所撰《列仙传》：

马师皇者，黄帝时马医也。知马形生死之诊，治之辄愈。后有龙下，向之垂耳张口，皇曰："此龙有病，知我能治。"乃针其唇下口中，以甘草汤饮之而愈。后数数有疾龙出其波，告而求治之。一旦，龙负皇而去。

——《列仙传·马师皇》

黄帝是游牧部落，当然少不了骑马作战。即使后来进入中原，接受农耕文明，耕稼也需要牛马。马师皇就是黄帝部落的主管兽医。由于经常接触马匹，因此马师皇对马的形体结构了如指掌，又善治马病，手到病除，自他主管医马以来，厩内无病残马匹，所谓"师皇典马，厩无残驷"。后来，传说有龙从天而降，向马师皇垂着耳朵，张着大口。马师皇说："这条龙有病，知道我能治好它。"于是，他对龙的下唇内侧进行针灸，又用甘草熬汤让龙喝下，很快就治好了龙的病。后来，屡屡有龙下来，请求马师皇治病。一天早上，有条龙载着马师皇飞向天宇，从此不知所终。

宋明时期中医名著在介绍马师皇时基本都沿用了《列仙传》的这段记载，如南宋张杲撰《医说卷第一·三皇历代名医·马师皇》、徐春甫撰《古今医统大全卷之一·历世圣贤名医姓氏·马师皇》等。

马师皇作为"三皇名医""圣贤名医"，在明清时期与古代名医岐伯、扁鹊、张仲景等曾被供奉于御医院三皇庙东庑中，是其中唯一的兽医。明嘉靖二十一年（1542年），嘉靖皇帝敕修北京太医院。修毕，嘉靖皇帝下诏，把岐伯、扁鹊、马师皇等古代名医塑成像供在景惠殿。于是岐伯、扁鹊、马师皇等十四位古代名医就开始享受大明朝的香火了。此事在《明史》中有详细记载：

嘉靖间，建三皇庙于太医院北，名景惠殿。中奉三皇及四配。其从祀，东庑则僦贷季、岐伯、伯高、鬼臾区、俞跗、少俞、少师、桐君、雷公、马师皇……

——《明史·志第二十六·礼四·吉礼四》

清代的国家祭祀活动中，也以马师皇配祀三皇：

> 群祀先医，初沿明旧，致祭太医院景惠殿……西则鬼史区、俞跗、少俞、桐君、马师皇……
>
> ——《清史稿·志五十九·礼三·吉礼三》

从今天神话学的角度来分析，所谓的马师皇不但能给马医病，还能给龙医病，这个龙很有可能是指当时的黄帝氏族联盟中的几个以龙为图腾的部族的首领。马师皇应该是最早使用甘草这种药材的人，他用甘草煮汤，配以针灸，治好了当时很多人的疑难怪病。

有学者认为古时全国各地的马王庙祭祀的就是马师皇，此说有待商榷。马王庙奉祀的是马王爷，马王爷在历史上另有其源，是道教中的神仙，事迹与作为兽医的马师皇完全不相干。

桐君

中国历史上最早的药学家非神农莫属，神农之后的药学家则非桐君莫属。

桐君是黄帝氏族联盟时期的人，很可能是黄帝族系桐部族的一位首领，《史记·五帝本纪第一》有"西至于空桐，登鸡头"的记载，这个空桐，也被称为是崆峒，可能就是桐部族的栖居地，黄帝或许就是在巡视空桐时与桐君结识。这个空桐在今天的甘肃平凉一带。

南朝齐梁间著名道士、道教思想家、医学家陶弘景在其著作《药总诀·序》中说：

> 上古神农作为《本草》。……其后雷公、桐君更增演《本草》，二家药对，广其主治，繁其类族。……又有《桐君采药录》，说其花叶形色。

在陶弘景看来，桐君发展了神农以来的药学理论，进一步丰富了中药的种类，对药性的揭示也更全面和准确。桐君著有《桐君采药录》一书，专门讲述各种药物的花形叶貌和颜色等特征。

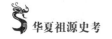

唐代医学专著《延年秘录》载：

神农、桐君深达药性，所以相反、畏、恶备于《本草》。

这是说，神农、桐君都深谙药性，并把各种中药的相生相克、相忌和相恶的情况详细记述于《本草》这本书中。

南宋罗泌《路史》记载说：

（黄帝）命巫彭、桐君处方、蛊饵、湔汗、刺治而人得以尽年。

——《路史卷十四·后纪五·疏仡纪·黄帝纪上》

意谓：黄帝让巫彭和桐君负责给病人开处方、熬煮药饵、清洗患处、针刺病灶，使百姓得以活到天年。

古人相信，桐君著有《桐君采药录》一书，此书又有《桐君药录》《桐君录》《采药录》《桐君》等多个名称。桐君是上古时人，尚无文字记载，因而《桐君采药录》明显属于托名之书，虽是托名，但一定也是历代中医师口口相传下来的滥觞于桐君的药学知识和理论的集成之作。

随着黄帝氏族联盟的不断扩张，桐部族后来也不断向东发展，于夏商时期，在今天的河南虞城一带建立了桐国，史载创始人是偃姓皋陶后裔，从这个角度上说，不排除皋陶也是桐君后裔。周灭商后，部分桐人逃至安徽桐城，在南淮夷和群舒之间复立了桐国。春秋时，桐国夹在南方大国楚、吴、越之间，在三国之间择机依附。越灭吴后，桐国归于越。周显王三十六年（前333年），楚灭越，桐国再度附楚，最后亡于楚国之手。

在今天的浙江桐庐、安徽桐城，有很多与桐君有关的地名，如桐君山、桐庐山、桐溪、桐江、桐岭、桐君崖、桐君潭等，这些地方应该都是古代桐人的栖居地。在这些地方盛产的一种树木，也被命名为桐树。

周昌

周昌是黄帝氏族联盟的众多杰出的军事将领之一，在黄帝族发动的对炎帝神农氏族的统一战争中功不可没。

东汉纬书《春秋合成图》载：

黄帝游玄扈、上洛，与大司马容光，左右辅周昌等百二十人临之，有凤衔图以置帝前。

——《重修纬书集成·春秋合成图》

周昌在成为军将之前，应该是黄帝族系中周部族的首领，这个部族因为发明了打井、挖渠、引水灌溉农田的技术而崭露头角，并因他们的这种发明而被命名为"周"。周的甲骨文字形是这样的：

字形中的黑色部分代表水井和水流的渠道；水流闭合，形成环绕之意，所以周的最初意思就是围绕。

到这里，可能会有人问，黄帝时期的周昌所在的这个周部族与后来建立周朝的周族是不是一个概念？从血缘上看，没有证据表明他们之间有太直接的关系，有史可查的周人最早的先祖是黄帝玄孙帝喾的长子后稷，从性质上来说，后稷是黄帝后裔，而周昌虽被归为黄帝族属，但与黄帝是否为亲族不得而知。虽然如此，周的得名却可能与周昌有着关系。

后稷善于种植各种粮食作物，曾在尧舜时代当农官，教民耕种，被认为是开始种稷和麦的人。按照上古时期人物的取名规律，后稷因为发现了作物稷，就是谷子，而被称为是稷，那他的部族就应该被称为是稷部族，而作为部族首领，就被称为"后稷"，就像夔龙氏部族首领被称为"后夔"一样，后在这里是王的意思。所以，后稷部族的人更应该被称为是稷人，或者稷族，至少在后稷的直系后代古公亶父为躲避猃狁的威胁而率族人从原来的栖居地豳地迁居到周原之前的一千多年时间里，他们更有理由被这样称谓。但是，众所周知，他们被称为是周人，原因也很简单，因为古公亶父率族人迁居到周原，并在那里获得商王朝的赐封，建立了城邦制

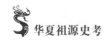

国家周国。后来古公亶父的孙子姬昌发动叛乱一举推翻了商王朝，周国也一跃而升格为周王朝。

那么问题来了，到底周原这个地方是因为周人迁居于此，才被命名为周原呢，还是正好相反，是因为古公亶父在迁居到周原后，才"鸠占鹊巢"，以其作为自己的领地名、族名乃至后来作为一个王朝的名字呢？恐怕后一种的可能更大，也就是先有周原，后有周人。周原这个名字最早见于《诗经》：

周原膴膴，堇荼如饴。

——《诗经·大雅·绵》

意谓：周原土地真肥美，堇菜苦菜都像糖。

这样一块肥美的土地，又地处黄帝族系的发祥地岐山、姬水一带，在古公亶父之前不可能是无人栖居的处女地。这一推断也获得了考古的证实。20世纪70年代，我国考古学家在周原故地——陕西岐山县岐水边的一处断崖上，发现了大量陶器碎片，这些碎片和西安半坡出土的陶器同属于新石器时代的仰韶文化遗迹。这一发现意味着，在周朝以前三千年，就已经有先民在此繁衍生息。那么周原这个名字很有可能属于在此之前生活在这里的古代先民。

关键的问题又来了：周原这个名字最有可能滥觞于何人呢？极有可能就是周昌！周昌率领上古周部落发明了打井、挖渠、引水灌溉农田的技术，并且作为黄帝部族的核心成员和坚定盟友参与了对末代炎帝榆冈和蚩尤的战争，立下功勋，所以受到黄帝封赐，并以他们的部族名称把他们所栖居的地方命名为周，这种情况是完全可能和合理的。类似的地域命名情况在黄帝时期非常常见。

从姓氏学的角度来看，以周昌作为中国周姓的得姓始祖应该是恰当的。

太山稽

太山稽也叫大山稽、泰山稽，是黄帝氏族联盟的重要大臣。

成书于战国时期、1973年在长沙马王堆汉墓出土的帛书《黄帝四经》中就提到有太山稽的名字，书中载有黄帝大臣力牧和太山稽的大段对话，用以阐述黄帝的政治理念。从对话中，我们可以感觉到作为黄帝氏族联盟的左相、即一人之下万人之上的力牧对太山稽是抱着求教的态度的，太山稽的回答也更像长者回答少者，所以，太山稽很有可能是黄帝之师，他们之间是亦师亦臣的亲密关系。

《淮南子》记载：

昔者黄帝治天下，而力牧、太山稽辅之。

——《淮南子·览冥训第六》

《列子》中也提到过他：

黄帝既寤，怡然自得，召天老、力牧、太山稽，告之曰……

——《列子·黄帝第二》

西晋皇甫谧的《帝王世纪》也记载了太山稽辅佐黄帝的事：

（黄帝）与神农氏战于陂泉之野，三战而克之。……大山稽、鬼臾区、封胡、孔甲等，或以为师，或以为将。

——《帝王世纪辑存·自皇古至五帝第一》

唐代大诗人李白在其诗作《君道曲》中也提及太山稽为黄帝心腹大臣：

轩后爪牙常先、泰山稽，如心之使臂。

——《全唐诗·第一百六十三卷》

轩后，指黄帝；爪牙，本为鸟兽的爪和牙，引申为武将。这句就是说，黄帝以常先、太山稽为武将，君臣同心，如鱼得水。

《路史》还记载了太山稽在黄帝氏族联盟政权中的具体官职：

（黄帝）于是申命……大山稽为司徒……

——《路史·卷十四·后纪五·疏仡纪·黄帝纪上》

从上古时期人们的取名规律来看，太山稽应该叫稽，太山是他的封邑。那么，这个太山到底在哪儿呢？有人认为就是山东的泰山，太山稽也被称作泰山稽。但也有很多研究者认为此太山非彼泰山，一个重要的依据是《山海经》在其《东山经》和《中山经》中分别提到了泰山和太山，明显是两座不同的山：

> 又南三百里，曰泰山，其上多玉，其下多金。
>
> ——《山海经·山经·东山经第四》

> 又东南十里，曰太山，有草焉，名曰梨，其叶状如荻而赤华，可以已疽。
>
> ——《山海经·山经·中山经第五·中次七经》

历代《山海经》的注释者都认为，《中山经》中的这个太山在郑国故地，也就是河南，非东岳之泰山。

另据《韩非子》载，历史上在太山曾发生过一次盛大的庆典活动——"太山大会诸侯"：

> 昔者黄帝合鬼神于西泰山之上，驾象车而六蛟龙，毕方并辖，蚩尤居前，风伯进扫，雨师洒道，虎狼在前，鬼神在后，腾蛇伏地，凤皇覆上，大合鬼神，作为清角。
>
> ——《韩非子·十过第十》

这里的"鬼神"应该是当时各部族的图腾，蛟龙、毕方、风伯、雨师、虎、狼、腾蛇、凤凰等均是各部族的图腾圣物形象，可见庆典之隆重。文中提到的"西泰山"，一定是相对于泰山而在其西边，而河南新郑的太山，因其地在泰山之西，也有西泰山、西太山的称呼，最重要的是这里距离黄帝氏族联盟的都城有熊或者轩辕丘不远，黄帝在这里举行类似开国大典的诸侯大会是完全可能的和合理的。

综上所述，太山稽的封邑有很大的可能是太山，而不是山东的泰山，因为在当时，泰山相对于黄帝氏族联盟的统治核心区较远，黄帝不太可能把自己的老师封赐到那么远的地方。还有一点，黄帝之所以把庆典安排到太山这里，可能也正是因为这里是老师的封邑，这么做是对老师的一种格外尊崇。

容光（庸光、常光）

容光也称庸光、常光，是黄帝氏族联盟时期的军事统领，其名最早见于东汉时的两本纬书《春秋运斗枢》和《春秋合成图》。《春秋运斗枢》载：

黄帝与大司马容光观，凤凰衔图置黄帝前……

——《春秋纬·卷五·春秋运斗枢》

《春秋合成图》载：

黄帝游玄扈雒上，与大司马容光等临观，凤皇衔图置帝前，再拜受图。

——《初学记·卷三十·鸟部·凤第一·事对·春秋合成图》

《路史》也承袭了上述说法：

于是申命封胡以为丞……庸光为司马。

——《路史·卷十四·后纪五·疏仡纪·黄帝纪上》

而据成书于宋代的《轩辕黄帝传》记载：

黄帝于是取合己者四人，谓之四面而理。……以容光为大司马，统六师，兼掌邦国之九法。

——《历世真仙体道通鉴卷之一·轩辕黄帝传》

从上述记载看，容光的职位相当于今天的国防部长，负责统领六师；他还制定了"九法"，以纠察诸侯。容光曾与黄帝一同巡视各地，一同到了玄扈、上洛，在那里，他们遇见凤凰衔图呈于黄帝。后来，"凤凰衔图"就成为帝王受命的瑞应。

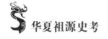

桓常

黄帝氏族联盟时期，农业有了长足的进步，先民们初步懂得了根据地势、地利、水旱条件种植不同的农作物，传说这些成就要归功于黄帝的一位农师，名字叫桓常，又称大常，据《管子》载：

> 黄帝得蚩尤而明于天道，得大常而察于地利……黄帝得六相而天地治，神明至。……大常察乎地利，故使为廪者……
>
> ——《管子·五行第四十一》

《路史》则载：

> 桓常审乎地利，以为常平，于是地献草木，乃述耕种之利。
>
> ——《路史·卷十四·后纪五·疏仡纪·黄帝纪上》

所谓"审乎地利"，就是说桓常具有丰富的地理物候知识，熟悉作物生长规律。这是一个促使古代先民从原始渔猎的蛮荒状态向农耕氏族社会转变的重要历史人物，因此黄帝任命其为"常平"之官。

南宋学者罗泌的《路史》，在某些严谨的史家看来，其真实性是需要打折扣的，比如，这里提到的"常平"本是宋代的官职，而据《管子》载，大常的官职是"廪者"，字面意思就是粮仓管理者。而"常平"始设于宋太宗赵炅淳化三年（992年），全称为"提举常平司"，亦称"提举常平仓"，简称"仓司"，最高行政长官称"提举"，相当于后世的尚书侍郎，为宋朝时期宰相以下的分职副手。有人认为，罗泌把宋代的官职提前好几千年用到了黄帝时期，这个失误是不能原谅的，进而怀疑他的这部著作史实的准确性。但也有人认为，罗泌把宋朝官制搬用到黄帝时期，更多是为了向宋朝读者解释桓常这位先贤所担当的职务对应的是宋代的什么职官，这种手法我们今天也常用，说明不了什么。

今天的桓姓后人奉桓常为得姓始祖。

奢比

奢比又名奢龙，是黄帝"六相"之一：

昔者黄帝得……奢龙辩乎东方，故使为土师……

——《管子·五行第四十一》

意谓：从前，黄帝得奢龙明察于东方，所以黄帝用他当"土师"。

而据《路史》载：

奢比辨乎东，以为土师，而平春种角谷，论贤列爵，劝耕镈，禁伐厉。

——《路史·卷十四·后纪五·疏仡纪·黄帝纪上》

所谓"辨乎东"，应该就是代表黄帝在黄帝氏族联盟东部地区行使管理职责。土师就是农师，农业官员，就是说奢比负责决定春天该种什么粮食，还负责对农人进行考察，选贤任能，论功行赏，督促农人耕种，禁止滥砍滥伐。

奢比的族源应该是黄帝族，这一点我们从《山海经》的有关记载中可以一见端倪：

奢比尸国在其北，兽身、人面、大耳，珥两青蛇。

——《山海经·海经·海外东经第九》

有神，人面、犬耳、兽身，珥两青蛇，名曰奢比。

——《山海经·海经·大荒东经第十四》

这个奢比尸国应该就是奢比部落。"兽身、人面、大耳，珥两青蛇"，这应该说的是奢比部落的图腾形象。一般而言，上古时期蛇的形象往往是龙形象的简化，所以，奢比部落应该是出自黄帝族系。

奢比部落的栖居地应该在东方，有学者考证位于江苏连云港的龙山文化藤花落文化遗址，远古时期就是奢比尸国的所在地，这里曾发现有奠基坑、灰坑、灰沟、道路、房址、水沟、水稻田、石埠头等遗迹两百多处，出土了石器、陶器、玉器以及炭化稻米等动植物标本两千余件。

西王母

• 古代华夏民族的始祖之一

黄帝时代的英雄人物中，最为中国人所熟知的就是西王母，拜神话巨著《西游记》所赐，王母娘娘这个名字可以说是妇孺皆知。但是，与《西游记》中的大部分人物形象都是想象出来的不同，西王母在中国上古时代是一个真实存在的人物，她是位于中国西北部昆仑山、青海湖、柴达木地区的羌戎人部落西王母国的首领，因为还是母系氏族时期，部落首领为女性，所以称王母。西王母最开始是部族始祖的名字，后来演变成部族首领的官称。西王母国在历史上存续了差不多两千多年，其中肯定出现过很多位西王母，这与作为部族首领名号的伏羲、炎帝、黄帝是一样的道理。

"西王母"一名始见于《山海经》：

又西三百五十里，曰玉山，是西王母之所居也。西王母其状如人，豹尾虎齿而善啸，蓬发戴胜，是司天之厉及五残。

——《山海经·山经·西山经第二·西次三经·玉山》

玉山，经考证就是昆仑山；说西王母"善啸"，这里的"啸"绝不是大喊大叫或者打口哨的意思，魏晋时期有名士之啸，也有妇女之啸，一般是指唱歌，也就是说西王母可能喜欢唱山歌，这也与西北地区人民的生活习性非常吻合。

《山海经·大荒西经》详细介绍了西王母族的统治区域：

西南之海，流沙之滨，赤水之后，黑水之前，有大山，名曰昆仑之丘，有神，人面虎身，有纹有尾，皆白处之。

——《山海经·海经·大荒西经第十六》

根据今人的考证，西海、赤水、黑水、昆仑之丘等都位于今天青海湖东一带。昆仑之丘就是昆仑山，因出产玉石，所以也被称为玉山，是西王母的统治中心区域。西王母"人面虎身，有纹有尾，皆白处之"，是说她身穿白色的虎皮衣——应该是天山特有的动物雪豹的皮；"戴胜，虎齿有豹尾"，是说西王母戴着花环一样的头饰，

明代朱克柔缂丝作品《西王母瑶池吉庆图轴》

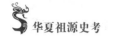

身上挂着虎齿做的装饰，头发后还戴有豹尾。

西王母部族与炎帝族系、黄帝族系是远亲关系，他们的族源都可以追溯到伏羲女娲氏族联盟时代。有学者认为，伏羲女娲氏族联盟的始祖伏羲就出生在羌戎之地。据《风俗通义·四夷》说："西戎有六……五曰鼻息。""鼻息"即"密息"，乃羌戎之一支，伏羲就是密息，是羌戎中某一部落首领的名字，后来成为氏族联盟首领的名号。此外，炎帝"神农氏，姜姓也"，姜就是羌。同炎帝"一母同胞"的黄帝当然也是古羌人之后。

当代著名古文字学家、历史学家、民俗学家朱芳圃先生认为，西王母可能是以虎豹为图腾的部族，母为貘之音假，据先秦时的典籍《尸子》载：

中国谓之豹，越人谓之貘。

《尔雅·释兽》云：

貘，白豹。

白豹就是得了白化病的豹子，比较罕见，尤为珍贵，也有可能就是指雪豹。西王母穿着白豹皮做的服饰，这是地位和权威的象征。《穆天子传》记载的西嫫，其意就应该是穿着白豹皮的西王母。

• 西王母与中原的联系

我们在前面讲到黄帝第四妃嫫母时跟大家探讨过，从名字看，嫫母很有可能就是西王母族的一位首领，而伯儵有可能就是嫫母和黄帝所生的儿子。西王母族以虎为图腾，黄帝与西王母族联姻，就是与虎族结盟。我们前面提到过，黄帝曾"与炎帝战于阪泉之野，帅熊、罴、狼、豹、貙、虎为前驱……"（《列子·黄帝》）这里出现的动物，应该都是当时各部落的图腾旗帜，熊、罴部落是黄帝的亲族（黄帝亦号有熊氏，熊为其图腾之一），而豹、貙、虎部落可能就来自西王母国。成书于战国时期的辞书《尔雅》也记载说，黄帝在位时，西王母曾命使者助帝克蚩尤之暴。还有一些古籍载西王母曾派九天玄女助阵黄帝。

黄帝与西王母族联谊结盟后，就把昆仑山地区作为自己的下都，《山海经》载：

西南四百里，曰昆仑之丘，是实惟帝之下都，神陆吾司之。……有鸟焉，其名曰鹑鸟，是司帝之百服。

——《山海经·西山经第二·西次三经》

海内昆仑之虚，在西北，帝之下都。

——《山海经·海内西经第十一》

守卫下都的就是黄帝之子伯儵。伯儵就是这里提到的神陆吾。下都中有个以鹑鸟为图腾的部落，擅长织造衣服，黄帝的所有衣服都出自他们之手。

黄帝还多次到过昆仑山，还在这里建有"轩辕之台"，据载：

有轩辕之台，射者不敢西向射，畏轩辕之台。

——《山海经·海经·大荒西经第十六》

意思是：有座轩辕台，射箭的人都不敢向西射，因为敬畏轩辕台上黄帝的威灵。

此外，《列子》和郭璞的《山海经·序》都提到过周穆王西游昆仑山，"以观黄帝之宫""游轩辕之宫"，说明在昆仑山确实有黄帝行宫。

黄帝氏族联盟之后的相当长时期内，西王母族也都与中原地区有着密切的联系，据汉代贾谊所著《贾子》载：

尧身涉流沙地，封独山，西见王母。

——《贾子·修政语上》

《大戴礼记》载：

子曰：……昔虞舜以天德嗣尧……西王母来献其白琯。

——《大戴礼记·少闲》

《世本》也载：

舜时西王母献白环及玦。

——《世本·茆泮林缉本·帝王世本》

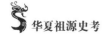

汉代典籍《尚书大传》载：

孔子曰：舜以天德嗣尧，西王母来献白玉琯。

清代辑书《尚书帝验期》还载说西王母给舜帝送来地图：

西王母于太荒之国得益地图，慕舜德，远来献之。王母之国在西荒，凡得道授书者，皆朝王母于昆仑之阙。

——《古微书·尚书帝验期》

《尔雅》也记载过舜帝在位时命使者献白玉环，夏代时献白玉玦，等等。此外《汉书》《晋书》《宋书》等在谈到上古这一段历史时均有"西王母来献其白玉玦"的记载。

从上述记载来看，西王母国长期向中原王朝进贡，贡献最多的是西王母国的特产玉石，很有可能就是今天大家都耳熟能详的昆仑玉、青海玉、和田玉。在很长的时间内，西王母国也都能与中原王朝保持和睦相处的关系。到了夏代，情况开始发生转变，西王母国开始拥有军队，并且可能已有能力与夏王朝分庭抗礼，这个时候周朝的先祖公刘在陇东建立的古豳国就同西王母国相连。

到了西周初期，由于周人已南下，属西王母国的五个部落——义渠戎、郁郅戎、乌氏戎、朐衍戎、彭卢戎便越过陇山，向东发展。到了周穆王时代，为了安定西北，周穆王就率大军征讨，虏五戎王，后将其安置于大原地（即今陇东黄土高原）。这段历史，《史记·周本纪·穆王》没有明确记载，只是说穆王不顾大臣祭（注意，这个字这里读 zhài）公谋父的反对，力主对犬戎用兵，并且说了大段的理由，结果是"王遂征之，得四白狼四白鹿以归。自是荒服者不至"。但在《赵世家》中，司马迁明确提到周穆王曾经御驾亲征西王母的事件：

缪王使造父御，西巡狩，见西王母，乐之忘归。

——《史记·卷四十三·赵世家第十三》

而据《竹书纪年》记载，周穆王北伐五戎、西征西王母国都发生于周穆王十七年：

十七年，王西征昆仑丘，见西王母。其年，西王母来朝，宾于昭宫。秋八月，迁戎于太原。

——《竹书纪年·卷四·穆王》

南朝齐梁时期的文学家、史学家沈约在该文下注说：

王北征，行流沙千里，积羽千里。征犬戎，取其五王以东。西征于青鸟所解。西征还履天下亿有九万里。

这两段文字不仅记载了周穆王十七年周穆王御驾亲征北方五戎和西王母国，还记载了西王母国被征服后，国王到周都朝拜穆王，穆王在昭宫招待其人的事。

周穆王征讨西王母一事，两晋时期著名文学家、训诂学家郭璞记载得很详细：

穆王西征，见西王母执璧帛之好，献锦组之属，穆王享王母于瑶池之上，赋诗往来，辞义可观。遂袭昆仑之丘，游轩辕之宫，眺钟山之岭，玩帝者之宝，勒石王母之山，纪迹玄圃之上。乃取其嘉木、艳草、奇鸟、怪兽、玉石、珍瑰之器，金膏、烛银之宝，归而殖养之于中国。

——《山海经·序》

这段文字里，郭璞的用词非常讲究，周穆王是"征"，西王母是"献"；"穆王享王母"，就是穆王宴请王母，要知道这是在西王母的地盘上；此外，"遂袭昆仑之丘"，"勒石王母之山，纪迹玄圃之上。乃取其嘉木"，等等，周穆王俨然是西王母国的征服者和主人。

这段史事，《列子》说得就比较委婉一些：

已饮而行，遂宿于崑之阿，赤水之阳。别日升于崑之丘，以观黄帝之宫，而封之以治后世。遂宾于西王母，觞于瑶池之上。西王母为王谣，王和之，其辞哀焉。

——《列子·周穆王第三》

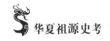

这段文字说，周穆王一路西行，歇宿在昆仑山山谷，赤水的北面。第二天便登上了昆仑山，观览了黄帝的宫殿，并修缮整新，以传于后世。随后又成西王母的贵宾，在瑶池上宴饮。西王母为穆王朗诵歌谣，穆王也跟着唱和，歌辞都很悲哀。

列子笔下的周穆王是到西王母国游历，而《史记》《竹书纪年》和郭璞都说是征讨，恐怕游历是征讨的一种托辞或者曲笔，这也是古人的一种惯用手法。但到了与《竹书纪年》同时出土的《穆天子传》中，瑶池会却完全变了味道，西王母国女王竟然对周穆王一见钟情，还发生了两情相悦、期会相约的事情：

吉日甲子，天子宾于西王母，乃执白圭玄璧，以见西王母，好献锦组百纯，缺组三百纯，西王母再拜受之。

乙丑，天子觞西王母于瑶池之上。西王母为天子谣，曰：白云在天，山陵自出。道里悠远，山川间之，将子无死，尚能复来。天子答之曰：予归东土，和治诸夏。万民平均，吾顾见汝。比及三年，将复而野。

——《穆天子传·卷三》

这段文字不难懂，大概意思就是周穆王先是被西王母女王热情款待，周穆王以礼相见，后来周穆王在瑶池宴请女王，两人喝到动情处，还诗咏往来。女王说：天山飘着朵朵白云，它们都出自高高的山陵。您不远万里来到这里，不畏山川阻隔跋山涉水。衷心祝愿您长生不老，希望以后能再次光临！周穆王说：我回到东方之后，和平治国造福人民。当万民都安居乐业之后，我会再来见您，三年之后，一定再回到您的土地。

后来，周穆王爽约没来，结果无数文人墨客为此愤愤不平，唐代著名诗人李商隐诗《瑶池》就很有代表性："瑶池阿母绮窗开，黄竹歌声动地哀。八骏日行三万里，穆王何事不重来。"但是，根据《竹书纪年》的记载，周穆王十七年，西王母国王就到过周都。所以，对于周穆王和西王母女王这段情事，我们权当一段佳话听听罢了。

综上所述，西王母国在黄帝时期与中原发生联系，并在长达两千多年的时间里，与中原政权接触不断，最终在战国时代与华夏民族融为一体。这在考古发掘上也得到了证明。20世纪六七十年代，考古学家于西王母国故地甘肃泾川出土了西周虎纹铜瓿、铜爵和战国虎身铜壶，证实了虎在西王母文化中的特殊意义。特别值得一提的是，1962年，考古学家在泾川还发掘出一件有特殊意义的文物——"龙提梁飞虎凤钮铜壶"，壶身为虎，提梁为龙，壶钮为凤，集龙、虎、凤于一身，充分说明了西王母氏族祖先的图腾和东部农耕先民祖先的龙凤图腾完成了整合，从而标志着东西方两大族群最终实现了血脉和文化的融合。

- 西王母与东王公

我们前面说过，黄帝时期，嫫母可能做过西王母国的首领，并且与黄帝联姻和结盟，但这件事于正史无载，笔者也只是推测。但这种为西王母"拉郎配"的事，笔者并非第一个，始作俑者当属《穆天子传》，只不过拉的是周穆王。东汉时，道教兴起，它在塑造自己的神仙体系时，自然不会放过长生长寿（西王母是部落首领的称号，一直叫了两千多年，实际会有很多位西王母，但民间误以为是一个人）的西王母，于是在道教理论家笔下，西王母变成了风姿绰约、超凡脱俗、祥和慈善的女神，笔者甚至怀疑道家是按观音菩萨的标准来重塑西王母（当然也有可能情况正好相反），可能是为了怕西王母孤独吧，有好事者还为她弄出个丈夫东王公来。

最早记载东王公的是汉武帝大臣东方朔仿《山海经》行文体例而著的《神异经》：

> 东荒山中有大石室，东王公居焉。长一丈，头发皓白，人形鸟面而虎尾。
>
> ——《神异经·东荒经九则》

> 昆仑之山，有铜柱焉，其高入天，所谓天柱也。围三千里，周围如削。下有石室，方百丈，仙人九府治之。上有大鸟，名曰希有，南向，张左翼覆东王公，右翼覆王母。背上小处无羽，一万九千里。王母岁登翼上，会东王公也。
>
> ——《神异经·中荒经十则》

在民间的西王母传说中，常常会看到东方朔的名字。东方朔可能到过西汉时的西王母国，对那里的山川物态、文化比较熟悉，所以当西王母国女王前来拜见汉武帝时，东方朔一眼就认出了随女王而来的青鸟。女王见了东方朔，对汉武帝说，东方朔曾三次偷过她的蟠桃。我们知道，中国民间有王母娘娘的蟠桃三千年开花，三千年结果的说法，东方朔都偷吃三次蟠桃了，所以一定是长生不老的仙人了。这显然是一种附会的说法。汉武帝时的西王母与黄帝时期的西王母肯定不是一个人，东方朔偷吃的蟠桃也绝不可能是黄帝时期的蟠桃，但东方朔对西王母国的情况比较熟悉是真的，正因为如此，他知道西王母（这个应是黄帝时期的西王母女王）曾住过石室（应该是穴居），所以附会出东王公也住石室；西王母国的图腾崇拜的动物是虎豹，所以他也搞出个"人形鸟面而虎尾"的东王公来；西王母住西部昆仑之丘，所以东王公就应该住在东荒山。东方朔笔下的东王公，怎么看都像是西王母的镜像。

《神异经·中荒经》这段文字中提到的大鸟希有听起来很像《庄子·逍遥游》中的大鹏。这鸟有多大呢？它背上一小块没有羽毛的地方就有一万九千里那么大。这只大鸟头向南，左翼下是东王公，右翼下是西王母。西王母每年都要从自己这边爬上鸟翼，然后走向另一边鸟翼去会东王公。大家听着是不是有点熟悉？牛郎织女一年才能团圆一次，难不成这传说是从西王母东王公一年期会的故事派生出来的？

完全拜道教所赐，西王母和东王公后来被升格为主宰天地的王母娘娘和玉皇大帝，西王母更是被定义为阴性力量的终极拥有者、女仙的领袖，被道教加封为"九灵太妙龟山金母""太虚九光龟台金母元君"，在民间也就有了金母、金母元君、瑶池金母、瑶池圣母、王母娘娘等各种尊称。与之相配，东王公就有了东华帝君、东皇、木公、青童君、东皇公、扶桑大帝等多个名号，道教还封之为"昊天金阙无上至尊自然妙有弥罗至真玉皇上帝""太上开天执符御历含真体道昊天玉皇上帝""玉皇大天尊""高天上圣大慈仁者玉皇大天尊玄穹高上帝"等。

· 西王母青鸟

在汉代画像砖上，西王母青鸟常见于西王母座侧。这种青鸟，在中国传统文化中有着特殊的意义，据《山海经》载：

> 西王母梯几而戴胜，其南有三青鸟，为西王母取食。在昆仑虚北。
>
> ——《山海经·海经·海内北经第十二》

这段文字的字面意思是：西王母靠倚着小桌案而头戴羽冠。在西王母的南面有三只青鸟，正在为西王母觅取食物。西王母和三青鸟的所在地是在昆仑山的北面。

这位为西王母取食的三青鸟，有史家认为就是"三足乌"。《史记》载司马相如《大人赋》中说：

> 亦幸有三足乌为之（西王母）使，必长生若此而不死兮。

《玉函山房辑佚书·河图括地象》说：

有三足神乌，为西王母取食。

所以郭璞认为三青鸟即为三足乌。三足乌也称阳乌，就是太阳鸟，是太阳神的符号。凡是以阳乌为图腾的部族，一般都被认为是属于伏羲女娲族系的羲和常仪部族，与炎黄族系一脉同源。

也有不少史家认为三青鸟就是三只青鸟，《山海经》甚至明确记载了三只青鸟的名字：

三青鸟赤首黑目，一名曰大鵹，一名小鵹，一名曰青鸟。

——《山海经·海经·大荒西经第十六》

也有很多学者认为，青鸟就是青鸾，凤有五种，青鸾是其中之一。凤的原型就是阳乌，其凡间同类为玄鸟，也就是燕子。青鸟就是玄鸟，也就是燕子。"三青鸟"就是三个以青鸾或玄鸟为图腾的鸟族部落，他们负责为西王母获取食物。

到了这里，对中国历史有点了解的读者可能会有疑惑，鸟族属于东夷族系，不是应该在东方吗，为什么昆仑山地区会有鸟族出现？这个问题我们会在后面探讨。

至迟到了西汉初，青鸟就有了一个特别的文化含义，这就是信使，西汉文学家刘向在追思屈原的诗作《九叹》中写道：

三鸟飞以自南兮，览其志而欲北。愿寄言于三鸟兮，去飘疾而不可得。

——《楚辞·九叹·忧苦》

东汉著名文学家、史学家班固的《汉武故事》也载：

七月七日，上于承华殿斋，日正中，忽见有青鸟从西方来，集殿前。上问东方朔，朔对曰："西王母暮必降尊象，上宜洒扫以待之。"……有顷，王母至。乘紫车，玉女夹驭，载七胜，青气如云，有二青鸟如鸾，夹侍王母旁。

这里，三青鸟中的一只为信使，前来给汉武帝报信，另外两只随西王母而来，并服侍在王母身旁。后人便把传信使者称为"青鸾""青鸟"。东晋大诗人陶渊明说"翩翩三青鸟,毛色奇可怜。朝为王母使,暮归三危山"(《读〈山海经〉》诗之五),南朝齐梁时期的文学家沈约说"衔书必青鸟,佳客信龙镳"(《华阳先生登楼不复下赠呈诗》)等,都是说青鸟是信使。

到了隋唐朝时,青鸟更成为爱情信使的专称,唐代大诗人李白的作品中多次提到青鸟这个爱情信使,著名的诗句如"愿因三青鸟,更报长相思(《相逢行》)""西来青鸟东飞去,愿寄一书谢麻姑"等。白居易也说"好差青鸟使,封作百花王"(《山石榴花十二韵》)。韦应物写道,"岂不及阿母之家青鸟儿,汉宫来往传消息"(《宝观主白鸲鹆歌》);刘禹锡写下"青鸟去时云路断,姮娥归处月宫深"(《怀妓》),李商隐吟出"蓬山此去无多路,青鸟殷勤为探看"(《无题·相见时难别亦难》),这都是脍炙人口、妇孺皆知的佳句。南唐中主李璟德行才华都一般,但一句"青鸟不传云外信,丁香空结雨中愁"却使他留名千古。

- 西王母"摇钱树"和三星堆青铜神树

摇钱树在中国传统文化中是个很特别的存在,现在一般都认为,对摇钱树的崇拜就是古人对财富的崇拜和向往,至少在秦汉时代,人们就已经有了这样的观念。但是很多人并不知道,摇钱树原本无关金钱,它源自西王母文化,反映的是与华夏民族先民一脉相承的太阳神崇拜和借由神树升达天国的原始宗教观念。

按照《山海经》的说法,古代有三座能够连接天地、直达天国的神山,一个叫肇山,一个叫登葆山,还有一个就是西王母所在的昆仑山。据《淮南子》载:

> 昆仑之丘,或上倍之,是谓凉风之山,登之而不死;或上倍之,是谓悬圃,登之乃灵,能使风雨;或上倍之,乃维上天,登之乃神,是谓太帝之居。
>
> ——《淮南子·地形训第四》

意思是:由昆仑山再向上攀登一个昆仑山的高度,就是凉风山,登上凉风山就可以长生不死;再向上攀登一个凉风山的高度,就到了悬圃山,登上悬圃山,就有了神灵,可以呼风唤雨;再向上攀登一个悬圃山的高度,就到达了天庭,能登上天庭,就可成为天神,这里是天帝居住的地方。

而能够"所从上下""上下于此,至于天"的人,都是远古时代的巫师,特别是女巫,所以也不排除西王母最初也是跟上下肇山的柏高、上下登葆山的巫咸国巫师们一样的女巫。

在西王母文化中，在昆仑山上，有一种神树，叫若木，是人神往来天地之间的天梯，据《山海经》载：

大荒之中，有衡石山、九阴山、洞野之山，上有赤树，青叶，赤华，名曰若木。

——《山海经·大荒北经卷十七》

衡石山、九阴山、洞野之山应该是昆仑山的几个山峰的名字；赤华，顾名思义就是若木长出的红色的果实。《山海经》的注家郭璞说若木是"生昆仑西附西极，其华光赤，下照地"，就是说，若木的果实是可以发光的，《淮南子》也记载：

扶木在阳州，日之所曊。建木在都广，众帝所自上下。日中无景，呼而无响，盖天地之中也。若木在建木西，末有十日，其华照下地。

——《淮南子·地形训第四》

这里的扶木，就是扶桑树，生长在阳州，也就是位于东方海滨的阳谷，就是《尚书·尧典》所载的"分命羲仲宅嵎夷曰旸谷"中的旸谷，其地据考在今天山东西部一带，古称穷桑，是上古时期东夷族系的活动中心；当时的古人认为太阳每天早晨从旸谷升起。建木在国都郊外，其作用是供各位首领和巫师上下往来天地之间。太阳中午照到建木的时候，看不到影子，大声呼叫也没有回响，古人假想可能是因为这里是天地的中心。若木设立在建木的西方，上有十日，光华照耀地下。

若木所在地称崦嵫，就是《山海经·西山经》所称"鸟鼠同穴山西南三百六十里曰崦嵫之山"中的崦嵫之山，郭璞注说"日没所入之山也"。屈原《离骚》也曾提到"吾令羲和弭节兮，望崦嵫而勿迫"。古人想象太阳白天被金乌背着从东方旸谷的扶桑树上飞升，傍晚再落到西方崦嵫山上的若木上栖息。西晋著名文学家陆机的诗句"出西门，望天庭，阳谷既虚崦嵫盈。感朝露，悲人生，逝者若斯安得停"（《顺东西门行》），正是感叹于太阳每天东升旸谷，西落崦嵫，而觉得时光倏逝，人生短暂，所以才要及时行乐。

上面提到的扶桑、建木、若木，其实质可能都是图腾柱，是古代华夏文化中的宇宙树、生命树，是凡人和天神沟通、相会的地方。人们还根据太阳照射图腾柱留下的影子来测算每日不同时候的时间，所以是一个非常神圣、庄严也非常神秘的东

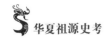

西。以清代著名文字学家段玉裁为代表的学者认为若木就是扶桑，但更多的学者认为，若木更有可能是扶桑的"文化镜像"，是伏羲女娲氏族联盟的支系后裔西王母族西迁昆仑山地区后，把扶桑文化带到这里后，重新树立的图腾柱。

若木具有与扶桑一样的形象，一样的意义，一样的天地之间的天梯的作用，但跟扶桑相反，扶桑是日升之地的神树，日出"拂于扶桑"，日在木中，就是一个"東"字，所以扶桑代表东方；若木是日落之地的神树，小篆体的"西"字就是鸟落巢上。而这个鸟，不是一般的鸟，它是金乌，代表太阳。金乌、三足乌是古代华夏文明的一个文化符号，是古人对观测到的太阳黑子的一种形象描述，后来就成为太阳神的图腾形象。金乌归巢，象征太阳西落，所以若木代表西方。

去过四川三星堆博物馆的读者朋友可能会对那棵高大的青铜神树印象深刻，但估计对其文化内涵并不了解。现在，了解了若木、扶桑和古人的太阳神崇拜信仰特

四川广汉三星堆博物馆藏青铜树，其实质应为若木，即西方的"扶桑树"。

四川广汉三星堆博物馆藏青铜神树鸟形挂件

别是其表现形式后，我们就清楚了，这棵青铜树不是普通的树，而是有着图腾柱意义的神树，神树上的鸟不是一般的鸟，是阳乌，代表的是太阳。如果再有人说三星堆文明是外来文明的成果，读者就可以告诉他，三星堆文明是完全的土著文明，这从那棵青铜神树所代表的意义、阳乌文化产生的历史时期就能证明。

反映扶桑树文化的最有力的物证当数长沙马王堆出土的帛衣（见下图），在这件

长沙马王堆汉墓出土帛衣上的扶桑树、金乌和九日同枝图案

令世界惊叹的文物上，我们可以看到上部右侧绘有一大八小九个太阳的树，这个就是扶桑树，大太阳中的黑鸟就是金乌，而那些小太阳与郭璞所说的若木上的发光的果实多么相像。需要强调的是，九日或十日代表的是上古时期以太阳神为崇拜对象的伏羲女娲氏族联盟或者其后裔羲和部族的多个分支部落，而不是说古代曾有过多日并出的奇异天象。

　　随着历史的发展，扶桑树文化也逐渐出现了变种，扶桑树上的阳鸟不知什么时候起变成了"铜钱"，很多不明就里的人把这种树称为"摇钱树"，因为常见于西王母文化地区，所以很多人称之为"西王母摇钱树"。我们来看下面这几张图片：

 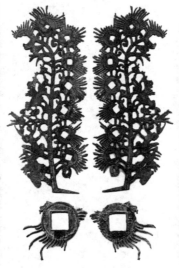 

1990 年绵阳汉墓出土的 青铜摇钱树全貌	1990 年绵阳汉墓出土的青铜摇钱树 局部	四川广汉三星堆博物馆藏的青铜"摇钱树"

　　需要跟大家明确的是，这些树上的"铜钱"只是长得像铜钱，但其实不是铜钱，它们代表的是太阳，这种树仍然是扶桑树，只不过过去的阳鸟，现在换成了"太阳"。当然了，也不排除铜钱就是根据这扶桑树上的"太阳"而设计的，那是另一回事了。

　　还有一点不知大家注意到没有，"摇钱树"的基座都是山状，上塑以神仙瑞兽。大家知道吗，这个山的原型就是昆仑山。黄帝时代以来，古人一直有一个信仰，那就是人们要进入天堂，就必须到昆仑山，经由山上的神树，也就是若木，才能抵达天庭。所以，大概从汉代开始，"摇钱树"就成为人们死后陪葬的重要物件。现在大家应该明白了吧，"摇钱树"更多时候是冥物，是昆仑山若木的象征物，古人希望死

四川广汉三星堆博物馆藏青铜摇钱树局部

成都青白江区摇钱树树枝，正中间坐者为西王母

后灵魂能够借由它进入天国。把"摇钱树"跟钱这种俗物搭上关系，那都是拜现代人所赐。

柏高（伯高）

柏高是黄帝诸臣中颇具神秘色彩的一位，他的名字最早见于《山海经》：

华山清水之东，有山名曰肇山。有人，名曰柏高。柏高上下于此，至于天。

——《山海经·海经·海内经卷十八》

这个肇山很不简单，东汉经学大师高诱研究说，肇山是《山海经》中提到的有天梯功能的三座山之一，另两座是昆仑山和巫咸国"群巫所从上下"的登葆山。另外，柏高也能"上下于此，至于天"，说明他与巫咸国十巫一样，也是个巫师，至于他（她）是巫（女巫）还是觋（男巫），就不得而知了，考虑到当时巫师多为老太婆的习俗，柏高或许是女性的可能更大些。

另一个能够证明柏高巫师身份的事实是，他或她还是当时的一位著名的医生。《黄帝内经》中有大段黄帝和一位叫伯高的大臣就针灸问题举行的对话，这位伯高，据郭璞的考证就是柏高，他在注解《穆天子传》时说："古伯字多从木。"即伯、柏同义。这位伯高或称柏高先生精针灸术，与岐伯齐名。在古代，特别是上古时期，巫医不分，那么柏高是巫师的可能是非常大的。

南宋史家罗泌认为柏高是远古时代的伏羲女娲氏族联盟的首领之一柏皇氏的后裔（参见《路史·卷二十九·国名纪六·古国》）。这样，柏高既蒙祖上荣光，也凭自己的才干而在黄帝大封诸侯时，获得恩封，其所居住地就被封为柏地，柏高在此建立了部落方国柏国。

黄帝"鼎湖升仙"事件后，柏高就被列入了仙班，《管子·地数篇》记载说伯高随黄帝一起在鼎湖升天"成仙"了。对这件事合理的解释是，柏高与黄帝一众人一起在鼎湖坐船，可能死于因暴风雨导致的船只失事了。

柏氏部族的后代也都多为黄帝之后历代氏族联盟首领的帝师，帝颛顼时有师傅柏亮父（也有学者认为柏亮父就是伯夷父），帝喾有师傅柏昭，唐尧时有位高士叫伯成子高，也被很多人认为与柏高大有联系，据《庄子》载：

> 尧治天下，伯成子高立为诸侯，禹时伯成子高辞为诸侯而耕。
>
> ——《庄子·外篇·天地》

伯成子高后被简称为柏皋、伯成或柏城，晋人葛洪笔在其著作《抱朴子》曾说：

> 故漆园纶，而不顾卿相之贵；柏成操耜，而不屑诸侯之高。

南宋史家罗泌基本承袭了《庄子》的说法，只不过"伯成子高"变成了"柏成子皋"：

> 尧治天下，有柏成子皋立为诸侯，尧授舜，舜授禹，柏成子皋辞为诸侯而耕。
>
> ——《路史·卷六·前纪六·禅通纪·柏皇氏》

很多古人更愿意相信唐尧时的伯成子高就是成了仙的黄帝时期的柏高，甚至考证说柏高、柏子高、伯侨、北侨、正伯乔、征侨、王侨（注意，此王侨非周灵王太子的那个王乔，后者姓姬名晋字子乔，又称王子乔。二者都是传说中的仙人，但绝非同一人）等都指的是一个仙人，读者可以参阅《史记·司马相如列传》《汉书·郊祀志》、刘向《九叹·远游》的书和文章的相关注解。

事实上，唐尧时的伯成子高无论如何不太可能是黄帝时期的柏高，后者是前者的后代或者是柏部落的继任首领倒是很有可能。西周穆王时，伯成子高的后代曾经建立过子爵柏国，于周景王十四年（前531年）被楚国所灭。

冕侯

任何人都不是先知先觉的，都是有自己的老师的，中华民族的人文始祖伏羲（我们可以认为是伏羲女娲氏族联盟的创始首领）也不例外，只是很多人不知道他的老师是谁。据《路史》载，伏羲的老师是个叫宛华的人：

于是尽地之制，分壤时谷，以利国用。必不自圣庸，委师于宛华，爰兴神鼎，制郊禅。

——《路史·卷十·后纪一·禅通纪·太昊纪上》

这句话的大概意思是：伏羲因地制宜，在不同时期、不同土壤上种植不同的谷物，从而大大增加了部落联盟的收成。伏羲还不以圣人自居，向宛华求师问道，制造了神鼎，并创制了郊祭天地的制度。

至于宛华传授了伏羲什么，史载无考。我们现在猜测，可能宛华最早懂得了一种器皿——陶鼎的制作方法，并且从宛华开始，他和他所在的宛部落世代都从事鼎的研发和制造。到了黄帝时期，宛华的后人中有个叫宛朐的，为黄帝铸了一只宝鼎，司马迁《史记·封禅书》中曾提到过这只鼎：

齐人公孙卿曰："今年得宝鼎，其冬辛巳朔旦冬至，与黄帝时等。"卿有札书曰："黄帝得宝鼎宛朐，问于鬼臾区，区对曰：'黄帝得宝鼎神策，是岁己酉朔旦冬至，得天之纪，终而复始。'"

——《史记·卷二十八·封禅书第六》

公孙卿是汉武帝时期的方士，当时民间有人从地下挖掘出一只鼎，公孙卿忽悠汉武帝说，这只鼎的出现时间与黄帝大臣宛朐向黄帝呈献宝鼎的时间十分吻合，古今相符，足称盛瑞，所以深得汉武帝欢心。这段历史，班固在其著作《汉书·祭祀志》中基本沿用，但是司马迁说的"黄帝得宝鼎宛朐，问于鬼臾区"，到了班固那里却改成了"黄帝得宝鼎冕侯，问于鬼臾区。"《路史》也沿用了班固的叫法：

黄帝得宝鼎冕侯，问于鬼容蓝，容蓝对曰："是谓得天之纪，终而复始。"

——《路史·卷十四·后纪五·疏仡纪·黄帝纪上》

后人经过研究，认为"冕侯"和"宛朐"是一个人，后来变成地名，冕侯是古代的叫法，而宛朐是西汉时的叫法。《路史》作者罗泌也说：

冕：宛也。宛侯，即冕侯，宛朐是，今曹之宛句。

——《路史·卷二十九·国名纪·古国》

据我们推断，冕侯的这个"侯"可能是"后"，宛侯意即冕部落的首领，这个冕部落擅长造鼎。后来随着历史的发展，人名变成了地名，发音也转成了宛侯、宛朐、冤句、宛句、宛胊、冤胊等多个叫法。

据《甲骨文字典》载，冕部落在商代发展成冕国，后被商朝九大方伯之一的仓侯所灭。

荣将（荣猨、荣援）

黄帝时期是华夏文明的一个爆发期，其中一个重要的表现就是音乐，这个时期无论乐理还是乐器，都有了长足的甚至是革命性的进步。乐器的发明中，以钟、编钟、音钟的发明尤其引人关注。根据一些古代文献的记载，钟的发明者是伶伦和荣将，前者我们在前面已经介绍过，这里简单地说一下荣将。

据《吕氏春秋》载：

黄帝又命伶伦与荣将铸十二钟，以和五音，以施英韶，以仲春之月，乙卯之日，日在奎，始奏之，命之曰《咸池》。

——《吕氏春秋·卷五·仲夏季·古乐》

根据我国著名学者陈奇猷先生的考证，荣将，又称为荣援、荣猨。这里提到的十二钟就是风靡于西周时期的青铜编钟的鼻祖，只不过这个时期的钟还是陶做的。

除了十二钟，古代文献中也有荣猨铸五色钟的说法载：

命荣猨铸十二钟，……分五声以正五钟，令其五钟以定五音。

——《路史·卷十四·后纪五·疏仡纪·黄帝纪上》

据《管子》所载，这五色钟分别是：

一曰青钟大音，二曰赤钟重心，三曰黄钟洒光，四曰景钟昧其明，五曰黑钟隐其常。

——《管子·五行第四十一》

我们知道，古代音阶分为宫商角徵羽五音，这五音应该就是通过上面提到的这五钟来确定的。其他的钟我们先不论，黄钟大家应该比较熟悉，屈原在《楚辞·卜居》就提到过黄钟，他说："世浑浊而不清，蝉翼为重，千钧为轻；黄钟毁弃，瓦釜雷鸣；谗人高张，贤士无名！"我们今天也有黄钟大吕的说法。但是很多人并不清楚，这五色定音钟早在黄帝时期就发明出来了，其发明者就是荣将。

其实不光是在今天，由于年代过于久远，很多古人也不知道荣将是何许人也。据清人陈康祺在其笔记野史《郎潜纪闻》记载，大儒、著名诗人沈德潜曾因为不知道荣将是谁而被乾隆皇帝问倒：

又公告归，命大司马梁诗正奉御制十二本，令德潜逐日校阅，先缴进四本。上命之曰："改几处，俱依汝。惟《大钟歌》中云'道衍俨被荣将命'，汝改'荣国'，因道衍封荣国公也。荣将本黄帝时铸钟人，汝偶然误会。然古书读不尽，有我知汝不知者，亦有汝知我不知者。余八本，尽心校阅，不必依违。"

——《郎潜纪闻二笔·卷八·诗人遭际以沈归愚为最隆》

这段记载很有意思，一方面说明乾隆博览群书、知识渊博，另一方面也把他爱在臣子前炫耀才学的毛病表露无遗。沈德潜是当时德高望重的大学问家、大诗人，著有《沈归愚诗文全集》，还选编了《古诗源》《唐诗别裁》《明诗别裁》《清诗别裁》等，流传颇广，甚至有传言说乾隆的很多诗是出自沈德潜之手。他曾受命为乾隆御制诗集做编校，在校对乾隆的诗《大钟歌》中的一句诗"道衍俨被荣将命"，犯了一个错误，被乾隆抓了个正着。《大钟歌》又名《觉生寺大钟歌》，觉生寺就是我们今天俗称的大钟寺。明成祖朱棣的军师姚广孝，也就是诗中提到的道衍和尚，在战乱平息后，收集天下百姓的刀枪等武器，熔铸成一口大钟，以示息戎弭兵。所以，乾隆说"道衍俨被荣将命"，意思是道衍和尚与黄帝时期的大臣荣将一样铸造了象征天下太平的大钟。沈德潜不知道荣将，以为乾隆说的是道衍和尚曾当过荣国公，所以"荣将命"就改成了"荣国命"，结果被乾隆贻笑大方。

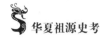

夷牟

我国使用箭簇的历史可以前溯到二万八千年前，1963年，山西峙峪遗址发现了旧石器时代的燧石镞头，是用很薄的长形石片制成，尖锐周正，已具备镞头的形式。仰韶时期的遗址中，考古学家普遍地发现有石矢、蚌矢和骨矢。

但弓箭作为一种兵器投入战争实践，应该是在黄帝时期，在与蚩尤部族联盟的战争中，黄帝军队普遍使用的是竹制、木制、玉制和各种非金属武器，而蚩尤军队已经懂得制造和使用金属兵器，但胜利的天平没能倒向蚩尤一边，原因就是黄帝这边有了更先进的武器，这就是弓箭。东汉末著名经学家、训诂学家郑玄说：

> 其射之所起，起自黄帝，故《易·系辞》黄帝以下九事章云："古者弦木为弧，剡木为矢。弧、矢之利，以威天下。"又《世本》云："挥作弓，夷牟作矢。"是弓矢起于黄帝矣。
>
> ——《礼记正义·卷六十二·射义第四十六》

《世本》是成书于战国时期的典籍，《世本·作篇》明确记载，挥发明——准确说是改良了弓，而夷牟发明了箭。此外，《说文解字·矢部》也有"古者夷牟初作矢"的说法。这种说法也为后世的《路史》等典籍所采用：

> （黄帝）命挥作盖弓，夷牟造矢，以备四方。
>
> ——《路史·卷十四·后纪五·疏仡纪·黄帝纪上》

关于挥，我们前面提到过，他的身份有两个说法，一个说他是黄帝之子，母亲为黄帝第三个妃子彤鱼氏，另一个说他是黄帝之孙，父亲是黄帝之子清，即少昊青阳氏，祖母是黄帝次妃方雷氏。

就一般而言，弓和箭一定是匹配产生的，挥发明了弓，那么箭的发明者也一定不离挥左右，他们之间应该有所交集。从目前我们掌握的材料看，他们的交集在于他们可能都是东夷人。而所谓"夷"，从甲骨文看，就是"人负弓"。前文提到过，黄帝之子少昊青阳氏可能因为母亲方雷氏被归于东夷的缘故，按母系社会的传统，他也被归入到东夷，并凭借黄帝之子的特殊身份而成为东夷族的领袖。发明了弓的挥如果是少昊青阳氏的儿子，当然应该算是东夷人。就算挥不是少昊青阳氏之子，而是黄帝之子，则也可能因为其母彤鱼氏也属于东夷系，所以挥也是东夷人。而夷牟，从其名字来看，很有可能也是东夷人，而且与挥关系亲密，所以他才能发明用于弓上的箭矢。

还有一个事实我们也需要注意，就是我们前面在讲到黄帝之妻和黄帝之子时，曾提到黄帝第三妃彤鱼氏生两个儿子，一个是挥，一个是夷鼓或称夷彭。注意，这里又出现了"夷"字，有学者认为，这个夷鼓或称夷彭就是夷牟，那么，挥和夷牟就是兄弟关系了，如果从弓箭的发明这件事看，他们二人是兄弟可能更有合理性。

关于弓箭的发明者，《山海经》还有另一种说法，那就是少昊之子般：

少暤生般，般始为弓矢。

——《山海经·海经·海内经卷十八》

再次强调一下，这个少暤大家不要理解为在黄帝氏族联盟结束后出现的少昊氏族联盟的首领少昊金天氏，这个少昊是黄帝之子少昊青阳氏，后者是前者之祖。《海内经》这段文字说，少昊青阳氏生子般，般发明了箭矢。那么这个般和同样发明了箭矢的夷牟到底是什么关系呢？实话说，现在还不得而知。

邑夷

黄帝时期的一个重要的发明是车，它的出现为人们访近走远、运输物资、扩大生活和生存的地域空间提供了基础。不管是民间传说，还是历史典籍，都有黄帝发明车驾的说法，黄帝又名轩辕氏，正是因为他发明了轩辕这种车。这里，我们讲一下世界历史上第一辆"首脑专车"——大辂的发明者，他的名字叫邑夷。

从邑夷的名字看，邑是黄帝氏族联盟的统治中心，夷指东夷，那么他的名字的含义就是在王邑的东夷人。据宋人高承所著《事物纪原》引唐代典籍《黄帝内传》一书载：

《黄帝内传》曰：帝既斩蚩尤，因乘车辂。又云：帝令邑夷造车以便民。

——《事物纪原·卷八·舟车帷幄部四十》

根据《说文》的解释，辂本来是"车轖前横木也"。邑夷改进车是受到了北斗七星的启发，这七颗星向有"天帝之车"之称，司马迁说：

斗为帝车，运于中央，临制四方，分阴阳，建四时，均五行，移节度，定诸记，皆系于斗。

——《史记·卷二十七·天官书第五》

《路史》载：

命邑夷法斗之周旋魁方，标直以携龙角，为帝车大辂，故曲其辀，绍大帝之卫。

——《路史·卷十四·后纪五·疏仡纪·黄帝纪上》

这里的"标"，应为"杓"，指北斗七星中的斗柄三星。邑夷观察到斗柄三星（玉衡、开阳、摇光）围绕方形的斗魁四星（天枢、天璇、天玑、天权四星）旋转，而且斗柄如果直线延伸，则能与东南方向的角宿连接，这就是天帝之车大辂。邑夷仿而效之，把车辕从直辕改为曲辕，辕头和辂木与辕木交叉的地方镶龙首，把小辂改成大辂，使牵引的人可以更多，行车更平稳，转向也更方便，相应的车身空间也就更大。

既然北斗七星是天帝之车，那么邑夷改良的这种大车也只能是人间帝王才能乘用，所以从黄帝开始，这种车成了专为帝王所用之车，《礼记·乐记》载"所谓大辂者天子之车也"的说法正是由此而来。

孔甲（史甲）

在中国历史上，设立史官，记录国家大政和帝王言行，是一种从炎黄时代以来就存在的制度和传统。黄帝时期不仅有史官，还不止一位，有四位，孔甲是其中之一。据《帝王世纪》载：

黄帝四史官：沮诵、仓颉、隶首、孔甲。

——《帝王世纪辑存·自皇古至五帝第一》

宋代大型道教类书《云笈七签》也记载：

帝置四史官，令沮诵、仓颉、隶首、孔甲居其职，主图籍也。

——《云笈七签·卷一百·纪传部·纪一·轩辕本纪》

黄帝四史各有分工，有的记录黄帝的言论，有的负责记录黄帝的行动和所做的事情，《礼记·玉藻》说"动则左史书之，言则右史书之"，说的就是这个分工。孔甲能够成为黄帝四史之一，可能是因为他首创了在盘盂上刻字记事的方法。过去有些典籍认为孔甲是盘盂的发明者，这一点恐怕不足以让他成为黄帝史官。

孔甲还被认为是"黄帝四目"中的一位。"黄帝四目"不是四个人，而是好几个人，据载：

力牧、常先、大鸿、神农、皇直、封巨、大镇、大山稽、鬼臾区、封胡、孔甲等，或以为师，或以为将，分掌四方，各如已视，故号曰黄帝四目。

——《帝王世纪辑存·自皇古至五帝第一》

从上文不难看出，所谓"黄帝四目"就是代表黄帝掌管东西南北四方的官员。有些人认为"黄帝四目"是黄帝长了四只眼，比如唐代大文学家韩愈就有"黄帝有四目，帝舜重其明"（《月蚀诗效玉川子作》）的提法，恐怕是犯了望文生义的错误。

罗泌在《路史》中还提到一个人，这个人叫史甲，罗泌认为史甲也做了类似在盘盂上刻字记事的事情：

乃命史甲作戒盘盂、箟豆、奁镜、剑履、舆席、巾杖、户牖、弓矛，一着铭诗以弥缝。

——《路史·卷十四·后纪五·疏仡纪·黄帝纪上》

这个史甲很有可能就是孔甲，史是孔甲的官职，孔是史甲的名字。孔甲开了盘盂刻字记事的先河，在其他器皿和物件上刻字记事也就顺理成章了。

孔甲开创盘盂铭文后，后代史官常将铭言或功绩刻于盘盂，以为法鉴，称为"盘盂之诚"，《墨子》说：

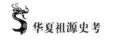

书之竹帛，琢之槃盂，传以遗后世子孙。

——《墨子·卷二·尚贤下第十》

《吕氏春秋》也说：

功名着乎盘盂，铭篆着乎壶鉴。

——《吕氏春秋·卷十七·审分览·慎势》

黄帝时期孔甲的盘盂铭文不太可能流传到今天，因为当时的盘盂基本都是泥、陶、木制的，《汉书·艺文志》说有孔甲《盘盂》二十六篇，还说作者是黄帝时人，恐怕不是事实。另外，黄帝时期的所谓文字，可能最多是一种象形符号，用这样的象形符号别说写出二十六篇文章，恐怕一篇也写不出来。古代名孔甲的还有两个人，一个是夏朝第十四任君主（一说第十六任），一个是孔子的八世孙孔鲋，人称子鲋，又称子鱼。有人认为夏代君主孔甲才是《盘盂》二十六篇的作者，但这种可能也非常小。宋元之际著名的历史学家马端临在其著作《文献通考》中考证说，《盘盂》二十六篇应该是出自孔鲋这个孔甲之手，是有一定道理的，读者有兴趣可以参看《文献通考·卷二百九·经籍考·三十六·〈孔丛子〉》，自己做个判断。

共鼓、货狄（化狐）

1973年，我国考古工作取得一次重大成果，在浙江余姚河姆渡发现了远古文化遗址，经碳14测定，其年代为公元前五千年至公元前三千三百年，为新石器时代氏族公社时期的氏族村落遗址。在丰富的考古遗存物中，考古学家发现了五支木桨。无独有偶，1990年，同样是在浙江，在萧山跨湖桥新石器遗址，考古学家又出土挖掘出了一只独木舟。经碳14测定，这只木舟距今年代为七千五百年至八千年。这两项考古成果可以说是十分惊人的，它支持了很多古史中记载的黄帝时期"刳木为舟"不是一个传说，而是事实，据战国典籍《易经·系辞传》载：

黄帝、尧、舜垂衣裳而天下治，盖取诸《乾》《坤》。刳木为舟，剡木为楫，舟楫之利，以济不通，致远以利天下，盖取诸《涣》。

——《易经·系辞传·第二章》

那么黄帝时期舟楫的发明者到底是谁呢？战国典籍《世本》有明确的记载：

共鼓、货狄作舟。

——《世本·陈其荣增订本·卷一·作篇》

《世本》注者，东汉末、三国时期的经学家宋衷说：二人并黄帝臣，共鼓见木可以浮水而渡，即刳木为舟；货狄亦作化狐，他见鱼尾画水而游，乃剡木为楫以行舟。

当然，在另外一些古籍中，舟的发明者则另有其人，《山海经》中说：

帝俊生禺号，禺号生淫梁，淫梁生番禺，是始为舟。

——《山海经·海经·海内经第十八》

《墨子》则说，发明舟的是巧垂（见《墨子·非儒下》）；《吕氏春秋》却说是舜的臣子虞姁（见《吕氏春秋·审分览·勿躬》）。西晋人束皙的蒙学著作《发蒙记》则说舟的发明人是舜的另一个臣子伯益。

在河姆渡考古重大发现之前，对舟的发明人，学界一般都是存而不问，因为没有足够的证据证明是上述确切哪个人的贡献，但河姆渡考古确定了舟楫的出现时间后，答案就比较明了了：舟应该是黄帝时期的共鼓和货狄共同发明的。

黄帝时期就有舟楫，这在中国文明史上意义十分重大，它表明在上古新石器时代，我们的祖先就有能力过河涉水，从而实现人口迁徙、货物往来，特别是生存空间的四外拓展。

还有一点，黄帝时期成熟的舟楫制造技术为发生于商朝末年的一个历史之谜在一定意义上提供了解答。公元前1045年，周武王伐纣，而之所以选择这个时候举事，是因为商朝国中空虚，主力军队十多万人在攸侯喜统率下正在东方与东夷人进行战争。但是周王朝建立后，史籍中再也见不到这支商朝军队的记载，几乎是一夜之间就从历史上消失了。有很多学者认为这支国破君亡后的商朝军队极有可能渡过大洋去往了美洲，最后成为今天美洲印第安人的祖先。也有学者认为凭当时的技术条件根本不可能造出可以跨越大洋的舟船。但是，现在让我们从另一个角度想想，舟楫出现的时间在公元前3000年前后，武王伐纣是在公元前1045年，其间跨越至少两千年，在这么长的时间里，本来就发祥于大河文明的商朝人发展出可以制造漂洋过海的舟船的技术是完全可能的。

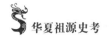

於则

世界上第一双真正意义上的鞋子是谁发明的，现在已无从考证，但是根据常识推断，在八千多年前的新石器时代，原始人在用骨针缝制兽皮衣服时，也应该懂得缝制简单的兽皮包脚——那时还不能称为鞋子——但能够享用的人恐怕寥寥无几。我国在距今五千多年前的仰韶文化时代，也就是黄帝氏族联盟时期，用草和麻编织的鞋子开始普及，从而结束了大多数人光脚的历史，这种鞋子的发明者是个叫於则的黄帝的大臣。据《世本》记载：

於则作扉履。

——《世本·王谟缉本·作篇》

於则作履扉。

——《世本·秦嘉谟缉补本·作篇》

需要注意的是，於在这里不是于的简化字，读音也和于不同，读作yū。根据成书于六朝时期的古辞书《字書》的解释，"草曰扉，麻曰履，皮曰履，黄帝臣於则造"，就是说草鞋、麻鞋、皮鞋都是黄帝大臣於则的发明。由此可以说，於则是中华制鞋始祖应该是当之无愧的。

於则的发明意义非凡，它极大地改变了人们的劳动、生产和生活方式，扩大了华夏民族先民的生存空间。之后，黄帝把於则居住的地方命名为"於"，地在今天的河南内乡县。

隶首（虏首、虑首）

作为世界文明古国之一，我国的数学发展源远流长。我们的先民在从野蛮走向文明的漫长历程中，逐渐认识了数的概念，所谓"物生而后有象，象而后有滋，滋而后有数"（《左传·僖公四年》），相传在伏羲女娲氏族联盟时代，人们就已懂得"刻木记事""结绳记事"，用在木头上刻痕和打绳子结来计数。各代历史典籍中，都记载创制真正意义上的计数法的人叫隶首：

隶首作数。算，黄帝时隶首所作也。

——《世本·陈其荣增订本·卷一·作篇》

黄帝使……隶首作算数。

——《汉书·卷二十一·律历志第一下》

古之人论数也，……记称大桡作甲子，隶首作数。

——《后汉志·志·第一·律历上》

隶首不能计其多少，离朱不能察其髣髴。

——《抱朴子·内篇·道意卷九》

但是，也有个别古籍记载与上述有所不同，比如《吕氏春秋》：

大桡作甲子，黔如作虏首……

——《吕氏春秋·卷十七·审分览·勿躬》

东汉末著名学者高诱注说："虏一作虑"，"虏首"也就是"虑首"。这个"虑首"是不是就是"隶首"，高诱先生没有说，但是很容易让人联想到就是"隶首"。如果此说成立，那么隶首就变成了算学的名称，而创制这种算学的就变成了一个叫黔如的人。而至于黔如的事迹，于史难考，闻一多先生认为"虏首"就是兜鍪，如果这种说法成立，那么黔如发明的就不是算学，而是一种古代的战盔。但总体看来，认为隶首创制算学的说法为古今绝大多数学者所接受。

隶首的算术工具一开始可能就是长短不同的竹棍，叫作筹，其中最常用的就是长六寸的竹棍，叫筭（音 suàn），根据《说文解字》，筭就是"长六寸，计历数者。言常弄乃不误也"。算筹后来慢慢有了木制、骨制、金属制的。我们知道，伏羲时代我们的先民就已经通过长短木棍和蓍草的排列组合，演化出八卦和二进制。隶首很有可能就是在二进制基础上，通过算筹推导制定出了十进制。后人又在算筹的基础上发明了算盘和珠算，所以，中国民间也有把隶首当成是算盘发明者的说法。

隶首创制算学，意义非凡，其最大的贡献就是为黄帝历法的制定提供了计算根据，黄帝重臣容成子在隶首和羲和（负责观日）、常仪（负责观月）、奥区（责观测

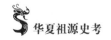

星象)、伶伦(发明了能验证节气规律的律吕)、大桡(发明了天干地支)六位伟大先贤的智慧的基础上,制订了黄帝历法《调历》,这是当时石破天惊的一项文明成果。隶首也因算学贡献而被黄帝辟为四史官之一(其余三人为沮诵、仓颉、孔甲,详见前文)。

胡曹

衣着是人类特有的一种习性,是人类区别于动物的重要标志之一。在远古的旧石器时代,先民用以御寒保暖的东西主要是兽皮、鸟羽、植物叶草,据《礼记》载:

> 昔者先王……未有麻丝,衣其羽皮。

——《礼记·礼运第九》

《韩非子·五蠹》说:"古者……妇人不织,禽兽之皮足衣也";《庄子·盗跖》说:"古者民不知衣服,夏多积薪、冬则炀之";《白虎通》卷一载:"茹毛饮血,而衣皮苇"。

后来,古代先民发现了藤麻等植物可以抽成丝线,于是就织出了用于打猎和捕鱼的工具网罟,并用同样的方法织出了布匹,披搭在身上用以御寒。

真正意义上的衣服出现于神农、黄帝时代,在历史分期上属于新石器时代,《礼记》载说:

> 后圣有作……治其麻丝,以为布帛。

——《礼记·礼运第九》

《庄子》说:

> 神农之世……耕而食,织而衣。

——《庄子·盗跖》

《淮南子》则记载:

伯余之初作衣也，緂麻索縷，手经指挂，其成犹网罗……

——《淮南子·氾论训第十三》

伯余，又叫伯荼，很有可能是黄帝之子伯儵的另一种叫法，但清代著名学者张澍则认为就是黄帝。上引《淮南子》这段文字简单描述了衣服的产生过程，它说：伯余当初做衣服的时候，用麻丝和葛缕为原料，用手指头穿引丝线，像织网一样做成衣服。

我们前面探讨过，黄帝时期的很多发明都托名黄帝而出，这里的伯余做衣恐怕也不例外。那么，衣服到底是谁最先发明的呢？很多古史都记载发明衣服的是黄帝氏族联盟的一位大臣，叫胡曹，如《吕氏春秋·勿躬》载："胡曹作衣。"《淮南子·修务训》也称："胡曹为衣。"战国末年赵国史官编撰的古史《世本》的记载最有意思，它记述了人们从头到脚的穿戴的发明是各有其人：

黄帝作冕（旒）。黄帝作旃冕。胡曹作冕。胡曹作衣。伯余作衣裳。於则作屦。

——《世本八种·陈其荣增订本·卷一·作篇》

简单地说，就是黄帝发明了那种带流苏的冠冕，还有帛做的帽子，而胡曹发明了普通人戴的帽子，胡曹还发明了衣服，可能是连体衣，而伯余发明了与上衣分开的下衣，统称衣裳，於则发明了鞋子。

关于胡曹的族属，有一种观点认为，胡曹是黄帝氏族联盟中东夷族胡部落的首领；因为尚出于母系氏族时代，所以为女性。胡得名于一种水鸟，叫鸒鶙，胡部落以鸒鶙为图腾。据《尔雅·释鸟》载，鸒鶙"似雉，青身白头"，有人说可能是我们现在所说的白头翁，也有可能就是鹈鹕。

高元

•"高"的本义

上古时代华夏民族先贤中最被忽视的一个人，就是高元。《吕氏春秋·勿躬》对他的描述只有区区四个字："高元作室"。《世本》的八个版本都没有提到高元这个

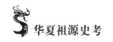

人，只是说"鲧作城郭，禹作宫室""尧使禹作宫室"等，只有清代经学大师、《世本》注家之一张澍在注解"尧使禹作宫室"这句话时，引述《吕氏春秋》"高元作室"的提法，说"高元，黄帝臣，建合宫以接万灵"。百度等搜索网站都能搜到类似"先秦古籍《世本》中说'黄帝臣高元作宫室'"的话，很遗憾，《世本》中没有这句话。

不过，《世本》虽然没有明确提出"黄帝臣高元作宫室"这句话，但是我们的祖先是从黄帝时代开始住上宫室的说法是不错的，西汉初楚国的思想家、政治家、外交家陆贾的《新语》记载：

于是黄帝乃伐木构材，筑作宫室，上栋下宇，以避风雨。

东汉著名史学家、文学家班固所编纂的《白虎通义》也记载：

黄帝作宫室，以避寒暑。

此外，宋代高承所著《事物纪原》引《风俗通》说：

室其外也，宫其内也，盖自黄帝始。

综上而言，《世本》载"尧使禹作宫室"的论断是很值得商榷的，或者可以理解为尧使禹作的宫室更为高大、宏伟、复杂、精巧、功能更齐全，但是如果理解成古人在帝尧时期才住上房子，这是大错特错的。

应当说，在"高元作室"之前，古人就已经住上了简单的木石搭建的房子。高元建的房子最大的特点是比之前人们住的房子更高大、更坚固，甚至有了层级，这从甲骨文和金文的"高"字就不难看出端倪：

左边是甲骨文，右边是金文，可以看出这描绘的是一个二层的房子，从一层通往二层需要借助梯子。这样的房子给人的最直观感受就是大。所以，"高"这个字的本意就是房子高大，《说文》说：

高，崇也，象台观高之形。从门口。与仓、舍同意。凡高之属皆从高。

——《说文解字·卷五·高部》

"高"，是宫殿、高楼的象形，其引申义则是"高大""高贵""高尚""崇高"。

是先有了这样的房子，所以人们不仅把这房子称为"高"，而且把建了这房子的人也称为"高"。可能这位建筑师的本名不叫这个名字，而是因为建了"高"这样的房子，所以被称为"高元"，字面意思是"高之始"。高元也因此成为高部族的创始人，他和族人所在的地方也被黄帝封为"高"。

· 高元可能是帝颛顼高阳氏的祖先吗？

那么，黄帝时期"高人"的居住地在什么地方呢？有学者认为就在今天河南中部的嵩山一带。屋子大，黄帝时人称为"高"，那么"高人"生活的地方的山，可能被称为什么呢？对，山高为"嵩"。嵩山，古代又称嵩高，司马迁说：

昔三代之居，皆在河洛之间，故嵩高为中岳。

——《史记卷二十八·封禅书第六》

班固也说过：

翌日亲登嵩高，御史乘属在庙旁。吏卒咸闻呼万岁者三。

——《汉书卷六·武帝纪第六》

此外，东晋人戴祚的《西征记》也载说："嵩高山，东太室，西少室，相去七十里。嵩高，总名也。"初唐诗人杨炯在《少室山少姨庙碑》中说："其名有序，则太室西偏；其位可知，则嵩高佐命。"

嵩高之阳，也就是嵩山之南，是"高人"的发祥地和世代生活的地方。在公元前两千五百年前后，"高人"的领袖高阳氏结束了少昊氏族联盟的统治，成为华夏氏

—393—

族联盟的新首领，这就是帝颛顼。以《史记》为代表的传统史学认为，帝颛顼是黄帝次子昌意的儿子，也就是黄帝之孙。这种说法是很不严谨的，根据最新研究，黄帝氏族联盟历时长达一千五百多年，黄帝绝非一人，那么颛顼是哪位黄帝之孙，现在已很难考证。比较稳妥的说法是，颛顼是黄帝之后、黄帝大臣高元之后。

• 高元之后和"以变东夷"

帝颛顼死后，传说他的侄子帝喾即氏族联盟首领之位，是为帝喾高辛氏。

根据《史记》的说法，帝颛顼生了个儿子叫鲧，鲧的儿子就是夏王朝的创建者夏禹之父。这个世系描述应该是不准确的，帝颛顼后还经过了帝尧和帝舜两个时期，前后约一百六十年，不可能只传了一代就到了鲧，所以以《汉书•律历志》为代表的古史也有"颛顼五代而生鲧"的说法，即黄帝生昌意，昌意生颛顼高阳氏，颛顼高阳氏生鲧曾，鲧曾生鲧祖，鲧祖生鲧父，鲧父生鲧。鲧是颛顼高阳氏的四世孙。

嵩山又名嵩高，高与崇通，所以，大禹的父亲鲧被虞舜封在嵩山之下，称"崇伯鲧"，意为"高人""崇人"的部族首领。

因为世代从事高大宫室建筑的建设，所以鲧和高族人被帝尧安排去建同属高大建筑的防洪堤坝。但是，建筑高大宫室和建设高大堤坝不是一个概念，最后发生了鲧筑坝失败的悲剧。据古史载：

昔者鲧违帝命，殛之于羽山，化为黄能以入于羽渊。

——《国语•晋语八》

昔尧殛鲧于羽山，其神化为黄能以入于羽渊，三代祀之。

——《左传•昭公七年》

这里有两点需要注意，一是鲧死后化为"黄能"，黄能就是黄熊。我们知道，黄帝又称有熊氏，熊是黄帝族的图腾形象之一，特别是最早的黄帝族，"合符釜山"之后，才出现了以黄帝氏族联盟中其他各部族的图腾各取一个部分而合成的龙图腾。鲧死后化为黄熊，说明鲧和黄帝是同族，甚至是直系部族。

需要我们注意的另一点是，"尧殛鲧"这个事件可能不是那么简单，不单单是氏族联盟首领对犯有过错的大臣的惩处，更可能是帝尧部族对鲧部族发动了战争，所以才出现了《史记•五帝本纪》所说的"殛鲧于羽山，以变东夷"的重大历史事件。

"以变东夷"很有可能是一部分战败的高族人向东方和北方逃亡，被生活在那里的东夷部族所接纳，从此开始了东夷化的过程，后来被称为"高夷"。另一部分高族人在帝舜时期，在大禹的带领下，继承乃父遗业，继续从事治水事务，最终取得了成功，并建立了夏王朝。

• 从"高夷"到"高句丽"

"高夷"的活动范围在今山东莒县一带。今莒县南有汉代设置的高乡县城和高广县，还有高密县、高唐县、高苑县及晋代的高平国福山县，西南有高田丁，潍县西北有高黑。河北盐山县有汉代设置的高成县，还有交（古音高）黎、骊城，这是高夷北迁的遗迹。商代甲骨卜辞中多见"高"地名（见《殷墟书契前编》一书），说明商代时高夷已迁到河南北部。

周灭商后，高夷又成为周朝的属国。据《逸周书》载：

北方台，正东高夷嗛羊。嗛羊者，羊而四角。

——《逸周书·王会解》

晋人孔晁注说："高夷，东北夷高句骊。"注意，这里明确说高夷就是东北的高句骊。《尚书》注疏也说：

海东诸夷驹丽、夫余、马干貊之属，武王克商，皆通道焉。

驹丽即句丽、句骊、高句骊，亦即高夷。关于高夷即后来高句丽，《尔雅》就已指出九夷（畎夷、于夷、方夷、黄夷、白夷、赤夷、玄夷、风夷、阳夷——《后汉书·东夷传》）之中其三即高丽。东北民族史专家金毓黻在其著作《东北通史》中也说：离，即为高句丽，一作高骊，亦即古之高夷。

高句丽的含义，据《三国志·高句丽传》载：

沟娄者，句丽名城也。

高句丽语把城叫作沟娄，依山作城，高句丽即"高城"之意。高句丽的原居民为桂娄部落，桂娄亦作沟娄、沟娄、句娄，正是"高城"之意，而之所以称为"高

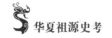

城"，是因为他们的祖先擅长建筑高大的宫室和城郭，如多个版本的《世本》都有"鲧作城郭""禹作宫室"的记载。

高句丽源于高夷，从高句丽人的图腾崇拜上也可以看出来。考古学家在古代高句丽墓葬中曾发现大量的我国中原文化特有的祖先崇拜形象，如四神崇拜、伏羲与女娲图、神农图、道家羽衣仙人图，还有很多的三足乌的形象图。高句丽王族把三足乌视为最高权利的象征。高句丽五盔坟四号墓"日月神绘于北角二层抹角石上，人首蛇身。日神居左，男相，披发，双手捧日轮于头上，日中有三足乌，月神居右，长发女相，双手捧月轮于头上，月中有蟾蜍"。

这里的日神就是伏羲，月神就是女娲。三足乌是伏羲女娲氏族联盟的直系后代羲和部族的图腾。我们知道，伏羲女娲氏族联盟后来演变成三支，一个是炎帝族群，一个是黄帝族群，还有一个就是东夷族群。羲和部族属东夷族群。黄帝氏族联盟建立后，三个同源共祖的族群又开始了融合过程，这既是血脉的融合，也是文化的融合。高族人"以变东夷"后，既保留了自己原有的伏羲女娲祖先崇拜文化，也发扬了东夷族的日神、月神崇拜文化。高夷北迁后，自然把这种文化也带了过去，所以在高句丽墓葬壁画中出现大量的包括三足乌在内的中原文化符号特征，就一点都不奇怪了；反过来说，高句丽墓葬壁画中这些随处可见的中原文化符号恰恰是高句丽属于中华文明体系的铁证。

西汉末年，高夷人高朱蒙建立了高句丽王朝，定都纥升骨城（今辽宁省桓仁县五女山城），高氏成为高句丽王朝的皇族。高句丽延续近九百年。唐高宗总章元年（668年），高句丽国被唐朝军队大总管李勣和安东都护薛仁贵联军所灭，高句丽王及其权相被活捉。此后，唐朝在王险城设立安东都护府，有相当多的一部分高姓人迁居中原内地，逐渐融入汉族的渤海高氏中。另有一部分高姓人北上，与粟末鞨鞨人联合，建立了渤海国，高氏成为渤海国中地位仅次于王族大氏的贵族。渤海国被灭后，又有一部分高姓人向东北迁移，进入朝鲜，成为今天朝鲜高氏的祖先。

综上所述，我们可以得出结论，高句丽的创建者为"高夷人"，"高夷人"的祖先为"高人"，"高人"的祖先为颛顼高阳氏和帝喾高辛氏，而颛顼高阳氏和帝喾高辛氏则可以追溯到黄帝氏族联盟时期的大臣高元。所以，高句丽的历史完全是中国国家历史的一部分，而与公元918年建立的王氏高丽无关，后者只是窃取了前者的国号，以造成相承的假象，但事实上，根本不是对前者在文化、民族主体上的继承。高句丽不等于后来的高丽，这已为全球史学界所公认。同样，后来的李氏朝鲜，也只是借用了"箕子朝鲜"的名号，而与后者没有继承关系。韩国和朝鲜史学界把高句丽看作是朝鲜之祖，这是冒认祖宗，是非常可笑的。

离朱

在古代，当人们说一个人目力非常好、看问题很敏锐、很准确，就说他有"离朱之明"。这个离朱的视力好到什么程度呢？战国时期齐国稷下学派的思想家慎到说：

> 离朱之明，察秋毫之末于百步之外。
>
> ——《慎子·逸文》

这是说，离朱的视力好到可以看清百步之外的秋毫的末梢。

离朱被认为是黄帝时人，据《庄子》载：

> 黄帝游乎赤水之北，登乎昆仑之丘而南望。还归，遗其玄珠。使知索之而不得，使离朱索之而不得，使吃诟索之而不得也。乃使象罔，象罔得之。黄帝曰："异哉，象罔乃可以得之乎？"
>
> ——《庄子·外篇·天地》

这段文字非常有哲理，故事以玄珠喻道，以知、离朱、吃诟、象罔四个人物比喻四种不同的求道方式。四人中，除了离朱，其他都是庄子虚构出来的人。从名字来看，知，同智，是所谓的智者；吃诟，西晋玄学家郭象注说"聪明吃诟，失真愈远"，汉代道家学者成玄英认为"吃诟，言辩也"，是聪明而善于言辩的人；象罔，成玄英说是"无心之谓"。庄子想表达的是，道窈冥高远，看不见，摸不到，超越人的智慧，语言也无法描述清楚，只有任其自然、不刻意妄求，才能对道有所体悟。

庄子提到的离朱，其原型应该是黄帝时期栖居在东方的东夷族中以离朱鸟为图腾的部落的首领。离朱这种鸟，《山海经》里曾多次提道：

> 狄山，帝尧葬于阳，帝喾葬于阴。爰有熊、罴、文虎、蜼、豹、离朱、视肉。
>
> ——《山海经·海经·海外南经第六》

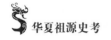

赤水之东,有苍梧之野,舜与叔均之所葬也。爰有文贝、离俞、鸱久、鹰、贾、委维、熊、罴、象、虎、豹、狼、视肉。

——《山海经·海经·大荒南经第十五》

离俞就是离朱,有学者考证说,这应该是一种鹰隼之类的鸟。离朱的部落可能就是以离朱鸟为图腾的,甚至可能是以豢养这种鸟为业的。可能正是因为离朱鸟飞得高、看得远,捕猎时横空一击看得准,所以离朱部落的人才被外人看成是视力敏锐的人,这是把图腾动物的特性挪到了以这个动物为图腾的人身上,这在上古时期是很常见的。

当代著名神话学者袁珂先生对离朱有另一种解释,他在其著作的《山海经校注》中说:"离朱在熊、罴、文虎、蜼、豹之间,自应是动物名。……此动物为何?窃以为即日中踆乌(三足乌)。……而世传古之明目人,又或冒以离朱之名,喻其如日之明丽中天,无所不察也。"

袁珂先生将"离朱"解为"神禽日乌"类动物,是很有启迪意义的。我们在前面第二章讲过,阳乌、三足乌是太皞伏羲氏的图腾,也是其直系后裔东夷族的图腾,甚至是东夷所有鸟图腾部族的"始祖鸟",那么黄帝时候的离朱部落很有可能是东夷族的首领所在的部落。他们原来可能隶属于蚩尤的九黎氏族联盟,在蚩尤战败后,他们归附了黄帝氏族联盟。

离朱后来又叫离娄,《孟子》中的著名篇章《离娄》就是以他的名字命名的:

离娄之明,公输子之巧,不以规矩,不能成方圆……

——《孟子·离娄上》

似乎从庄子、孟子开始,人们就好像不太关注离朱的视力有多么好,看得多么清楚、看得多么远,反倒总是被当成"离朱有所不明"的寓言和典故的主角,比如:

离朱之明,察秋毫之末于百步之外,下于水尺,而不能见浅深。非目不明也,其势难睹也。

——《慎子·逸文》

这是说,离朱能明察秋毫,但是到了水下,也无法判断水的深浅。

是故骈于明者，乱五色，淫文章，青黄黼黻之煌煌非乎？而离朱是已。……属其性乎五色，虽通如离朱，非吾所谓明也。

——《庄子·外篇·骈拇第八》

是说离朱只看得到那些色彩斑斓、华衣衮服、姿彩绚丽，而不识天道和本质；像这种只能看到表面文章的人，根本算不上是有大智慧。

离朱之明，察针于百步之外，而不能见泉中之鱼。

——《淮南子·原道训第一》

这里是说人各有所长，也有所短，离朱的视力非常好，可以看到百步之外的一根针，但是他却看不见水中的鱼。

在战国之后的文献和文人墨客的笔下，离朱基本都是以目明但心不明、有其长更有其短的形象出现的，但也因此为人们所记住，成为一个独特的文化符号。

牧马童子（神牧）

黄帝在政权实现稳定后，开始在各方游历、访贤问达。他得知鬼族领袖大隗君住在具茨之山，就在方明、昌寓等六位近臣的陪同下，前往拜见。此事载于《庄子·徐无鬼》。限于篇幅，这里不引述原文。

《徐无鬼》说，黄帝车驾刚到襄城野外，就迷了路，荒郊野岭连个问路的人都没有，就在大家都茫然无计、无所适从的时候，忽然眼前出现了一群马，引起黄帝注意的是放马的人竟然是个小孩。黄帝就向小孩问路说："你知道具茨山吗？"

童子回答："知道。"

又问："你知道大隗住在什么地方吗？"

童子回答："知道。"

黄帝说："真是奇怪啊，这位少年！不只是知道具茨山，而且知道大隗君居住的地方。请问怎样治理天下。"少年说："治理天下，也就像牧马一样罢了，又何须多事呢！我幼小时独自在天地范围内游玩，曾经生过头眼眩晕的病，有位长者教导我说：'你还是乘坐太阳车去襄城的旷野里游玩吧。'如今我的病已经有了好转，我又将到天地之外去游玩。至于治理天下恐怕也就像牧马一样罢了，我又何须去多事啊！"

黄帝说："治理天下，固然不是你操心的事。虽然如此，我还是要向你请教怎样治理天下。"少年听了拒绝回答。

黄帝不甘心又问了一遍。少年说："治理天下，跟牧马哪里有什么不同呢！也就是把害群之马去除掉而已！"黄帝听了两次伏地叩首行大礼，口称"天师"而逊退。

我们现在常用的成语"害群之马"就是由此而来。

这位牧马童子叫什么名字，已经于史无考，《路史》说"即神牧于相城"，说是牧马童子叫神牧，这恐怕不是真名字。有学者认为黄帝后来到具茨山见到的大隗君黄盖童子可能就是牧马童子，但是于史无考。

黄帝六圣

又是拜庄子所赐，我们知道黄帝身边还有六位近臣，只要黄帝出行，他们就扈从左右，为黄帝驾驭车乘、保驾护行。这六个人载于《庄子·徐无鬼》中：

> 黄帝将见大隗乎具茨之山，方明为御，昌寓骖乘，张若、谐朋前马，昆阍、滑稽后车。至于襄城之野，七圣皆迷，无所问涂。
>
> ——《庄子·杂篇·徐无鬼》

六位扈从中，方明是黄帝的御者，居中驾车；昌寓是陪乘，黄帝坐车左，他坐车右，以平衡车驾，这个职位一般是武士担任；张若、谐朋是在车驾前执辔牵马的人。谐朋事迹于史无考，关于张若，仅见于道教类书《云笈七签》：

> 帝问张若谋敌之事，张若曰：不如力牧，能于推步之术，著《兵法》十三卷，可用之。……张若、力牧为行军左右别乘。
>
> ——《云笈七签·卷一百·纪传部·纪一》

意即：黄帝向张若求教军事上的事，张若说这方面我不如力牧，他精于推算天象历法，还著有《兵法》十三卷，是可用之才。后来黄帝就任命张若、力牧为行军左右别乘。别乘，意即别乘车驾随行，其职可能类似参谋长官，是黄帝的军事顾问。

负责给黄帝车驾殿后的是昆阍和滑稽。注意，这里的滑稽不读huá jī，而读gǔ jī，本是一种流酒器。滑稽应该是掌管黄帝的酒器的官员。滑稽这种酒器"转注吐酒，终日不已"，后来被用来代指那些口若悬河、妙语连珠的俳优之人，也就有了今天的说话风趣、搞笑的意思。昆阍可能是黄帝的阍人，就是看门人，应该也是一位武士。

到了襄城野外，这七位圣人走着走着都迷失了方向，而且没有什么人可以问路。这时来了个放马的小童，黄帝认为他肯定不是凡夫俗子，就向他求问如何治理天下，牧童的回答很简单，那就是"夫为天下者，亦奚以异乎牧马者哉！亦去其害马者而已矣"，治理天下与放马没什么两样，不过是把害群之马去除而已，这就是成语"害群之马"的由来。

中黄子

提到中黄子，相信很多人跟笔者一样，以为是中药呢。不过，中黄子虽然不是中药，但也不是说跟中医中药没有一点关系。黄帝在政权实现稳定后，开始到各处游历，按照后来的道教学者的说法，黄帝游历的主要目的就是寻真访隐，问道求仙，其中就包括中黄子，北宋道教类书《云笈七签》记载了黄帝拜访中黄子的一段"曲折"经历：

> 适中岱，见中黄子中，受"九茄之方"；一云至崆峒山见中黄真人……南至青城山，礼谒中黄丈人。乃间登云台山，见宵先生，受《龙蹻经》。问真一之道，皇人曰："子既居海内，复欲求长生不死，不亦贪乎！频相反覆，而复受道，即中黄真人。"黄帝拜谢讫。东过庐山，为使者以次青城丈人也。
>
> ——《云笈七签·卷一百·纪传部·纪一·轩辕本纪》

这段文字有点乱，前后出现了中黄子中、中黄真人、皇人、中黄丈人、青城丈人等多个名字，我们试着把它捋一下：首先，黄帝到中岱，见了中黄子中，受"九茄之方"。中黄子中、中黄真人应该就是中黄子；"九茄之方"可能是某种丹药之方；中岱可能是某座山，但具体是哪座神仙洞府，不太清楚。有个说法是，黄帝在崆峒山见了中黄真人，中岱或许是指崆峒山。但根据一般的说法，黄帝去崆峒山拜见的是广成子，那么这其中是怎么样一个关系，就不得而知了。

其次，文中说黄帝"南至青城山，礼谒中黄丈人"，就是说黄帝之前是在中岱偶遇中黄子，两人可能有所约定，现在他南下亲往青城山，正式拜见中黄丈人。这个中黄丈人就是中黄子。前面我们讲过，宁封子曾被黄帝封为五岳丈人。丈人，在这里是对仙人的另一种称呼，那么同居青城山的中黄子也就被尊称为中黄丈人了。

在去青城山拜见中黄丈人途中，黄帝又抽空去了云台山，见了宁封子，后者向黄帝举荐了在峨眉山修道的皇人，也就是天真皇人，黄帝又亲往峨眉，向天真皇人问真一之道，后者先是讽刺黄帝，说你一个凡夫俗子，妄想长生不死，太贪了吧。不过看你几次三番访仙求道，精诚可嘉，你要想得道，还是去找中黄真人吧。黄帝于是拜谢了天真皇人，继续往东，游历庐山，但念念不忘皇人所说，所以向青城山派出了使臣，专程拜会青城丈人。这个青城丈人，应该就是指在青城山修道的中黄丈人。

中黄子的思想言论，现在可以稽考的非常有限，只有成书于先秦时期的道家思想论著《文子》载过一些，这里不做评述，有兴趣的读者可以自己找来一读。

东汉末，道教建立体系后，喜欢把上古贤人都拉进道教仙家之列，中黄子也未能免俗，成为道教众多的神仙真人之一。但坦率地说，中黄子的名气还不如他的弟子白石先生名气大，《神仙传》说："白石先生者，中黄丈人弟子也，尝煮白石为粮，因就白石山居，时人故号曰白石先生。"所谓白石，可能就是白色的丹石，古代道士们用来烧化提炼丹药。煮白石，后来就成了炼制丹药的另一种说法，唐代诗人韦应物有诗"今朝郡斋冷，忽念山中客。涧底束荆薪，归来煮白石。欲持一瓢酒，远慰风雨夕。落叶满空山，何处寻行迹"（《寄全椒山中道士》）。饶有趣味的是，这首诗在前一段时间非常出名，出名的原因不是因为"煮白石"，而是因为流行语"我有一瓢酒，可以慰风尘"所引发的无数的段子。

白石应该不是白石先生的真名，而是尊称或别称。说到这，应该中黄子也不是真名，它可能源自一味中药，叫石中黄子，据《抱朴子》说：

> 石中黄子所在有之，沁水山尤多。在大石中，其石常润湿不燥。打其石有数十重，见之赤黄溶溶，如鸡子之在壳中也。即当未坚时饮之。不尔，便渐坚凝如石，不中服也。
>
> ——《抱朴子·内篇·卷十一·仙药》

石中黄子就是石头中的黄液，像鸡蛋黄，可能就是道士们说的"中黄大丹"，道家传说吃了可以长生。服食这种东西要及时，趁它没硬化的时候赶紧喝，否则就慢慢凝固成石头了。不排除中黄子是这种东西的最早发现者和服食者，因而获名。

中黄子被道教列入仙班后，一些道教理论家为了抬高自己的论著的权威性，就托其名而出书，这种"拉大旗作虎皮"的做法在道教文化中非常常见，唐代出现的气功服气辟谷类书《太清中黄真经》，又名《胎藏中黄经》，就是这样的产物。

左彻

传统史书一般记载，在黄帝纪元一百年，黄帝去世，比如，国学大师王国维先生所编的《今本竹书纪年疏证》就载：

> 一百年，地裂。帝陟。帝王之崩皆曰陟，《书》称"新陟王"，谓新崩也。帝以土德王，应地裂而陟。
>
> ——《今本竹书纪年疏证·卷上·黄帝轩辕氏》

这段话的意思是：在黄帝纪元一百年时，发生了地裂的现象。黄帝在这一年去世。帝王之死叫"陟"。《尚书》说"新陟王"，就是说氏族联盟的首领刚刚去世。黄帝以土德当上氏族联盟的最高首领，所以，他的死也被感应以地裂的灾异现象。

本书已经多次提到，根据当今学者的最新研究，黄帝氏族联盟的存续时期长达一千五百多年，黄帝是最高首领的称号，在这一千五百多年里，有多位黄帝行使过最高统治权，所以，如《戴记五帝德》《帝王世纪》等古史所载"黄帝生而人得其利百年""黄帝在位百年而崩"是一种不准确的说法。这里提到的黄帝之崩，应该指的是黄帝氏族联盟的末代黄帝；而广为流传的"鼎湖升仙"的那个黄帝，可能说的是首任黄帝，即黄帝轩辕氏。

末代黄帝去世后，大臣中有一个叫左彻的，替黄帝料理后事。他具体做了两件事，一件事是搜集这位黄帝生前所用衣冠器物，做了个衣冠冢，供氏族联盟的大小官员们每年来祭拜，此事载于《竹书纪年》：

> 葬，群臣有左彻者，感思帝德，取衣冠几杖而朝飨之，诸侯大夫岁时朝焉。
>
> ——《今本竹书纪年疏证·卷上·黄帝轩辕氏》

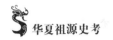

关于此事的另一种说法，据《抱朴子》引《汲郡冢中竹书》说：

帝既仙去，其臣有左彻者，削木为黄帝之像，帅诸侯朝奉之。

这是说左彻不是树了一座黄帝衣冠冢，而是让工匠用木头雕刻了一个黄帝之像，他率领一众官员岁时祭拜。

由此推论，左彻应该是末代黄帝不在时，主持朝政的官员，相当于首辅大臣。

需要注意的是，左彻是为黄帝立衣冠冢或者木像，而他更应该做的是为黄帝造墓，不是吗？到底是怎么回事？我们往下再看。

左彻做的第二件事是推举黄帝的继承人。西晋人张华所著《博物志》载：

黄帝登仙，其臣左彻者削木象黄帝，帅诸侯以朝之。七年不还，左彻乃立颛顼，左彻亦仙去也。

——《博物志·卷八·史补》

这段文字颇耐人寻味，它说末代黄帝死后登仙，群臣并没有马上推立继承人，而是等了七年，黄帝"不还"，左彻这才立了颛顼为氏族联盟的新首领。随后，他自己也"仙去"——可能是去世的委婉说法。

结合《博物志》和《竹书纪年》的说法，很有可能末代黄帝是死在了国都之外，所以左彻只能给他立衣冠冢或者木头雕像。还有一种可能，之所以左彻等大臣没有马上推立黄帝的继承人，是因为这时候已经有人继任了氏族联盟的首领，这个人很有可能是少昊金天氏，他可能才是末代黄帝的继任者。这一点，我们在下一章的少昊氏族联盟再详细与大家探讨。

少昊

紀官以鳥主德以金
諸福畢至九淵諧音

【明】朱天然《历代古人像赞》中的少昊金天氏

第四章　少昊氏族联盟

历史上的少昊有两个，一个是黄帝之子少昊青阳氏，又称己姓青阳，他的身份是黄帝时期的东夷族少昊部——太昊伏羲氏 - 女娲氏的直系后裔——的首领；他一千五百年之后的后代，名叫己鸷，统一了当时的三大族系——黄帝族系、炎帝族系、东夷族系——各氏族、部落，建立了少昊氏族联盟，史称少昊金天氏。为便于阅读，本章除特别标注外，少昊金天氏均简称少昊，请读者留意。

一　少昊母、妻均为羲和常仪部族

少昊的母亲为皇娥，出自伏羲女娲族系的直系后裔羲和常仪部族，据东晋文学家王嘉的《拾遗记》载：

> 少昊以金德王。母曰皇娥，处璇宫而夜织。或乘桴木而昼游，经历穷桑沧茫之浦。时有神童，容貌绝俗，称为白帝之子，即太白之精，降乎水际，与皇娥宴戏，奏《婹娟之乐》，游漾忘归。……及皇娥生少昊，号曰穷桑氏，亦曰桑丘氏。至六国时，桑丘子着阴阳书，即其余裔也。少昊以主西方，一号金天氏，亦曰金穷氏。
>
> ——《拾遗记·卷一·少昊》

这段文字的大意就是讲皇娥晚上在璇宫织布，独居无聊，就丢下手头的女红，独自一人乘着木筏游玩，随风漂泊，漂到在烟波苍茫的穷桑之浦，与水际一位英俊的男子邂逅相遇，此人乃是太白之精化身下凡，两个人一见倾心，于是同舟出游。

帝子抚琴，皇娥唱歌，两情盈盈，乐不思归。皇娥与帝子一夜风流，回来后不久，就生了少昊。

山东曲阜的少昊陵，宋徽宗时翻建，有"东方金字塔"之称

　　这个故事很多人觉得不能做史料看，但笔者认为也不可这么绝对，至少有一点我们了解了，少昊之母为皇娥。"娥"这个字在上古时期有特殊的意义，它由女娲的"娲"音转而来，其意义就与"炎帝""黄帝"一样，是对伏羲女娲的直系后裔部族——羲和、常羲（常仪）部族首领的称呼。我们熟知的嫦娥奔月故事中的嫦娥，就是夏代时常羲（常仪）部族的首领。

　　少昊母亲出自常羲（常仪）部族，少昊的妻子也出自这一族，这一点，《山海经》记载最为详尽：

　　　　有人三身，帝俊妻娥皇，生此三身之国，姚姓，黍食，使四鸟。

……

东南海之外，甘水之间，有羲和之国，有女子名曰羲和，方日浴于甘渊。羲和者，帝俊之妻，生十日。

——《山海经·海经·大荒南经第十五》

有女子方浴月。帝俊妻常羲，生月十有二，此始浴之。

——《山海经·海经·大荒西经第十六》

《大荒南经》羲和浴日的甘渊就是《海外东经》所说的"汤谷扶桑"，是羲和部族"浴日"的地方，也叫穷桑，是少昊氏族联盟的"都邑"，据《尸子》载：

少昊金天氏邑于穷桑，日五色，互照穷桑。

——《尸子·孙星衍辑本·卷上》

上述几处提到的帝俊，一般研究认为是最高首领的称号，在这里指少昊；其妻族，这里提到有三个：娥皇、羲和、常羲，但实际上是一回事。

所谓"三身之国"，《海外西经》有解释：

三身国在夏后启北，一首而三身。

——《山海经·海经·海外西经第七》

这句话的字面意思是：三身国在夏后启所在之地的北边，该国的人都长着一个头，却有三个身体。实际上，所谓的"一首而三身"应该与《大荒南经》提到的"使四鸟"是一回事，是指夏代时北方四个以鸟为图腾的部族，"一首而三身"是部族的图腾形象。他们应该是上古时期羲和常羲部族的后代。

二　天命玄鸟——话说东夷鸟图腾

少昊是东夷族系的首领，并在此基础上通过征战、互婚、融并等手段成为整个华夏族系的领袖。东夷族系最著名的特征当属以鸟为图腾。我们在第一章跟大家探讨过，东夷族的鸟图腾很有可能滥觞于远古时期太昊伏羲氏的太阳神鸟——凤鸟、凤鸟、三足乌、金乌。我们现在常说的词语"龙凤呈祥"，看来并不是一句吉祥话那么简单，它反映的是龙图腾的黄帝族系和凤图腾的炎帝、东夷族系大融合的历史情况。

《山海经》中的帝夋（帝俊）

《山海经》中的帝俊，也叫帝夋（音qūn）。夋夋本是燕子的叫声，燕子又称玄鸟，其原型可能就是凤鸟，即太阳中的黑鸟——金乌。少昊所在的部落，有学者说是"凤鸟氏"，这个凤鸟可能就是鵕鶄（音jùn yì），据《尔雅·释鸟》的解释，"鵕鶄，凤凰属也"。少昊族人很有可能以玄鸟、鵕鶄的叫声或部落名字称首领为帝鵕，后来才演变成更简单的帝夋、帝俊，而可能也正是由于这一层关系，所以少昊部落的图腾神鸟金乌也被称为是"踆乌"，这就是《淮南子·精神训》所载的"日中有踆乌而月中有蟾蜍"，而这个"踆"或许为"鵕"之误或通假。

帝夋开始可能只是少昊部落人对自己这位部落首领的称号，在他成为少昊氏族联盟的大首领后，可能又成为对大首领的称呼，再后来，其东夷族的后裔殷商人也逐渐把自己的祖先和创世神称为是帝夋、帝俊，并进而把殷商之前的祖先——帝舜、帝喾、黄帝等都称为是帝俊。

东夷之"夷"源自"鳦""燕"

鸟族人之所以被称为东夷人，东是指东方，而夷，一般认为是大、弓二字的合成，但这是鸟族人发明弓箭之后的事，之前，夷人很有可能被称为乚（音yǐ）人、乙人或鳦人，这都指的是燕子，也就是玄鸟，据《说文解字》的解释：

> 人及鸟生子曰乳，兽曰产。从孚从乚。乚者，玄鸟也。《明堂月令》："玄鸟至之日，祠于高禖，以请子。"故乳从乚。请子必以乚至之日者，乚，春分来，秋分去，开生之候鸟，帝少昊司分之官也。
>
> ——《说文解字·卷十二·乚部·乳》

（乚）玄鸟也，齐鲁谓之乚，取其鸣自呼。象形。凡乚之属皆从乚。𠃉，乙或从鸟。

——《说文解字·卷十二·乚部·乚》

商周时期的东夷族太阳神鸟金饰，现藏成都金沙遗址博物馆，俗称"四鸟绕日"。2005 年 8 月，国家文物局正式采用此图案作为"中国文化遗产标志"

　　玄鸟就是𠃉（音 yǐ）鸟，极有可能就是前面提到的踆鸃，神格化时被称为凤凰，在凡鸟则被称为是燕子，后来被简化成乙鸟、乚鸟，至今在山东民间，仍有人称燕子为乙乙。在后来鸟族人发明了弓箭后，他们创造了"夷"这个字作为新的族名，但发音仍然与原来的族名"𠃉"一样。

　　与夷字的情况相似，还有嬴、偃、奄、晏、郯、益、羿、应、英、殷等，这些都是燕、𠃉的一音之转，或为姓氏，或为诸侯国国名。我们知道，嬴是战国时秦赵两国的祖先的姓，说明他们这两国的王族严格来说都是东夷人的后裔。

"以鸟纪官"

郯，这是春秋时期的一个己姓子爵的小诸侯国的名字，据《左传》的相关记载，它们就是少昊的后代：

秋，郯子来朝，公与之宴。昭子问焉，曰："少皞氏鸟名官，何故也？"

郯子曰："吾祖也，我知之。昔者黄帝氏以云纪，故为云师而云名；炎帝氏以火纪，故为火师而火名；共工氏以水纪，故为水师而水名；大皞氏以龙纪，故为龙师而龙名。我高祖少皞挚之立也，凤鸟适至，故纪于鸟，为鸟师而鸟名。

"凤鸟氏，历正也。玄鸟氏，司分者也；伯赵氏，司至者也；青鸟氏，司启者也；丹鸟氏，司闭者也。

"祝鸠氏，司徒也；鴡鸠氏，司马也；鸤鸠氏，司空也；爽鸠氏，司寇也；鹘鸠氏，司事也。五鸠，鸠民者也。

"五雉，为五工正，利器用、正度量，夷民者也。

"九扈为九农正，扈民无淫者也。"

——《左传·昭公十七年》

这段文字略长，但对研究东夷和少昊历史非常重要，经常被引用，其翻译如下：

鲁昭公十七年秋，郯子来鲁国朝见，昭公和他一起饮宴。昭子询问他："少皞氏用鸟名作为官名，这是什么缘故？"

郯子说："他是我的祖先，我知道。从前黄帝用云记事，所以设置各部门长官都用云字命名。炎帝用火记事，所以设置各部门长官都用火字命名。共工氏用水记事，所以设置各部门长官都用水字命名。太皞氏用龙记事，所以设置各部门长官都用龙来命名。我的高祖少皞挚即位的时候，凤鸟正好来到，所以就从鸟开始记事，设置各部门长官都用鸟来命名。

"凤鸟氏，就是掌管天文历法的官；玄鸟氏，就是掌管春分、秋分的官；伯赵氏，是掌管夏至、冬至的官；青鸟氏，是掌管立春、立夏的官；丹鸟氏，是掌管立秋、立冬的官。这是'五鸟'。

"此外，还有'五鸠'：祝鸠氏，就是司徒，掌管土地与政教；鴡鸠氏，就是司马，掌管军事；鸤鸠氏，就是司空，掌管工程建设和宫室营建事务；爽鸠氏，就是司寇，掌管司法；鹘鸠氏，就是司事，掌管营造事务。这五鸠，是鸠聚百姓的。

"五雉是五种管理手工业的官，是改善器物用具、统一尺度容量、让百姓得到平均的。

"九扈是九种管理农业的官，是制止百姓不让他们放纵的。"

根据今天的研究，上引《左传》文字中提到的玄鸟就是燕子；伯赵就是伯劳鸟；丹鸟就是锦鸡；青鸟就是鸧鹒，是传说中为西王母取食的鸟，很有可能是太昊伏羲氏部族中青鸟部落西迁昆仑山的一支；祝鸠就是鹁鸪；鸤鸠就是布谷鸟；爽鸠是鹰；鹘鸠就是鹘雕鸟。

有学者认为从名字看，郯子或为炎帝之后，但从他对自己祖先少昊如此了解的情况看，郯更像是从少昊的图腾神鸟——鸥，也就是其凡间同类——玄鸟燕而来，与嬴、偃、奄、晏等是一个道理。

从上述记载可知，少昊设置了五鸟、五鸠、五雉、九扈等二十四种官职，说明当时已经有了完备的职官体系，这表明少昊氏族联盟已经初步具备了国家政权的功能，这在世界上都是较早的。当代著名考古学家石兴邦先生说："这些记载，不是向壁虚造，而是以真实的鸟图腾历史为基础的。二十四种官职，无一非鸟，这是保持鸟图腾制最完备的记述。从这个叙述中探知少昊部落中，大图腾中包括小图腾集团，形成了一个鸟图腾氏族部落社会的三个个部组织，即部落（少昊）、胞族（五鸟、五雉）和氏族（二十四种官职）……"

以鸟种区别官阶的"鸟官服"

我们现在会经常听到人们抱怨品行不端的官员时说"是何鸟官"，这恐怕也是少昊时代鸟官文化的另类遗存吧。这句话在封建时代用得更多，特别是明清时期，其开始并没有不敬的意思，就是简单询问官员是"什么官阶"，而判断的依据就是其官服图案中的鸟的种类。

从唐代开始，官员的官服除了用颜色、质地区分品级外，开始使用鸟兽图案作为区别标志，武则天延载元年（694年）就规定，三品以上文武官员服绣袍，所饰纹饰各不相同，诸王饰盘龙、鹿纹；宰相饰凤池纹；尚书饰对雁纹；十六卫将军饰麒麟、虎、鹰、牛、鹘、狮子、獬豸等纹饰。宋代官品服色，基本沿袭唐制。

明清时期的官服称为"补服"，又称"补袍"或"补褂"，是一种饰有品级徽识的官服，前胸后背处分别装饰有一块方形的图案，称为补子。补服图案用飞禽代表

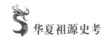

文官，用猛兽代表武官。从传世的补服来看，明代文官补服图案均用双禽，而武官则用单兽，或立或蹲。到了清代，文官的补服图案只有单只禽鸟。

清代一品文官仙鹤补子图案

明清两代补服上的鸟兽纹饰和等级大同小异，其具体规定是：文官一品用仙鹤补服，其含义主要源于《诗经·小雅》中的"鹤鸣九皋，声闻于天"，取其奏对天子之意。另外，仙鹤在吉祥鸟中地位仅次于凤凰，而凤凰是皇后的象征，故仙鹤有官居一品的寓意。二品图案的锦鸡亦称"金鸡""玉鸡"，有一呼百应的王者风范，其羽毛色彩绚丽，传说还能驱鬼辟邪，是吉祥的象征。三品图案的孔雀是一种大贤大德、具有文明品质的瑞禽，是吉祥、富贵的象征。四品图案的云雁飞行有序，是文明礼仪的象征。五品图案的白鹇行止娴雅，又称"义鸟"，是忠诚高雅的标志。六品图案中的鹭鸶亦称白鸟，羽毛洁白，飞行有序，寓意廉洁守法。七品图案的鸂鶒是一种水鸟，也叫"紫鸳鸯"，鸳鸯成双成对，鸳鸣鸯和，象征坚贞忠心。八品图案的鹌鹑寓意平安，是一种吉祥鸟。九品图案的练雀又称练鹊、绥带鸟，是权力和富贵的象征。

明清文官补服是少昊鸟族的禽鸟，武官补服则是黄帝族系的瑞兽：一品是麒麟，二品是狮子，三品是豹子，四品是老虎，五品是熊，六品是彪，七品、八品是犀牛，九品是海马。此外，都御史、按察使等，均绣獬豸。这是一种传说中的像羊、又像麒麟的神兽，额上通常长一角，俗称独角兽。獬豸拥有很高的智慧，懂人言知人性。它能辨是非曲直，识善恶忠奸，发现奸邪的官员，就用角把他触倒，然后吃下肚子。它是勇猛、公正的象征，是司法"正大光明""清平公正""光明天下"的象征。

三　少昊时代的主要氏族

凤鸟氏和玄鸟氏

少昊氏族联盟的职官体系中，"五鸟"都是负责宗教祭祀事务的，其中最重要的当属凤鸟氏。《山海经》中多次提到凤鸟：

又东五百里，曰丹穴之山，……有鸟焉。其状如鸡，五采而文，名曰：凤皇。……是鸟也，饮食自然，自歌自舞，见则天下安宁。
……
佐水出焉，而东南流注于海，有凤皇、鹓雏。
　　　　　　　　　　　　　　——《山海经·山经·南山经第一·南次三经》

西南三百里，曰女牀之山……有鸟焉，其状如翟而五采文，名曰：鸾鸟，见则天下安宁。
　　　　　　　　　　　　　　——《山海经·山经·西山经第二·西次二经》

诸沃之野，沃民是处。鸾鸟自歌，凤鸟自舞。凤皇卵，民食之；甘露，民饮之，所欲自从也。

——《山海经·海经·海外西经·第七》

昆仑南渊深三百仞。开明兽身大类虎而九首，皆人面，东向立昆仑上。开明西有凤皇、鸾鸟，皆戴蛇践蛇，膺有赤蛇。开明北有视肉、珠树、文玉树、于琪树、不死树。凤皇、鸾鸟皆戴瞂。

有五采之鸟，有冠，名曰：狂鸟。

——《山海经·海经·海内西经第十一》

上述《山海经》文字中提到的"凤皇""五采鸟""皇鸟""狂鸟""鸾鸟""凤鸟""鹓雏"等，都是对凤鸟的称呼。有学者认为，为西王母取食的青鸟或称青鸾也指的是凤鸟。

我们前面已经探讨过，凤鸟的本原是伏羲时代的凤鸟，即阳鸟，又叫三足鸟，代表太阳神，是伏羲族的图腾。后来随着其他部族的融入，太暤伏羲氏族在凤鸟原有的基础上加上了其他部族的图腾动物的局部特征，而合成了"凤图腾"，这个过程与龙图腾的形成是一样的。据西汉文学家韩婴所著《韩诗外传》载，凤的形象是这样的：

黄帝即位，……宇内和平，未见凤凰，惟思其象，凤寐晨兴，乃召天老而问之，曰："凤象何如？"天老对曰："夫凤象，鸿前麟后，蛇颈而鱼尾，龙文而龟身，燕颔而鸡啄；……"

——《韩诗外传·卷八·第八章》

这段文字描述的凤是鸿雁的头、麒麟的屁股、蛇的脖颈、鱼的尾巴、龙的条纹、龟的身子、燕子的下巴、鸡的喙，明显是由各种动物的局部拼合而成。

《尔雅》对凤的解释是这样的：

鶠，凤，其雌皇。

——《尔雅·十七·释鸟·鶠》

在此条下，郭璞注说："鸡头，蛇颈，燕颔，龟背，鱼尾，五彩色，高六尺许"，与《韩诗外传》对凤的描述差不多。

需要注意的是，这里出现的"鷾"字很有可能是"燕"的本字，这进一步说明凤鸟的原型可能是燕子。燕子又称玄鸟。前引《左传·昭公十七年》文字中，既提到了凤鸟氏，也提到了玄鸟氏，可能正说明玄鸟氏、凤鸟氏二族同源，以凤鸟为图腾的凤鸟氏是东夷王族，而以凤鸟的凡间同类玄鸟燕子为图腾的玄鸟氏就是东夷王族的近支，这可能有点类似清代隶属皇帝直管的正黄旗和镶黄旗的关系。《诗经·商颂·玄鸟》说"天命玄鸟，降而生商"，意思就是商人祖先出自东夷族系玄鸟氏，换句话说，商人之祖应该是出自少昊氏的近支。

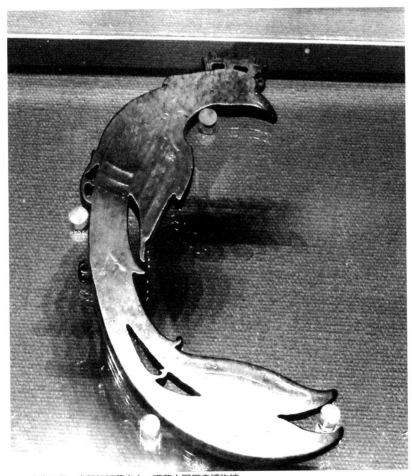

商代玉凤，安阳妇好墓出土，现藏中国历史博物馆

从族源上分析，少昊的妻族和母族都是伏羲族系的后裔羲和常仪部族，所以凤鸟氏和玄鸟氏的前身有极大可能也是羲和常仪部族，或者他们干脆就是同一部族在不同时期的叫法。

如上所述，凤和龙一样，是由氏族联盟中各部族的图腾动物形象拼合而成，现实中是不存在的，但是很多古籍中却记载了"有凤来仪"的祥瑞现象，这可能是怎么回事呢？在前引《韩诗外传》中，天老不仅向黄帝描述了凤的形象，还描述了凤象，也就是凤出现的条件：

天下有道，得凤象之一，则凤过之，得凤象之二，则凤翔之，得凤象之三，则凤集之，得凤象之四，则凤春秋下之，得凤象之五，则凤没身居之。

——《韩诗外传·卷八·第八章》

简单地说，根据统治者政治清明的程度，凤有"过之""翔之""集之""下之""没身居之"五种表现。黄帝听后肃然起敬，正襟危冠，沐浴斋戒，结果"凤乃蔽日而至"，"集帝梧桐，食帝竹实，没身不去"。以我们现在的认识来看，所谓遮天蔽日而来的凤其实可能就是燕群而已。

凤鸟氏这个部族在黄帝时期就出现过，还曾经参加过黄帝的"釜山会盟"，据载：

者黄帝合鬼神于泰山之上，……腾蛇伏地，凤皇覆上，大合鬼神，作为清角。

——《韩非子·十过第十》

这里提到"凤皇"应该就是当时的东夷族系的王族——凤鸟氏的首领。少昊的祖先——黄帝之子己姓青阳所入赘的羲和常仪部族，或许就属于凤鸟氏，因为羲和常仪负责祭祀太阳神和月神，而凤鸟的原型就是阳鸟，也叫三足乌、金乌、踆乌，是太阳神的象征和具化形象，所以很有可能羲和常仪是凤鸟氏的巫师。

少昊名己挚，可能最初是凤鸟氏挚鸟部落的首领，因而得名。挚鸟是一种猛禽，挚鸟部落应该是凤鸟氏族中的武弁之族，可能是一个勇猛善战的尚武部落，负责凤鸟氏首领和巫师的卫护工作，后来在少昊的统领下，统一东夷各部、继而征服整个华夏氏族联盟。

凤鸟氏由于是鸟族之王，所以除了负责少昊氏族联盟的日常管理事务，还掌管原始社会中最重要的占卜问事、观察天象、确定历法的工作，故云"凤鸟氏历正"。《路史·后记》记说少昊氏是中国古代最早确立星宿的部族，曾"法度量，调气律，行二十有八宿"，还将北斗列为最尊贵的星位。后世以星宿定部族区域，以星定人，均源于此。

南阳新野汉画像砖博物馆藏画像砖中的凤鸟形象

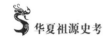

玄鸟氏的职责是负责二分，也就是确定春分和秋分的时日，因为对于北方来说，燕子是春分时飞回来，秋分时飞到南方去。对于农业文明的民族而言，春分是一年中最重要的时间节点，这一天既是春季九十天的中分点，也是昼夜平分点，又称为"日中""日夜分"，汉代儒学思想家董仲舒说：

> 至于中春之月，阳在正东，阴在正西，谓之春分。春分者，阴阳相半也，故昼夜均而寒暑平。
>
> ——《春秋繁露·阴阳出入上下篇》

元代《农桑通诀》载说，"玄鸟至，雷乃发声，始电"，就是说这一天燕子飞回来，天上开始出现雷声和闪电，之后是春雨落下，越冬作物、春耕作物都开始进入春季生长阶段，民谚有"春分麦起身，一刻值千金"的说法，农民一年的收成如何均取决于春分时候的物候条件。

秋分的意义与春分有着相同的地方，在物候上则相反，因不是本书要探讨的问题，所以这里不再赘述。

对于东夷族人以及之后形成的华夏民族来说，春分和秋分是两个具有更特殊意义的日子，这两日分别是他们祭祀太阳神和月神的日子，也就是祭祀他们的祖先的日子。华夏民族的祖先伏羲和女娲分别也是日月之神，黄帝时期由伏羲女娲部族的直系后裔羲和常仪部族负责奉祀，少昊时期则很有可能由玄鸟氏负责。

从此往后，在二分日分祀日月就成为封建时代各个王朝的定制，帝王们在这两天要亲率文武大臣前往日坛、月坛举行祭祀大典，《礼记·祭义》所说"祭日于坛，祭月于坎"，说的就是这回事。清潘荣陛《帝京岁时纪胜》载："春分祭日，秋分祭月，乃国之大典，士民不得擅祀。"

虽然"士民不得擅祀"，但民间与帝王情同此理，祈求祖先福佑之心毫无二致，所以二分日在民间也是非常重要的节日。

伯赵氏

伯赵氏是少昊氏族联盟中负责夏至、冬至事务的官员，以伯劳鸟为图腾，西晋著名学者杜预说："伯赵，伯劳也。以夏至鸣，冬至止。"就是说伯劳鸟夏至时从南方回来，开始鸣叫，一直到冬至时才飞回南方。

夏至，古时又称"夏节""夏至节"。古时夏至日，人们通过祭神以祈求灾消年丰，据《周礼》载：

> 以夏日至致地示物鬼，以禬国之凶荒、民之札丧。
>
> ——《周礼·春官宗伯第三·司巫／神仕》

周代开始，夏至祭神，意在清除疫疠、荒年与饥饿死亡。《史记》记载：

> 夏至日，祭地，皆用乐舞。
>
> ——《史记·卷二十八·封禅书第六》

冬至节亦称冬节、交冬，它既是二十四节气之一，是中国的一个传统节日，汉代开始，冬至变得非常重要，曾有"冬至大如年"的说法，皇帝在这天要到郊外举行祭天和祭祖大典，百姓在这一天要向父母尊长祭拜，现在仍有一些地方在冬至这天过节庆贺，据《周礼》载：

> 以冬日至，致天神人鬼。
>
> ——《周礼·春官宗伯第三·司巫／神仕》

伯赵氏实际上就是专门负责在二至日的祭祀事务的人员。相比凤鸟氏和玄鸟氏，伯赵氏在少昊氏族联盟中的地位应该是在这二者之下，打个比方，如果说凤鸟氏和玄鸟氏的地位相当于正黄旗和镶黄旗在清代八旗中的地位，则伯赵氏或许相当于正白旗，也属于"上三旗"之列。

相比凤鸟氏和玄鸟氏，某种程度上伯赵氏可能更需要我们关注，它与后世战国时代的赵国和秦国的先祖嬴姓赵氏有关联，《史记》载：

> 造父以善御幸于周缪王……徐偃王作乱，造父为缪王御，长驱归周，一日千里以救乱。缪王以赵城封造父，造父族由此为赵氏。
>
> ——《史记·卷五·秦本纪第五》

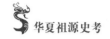

缪王使造父御，西巡狩，见西王母，乐之忘归。而徐偃王反，缪王日驰千里马，攻徐偃王，大破之。乃赐造父以赵城，由此为赵氏。

——《史记·卷四十三·赵世家第十三》

造父以擅御闻名，但是擅御这个本事可不是从造父开始的，黄帝时期有个大臣叫韩哀，我们在第三章讲过这个人，他（她）应该是羲和常仪部落的某个时期的首领，《世本》记载说，"韩哀作御"，说他——更有可能是"她"——发明了车驾。我们已经知道，少昊的母族和妻族都是羲和常仪部落，所以其后代擅长驾车是很自然的事。少昊的后代中有个叫中衍的，是秦赵两国共同的祖先，他就曾经是商代第九个帝王太戊的御夫。有些史家认为给周穆王驾车的造父是奴隶，这个恐怕失之偏颇。在第三章，除了寒哀，我们还谈到了"黄帝七辅"，其中就有给黄帝驾车的，所有这些人都是黄帝的近臣，他们或与黄帝同乘一车，或随扈在车驾前后，地位比其他大臣甚至还高一些。同样的道理，中衍也好，造父也好，他们能与商王、周王同乘，其身份恐非奴隶。

造父曾驾车载周穆王到昆仑山地区巡视，与西王母首领把酒言欢，乐而忘返。这时遥远的东方发生了东夷族徐偃王的叛乱。周穆王闻讯，命造父即刻驾车，日夜兼程，一日千里，赶回周都，遂调动周朝军队，很快平定了叛乱。造父因驰驱之功而被周穆王封到赵城，造父族人从此为赵氏。

周穆王为什么把赵城而不是其他什么地方分封给造父呢？夏商周时代在分封时，往往都不是随便封的，有对被封者祖居地和图腾的尊重和明确之意，也就是说，封地和被封者之间是有必然的联系的。造父被封到赵城，或许正是因为他们的祖先伯赵氏曾生活在这里。《史记·秦本纪》中还有一句——"自蜚廉生季胜已下五世至造父，别居赵"，就是说在造父和季胜之间有五代人都住在赵城，所以与其说周穆王新封造父于赵城，不如说造父是袭封，也就是周穆王明确造父为造部落，也即伯赵氏首领的继承人。

"造父族人从此为赵氏"，请大家注意这个表述，有些翻译说"造父族人从此姓赵"，这个是不对的，至少在当时是这样。姓和氏在古代是两个概念，姓表示母族。古人有个基本原则，同姓不婚，以杜绝近亲结婚。氏表示家族的分支，一般以封地名、国名、官名、职业名、居住地名、贵族的字来命名，用以区分同姓的不同分支。比如，孔子不姓孔，他姓子，氏孔。那么，造父族人不姓赵，姓什么呢？他们随自己的远祖伯益的姓为嬴姓。在古语里，益、嬴都指的是燕，燕是玄鸟，也是凤凰，也就是说伯益可能是当时的东夷王族部落凤鸟氏或者玄鸟氏的首领。伯益之后有个叫蜚廉的，生有恶来和季胜两个儿子，恶来是秦国第一代国君秦非子的五世祖，季胜是造父的四世祖。造父之后，正确的说法是嬴姓赵氏。

战国时赵国王室为"嬴姓赵氏"，这个已经知道了，那为什么秦国王室也是嬴姓赵氏呢？这问题还要溯源到《史记·秦本纪》：

> 以造父之宠，皆蒙赵城，姓赵氏。
>
> ——《史记·卷五·秦本纪第五》

很多史家据此认为秦国王室是因为赵氏为周王室卿士，地位显赫而冒认赵氏，这个问题要看从什么角度讲。前面我们提到过，造父上溯五代到季胜时，他们就已经生活在赵这个地方了，而季胜与秦国王室的祖先恶来是兄弟，也就是说，他们可能都居住在赵地，属于伯赵氏，至于哪一支是伯赵氏的首领或正统，不得而知，不排除恶来一系也出过伯赵氏的首领，所以秦国祖先称嬴姓赵氏未为不可，只不过，周穆王正式确认造父袭封伯赵氏首领后，造父这一支就成了周王室官方承认的伯赵氏嫡支，是伯赵氏的族长，而恶来之后秦非子这一支就成了庶支。同为嬴姓赵氏，就此有了高下之分。

青鸟氏、句芒

根据《左传·昭公十七年》所载的郯子对少昊时代鸟官系统的描述，我们可以知道，青鸟氏是"司启者也"，掌管立春、立夏。

立春是农历二十四节气中的第一个节气，所谓"一年之计在于春"，自古以来就是一个重大节日，我们现在过的春节最早就是指立春。根据《礼记》的记载，立春这天，天子要亲自主持国家大典，祭祀始祖神也是东方上帝太皞和春神句芒：

> 孟春之月，……其帝大皞，其神句芒。
>
> ……
>
> 立春之日，天子亲帅三公、九卿、诸侯、大夫，以迎春于东郊。还反，赏公卿诸侯大夫于朝。
>
> ——《礼记·月令第六》

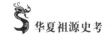

太暤是炎黄族系和少昊族系的始祖，句芒本是他的木正官，主管草木的萌发、生长。到了少昊时代，担任句芒的是少昊的裔子，名叫重，据《左传》载：

少皞氏有四叔，曰重、曰该、曰修、曰熙，实能金、木及水。使重为句芒，该为蓐收，修及熙为玄冥，世不失职，遂济穷桑，此其三祀也。

——《左传·昭公二十九年》

句芒的形象，《山海经》有过描述：

东方句芒，鸟身人面，乘两龙。

——《山海经·海经·海外东经第九》

这个句芒神，《墨子》载，有一次秦穆公还梦见过：

……昔者秦穆公，当昼日中处乎庙，有神入门而左，鸟身，素服三绝，面状正方。秦穆公见之，乃恐惧奔。神曰："无惧！帝享女明德，使予锡女寿十年有九，使若国家蕃昌，子孙茂，毋失郑。"穆公再拜稽首，曰："敢问神名？"曰："予为句芒。"

——《墨子·卷八·名鬼上第二十九》

意思是：从前秦穆公在大白天中午在庙堂里，有一位神进大门后往左走，他长着鸟的身子，穿着白衣戴着黑帽，脸的形状是正方。秦穆公见了，害怕地逃走。神说："别怕，上帝享用你的明德，让我赐给你十九年阳寿，使你的国家繁荣昌盛，子孙兴旺，永不丧失秦国。"穆公拜两拜，稽首行礼，问道："敢问尊神名氏。"神回答说："我是句芒。"

古人一向有"神不歆非类、民不祀非族"的说法，句芒托梦给秦穆公，其意义等同于东夷族的祖先托梦给自己的后代。

句芒"鸟身人面"，这是典型的图腾神形象；"乘两龙"，就是说句芒还管着两个炎黄族系龙族的部落。从青鸟氏奉祀太暤和句芒来看，少昊裔子重或许就是青鸟氏，也就是当时的句芒部落的首领。除了负责太暤和句芒的祭祀事务的筹备，他们还负责立夏日对炎帝神农氏和火神祝融的祭祀事务。

关于青鸟氏，细心的读者可能会想起我们在第三章讲到西王母时，曾经提到过为西王母取食的"三青鸟"，这个青鸟与少昊时期的青鸟氏是否有关系？如果有，又可能是什么关系呢？以郭璞为代表的学者认为西王母三青鸟，就是三足乌，三足乌是东夷族鸟图腾的"始祖鸟"，那么，青鸟氏就有可能是西王母青鸟部落东迁的后裔；也有人认为西王母三青鸟是西王母部落联盟中三个以青鸟（大鵟、小鵟、青鸟）为图腾的部落，他们随黄帝参加了与炎帝神农氏和蚩尤的战争，战后就随黄帝之子己姓青阳（少昊青阳氏）移居中国东部地区，成为后来的东夷族的祖先。

丹鸟氏、蓐收

根据《左传·昭公十七年》所载的郯子对少昊时代鸟官系统的描述，"丹鸟氏，司闭者也"，就是负责立秋、立冬祭祀事务的官员。丹鸟，别名鷩雉、赤鷩、鵔鸃、采鸡、锦鸡、金鸡。

古代立秋之日，皇帝会率领文武百官到西郊祭祀迎秋，并下令武将开始操练士兵，以保家卫国；立冬之日，天子有出郊迎冬之礼，并有赐群臣冬衣、矜恤孤寡之制。在这两个日子里，以国家大典奉祀的秋冬之神叫蓐收，丹鸟氏的职责就是协助少昊筹备奉祀蓐收的事务。

丹鸟氏的首领，可能是少昊的族叔之一，名叫该，《左传》载：

> 少皞氏有四叔，……该为蓐收……
>
> ——《左传·昭公二十九年》

蓐收是西方日落之地的神明，在五行中，西方为金，主刑罚，对应的四时是秋天，所以蓐收也是秋神。蓐本义是草席、草垫，人们在秋天收草用于冬藏，所以西晋著名学者杜预对蓐收名字的解释就是"秋物摧蓐而可收也"。"该为蓐收"，不是说该是秋神蓐收，而是说该是负责祭祀蓐收的主祭官，而丹鸟氏是主要负责祭祀蓐收的部落。

主祭官和主祭部落都是东夷族，但是这位秋神蓐收，从其形象看，却像是出自黄帝族系，我们来看《山海经》对蓐收的描述：

> 西方蓐收，左耳有蛇，乘两龙。
>
> ——《山海经·海经·海外西经第七》

蛇、龙，这都是黄帝族系的特征。我们再来看蓐收的具体形象，《国语·晋语》载：

> 虢公梦在庙，有神人面、白毛、虎爪，执钺，立于西阿，公惧而走。神曰："无走。帝命曰：使晋袭于尔门。"公拜稽首，觉，召史嚚占之，对曰："如君之言，则蓐收也，天之刑神也，天事官成。"公使囚之，且使国人贺梦。……六年，虢乃亡。
>
> ——《国语·卷八·晋语二》

虢公梦见有一个"人面、白毛、虎爪、执钺"的神，立在西边的屋角。虢公吓得要逃跑。神说："不要走！天帝有令，要晋国来袭击你的国家。"虢公醒后招来大臣史嚚占梦，史嚚说："根据您的描述，这个神是蓐收，是天上掌管刑罚的神，看来是天命难违了。虢公认为史嚚说了不吉利的说话，就把他囚禁起来，反而让国人庆贺他做了个好梦。结果过了六年，虢国置同宗的虞国于不顾，借道给晋军灭掉了虞国，晋师回军途中，捎带手也把虢国给灭了，这就是历史上著名的"假途灭虢"的故事。

从"人面、白毛、虎爪、执钺"的描述看，蓐收应该是源自黄帝族系的虎族，第三章我们讲过，虎族发祥于中国西部的昆仑山，属于黄帝之子伯儵族系。虢国的这个虢字，是虎族字，说明要么虢国祖先是虎族，要么此地曾为虎族栖居地，所以虎族的祖先神蓐收才会托梦示警于虢公。

少昊让东夷族的丹鸟氏、自己的族叔该负责祭祀带有鲜明黄帝族特征的神明，正说明在当时，东夷族系和炎黄族系在文化上已经实现了高度的融合。

祝鸠氏

如果说"五鸟"是少昊氏族联盟中负责宗教祭祀事务的部落，那么"五鸠"就是负责日常行政管理的五个部落。

祝鸠氏是"五鸠"之首。它是一个以祝鸠鸟为图腾的东夷族部落。祝鸠鸟，今天叫鹁鸪，古代叫隹（音zhuī）、佳其、鸤鴀（音fū fǒu）、夫不（音fū fǒu）、鹈鴀（音fū fǒu）、鸤鸠等。在少昊时的人看来，祝鸠是一种孝鸟，《诗经》中有一首著名的诗《四牡》，曾提到过这种鸟：

翩翩者雏，载飞载下，集于苞栩。王事靡盬，不遑将父。

翩翩者雏，载飞载止，集于苞杞。王事靡盬，不遑将母。

——《诗经·小雅·四牡》

这首诗讲的是一个官员为了王事身不由己，疲于奔命，路上看到了在天空中上下自由翻飞的雏鸟，就由这种孝顺的鸟而联想到自己连雏鸟都不如，不能奉侍父母，不由得发出"王事靡盬，不遑将父""王事靡盬，不遑将母"的人生悲叹。

正是因为这种鸟为孝鸟，所以东夷族有一个部落就以它为图腾，称祝鸠氏。少昊氏族联盟建立后，少昊任命祝鸠氏首领为司徒，负责管理民众、土地及教化等事情，职位相当于后世的宰相。

雏，当时的人也简写成佳，所以祝鸠氏也被称为是佳夷，佳夷人后来把他们生活的地方的一条河名为"淮"，这就是我们今天说的淮河，他们也就此被称为是淮夷。

鸤鸠氏

鸤（音 jū）鸠氏是少昊氏族联盟中以鸤鸠为图腾的部落。这个鸤鸠就是妇孺皆知的《诗经》开篇之作"关关雎鸠，在河之洲，窈窕淑女，君子好逑"中说的雎鸠，这种鸟千百年来都被视为爱情的象征。"关关"是鸤鸠发出的声音，一只鸟叫出"关"，另一只鸟马上回应叫一声"关"，大家是不是觉得很可爱？但是，很多人不知道，鸤鸠这种爱情鸟竟然是一种猛禽，又叫王鸤，因其头顶的冠羽，让雎鸠看起来颇具王者的气度与风范。《毛诗》传说鸤鸠"鸟挚而有别"，就是说鸤鸠有点像猛禽鸷鸟。在动物学分类上，鸤鸠属雕类，常在江渚山边食鱼，在长江南部地区也被称为鹗鸟。

以猛禽为图腾的部落一般都与军武事务有关。鸤鸠氏被少昊任命为司马，负责统领少昊氏族联盟的军队，这与鸤鸠的猛禽特征是相符的。少昊名己挚，可能是出自凤鸟氏鸷鸟部落，这个部落可能就是鸤鸠氏的前身。

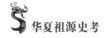

鸤鸠氏

鸤鸠就是布谷鸟，也叫鹊鵴、桑鸠，《毛传》说"鸤鸠之养其子，朝从上下，莫从下上，平均如一"，意思是这种鸟喂幼雏，早上从上往下喂，晚上从下往上喂，对所有幼雏一视同仁，被古人认为有均平如一的美德，《诗经·国风·曹风·鸤鸠》就是专门就鸤鸠的均平公正、始终如一的美德而抒发的赞美之声，所以少昊就任命以鸤鸠为图腾的部落鸤鸠氏为司空，掌管工程建设和宫室营建事务。

在东夷族系部落中，鸤鸠氏可能后来的文明发展比较突出，其他地区的人渐渐以其部落名"尸"代指整个东夷。注意，这个尸不是尸体的尸，后者的繁体为屍，是晚出字。尸的本意就是平，夷最初的意思也是平，所以，在甲骨文里，尸、夷相通；甲骨文称东夷、夷方为"尸方"；卜辞有"贞：王令妇好比侯告伐尸方"的记载及多条类似的记录；东夷人发明的骨刻文字也被称作"东尸"，等等，这些都是鸤鸠氏的文化遗存。

爽鸠氏

爽鸠是一种鹰类，飞得高，看得远，目光敏锐，明察秋毫，特别契合司法断狱和缉捕盗贼的职业特点，所以少昊就让以爽鸠为图腾的爽鸠氏首领担任氏族联盟政权的司寇一职。

关于爽鸠氏的历史记载比较有限，《左传》和《晏子春秋》曾记载"爽鸠氏之乐"的典故，是古史中仅存的关于爽鸠氏的记述：

饮酒乐。公曰："古而无死，其乐若何？"晏子对曰："古而无死，则古之乐也，君何得焉？昔爽鸠氏始居此地，季萴因之，有逢伯陵因之，蒲姑氏因之，而后大公因之。古者无死，爽鸠氏之乐，非君所愿也。"

——《左传·昭公二十年》

齐景公时，晏子为齐相。有一次，齐景公和晏子君臣几个人在一块喝酒，喝到酒阑时，齐景公忽发感慨，对晏子说："要是从古至今，人能不死，那该有多快乐啊。"晏子回答说："从古以来如果没有死，现在的欢乐就是古代人的欢乐了，君王能得到什么呢？从前爽鸠氏开始居住在这里，接下来是季荝住在这里，再接下来是有逢伯陵立国于此，再下来是蒲姑氏因袭下来，最后才是您的先祖姜太公被分封于此。要是从古以来没有死，那也是爽鸠氏的欢乐，这恐怕不是君王您所希望的吧。"

这段文字阐述了历史陈陈相因的简单道理，以齐景公的身份问这么个问题，简直就是无病呻吟。

鹘鸠氏

鹘（音 hú）鸠又名鹘雕、鹘鸼，现在叫斑鸠。鹘鸠氏，就是司事，在少昊氏族联盟中负责营造事务。唐代著名学者孔颖达解释说："其言春来冬去，旧有此说。国家营事缮治器物，一年之间，无时暂止，故以此鸟名司事之官也。"

五雉

五雉是少昊氏族联盟中五个从事手工业的部落，据《左传》载：

郯子曰："……五雉，为五工正，利器用、正度量，夷民者也。"

——《左传·昭公十七年》

在《左传》郯子述说家世的这段著名的文字中，郯子提到了"五鸟""五鸠""五雉"和"九扈"等二十四个部落的名字，其中关于"五鸟"和"五鸠"讲得比较详细，而关于五雉和九扈，郯子没有展开说，后人根据其他资料研究认为"五雉"是以五种野鸡为名的职官，包括鷷（音 zūn）雉氏、鶅（音 zī）雉氏、翟雉氏、鵗雉氏、翠雉氏，分别为木工正、陶工正、金工正、皮工正、染工正。

九扈

"九扈"，也作"九鳸（音 hù）"，根据《尔雅·释鸟》，是九种候鸟，包括春扈氏（天鹅）、夏扈氏、秋扈氏、冬扈氏、棘扈氏、行扈氏、宵扈氏（猫头鹰）、桑扈氏、老扈氏等。关于"九扈"的分工，东汉末文学家蔡邕说：

> 至少昊之世，置九农之官如左：春扈氏，农正，趣民耕种；夏扈氏，农正，趣民芸除；秋扈氏，农正，趣民收敛；冬扈氏，农正，趣民盖藏；棘扈氏，农正，常谓茅氏，一日掌人百果；行扈氏，农正，昼为民驱鸟；宵扈氏，农正，夜为民驱兽；桑扈氏，农正，趣民养蚕；老扈氏，农正，趣民收麦。
>
> ——《独断·卷上·六神之别名·先农神》

"九扈"是九种分工非常明确的农正官，充分表明少昊氏族联盟已经进入了高度发展的农业文明时期。

黄鸟氏

• 或为少昊氏族联盟的军队

"五鸟""五鸠""五雉"和"九扈"等只是少昊氏族联盟鸟官体系中的二十四个部落，而不是少昊氏族联盟成员的全部。在《山海经》等典籍中，零星记载了少昊氏族联盟的另外一些成员，这其中最需要一提的就是黄鸟氏。

黄鸟氏最早见载于《山海经·大荒南经》：

> 有荣山，荣水出焉。黑水之南，有玄蛇，食麈。有巫山者，西有黄鸟。帝药，八斋。黄鸟于巫山，司此玄蛇。
>
> ——《山海经·海经·大荒南经第十五》

这段话的字面意思是：有一座荣山，荣水就从这座山发源的。在黑水的南岸，有一条大黑蛇，正在吞食麈鹿。有一座山叫巫山，在巫山的西面有只黄鸟。天帝的神仙药，就藏在巫山的八个斋舍中。黄鸟在巫山上，监管着那条大黑蛇。

这里提到的玄蛇应该就是以黑蛇为图腾的氏族部落的名字。黑水很有可能是今天四川阿坝的黑水河，玄蛇是这里出产的一种大蛇，它还有另一个更响亮的名字——巴蛇，据载：

> 巴蛇食象，三岁而出其骨。
>
> ——《山海经·海经·海内南经第十》

这里说的就是成语"巴蛇吞象"中的巴蛇，又叫修蛇、玄蛇，可能就是一种黑色的大蟒蛇，以这种蟒蛇为图腾的部族就是玄蛇氏。

《山海经·海内经》载，在黑水流域，还有很多以黑色的鸟类和猛兽为图腾的部族：

> 北海之内，有山，名曰幽都之山，黑水出焉。其上有玄鸟、玄蛇、玄豹、玄虎、玄狐蓬尾。
>
> ——《山海经·海经·海内经第十八》

这里的玄鸟应该就是少昊氏族联盟中的玄鸟氏派驻在黑水地区的分支，而玄蛇、玄豹、玄虎、玄狐蓬尾则可能都是炎黄族系的部族。玄鸟氏和黄鸟氏或许不是当地土著，而是被人派驻在这里，其主要任务就是监管和威慑那些黄帝族系的部族。

有学者认为黄鸟氏就是皇鸟氏，后者就是凤鸟氏，这一点也有学者认为值得商榷，因为在《山海经》中，很多地方都同时提到了皇鸟氏和黄鸟氏：

> 东南海之外，大荒之中，河水之间，附禺之山，帝颛顼与九嫔葬焉。爰有丘久、文贝、离俞、鸾鸟、皇鸟、大物、小物。有青鸟、琅鸟、玄鸟、黄鸟、虎、豹、熊、黑、黄蛇、视肉、璇、瑰、瑶、碧，皆出卫于山。
>
> ——《山海经·海经·大荒南经第十五》

> 有玄丹之山。有五色之鸟，人面有发。爰有青鸯、黄鹜、青鸟、黄鸟，其所集者其国亡。
>
> ——《山海经·海经·大荒西经第十六》

这里出现了鸾鸟、皇鸟、玄鸟、青鸟与黄鸟并提的现象，前面四种鸟可能都指的是凤鸟，更准确说是凤鸟氏的不同分支或余裔，那么黄鸟氏是不是也属于同一种情况呢？笔者愚见，黄鸟氏可能不完全等同于皇鸟氏，但在族源上，可能都出自少昊所属的凤鸟氏。少昊的鸟官系统告诉我们，那个时候氏族联盟的各部族已经实现了管理分工，在同一部族内部，可能也有专业分工的情况发生，比如青鴍（音wén）氏和青鸟氏源自同一个部落，青鴍氏可能是青鸟氏的军武之族，同样，黄鸷氏可能是黄鸟氏的军武之族。所以，《大荒西经》说，当一个国家同时聚集了黄鸷、黄鸟、青鴍、青鸟这四种鸟时，这个国家便会灭亡，指的就是当鸟族军队集结在一个地方时，这个地方就离被灭掉不远了。

但是，在《左传·昭公十七年》郯子所讲述的少昊鸟官体系中，有青鸟氏的位置，没有黄鸟氏，这可能是因为什么原因呢？或许答案正在于黄鸟氏作为少昊氏族联盟的军队，被少昊派驻在巫山一带，目的是震慑和防备那里的玄蛇氏等炎黄族系部族。

我们从《诗经》里两首与黄鸟有关的诗，也可以看出炎黄族系的人和东夷族系的人对黄鸟的不同态度，一首是《小雅·黄鸟》：

黄鸟黄鸟，无集于谷，无啄我粟。此邦之人，不我肯谷。言旋言归，复我邦族。
黄鸟黄鸟，无集于桑，无啄我梁。此邦之人，不可与明。言旋言归，复我诸兄。
黄鸟黄鸟，无集于栩，无啄我黍。此邦之人，不可与处。言旋言归，复我诸父。

——《诗经·国风·小雅·黄鸟》

一首是《秦风·黄鸟》：

交交黄鸟，止于棘。谁从穆公？子车奄息。维此奄息，百夫之特。临其穴，惴惴其栗。彼苍者天，歼我良人！如可赎兮，人百其身！

交交黄鸟，止于桑。谁从穆公？子车仲行。维此仲行，百夫之防。临其穴，惴惴其栗。彼苍者天，歼我良人！如可赎兮，人百其身！

交交黄鸟，止于楚。谁从穆公？子车针虎。维此针虎，百夫之御。临其穴，惴惴其栗。彼苍者天，歼我良人！如可赎兮，人百其身！

——《诗经·国风·秦风·黄鸟》

《小雅》是周族世代传唱的民歌，周族在族源上属于黄帝族系，而秦国的祖先是少昊东夷族系。周人表面上痛恨黄鸟啄食谷粟，实际上恨的是祖上时黄鸟氏军队对他们的征服，甚至到了"此邦之人，不可与处"——用现在的话说就是不共戴天——的地步。而秦国人却以黄鸟悲鸣起兴，来讲述秦穆公的葬礼，正表明黄鸟在秦人文化中的特殊地位和意义。

- 黄鸟氏的图腾可能是鹓雏

基于黄鸟氏可能是东夷族系的军队的看法，黄鸟氏的图腾可能不像有些学者说的那样是金雀、芦花黄雀、黄雀、黄鹂这类可爱的小鸟，而更可能是鹰隼一类的猛禽。南宋学者王应麟曾总结说，凤有五种：

古代画家笔下的鹓雏

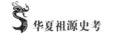

赤者凤，黄者鹓雏，青者鸾，紫者鹭鹭，白者鹄。

——《小学绀珠·卷十·动植类·五凤》

鹓雏这种鸟，《山海经》也提到过：

佐水出焉，而东南流注于海，有凤皇、鹓雏。

——《山海经·山经·南山经第一·南次三经》

但是让鹓雏这种鸟举世闻名的不是《山海经》，而是战国时代伟大的思想家、文学家庄子，在《秋水》中，庄子借"惠子相梁"的寓言故事，形象地描述了鹓雏高洁的品性：

惠子相梁，庄子往见之。或谓惠子曰："庄子来，欲代子相。"于是惠子恐，搜于国中三日三夜。庄子往见之，曰："南方有鸟，其名为鹓雏，子知之乎？夫鹓雏发于南海，而飞于北海；非梧桐不止，非练实不食，非醴泉不饮。于是鸱得腐鼠，鹓雏过之，仰而视之曰：'吓！'今子欲以子之梁国而吓我邪？"

夫鹓雏，发于南海而飞于北海，非梧桐不止，非练食不食，非醴泉不饮。于是鸱得腐鼠，鹓雏过之，仰而视之曰："吓！"

——《庄子·外篇·秋水第十七》

《山海经》的权威注家郭璞等认为鹓雏就是凤凰的别称，其色黄，或许这才是黄鸟氏的图腾，也只有鹓雏这样一个"非梧桐不止，非练食不食，非醴泉不饮"的高光形象才符合其威武之师的职业形象。

九夷

少昊氏族联盟建立时，社会生产力水平已经相当发达，农业、手工业获得空前进步，炎黄族系、东夷族系的融合程度进一步加深，城邑、人口、聚落、部落和氏族的数量都有了爆炸式增长。随着东夷族系的商王朝的建立，东夷族系更是获得了前所未有的发展，形成了九大分支，这就是"九夷"。

九夷的概念最早见于战国时期的历史文献，《古本竹书纪年》《春秋左氏传》《战国策》都提到过九夷，《论语》还记载，孔子都曾想住到九夷去，弟子却说九夷文化闭塞，条件艰苦，孔子于是发出了那句著名的"君子居之，何陋之有"的感言。一般而言，九夷只是泛称，肯定不止九个，九个可能只是其中较大的几支而已。《后汉书·东夷传》所载九夷的名字是：

夷有九种，曰畎夷、于夷、方夷、黄夷、白夷、赤夷、玄夷、风夷、阳夷。
——《后汉书·卷八十五·东夷传第七十五》

这九夷中，除了黄夷，应该都是少昊氏族联盟中的五鸟氏、五鸠氏、五雉氏和九扈氏演变而来，只有这个黄夷，可能是从在少昊鸟官体系之外的黄鸟氏部族演化而来。

季釐（季狸）、倍伐、季釐之国——巴人之祖

少昊氏族联盟中的一个重要成员是当时活跃在今天中国川鄂地区的巴人。巴这个名字源于巴蛇，巴的甲骨文形象就是蛇。巴蛇应该是产于四川一带的黑色大蟒蛇，又叫玄蛇、修蛇，《山海经》中至少有两处提到这种巴蛇：

巴蛇食象，三岁而出其骨，君子服之，无心腹之疾。其为蛇，青黄赤黑。一曰黑蛇，青首，在犀牛西。
——《山海经·海经·海内南经第十》

西南有巴国，又有朱卷之国，有黑蛇，青首，食象。
——《山海经·海经·海内经第十八》

这个"青首，食象"的黑蛇，郭璞注说"即巴蛇也"。以巴蛇为图腾的部族就称为巴蛇氏或修蛇氏，他们应该是属于源自黄帝族系的龙族。关于修蛇氏，我们后面还会讲到"羿断修蛇于洞庭"的历史事件。另外，大禹的母亲就是出自修蛇氏，名修巳，我们也会在后面讲到。

少昊氏族联盟取代黄帝氏族联盟，可能不是通过和平的方式，而是武力征服的

方式。少昊在创建东夷族系为统治者的少昊氏族联盟后，曾把自己的军队——黄鸟氏部族派驻到今天的四川巫山和黑水河一带，对这里的黄帝族系的玄蛇氏或称巴蛇氏部族进行威慑，或者更准确地说是奴役。

相比被少昊氏族联盟派驻过来的黄鸟氏或其他东夷族系部族，源自黄帝族系的巴蛇氏和早在黄帝氏族联盟创建时就生活在这里的炎帝族系的巫咸国应该算是这里的土著，东夷鸟族人来到巴地后，或以武力征服的方式对巫咸族、巴蛇氏进行了兼并，所形成的新部族或许就是所谓的咸鸟氏，据《山海经》载：

> 西南有巴国。大昊生咸鸟，咸鸟生乘厘，乘厘生后照，后照是始为巴人。
>
> ——《山海经·海经·海内经第十八》

"大昊生咸鸟"，准确的理解应该是"源出太暤伏羲氏的咸鸟部族"。关于咸鸟，历代史家考证很多，到底是个什么鸟众说纷纭，著名民族史学家任乃强先生认为，咸鸟暗示着巴人祖先的职业，咸鸟可能是巴人发明的一种鸟形的小船，巴人用这种交通工具把巫咸国出产的盐转卖到其他地方去。但依笔者愚见，咸鸟中的鸟就是太暤-少昊鸟族人的图腾——太阳鸟，即阳乌，而咸，即指巫咸国。少昊时期，征伐到这里的鸟族人在首领后照统治时期，建立了部落方国巴氏国。

《大荒南经》的一则记载也证实了上述鸟族人创建巴氏国的结论，但认为这支巴氏国是少昊之后：

> 有襄山。又有重阴之山。有人食兽，曰季厘。帝俊生季厘，故曰季厘之国。有缗渊。少昊生倍伐，降处缗渊。有水四方，名曰俊坛。
>
> ——《山海经·海经·大荒南经第十五》

倍伐就是巴的转声。关于帝俊，我们前面讲过，它一开始可能是东夷鸟族人对少昊的敬称，后来演变成对始祖神、昊天上帝的称谓。这里的帝俊与少昊并称，所以应该不是指少昊，而可能是指帝喾高辛氏，"帝俊生季厘"中的这个季厘很有可能就是"帝喾八元"中的"季狸"。所谓"帝喾八元"，据《左传》载：

> 高辛氏有才子八人，伯奋、仲堪、叔献、季仲、伯虎、仲熊、叔豹、季狸，忠肃共懿，宣慈惠和，天下之民谓之八元。
>
> ——《左传·文公十八年》

西周巴国青铜器三羊尊

　　上引《海内经》提到的"乘釐"与《大荒南经》提到的"季釐"应该是一个人。"帝俊生季釐","乘釐生后照"。这位后照,《海内经》认为是他创建了巴国。

　　后照又称后昭、后炤,根据1978年四川省新都战国墓出土的铜鼎上的铭文"昭之食器"推断,他是蜀开明王朝的一个王侯。但是,《路史》认为创建巴国的不是后照,而是其后代顾相:

　　　伏羲生咸鸟,咸鸟生乘厘,是司水土,生后炤。后炤生顾相,夅处于巴,是生巴人。
　　　　　　　　　　　　　　　　　——《路史·卷十·后纪一·禅通纪·太昊纪上》

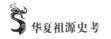

顾相被认为就是鸟族巴氏国的创建者务相，即廪君，如《世本》载：

廪君之先，故出巫诞。巴郡南郡蛮，本有五姓：巴氏、樊氏、晖氏、相氏、郑氏皆出于武落钟离山。其山有赤黑二穴，巴氏之子生于赤穴，四姓之子生于黑穴。未有君长，俱事鬼神。廪君名曰务相，姓巴氏，与樊氏、晖氏、相氏、郑氏凡五姓，俱出皆争神。乃共掷剑于石，约能中者，奉以为君。巴氏子务相，乃独中之，众皆叹。又令乘土船，雕文画之，而浮水中，约能浮者，当以为君。余姓悉沉，惟务相独浮。因共立之，是为廪君。

——《世本八种·秦嘉谟辑补本·氏姓篇·姓无考诸氏》

关于巫诞，有学者认为，"诞"与"蜑、疍、蛋"相通，蜑民即疍民，意即生活在水上的人，或从水上而来的人，巫诞本义就应该是为巫族人从水上运输货物——主要是产自巫咸国的盐——的人。我们今天所说的盐，民间也叫盐巴，得名就在于此，其本义就是"运盐的巴人"或者是"巴人的盐"。

从廪君的祖先季釐（季狸）的族源看，季釐源出黄帝族系，其原始之姓应为"黄帝十二姓"中的僖姓，僖、釐在古语中相通。

当时的鸟族巴氏国有五个部落，廪君务相出自其中的王族巴氏部落。巴就是巴蛇，巴氏就是巴蛇氏，所以，《太平御览》引《世本》记载廪君姓巳，巳即蛇：

廪君名曰务相，姓巳氏，即与樊氏、曋氏、柏氏、郑氏凡五姓争神。

——《太平御览·卷七百六十九·舟部二·叙舟中·世本》

廪君不管是姓僖，还是姓巳，其黄帝族系的身份是明确的。此外，廪君的黄帝族身份从廪君部落的图腾崇拜也可以看出端倪。一般认为，廪君既然是鸟族巴氏国的首领，他应该是鸟族信仰。我们知道，鸟族是不崇拜虎的，但据一些古史的记载，廪君死后却是化为白虎：

廪君死，魂魄化为白虎。巴氏以虎饮人血，遂以人祠焉。

——《后汉书·卷八十六·南蛮西南夷列传第七十六》

唐朝时樊绰所著的记载南诏史事的史书《蛮书》也记载：

巴中有大宗，廪君之后也。……巴氏祭其祖，击鼓而祭，白虎之后也。

——《蛮书·卷十·南蛮疆界接连诸蕃夷国名第十》

另外，廪君的祖先为季釐，又称季狸，而之所以叫这个名字，很有可能是他们把一种比猫大、比虎小的猫科动物结合自己祖先的姓的发音命名为"狸"。"狸"就是"貔"，又称"狸猫""山猫""豹猫"。当然也有一种可能，狸就是他们对虎（小老虎、白虎）的称呼，在古代巴语方言中，就称虎为"李"，这个"李"显然是从"狸"或"貔"而来。西汉末的杨雄在《方言》（第八）中记载：虎，或谓之"李父"；江、淮、南楚之间，谓之"李耳"。

称虎为"李"的巴语方言，随着秦汉大一统局面的形成，在荆楚、江淮之间流传开来，直至唐宋以后才在汉文化区域内基本消失。但在偏远地区，特别是古代巴族后裔聚居的少数民族地区，称虎为"李"的古语，却世代流传下来。据调查，在部分土家族方言中，称虎为"李"，公虎称作"李爸"（Li-Pa）；母虎称"李你卡"（Li-ni-Ka）。有人认为，土家语中的"李爸"，就是古代方言中的"李父"，"李你卡"则是古语中的"李耳"。

"五胡十六国"中有一个成汉，创建人是巴氏人李特、李雄父子。这个李曾被称为"巴人李氏"，实际上准确地说应是"李姓巴氏"，他们的祖姓就是李，只不过这个李与汉民族的李姓不同源，"李姓巴氏"的李源于貔、狸，源于季狸、季釐、季釐之国，再往上溯源就是黄帝之子帝鸿氏的僖姓。

现代学者在对土家族的虎文化的调查中，也有一个现象曾经让人大惑不解，就是土家族是巴人后代，巴人以虎为图腾，土家族中也确实有部分人有虎崇拜的习俗，但是并不是全部的土家人都有同样的崇拜信仰，有另外一部分土家族人对虎甚至是持完全相反的态度。这是怎么回事呢？

答案还是要回到土家族的巴人祖先那里找。古代巴国人的主体是包括巴人在内的五大部族，巴人属于属于黄帝族系，以龙（修蛇、巴蛇）和白虎为图腾神兽，很有可能就是《山海经》中所称的"季釐之国"，但其他四个部族为东夷鸟族，人数虽然占优，但未能取得巴地的统治权。他们与巴人的图腾崇拜和信仰并不相同，某种意义上巴人可以说是巴国的王族。巴国王族与巴国内部不同族源的鸟族人之间存在文化、宗教、习俗的差异乃至由他们之间的矛盾而引发对立和冲突，是完全正常的。巴人崇拜虎，那么与巴人有冲突的人仇视虎也就顺理成章了。随着历史的发展，巴国内部民族融合的程度不断加深，族系间的差别逐渐模糊，巴人后来就从巴蛇氏这

湖北恩施土家族土司家中的白虎神龛

个狭义概念而变成了巴国人这个广义概念。土家族是巴国人的后代，那么，不同地方的土家族人可能多多少少保留有从不同祖辈那里传下来的不同文化习俗，这是说得通的。换言之，今天的土家族人，特别是祖上出过土司的土家族人，他们如果还保持虎崇拜，则他们的祖先可能就是古巴国的王族——巴蛇氏。

身为黄帝族系之人，廪君却为国人主体为鸟族的巴的首领，这一推论或许会有人觉得难以置信，但却可能是对当时炎黄族系、东夷族系大融合的真实反映。

随着巴国在廪君治下的不断强大，对以盐产富甲天下的巫咸国渐起觊觎之心，巫咸国于是主动寻求与廪君联姻，试图以此解除后者对自己的威胁，但被野心更大的廪君拒绝。后来廪君假借与巫咸国女首领"盐水女神"联姻，在婚宴上射杀了她，从而一举兼并了巫咸国。

这个巴氏国从少昊时期立国，一直是西南地区的一个主要方国。夏禹时期，巴国加入夏王朝，称巴方，《左传》载：

（禹）会诸侯于会稽，执玉帛者万国，巴蜀往焉。

——《左传·哀公七年》

《山海经》还记载，夏启专门派了个官员孟涂去管理巴国神庙，在那里主持诉讼事务：

夏后启之臣曰孟涂，是司神于巴，巴人请讼于孟涂之所，其衣有血者乃执之。是请生。（孟涂）居山上，在丹山西。丹山在丹阳南，丹阳居属也。

——《山海经·海经·海内南经第十》

此事也见载于《竹书纪年》：

（帝启）八年，帝使孟涂入巴涖讼。

——《竹书纪年·卷二·帝禹夏后氏》

在商代，巴国没有完全臣服商朝，反而和后者经常发生战争，殷墟甲骨文卜辞就有公元前十三世纪的商王武丁时期，武丁和妇好曾经征讨过巴国的记载。公元前十一世纪，巴国军队作为前锋加入了周武王伐纣的战争，并且做出了重要贡献，也因此在周灭商后，被封为子爵诸侯国。

需要指出的是，这个巴子国为姬姓，而不是僖姓，有文献说是周武王把自己的宗亲封赐到这里，对此很多史家都大惑不解，因为按照传统观点，巴国虽为东夷鸟族所创建，但它"大义灭亲"，在消灭同族的商朝的战争中做出了贡献，不应该按照对待战败的敌国的做法让其绝祀灭国才对，况且即便是对一些战败的敌对国，周朝政府也没有把事做绝，比如，就把殷商遗民封为宋国，而且是爵位中的第一等级公爵，仍承子姓。那么，周武王为什么不让巴国姓他自己的姓呢？答案还是要回到廪君的族源上去寻找。我们前面说过，廪君或为巴蛇氏的首领，属黄帝族系，周武王应该是赐巴国姓姬，东晋史学家常璩的《华阳国志》称之为"宗姬之封"：

武王既克殷，以其宗姬封于巴，爵之以子。……巴国远世，则黄、炎之支；封在周，则宗姬之咸亲。

——《华阳国志校补图注·卷一·巴志》

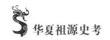

这种"宗姬之封",不是周武王把自己的姬姓亲族子弟封到巴国,而是赐巴国为姬姓,以此表示让巴国"恢复黄帝宗族身份",是通过这种方式让巴国认祖归宗,是从家族宗法角度对巴国祖先身份的一种正式的承认。

巴国正式并入周王朝后,获得了迅速的发展,鼎盛时期疆域"东至鱼复,西至僰道,北接汉中,南及黔涪",其疆域之辽阔,概括了今重庆全境、湖北恩施、川东北部分地区。

公元前316年,在秦国发动的全国统一战争中,巴国被灭,这个历时近两千多年的古老方国就此画上了句号。

"玄冥二老"

金庸先生的武侠小说《倚天屠龙记》中有两个人物——鹤笔翁和鹿杖客,人称玄冥二老,他们的原型就是少昊氏族联盟的两位玄冥师修和熙。

根据《左传》的记载,修和熙是少昊的叔辈:

> 少皞氏有四叔,……修及熙为玄冥。
>
> ——《左传·昭公二十九年》

为什么玄冥是两个人,一般的解释是兄终弟及,即最初是修,修去世或因为其他原因离职后,由其弟熙继任。

玄冥是水正,其职责相当于黄帝时期的水官共工,在五行中属水,水在五方中属北方,在奉祀体系中,可能最初是负责北方之神玄武和北方之帝禺貌的祭祀事务,后来在帝颛顼时代,北方之帝改为颛顼,玄冥则仍由少昊族人昧来担任。

穷奇

穷奇是少昊氏族联盟中的一个成员,《左传》称其为"少皞氏有不才子",为上古四凶族之一:

少皞氏有不才子，毁信废忠，崇饰恶言，靖谮庸回，服谗蒐慝，以诬盛德，天下之民谓之穷奇。

——《左传·文公十八年》

这段话的意思是：少皞氏有一个没有才能的儿子，背信弃义，巧言令色，惯听谗言，任用奸邪，造谣中伤，掩盖罪恶，诬陷盛德的人，天下人称他为穷奇。

穷奇之所以被贴上四凶的标签，都是拜《左传》这段评价功所赐。司马迁在《史记·五帝本纪》中几乎照抄了《左传》这段文字，由于《史记》的巨大影响力，从此穷奇就被彻底钉上了中国凶神榜。

穷奇被称为是"少皞氏不才子"，但穷奇并不完全是东夷鸟族，而是黄帝族系和东夷族系的混成之族，这从它的图腾形象也可以看出来，据《山海经》载：

穷奇状如虎，有翼，食人从首始，所食被发。在蜪犬北。一曰从足。

——《山海经·海经·海内北经第十二》

郭璞在注《山海经·西山经》时，也有过描述：

似虎，猬毛，有翼，铭曰穷奇之兽。厥形甚丑，驰逐妖邪，莫不奔走，是以一名，号曰神狗。

穷奇之所以"可恶"，表面上的原因是因为它吃人：

又西二百六十里，邽山，其上有兽焉，其状如牛，猬毛，名曰穷奇，音如嗥狗，是食人。

——《山海经·山经·西山经第二·西次三经》

上引《山海经》那两段文字描述的穷奇不太一样，但有一个共同点，就是穷奇是吃人的。吃人在远古时代其实是一件很平常的事，即使到了黄帝时代，因为虎族和鬼族的血腥冲突，经常发生两族战俘被对方吃掉的情况。但是，这种吃人并不完全是因为食物短缺，而更多是出于震慑敌人的需要，这就跟春秋末期，晋国内乱，智伯被灭，赵襄子用智伯的头盖骨做酒器和西汉时匈奴老上单于用月氏王的头盖骨做酒器一样，不是因为那东西做酒器有多么好，而是为了以此震慑对手和敌人。

从虎族和鬼族的大冲突之后，黄帝族系的虎族就背上了挥之不去的吃人（鬼）的恶名，传说中老虎吃鬼的典故就是这么来的，以至于虎族之王伯荼（陆吾）被立为防鬼的门神，这就是神荼。出于虎族的穷奇部落的吃人恶名估计也是这么来的，这是"原罪"，而未必是"新恶"。

穷奇是虎族，虎族属于黄帝族系；穷奇"又有翼"，这也正说明它是炎黄族系和东夷族系融合的产物。

历史到了帝尧时代末期，根据《汲冢竹书》所载，帝舜发动了政变，"因尧于平阳，取之帝位"，穷奇、饕餮、梼杌、浑敦四个部落带头反对，举兵反叛，战败后，帝舜把这四个部落贴上四凶的标签，并且编造了四凶的种种恶行，比如，把穷奇描绘成一个是非不分、助恶为虐的形象，据西汉文学家东方朔所著《神异经》载：

西北有兽，其状似虎，有翼能飞，便剿食人，知人言语，闻人斗辄食直者，闻人忠信辄食其鼻，闻人恶逆不善辄杀兽往馈之，名曰穷奇，亦食诸禽兽也。

——《神异经·西北荒经六则》

说穷奇是西北地区的一众怪兽，长得像老虎，但是有翅膀能飞，会吃人，能听懂人的言语，看见有人打架，它就要去吃了正直有理的一方；听说某人忠诚老实，它就要去把那人的鼻子咬掉；听说某人作恶多端，反而要捕杀野兽馈赠给他。

这种大恶之徒怎么能让他为害一方，帝舜于是"顺应民意人心"，把四凶流放到四外边远地区，"迁于四裔，以御魑魅"。这四凶后来都融入戎狄蛮夷之族，在以后的数千年时间里都是中原王朝的边患，让帝舜的后代们时时不得安宁。

殷（般）、翳鸟、羿——东夷族的军队

关于弓箭，一般认为其最早发明者为黄帝之子挥，但是《世本》等则说挥是少昊之子，黄帝之孙。《山海经》也记载说，是少昊之子发明了弓箭，但不是挥，而是般：

少皞生般，般是始为弓矢。帝俊赐羿彤弓素矰，以扶下国，羿是始去恤下地之百艰。

——《山海经·海经·海内经第十八》

《路史》也认为是少昊之子般发明了弓箭：

少昊次妃生般，为弓正，是制弓矢，主祀弧星，封于尹城，说掌官职。

——《路史·卷十六·后纪七·疏仡纪·小昊》

谁发明了弓矢这个问题之所以混乱，原因就出在前后两个少昊被混淆上。黄帝之子中有一个少昊，是为少昊青阳氏，而少昊氏族联盟的首领为少昊金天氏，两人之间差一千五百多年。挥是黄帝之子，也可能是少昊青阳氏之子，也就是黄帝之孙，他发明了弓矢，这个是对的。而少昊金天氏有个儿子名般，《山海经·海内经》说是他发明的弓矢。根据我国考古工作者的研究成果，我国弓的发明可以追溯到两万八千多年前，所以不可能是少昊金天氏时期才出现弓箭，《山海经·海内经》的说法是错误的。少昊金天氏时期更可能是对弓箭进行了改良。改良弓箭的这个人，《山海经》和《路史》都认为是"般"，但是现在看来，这个"般"也有可能是错误的，很有可能是"殷"之误。

2009 年秦兵马俑一号坑发掘中，首次发现迄今最完整的一件秦代弓弩

汉唐时代，就已经有人注意到了《山海经》的这个错误，唐玄宗时名相张九龄所著《姓源韵谱》就记载：

> 少昊之子般，为工正，封尹城，后因氏焉。

般，就是燕，燕就是玄鸟，玄鸟就是凤凰，所以般应该是少昊氏族联盟的一个部落，族源可能是少昊的王族五鸟氏，或者就是五鸟氏的变种。《海内经》还提到"帝俊赐羿彤弓素矰"，这个帝俊在这里是指少昊金天氏，而这个"羿"，在笔者看来，十有八九就是"般"。"少昊之子般，为工正"中的工正或为弓正之误。"羿"可能得名于鹬鸟，这种鸟见载于《山海经》：

> 北海之内，有蛇山者，蛇水出焉，东入于海。有五采之鸟，飞蔽一乡，名曰鹬鸟。
> ——《山海经·海经·海内经第十八》

鹬鸟是一种五彩羽毛的鸟，实际上是凤凰别种，体型比凤凰大很多，从描述看更像是大鹏。以鹬鸟为图腾的部落应该是少昊金天氏的军队，其首领就称为"鹬""羿"。"帝俊赐羿彤弓素矰"，就是少昊金天氏把代表军队指挥权的红弓、白箭赐给羿，即任命羿为少昊氏族联盟的弓正，也就是军队统帅。

少昊金天氏时候的这个羿是帝尧时期的大羿、夏代的后羿的祖先。羿部落的栖居地就叫般，商朝时，第二十位君主盘庚把都城从亳迁到殷，也就是今天的河南安阳，所以商朝也称殷朝。

四　现代汉字中的鸟族文化遗存

东夷族系，俗称鸟族，与黄帝族系的龙族、虎族和炎帝族系的鬼族可以并称为上古四大部族，是华夏民族、汉民族乃至中华文化圈内其他少数民族的共同祖先。我们前面简单讲过至今还在使用的虎族和鬼族的文化符号——"鬼族字"和"虎族字"，现在我们来讲讲"鸟族字"。

东夷鸟族字，可以分为两种，一种是鸟偏旁的字，大部分是鸟族人对各种鸟的命名，这里不细说。我们想探讨的是鸟族中的帝俊族——鸟族中的王族——发明和使用的汉字，希望能给大家进一步了解东夷文化提供一个窗口。

/ 夋、䞣、䳅、䖒、𠈌

音 qūn，本是燕子的叫声。燕子又称玄鸟，其原型就是凤鸟，即太阳中的黑鸟——金乌。少昊所在的部落，有学者说是"凤鸟氏"，这个凤鸟可能就是骏䖒（音 jùn yì）。骏同䳅，䖒同𠈌。这些字都是鸟族人对部族的图腾神鸟燕子的不同称呼。帝夋、帝俊最初可能是少昊的专称，后来成为鸟族最高首领的称呼，再后来成为鸟族人对自己的始祖神乃至于创世神昊天上帝的称呼。《山海经》中多次提到的帝俊非指一个人，而是要根据具体表达内容确定是指哪个人。

/ 俊、骏

《说文解字人部》对"俊"字的解释说：

俊，材千人也。

《淮南子泰族训》里也说：

……故，智过万人者，谓之英；千人者，谓之俊；百人者，谓之豪；十人者，谓之杰。

少昊时部落能有千人一定是最大的部落了，这个部落只能是少昊的本族部落夋部落，其首领则称为帝俊。

鸟中之美称为"䳅"，那么人中之杰就称为"俊"，马中之良则称为"骏"。

/ 祾

帝俊部落的首领，生前被称为俊，死后则被称为"**祾**"，即被升格为了神。

/ 峻、陵、埈、

三字古代为相同的字，我们现在只用峻这个字了。大家现在可以去翻看第三章大隗氏那一节中的"中国文化中的鬼族符号"，就可以看出，这三个字的组字法有可

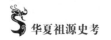

能是仿照鬼族，鬼族表示同样意思的字为：隗、巍、嵬、塊等。

/ 畯

这个字的本意就是帝俊族的农夫，后来可能被少昊任命为少昊氏族联盟掌管农事的官，《诗经·豳风·七月》有诗句"馌彼南亩，田畯至喜"，其中的"田畯"就是农官的意思。帝尧时，农官之名改为"稷"。

/ 梭

我们知道，少昊为己姓，应该是黄帝赐给少昊的始祖父——黄帝之子清，也就是少昊青阳氏的姓。这个己很有讲究。己字最早是这个样子的：

甲骨文和金文的己分别是这个样子的：

清代著名文字学家朱骏声对己的解释让我们耳目一新：

己，即纪之本字，古文象别丝之形，三横二纵，丝相别也。

——《说文通训定声颐部》

所以，己的本义就是丝的最小单位"三横两竖"。我们知道，黄帝的妻族西陵氏是养蚕缂丝的鼻祖，而西陵氏的同宗之族方雷氏当然也是缂丝织布的行家，所以作为方雷氏的儿子清的族人擅长纺纱织布也是很正常的事。所以，黄帝才把己姓赐给他。方雷氏织布时使用的是竹制的类似梭子的东西，而到了其后代少昊金天氏创建的少昊氏族联盟时代，东夷族人改用木头制作梭子，是在祖业手艺的基础上所做的创新。

/ 逡

帝俊族人称月亮的往复运行为逡，太阳的往复运行为躔。

/ 唆、諑

口才出众的帝俊族人。

/ 狻

音 suān，帝俊族人的守门兽猔（音 zhàn）猫，传说能食虎豹。狮子进入中国后，狻猊就特指守门兽狮子了。

/ 痠

音 suān，仿效鬼族人的瘣字的造字法而造的字，意思生病的帝俊族人。后用酸代替，表示酸痛的意思。

/ 晙

音 jùn，帝俊族人对太阳的称呼，后演变为早晨、明亮的意思。

/ 朘

这个字有两个读音，一个是 juān，一个是 zuī。读后一个音时，表示的是帝俊族人对男孩的生殖器的称呼，《道德经》五十五章有"未知牝牡之合而朘作，精之至也"之句，其中的"朘"就是这个意思。

/ 焌

帝俊族人燃火以灼龟，用来占卜。

/ 馂

这个字的本意是专奉帝俊的祭品食物，帝俊"享用"后，由帝俊族人食其"剩余"，后引申为剩饭。

/ 竣

字面意思就是站立着的帝俊族人，表示帝俊族人做完事后站立一边等待吩咐。

/ 悛

鬼族人心中有"鬼"——鬼族祖先——是为"愧"，同样，帝俊族人心中有帝"夋"，是为"悛"，也是后悔、愧怍的意思。现代成语"怙恶不悛"中的"悛"就是这个意思。

/ 稄

音xùn，人杰为俊，马良为骏，鸟美为鵔，庄稼长势好，帝俊族人就称为是稄。

/ 浚

本是帝俊族人对他们生活的地方的一条河流的称呼，后帝俊族人称从浚水中取物为浚，后引申为从河水中挖泥。

五官爰命萬物生遂
神民不雜天地以位

顓帝

【明】朱天然《历代古人像赞》中的颛顼

第五章　华夏五帝氏族联盟

在少昊时期之后，中国上古历史就进入了五帝时期，时间跨度约为公元前29世纪至公元前21世纪，历时约八九百年。这五帝是帝颛顼高阳氏、帝喾高辛氏、帝尧陶唐氏、帝舜有虞氏、帝禹夏后氏。这一段时期的政权形式，仍然是氏族联盟，为便于描述，我们权且统称为华夏五帝氏族联盟。

一　帝颛顼高阳氏

关于颛顼，我们在第六章讲黄帝之子昌意时，已经顺便讲了很多，这里不再过多重复，只简单把与颛顼有关的事件跟大家捋一下。

族源

史家一般公认颛顼是黄帝族系，确切地说应该是炎黄族系，颛顼父族为黄帝之子昌意支系，母族为炎帝族系的蜀山氏。

与黄帝的关系

传统史家有两种观点，一个是颛顼是黄帝之孙，其父为黄帝之子昌意，这方面

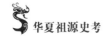

的观点以《史记》为代表：

> 黄帝居轩辕之丘，娶于西陵之女，是为嫘祖。嫘祖为黄帝正妃，生二子，其后皆有天下。其一曰玄嚣，是为青阳，青阳降居江水，其二曰昌意，降居若水。昌意娶蜀山氏女，曰昌仆，生高阳。高阳有圣德焉。黄帝崩，葬桥山，其孙昌意之子高阳立，是为帝颛顼也。
>
> ——《史记·卷一·五帝本纪第一》

皇甫谧的《帝王世纪》、郦道元的《水经注》等都持此观点。

关于黄帝与颛顼的关系的另一个观点是，颛顼是黄帝的曾孙，这种观点以《山海经》为代表：

> 黄帝妻雷祖，生昌意。昌意降处若水，生韩流。韩流……取淖子曰阿女，生帝颛顼。
>
> ——《山海经·海经·海内经卷十八》

《路史》也持类似观点，但认为颛顼之父叫乾荒：

> 昌意就德，逊居若水。有子三人：长曰乾荒，次安，季悃。乾荒生帝颛顼，是为高阳氏。
>
> ——《路史·卷十四·后纪五·疏仡纪·黄帝纪上》

从今天的角度看，颛顼是黄帝之孙、曾孙两种观点都不准确。黄帝氏族联盟的存续期长达一千五百年，那么黄帝只传两代或三代就到颛顼，那是不可能的，唯一合理的解释是，颛顼是黄帝之后。

图腾

颛顼在取代少昊成为华夏氏族联盟的首领后，不再使用少昊氏族联盟的鸟图腾标志，而是重新恢复了以黄帝族系的图腾形象为主的图腾，这就是龟与蛇的联合体——玄武。蛇是黄帝族的母族有蟜氏的图腾，后来被黄帝发展成龙图腾。

河南邓州出土的南朝彩色玄武图案画像砖

　　屈原的《楚辞·远游》曾有"时暧曃其曭莽兮，召玄武而奔属"的诗句，宋代注家洪兴祖解释说："玄武，谓龟蛇。位在北方，故曰玄。身有鳞甲，故曰武。"但玄武表北方之意应是战国时期开始兴起五行理论之后的事，玄武最早应是上古时期的巫师对卜龟的叫法，玄表示黑色，指黑色的龟背，龟卜就是请龟到冥间去诣问祖先，其具体形式就是用烧烤龟背壳出现的裂纹预测吉凶祸福。因此，最早的玄武就是指乌龟。黄帝族兴起后，玄武加入了蛇（龙）的成分。龟蛇生活在江河湖海（包括海龟），因而玄武成了水神；古人想象冥间在北方，殷商的甲骨占卜即"其卜必北向"，所以玄武又成了北方神。

　　颛顼以玄武为图腾，所以他又有北方之帝、水神、冬神、冥神之称。

氏姓

　　《帝王世纪》说颛顼姓姬，《古史考》说颛顼姓妘。皇甫谧说颛顼姓姬，可能是因为所谓的颛顼之父昌意姓姬，但是在第三章我们已经详细探讨过，黄帝二十五子中，只有玄嚣和苍林为姬姓。《古史考》说颛顼姓妘，不知所据何出。颛顼的后代中倒是有人姓妘，但是恐怕不能反推颛顼姓妘。笔者倒是认为有一种可能，那就是颛顼生活在巫咸国故地，是不是有可能随巫咸族人而姓咸？

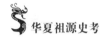

妻与子

古史载，颛顼有两妃九嫔，九嫔具体情况不详，只知道《山海经》载，她们死后与颛顼同葬"务隅之山"，分处阴坡和阳坡。颛顼二妃，一个出自邹屠氏，一个出自滕濆氏。

•邹屠氏——颛顼八恺之母、大禹始祖母

邹屠氏女，名字不详，源出蚩尤部族，是颛顼正妃。据《路史》载：

（颛顼）取邹屠氏、胜濆氏。初帝僇蚩尤，迁其民，善者于邹屠，恶着于有北。邹屠氏有女，履龟不践，帝内之，是生禹祖。及梦八人，苍叔、伯益、梼演、大临、庞江、霆坚、中容、叔达，是为八凯。帝崩，而元子立，袭高阳氏，是为孺帝，寻崩，而帝喾立。

——《路史•卷十七•后纪八•疏仡纪•高阳》

黄帝战胜蚩尤后，曾对蚩尤族人进行甄别处理，把所谓的好人，也就是顺民迁到邹屠，有学者考证即今天的山东济宁，而把顽劣不服的人流放到北部蛮荒之地，即今天的吉林长白山一带。迁到邹屠的人以地为氏，称邹屠氏。颛顼的正妃就是邹屠氏首领之女。这位邹屠氏女有一次在路上遇到一只龟，就快踩到的时候，她赶紧收脚，所幸没有踩到。这一细节正好被颛顼看到了，要知道龟在古代被视为是龙种之一，是黄帝族的图腾，颛顼后来被奉为北方之帝，其图腾就是龟蛇交合的玄武。颛顼对邹屠氏女的表现很欣赏，就把她纳为妻。

邹屠氏女为颛顼生了九个儿子，长子叫禹祖，就是后来的夏王朝的开创者大禹的直系祖先。颛顼死后，禹祖嗣立，但不久也去世了，颛顼的同族子侄姬俊（黄帝之子玄嚣支系）被推举为氏族联盟大首领，这就是帝喾高辛氏。

邹屠氏其他八个儿子也都非常杰出，被称为"颛顼八恺"。八恺的提法最早见于《左传》：

昔高阳氏有才子八人：苍舒、隤敳、梼戭、大临、尨降、庭坚、仲容、叔达，齐圣广渊，明允笃诚，天下之民谓之"八恺"。

——《左传•文公十八年》

《路史》也有一个八恺的提法，而与上述《左传》记载的最大的区别是，罗泌说八恺中的"隤敳"（音 tuí ái）就是伯益：

> 伯益之字隤凯，次居子族之三，为唐泽虞，是为百虫将军。
> ——《路史·卷十七·后纪八·疏仡纪·高阳》

一般认为伯益是皋陶之子，而皋陶，据唐代典籍《元和姓纂》和北宋编修正史《新唐书》之宰相世系表所载，为颛顼之孙（颛顼生大业，大业生女华，女华生咎繇，即皋陶）。但是，通过仔细核查八恺中的其他人，笔者以为霆坚也是皋陶之子。我们先来看下面《路史》这段记载：

> （皋陶）有子三人，长伯翳，次仲甄，次封偃，为偃姓。偃匽之后，有州绞……
> ——《路史·卷十六·后纪七·疏仡纪·小昊》

皋陶的小儿"为偃姓"，其后代枝叶繁盛，有大大小小的部落方国二十几个，其中最值得注意的就是"蓼国"，《路史》曾载蓼国之前为安国，而安国的始受封人为霆坚：

> 霆坚封安，安既复，分蓼，后俱灭于楚。犹以国氏。
> ——《路史·卷十七·后纪八·疏仡纪·高阳》

这个霆坚就是《左传·文公十八年》所提到的"颛顼八恺"中的"庭坚"，他应该就是皋陶的偃姓少子。庭坚的后代中有一个叫安的，被封于蓼，即今天的河南固始县和安徽省霍邱县，史称蓼叔安。这个蓼国在鲁文公五年被楚国所灭。

庭坚的后代继承皋陶衣钵，在帝尧时任理官，就是司法官，就以官为氏。商末时，有个叫理徵的官员因为直谏被纣王所杀，其妻挈子利贞出逃，路上饥不择食，以路边树上果实充饥，得以生存，就命名这种果实为"李"，即树上之果，发音则为"理"。这就是目前的全球第一大姓李姓的起源。

照上述说来，颛顼八恺中，至少有两人是皋陶之子（颛顼八恺中的仲荣，疑似皋陶第二子仲甄，但无实据，故存疑）。由此也说明，《路史·后纪·高阳》所载，颛顼八恺均为颛顼之子的说法是不严谨的，他们应该是"颛顼之宗"，就像黄帝

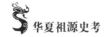

二十五子，实际为二十五宗一样，是宗室、亲族。

"颛顼八恺"中其他人的情况，现在已经很难考证。总体而言，感觉八恺更像是仿效"少昊八子"而拼凑出来的一个贤人体系，类似的还有帝喾高辛氏的"八元"等，似乎如果一个氏族联盟没有八个贤人，就好像缺乏正统性和程序正义一样。

• 女禄（滕潢氏、胜坟氏、滕奔氏、腾隍氏、滕奔氏、女娽）——伯偁（伯服）、卷章（老童）、季禺（叔歜国、古蜀王）之母

《山海经·大荒西经》所载颛顼世系是：

> 颛顼生老童，老童生祝融，祝融生太子长琴，是处榣山，始作乐风。颛顼生老童，老童生重及黎，帝令重献上天，令黎邛下地。
>
> ——《山海经·海经·大荒西经第十六》

老童之母为颛顼的第二个妻子女禄，出自滕潢氏。据《世本》载：

> 颛顼娶于滕墳氏，谓之女禄，产老童，老童娶于根水氏，谓之骄福，产重及黎。
> ——《世本八种·陈其荣增订本·帝系篇》

滕潢氏又称胜坟氏、滕奔氏、腾隍氏、滕奔氏，女禄又称女娽。按古人的姓氏构成法，禄应该是滕潢氏的姓，不过从这个姓我们很难推断女禄的族源。但从女禄的儿子老童那里，我们或许能悟出点什么。老童应该不是人名，而是老童部族首领的称谓，亦称耆童。在第三章，我们讲祁姓黄帝之子时，曾跟大家探讨过，黄帝有可能是把祁（耆）姓赐给了伊耆氏炎帝（魁隗氏）的后代大隗氏，也就是说这个姓是赐给天下"鬼族"的姓氏。按姓从母出的习俗，老童如果是祁姓，则其母女禄应该也是祁姓，则滕潢氏有可能也是祁姓，也就是"鬼族"。

据《路史》所载，女禄为颛顼生有三子：

> 滕奔氏曰娽，生伯偁、卷章、季禺三人。偁字伯服，与卷章绵产。季禺是生叔歜。
> ——《路史·卷十七·后纪八·疏仡纪·高阳》

偶又称伯偶，清代历史学家、藏书家吴任臣引《世本》说"颛顼生偶，偶字伯服"（《世本八种·张澍稡集补注本》）。《山海经》则载说：

有国曰伯服。颛顼生伯服，食黍。

——《山海经·海经·大荒南经第十五》

伯服就是伯偶，颛顼之子，他创建了部落方国伯服国。

女禄所生的第二个儿子名叫卷章，三国时蜀汉经学家谯周认为卷章就是前引《山海经·大荒西经》和《世本八种·陈其荣增订本·帝系篇》中的老童。《路史·高阳》说伯偶"与卷章绵产"，或谓与卷章（老童）是双胞胎，而《史记·楚世家》认为伯偶是卷章（老童）之父：

楚之先祖出自帝颛顼高阳。高阳者，黄帝之孙，昌意之子也。高阳生称，称生卷章，卷章生重黎。

——《史记·卷四十·楚世家四十》

那么按《楚世家》说法，卷章（老童）就是颛顼之孙，而按《路史·高阳》说法，则是颛顼之子。

女禄所出的第三个儿子叫季禺，他创建了季禺之国：

又有成山，甘水穷焉。有季禺之国，颛顼之子，食黍。

——《山海经·海经·大荒南经第十五》

上引《路史》记载"季禺是生叔歜"，那么叔歜（音chù）国也是季禺所建：

有叔歜国，颛顼之子，黍食，使四鸟、虎、豹、熊、罴。有黑虫如熊状，名曰猎猎。

——《山海经·海经·大荒北经第十七》

叔歜国以"四鸟、虎、豹、熊、罴"为图腾，具有明显的东夷族系和黄帝族系的特征。季禺之国和叔歜国或许是一个方国。也有学者认为，这个叔歜国就是《大荒西经》所说的"淑士国"：

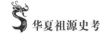

有国名曰淑士，颛顼之子。

——《山海经·海经·大荒西经第十六》

季禺之国、叔歜国、淑士国可能都是指的古蜀国。

在女禄所产三子中，需要我们格外注意的是卷章（老童），按照上引《世本》的说法，老童娶根水氏女子娇，生下重、黎二子，而按《路史》记载，则二子为犁和回：

卷章取枪水氏曰娇，生犁及回。犁为祝融，……犁卒，帝喾以回代之，食于吴，是曰吴回。

——《路史·卷十七·后纪八·疏仡纪·高阳》

枪水氏就是根水氏；回即吴回，为帝喾时期的火官祝融，因食采于吴，故称。这位吴回我们在第三章提到过，他就是春秋战国时的楚国王室的祖先。而关于重、黎（犁），也有说是一人，即重黎，有学者研究说就是灶神原型，这个比较有意思，我们在下一小节单独讲。

• 穷蝉（穷系、重黎）——灶神原型、帝舜之父、两晋王朝司马氏皇族的祖先

重、黎（犁）或曰重黎为颛顼之孙，其父为颛顼之子老童（卷章），他们在颛顼氏族联盟时期先后出任火官祝融，到了帝喾时期，因为参与剿灭共工氏的叛乱不敌而被帝喾所杀。人虽然被杀，但其血脉未绝，我们在第三章讲到"昌意帝系"时说过，西汉史学大师司马迁和两晋司马氏皇族的祖先就是重黎。

鲜为人知的是，重黎还有一个身份，那就是在中国民间广受崇拜的最具有亲民性的神祇灶神，《周礼》载说"颛顼有子曰犁，为祝融，祀以为灶神"，这是怎么回事呢？

这个名头的得来还是跟重黎的火官祝融的身份有关。在民间，百姓才不管什么火官、火正祝融呢，他们就知道管他们家灶火的是位叫穷系的神，这个穷系显然是重黎的混音。管灶火的神叫穷系，那么，灶台上经常可见的一种虫子就被他们称为是"蛣"——蛣、系发音近似。蛣，据《广雅·释虫》："蛣，蝉也。"《庄子·达生

民国时期灶神年画

篇》有"灶有髻"语，著名神话学家袁珂认为髻是蛣的异体字或假借字。但此"蝉"并非"知了"，而是灶上常见的一种蝉状的小生物，我们今天俗称蟑螂，有的地方称为"灶马"。正是这种常见于灶上的小生物，古人以为是神物（或鬼物），祀为灶神。殷周鼎彝，多以蝉纹为饰，所刻绘的就是这么一种东西。

由重黎，而穷系，由系而蛣，由穷蛣而穷蝉，就这样火官祝融就由民间百姓们这么一倒腾变成了灶神穷蝉。

除了是灶神的原型，穷蝉在中国历史上也是一个非常重要的人物，他在颛顼世系中是一个非常重要的节点，因为他的五世孙（据《史记·五帝本纪》，如果据《路史·后纪·有虞氏》，则是六世孙）是帝舜姚重华。关于这个，我们在后面讲到帝舜时再与大家详细探讨。

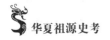
• 梼杌

梼杌是著名的上古四凶之一，一般认为是源出颛顼族系：

颛顼有不才子，不可教训，不知诎言，告之则顽，舍之则嚚，傲狠明德，以乱天常，天下之民，谓之梼杌。

——《左传·文公十八年》

梼杌的尊容，东方朔有过描述：

西方荒中，有兽，其状如虎而犬毛，长二尺，人面，虎足，猪口牙，尾长一丈八尺，搅乱荒中，名梼杌，一名傲狠，一名难训。《春秋》云，颛顼氏有不才子名梼杌是也。

——《神异经·西南荒经》

从梼杌的别名傲狠、难训就可以看出，梼杌不是个善茬，是个桀骜不驯的凶神恶煞。

但这样一个凶神，为什么却叫木字偏旁的两个字，很多人都表示不解。孟子给了我们一个解释：

孟子曰："王者之迹熄而《诗》亡，《诗》亡然后《春秋》作。晋之《乘》，楚之《梼杌》，鲁之《春秋》，一也：其事则齐桓、晋文，其文则史。孔子曰：'其义则丘窃取之矣。'"

——《孟子·卷八·离娄章句下》

孟子在这段话中提及春秋时期三个国家史书的名称：鲁国的史书为《春秋》，晋国的史书为《乘》，而楚国的史书为《梼杌》。为什么叫这个名字，因为梼杌的本义是断木，断木的截面上会有年轮，这才是它作为史书名字的本义。由此而引申，梼杌可能是颛顼的史官。

还有一种观点更有想象力。汉代以来的很多注家在解释上古四凶中的梼杌时，都认为梼杌就是鲧，也就是因为治水失败而被杀掉的那个鲧，即夏王朝的开创者大禹的父亲。鲧生前负责治水。治水、特别是壅堵水源当然离不开粗壮的圆木，所以鲧的部族中可能就有一个专门砍伐树木的分支，被当时的人称呼为梼杌氏，后来干脆也就成了鲧族的别称。鲧治水失败被杀，梼杌氏也受到了牵连，为了生存，梼杌氏进行了反抗，结果失败，帝舜就把梼杌氏从图腾形象到所作所为都进行了丑化，并把他们跟其他三凶——饕餮、穷奇、浑敦一起流放到了四外边远地区。

颛顼之谜

• 与末代少昊的关系

《山海经·大荒东经》有一句话，非常耐人寻味：

东海之外，大壑，少昊之国。少昊孺帝颛顼于此，弃其琴瑟。

——《山海经·海经·大荒东经第十四》

这里的关键词是"孺"字，历代治经者多以此字为养育、哺养之义，如清代文字训诂大师郝懿行就解释说："孺，盖养育之义也。"但笔者更愿意把"孺"理解成"以……为子"，"孺帝颛顼"即以帝颛顼为子。这句话中，出现了少昊氏族联盟的首领与帝颛顼并称的情况，很不寻常。这里的少昊应为少昊氏族联盟最后一个首领，即末代少昊，他在东海之外的大壑这个地方把帝颛顼认为子，实在是很蹊跷，而且还"弃其琴瑟"。笔者以为这是少昊被帝颛顼追赶到东海边，不得不让出帝位的委婉说法，"弃其琴瑟"是少昊放弃表示其帝位的官驾仪仗。《山海经》传为伯益所书，伯益是东夷族人，他为东夷族的首领被逼退位而曲笔，俗话说就是找辙，也是合情合理的。

颛顼代少昊而立，是通过武力的方式还是和平的方式，《国语·楚语》的这段记载给出了答案：

及少皞之衰也，九黎乱德，民神杂糅，不可方物。夫人作享，家为巫史，无有要质。民匮于祀，而不知其福。烝享无度，民神同位。民渎齐盟，无有严威。神狎民则，不蠲其为。嘉生不降，无物以享。祸灾荐臻，莫尽其气。颛顼受之，乃命南正重司天以属神，命火正黎司地以属民，使复旧常，无相侵渎，是谓绝地天通。

——《国语·卷十八·楚语下》

这段文字的大意是：等到少皞氏衰落，九黎族扰乱德政，民和神相混杂，不能分辨名实。人人都举行祭祀，家家都自为巫史，没有了相约诚信。百姓穷于祭祀，而得不到福。祭祀没有法度，民和神处于同等地位。百姓轻慢盟誓，没有敬畏之心。神对人的一套习以为常，也不求祭祀洁净。谷物不受神灵降福，没有食物来献祭。祸乱灾害频频到来，不能尽情发挥人的生机。颛顼承受了这些，于是命令南正重主管天来会合神，命令火正黎主管地来会合民，以恢复原来的秩序，不再互相侵犯轻慢，这就是所说的断绝地上的民和天上的神相通。

颛顼代少昊而立，必是少昊的统治出了严重问题，所以颛顼才振臂一呼，替天行道，这就是这段文字的核心意思。这种道貌岸然、文过饰非、理直气壮、义正辞严地为自己的反叛找借口的手法，我们在封建时代改朝换代的时候几乎都会看到。这个不是要探讨的重点，重点是颛顼是以武力推翻了少昊的统治，这才是真相。

•"帝颛顼与共工争为帝"

我们在第二章探讨过，历史上著名的"水火不容"之战发生在炎帝魁隗氏时期的炎帝祝融和他的不肖之子水官共工之间，后者"怒而触不周之山"，但《淮南子》却记载说这场导致不周山崩塌的大战发生在帝颛顼与当时的水官共工之间：

> 昔共工与颛顼争为帝，怒而触不周之山，天柱折，地维绝。
>
> ——《淮南子·天文训第三》

《淮南子》的这段记载或许有误，颛顼是继少昊之后成为华夏氏族联盟首领的，而与其他史籍相对照，这个时期并没有共工跳出来与谁争夺帝位的记载。颛顼时期，共工与颛顼有矛盾不假，但共工的实力远没有达到能与颛顼抗衡的地步，所以，还是《淮南子》，其中的《兵略训》轻描淡写地说"共工为水害，故颛顼诛之"，显然这里的共工和颛顼完全处于不对等的状态。还有一点，几乎所有文献都载说，"不周山之战"发生在水神共工和火神祝融之间，而颛顼的后代中有人担任过祝融，这个不假，但颛顼不是祝融，相反，颛顼被称为是北方之帝、水神、冬神、冥神，其图腾形象为龟蛇交合的玄武，这与祝融完全挨不上边。所以，《淮南子·天文训》所载的"不周山之战"可能比历史上的"不周山之战"晚了近两千年。

• 关于颛顼之葬

《山海经》载，颛顼死后葬于附禺之山：

东北海之外，大荒之中，河水之间，附禺之山，帝颛顼与九嫔葬焉。

——《山海经·海经·大荒北经第十七》

务隅之山，帝颛顼葬于阳，九嫔葬于阴。

——《山海经·海经·海外北经第八》

鲋鱼之山，帝颛顼葬于阳，九嫔葬于阴，四蛇卫之。

——《山海经·海经·海内东经第十三》

这几处提到的"附禺之山""务隅之山""鲋鱼之山"是一个地方，但具体在今天什么地方，有说在湖北张家界的，有说在河南安阳内黄县的，有说在河南濮阳的，有说在山东曲阜的，有说在河北高阳的，有说在辽宁鞍山东部山区的，各地专家们为争夺颛顼故里的名号一直争论不休，迄无定论，本书也暂且搁置不论。

• "颛顼死即复苏"可能是怎么回事

《山海经·大荒西经》有此记载，极其令人费解：

有鱼偏枯，名曰鱼妇，颛顼死即复苏。风道北来，天乃大水泉，蛇乃化为鱼，是为鱼妇，颛顼死即复苏。

——《山海经·海经·大荒西经第十六》

其字面意思是：有一种鱼的身子半边干枯，叫作鱼妇，是颛顼死后又立即苏醒而变化的。风从北方吹来，发生了一场大洪水，蛇于是变化成为鱼，这就是所谓的鱼妇，是颛顼死后又立即苏醒而变化的。

《山海经》这段文字中的"鱼妇"，有学者认为就是古蜀国的先王鱼凫；"有鱼偏枯"，是说鱼凫的图腾是半人半鱼；《山海经·大荒北经》还提到过一个类似的"偏枯国"，也是"颛顼之子"：

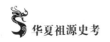

西北海外，流沙之东，有国曰中輶，颛顼之子。

——《山海经·海经·大荒北经卷十七》

这个"中輶"怀疑与"有鱼偏枯"是一个意思，甚至指的就是一个部落。这个部落可能就是大禹的父族鲧的直系。"蛇乃化为鱼"，是说从龙图腾变成了鱼图腾。《国语·晋语》《吴越春秋·越王无余外传》等书所载，鲧治水失败后被杀，尸体被抛入河中，化成黄能。曾有人说黄能就是黄熊，因为大禹从根本上讲还是黄帝族系，而熊是黄帝本族的图腾动物。但也有人认为，这个"能"不是熊，据《尔雅·释鱼》："鳖三足，能"，能是一种"三足鳖"，也就是说，鲧死后化成了"三足鳖"。抛去这其中的神话和怪诞成分，我们可以这样理解，那就是鲧死后，为逃避追杀和像梼杌氏一样被流放，或者表示与鲧作切割，鲧的余族改换自己的图腾为"三足鳖"，而所谓的"三足鳖"就是黑鱼，就是"鲧（音 gǔn）"，这个"鲧"才是"鲧"的本字。所以，与其说这是大禹的父亲的名字，不如说这是大禹的父族的新图腾。

"三足鳖"应该还有一个名字，就是天鼋。我们已经知道，大禹的族徽为玄武，图腾形象为龟蛇相交，这其中的龟（三足鳖）就是大禹的父族鲧族的图腾，而蛇（龙）是大禹回归黄帝族后恢复的黄帝族系的图腾。

再回到"有鱼偏枯，名曰鱼妇，颛顼死即复苏"这个事上，"颛顼死即复苏"或许与鲧死后化成"三足鳖"是一个意思，即在颛顼死后，颛顼的后代改变了自己的图腾，由龙图腾变成了鱼图腾，而其中的一支被称为是鱼凫，其首领后来成为古蜀国的国君。

颛顼氏族联盟的主要成员

颛顼氏族联盟地域之大，超过以往任何一个时代。据《史记·五帝本纪》载：

北至于幽灵，南至于交趾，西至于流沙，东至于蟠木，动静之物，大小之神，日月所照，莫不砥属。

——《史记·卷一·五帝本纪第一》

为了对广大的疆域实行有效统治，颛顼把整个国家分成九州，据《乾隆御批纲鉴》记载，这九州是兖、冀、青、徐、豫、荆、扬、雍、梁。

颛顼还命乐官飞龙氏融汇中国八个大区域的流行乐曲"条风""明庶风""清明风""景风""凉风""阊阖风""不周风""广莫风"的风格特点，创作了古代中国的第一首国歌，名字为《承云》，用来在万国诸侯到国都开大会时"享上帝，朝诸侯"。

• 昧、允格、台骀——三分神之神

炎帝和黄帝时期的水神、月神、冬神是太暤伏羲氏族系的羲和常仪部族，特别是其中的常仪部族，直系先祖为女娲氏，即以月亮为图腾，他们负责月神、水神、寒神的祭祀，所以又称寒类氏。为黄帝发明带围栏车驾的寒哀、传说中"嫦娥应悔偷灵药，碧海青天夜夜心"的嫦娥以及少昊金天氏的母亲皇娥等，都出自这个部族。

黄帝氏族联盟建立后，北方之神、北海之神为黄帝之子禺䝞的儿子禺阳，但月神、水神、寒神之祀仍由常仪部族负责。

少昊金天氏时期，少昊命令自己的两位族叔修和熙负责月神、水神、寒神之祀，这就是所谓的"玄冥二老"。

帝颛顼时期的玄冥师仍然出自少昊族系，称昧。据《左传》载：

昔金天氏有裔子曰昧，为玄冥师，生允格、台骀。台骀能业其官，宣汾、洮，障大泽，以处大原。帝用嘉之，封诸汾川。沈、姒、蓐、黄，实守其祀。

——《左传·昭公元年》

大意是：少昊的裔子昧，做了颛顼的水官玄冥之师。昧生了两个儿子，一个叫允格，一个叫台骀。台骀像他的父亲昧一样，很善于治水。当时，汾、洮两河水涝成灾，久治不好。颛顼派善于治水的台骀前去治理。台骀采取疏导和障堵相结合的办法治水治河，很有成效。汾、洮两水治好后，人民得以安居。为了嘉奖台骀治理汾、洮的大功，颛顼便将汾川流域封给他做采邑。后来在这里出现了沈、姒、蓐、黄四个小邦国，他们世代奉祀台骀。

台骀被认为是中国历史上成功治理江河的第一人，其功绩主要集中在对山西汾河的治理上。台骀去世后，人们感怀其功德，尊他为汾水之神，又称台神。

- 大歝、赤民、栢夷父、栢亮父、渌图

据《路史》载，颛顼有五位帝师：

师于大歝、赤民、栢夷父、栢亮父、渌图之流，以浚其明而畀其圣。

——《路史·卷十七·后纪八·疏仡纪·高阳》

这五人中，据《汉书·古今人表》的记载，栢夷父、栢亮父是一个人，称"柏夷亮父"。柏氏可能是伏羲女娲氏族联盟时期的古老部族柏皇氏的后裔，黄帝时期的大臣柏高或许就是柏氏最近的先祖。

颛顼的这几位老师，史载非常有限，这里只是列举出来，供读者朋友作为继续研究的参考。

- 玄都氏

玄都氏是帝颛顼时期的一个部落方国，族源不详。它为历史所载，是因为这个方国因"神祥破国"：

昔者玄都氏怀鬼道，废人而事神，谋臣不用，龟筮是从，忠臣无位，神巫用国，贞士外出，玄都氏以亡。

——《敦煌写卷六韬·大诛》

小昊氏衰，玄都氏黎实乱，天德贤鬼而废人，惟龟策之从，谋臣不用，喆士在外家为巫，史亡有要质。

——《路史·卷十七·后纪八·疏仡纪·高阳》

这个方国应该是神巫当国，凡事求神问卜，听天由命，最终为"天"所灭。其灭国时间不详，至少在帝舜时期还存在，《竹书纪年》卷上曾载：

（帝舜有虞氏）四十二年，玄都氏来朝，贡宝玉。

因此这个方国存续期估计也有数百年之久。

可能正因为玄都氏以神巫而名，所以后世以讹传讹，特别是在道教兴起后，人们把玄都想象成了神仙居处。晋代葛洪《枕中书》载：

《真记》曰：玄都玉京七宝山，周回九万里，在大罗之上，城上七宝宫，宫内七宝台，有上中下三宫……上宫是盘古真人元始天尊太元圣母所治。

后来很多道观均以"玄都"为名，其中最著名的当属湖南衡山的全真派玄都观。但要说谁让玄都观名扬天下，还得数唐代大诗人刘禹锡，他曾先后两次游览长安玄都观，写下《玄都观桃花》和《再游玄都观》两首七言绝句，其中的"玄都观里桃千树，尽是刘郎去后栽"和"种桃道士归何处，前度刘郎今又来"最为时人所乐道。

• 根水氏

根水氏是颛顼儿子老童的妻族，据《世本》载：

颛顼娶於滕墳氏，谓之女禄，产老童，老童娶于根水氏，谓之骄福，产重及黎。
——《世本八种·陈其荣增订本·帝系篇》

根水氏骄福，《大戴礼记》作"竭水氏高絅"、《路史》作"枪水氏娇"：

老童娶于竭水氏，竭水氏之子谓之高絅，氏产重黎及吴回。
——《大戴礼记·帝系第六十三》

卷章取枪水氏曰娇，生犁及回。犁为祝融，……犁卒，帝喾以回代之，食于吴，是曰吴回。
——《路史·卷十七·后纪八·疏仡纪·高阳》

根水氏的族源可能与共工氏有关，《左传·昭公十七年》曾载，郯子有言"共工氏以水纪，故为水师而水名"，根水氏就是共工氏的官名之一。如果真是这样，那就有点意思了，因为颛顼和根水氏的母族共工氏曾经严重对立，甚至发生过冲突，而根水氏的儿子重和黎（一说是一个人，重黎）后来先后出任颛顼和帝喾氏族联盟的火官祝融，这也就是说火官祝融之母为水官共工氏族系。

帝喾时期，共工氏再叛，帝喾让重、黎负责剿灭，重、黎可能对把母族共工氏赶尽杀绝而心生恻隐，结果被帝喾处死。颛顼族和共工族之间的这种爱恨情仇、相爱相杀的戏剧性完全不输于一部现代情感大片。

二 帝喾高辛氏

九韶中和万方悦服
动时就中德凝色郁

帝喾

【明】朱天然《历代古人像赞》中的帝喾

族源

按中国传统儒家史学的观点，在颛顼之后出任华夏氏族联盟首领之位的是帝喾。帝喾与颛顼同族，但是不同宗，帝喾的祖先可以追溯到黄帝之子玄嚣，而颛顼的祖先可以追溯到黄帝之子昌意，玄嚣和昌意均为黄帝元妃嫘祖所出，按儒家伦理理论，他们是黄帝族的嫡支。

《史记》所载帝喾的世系如下：

> 帝喾高辛者，黄帝之曾孙也。高辛父曰蟜极，蟜极父曰玄嚣，玄嚣父曰黄帝。
> 自玄嚣与蟜极皆不得在位，至高辛即帝位。高辛于颛顼为族子。
>
> ——《史记·卷一·五帝本纪第一》

这个世系是极不完整的，黄帝氏族联盟历时一千五百多年，接着是少昊氏族联盟，保守估计也有五百多年，也就是说，在帝喾和他的祖宗黄帝之间，有两千多年，只传三代那是天方夜谭。还是那句话，帝喾只能说是黄帝之后，属于玄嚣支系，是颛顼子侄辈。

帝喾之父为蟜极，从名字看，很有可能是出自炎黄二帝的母族有蟜氏。有蟜氏源出有娲氏，他们以根据闪电而具化的龙（蛇）为图腾。在第二章，我们探讨过，蟜很有可能是指《山海经·中山经》所说的"其状如人而二首"的蟜虫。蟜虫是有蟜氏的图腾神兽，在自然界中去寻找对应物的话，就是虹。后者在古人的想象里，就是一种首尾两端都长着脑袋的龙。有蟜氏的姓为姒，同已，就是蛇（龙）。所以不管从哪个角度说，有蟜氏都是龙族。蟜极可能是当时的有蟜氏部落的首领。

据《路史》，帝喾之母为裒（音 póu），出自陈丰氏：

> 帝喾，高辛氏，姬姓，一曰逡。喾之字曰亡斤，黄帝氏之子曰玄枵之后也。父侨极，取陈丰氏曰裒。
>
> ——《路史·卷十八·后纪九·疏仡纪·高辛氏》

阵丰氏也称陈锋氏，我们在下面会提到，帝喾的第三个妻子庆都也出自陈锋氏，她生了个儿子，后来接替帝喾出任华夏氏族联盟的首领，这就是帝尧。也就是说，帝喾的母亲和第三位妻子都出自陈锋氏部落。

帝喾的出生照例被附会出神异色彩来，《路史》载：

> （阵丰氏）履大迹而偒生喾。方喾之生，握裒莫觉，生而神异，自言其名，遂以名。
>
> ——《路史·卷十八·后纪九·疏仡纪·高辛氏》

陈锋氏有一天踩大人的足迹而突然就生下了帝喾，孩子落地后，其母握裒却还浑然不觉。这还不够神异，最神异的是帝喾刚出生就会说话，自报其名叫"kù"，帝喾之名就是这么来的。

帝喾又被称为是高辛氏，这是因为帝喾十五岁时，被帝颛顼选为助手，有功，封于辛（今商丘市高辛镇）。

妻与子

帝喾共娶有四妻，除了前面提到的三妃陈锋氏外，还有元妃姜嫄、次妃简狄和四妃常仪。

• 姜嫄——周朝、吴国王室的始祖母

姜嫄，又称姜原，是帝喾元妃，出自有邰氏，《史记》载：

> 周后稷，名弃，其母有邰氏女，曰姜原。姜原为帝喾元妃。
>
> ——《史记·卷四·周本纪第四》

有邰氏系炎帝后裔，所以族姓为姜，姜原应是有邰氏首领的女儿。

/ 姜嫄子系之后稷（弃）

作为帝喾元妃，姜嫄所生的第一个儿子名叫弃，而为什么叫这个名字，还有一段富有戏剧性的来历，据《史记》载：

> 姜原出野见巨人迹，心忻然说，欲践之，践之而身动如孕者。居期而生子，以为不祥，弃之隘巷，马牛过者皆辟不践；徙置之林中，适会山林多人，迁之；而弃渠中冰上，飞鸟以其翼覆荐之。姜原以为神，遂收养长之。初欲弃之，因名曰弃。
>
> ......
>
> 后稷卒，子不窋立。
>
> ——《史记·卷四·周本纪第四》

立我烝民莫匪爾極
終古蒙恩與天合德

后稷

【明】朱天然《历代古人像赞》中的后稷像

　　姜原怀孕也是因为"履大人迹"，这个已经是圣人出生必须有的标榜之法，用以表现圣人的非同凡响。姜原后来生下个儿子，自己以为不祥，就把他扔到一个狭窄的小巷里，但不论是马还是牛从他身边经过都绕着躲开而不踩他，于是又把他扔在树林里，正赶上树林里人多，所以又挪了个地方；姜原后又把他扔在渠沟里的冰上，结果马上有飞鸟飞来用翅膀盖在他身上。姜原觉得这太神异了，就抱回来把他养大成人。由于起初想把他扔掉，所以就给他取名叫弃。

　　弃小的时候，就很出众，有伟人的高远志向。他游戏的时候，喜欢种植麻、豆之类的庄稼，种出来的麻、豆长得都很茂盛。到他成人之后，就喜欢耕田种谷，仔细观察什么样的土地适宜种什么，适宜种庄稼的地方就在那里种植收获，民众都来向他学习。帝尧听说了这情况，就任命弃担任农师。帝舜时，弃仍然为农师，被称为"后稷"，古代以稷为百谷之长，意思就是负责农业的最高官员。帝舜把弃封于邰，号曰后稷，别姓姬氏。

　　按照《史记》所载，"后稷卒，子不窋立"，说后稷之子为不窋（音zhú）。不窋这个人非常重要，从某种意义上说，甚至其先世的后稷也是因为不窋才变得有意义。

因为不窋是周族和周王室可考的最近的直系祖先。但是，司马迁所说的"后稷卒，子不窋立"的说法实在不够严谨。从时间上看，如果不窋出现的时间是在"夏政衰"的夏朝末年，那不窋与帝喾之子后稷之间至少差个几百年，不可能只有一代人，所以只能说不窋是弃的后代。

夏朝末年，由于政治衰败，废弃农师，弃的后代不窋因为失了农官之职就流落到戎狄地区。不窋死后，他的儿子鞠继任部落首领。鞠死后，儿子公刘继任部落首领。公刘虽然生活在戎狄地区，仍然从事后稷之业，致力于发展农业生产，播种谷物，还到各地考察土地情况，因地制宜种植粮食。民众的生活都仰赖他好起来。百姓都感念他，纷纷都来归附。周朝兴起就是从这时候开始的。公刘去世后，儿子庆

【明】仇英 帝王道统万年图之后稷

节继位，在豳（音 bīn）地建立了国都。庆节去世后，儿子皇仆继位。皇仆去世后，儿子差弗继位。差弗去世后，儿子毁隃继位。毁隃去世后，儿子公非继位。公非去世后，儿子高圉继位。高圉去世后，儿子亚圉继位。亚圉去世后，儿子公叔祖类继位。公叔祖类去世后，儿子古公亶父继位。古公亶父重续后稷、公刘的大业，积累德行，普施仁义，国人都爱戴他。后来为躲避戎狄薰育族的滋扰，古公亶父率族人离开豳地，渡过漆水、沮水，翻越梁山，到岐山脚下居住。

古公的长子名叫泰伯，次子叫仲雍。他的妃子太姜生下小儿子季历，季历娶太任为妻，她也像太姜一样是贤惠的妇人。季历的儿子姬昌聪明早慧，深受古公宠爱。古公想把族长之位传于孙子姬昌，但根据当时传统应传位于长子，古公因此郁郁寡欢。泰伯明白父亲的意思后，就和二弟仲雍借口为父外出采药一起逃到了荒凉的江南，自创基业，建立了吴国。在吴王阖闾和夫差时期，吴国成为春秋五霸之一。

古公去世后，季历继位，这就是公季。公季继续施行古公的政教，努力施行仁义，诸侯、百姓纷纷归顺于他。公季去世后，儿子姬昌继位，他就是商纣王时的西伯，也就是后来的周文王，其子周武王推翻了商朝统治，建立了周朝。

/ 姜嫄子系之台玺、台玺之子叔均（田祖）

按照《山海经》的说法，台玺是帝喾之子后稷（弃）的弟弟：

> 有西周之国，姬姓，食谷。有人方耕，名曰叔均。帝俊生后稷，稷降以百谷。稷之弟曰台玺，生叔均。叔均是代其父及稷播百谷，始作耕。
>
> ——《山海经·海经·大荒西经第十六》

字面意思是：有个西周国，这里的人姓姬，吃谷米。有个人正在耕田，名叫叔均。帝俊生了后稷，后稷时发生了天降百谷的神奇事件。后稷的弟弟叫台玺，台玺生了叔均。叔均于是代替父亲和后稷播种各种谷物，开始创造耕田的方法。

这里的帝俊应指帝喾。叔均就是后世所称的"田祖"。关于叔均，《山海经》还提到过两次：

> 蚩尤作兵伐黄帝……黄帝乃下天女曰魃，雨止，遂杀蚩尤。魃不得复上，所居不雨。叔均言之帝，后置之赤水之北。叔均乃为田祖。
>
> ——《山海经·海经·大荒北经第十七》

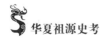

赤水之东，有苍梧之野，舜与叔均之所葬也。爰有文贝、离俞、鸱久、鹰、贾、委维、熊、罴、象、虎、豹、狼、视肉。

——《山海经·海经·大荒南经第十五》

需要明确的是，“叔均言之帝”中的“帝”绝不是黄帝，而只能是帝喾或更晚时期的华夏氏族联盟的首领。叔均向这位“帝”进言，在赤水之北为女魃立庙奉祀。而为什么要这么做，很有可能是因为叔均是当时的氏族联盟负责农业事务的官员，被尊为是“田祖”，祈求魃神不要作乱，让农业生产风调雨顺，是他的分内工作。

而“舜与叔均之所葬也”中的“叔均”很有可能是“商均”之误，商均是帝舜之子，父子合葬才是比较合理的说法。

从理论上讲，帝喾有四妃，后稷应该有很多兄弟，但《山海经》独称“稷之弟”，可能是想表达台玺是后稷的同母弟。

“稷之弟”，也有学者认为是“稷之子”之误，山东临沂《康氏族谱·周宗世系图》所载的从黄帝到周文王姬昌的世系就认同台玺是弃之子：

黄帝－玄嚣－蟜极－帝喾－弃（后稷）－台玺－叔均－田祖－伏须－度宙－陨臾－不窋－鞠陶－公刘－庆节－皇仆－差弗－毁隃－公非－夾公－辟芳－亟负－高圉－侯牟－亚圉－云都－祖弭－祖类－诸盩－古公亶父－季历－姬昌。

相比《史记·周本纪》的周世系，这一世系表更完整，但是否更准确，我们这里不评价。我们刚说过，“后稷卒，子不窋立”的说法很不严谨，而《康氏族谱·周宗世系图》所称弃之后七代到不窋，至少从代差上看，有一定合理性。

台玺如果是后稷之弟，台玺之子是叔均，叔均之后有不窋，这也是一种能够自圆其说的说法。但是，这么一来，不窋之后的周族和他们所建立的周王朝就因此有了非帝喾正统的嫌疑，怎么办？于是儒家史家们弄出了一套说辞，即弃因疼爱台玺而把部族首领之位传给了他，他又传位给自己的儿子叔均，叔均最后把首领之位传给了弃的儿子不窋，这样，不窋的子孙就出自帝喾正统，也就是黄帝正统了。

叔均是台玺之子，如果台玺是后稷之弟，那么叔均就是后稷之侄；如果台玺是后稷之子，那么叔均就成了后稷之孙。《路史》就持这种观点：

（后稷）取姞人，是生漦玺，世济其德。漦玺生叔均，是代其父及稷、播谷，是为田祖，自商以来祀之，世为后稷。

——《路史·卷十八·后纪九·疏仡纪·高辛氏》

姑人是后稷的妃子，有说法是她是帝喾时期的姞姓密须部落首领的千金。密须为姞姓，黄帝之子、虎族之祖伯儵也是姞姓，二者之间有什么关系，现在史料还不充分，不得其详。黎曇（音 chí jiǎn）是姞人所生的儿子，叔均是黎曇之子，那也就是后稷之孙。

"田祖"叔均到底是后稷的侄子，还是孙子，这个问题，待读者自己去考辩吧。

• 简狄——商朝王室、孔子始祖母

/ 族出有娀

帝喾的第二个妻子叫简狄，就是《诗经》所载"天命玄鸟，降而生商，宅殷土茫茫"（《诗经·商颂·玄鸟》）事件的主角。据《史记》载：

殷契，母曰简狄，有娀氏之女，为帝喾次妃。

——《史记·卷三·殷本纪第三》

简狄从其名字和其母族有娀氏的名字来看，应是北方的戎狄之族。戎狄之族族源是比较复杂的，既有源自黄帝族系的，也有源自炎帝族系和东夷族系的，所以不好判定，但他们与三族同源共祖是肯定的。

夏末时商汤伐夏，简狄的娘家有娀氏提供了很大的帮助，《史记·外戚世家》甚至认为"殷之兴也以有娀"。商、娀联军在有娀之虚，也就是今天的山西省运城市西永济市蒲州镇一带，击败了夏桀的军队，从此建立了商王朝。

/ "天命玄鸟，降而生商"

建立商工朝的成汤就是简狄的儿子契的后代。契（音 xiè），又叫卨，关于他的出生，也有很多神异色彩，据《史记·殷本纪》载：

三人行浴，见玄鸟堕其卵，简狄取吞之，因孕生契。契长而佐禹治水有功。帝舜乃命契曰："百姓不亲，五品不训，汝为司徒而敬敷五教，五教在宽。"封于商，赐姓子氏。

——《史记·卷三·殷本纪第三》

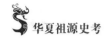

有一天，简狄等三个人到河里去洗澡，看见燕子掉下一只蛋，简狄就捡来吞吃了，因而怀孕，生下了契。契长大成人后，帮助禹治水有功。舜帝于是命令契说："现在老百姓们不相亲爱，父子、君臣、夫妇、长幼、朋友之间五伦关系不顺，你去担任司徒，认真地施行五伦教育。施行五伦教育，要本着宽厚的原则。"契于是被封在商地，赐姓子。

【明】朱天然《历代古人像赞》中的契像

契就是商朝王室的祖先。《诗经·商颂·长发》中有诗句"有娀方将，帝立子生商"，说的就是这个事。

契死之后，他的儿子昭明继立。昭明死后，儿子相土继立。相土死后，儿子昌若继立。昌若死后，儿子曹圉继立。曹圉死后，儿子冥继立。冥死后，儿子振（王亥）继立。振死后，儿子上甲微继立。上甲微死后，儿子报丁继立。报丁死后，儿子报乙继立。报乙死后，儿子报丙继立。报丙死后，儿子主壬继立。主壬死后，儿子主癸继立。主癸死后，儿子天乙继立，这就是成汤。成汤后来推翻夏桀，建立了商王朝。

/ 孔子的始祖母

商朝的最后一位国王是纣王，纣王的哥哥叫微子启，商周易代后，微子启被周武王封为宋国公。微子启死后，其弟微仲继任宋公，称宋微仲。宋微仲的八世孙是孔父嘉，孔父嘉子为木金父，木金父生孔防叔，孔防叔的孙子是叔梁纥，叔梁纥为避宋国战乱逃到鲁国的陬邑（今山东曲阜）定居，为陬邑大夫。叔梁纥后来纳颜氏女颜徵在为妾，后者时年不满二十岁，而叔梁纥已经六十六岁，年龄相差悬殊，为婚于礼不合，二人于是在尼山居住，故谓之"野合"。颜氏后怀孕，公元前551年，叔梁纥的儿子出生，他就是孔丘，为子姓孔氏，字仲尼。

/ 北乐鼻祖

商人的始祖母简狄在中国文化史上还有另一层意义，她和她的妹妹建疵被认为是北方音乐的开山鼻祖。《吕氏春秋》载：

> 有娀氏有二佚女，为之九成之台，饮食必以鼓。帝令燕往视之，鸣若谧隘。二女爱而争搏之，覆以玉筐。少选，发而视之，燕遗二卵，北飞，遂不反。二女作歌一终，曰"燕燕往飞"，实始作为北音。

——《吕氏春秋·卷六·季夏季·音初》

意思是：有娀氏有两位美貌的女子，父亲给她们造起了九层高台，她们饮食起居一定有鼓乐陪伴。天帝让燕子去看看她们。燕子去了，发出"谧隘"的叫声。那两位女子很喜爱燕子，争着扑住它，用玉筐罩住。过了一会儿，揭开筐看它，燕子留下两个蛋，向北飞去，不再回来。那两位女子作了一首歌，歌中唱到："燕子飞去不复还。"这是最早的北方音乐。

《诗经》中收录了一首名为《燕燕》的北方民谣，被认为就是后人根据简狄别燕而创作的：

> 燕燕于飞，差池其羽。之子于归，远送于野。瞻望弗及，泣涕如雨。
> 燕燕于飞，颉之颃之。之子于归，远于将之。瞻望弗及，伫立以泣。
> 燕燕于飞，下上其音。之子于归，远送于南。瞻望弗及，实劳我心。
> 仲氏任只，其心塞渊。终温且惠，淑慎其身。先君之思，以勖寡人。

——《诗经·国风·邶风·燕燕》

这首诗是《诗经》中的名篇，其情凄婉动人，如泣如歌，是中国最早的送别之作，在庙堂和民间均广为传颂。宋代文学评论家许顗在其著作《彦周诗话》中评论这首诗说"真可以泣鬼神"，此说不妄。自此，燕燕就成了表达离情别绪的经典典故，封建时代的文人墨客连篇累牍运用此典，可以说燕燕已经成为中国文化大章中的一个独特音符。

• 陈锋氏庆都——帝尧之母

帝喾的第三妃名叫庆都，我们前面刚说过，出自炎帝族系鬼族的陈锋氏，其子就是接替帝喾出任氏族联盟首领的帝尧陶唐氏。关于帝尧，我们下面还会详述。

• 娵訾氏常仪

娵訾氏，《路史》作有娍氏，是帝喾的第四妃，《史记·五帝本纪》载：

〔帝喾〕娶娵訾氏，生挚。帝喾崩，而挚代立。

——《史记·卷一·五帝本纪第一》

《帝王世纪》载，这位娵訾氏女子，名叫常仪：

次妃娵訾氏女，曰常仪，生帝挚也。

——《帝王世纪辑存·自皇古至五帝第一》

常仪就是常羲，在第六章，我们说过，常仪是太昊伏羲氏的直系后裔羲和常仪部族的分支，主要奉祀的是月神，是少昊氏族联盟的重要成员，其族归属应该是东夷族。他为帝喾生了个儿子叫挚，注意这个名字与少昊名字相同，他可能是当时的东夷鸟族的领袖。挚虽然庶出，但因为最年长，所以在帝喾死后就任氏族联盟首领，但干了只有九年，就因为帝尧的崛起而不得不禅位给自己的这位兄弟。当然了，禅位是儒家史家的说法，实际上很有可能是被帝尧通过武力赶下去的。

帝喾氏族联盟的主要成员

按照一般说法，娵訾氏只为帝喾生了一个儿子，这就是帝挚，但是，《路史》却载说，有陬氏（娵訾氏）还生有其他二十几个儿子：

次妃有陬氏，曰常義，生而能言，发迨其踵，是归高辛。生太子及<u>月十二</u>，<u>八元</u>、<u>实沉</u>、<u>阏伯</u>、<u>晏龙</u>、<u>叔戏</u>、<u>巫人</u>、<u>续牙</u>、<u>猷越</u>也。

……

巫人封巫，为巫氏，<u>生载民</u>，载民盼姓。……

叔戏生摇民，摇民生居越、生女且，为摇氏。

高辛游海滨，过棘城，阚颛项之虚，乐之。暨其归，居猷越于昌黎，邑于紫蒙之野，号曰东胡……

<u>柔仆嬴土</u>，亦帝之裔末也。

——《路史·卷十九·后纪十·疏仡纪·高辛纪下》

"月十二"就是十二个奉祀月神的部落，八元是帝喾氏族联盟的八个大臣或曰核心成员，再加上实沉、阏伯、晏龙、叔戏、巫人、续牙、猷越和帝挚，足足有二十八人。罗泌老先生不知是根据什么，把帝挚以外的所有无主的人都归在有陬氏（娵訾氏）名下，从常识看，这也是不可能的。那么只有一个合理的解释，那就是这些人的身份都是帝喾氏族联盟的核心成员。

•"月十有二""十日并出"——本是盛世景象

帝喾妃娵訾氏常仪属于远古时期的伏羲女娲氏族联盟发展到帝喾时期的双胞族羲和常仪部族，其中羲和部负责观测太阳活动、制定太阳历法和主祀太阳神伏羲，以代表太阳的阳乌为图腾；常仪部负责观测月亮阴晴变化、制定月历和主祀月神女娲，以代表月亮的神蟾为图腾。

当时，常仪部按照一年十二个月而分成十二个部落，这就是"十二月"。据载：

有女子方浴月。帝俊妻常義，生月十有二，此始浴之。

——《山海经·海经·大荒西经第十六》

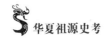

这里的帝俊指帝喾，"浴月"就是祭祀月神的仪式。

帝喾时期，羲和部按十天干被分为十个部落，是所谓"十日"：

> 东南海之外，甘水之间，有羲和之国，有女子名曰羲和，方日浴于甘渊。羲和者，帝俊之妻，生十日。
>
> ——《山海经·海经·大荒南经第十五》

《海外东经》亦载：

> 下有汤谷。汤谷上有扶桑，十日所浴，在黑齿北。居水中，有大木，九日居下枝，一日居上枝。
>
> ——《山海经·海经·海外东经第九》

《尚书·尧典》曾有"乃命羲和，钦若昊天""分命羲仲，宅嵎夷""申命羲叔，宅南交""分命和仲，宅西，曰昧谷""申命和叔，宅朔方，曰幽都"的说法，这里的"羲和"应该就是上引《海外东经》"有大木，九日居下枝，一日居上枝"中的"居上枝"的那个，是羲和部的大首领，而羲仲、羲叔、和仲、和叔都属于其他九个分支部落的首领。

上面这几处《山海经》文字中提到的"浴日"和"浴月"，分别是指祭祀太阳神伏羲和祭祀月神女娲的宗教仪式，其情形可能与现在藏传佛教的浴佛仪式相类似，即把伏羲和女娲神像拿到河中清洗或在阳光下晾晒。

娵訾氏可能是羲和常仪部族的大首领，他把女儿常仪嫁给帝喾，是通过这种政治联姻方式，把羲和常仪部族归到了帝喾氏族联盟旗下，这就是"帝俊之妻""生月十有二"和"生十日"的本义。

长沙马王堆汉墓出土的帛衣上，大家可以看到这样一幅景象：在右边的扶桑树的顶端是一个大太阳，太阳中有阳乌，扶桑树上还有另外九个小太阳，这就是"十日同枝"。帛衣左上是一只硕大的蟾蜍蹲踞在月牙之上，日月之间是被龙缠绕的女娲娘娘，下面是龙腾虎跃。

马王堆帛衣图案反映的是上古时期炎黄族系和东夷族系融为一体、和睦共处的太平盛世景象，"十日同枝""日月同辉""飞龙在天""龙腾虎跃"就是这种盛世的具体标志。

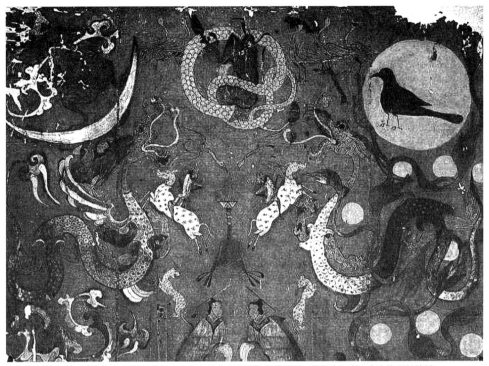

长沙马王堆汉墓出土帛衣图案局部：右边为"十日同枝"的扶桑树，黑鸟为阳鸟，左上为月神蟾蜍

但遗憾的是，帝喾盛世并未持续多久。帝喾死后，其长子帝挚接任，但帝挚在这个位子上只坐了九年，其弟帝尧就以某种"非正常"方式取代帝挚，成为氏族联盟的大首领。这可能引起了帝挚的舅舅——东夷族系羲和十日族的强烈不满，他们开始伺机作乱。据《淮南子》载：

> 逮至尧之时，十日并出，焦禾稼，杀草木，而民无所食。
>
> ——《淮南子·本经训第八》

在中国，历史都是胜利者所写的，所谓"十日并出，焦禾稼，杀草木"不过是胜利者帝尧散布的舆论，从而为他接下来指使大羿对"十日族"进行灭族式镇压——史称"大羿射日"——提供合理的借口。关于这一著名的历史事件，详见下一小节"帝尧陶唐氏氏族联盟的主要成员之大羿"。

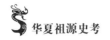

• 阏伯、实沈

《左传》记载，阏伯和实沈都是帝喾的儿子：

> 昔高辛氏有二子，伯曰阏伯，季曰实沈，居于旷林。
>
> ——《左传·昭公元年》

关于阏伯、实沈的母亲，《路史》说是有陬氏（娵訾氏），这就与《大戴礼记》等正统古史所载帝喾四子有很大不同。如果《路史》的说法成立，根据古人的伯仲叔季少的兄弟排序法，老大就是阏伯，而老四是实沈。其他兄弟，帝挚可能行二，弃、契、帝尧是怎么个排行，不得而知。

帝喾六子中，帝挚和帝尧是一对冤家，阏伯、实沈是另一对冤家：

> （阏伯、实沈）不相能也，日寻干戈，以相征讨，后帝不臧，迁阏伯于商丘，主辰，商人是因，故辰为商星，迁实沈于大夏，主参，唐人是因。
>
> ——《左传·昭公元年》

阏伯、实沈兄弟互不相容，动辄刀兵相向。帝喾大怒，干脆把这二子隔离开，让阏伯迁到商丘，负责辰星的观测和祭祀，把实沈迁到大夏，负责参星的观测和祭祀。

但要说帝挚和帝尧为了争夺氏族联盟大首领的领导权而兄弟阋墙，这种情况还较容易被理解，而阏伯、实沈之间发生龃龉，则很有可能是穿凿附会而来，因为二人分别主祀商、参二星，二星东升西落，从不同见，后人就把"不共戴天"这种特性附会到阏伯、实沈身上，这是完全可能的。

商星又叫辰星、大辰、大火，现代天文学上是指天蝎座的最亮星心宿二，是一颗著名的红超巨星。而参（音 shēn）星属猎户座。商星和参星在天空上此起彼落，永远不会同时出现在天空中，唐代大诗人杜甫的诗句："人生不相见，动如参与商"（《赠卫八处士》），说的就是这个事情。

阏伯、实沈的真实身份应该是帝喾氏族联盟的两位天文官。以大火星在天空中的位置来确定农事活动，这可能是阏伯的发明，这就是所谓以火纪时的历法。《诗经·豳风·七月》中有"七月流火，九月授衣"的诗句，意思就是说在农历七月大火星从西方落下去，天气就开始转凉，到了九月就该准备御寒的衣服了。

现代也有很多史家认为阏伯就是契，之所以会有这种误解，是因为在阏伯之后出任"大火正"的是契的孙子相土。据《左传》载：

> 陶唐氏之火正阏伯居商丘，祀大火，而火纪时焉。相土因之，故商主大火。
>
> ——《左传·襄公九年》

这里的火正不是别名祝融的那个火正，而是专门负责大火星观察和祭祀的"大火正"，后人不加区别，认为阏伯、相土都是"火神"。阏伯、相土职司相同，两人所属部落可能比邻而居，也就是说在地望上有重叠，所以后人就把阏伯和契相提并论了。而实际上，阏伯是帝喾长子（庶长子），而契是帝喾第几子不得而知，但肯定不是长子，因为他比帝挚年少；契因为协助大禹治水有功，被帝舜任命为司徒。司徒为地官之长，相当于后世的"相"，帝舜本人在接任氏族联盟大首领之前，就任职司徒，而阏伯的任务主要是大火星的观测和祭祀，虽然也很重要，但与契还是不可同日而语。

• "帝喾八才"

/ 非同寻常的"歌舞"班子？不是歌舞，是战舞！

帝喾氏族联盟中，有八个重要的"大臣"，《路史》说他们都是帝喾妃有娀氏（娵訾氏）之子，但更有可能他们是帝喾氏族联盟的重要成员，称"帝喾八才"或"八元"：

> 帝俊有子八人，是始为歌舞。
>
> ——《山海经·海经·海内经第十八》

这里的帝俊，根据很多学者的考证，应该是指帝喾。"帝喾八才"的具体组成是：

> 高辛氏有才子八人，伯奋、仲堪、叔献、季仲、伯虎、仲熊、叔豹、季狸，忠

肃共懿，宣慈惠和，天下之民谓之八元。

——《左传·文公十八年》

"是始为歌舞"，按字面意思来说，这八子好像是帝喾的歌舞班子。实际上，"帝喾八才"的工作也确实是演戏，只不过这个"戏"不是今天意义上的戏。戏的金文是这样的：

从字形看，戏的本义就是头戴虎头面具的人持戈跳舞，所以说，"帝喾八才"是演戏班子不假，但演的不是普通的舞蹈，而是战舞。

战舞是有实战作用的。战舞的起源是巫舞，就是巫师在举行祭祀、请神时跳的舞蹈，舞者跳舞时戴着面目狰狞的虎头面具，摇头晃脑，上下跳跶。黄帝时期，巫舞被发展成战舞。我们可以想象，当数百名黄帝族的士兵头戴面具，挥动干戈和盾牌，在震耳欲聋的战鼓声中，以不断变换的队形和阵列，咆哮着冲向敌人，那是怎样一个惊心动魄的场面。本来因为较早使用金属武器而比黄帝族军队占有先机的蚩尤军队就是这样被黄帝军队一举击败的。

此战之后，战舞就逐渐成为当时一种独特的作战方式。

/ **清代八旗军制的鼻祖？**

在"帝喾八才"之前，还有所谓的"颛顼八恺"，现在大家能够明白，这些应该就是指八个兵民结合的部落，应该是当时比较流行和行之有效的一种军队组构方式，并由此而设计出相应的作战方式。这很容易让我们联想到后世清代的"八旗"制度，很有可能后者就直接沿袭了这样一种军政制度。

/ **季狸**

不知大家是否注意到，"帝喾八才"中后面四个是"伯虎、仲熊、叔豹、季狸"。细心的读者可能会问，不是应该分别对应为虎、豹、熊、罴吗？怎么没有罴，而多了个狸？合理的解释是，原来的罴部落可能没落了，后来与近亲的熊部落合并，而以狸猫为图腾的季狸部落壮大起来，最终成为"帝喾八才"之一。

　　季狸有可能就是巴国的创建者廪君的祖父季鳌，也就是所谓的黄帝之子僖姓的帝鸿氏的后代。季狸（季鳌）之子为后照，后照之子就是巴国创始人廪君。季狸的身份可能是巴人的巫师兼部族首领兼军帅兼战舞编导，他指挥军队打仗的方式就是跳战舞。《尚书大传》就记载武王伐纣时，周武王的前锋部队巴人就采用跳战舞的方式进行作战：

前师乃鼓噪，后师乃慆，前歌后舞。

——《尚书大传·卷三·大誓》

东晋史学家常璩所著的《华阳国志》也记载了这件事情：

周武王伐纣，实得巴、蜀之师，著乎《尚书》。巴师勇锐，歌舞以凌殷人，前徒倒戈，故世称之曰："武王伐纣，前歌后舞"也。

——《华阳国志校补图注·卷一·巴志》

有活化石之称的江西婺源傩舞，其源本是原始社会的巫舞、战舞

这段文字说的很明白，巴人的作战方式就是跳一种战舞，可能是巫舞的变种。巴人通过跳这种舞，或许再借助酒力，变得非常亢奋，张牙舞爪、勇猛异常、无所畏惧、所向披靡，商军原是奴隶所组成，哪里见过这种阵仗，结果溃不成军。

在前面，我们讲过，帝鸿氏有两个儿子，一个是"不才子"浑敦，一个是白民。"巧"的是，这位浑敦也是一位"歌舞"高手。据《山海经》载：

又西三百五十里，曰天山……有神焉，……浑敦无面目，是识歌舞。

——《山海经·山经·西山经第二·西次三经》

"浑敦无面目"，不是说浑敦长着一张白板脸，而是说他总戴着面具，别人无法看清其本来面目；"是识歌舞"，是说浑敦擅长跳舞。这种舞，我们前面说过，就是战舞。

浑敦，僖（釐）姓；季狸，或曰季釐，也是僖姓。二者都擅长"歌舞"，所以或者季狸就是浑敦之后。季狸原来的名字应为季釐，在他们发现了一种新的比猫大、比虎小的猫科动物后，就参考祖姓的发音为之命名为"狸"，这就是狸猫。

我们在第三章还讲过，浑敦就是驩兜，《山海经·大荒北经》载"驩兜生苗民，苗民釐姓"。而现代研究指出，苗民之所以叫这个名字，很有可能跟他们以猫为图腾神兽有关。

这样一来，苗民、巴民就与季狸有很多交集的地方，他们同为浑敦（驩兜）之后，同是僖（釐）姓，而且都以猫（狸猫）为图腾神兽。那么结论是：浑敦（驩兜）的后代是苗民，苗民中有一部分被流放到三危和其他边远地区，称为是"三苗"，他们是现代苗族的祖先；苗民中的另一部分则在帝喾时期，成为"帝喾八才"中的季狸部族，季狸的后代廪君（后照）后来迁到到巴地，与当地同属黄帝族的巴蛇氏形成融合，从而以巴蛇、狸猫或者白虎为双图腾，建立了巴国。

/ "使四鸟、虎、豹、熊、罴"

《山海经》中多次提到某部落方国"使四鸟、虎、豹、熊、罴"，或者单称"使四鸟"，或者单称"虎、豹、熊、罴"，这是怎么回事呢？我们先试着把这些方国列举如下：

蔿（音wěi）国：

有蒍国，黍食，使四鸟、虎、豹、熊、罴。

——《山海经·海经·大荒东经第十四》

中容之国：

大荒之中有山名曰合虚，日月所出。有中容之国，帝俊生中容，中容人食兽、木实，使四鸟、豹、虎、熊、罴。

——《山海经·海经·大荒东经第十四》

白民之国：

有白民之国。帝俊生帝鸿，帝鸿生白民，白民销姓，黍食，使四鸟、豹、虎、熊、罴。

——《山海经·海经·大荒东经第十四》

叔歜国：

有叔歜国。颛顼之子，黍食，使四鸟、虎、豹、熊、罴。

——《山海经·海经·大荒北经第十七》

《路史》载说，"季禺是生叔歜"（《路史·后纪·高阳》），这个叔歜国的创建者是颛顼之子季禺。

上述四国，都是既提到四鸟，又提到了虎豹熊罴这黄帝族系四兽。很多《山海经》注家都认为四鸟就是指虎豹熊罴，这个笔者保留意见。在笔者看来，应该是四鸟与四兽并列，四鸟是东夷族系军队的军旗，四兽是黄帝族系军队的军旗，二者合一，就是帝喾氏族联盟的军旗。

除上述四鸟、四兽并提的方国外，《山海经》还记载有单独只提及四兽的"北齐之国"和单独只提及四鸟的几个方国：

北齐之国：

有北齐之国，姜姓，使虎、豹、熊、罴。

——《山海经·海经·大荒北经卷十七》

司幽之国：

有司幽之国。帝俊生晏龙，晏龙生司幽。司幽生思士，不妻；思女，不夫。食黍食兽，是使四鸟。

————《山海经·海经·大荒东经第十四》

三身之国

大荒之中，有不庭之山，荣水穷焉。有人三身，帝俊妻娥皇，生此三身之国，姚姓，黍食，使四鸟。

————《山海经·海经·大荒南经第十五》

注意，这里的帝俊应该是指帝舜，帝舜妃娥皇是这个三身国的首领。帝舜为姚姓，所以这个三身国也就为姚姓，但从族源上看，属于东夷鸟族。

张宏之国：

有人名曰张宏，在海上捕鱼。海中有张宏之国，食鱼，使四鸟。

————《山海经·海经·大荒南经第十五》

黑齿之国：

有黑齿之国。帝俊生黑齿，姜姓，黍食，使四鸟。

毛民之国：

有毛民之国，依姓，食黍，使四鸟。

————《山海经·海经·大荒北经卷十七》

玄股国：

有招摇山，融水出焉。有国曰玄股，黍食，使四鸟。

————《山海经·海经·大荒东经第十四》

玄股之国在其北。其为人，衣鱼食鸥，使两鸟，夹之。一曰在雨师妾北。

——《山海经·海经·海外东经第九》

玄股国人可能把大腿都涂成黑色，因而得名。"衣鱼食鸥"，是说玄股国人以鱼皮为衣，以鸥鸟的蛋为食。《大荒东经》说玄股国"使四鸟"，《海外东经》又说它"使两鸟"，可能指的是不同时期的部族图腾，但显而易见属于东夷鸟族系。

除上述外，还有一个以九尾狐为图腾的"青丘之国"：

有青丘之国，有狐，九尾。

——《山海经·海经·大荒东经第十四》

上述十二国中，叔歠（音 chù）国是颛顼时候的部落方国，三身之国是帝舜时期的部落方国，司幽之国是"帝喾八才"的统帅，不在"帝喾八才"序列内，而青丘之国和白民之国或许是一个部族，青丘之国以九尾狐为图腾，而白民之国，另据《海外西经》，是以白狐为图腾：

白民之国在龙鱼北，白身披发。有乘黄，其状如狐，其背上有角，乘之寿二千岁。

——《山海经·海经·海外西经第七》

白狐与九尾狐的关系，很可能是以白狐为图腾的部族有九个分支部落，而白狐部落是其中的王族、母族。

这样，上述十二国就剩下八国，他们应该就是"帝喾八才"的组成部分。伯虎、仲熊、叔豹、季狸是分别以黄帝族系的四兽为图腾的部族，伯奋、仲堪、叔献、季仲则就属于东夷族系的四鸟部族了。那么这四鸟可能是东夷族系的哪四个部落呢？《山海经·大荒南经》的一条记载或许能给我们提供些参考：

东南海之外，大荒之中，河水之间，附禺之山，帝颛顼与九嫔葬焉。……有青鸟、琅鸟、玄鸟、黄鸟、虎、豹、熊、罴、黄蛇、视肉、璇、瑰、瑶、碧，皆出卫于山。

——《山海经·海经·大荒南经第十五》

颛顼时代距少昊不远，颛顼很有可能继承了少昊的军政体制。这里提到的青鸟、琅鸟、玄鸟、黄鸟很可能就是东夷族系的四个鸟部族，他们和虎豹熊罴及其他颛顼氏族联盟的成员共同卫护颛顼陵墓。

在"帝喾八才"中，鹓国就是妢国，为姚姓或妢姓，是后来的帝舜的母族，源出黄帝族系；中容之国就是"帝喾八才"中的"仲熊"，应该是姬姓，源出黄帝族系；白民之国与青丘之国是一码事，源出黄帝族系的帝鸿氏，僖姓；北齐之国源自炎帝族系，姜姓；司幽之国出自少昊之子晏龙，属于东夷族系，或为少昊本族的姓己姓，或为东夷鸟族的姓嬴姓；三身之国，源自东夷族系，姚姓；黑齿之国，出自炎帝族系，姜姓；毛民之国，出自东夷族系，但却是"黄帝十二姓"中的依姓。从这八个方国的族源构成来分析，帝喾氏族联盟完全是古华夏民族三大族系——黄帝族系、炎帝族系、东夷族系——的集大成者。充分说明，在当时，已经形成了三族人你中有我、我中有你的深度融合的局面。

在本节最后，关于九尾狐部族，我们多说两句。大禹的妻子、中国第一个国家政权的建立者夏启的母亲就出自九尾狐部族，关于这一点，我们在下面讲到"帝禹夏后氏"时，再跟大家详细探讨。

· 晏龙

如果"帝喾八才"是帝喾的中央军，那么晏龙就是这支"八国联军"的统帅。我们从晏龙这个名字也能看出些端倪，它是燕或鷃与龙的合称，所以应该是对炎黄族系和东夷族系混编而成的帝喾氏族联盟军队的统帅的称谓。

据《山海经》载：

> 帝俊生晏龙，晏龙是为琴瑟。帝俊有子八人，是始为歌舞。
>
> ——《山海经·海经·海内经第十八》

我们知道，琴瑟等乐器在炎黄时代就已经出现了，所以"晏龙是为琴瑟"不是说晏龙发明了琴瑟，而是说晏龙是演奏琴瑟的人，而他负责为"帝喾八才"的战舞伴奏。晏龙是东夷族人，"帝喾八才"中的"司幽之国"就是晏龙的"祖国"。

另据宋代虞汝明著《古琴疏》载：

> 晏龙者，帝俊之子也，有良琴六：一曰菌首，二曰义辅，三曰蓬明，四曰白民，五曰简开，六曰垂漆。

这里的帝俊还是指帝喾。所谓的"良琴六"或许指的就是晏龙手下的六大乐师，估计原来都是"帝喾八才"中其他各部落的巫师、舞师兼军帅，比如白民肯定就是出自白民之国，他是黄帝之子帝鸿氏之后，与晏龙并非同族。

晏龙或者晏龙的后代在帝舜时期也在"中央政府"为官，名为"纳言"。据《尚书》载：

帝曰："龙，朕堲谗说殄行，震惊朕师。命汝作纳言，夙夜出纳朕命，惟允！"
——《尚书·虞书·舜典第二》

舜帝说："龙！我厌恶谗毁的言论和贪残的行为，会使我的民众震惊。我任命你做纳言的官，早晚传达我的命令，转告下面的意见，应当真实！"

此事也见载于《路史》：

晏龙事虞，为纳言，是主琴瑟。
——《路史·卷十九·后纪十·疏仡纪·高辛纪下》

西汉经学家孔安国解释说，"纳言，喉舌之官，听下言纳于上，受上言宣于下，必以信"，也就是说，纳言是言官，其职责是民情上达和政令下发，作用非常重要。纳言应该有很多位，可能当时很多官员在主职之外，都有纳言之责，晏龙应该就是在任职国家军乐团团长之外，兼任纳言。出任纳言的人，应该有直接出入宫廷和朝堂的权力，所以，或许为了与普通官员相区别，纳言都佩有特别的头巾，这就是纳言巾。汉代时，纳言巾成为尚书等近臣的标配，"示以忠正，显近职也"（《后汉书·舆服志下》），唐宋因之。

· 咸黑

咸黑，又叫咸丘黑，是帝喾氏族联盟"国乐团"的"团长"兼"作曲家"，据《吕氏春秋》载：

帝喾命咸黑作为声，歌"九招""六列""六英"。
——《吕氏春秋·卷五·仲夏纪·古乐》

中国古代的歌舞最初都源于巫师举行宗教仪式时所唱的歌和所跳的舞蹈，所以最早的歌舞的作曲和编舞都是巫师，而且是大巫师，也就是国师。帝喾时期的大巫师就是咸黑。

咸应该源于炎帝和黄帝氏族联盟时期的大巫师巫咸。黄帝"十二姓二十五宗"中有"箴"姓，这个姓很有可能是黄帝赐给巫咸族的，通过这种方式，黄帝就把原属于炎帝族系的巫咸族纳入"黄帝之宗"中了。所以，咸黑或许就是箴黑。战国时，亚圣孟子有个得意门生叫咸丘蒙，或许就是咸黑的后代。

• 巫人（无淫）、巫载民

黄帝时期就生活在今天四川巫山一带的巫人族，又称"十巫族"，其后裔发展到帝喾时期，被称为是"巫人"，他们建立的部落方国称"巫载民"。据《山海经》载：

有载民之国。帝舜生无淫，降载处，是谓巫载民。巫载民盼姓，食谷，不绩不经，服也；不稼不穑，食也。爱歌舞之鸟，鸾鸟自歌，凤鸟自舞。爰有百兽，相群爰处。百谷所聚。

——《山海经·海经·大荒南经第十五》

意谓：有个国家叫载（音zhí）民国。帝舜生了无淫，无淫被贬在载这个地方居住，他的子孙后代就是所谓的巫载民。巫载民姓盼，吃五谷粮食，不从事纺织，自然有衣服穿；不从事耕种，自然有粮食吃。这里有能歌善舞的鸟，鸾鸟自由自在地歌唱，凤鸟自由自在地舞蹈。这里又有各种各样的野兽，群居相处。还是各种农作物汇聚的地方。

这段文字把巫载民国说成了一个人间天堂一样的地方，人民不织不纺，不耕不种，但却衣食无忧，而真实的情况是，从黄帝时代就开始，巫人的巫咸族就在巫山一带发现了盐泉，从此巫人就靠卖盐为生，换取外边的布帛和粮食。巫载民国富甲天下，以龙蛇虎豹为图腾的兽族（黄帝族系）、以牛羊马为图腾的畜族（炎帝族系）和以凤鸟为图腾的鸟族（东夷族系）都把各自的特产拿到这里互通有无，大家在一起和平共处，其乐融融。在上古时期，这里确实当得上人间天堂的称号。

文中提到的"无淫"，可能是帝舜时期的叫法，帝喾时期叫"巫人"，据《路史》载：

巫人封巫，为巫氏，生载民，载民盼姓。

——《路史·卷十九·后纪十·疏仡纪·高辛纪下》

巫载民国为盼姓，有学者认为这个盼姓可能为盼姓之误，盼姓可能源自"十巫国"中的巫凡部族。

《山海经》还记载有一个部落方国也是盼姓，这就是"深目民之国"：

有人方食鱼，名曰深目民之国，盼姓，食鱼。

——《山海经·海经·大荒北经第十七》

这个深目民之国和巫载民国一定有关系，但具体是什么关系，还需要进一步研究。

巫载民国地处赤水以东，与三苗为邻，《山海经》载：

三苗国在赤水东，其为人相随。一曰三毛国。载国在其东，其为人黄，能操弓射蛇。一曰载国在三毛东。

——《山海经·海经·海外南经第六》

三苗国就是三毛国。巫载民国就在三苗国的东边。巫载民国"为人黄"，可能是因为该国多是巫师，都穿黄色的巫师服，也可能是指当时的巫师都把脸和身上涂成黄色，以示与众不同。"能操弓射蛇"，是说他们也经常与周边的黄帝族部落发生冲突。

· 叔戏、摇民

《路史》载说叔戏是帝喾之子，出自帝喾妃有邬氏（娵訾氏），这个未必可信。为"帝喾之宗"，也就是帝喾氏族联盟的核心成员，或许更有可能。

叔戏（戲）有可能就是"帝喾八才"中的"叔献（獻）"，如果此说成立，那么从族源上看，叔戏应是东夷鸟族，为"帝喾八才"中的"四鸟"之一。

《路史》载，叔戏建立的部落方国名摇民：

叔戏生摇民，摇民生居越、生女且，为摇氏。

——《路史·卷十九·后纪十·疏仡纪·高辛纪下》

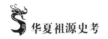

这个摇民国，在夏朝帝泄时发生了一件大事，据《山海经》载：

> 有困民国，勾姓而食。有人曰王亥，两手操鸟，方食其头。王亥托于有易、河伯仆牛。有易杀王亥，取仆牛。河念有易，有易潜出，为国于兽，方食之，名曰摇民。帝舜生戏，戏生摇民。
>
> ——《山海经·海经·大荒东经第十四》

这个困民国为勾姓。在困民国，当时生活着帝喾之子契的后代王亥为首领的商部族，这个部族的图腾形象是一个人两手持鸟，"方食其头"。这后一句话比较令人费解，一般而言，"天命玄鸟，降而生商"，商人以鸟为图腾，则应该视鸟为圣物，那么，这句话如果按字面意思说成是"正在吃鸟的头"就有点不合常理。要是找个合理的解释的话，或许"方食其头"的"食"，不应该解释为吃，而应解释为喂食，即这个字不发 shí 音，而发 sì 音。

王亥不姓王，姓子，名振，王表示他是部族首领。王亥被认为是中国有史以来最早做生意的人，他是商族，所以后来"商人"就成了生意人的代称乃至专称。王亥最早掌握了用牛驾车的方法，所谓"胲做服牛"（《世本·作篇》），说的就是此事。

夏帝泄十二年，王亥驾着几牛车的货物，准备到黄河之滨河伯那里做交易，途中经过有易。这个有易，郭沫若先生认为是有扈氏（《中国史稿》第二编第二章第一节），但有扈氏早在夏启时期就被灭国，所以有易最多是有扈氏的残孽。有扈氏为姒姓，则有易也就为姒姓，以龙（蛇）为图腾，属于黄帝族系。有易部落首领绵臣见利忘义，看到王亥带了这么多牛过来，就偷偷把他杀了，把牛车和货物据为己有。河伯认定此事是绵臣所为，绵臣就潜逃到摇民国。摇民国本为东夷鸟族所建，绵臣到后推翻了鸟族统治者。"为国于兽"，即改鸟图腾为黄帝族系的兽图腾。"方食之"，不是吃兽，其意正好相反，是给兽喂食。摇民国易帜，实际上就是被灭掉了。

四年之后，即夏帝泄十六年，王亥之子、继任商族首领上甲微打听到绵臣在摇民国，就率族人和河伯之师前来为父报仇，最后杀掉了绵臣。此事见载于《竹书纪年》：

> 十二年，殷侯子亥宾于有易，有易杀而放之。十六年，殷侯微以河伯之师伐有易，杀其君绵臣。
>
> ——《今本竹书纪年疏证·卷上·帝泄》

因为贪恋几牛车的财货，绵臣最终被族灭。

• 续牙

续牙是《路史》所载的帝喾之子，源出帝喾妃娵訾氏常仪，是后者的所谓二十八子之一。

• 猰越

猰（音 yàn）越是帝喾氏族联盟中非常特殊的一个成员，之所以特殊，是因为南宋史家罗泌认为他是后来著名的东胡的祖先：

> 高辛游海滨，过棘城，阆颛顼之虚，乐之。暨其归，居猰越于昌黎，邑于紫蒙之野，号曰东胡，汉初败于凶奴，退保鲜卑之山，曰鲜卑，是曰乌丸。
>
> ——《路史·卷十九·后纪十·疏仡纪·高辛纪下》

东周时期匈奴人自称胡，中原人就把当时活动在匈奴之东的部族，皆称为"东胡"，所以，"东胡"是晚出概念。叫这个名字之前，他们的名字可能就是猰越。

罗泌认为，猰越为帝喾妃娵訾氏常仪所生，这个可能性不大，但至少说明了猰越是帝喾氏族联盟的一个重要成员，是东夷族系（娵訾氏）和黄帝族系（帝喾）的融成部族。

秦末，东胡强盛，其首领曾向匈奴要求名马、阏氏和土地，后为匈奴冒顿单于击败，退居乌桓山的一支称为乌桓，退居鲜卑山的一支称鲜卑。之后，由鲜卑分化出了慕容、宇文、段部、拓跋、乞伏、秃发、吐谷浑各部，此外还有柔然、库莫奚、契丹、室韦、蒙古等。东晋南北朝时，鲜卑是祸乱中国的"五胡"（匈奴、鲜卑、羯、氐、羌）之一。鲜卑中的拓跋部后来建立了北魏王朝，中国最伟大的封建王朝唐朝就有很大比例的鲜卑血统。拓跋鲜卑的余绪创立了北宋时期盘踞西北地区的西夏国。此外，契丹则创建了盘踞在宋朝以北的辽国。而室韦、蒙古更是先后灭亡了西夏、辽国和南宋政权，建立了大元帝国。

乌桓在三国时代就基本灭亡，融入汉族。唐宋之后，除室韦、蒙古之外的鲜卑族系也都基本融入汉族。

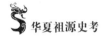

• 柔仆

柔仆这个名字只见载于《路史》，罗泌认为他也是帝喾的后代：

柔仆嬴土，亦帝之裔末也。

——《路史·卷十九·后纪十·疏仡纪·高辛纪下》

嬴土，《山海经》作"嬴土"：

有柔仆民，是维嬴土之国。

——《山海经·海经·大荒东经第十四》

嬴本是羊瘦弱的意思，嬴土的意思就应该是出产瘦弱的羊的地方，也就是连草都长不好的地方。嬴土的意思按说应该跟嬴土差不多，但不知为什么，《山海经》的注家郭璞对嬴土的解释却正好相反，认为是土地肥沃，"嬴土之国"被他解释为"土地肥沃的国家"。两种解释如此矛盾让人一头雾水，无所适从。

• 帝喾之师——柏招和赤松子

史载帝喾有两位老师，一个是柏招，一个是赤松子，《汉书·古今人表》载：

柏招，帝喾师。

——《汉书·卷二十·古今人表第八》

《路史》载：

（帝喾）致学柏昭而师于赤松。

——《路史·卷十八·后纪九·疏仡纪·高辛》

柏昭即柏招，他与颛顼之师柏夷父、柏亮父可能先后都是部落方国柏国的首领，这个柏国是伏羲女娲氏族联盟时期的柏皇氏的后裔。

帝喾的另一位老师名叫赤松子，他应该是炎帝之师赤松子的部族发展到帝喾时的一位首领，仍称赤松子这个名号。

· 陆终、女嬇、陆终六子

陆终是帝喾时期的火官祝融吴回之子。陆终妻为女嬇，是鬼方氏首领的妹妹。陆终夫妇共生有六子，据《世本》载：

> 陆终娶于鬼方氏之妹，谓之女嬇，是生六子，孕三年而不育。剖其左胁，获三人焉；剖其右胁，获三人焉。其一曰樊，是为昆吾；其二曰惠连，是为参胡；其三曰籛铿，是为彭祖；其四曰求言，是为邻人；其五曰晏安，是为曹姓；其六曰季连，是为芈姓。
>
> ——《世本八种·陈其荣增订本·帝系篇》

陆终的父亲是吴回，吴回之父为老童，老童就是耆童，耆就是老的意思。耆，又称祁，是黄帝二十五宗之一的祁姓，我们在第三章探讨过，这个姓可能是黄帝给大隗氏鬼族的赐姓。吴回生子陆终，陆终娶鬼方首领的妹妹名叫女嬇，《大戴礼记》女隤，嬇与隤、隗同。这样，对于"陆终六子"而言，他们的曾祖父老童是鬼族，他们的母亲女嬇也是鬼族，鬼族在族源上属于炎帝族系，所以"陆终六子"是典型的炎黄融合之族。

根据《世本》所言，"陆终六子"都是剖腹产。这恐怕是中国历史上最早的剖腹产记录。

"陆终六子"中长子名叫昆吾，己姓，名樊，《吕氏春秋·审分览》曾载"昆吾作陶"，说明昆吾曾经做过华夏氏族联盟的陶正。昆吾族人在制陶取土的过程中，有一个重大的发现，就是铜矿石。据《山海经》载：

> 又西二百里曰昆吾之山，其上多赤铜。
>
> ——《山海经·山经·中山经第五》

铜矿石发现后，昆吾族人很快掌握了冶炼技术，因而昆吾国就成了当时的冶炼中心和兵器、礼器制作中心，昆吾族首领就由陶正而兼成为冶正。正因为昆吾国的冶金业和手工业发达，所以在夏代，它就成为"三代五霸"之一，是夏代诸侯国之首。"三代五霸"就是"夏昆吾，商大彭、豕韦，周齐桓、晋文"。东汉史学家班固编辑的《白虎通义》曾这样评价："昔昆吾氏，霸于夏者也。"

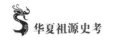

在商汤推翻夏朝的战争中，昆吾也被灭掉了。《诗经》载：

九有有截，韦顾既伐，昆吾夏桀。

——《诗经·商颂·长发》

意思是：天下九州归于一统，首先讨伐韦国顾国，再去灭掉昆吾夏桀。

昆吾国的所在地就在西周时期的卫国。

"陆终六子"中的第二子名叫惠连，帝尧赐妘姓，宋衷认为是"参胡，国名，斟姓"，封于参胡国，地望在今山西河津县，战国时属于韩国。夏朝初期发生了寒浞弑君之乱，参胡国在这场内乱中被灭亡。

"陆终六子"中的第三子名叫篯（音 jiān）铿，这就是中国历史传说中的长寿仙翁彭祖，其最初的封地大彭国就是今天的彭城。大彭国于商曾为侯伯，曾经也是"三代五霸"之一，商末时被周所灭。

"陆终六子"中的第四子名叫会人，名求言，封于邹，以妘为姓。邹国一直存续到西周初期，被郑武公所灭，其地尽归郑国。

"陆终六子"中的第五子名叫名晏安，曹姓，封在曹国，其地望在今山东邹县一带。周武王灭商之后，封晏安后人挟于邾，史称"邾挟"或"曹挟"，为子爵邾国的开国始祖。此邾子国战国时为楚所灭。

"陆终六子"中的老幺名季连，得芈姓。季连是春秋战国时期的楚国的王室、大诗人屈原的祖先。楚人最初根据地在河南新郑（新郑在上古时期又称为有熊，有熊相传为黄帝的国号），楚王之所以是芈姓熊氏很可能就是因为被封在有熊之墟附近的华阳。在上古文字中，"华"与"芈"这两个字的写法十分相像。春秋战国时期的楚国人的主体就是芈姓季连部落，楚国王族、公族以芈姓季连部落后裔为主，其中又以鬻熊家族为核心。由于中原部落或部落集团之间的斗争日益激烈，季连后裔大约在夏代或商代前期被迫南迁。季连族南徙后又从蛮俗，故而后来的华夏族视之为"楚蛮""蛮荆"。楚人与汉水中下游和长江中游一带荆蛮、濮、苗蛮等原始民族杂居，东周以后这些民族逐步被楚人征服。

季连的后代鬻熊，是周文王的老师，其曾孙熊绎，在周成王元年（前1042年）被封为楚子，创建了楚国，建都于丹阳（今河南省淅川县）。后来楚国一度强大起来，一路南征，灭掉了随国（今湖北随州），楚子熊通因此在公元前704年自称为王，是为楚武王。楚国全盛时的范围大致为现在的湖北、湖南全部、重庆、河南、安徽、江苏、江西、山东、上海、浙江的部分地方。

公元前223年，秦国大将王翦、蒙武率领秦军攻破楚都寿春（今安徽寿县西南），俘楚王负刍，历时八百多年的楚国就此结束。

三　帝尧陶唐氏

【明】朱天然《历代古人像赞》中的帝尧

帝尧是帝喾的二儿子。对于帝尧，孔子曾极尽溢美之词：

大哉尧之为君也！巍巍乎！唯天为大，唯尧则之。荡荡乎，民无能名焉。巍巍乎其有成功也，焕乎其有文章！

——《论语·泰伯篇第八》

意思是：尧是多么伟大的君主啊！尧这样的君主是多么崇高啊！只有天最高大，只有尧才能效法天的高大。（他的恩德）多么广大啊，百姓们真不知道该用什么语言来表达对他的称赞。他的功绩多么崇高，他制定的礼仪制度是多么光辉啊！

孔子对尧的赞美，随着儒家在中国文化中的地位渐趋重要，而亦日益深入人心。后来儒家即以"祖述尧舜，宪章文武"为标帜。到唐代韩愈以至于宋明理学，大倡"道统"之说，尧遂成为儒家精神上的始祖。

族源

帝尧姓伊祁，这是因为他的母族是伊祁氏，这是按当时的姓从母出的习俗论的，如果按父族算，他应该是姬姓。

帝尧的母亲庆都是帝喾的第三位妻子，源出伊祁氏的分支陈锋氏，其祖母，也就是帝喾之母，也是出自这个部落，算起来陈锋氏与帝尧家族渊源颇深。陈锋氏族属伊祁氏，伊祁氏之祖应为"黄帝二十五宗"中的祁姓。我们在第三章探讨过，这个祁姓很有可能是黄帝赐给了大隗氏的姓。大隗氏是炎帝魁隗氏的直系后裔，堪称天下"鬼族"中的"黄金家族"和精神领袖，所以黄帝赐姓给大隗君，以此把他代表的鬼族系全部纳入了黄帝嫡系。从这个角度说，帝尧父系是黄帝族系，母系是炎帝魁隗氏族系，是名副其实的"炎黄子孙"。

地望

尧初封于陶丘（今山东定陶县南），后又迁往唐，也就是今天的河北唐县，所以称陶唐氏。现代考古研究已经有结论，河北龙山文化反映的就是帝尧时期的文明。

帝喾去世后，帝喾的第四个妻子娵訾氏常仪的儿子挚因为在帝喾所有儿子中最年长，所以被推举为氏族联盟的大首领。挚本来是少昊氏族联盟的创建者少昊金天氏的名字，他之所以叫这个名字，最初可能是因为他是东夷鸟族鸷鸟氏的首领。帝喾的儿子挚很有可能是当时的鸷鸟氏的首领，所以也被称为"挚"，由于他也当了九年的氏族联盟的大首领，所以也可称为帝挚。

九年后，崛起于中原地区的陶唐氏一举推翻由帝挚母族东夷族系把持的帝挚政权，建立了帝尧陶唐氏氏族联盟。但势力仍然强大的东夷族系拒不接受这一结果，不断对帝尧所在的唐国进行侵扰。无奈之下，帝尧决定举族西迁，先是迁到今天的山西太原，在这里重建了唐国。大约两千六百年后，从太原——时称晋阳——起兵的唐国公李渊创建中国历史上最伟大的王朝唐朝，得名本原即在于此。帝尧在太原立足后，继续西进，终于在临汾盆地的平阳停下脚步，并把这里作为帝尧氏族联盟的都城，这就是清初著名学者阎若璩的《尚书疏证》所说的"尧为天子实先都晋阳，后迁平阳府"。

尧妻散宜氏与尧子丹朱（驩兜、苗民）

关于帝尧的妻和子的情况，史载有限，我们只知道他有一妻，一子。据《世本》载：

尧取散宜氏之子，谓之女皇。女皇生丹朱。

——《世本八种·张澍稡集补注本·帝系篇》

《大戴礼记》也记载说：

帝尧娶于散宜氏之子，谓之女皇氏。

——《大戴礼记·帝系第六十三》

帝舜娶于帝尧之子，谓之女匽氏。

——《大戴礼记·帝系第六十三》

这个散宜氏，就是远古太皞伏羲氏－女娲氏的直系后代羲和常仪部族，所谓女皇，这是羲和常仪部族的人对自己的首领的称呼，又称娥皇、皇娥、嫦娥、娥，这是女娲的"娲"的音转。在帝尧时期，羲和常仪部族应该已进入父系氏族时期，部族首领为男性，但仍延续传统，称娥皇。娥皇之女，称女皇。

羲和常仪部族在黄帝时代就属于东夷族系，原始族姓为风姓，后来由风姓而为嬴姓、偃、益、偃、奄、晏、郯、羿、应、英、殷或类似的鸟族姓氏。散宜氏、女

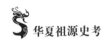

匽氏应该是一个氏，都是羲和常仪部族的一个分支部落，族属应该也是东夷族系。

帝尧还有两个女儿，一个叫娥皇，一个叫女英。娥皇或许为散宜氏所出，女英的情况不详。帝尧听说正在妫水耕田的舜不但孝顺而且贤明，就把这两个女儿都嫁给了舜。事载于《尚书·尧典》：

> 尧厘降二女于妫汭，嫔于虞（舜）。
>
> ——《尚书·虞书·尧典》

中国台湾地区发行的帝尧形象邮票

散宜氏（女匽氏）女皇所生的儿子，我们今天知道的只有丹朱一个人，传说帝尧还有庶子九人，但不知其母是谁。

现代一些历史学家经过深入研究，认为丹朱就是尧舜禹时期的四凶（共工、驩兜、三苗、鲧）之一的驩兜。持这种观点的代表人物为古史辨派著名史学家童书业、著名神话学家丁山，他们都认为驩兜就是帝尧之子丹朱。据童书业先生考证，"讙兜"《古文尚书》写作"鴅吺"。鴅字从鸟、丹声；吺或咮，从口、朱声。童先生说："皆可为丹朱可读为讙兜之证。"（童书业《丹朱与驩兜》）

丁山先生依据周初沈子它簋铭文中的"讙"字从丹从鸟（鹳），断定驩兜系因丹鸟得名，"凡故书雅记所谓驩兜者，宜即尧子丹朱的别名了。……晚周诸子传说'舜放驩兜于崇山'，实与《纪年》所谓'舜偃丹朱'为一事之异辞。"（丁山《中国古代宗教与神话考》）

上述观点尽管言之凿凿，但仍有难以自圆其说的地方，就是如果浑敦就是驩兜，驩兜就是丹朱，那么"帝鸿氏不才子"浑敦就等同于帝尧之子丹朱。而浑敦随帝鸿氏为偯姓，则丹朱似也应为偯姓，而且"驩兜生苗民，苗民厘姓"（《山海经·大荒北经》），苗民也是偯姓（厘姓、釐姓）。但是丹朱的父亲为帝尧，帝尧姓伊祁，也就是黄帝十二姓中的祁姓，丹朱如果随父姓则同样为姓伊祁。如果随其母的姓的话，丹朱母为东夷族散宜氏（女匽氏）部落首领的女儿女皇，则丹朱应为嬴姓或匽姓，不管是随父姓，还是随母姓，怎么也不会是偯姓。这样的话，丹朱到底姓什么，还真不好说。

几位史学大师都考证驩兜就是丹朱，而"驩头生苗民"，则苗民为丹朱部族所出就很明确了。所以，当帝舜通过各种原因推翻丹朱，自己登上帝位，并把丹朱流放到丹水，三苗表示强烈反对而发动叛乱就很自然了。所谓"昔尧以天下让舜，三苗之君非之"（《山海经》郭璞注）。

其结果就是，丹朱和三苗发动的叛乱被平定。战后，帝舜为丹朱被废和平定三苗之战找借口，就操控舆论说，丹朱不肖，所以失去帝位。后世的史书根据这种传说而对丹朱做了定性，其始作俑者就是《尚书》：

帝曰："畴咨若时登庸？"

放齐曰："胤子朱启明。"

帝曰："吁！嚚讼可乎？"

——《尚书·虞书·尧典》

这段文字虽然不长，但是难懂，我们采用司马迁在《史记》中的"白话译本"，来给大家解释一下：

尧曰："谁可顺此事？"

放齐曰："嗣子丹朱开明。"

尧曰："吁！顽凶，不用。"

——《史记·卷一·五帝本纪第一》

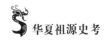

司马迁似乎嫌前面这段从《尚书·尧典》中译过来的话不够有说服力，就接着借帝尧这位父亲之口继续说丹朱的"不肖"：

> 尧知子丹朱之不肖，不足授天下，于是乃权授舜。授舜，则天下得其利而丹朱病；授丹朱，则天下病而丹朱得其利。尧曰："终不以天下之病而利一人"，而卒授舜以天下。
>
> ——《史记·卷一·五帝本纪第一》

帝尧给出的不让儿子丹朱即位的理由貌似还很高大上。说要是授位给丹朱，获利的就只有丹朱一人，天下则会遭殃；而要是把大位授给舜，那获利的是天下，遭殃的也就丹朱一人。所以，他决定"终不以天下之病而利一人"，就把大位传给了舜。但从《山海经》的一些记载看，丹朱是在帝尧之后做过氏族联盟的大首领的，如《海内北经》就载：

> 帝尧台、帝喾台、帝丹朱台、帝舜台，各二台，台四方，在昆仑东北。
>
> ——《山海经·海经·海内北经第十二》

《海内南经》亦载：

> 苍梧之山，帝舜葬于阳，帝丹朱葬于阴。
>
> ——《山海经·海经·海内南经第十》

这两段文字都提到了"帝丹朱"，而且说大禹还专门为丹朱修造了"帝丹朱台"，都说明丹朱登上过帝位。这一点，司马迁可能也是知道的，所以他在《五帝本纪》中记述说，帝舜曾想让丹朱登帝位，但民心不允：

> 尧崩，三年之丧毕，舜让辟丹朱于南河之南。诸侯朝觐者不之丹朱而之舜，狱讼者不之丹朱而之舜，讴歌者不讴歌丹朱而讴歌舜。舜曰："天也。"夫而后之中国践天子位焉，是为帝舜。
>
> ——《史记·卷一·五帝本纪第一》

从这段文字中，我们至少可以知道，丹朱在帝尧死后，因为"国不可一日无君"，他可能是有三年在帝位的。让我们印象深刻的还有帝舜的矫情，他的这套顺天应民的说辞，简直就是套路和固定模式，我们在后来的所谓禅让事件中都能看到类似的说道。

根据《竹书纪年》等新出历史文献的记载，帝舜很可能是以暴力手段逼帝尧逊位后，又把自己的这位老丈人囚禁起来。丹朱于是率自己的本部族三苗起兵"讨逆"，结果失败，被流放到丹水。在此期间，丹朱闲极无聊，就发明了围棋，把他的平生抱负和文韬武略都寄托在了三尺棋坪之上，以至于我们很多人今天知道丹朱只是因为他是围棋之父，而至于他的帝之子甚至帝的身份，我们反倒不清楚了。

帝尧氏族联盟的主要成员

• 大羿和"大羿射日"的历史真相

众所周知，历史上的羿有两个，一个是帝尧时期的大羿，一个是夏初时曾经当过夏王的后羿，他们都是东夷族有穷氏的首领，后者是前者的后裔。《山海经》中提到的羿，一般而言，是指大羿：

> 羿与凿齿战于寿华之野，羿射杀之。在昆仑虚东。羿持弓矢，凿持盾。一曰戈。
>
> ——《山海经·海经·海外南经第六》

> 海内昆仑之虚，在西北，帝之下都。……在八隅之岩，赤水之际，非仁羿莫能上冈之岩。
>
> ——《山海经·海经·海内西经第十一》

> 帝俊赐羿彤弓素矰，以扶下国，羿是始去恤下地之百艰。
>
> ——《山海经·海经·海内经第十八》

彤弓即朱漆大红之弓，古代天子赐给有功的诸侯或大臣以专事征伐，是一种权力和荣誉的象征，有点像后世所说的尚方宝剑。所以这个大羿的身份，很有可能是

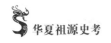

帝尧军队的统帅。

大羿之所以能被帝尧委以军帅的重任，是因为他的部族有穷氏擅长制作和使用当时最先进、最有杀伤力的武器，这就是弓箭。弓箭不是大羿发明的，但是把弓箭加以改良，在箭矢尾部加几根羽毛，使箭矢飞行更稳定，射程更远，这可能是大羿的发明，他也因此而成为部族首领——羿可能最初就是对羽箭的称谓，继而成为有穷氏首领的称谓。

有穷氏的这个"穷"，源于苍穹的"穹"，这个字的本意就是顶部像弓形的洞穴或屋子，即穹庐，也就是现在我们所说的蒙古包一类的居所。有穷氏应该是从弓的外形受到启发，而比较早发明穹庐的人。穷的繁体字是窮，字意就是在穹庐中夸着弓的人，"窮"因此就成了外人对有穷氏的称呼。

帝尧以非法手段取代其兄帝挚成为氏族联盟大首领后，反对者纷纷揭竿而起，帝尧就命令大羿率军前往剿灭，据《淮南子》载：

逮至尧之时，十日并出，焦禾稼，杀草木，而民无所食。猰貐、凿齿、九婴、大风、封豨、修蛇皆为民害。尧乃使羿诛凿齿于畴华之野，杀九婴于凶水之上，缴大风于青丘之泽，上射十日而下杀猰貐，斩修蛇于洞庭，擒封豨于桑林，万民皆喜，置尧以为天子，于是天下广狭险易，皆有道理。

——《淮南子·本经训第八》

大羿先是对帝挚的舅舅的"十日族"大开杀戒，十个部落被他杀灭了九个，只留一个，用以延续炎黄族系和东夷族系的共同祖先——太暤伏羲氏的香火，这就是后来中国民间当成英雄史诗来传颂的"大羿射日"的真相。接着，大羿又挥师对猰貐（音yà yǔ）、凿齿、九婴、大风、封豨、修蛇等部族进行了征剿，灭掉猰貐后，在畴华之野杀死凿齿，在凶水杀死九婴，在青丘泽射死了大风，在洞庭斩杀修蛇，在桑林擒获了封豨。

《淮南子》的这段记载充分反映了帝尧时期，帝尧借大羿之手残酷诛灭氏族联盟内部的异己力量的事实。

• 伯夷、四岳

这里的伯夷不是商代末年孤竹国的那个不食周粟的伯夷，而是帝尧时期负责东西南北四岳和春夏秋冬四时祭祀活动的祭司长，据《世本》载：

> 祝融曾孙生伯夷，封于吕，为舜四岳。
>
> ——《世本八种·张澍莘集补注本·五帝谱》

从后来帝尧"赐"伯夷为"姜姓"这个情况来看，这里的祝融似应为炎帝族系的祝融。在上古时期，某种意义上讲，赐姓一般与恢复祖姓是一个意思。"四岳"，不是四个人，而是专门负责四座神山祭祀活动的官员。《史记》和《尚书》都认为四岳是四个人，已经有学者考证为非，这里不再赘述。

伯夷被封到吕地，任四岳一职，帝舜时期仍然担任此职。四岳官又称西岳、太岳，《山海经》载：

> 伯夷父生西岳，西岳生先龙。先龙是始生氐羌。氐羌乞姓。
>
> ——《山海经·海经·海内经第十八》

西岳、太岳都是指今天山西境内的霍太山，也有人认为就是陕西的华山，可能伯夷的四岳官官署设在这里。伯夷的后代中有先龙部落，先龙部落后来孕育出氐羌人。

作为帝尧的四岳官，伯夷的地位是相当高的，以至于帝尧有重大决策时还要征求四岳等重臣的意见。据《史记》载：

> 当帝尧之时，鸿水滔天，浩浩怀山襄陵，下民其忧。尧求能治水者，群臣、四岳皆曰鲧可。尧曰："鲧为人负命毁族，不可。"四岳曰："等之未有贤于鲧者，愿帝试之。"于是尧听四岳，用鲧治水。九年而水不息，功用不成。
>
> ——《史记·卷二·夏本纪第二》

帝尧时期，发生了一次特大洪水，共工氏因为治水失败而被问责，帝尧于是召集伯夷等人，询问谁能担任水官去治水。伯夷推荐了崇伯，此举意义非常重大，因为在此之前，水官共工一职已经由炎帝族系的人担任了两千多年，让崇伯任此职，意味着继火官祝融之后，又一重要的职位转到黄帝族系。崇伯，后来叫鲧。鲧其实就是共工一词的快读，崇伯鲧就是崇伯共工。四岳官伯夷推荐崇伯任水官，除了因

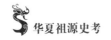

为无奈，也可能有推卸责任的意思。

帝尧起初是反对崇伯任水官的，但架不住四岳官伯夷的坚持。从这个角度也可以看出四岳官这个职位的重要性，可能有点类似于后世封建时代的大国师。

结局我们大家已经知道了，崇伯鲧治水失败，被处死于羽山。但是之后，伯夷继续推荐崇伯鲧之子禹继续治水，帝尧也没有更好的人选，就同意了，但是让与过去的共工氏同族、同样有一定治水经验的伯夷部族协助大禹进行治水工作。

帝尧后期，帝尧主持召开了最重要的一次御前会议。在会上，帝尧甚至问到了四岳官伯夷，他有没有可能接任帝位：

> 帝曰：咨！四岳。朕在位七十载，汝能庸命，巽朕位？
> 岳曰：否德，忝帝位。
>
> ——《尚书·虞书·尧典》

帝尧之所以这么问，更进一步说明四岳官可能是相当于后世一人之下万人之上的宰辅一类的官员。伯夷当然知道这是帝尧在试探他，就马上说自己才疏学浅、德行鄙陋，不堪大任。帝尧让他推荐别人，伯夷就推荐了虞舜，并为帝尧所采纳。

虞舜后来成功地当上了氏族联盟的大首领，伯夷和他的后代继续在中央担任四岳官一职，同时也在地方经营自己的吕国。

殷商末年，吕国出了一位伟大的政治家、军事家，这就是吕尚。一名望，字子牙，吕国姓姜，所以又称姜子牙，就是那位"姜太公钓鱼愿者上钩"的典故的主角，据《史记·齐太公世家》：

> （太公望）其先祖尝为四岳，佐禹平水土，甚有功。
>
> ——《史记·卷三十二·齐太公世家第二》

姜子牙七十二岁时在渭水之滨的磻溪垂钓，遇到了求贤若渴的周文王，被封为"太师"（武官名），称"太公望"，俗称太公，后又被周武王尊为"师尚父"。太公望辅佐周文王、周武王推翻殷纣王的统治，建立了周王朝，自己也被分封到齐国，这就是西周和春秋时期姜姓齐国的创始人齐太公。

四岳之后，除了吕国，以及吕国所出的齐国，还有一个国家，这就是西周时的许国。西周封建诸侯时，周武王曾让人寻访三皇五帝之后封之，以续圣祀，找到了伯夷的裔孙姜文叔。因伯夷故国吕国已经成为姜太公的齐国，周武王就另把姜文叔封到许国，据《新唐书·宰相世系表》载：

> 许氏出自姜姓，炎帝裔孙伯夷之后，周武王封其裔孙文叔于许，后以为太岳之嗣，至元公结为楚所灭，迁于容城，子孙分散，以国为氏。
>
> ——《新唐书·卷七十一·宰相世系表第十一》

许国是至今唯一可确定为男爵的周代诸侯国。古今一些研究者，如唐代史学家颜师古认为许国的祖先为帝尧时候的隐士许由，但证据不充分。伯夷、许由同为帝尧时人，二者之间是否有关系不得而知。有人说许由就是伯夷，这就与许由的隐士身份完全不符。应该说，许这个地名可能得自许由，但也仅此而已。

- 放齐

放齐，帝尧时的大臣，为帝尧八伯之一，但族源、事迹不详。《尚书·尧典》曾记载他向帝尧推荐尧子丹朱为继承人：

> 帝曰："畴咨若时登庸？"放齐曰："胤子朱启明。"帝曰："吁！嚚讼可乎？"
>
> ——《尚书·虞书·尧典》

此事《史记·五帝本纪》也有记载。帝尧以丹朱顽劣好讼为由，未予采纳。

- 帝尧九佐

帝尧氏族联盟时期，国家政权的雏形已经形成，帝尧所在的部落方国唐国成了氏族联盟事实上的京畿。氏族联盟内部的很多部落方国的首领除了要经营自己的方国，也要经常前往唐国，出任氏族联盟的各种管理职务。这其中，以"帝尧九佐"最为重要。据《战国策》载：

> 是以尧有九佐，舜有七友，禹有五丞，汤有三辅。自古及今而能成虚名于天下者，无有。
>
> ——《战国策·齐策四》

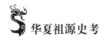

"帝尧九佐"具体是哪些人，见载于《说苑》：

（尧之时）舜为司徒，契为司马，禹为司空，后稷为田畴，夔为乐正，倕为工师，伯夷为秩宗，皋陶为大理，益掌驱禽。

——《说苑·卷一·君道》

九佐中，契、后稷（弃）是帝尧的异母兄弟，他们的情况我们在前面已经讲述过。舜和禹在帝尧之后先后出任氏族联盟首领，后面有专节讲述。伯夷我们刚刚讲过，现在就剩下夔、倕、皋陶和益了，下面让我们一起来探讨。

- 后夔

"帝尧九佐"中的夔，指的是后夔，当时的部落方国夔龙氏的首领。

夔龙氏首领从黄帝时期开始就世代执掌乐正之职。帝尧以非法手段逼迫其兄帝挚退位，引起了很多氏族联盟成员的不满，如猰貐、凿齿、九婴、大风、封豨、修蛇等，其中也包括后夔。帝尧就派当时的氏族联盟的军帅大羿前往镇压，结果是这些反对者被逐个击破，后夔也被射杀。

到了帝舜时期，为得到夔龙氏族人的支持，帝舜又把乐正的职位封还给了当时的夔龙氏部族的首领——仍称后夔。据《尚书》载：

帝曰："夔！命汝典乐，教胄子，直而温，宽而栗，刚而无虐，简而无傲。诗言志，歌永言，声依永，律和声。八音克谐，无相夺伦，神人以和。"

——《尚书·虞书·舜典第二》

大意是：帝舜说："夔，任命你掌管音乐事务，负责教导年轻人，使他们正直而温和，宽大而坚栗，刚毅而不粗暴，简约而不傲慢。诗是表达思想感情的，歌是唱出来的语言，五声是根据所唱而制定的，六律是和谐五声的。八类乐器的声音能够调和，不使它们乱了次序，那么神和人都会因此而和谐了。"

需要指出的是，帝舜的音乐修养极高，传说他创作了《南风歌》《卿云歌》等音乐作品，而大型乐舞"韶乐"则集中体现了帝舜在音乐创作上的成就。但是，这部"韶乐"的创作者很有可能是后夔。"韶乐"还别称"九韶""九招""九歌"等，因此，后世认为"韶乐"应该有九个乐章。这部作品应该是非常宏大动听的，所以

《论语》有"子在齐闻韶，三月不知肉味"（《论语·述而篇第七》）的说法。

有趣的是，由于历史上"夔一足"的传说长期流传，在孔子时代竟然有人相信后夔是一只脚的残疾人，对这种说法，孔子进行了纠正。据载：

鲁哀公问于孔子曰："乐正夔一足，信乎？"孔子曰："昔者舜欲以乐传教于天下，乃令重黎举夔于草莽之中而进之，舜以为乐正。夔于是正六律，和五声，以通八风。而天下大服。重黎又欲益求人，舜曰：'夫乐，天地之精也，得失之节也。故唯圣人为能和，乐之本也。夔能和之，以平天下，若夔者一而足矣'。故曰'夔一足'，非'一足'也。"

——《吕氏春秋·卷二十二·慎行论·察传》

鲁哀公问孔子说："乐正夔只有一只脚，这可信吗？"孔子说："从前舜想用音乐向天下老百姓传播教化，就让重黎从民间举荐了夔而且加以重用，舜任命他做乐正。夔于是校正六律，谐和五声，融通八风。因而天下归顺。重黎还想多找些像夔这样的人，舜说：'乐是天地间的精华，国家治乱的关键。只有圣人才能做到和谐，而和谐是音乐的根本。夔能调和音律，从而使天下安定，像夔这样的人一个就够了。'所以说'夔一足'是说'只要有一个夔就足够了'，而不是说'夔只有一只脚'。"

帝舜时的后夔身为乐正，掌管帝舜氏族联盟政权的祭祀大典桑林之祀，为"帝舜八伯"之一。帝舜还把帝尧时被灭掉的封豨部落的土地赐给这位后夔，故称"封伯"。封伯娶了当时的大美女——有仍氏首领的女儿玄妻，生了儿子叫伯封。此事载于《左传》：

昔有仍氏生女，鬓黑而甚美，光可以鉴，名曰玄妻。乐正后夔取之，生伯封。

——《左传·昭公二十八年》

玄妻的得名是因为她长着一头稠密乌黑、光可鉴人的头发，非常美丽。

封伯后夔死时，已经是夏代开创时期，夏启准封伯后夔之子伯封袭乐正之职和封国之领地。夏启崩，其子太康即立，有穷氏的首领后羿欲篡夏政，就将太康困于外，使其不能归国，后来太康病死于阳夏。其弟仲康即位后，获得伯封的支持，因而遭到后羿的仇视，后者为此起兵征讨封父国，伯封战败被后羿射杀。后羿将伯封的肉烹了送给帝仲康吃，并用伯封祭天，以此威胁帝位。

伯封为支持仲康而惨死，夔龙氏因此而绝祀。也就是说，帝尧时，伯封的先祖后夔死于后羿的先祖大羿之手，现在伯封也死于后羿之手。但悲剧并没有因此结束，后羿在伯封死后操纵舆论，给他扣了个"豕心、贪婪"的恶名，把他跟被后羿的先祖大羿杀死的封豨一样相提并论：

> （伯封）实有豕心，贪婪无餍，忿类无期，谓之封豕。有穷后羿灭之，夔是以不祀。
>
> ——《左传·昭公二十八年》

伯封死后，后羿霸占了伯封之母玄妻，篡夺了夏政，从此更加荒淫无道，夏朝进入了一个非常混乱的时期。据《左传》载：

> 昔有夏之方衰也，后羿自鉏迁于穷石，因夏民以代夏政。恃其射也，不修民事而淫于原兽。弃武罗、伯困、熊髡、龙圉而用寒浞。寒浞，伯明氏之谗子弟也。伯明后寒弃之，夷羿收之，信而使之，以为己相。
>
> 浞行媚于内而施赂于外，愚弄其民而虞羿于田，树之诈慝以取其国家，外内咸服。羿犹不悛，将归自田，家众杀而亨之，以食其子。其子不忍食诸，死于穷门。
>
> ——《左传·襄公四年》

后羿仗着自己射术过人，整天沉迷田猎，不务政事，疏远贤臣武罗、伯困、熊髡、龙圉，宠用寒浞为相。寒浞本是东夷族伯明氏首领之子，因为品性恶劣而被赶出家门，却被后羿收留。寒浞在内部暗中勾结与后羿有杀子之仇的玄妻，在外边广施财物大行贿赂，收买了后羿的家众。终于有一天，后羿准备结束田猎回到朝中，后羿的家众发难，一举杀掉后羿。玄妻以其人之道还治其人之身，让人把后羿剁碎烹熟，逼后羿的儿子去吃。后羿之子怎么也不肯就范，结果在有穷氏的祖庙里被杀，有穷氏至此亡国绝祀。

后羿死后，寒浞登上夏天子之位。少康在岳父虞侯的帮助下最终从寒浞手中夺回了夏朝江山。夏少康念伯封为夏舍身取义之功，封伯封之子于封邱，统领封人，承继祖业。因部落酋长称"父"，所以诸侯称其为"封父"，而其国则曰"封父国"。

封国的疆域大概在今天的开封、封丘一带。据唐代历史学家杜佑所著《通典》载：

封丘，古封国也，今隶开封。

——《通典·卷一百七十七·州郡七》

商代时，封国为商朝附属国。到了周武王时期，封父氏族被看成是殷商的顽民，导致封国被灭。其地被划归周成王的弟弟唐叔虞建立的唐国（后由其子燮即位后改为晋），其民被划归周公旦的儿子伯禽部族，随伯禽迁居到山东，建立了鲁国。

封父国历夏商两朝，至周代失国，封姓因而四迁，所居之地为封禺之山、封水、封陵、封川、封山、封渊、封乐等。郑庄公因在封人聚居地建城，所以起名叫"启封"，公元前244年秦始皇灭魏国，置"启封县"。汉景帝元年，避刘启名讳，改称"开封县"。今天的开封附近仍有封父亭、封丘台史迹，显示这里是古封国的都城所在地。

后夒的后裔在商朝还建立了一个归姓胡国，史称归胡国，又称妢胡国。据史载：

胡子国，归姓。归姓，夒出。

——《路史·卷二十九·国名纪六·古国》

胡子国故址在今颍州汝阴（今安徽阜阳）一带地区，是西周初期分封的归姓诸侯国，为子爵小国。

归姓胡子国属于归夷，原系东夷集团的一支，原居于河南商丘一带，后来遭到商王武丁的讨伐，被迫四处播迁。除一部分留居中原今河南省漯河市东部一带地区建立了小归胡国外，大部分归夷人不愿臣属于商王朝而继续向南迁徙，其中一支归夷人迁居于汝阴一带，并在该地区建立起妢胡国。典籍《周礼·冬官考工记》记载：

妢胡之笴。妢胡，胡子之国，在楚旁。

说明妢胡国盛产"美笴"，就是用来制作箭杆的细木。

春秋末期，弱小的归胡国、妢胡国均被迫参加以楚国为首的诸侯联盟，结成联军去攻打吴国，后来又参加了楚国与吴国之间的"豫章之战"。结果，在周敬王十二年（前508年），楚昭王熊壬（熊轸）在"豫章之战"后的班师回程中，反而顺便吞并了同盟的归胡、妢胡这两个小国。

西周时期，楚国国君熊绎的六世孙熊挚被封在夒龙氏故地夒城（今湖北秭归），而建立了芈姓夒国。后来熊挚的子孙立有战功，楚王升夒国为子国，这便是历史上

-515-

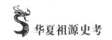

的夔子国。公元前634年，楚成王熊恽以夔子不祀楚国始祖祝融与鬻熊为借口，派令尹子玉（成得臣）、司马子西（斗宜申）率师灭掉夔子国，把夔子俘回郢都，芈姓夔国灭亡。

夔龙氏虽然灭亡了，但是夔龙氏却以另一种形式而永久保留了下来，这就是举世闻名的夔龙纹饰。商周时期夔龙纹青铜器、夔龙形玉饰、青铜佩件大行其道，成为当时最壮丽的一道艺术风景。

• 皋陶（咎陶、咎繇、皋陶、皋繇、皋繇）——李姓始祖

皋陶（音 gāo yáo），又称咎陶、咎繇、皋陶、皋繇、皋繇，在尧舜禹三朝都是举足轻重的人物。但对于上古民族史的研究来说，皋陶是一个里程碑式的人物，他是今天的全球第一大姓李姓可考的最早的得姓始祖。换句话说，他和他的后代用了五千多年的时间，为中华民族贡献了最多的人口。

像　陶　皋

皋陶像

/ 族源

皋陶，又作咎陶、咎繇、皋陶、皋繇或皋繇。据《路史》载：

初帝裔子取高阳氏之女，曰脩，生大业。大业取少典氏女，曰华，生繇。繇生
马喙，忠信疏通，伆而敏事，渔于雷泽。虞帝求旃以为士师，繇一振褐，而不仁者远。
乃立犴狱，造科律，听狱执中，为虞之氏，而天下亡冤。封之于皋，是曰皋陶。

——《路史·卷十六·后纪七·疏仡纪·小昊》

意思是：当初少昊裔子娶颛顼高阳氏的女儿女修生下儿子大业，大业后来迎
娶少典氏首领之女，名叫女华，生下繇。繇生下来嘴就长得像马嘴（圣人的特征之
一），为人忠信，性情放达，寡言少语但是做事果断，在雷泽中打鱼为生。帝舜有虞
氏亲自请求繇出任司法官，繇答应了。他刚一上任，天下的奸邪之人就马上逃得远
远的。繇辅佐帝舜，设立监狱，制定法律，公平断案，在帝舜时代，几乎就没有冤
案。帝舜把他封于皋地，人们就称他为皋陶。

这里提到的少典氏非常了不得，是炎黄两族的始祖父（始祖母为有蟜氏），炎帝
神农氏和黄帝轩辕氏的父亲都出自少典氏。皋陶的祖母女修是颛顼之女，祖父是少
昊裔子，也就是少昊金天氏的后辈子侄，具体不详。少昊金天氏是一千五百多年前
的少昊青阳氏的后代。如果说少昊青阳氏（父为黄帝，母为方雷氏）还能算是黄帝
族系的话，则少昊金天氏已经完全东夷化。所以，皋陶的父亲大业应该是黄帝族系
和东夷族系的混血。皋陶之母女华出自黄帝族系的少典氏，这样，皋陶自己可以说
拥有四分之三黄帝族系血统和四分之一东夷族系血统。

帝尧时期已经进入父系社会，皋陶身上尽管有更多的黄帝族系的血统，但他还
是随父祖归为东夷族系的王族——少昊族，而且可能是其中的王族鸷鸟氏——其名
字中的"繇"或许更应该是"鹞"，即指猛禽鸷鸟。所以，皋繇的祖姓应为嬴姓或偃
姓。嬴也好，偃也好，都源自少昊族的图腾玄鸟，也就是燕子。皋陶之"皋"，可能
与少皞之"皞"有关，也正说明皋陶的身份是东夷族的首领。

/ 李姓始祖

皋陶妻室的情况不详，其子至少有三个。据《路史》载：

（皋陶）有子三人，长伯翳，次仲甄，次封偃，为偃姓。……仲甄事夏，封六，其后分英，俱为楚并，有甄氏、六氏、皋咎、繇皋、英黟之氏；伯翳大费，能驯鸟兽，知其语言，以服事虞夏，始食于嬴，为嬴氏。盈暨功于洪帝，乃锡之皁斿、玄玉、姚女，而封之费。

——《路史·卷十六·后纪七·疏仡纪·小昊》

皋陶的长子为伯翳，又称伯益，因为这个人在华夏民族历史上的地位非常重要，所以我们会在下一节专门讲述。伯益继承了皋陶的东夷族首领的职位，被帝舜封为嬴姓，其实是准允他恢复祖姓，而皋陶未见有帝舜赐姓的记载，那么，按我们现在的理解，伯益等于是"开府建牙"，自立门户了。所以伯益的后代一般只把祖先追溯到伯益这里，这可能才是为什么《尚书》和《史记》都不提皋陶和伯益的父子关系的原因。

皋陶的次子名仲甄，在兄长伯益独立后，世代奉祀皋陶的应该是这个儿子。仲甄的后代在夏朝被封于六（音lù）国。对此，《帝王世纪》的记载有所不同：

皋陶卒，葬之于六。禹封其少子于六，以奉其祀。

——《帝王世纪辑存·自皇古至五帝第一》

皇甫谧认为封到六国、奉皋陶之祀的是皋陶的小儿子。我们不好说罗泌和皇甫谧谁的说法正确，所以权且搁置，读者自己判断。

六国后来又分出英国，这二国最后都在春秋战国时期，被楚国所灭。

皋陶的小儿子为"偃姓"，我们前面已经论证过，他就是"颛顼八恺"中的庭坚，其后代枝叶繁盛，有州绞、贰、轸、谣、皖、参、会、阮、棐、鬲、郦偃止、舒庸、舒鸠、舒龙、舒蓼、舒鲍、舒龚、鸠、庸、龙、蓼等诸多部落方国，后来在春秋战国时代，要么亡于鲁国，要么亡于楚国。

皋陶少子庭坚后代建立的蓼国，也是灭于楚国之手，皋陶因此绝祀。《左传》特别记载了这件事：

冬，楚公子燮灭蓼，臧文仲闻六与蓼灭，曰："皋陶、庭坚不祀忽诸。德之不建，民之无援，哀哉！"

——《左传·文公五年》

意思是：鲁文公五年（前621年）冬天，楚国公子燮灭掉了蓼国，鲁国大夫臧文仲听后痛心疾首，说："皋陶、庭坚就这么轻易地绝祀了。（皋陶）其德无法延续，其民无所依靠，真是悲哀啊！"

六国就是今天安徽的六安，是皋陶次子仲甄的封国，皋陶墓就在这里，而蓼国是皋陶少子庭坚的后代蓼叔安的封国。"国之大事在祀与戎"，皋陶二子的封国相继被楚国所灭，相当于皋陶就绝祀了，这对于一代圣人的皋陶来说，非常残酷也非常无奈和不公，所以臧文仲大为哀伤。

但是所谓皋陶绝祀，只是说今后皋陶不再享有国祀，而皋陶的后代却薪火相传，在两千多年的时间里，繁衍出人类第一大姓氏，这就是李姓。

唐代历史学家李延寿在编撰《北史》，溯源李唐先祖时指出：

李氏之先，出自帝颛顼高阳氏。当唐尧之时，高阳氏有才子曰庭坚，为尧大理，以官命族，为理氏，历夏、殷之季。其后理征字德灵，为翼隶中吴伯，以直道不容，得罪于纣。其妻契和氏，携子利贞逃隐伊侯之墟，食木子而得全，遂改理为李氏。周时，裔孙曰乾，娶于益寿氏女婴敷，生子耳，字伯阳，为柱下史。

——《北史·列传·卷八十八·序传》

《史记·五帝本纪》载"皋陶为大理"，主管刑狱和司法审判，皋陶之后，其少子庭坚及其后代世代担任此职，以官为氏，严格来说为偃姓理氏。商朝末年，五伯之一的中吴伯（另四伯为西伯侯姬昌、北伯侯崇候虎、东伯侯姜恒楚、南伯侯鄂崇禹）理征以直谏不容于纣王，得罪而死，遗孀契和氏与其子利贞逃难到伊侯之墟。母子饥不择食，遂取道旁树上的果实充饥，得以活命。他们就把这种果实命名为"李"，意为木上之果，并以自己姓氏的发音称之，而且改姓为"李"。西周时，李利贞裔孙李曰乾，娶益寿氏女婴敷，生下一个儿子，名耳，字伯阳，后为周朝柱下史，相当于今天的国家档案馆和图书馆馆长，他就是中国最伟大的思想家老子。

据唐人林宝《元和姓纂》载，李耳是李利贞的十七世孙。另据《新唐书·宗室世系》及《宰相世系》记载，李耳的八世孙名李昙，字贵远，曾入秦为御史大夫，后到赵国任柏人侯。李昙生四子：崇、辨、昭、玑。李崇留居陇西，为李姓陇西房始祖，幼子李玑为赵国一代名将李牧之父，是李姓赵郡（今邢台隆尧县柏人城遗址附近）房始祖。

李崇的后代有秦国名将李信，曾在灭燕战争中立下大功。李崇的后代中最著名的是有"飞将军"之称的李广。李广之孙为李陵，同样是汉武帝时期的名将。天汉二年（前99年），李陵奉汉武帝之命出征匈奴，率五千步兵与八万匈奴战于浚稽山，最后因寡不敌众兵败投降。史学大师司马迁就是因为替李陵辩解，而被汉武帝处以宫刑。之后汉武帝误听信李陵替匈奴练兵的讹传，夷灭李陵三族，致使李陵悲恨交加，彻底与汉朝断绝关系。匈奴单于敬佩李陵忠勇，将女儿跖跋氏嫁于他，并封他为右校王，其封地在黠戛斯，即今天的吉尔吉斯斯坦。

有学者认为，李陵和其所辖汉人在黠戛斯的后代后来孕育出鲜卑拓跋部，如果按父系看，应为李姓，所以就有了所谓"拓跋李"的称谓。匈奴衰落后，鲜卑部崛起，拓跋鲜卑更是入主北部中国，建立北魏王朝。北魏后分为东魏和西魏，西魏后又变为北周。

北周柱国大将军、陇西郡公李虎，为十六国时期西凉开国君主李暠（一作李皓）五世孙。李暠则为"飞将军"李广的十六世孙。据此推算，李虎为李广的二十一世孙。李暠生李歆，是西凉第二任君主，史称西凉后主。李歆生李重耳，李重耳在西凉灭亡后，出仕北魏，官至弘农太守。李重耳生李熙，李熙生李天锡（一作李天赐），即李虎的父亲。李虎死后，被北周追封为唐国公。李虎之子为李昞（李昺），袭柱国大将军、唐国公，李昞之子则为唐高祖李渊。

从上述来看，如果李陵的后代创建拓跋鲜卑确实的话，则拓跋鲜卑与李唐宗室是远亲关系。唐太宗贞观二十二年（648年），黠戛斯首领阿热氏亲自入京朝贡，与唐王朝攀亲，希望认祖归宗。李世民赐封阿热为左屯卫大将军，并于同年在其境内设坚昆都督府。后来，黠戛斯更于唐高宗、唐中宗、唐玄宗等时期，多次赴京朝贡。708年，黠戛斯又派遣使来到长安。据《新唐书》载：

　　景龙中献方物，中宗引使者劳之曰："尔国与我同宗，非它蕃比。"

　　　　　　　　　——《新唐书·卷二百一十七上·列传第一百四十二下》

唐中宗认可黠戛斯与唐帝族同宗，感动得黠戛斯使者连连顿首，之后黠戛斯也真的把自己当成了与唐朝有着亲戚关系的蕃邦，多次派兵参加唐朝打击后突厥的军事行动。唐武宗时期，唐王朝正式把阿热编入宗室。

说到黠戛斯，我们一定不要忘了与之密切相关的另一位唐代李姓名人，这就是伟大诗人李白，他就出生在黠戛斯的碎叶，也就是今吉尔吉斯斯坦首都比什凯克以东的托克马克市。李白之父为李客，显然不是真名，而为什么改名，为什么跑到碎

元代著名画家赵孟頫绘《老子像》

叶，众说纷纭。李白自称"本家陇西人，先为汉边将"（《赠张相镐二首》之二），溯祖汉代飞将军李广，为凉武昭王李暠的九世孙，有学者就此推断，李白可能是在玄武门之变中被杀的太子李建成或齐王李元吉的余裔，但无确据。也有人认为李白应该是"拓跋李"，"先为汉边将"不是指李广，而是李广之孙李陵，李白或即黠戛斯的李陵后裔，主要证据一是李白的长相，"眸子炯然，哆如饿虎"（魏颢《李翰林集序》），就是说李白头大目深；二是李白精通月氏语，"鲁缟如玉霜，笔题月氏书"（《寄远十一首·其十》），而且还曾有过"草答蕃书"（载范传正《唐左拾遗翰林学士李公新墓碑并序》）的惊天之举，这在当时的文人墨客里算是极为与众不同的。

不管怎么说，天宝二载（743年），唐玄宗特批李白隶宗正寺，编入皇族户籍管理，等于还是承认了李白的宗室身份。

唐高宗乾丰元年（666年），唐高宗李治亲自到亳州老君庙（今河南鹿邑县太清宫）祭老子，并封老子为"太上玄元皇帝"；天宝二年，也就是李白入籍李唐宗室的同一年，唐玄宗追封皋陶为"德明皇帝"，加封老子为"大圣祖"，老子之父、周朝上御大夫李乾（李敬）为"先天太上皇帝"，凉武昭王李暠为"兴圣皇帝"；天宝八年，又加封老子为"圣祖大道玄元皇帝"。

在动用皇权对李姓大力尊崇的情况下，李姓获得了空前的发展。为笼络大唐功臣和异族归附将领，李唐皇室频繁进行赐姓活动，如唐初名将、英国公徐世绩，他有另一个妇孺皆知的名字，叫徐懋功，赐姓李后，避李世民讳改名为李绩；东突厥贵族阿史那思摩，降唐后，赐李姓为李思摩；靺鞨族酋长突地稽，被李世民赐姓，为李突地稽；唐朝末年党项族的首领拓跋思恭，平定黄巢叛乱有功，被唐僖宗封夏国公，赐李姓，为李思恭，但也可以理解成是让拓跋思恭认祖归宗，因为其祖上可能本就是姓李；其后代李元昊在北宋时创建了西夏王朝，等等。大量赐姓和改姓使李姓在唐朝得到迅速膨胀。唐以后，在庞大的唐朝李姓人口的基础上，李姓进一步繁衍壮大，至今天发展为全球第一大姓。

/ 皋陶作刑

《尚书》言皋陶作士，《史记》说"皋陶为大理"，就是说皋陶担任的是氏族联盟的"大法官""监狱长"和"刑法制定人"。

皋陶的刑法思想集中体现在《尚书·舜典》中：

象以典型，流宥五刑，鞭作官刑，扑作教刑，金作赎刑，眚灾肆赦，怙终贼刑。钦哉，钦哉，唯刑之恤哉。

——《尚书·虞书·舜典第二》

象以典型，就是在器物上刻画五种常用的刑罚；流宥五刑，是对应当施以伤残肢体的肉刑的一种宽宥，即判处流刑。史载"流共工，放欢兜、窜三苗"，流、放、窜都是对流刑的不同称法；鞭作官刑，扑作教刑，就是用鞭打作为官刑，用木条打作为学校的刑罚。古代的鞭刑是两种不同的刑责工具。唐代孔颖说："官刑鞭扑俱用，教刑唯扑而已。"扑刑是对于"不勤于道业"的学生施以扑责。《国语·鲁语》说："薄刑用鞭扑"，体现了皋陶使人明耻、改过的用意；金作赎刑，就是对于轻罪犯，可以用缴纳赎金的方式来替代受刑。从以上我们不难悟出，慎刑是皋陶作刑的基本思想，"钦哉，钦哉，唯刑之恤哉"，这可以说是中国最早的慎刑思想。

皋陶制定的刑法，一直到春秋时期还在使用。据《左传》载：

《夏书》曰：昏、墨、贼，杀。皋陶之刑也。请从之。

——《左传·昭公十四年》

除了是称职的法官、刑狱官和刑法制定人，皋陶还是一位优秀的政治家，他帮助夏禹当上了华夏氏族联盟的大首领。禹继帝位后，曾推举皋陶当继承人，被皋陶拒绝。

皋陶死后，葬于六国，即今安徽六安市。

/ 獬豸——中国封建时代的司法形象符号

在两千多年的封建时代里，皋陶一直是作为司法鼻祖、刑狱之神而存在的。东汉思想家王充在其著作《论衡·是应》中，就提到过"犹今府廷画皋陶、觟𧢲也"。大堂上供奉皋陶，这个很正常，但是堂上墙壁上画的觟𧢲是什么，又有什么意义呢？

觟𧢲，又称獬鹰、解豸，今天通称獬豸（均音 xiè zhì），是传说中皋陶养的用于断案的一种独角神兽。据《论衡》载：

儒者说云："觟𧢲者，一角之羊也，性知有罪。皋陶治狱，其罪疑者，令羊触之，有罪则触，无罪则不触。斯盖天生一角圣兽，助狱为验，故皋陶敬羊，起坐事之。此则神奇瑞应之类也。"

——《论衡·卷十七·是应篇第五》

根据王充的记述，獬豸是一种独角羊，能够判断是非曲直。每当皋陶也无法准确断案的时候，便放出獬豸，獬豸会用独角去顶有罪的人。

《后汉书·舆服志》也记载说，獬豸是一种神羊：

獬豸，神羊，能别曲直，楚王尝获之，故以为冠。

——《后汉书·志第三十·舆服下》

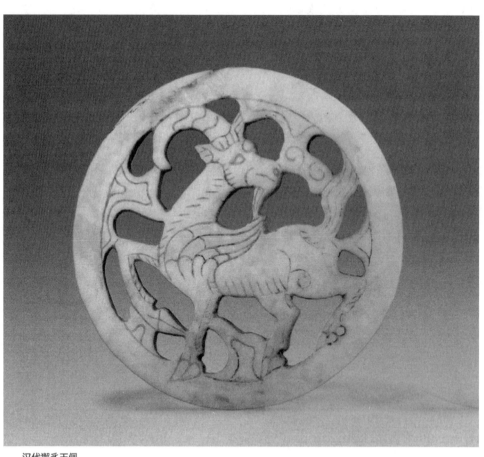

汉代獬豸玉佩

　　獬豸到底是古人想象出来的神兽，还是生活中确有其物，古今学者一直争论不休。从皋陶曾饲养獬豸和后来楚文王曾见过獬豸的古史记载来看，似乎獬豸在生活中有原型。我们今天综合来分析，獬豸很有可能是独角的羚羊，这种羚羊本来是因病而变异，或者本是双角而被撞断一只，平时不太常见，所以古人视为神物也就顺理成章。至于这种羚羊能判断是非善恶和有罪与否，恐怕是古人的牵强附会，或者就是故弄玄虚，始作俑者可能就是皋陶。只要是人断案，一定会有人不服，皋陶也不例外，于是为了减少诉讼纠纷，皋陶就利用了人们相信神断的心理，让人找来独角羚羊獬豸，假意说是獬豸断案，谁有罪，獬豸就触谁。

　　说到这里，有人会问，那怎么才能让獬豸触人呢？其实技术难度并不大。晋武帝司马炎时，因为妃嫔太多，宠幸不过来，他就让羊拉着车，随羊走到哪停下来，就宠幸哪里的妃子。后来有些聪明的妃子就在自己宫室外面路边的草上洒上盐水，羊闻到盐水味，就过来吃草，那些妃子因此而被临幸。皋陶的伎俩估计也差不多，只要事先在"罪犯"身上洒上盐水，到了堂上，獬豸自然去往"罪犯"身边凑，案子就这样断了。

　　皋陶可能想不到，他当年的小聪明成就了我们今天独特的司法文化。"法"这个字，古代写成"灋"，右边的廌，即指獬廌（獬豸），左边偏旁为水，取法平如水之意。

　　据说，楚文王捕获獬豸后，从其形象受到启发，发明了獬豸冠。《后汉书·舆服志》载：

　　法冠，一曰柱后。高五寸，以纚为展筩，铁柱卷，执法者服之，侍御史，廷尉正监平也。或谓之獬豸冠。獬豸神羊，能别曲直，楚王尝获之，故以为冠。

——《后汉书·志第三十·舆服下》

　　春秋时，楚国率先规定执法者、刑狱官、御使官员戴獬豸冠，用意还是希望这些官员能像獬豸一样公平执法，所以獬豸冠又有法冠之称。虽然獬豸冠本是法冠，但自楚文王创制獬豸冠后，楚国官方和民间都仿效獬豸冠而设计了一种冠，人称楚冠，成为当时楚国的流行时尚。楚冠又称南冠，因《左传》记载的一件事而使南冠有了特别的意义：

　　晋侯观于军府，见钟仪，问之曰："南冠而絷者谁也？"有司对曰："郑人所献楚囚也。"

——《左传·成公九年》

南冠就是楚冠，"南冠而絷者"，意思就是戴着南冠被捆缚的人，后来，南冠变成了楚囚的代名词，楚囚后来又变成囚徒、战俘的代名词，则南冠后来也就成了阶下囚的另一种说法。

秦统一中国后，对楚冠予以继承，规定其近臣御史都要戴这种冠，《秦会要订补》（卷十四）就记载"侍御史冠獬豸冠"，后来汉朝因之，廷尉、御吏等都戴獬豸冠，以后历代王朝都以獬豸冠作为司法和监察部门官员的重要标志。

除了獬豸冠，明清时代的御使和司法官员还要穿绘有獬豸补子的官服，本来属于文官体系的一品都御史、三品副都御史及按察史、五品监察御史官服上皆绣獬豸，这与文官鸟图案的补服完全不同。

• 伯益

伯益又称伯翳、柏翳、柏益、后益、化益，后因被封于费地，所以又称大费、费侯。

/ 皋陶和伯益到底是什么关系

要考证伯益的族源，一定离不开皋陶，传统史学界一般认为皋陶是伯益之父，我们前面在探讨皋陶族源时已经说过，根据《路史·后纪·小昊》的相关记载，皋陶之母女华出自少典氏，皋陶之父为大业，出自帝颛顼之女或宗室女修。而根据《史记》所载，大业和女华之子为大费：

秦之先，帝颛顼之苗裔孙曰女修。女修织，玄鸟陨卵，女修吞之，生子大业。大业取少典之子，曰女华。女华生大费，与禹平水土。……是为柏翳。舜赐姓嬴氏。

——《史记·卷五·秦本纪第五》

司马迁明确说大费就是柏翳，也就是伯益，所以称大费是因为他辅佐大禹治水，因功而被帝舜封在费地，赐嬴姓。

《史记》说大业、女华生伯益，《路史》说大业、女华生皋陶，我们首先的反应是：难不成皋陶就是伯益？第二个反应会是，或者二人为兄弟。只是可惜，几乎古史上找不到这两种观点的证据。于是就出了一个第三种观点，那就是二人为父子，虽然也还是有难以自圆其说的地方，但相比二人是同一人和二人为兄弟的观点还是有更多的合理性。

目前已知持皋陶和伯益为父子之说的为东汉著名史学家班固的妹妹班昭，她在给西汉人刘向编著的《列女传》中"陶子生五岁而佐禹"这句话作注解时说，"陶子者，皋陶之子伯益也"。后来的学者，不管是唐代的张守节、孔颖达、司马贞、陆德明还是北宋的欧阳修、南宋的罗泌等对此都深信不疑。欧阳修在纂修《新唐书·宰相世系表》时就明确说，"皋陶生伯益，伯益生若木"。"皋陶之子伯益"遂成为一种主流观点。

但主流归主流，有三点却无法解释。一个是《尚书》中没有皋陶和伯益是父子关系的记载，要知道《尚书》中有很多篇幅记载了皋陶和伯益的言行，如果他们真的是父子关系却只字不提，这是非常反常的；无独有偶，史学大师司马迁的《史记》也从没有提及过这回事。

第二点，《列女传》说"陶子生五岁而佐禹"，班昭的解释是"陶子者，皋陶之子伯益也"，如果伯益在大禹当政时才五岁，那么怎么解释《尚书》和《史记》多次提到二人在帝舜时同朝为官的情况，那个时候伯益应该多少岁？伯益五岁而佐禹，那么伯益辅佐帝舜时肯定还不足五岁，理论上甚至应该还没出生。再者，《左传·文公十八年》曾记载"颛顼八恺"，其中的第二人隤敳。据《路史》载就是伯益：

（颛顼之妻邹屠氏女）及梦八人，苍叔、伯益……伯益之字隤凯，次居子族之三……

——《路史·卷十七·后纪八·疏仡纪·高阳》

伯益如果是颛顼时人，怎么可能到大禹时候才五岁？

第三点，皋陶后代所封的英国、六国和蓼国后来相继被楚国所灭，《左传》称为皋陶绝祀。六国是皋陶的次子仲甄后代的封国，就是今天的六安，皋陶墓就在这里，而蓼国是皋陶的幼子，颛顼八恺之一的的庭坚的后代蓼叔安的封国。六国和蓼国被灭时，伯益的后代创建的秦国和赵国都还在，如果皋陶、伯益父子关系成立，何来绝祀一说？

上述对皋陶、伯益父子关系的三点质疑，笔者以为虽然很有道理，但可能还是有值得进一步商榷的地方。我们可以先想一个问题，《路史·后纪·高阳》说伯益也是"颛顼八恺"之一，有学者认为这不可信，因为一个很简单的道理：伯益曾在夏禹时期出任虞官，那么从颛顼到夏禹，贯穿整个五帝时代，伯益得多大岁数？我们先不说班昭说的"伯益五岁而佐禹"这个明显的错误，就算是"伯益九十五岁而佐禹"，可能吗？这个问题的答案在于我们对伯益这个概念的理解，如果认为这只是一个人的名字，那么颛顼时候的伯益绝无可能去辅佐夏禹；但是如果伯益是当时的东夷族首领的称谓呢？那么一切就都迎刃而解了。

《史记》在记载伯益的出生时说：

秦之先，帝颛顼之苗裔孙曰女修。女修织，玄鸟陨卵，女修吞之，生子大业。大业取少典之子，曰女华。女华生大费，与禹平水土。……大费拜受，佐舜调驯鸟兽，鸟兽多驯服，是为柏翳。舜赐姓嬴氏。

——《史记·卷五·秦本纪第五》

这段大家看了一定觉得似曾相识，伯益之生与帝喾妃简狄吞玄鸟蛋生契的故事如出一辙。契是帝喾时东夷族的领袖，同样伯益是颛顼时东夷族的领袖，所以，他们的创生神话是标准模板。

"舜赐姓嬴氏"这几个字也非常重要。作为东夷族领袖，伯益本来就是嬴姓，帝舜不赐姓，他也是嬴姓，为什么还要多此一举？要知道帝舜赐姓是有特殊意义的，这就是以官方正式任命的方式承认、认可伯益为东夷族的首领。

/ 伯益不是人名，是对东夷族首领的称谓

伯益又称后益，伯、后都是王的意思，益与鳦、蟜、夷、嬴、偃、奄、晏、郯、羿、应、英、殷等，都是一个意思，都是东夷人对玄鸟，也就是燕子的称呼，换句话说，都是东夷人对自己的部族大首领的称呼。

颛顼氏族联盟末期，皋陶以颛顼曾外孙的身份成为当时的东夷族的领袖，其官称应该也是伯益，其长子隤敳、幼子庭坚都是"颛顼八恺"的成员。帝喾时，皋陶和帝喾之子契应该围绕伯益之位进行过争夺，结果是契胜出，契当上了伯益。

帝舜时器，帝舜应该是以武力手段推翻了尧子丹朱，皋陶长子隤敳或许因为支持帝舜而获得褒奖，帝舜除了封之于费，"妻之姚姓之玉女"，把自己的女儿或姚姓

宗室的女儿嫁给他，更是正式赐其嬴姓，也就是承认他为东夷族的首领，即伯益。此举还有另一层意义，就是隤敳从此获得氏族身份的独立，这就是我们俗说的分家，另起炉灶，开府建牙，以嬴姓之祖而从皋陶偃姓部族体系中脱离。这恐怕才是嬴姓后人溯祖只到伯益（隤敳），而不往上到皋陶的原因，同时也可以解释为什么《左传·文公五年》鲁国大夫臧文仲为皋陶绝祀而痛心，这是把皋陶之子伯益排除在了皋陶部族之外。

/ 伯益和《山海经》

帝舜末期佐禹治水的伯益很有可能已经不是作为皋陶之子的伯益，他或为皋陶之孙，或为重孙。在跟随大禹治水、到处游历考察的过程中，这位伯益将所听闻和看到的地理山川、草木鸟兽、奇风异俗、轶闻趣事记录下来，著成一部奇书，这就是《山海经》。据载：

> 已定《山海经》者，出于唐虞之际……禹别九州，任上作贡，而益等类物善恶，著《山海经》。
>
> ——《山海经表》

> 禹主行水，益主记异物，海外山表，无所不至，以所记闻作《山海经》。
>
> ——《论衡·别通篇第三八》

> （禹）与益、夔共谋，行到名山大泽，召其神而问之，山川脉理、金玉所有、鸟兽昆虫之类，及八方之民俗、殊国异域、土地里数：使益疏而记之，故名之曰《山海经》。
>
> ——《越王无余外传》

现代学者均认为《山海经》成书并非一时，其中有四卷为后人增补作品。

《山海经》是记述中国远古和上古历史、地理、文化、神话、宗教、民族、民俗等知识的百科全书，是研究中华民族起源和发展的必读之书，是中国文化史乃至世界文化史上的一个光辉的里程碑、一颗璀璨的明珠。

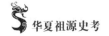

/ 伯益与夏启争帝

尧舜禹时期，中国大地洪水不断，帝尧先后用共工和用崇伯鲧治水，都没能取得成功，仍继续任用崇伯鲧之子、夏后氏部落首领大禹进行治水工作。此时的东夷族首领伯益（应非皋陶之子伯益，或为后者之后代）受命辅佐大禹，最终取得了治水的成功。

大禹践帝位后，伯益成为其左膀右臂，甚至被大禹选定为继承人。在大禹的晚年，伯益作为其唯一的副手，实际与之共掌天下。大禹死后，伯益成为华夏氏族联盟的实际领袖。据《史记》载：

十年，帝禹东巡狩，至于会稽而崩，以天下授益。

——《史记·卷二·夏本纪第二》

接下来的事情发展就有两种说法去了，一种是《史记》为代表的正统说法：

十年，帝禹东巡狩，至于会稽而崩。以天下授益。三年之丧毕，益让帝禹之子启，而辟居箕山之阳。禹子启贤，天下属意焉。及禹崩，虽授益，益之佐禹日浅，天下未洽。故诸侯皆去益而朝启，曰：'吾君帝禹之子也'。于是启遂即天子之位，是为夏后帝启。

——《史记·卷二·夏本纪第二》

意思是：过了十年，禹帝到东方视察，到达会稽，在那里逝世。临死前禹把天下传给益。服丧三年完毕，益又把帝位让给禹的儿子启，自己到箕山之南去躲避。禹的儿子启贤德，天下人心都归向于他。等到禹逝世，禹虽然想把天子位传给益，但由于益辅佐禹时间不长，天下并不顺服他。所以，诸侯还是都离开益而去朝拜启，说："这是我们的君主禹帝的儿子啊"。于是启就继承了天子之位，这就是夏后帝启。

另一种说法与之截然不同，以《竹书纪年》为代表：

益干启位，启杀之。

——《古本竹书纪年辑校》

事实上，据有些史料记载，伯益在大禹死后当过短暂的大首领，明清时期的思想家王夫之所著《楚辞通释》就载说：

《竹书纪年》载益代禹立，拘启禁之，启反起杀益以承禹祀。

——《楚辞通释·卷三》

就是说，伯益甚至把夏启抓到过，但夏启根基更牢固，反而逆转成功，杀掉伯益自立。

《汉书·律历志》也载：

张寿王言，化益为天子代禹。

——《汉书·卷二十一上·律历志第一·上》

张寿王是当时的太史令，可能他看到了相关的史料，所以才这么说。但是，最终伯益还是被夏启推翻，而之所以如此，有些史籍甚至归之于大禹的阴谋。如《战国策》载：

禹授益，而以启人为吏。及老，而以启为不足任天下，传之益也。启与支党攻益，而夺之天下，是禹名传天下于益，其实令启自取之。

——《战国策·燕策一》

意思是说：大禹表面上打算传位给伯益，但是却任用启的人为官吏。等他老了快不行的时候，就以启不足以托付天下为由，把大位传给伯益。结果，启联合清代中启的党羽，一举夺得天下，真相就是大禹名义上把天下传给伯益，但实际上是让启自己去夺回来。

总体而言，伯益和夏启为争夺帝位进行的斗争非常激烈，伯益最后失败，但他并不是当时就被夏启杀掉，而是先逃回自己的封邑费国。据载：

（帝启）二年，费侯伯益出就国。……六年，伯益薨，祠之。

——《今本竹书纪年疏证·卷上·帝启》

伯益在夏启即位的第二年，逃回到费国，表明在这场权力争夺中，伯益不仅失

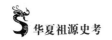

去了帝位，而且失去了继续在夏王朝中任职的机会。于是，不甘就此罢休的伯益，遂联合东夷族群起而反抗夏启，结果在帝启六年，为夏启所杀。《晋书·束皙传》《史通·疑古篇》和《杂说篇》均记载"益为后启所诛"。

伯益死后，据《越绝书》载：

> 益死之后，启岁善牺牲以祠之。经曰："夏启善牺于益。"此之谓也。
>
> ——《越绝书·越绝卷第三·越绝吴内传第四》

伯益是东夷族群的首领，而东夷族群又是虞夏部落联盟的主要组成部分。从先秦文献中有关夏朝初年主要是与东夷打交道的大量记载可知，伯益的被杀，严重影响了夏夷之间的关系，进而影响到新生的夏政权的巩固和稳定，因此，夏启为伯益"岁善牺牲以祠之"，显然是为了笼络东夷族群，不得已而采取的怀柔措施。

/ 伯益之后

帝舜氏族联盟时期，东夷鸟族的首领柏翳被赐姓嬴。但是与其说这是赐姓，不如说是在黄帝赐姓依之后，帝舜氏族联盟对东夷鸟族给予的同样意义的一种官方承认，即承认鸟族为帝舜氏族联盟的嫡系甚至宗亲之族。帝舜在这次赐姓活动中，共承认十四个鸟族部落方国为鸟族嬴姓正宗，是为"嬴姓十四氏"。据《史记·秦本纪》载：

> 㺒秦之先为嬴姓。其后分封，以国为姓，有徐氏、郯氏、莒氏、终黎氏、运奄氏、菟裘氏、将梁氏、黄氏、江氏、脩鱼氏、白冥氏、蜚廉氏、秦氏。然秦以其先造父封赵城，为赵氏。
>
> ——《史记·卷五·秦本纪第五》

下面我们逐一简单介绍一下这些国家。

// 徐国

系夏朝至西周时期诸侯国。伯益之子若木为徐国开国君主，西周时为子爵徐国，都城为徐城（今江苏省宿迁市泗洪县）。

徐子鼎，1962年出土于山东临沂市费县冶镇台子沟，为春秋时期徐国王子赴蒙山祭祀时的祭器。现藏于山东省博物馆

徐国传到第三十二世，国君徐诞主政，国力达到空前强盛，据《韩非子》载：

徐偃王处汉东，地方五百里，行仁义，割地而朝者三十有六国。

——《韩非子·五蠹第四十九》

最后，徐诞僭越子爵之位，而竟称王，等于与周穆王分庭抗礼。当时周穆王正在昆仑山与西王母把酒言欢，闻"徐偃王作乱，造父为缪王御，长驱归周，一日千里以救乱"（《史记·秦本纪》）。周穆王同时派人到楚国，让楚国发兵，楚文王兵发徐国，兴师问罪，徐偃王弃国出走。周穆王续封其子宗为徐子，继续管理徐国。

周敬王八年（前512年），徐子国为吴国所灭。徐子国共传四十四世，历时一千六百余年。

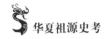

// 郯国

郯国是春秋时期一个小国，在今山东郯城一带，创建者不详，仅知道为少昊后裔。

郯国没有建立过什么轰轰烈烈的伟业，但是研究先秦历史的人，却几乎没有不

晚清著名画家任伯年绘"郯子鹿乳奉亲"

知道春秋时期的郯国国君郯子的。鲁昭公十七年，郯子访问鲁国，与鲁昭公就少昊氏族联盟的鸟官体制进行了一次对话，这段对话被经常引用，是研究少昊时期政治制度的重要史料。当时圣人孔子才二十八岁，听说郯子与鲁昭公的宏论后对郯子非常敬仰，特地向郯子请教古代的官制。郯子给孔子传授了不少知识，长了见识的孔圣人不禁感慨："吾闻之，天子失官，学在四夷，犹信！"

与郯子相关的另一件事是，他是"二十四孝"中的"鹿乳奉亲"事件的当事人：

> 周郯子，性至孝。父母年老，俱患双眼疾，思食鹿乳。郯子乃衣鹿皮，去深山，入鹿群之中，取鹿乳供亲。猎者见而欲射之。郯子具以情告，乃免。
>
> ——《全相二十四孝诗选集·鹿乳奉亲》

郯子是个非常孝顺的人。父母年老，且双目都患有眼疾，需要鹿的乳汁洗眼。郯子就披上鹿皮，前往深山里去，伪装在群鹿中间，取鹿乳来供养双亲。打猎者看见他，以为是鹿便想射他。郯子便将实情告诉他，才得幸免。

// 莒国

莒国，子爵，《通志·氏族略》谓其为"嬴姓，少昊之后也，周武王封兹舆期于莒，今山东密州莒县是也。"据《世本》记载，莒自纪公以下为己姓，故《左传》莒女称戴己、声己。齐桓公为公子时，曾到莒国避难，留下著名的"勿忘在莒"的典故，喻意不忘本，不忘初衷，不忘家乡，不忘祖国。公元前431年莒国为楚国所灭。

// 终黎国

又称钟离国、童鹿国，是西周和春秋中晚期的诸侯国，范围在安徽省蚌埠和凤阳一带，国君为嬴姓，子爵。2006年，安徽蚌埠双墩一号墓考古发掘中发现九个编钟和一个铜钟，钟刻"童丽君柏之季子康"，意即终黎国国君柏的小儿子康，证明此墓为终黎国国君柏的家族墓。

// 运奄国

商朝古国，在曲阜附近，太史公曰："秦之先为嬴姓，其后分封，以国为姓，有运奄氏。"这个运奄氏就是运奄国，亦称奄国，是少昊后裔东方之国的延续。

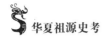

// 菟裘国

为佐大禹治水的伯益嬴氏后裔所建，后以邑为氏称菟裘氏。

// 将梁国

为伯益的后裔所建。始建于夏商时期，或灭于周早期。将梁亦称梁，在今河南省汝州一带。周宣王时，秦仲少子康又受封于梁山。周平王即位。因镐京曾发生过地震受损，残破不堪，又受戎、狄等外患威胁，于是平王在即位后第二年（前770年），在郑、秦、晋等诸国护卫下，将国都迁至洛邑，而参与这次勤王行动的秦襄公叔父嬴康也因功赐封伯爵，是谓梁（伯）国。后秦灭梁为少梁邑。

// 黄国——春申君黄歇的"祖国"

嬴姓黄国由少昊氏族联盟的黄鸟氏所建，位于今天的河南信阳地区潢川一带。这个黄国从帝舜时期建立，到公元前648年被楚国所灭，历时一千六百多年，是寿命最长的部落方国之一。

黄帝族系的火官祝融陆终之子昆吾曾经也建立过一个黄国，地域在今天的湖北随县一带，史称西黄。西黄不是鸟族人所建，但结局与鸟族黄国一样，也是被楚国所灭。

嬴姓黄国并入楚国后，其王族后代有个叫黄歇的，仕于楚，楚考烈王时被封为春申君，是战国四公子之一。黄歇把自己怀了孕的宠妾献给楚考烈王，后来生下两个儿子，先后出任楚王，一个是楚幽王，另一个是楚哀王。黄歇自己虽然也不得好死，但也算是以其独特的方式为自己的祖国嬴姓黄国被楚国所灭报了一箭之仇。

需要强调的是，黄歇不姓黄，姓嬴，他与秦国、赵国王室同姓，属于嬴姓黄氏，秦赵二国都可以说是嬴姓赵氏。

// 江国

江国始祖玄仲为伯益之子，伯益佐禹治水有功，禹子启即位后封玄仲于江地（今湖北江陵）。另一种观点，伯益的后代于商朝或西周初期受封建立江国。

江国建国初期，曾一度繁荣，国力强盛，后期东周势微，大国崛起，战事频仍，江国深受其害，加之淮水侵扰，春秋时介于楚、宋、齐大国势力之间，江国成为一个非常弱小的国家，只得依附大国，受其控制和操纵。鲁文公四年（前623年），楚国国君楚穆王灭掉江国。

// 修鱼国

修鱼或称渔、萧鱼，商代嬴姓国，为伯益的后裔所建。一说为少昊之子修所建。《路史·国名纪二》载："修鱼，即萧鱼，郑地。"《世本·氏姓篇》说："修鱼氏，分封以国为氏。"修鱼的地域在今河南省原阳县境。战国时，被韩国所灭。

// 白冥国

白、冥为二国。冥又写作寞、慎，在今河南省三门峡市陕州区，春秋时期亡于晋国。 东夷的九夷中的"白夷"，即是以白鸟为图腾的氏族。白族在商代建立白国于今河南息县。楚平王灭白国后，封其孙子于白国故地，称白公胜。至此嬴姓的白冥氏为楚人白姓所取代。

// 蜚廉国

又写作飞廉国，嬴姓，伯益的后裔飞廉所建，商代诸侯（应于夏代已有），灭于周武王伐纣。

// 秦国、赵国

据《史记·秦本纪》所载，伯益有两个儿子，分别叫大廉、若木。若木的子孙有的在夷狄，有的在中原。

若木有个裔孙叫费昌，他所处的时期正是夏桀时期。费昌受不了夏桀之暴，便离开了夏朝，投奔了商汤，专门给商汤驾车，助商灭夏，立下了战功。其后世为殷商贵族。

大廉有两个玄孙，分别为孟戏和中衍。中衍为商王太戊驾车，很受赏识，商王妻之以女，自此中衍之后多显。中衍玄孙叫中潏，居于西戎族生活的地方，替商朝保卫西部边陲。中潏生蜚廉，蜚廉生二子：恶来和季胜。蜚廉与恶来俱事商纣王，后周武王伐纣，杀恶来。

恶来的弟弟季胜有子叫孟增，受到周成王的宠信。孟增有子叫横父，横父之子为造父。造父很善于驾驭马车，不但为周穆王驾车，还在周穆王平定徐国徐偃王造反时立了大功，被周穆王封于赵城，造父族由此为嬴姓赵氏，后来发展成为战国时代的赵国。

周孝王时期，造父侄大骆居于犬丘，其次子非子（伯益十六世孙）被安置于汧、渭之间管理马匹。马养得非常好，非子因此被周孝王分封在秦地（今甘肃天水），孝

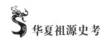

王说："昔伯翳为舜主畜，畜多息，故有土，赐姓嬴。今其后世亦为朕息马，朕分其土为附庸。"（《史记·秦本纪》）非子便以封地为氏，号为"秦嬴"。后秦国不断发展，历春秋、战国，终于统一中国，建立了秦朝。

• 倕（义均、商均）

"帝尧九佐"中有一个倕，"倕为工师"（《说苑·君道》），这个倕不是人名，而是官名，但其起源是神农氏时代的工倕。尧舜时期的工倕，我们现在可以查到名字，叫义均，是帝舜之子。据《山海经》载：

> 又有不距之山，巧倕葬其西。……帝俊有子八人，三身生义均，义均是始为巧倕，是始作下民百巧。
>
> ——《山海经·海经·海内经卷十八》

义均也叫商均，出生于商（今河南商丘虞城县），母为帝尧之女女英。虞舜二十九年，帝舜封义钧于商，是谓商均。巧垂之巧不是灵巧之意，至少当时没有这个意思，百巧就是百工，巧垂就是工倕，百工之长的意思。

义均的职位相当于后世封建时代的"工部尚书"，但地位高得多。管理百工只是其工作的很小一部分，他更重要的工作是负责宫室、官署、官方基础设施、兵器和器具的营造。

商均本来是有机会接替其父帝舜成为华夏氏族联盟大首领的，但被大禹夺位，《史记》载：

> 舜子商均亦不肖，舜乃豫荐禹於天。
>
> ——《史记·卷一·五帝本纪第一》

> 十七年而帝舜崩。……天下诸侯皆去商均而朝禹。大禹于是遂即天子位……
>
> ——《史记·卷二·夏本纪第二》

这两段文字说的冠冕堂皇，说大禹在帝舜死后，曾经有意把帝位让商均坐，但是天下人都不干，大禹无奈才勉为其难，当了大首领。

商均被封到虞城，就是后来的虞国，以奉虞舜之祀。此外，他的服舆、礼乐、待遇不变，朝见大禹时遵从客人之礼，大禹也不以臣子之礼待之。

- 彭祖

我们在前面讲到过帝喾时候的火官祝融吴回，吴回的第三子名叫篯（音jiān）铿，这就是中国历史传说中的长寿仙翁彭祖。

彭祖在帝尧时期就被举用，《史记》载：

而禹、皋陶、契、后稷、伯夷、龙、垂、益、彭祖，自尧时而举用，未有分职。

——《史记·卷一·五帝本纪第一》

帝舜时期，彭祖也在中央任职，为帝舜二十二臣之一。

提到彭祖，一定会想到他的长寿，一向有彭祖寿八百的说法，实际上这是古人的一种误会。彭祖是大彭氏的首领的称谓，从大彭氏立国到商代武丁时被灭，这个时间有八百年，而被误理解为彭祖寿八百年。关于这一点，《列子》说的很明白：

彭祖者，彭姓之祖也……大彭历事虞夏，于商为伯，武丁之世灭之，故曰彭祖八百岁，谓彭国八百年而亡，非实篯不死也。

——《列子·力命篇第二》

在彭国立国的八百年里，应该有十数位彭祖，我们今天知道的有夏彭伯寿、商彭伯考、商贤大夫彭咸等。一些古史记载彭祖在各个时期都出现过，那可能只不过是各个时期的彭国的首领。

人们之所以误解彭祖为八百岁，除了是把大彭国的寿命当成了彭祖一个人的寿命外，还因为彭祖确实擅长养生，族中长寿之人辈出，并以此而闻名于世。道家更把彭祖奉为养生先驱和奠基人之一，许多道家典籍保存着彭祖养生遗论。

彭祖除了以长寿闻名于世外，还以"会做饭"而著称。屈原的《楚辞·天问》中就记载"彭铿斟雉帝何飨，受寿永多夫何求长"，意思是彭祖善于食疗，所以寿命绵长。汉代楚辞专家王逸注说："彭铿，彭祖也。好和滋味，善斟雉羹，能事帝尧，帝尧美而飨食之也。"宋代洪兴祖补注曰："彭祖姓钱名铿，帝颛顼玄孙，善养气，能调鼎，进雉羹于尧，封于彭城。"彭祖后被尊为厨行的祖师爷。

彭祖因为给帝尧做了一碗野鸡汤，帝尧就把彭城封给了他，这当然有点夸张。

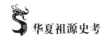

彭祖的政治才干一定是很高的，其政绩具体有哪些，现在确实已很难考证，只知道春秋战国时的很多思想家，如孔子、荀子、庄子、吕不韦等都对他推崇备至。彭祖治下的大彭国也曾经很强大，于商曾为侯伯，为著名的"三代五霸"（夏昆吾、商大彭、豕韦、周齐桓、晋文）之一。

· 高隐之士

/ 善绻

善绻（音 quǎn）这个人，估计很多人不熟悉，但是有一首古代歌谣《击壤歌》，可能大家都听说过：

日出而作，日入而息，凿井而饮，耕田而食，帝力于我何有哉？

这首歌谣据传就是帝尧时期的隐士善绻所做。善绻和当时的另几位隐士许由、巢父、披衣等已经成为中国文化中的一个特别的分支——隐士文化的代表人物。

善绻，也有书作善卷，在战国时期几乎是个家喻户晓的人物，诸子书中多次提到他。如《庄子·让王》载：

舜以天下让善卷，善卷曰："余立于宇宙之中，冬日衣皮毛，夏日衣葛絺；春耕种，形足以劳动；秋收敛，身足以休食；日出而作，日入而息，逍遥于天地之间而心意自得。吾何以天下为哉！悲夫，子之不知余也！"遂不受。于是去而入深山，莫知其处。

——《庄子·杂篇·让王第二十八》

《庄子·让王》的这段话被认为就是《击壤歌》的阐释版。"何以天下为哉"简直就成了隐士们的人生圭臬和睥睨一切身外之物的纲领性口号。

善绻在当时就名声在外（就这一点来说，还是没有完全做到"道隐"，但矛盾的事，如果真的"道隐"了，我们也就无从知晓这个人了，更无从探讨他所代表的隐士文化精神了）。所以帝尧曾打算把帝位禅让给善绻，被善绻拒绝，但不可否认，他从善绻那里学到了很多人生智慧，所以帝尧坚持以师礼待之，如《吕氏春秋·慎大览·下贤》所载"不以帝见善绻，北面而问焉"，对善绻给予了充分的尊重。

帝尧之后，帝舜也追随帝尧的足迹——或者这就是当时的一种习惯——去寻访善卷，皇甫谧的《高士传》载：

> 及尧受终之后，舜又以天下让卷。卷曰："昔唐氏之有天下，不教而民从之，不赏而民劝之，天下均平，百姓安静，不知怨，不知喜。今子盛为衣裳之服以眩民目，繁调五音之声以乱民耳，丕作皇韶之乐以愚民心，天下之乱，从此始矣。"……遂不受，去，入深山，莫知其处。
>
> ——《高士传·卷上·善卷》

这段文字很浅显，就不赘译了。我们可以想象帝舜，包括之前的帝尧望着善卷"一去此山中，云深不知处"的背影，心里一定很是惆怅。

战国时期的思想家杨朱认为"昔者尧舜伪以天下让许由、善卷"（《列子·杨朱篇》），就是说他们禅让高士的行为只是一种惺惺作态，否则就不会出现帝尧和帝鸷反目，帝舜和丹朱争位的事情，善卷、许由等人也就是陪着他们做做秀。这一点可能也未免绝对。在有一定物质条件的保证下，过一种云淡风轻、闲云野鹤、心无挂碍的生活，应当说是很多封建时代文人——其实也包括很多今天的知识分子——的梦想。尧舜在这一点上应该也不例外吧。

/ 许由

《汉书·古今人表》称"许繇"，皇甫谧《高士传》称其"字武仲"。与许由有关的最著名的一个典故是"颍川洗耳"，此事见载于东汉文学家蔡邕的《琴操》：

> （许由）以清节闻于尧。尧大其志，乃遣使以符玺禅为天子。……于是许由以使者言为不善，乃临河洗耳。樊坚见由方洗耳，问之："耳有何垢乎？"
> 由曰："无垢，闻恶语耳。"
> 坚曰："何等语者？"
> 由曰："尧聘吾为天子。"
> 坚曰："尊位何为恶之？"
> 由曰："吾志在青云，何仍岌岌为九州伍长乎？"
> 于是樊坚方且饮牛，闻其言而去，耻饮于下流。
>
> ——《琴操·河间杂歌·箕山操》

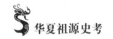

这段对话非常有意思，帝尧原打算让天下给许由。许由不接受，还说了一番大道理。帝尧听了使臣的回话，也就放弃了让许由出山的打算。结果许由似乎觉得余兴未尽，专门跑到颍川去洗耳，说尧让天下给他，他听了觉得耳朵都脏了。许由的朋友樊坚路过，就问怎么回事，许由说"我志在青云，怎么可能屈尊去做什么九州长"。樊坚听了，觉得颍川之水都被许由洗脏了，就把牛牵到上游去饮。

这个故事还有一个版本，主人变成了许由和巢父，但是故事的性质变了，我们在下面讲到巢父时再跟大家说。

《高士传》载，许由死后葬于箕山：

> 许由，字武仲，阳城槐里人也……许由没，葬箕山之巅，亦名许由山，在阳城之南十余里。尧因就其墓，号曰箕山公神，以配食五岳，世世奉祀，至今不绝。
>
> ——《高士传·卷上·许由》

阳城槐里的地望，在今河南省登封市箕山一带。许由死后葬于箕山，故箕山也叫许由山，司马迁曾专门到箕山拜谒许由墓。许由生前居地，今为许昌。

/ 巢父

许由洗耳的另一个版本见于皇甫谧《高士传》：

> 尧又召为九州长，由不欲闻之，洗耳于颍水滨。时其友巢父牵犊欲饮之，见由洗耳，问其故。对曰："尧欲召我为九州长，恶闻其声，是故洗耳。"巢父曰："子若处高岸深谷，人道不通，谁能见子。子故浮游，欲闻求其名誉，污吾犊口。"牵犊上流饮之。
>
> ——《高士传·卷上·许由》

在蔡邕版"颍川洗耳"故事中，许由的对话者是樊坚，而在皇甫谧版本中变成了巢父。两个版本的境界完全不一样，巢父认为许由是在惺惺作态，沽名钓誉，如果许由真的能"隐形，藏光"，"处高岸深谷"，那么帝尧怎么会找到他。所以，在巢父看来。许由表面上脏了耳，并因洗耳而污了颍川之水，他甚至不愿自己的牛去喝许由碰过的水，但实际上许由是脏了心，因此而败坏了道隐于无形的精神理念。巢父甚至从此与许由绝交。

金代许由巢父故事镜

　　巢父放浪形骸之外，悠游天地之中，结志养性，不论俗务，但是统治者并没有忘记他。大禹登位后，专门派人寻到巢父后裔，封之为巢国（南巢），以奉有巢氏之祀。可能多少有报恩之意，夏末时成汤讨伐夏桀，夏桀战败，巢国冒着灭国的危险收留了夏桀，并与成汤达成协议，以流放夏桀到巢国的形式，放夏桀一条生路，史载：

　　成汤放桀于南巢。

——《尚书·商书·仲虺之诰》

周代商而立后，周武王将巢国一分为巢、庐（庐，房屋，与巢同义）两国，但爵位不同，即"巢伯国"和"庐子国"。巢伯曾进京朝觐周武王，芮伯还为此作了一篇《旅巢命》。西周铜器《班簋》铭文中有"秉、繁、蜀、巢"四个国名，其中的"巢"就是巢伯国。

公元前518年，巢国亡于吴国。庐子国则在前后时期亡于楚国，后世称其地庐州，就是今天的合肥。

/ 被衣、王倪、啮缺

这三个人都是帝尧时期的高贤隐士，被衣是王倪之师，王倪是啮缺之师，而啮缺是许由之师，许由则名义上为帝尧之师。

披衣又称蒲衣、蒲伊、蒲衣子、被衣子、伊蒲子，因为居住在蒲谷（今山西临汾隰县）而得名，据说姓伊，名畴。伊疑是伊祁氏的省写，如果是这样，则披衣可能与帝尧伊祁放勋为同族。帝尧登位后，效仿黄帝遍历名山寻师问道，曾见过披衣。三人的思想散见于《庄子》，诸如内篇的《齐物论》《应帝王》、外篇的《知北游》等。

唐代道教理论家成玄英在给《庄子》作注时说"蒲衣子，尧时贤人，年八岁，舜师之，让位不受，即被衣子也"，这个"年八岁"令人难以置信，如果他为帝舜之师时才八岁，那么帝尧访问他时，他应该还没出生才对。或许帝舜时候的披衣与帝尧时候的披衣不是一个人，前者为后者的后代，这个还有可能。

《高士传》载，"后舜让天下于蒲衣子，蒲衣子不受而去，莫知所终"。

/ 尹寿（尹中、尹先生）、务成子附（务成轺、务成昭、务成子）

尹寿，《路史》作尹中，人称尹先生，道教典籍《太极隐诀》称其为帝尧的老师之一。尹寿对尧讲授无为之道，即以无为来治理天下，实行仁政，与民休息，对当时整个社会民生产生了积极的影响。《韩诗外传》载"舜学乎尹寿"，那就是尹寿为尧舜两代"帝王"之师。据说帝舜时期，尹寿还曾传道于彭祖。

务成子附又称务成子、巫成，是当时的部落方国务国的首领，可能同时是位巫师，他也是帝尧诸多的师傅之一，《韩诗外传》载"尧学乎务成子附"。他也是帝舜的老师，《荀子·大略》载"舜学于务成昭"，《路史》载帝舜"学于务成轺，问于务成轺"，这里的务成昭、务成轺都是指务成子附。

务成子附还是一位养生和房中术专家，也是炼丹家。《汉书·艺文志》中记载他著有《务成子阴道》三十六卷，是有记载的房中书中卷数最多的。《抱扑子内篇·明本》里载录了"务成子炼丹法"。在《汉书·艺文志》小说家中有《务成子》十一篇。马王堆医书《十问》则有"巫成以四时为辅，天地为经。巫成与阴阳皆生，阴阳不死"的记载。

柏成子高（伯成子皋、柏成子皋、柏成）

又作伯成子皋、柏成子皋、柏成，《通志·氏族二》引汉应劭《风俗通》载，"柏成子高，尧时诸侯也"。罗泌认为他是远古时候的柏皇氏的后裔：

> 尧治天下，有柏成子皋立为诸侯。尧授舜，舜授禹，柏成子皋辞为诸侯而耕。
> ——《路史·卷六·前纪六·禅通纪·柏皇氏》

柏成子高原来应是帝尧时候柏部落的首领，后来请辞不做，而去躬耕陇亩，被视为是高士的典范。

方回

方回相传是帝尧时候的隐士，《汉书·古今人表》载"尧帝时有隐士方回，与舜为友"；《淮南子·俶真训》也载说"故许由、方回、善卷、披衣得达其道"；《帝王世纪》也有"尧与方回游阳城而崩"的记载；《列仙传》则记载，方回是尧舜时期的隐士，善养生之术，帝尧曾经聘请他在五柞山中练食云母，而这位方回的寿命很长，历尧、舜时代至夏启末年人还在，当时有人把他劫持在家，强迫他传授仙术，方回"化而得去"，不知所终。

有学者以为，方回是黄帝时期的方雷氏的后裔。方雷氏是黄帝妻族，黄帝第二个妻子女节就是方雷氏首领姜雷的女儿，而姜雷是末代炎帝神农氏榆冈之子。清代人张澍《姓氏寻源》引《宋文宪方氏谱序》说："方氏出榆冈，榆冈之子曰雷，封于方山，后人因以为氏，比他姓为先。黄帝有方明，在七圣之列。其后有（方）回，为舜友。"当代民族学家何光岳先生也认为，"方回即方雷，因甲（骨文）金文的回字与雷字相似。尧都山西平阳，方回居于汾阳，两相邻近。到夏启时都于阳城（今登封告成镇），方回部落后迁至嵩县之方山，又与夏启为邻"。

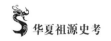
方回、方雷或许都不是人名，而是方部落首领的称谓，那么帝尧时候的方回和夏启时候的方回有可能不是一个人，而是方部落的不同时期的首领。

/ 子州支父

子州支父也是帝尧时期的视天下为粪土的高士，《庄子》载：

尧以天下让许由，许由不受。又让于子州支父，子州支父曰："以我为天子，犹之可也。虽然，我适有幽忧之病，方且治之，未暇治天下也。"夫天下至重也，而不以害其生，又况他物乎！唯无以天下为者，可以托天下也。

舜让天下于子州支伯。子州支伯曰："予适有幽忧之病，方且治之，未暇治天下也。"故天下大器也，而不以易生，此有道者之所以异乎俗者也。

——《庄子·杂篇·让王第二十八》

尧要把天下让给子州支父，子州支父对他说："我可以承担天子的职责。虽这样说，但我现在患有忧郁病，正要治疗，没有空暇顾及天下的事。"天下虽然很贵重，但子州支父不愿为天下而危害自己的生命，又何况为其他的事物呢？只有不惧怕因天下而损害自己生命的人，才可以被托付天下。

子州支伯与子州支父是一个人。帝舜也想把天下让给他，子州支父把他当初跟帝尧说的话又跟帝舜重复了一遍。天下当然是重器，但是子州支父不愿因此而去用生命来交换，这是有道者与凡夫俗子不一样的地方。

"惟不以天下害其生者也，可以托天下"，老子《道德经》有相似的表述：

故贵以身为天下，若可寄天下；爱以身为天下，若可托天下。

——《道德经·第十三章》

把自己的身体看得跟天下一样重，才可以把天下交给他；只有爱自己的身体像爱天下一样，才可以把天下托给他。上引庄子的这段文字是对老子贵生思想的最好诠释。老子面对春秋时期诸侯倾轧，以蜗角之争而大动干戈，"奈何万乘之君而以身轻天下"（《道德经·第二十六章》）的混乱局面，发出了"以身为重，天下为轻"的智慧名言，今天读来仍有振聋发聩的作用。

• "六大恶族"

/ 猰貐

猰貐，又称窫窳，猰貐氏是在帝尧时代被大羿消灭的一个以猰貐为图腾神兽的部落，但是应该是一个在黄帝时代就已经存在的古老部落。猰貐的事迹主要载于《山海经》：

> 贰负之臣曰危，危与贰负杀窫窳。帝乃梏之疏属之山，桎其右足，反缚两手与发，系之山上木。在开题西北。
>
> ......
>
> 开明东有巫彭、巫抵、巫阳、巫履、巫凡、巫相，夹窫窳之尸，皆操不死之药以距之。窫窳者，蛇身人面，贰负臣所杀也。
>
> ——《山海经·海经·海内西经第十一》

> 窫窳龙首，居弱水中，在狌狌知人名之西，其状如龙首，食人。
>
> ——《山海经·海经·海内南经第十》

> 又北二百里，曰少咸之山，无草木，多青碧。有兽焉，其状如牛，而赤身、人面、马足，名曰窫窳，其音如婴儿，是食人。
>
> ——《山海经·山经·北山经第三·北次一经》

从上述记载看，猰貐的形象有"状如龙首"，"蛇身人面"，"其状如牛，而赤身、人面、马足"等描述，但传说中的猰貐长得像犰，虎爪，奔跑迅速，如果确实的话，那么猰貐氏应该是属于黄帝族系中的虎族，但后来与炎帝族不断融合，其图腾形象就不断出现牛、马等炎帝族的形象符号。

分析《山海经》有关猰貐的记载，猰貐氏可能最早是黄帝氏族联盟的军队的成员，能征善战、嗜血成性——这其实也是当时的黄帝族系中的虎族人的共同特征。猰貐氏首领在一次与贰负部族的冲突中，被贰负手下一个名叫危的人打伤，昏死过去，黄帝一面让人马上把他抬到"十巫之国"，请巫医为他疗伤，一面发动黄帝氏族联盟的军队对贰负进行镇压，最后在"疏属之山"抓获贰负，把其右脚戴上脚镣，并且用贰负自己的头发把他的两手绑住，捆在山上的树上。这是慢杀人法，让犯人在极端痛苦中慢慢死去，足见黄帝对猰貐被害的愤怒和猰貐地位的重要。

在巫医团的共同努力下，猰貐氏首领被救活了，但此后他却变得更凶残，更生猛，让对手闻风丧胆。

帝喾之后接任氏族联盟大首领之位的本来是帝尧的异母兄帝挚，但是帝尧后来发动叛乱，推翻了帝挚。十日、猰貐、凿齿、九婴、大风、封豨、修蛇等部落应该都是帝挚的支持者，或者就是帝挚军队的组成部分，但他们都不是帝尧的悍将大羿的对手，相继被大羿各个击破。为了给这场战争编造师出有名的名目，帝尧和大羿肯定没少编造和散布这些部落的所谓恶行，比如甚嚣尘上的关于猰貐吃人的传言。猰貐的祖先可能参与过当年的那场昆仑山虎鬼大战，有过吃"鬼"的经历，但后来说他们以吃人为务，则可能是胜利者帝尧和大羿对失败者的污名化。

猰貐氏首领就这样在"为民除害"的欢呼声中被大羿杀死，猰貐氏从此在历史中消失。

/ 凿齿

凿齿也是亡于大羿弓箭下的冤魂之一，《山海经》载：

> 羿与凿齿战于寿华之野，羿射杀之。在昆仑虚东。羿持弓矢，凿齿持盾，一曰戈。
> ——《山海经·海经·海外南经第六》

> 大荒之中，有山名曰融天，海水南入焉。有人曰凿齿，羿杀之。
> ——《山海经·海经·大荒南经第十五》

寿华，《淮南子·本经训》作畴华，是南方的一条大泽，具体所指不详。凿齿，顾名思义就是把牙凿掉，现代研究认为就是拔除上颌位于犬齿之前的左右两颗副门齿，这在今天是一种很奇怪的习俗，但在上古时期可能比较常见，特别是在九黎人中。学者考证，"凿齿"的习俗最早产生于大汶口早期文化分布的地区，之后逐步流行到中国东南部和长江黄河的中下游地区。

凿齿的目的，可能是作为一种成婚的标志，晋代张华《博物志》卷五有"僚妇生子既长，皆拔去上齿各一，以为身饰"的记述。三国时期的吴沈莹在《临海水土异物志》中有这样的记载："夷洲女已嫁，皆缺去前上齿。""夷洲"指的是现在的台湾岛。台湾《彰化县志》记述高山族有"女有夫，断其旁二齿，以别处子"的习俗。至今，台湾原住民中的泰雅族、赛夏族、布农族、邹族等仍有类似上述的习俗。

凿齿人如果溯源的话，应该是黄帝族系的帝鸿氏僖姓一支，这一系的后裔有九黎人、苗人、巴人、古越人、僚人等。

/ 九婴

九婴现在被说成是"中国神话传说中的凶兽之一"，而最早把九婴说成凶兽的是东汉人高诱，他在为《淮南子·本经训》所载"九婴"作注解时说"九婴，水火之怪，为人害，之地有凶水"，他为什么这么说，不得而知，可能是当时的民间传闻。但在高诱之外，再无类似记载，也是很奇怪。

其实九婴可能就是一个以九个脑袋的人或动物为图腾的部落。在《山海经》里，九头怪之类的形象其实并不罕见，著名的昆仑山神兽开明兽就是九个脑袋，共工之臣相柳也有九个脑袋。九不是说真有九个，而是表示很多。在一个人或动物身上堆这么多脑袋，其用意还是为了通过这种骇人的形象震慑对手。

/ 大风氏

《淮南子·本经训》有"缴大风于青丘之泽"的记载，这个"大风"是指大风氏，说起来也是个历史非常悠久的古老部落，其最远的祖先可以追溯到伏羲女娲氏族联盟时代。据《路史》载：

> 上世因国于风而为姓，故帝之后有风后。尧诛大风，禹访风后，皆其祚云。
> ——《路史·卷二十四·国名记·太昊后风姓国》

被大羿所杀的大风氏为黄帝时期六相之一的风后氏之后。大禹时，也有个风后氏，据说大禹曾就黄帝的"胜负之图、六甲阴阳之道"的藏匿地方而垂询风后氏首领。

这样一个古老的部落，最后还是灭亡于大羿之手。缴，这里音 zhuó，意即丝绳做的弓弦。按字面意思理解，大风氏首领应该是被大羿用弓弦勒死或吊死的，算是留了个全尸。

# 华夏祖源史考

/ 封豨

这个封豨，我们在第三章讲黄帝氏族联盟的大臣封钜氏时涉及过，大家可以返回去再看一下。从族源看，封豨是炎帝族系。豨是猪的意思，可能是他们最早驯化了野猪而得名。

封豨是被大羿擒获的，擒获地点就在封豨的祖先封钜氏当年主持氏族联盟的大祭桑林之祭的地方，应该是封豨族人最后退守的家族圣地。被抓之后，封豨是否被杀掉，不得而知，但从《山海经》《淮南子》等古籍那冰凉的文字中透露出的大羿的决绝和残忍的性格信息来看，没有不杀的道理，而且在其人祖庙前杀人，相当于让其祖先绝祀，这在古人来说是一件极其残酷和不能接受的事情。

封豨被灭后，余族要么成为东夷人的奴隶，要么四外流散逃亡。他们因为懂得从黄帝时代传袭下来的各种祭祀仪礼，文化水平相对较高，是文书、占卜、记录历史、顾问等方面不可或缺的专业人才，因而被各国延聘过去，即担当书吏一类的下层官吏，是为"封人"。

/ 修蛇

屈原在《楚辞·天问》中问道："一蛇吞象，厥大何如？"这个蛇就是修蛇，也叫长蛇、巴蛇。对，就是成语"巴蛇吞象"的那个巴蛇。《山海经·海内经》载：

巴蛇食象，三岁而出其骨。君子服之，无心腹之疾。其为蛇，青黄赤黑，一曰黑蛇青首，在犀牛西。

——《山海经·海经·海内南经第十》

了解一点上古历史的人可能知道，大禹的母亲名修巳，族出有莘氏。有学者认为有莘氏就是高辛氏的另一种叫法，高辛氏就是帝喾所在的部落，它源出于有蟜氏。有蟜氏的族姓为巳，也就是姒。照此推论，有蟜氏出高辛氏，高辛氏为有莘氏，有莘氏出修蛇氏，为巳姓，或姒姓，属于黄帝族系。

修蛇氏又名巴蛇氏，在古文里，巴就是蛇，或者专指大蛇、蟒蛇。他们最早生活在今天湖南的洞庭湖一带，以蟒蛇（龙）为图腾。帝尧时期，修蛇氏在帝尧和帝挚兄弟的帝位争夺战中，站错了队，支持帝挚，结果受到帝尧的军帅大羿的围剿，修蛇氏首领被斩首，这就是《淮南子·本经训》所说的"斩修蛇于洞庭"。

上古时期的洞庭湖一带应该是有大象存在的，舜帝异母弟名象，二十四孝第一孝说帝舜用大象耕田，此外《吕氏春秋·古乐》中有"商人服象，虐于东夷"的记载，即商人驯服大象用于征讨东夷，这都说明当时有大象存在。有象，那么出现修蛇氏人围猎大象为食的情况，就很正常，这才是所谓的"巴蛇食象"，即巴蛇氏人吃象，当然了这种情况应该比较罕见。至于"三岁而出其骨"，真相可能是巴蛇氏人一头象吃了很长时间才吃完，吃三年有点夸张，但是如果把肉腌制起来，是应该可以吃很长时间的。

至于象骨形成巴陵的说法，值得商榷。如果是象骨，则应称象陵才对，而且因为象骨巨大，今天的考古发掘应该多有发现，但除了《国语·鲁语》所载在会稽发现的巨骨之外（孔子说是夏时诸侯防风氏遗骨），鲜有其他记录。那么，这个巴陵就引起人的很多想象，其中最可怕的是：会不会巴陵是被大羿屠杀的巴人的陵墓呢？所谓象骨是否为人骨呢？

遭此大劫幸存下来的巴蛇氏人一路南逃，与另一支黄帝族系的后裔苗民成难兄难弟，两族互相结盟和融合。苗民的最近的祖先是"颛顼八恺"中的季狸，又称季釐，僖姓，属于黄帝之子帝鸿氏支系，以狸猫、豹猫和虎为图腾。苗民之苗，即猫之意。所以，后来的巴蛇氏就以巴蛇和虎为双图腾。巴蛇氏后来进入四川盆地，在廪君的带领下，创建了巴国。

• 留式——汉朝皇室之祖

在丹朱之前，帝尧还有一个儿子，叫监明。据清代学者张澍的《姓氏寻源》载：

> 帝尧娶散宜氏之女女皇，生长子监明，先死，监明之子式封于刘，其后有刘累。《左传》云：有文在手曰刘。《唐表》云：陶唐子孙生子有文在手曰刘累，因以为名。
>
> ——《姓氏寻源·卷二十·十一尤上》

帝尧原来的长子名叫监明，早死。其子式封于刘，其后有刘累。这个刘累两千多年后的后代中出了一位大人物，就是汉高祖刘邦。

这个刘累之所以叫这个名字，是因为他出生时手上有纹路，看着像"卯在田上，系在田下"，这分明就是"留累"，刘、留古通，所以称刘累。刘累曾向豢龙氏董父学养龙，事载《左传·昭公二十九年》，限于篇幅，这里不引原文，大意是皋陶的后代中有个叫董父的，擅长养龙，后来刘累向他学习驯龙，以此事奉夏王孔甲。不久，刘累养的龙中一条雌的死了，刘累偷偷地剁成肉酱给孔甲吃，孔甲吃了，觉得很美味，就让刘累再找来吃。刘累害怕事情败露，就偷偷跑了。

周武王时大封诸侯，其中也包括对古代圣王后代的追封，就把刘累的后代作为帝尧圣裔封于帝尧故地，仍称唐国。后周成王灭掉唐国，迁唐公（爵）杜城，降为伯（爵），便以杜为氏，又称唐杜氏。西周晚期，最后一任杜伯被周宣王所杀，杜伯之子隰叔避难奔晋，任士师之职，遂以职为氏，亦即以"士"为氏。隰叔生士蒍，士蒍生士伯缺，士伯缺生士会。士会是晋国权臣，食邑于范，又以范为氏，谥号"武"，故史又称之为范会、范武子。

士会有三子：长子士燮，其后为范氏；次子士雃（音 jiān），其后为刘氏；三子士鲂，其后为彘氏（因食邑为彘）。

士会因迎公子雍之事败而流亡秦国，后又被赵盾用计迎回晋国，但其次子士雃未随父归晋，而是留于秦，复为刘氏，士雃亦改称为刘轼。自此，刘轼后代便以刘为氏，传之于后世。刘轼十世孙，战国时获于魏，遂为魏大夫。秦灭魏，徙大梁，生刘清。刘清生刘仁，刘仁生刘煓（音 tuān），刘煓生刘邦，是为汉代开国皇帝汉高祖。

• 质、延

质和延是尧舜时期的两位音乐家，据《吕氏春秋》载：

帝尧立，乃命质为乐。质乃效山林溪谷之音以歌，乃以麋辂置缶而鼓之，乃拊击石，以象上帝玉磬之音，以致舞百兽。瞽叟乃拌五弦之瑟，作以为十五弦之瑟。命之曰大章，以祭上帝。

舜立，命延，乃拌瞽叟之所为瑟，益之八弦，以为二十三弦之瑟。帝舜乃令质修九招、六列、六英，以明帝德。

——《吕氏春秋·卷五·仲夏纪·古乐》

尧帝即世，就命令大臣质创作音乐。质仿效山林溪谷的声音来作歌，就用麋鹿的皮置于缶上当鼓来敲击；他还敲击石片，模仿天帝玉石的声音，招引百兽来舞蹈。虞舜的父亲瞽叟在五弦瑟的基础上制造了十五弦瑟，用这种乐器演奏的乐曲命名为

"大章"，以此祭祀天帝。

　　舜帝即位后，命令大臣延，在瞽叟所制作的十五弦瑟基础上增加八弦，制造了二十三弦琴瑟。舜帝还命令大臣质修改《九招》《六列》《六英》这些乐谱，以此来昭明天帝圣德。

四　帝舜有虞氏

　　按照传统史家的定性说法，舜是中国上古时期父系氏族社会后期部落联盟的首领，因姚墟之生而姓姚，因妫水之居而姓妫，名重华，字都君，谥曰"舜"，史称帝舜、虞舜、舜帝，故后世以舜称之。

族源

　　关于帝舜的族属，以《世本》为代表，认为是黄帝族系：

　　颛顼产穷系，穷系产敬康，敬康产句芒，句芒产蟜牛，蟜牛产瞽，瞽产重华，是为帝舜，及产象傲。
　　……
　　颛顼生穷蝉，六世生舜，处虞之沩汭。尧禅以天下。火生土，故为土德，天下号曰有虞氏。

——《世本八种·张澍萃辑补注本·帝系篇》

　　这种观点也被司马迁所所接受：

　　虞舜者，名曰重华。重华父曰瞽叟，瞽叟父曰桥牛，桥牛父曰句望，句望父曰敬康，敬康父曰穷蝉，穷蝉父曰帝颛顼，颛顼父曰昌意：以至舜七世矣。自从穷蝉以至帝舜，皆微为庶人。

——《史记·卷一·五帝本纪第一》

【明】仇英 帝王道统万年图之帝舜

穷蝉、穷系，有人认为就是我们前面提到的颛顼之孙重黎，是帝舜的五世祖。

但是，《孟子》所载的一条史料，却不由让人对帝舜的黄帝族系身份表示怀疑：

舜生于诸冯，迁于负夏，卒于鸣条，东夷之人也。

——《孟子·卷八·离娄章句下》

正因如此，以罗泌为代表的一些史家认为帝舜非黄帝族系：

　　帝舜，有虞氏，姚姓，瞽子，五帝之中独不出于黄帝。

——《路史·卷二十一·后纪十二·疏仡纪·有虞氏》

　　罗泌的这个"五帝之中独不出于黄帝"的结论，后世很多的姚姓、虞姓、妫姓、陈姓、胡姓、田姓、幕姓等虞舜后裔都不接受，因为谁都不愿意被排除在黄帝家族体系之外。但是，从历史研究者的角度来说，帝舜是不是黄帝族系不重要，因为无论是黄帝族系、炎帝族系还是东夷族系，都属于华夏民族最早的三大族源。而且三族之间，从黄帝时代就开始互相融合、互相促进，血脉和文化早就成为一体了。你中有我，我中有你，并无高下尊卑之分。

氏姓

　　舜所在的部落方国称有虞氏，所以舜也称虞舜。有虞氏的创始者是帝舜的五世祖穷蝉，按《路史》说则虞幕是穷蝉之父，那虞幕就是帝舜的六世祖。

　　穷蝉因为有音乐天赋，擅长制作乐器，常引百鸟和鸣，凤凰翔集，所以帝颛顼就把虞地赐给他，所以穷蝉又叫虞幕。这个"虞"，源于虞渊昧谷的"虞"。虞渊昧谷本来是太阳落山的地方，在《山海经》中特指西部的昆仑山一带，那里最早是西王母族和黄帝之子伯儵的虎族人的栖居地。"虞"就是"吴"，而"吴"就是指昆仑山的守护神陆吾，其原型就是伯儵（详细考证见第三章"黄帝之子伯儵"）。后来伯儵族人东迁中原，他们也把西方故乡的地名也带到了中原。我们现在看到的与吴、虞、禺、昆吾有关的地名，理论上都曾是伯儵族人的聚居地。

　　有虞氏所在的"虞地"，现在学者认为是山西南部、河南西北部一带。现在已经很难考证有虞氏到底是虞地土著，还是外来者。如果是土著，则应该就是虎族系的姑姓，那么帝舜无疑就是黄帝族系。如果是外来迁入者，则族源和原始族姓就比较难考了。

　　那么，帝舜到底姓什么？有人说他"姚墟之生而姓姚，因妫水之居而姓妫"，这种说法很不严谨。如果确认穷蝉是颛顼之子，则应为妘姓，那帝舜就是妘姓虞氏。即使考虑到他生于姚墟和住于妫水，那也是妘姓姚氏或者妘姓妫氏。何况帝舜是否生在姚墟，也有争议。孟子就说他生在诸冯，也就是在今山东菏泽县南五十里一带。所以，现在我们一般认为，帝舜本人既不姓虞，也不姓姚，也不姓妫。但帝舜的后人以虞、姚、妫为姓，这个没有问题。就像我们称孔子为孔丘，但是孔子不姓孔，他是子姓孔氏。但孔子后人姓孔，这是以祖氏为姓，这是可以的。

帝舜有没有可能按母系氏族时代的传统，随母姓呢？帝舜母亲叫女登，从名字看可能出自有蟜氏，后者的族姓为姒。那么，帝舜姓姒？

帝舜名重华，之所以叫这个名字，是因为他眼里有两个眸子，在今天这叫重瞳病，在古代却是帝王之相。传说中国有史记载的第一个重瞳子是仓颉，第二个就是帝舜，后来还有晋文公重耳、西楚霸王项羽、南北朝北齐的开国皇帝高洋、南唐后主李煜等。李煜字重光就是这么来的。另外，据《韩诗外传》记载，一个叫姑布子卿的相士曾经给孔子相过面，说他具备了圣王的多个特征，其中就包括"舜目"：

姑布子卿曰：（孔子）得尧之颡，舜之目，禹之颈，皋陶之喙。从前视之，盎盎乎似有土者。从后视之，高肩弱脊；循循固得之转光一尺四寸，此惟不及四圣者也。

——《韩诗外传·卷九·第十八章》

姑布子卿认为，孔子的额头象尧，眼睛像舜，脖子像大禹，嘴巴像皋陶。从前面观察，相貌不凡，有王者气象；但从后面观察，孔子的肩膀耸起、脊背瘦弱，这个缺陷就导致孔子终生郁郁不得志，不能开创像尧舜禹诸人的王者事业。

我们现在用的汉字"瞬"，怀疑就是从"舜目"而来。"瞬"是快速地眨眼睛，怀疑帝舜也有快眨眼睛的毛病，这与白内障病人的症状是很相似的。所以，也有专家认为，所谓重瞳就是白内障。《路史》说帝舜是"瞽子"，很多人都认为这是说他是瞽叟之子，但不管他们怎么做文过饰非的解释，瞽子就是瞎子。帝舜父名瞽叟，《路史》说"瞽叟天瞽"，就是说他是先天性的目盲。很难说帝舜没有遗传父亲的眼疾。

室家

帝舜的父亲名叫瞽叟，字面意思就是瞎老头子，眼瞎的人往往耳聪，听音非常准，所以瞽叟的职业是乐师。据《吕氏春秋》载：

帝尧立，乃命质为乐。……瞽叟乃拌五弦之瑟，（作）以为十五弦之瑟。命之曰《大章》，以祭上帝。舜立，命延乃拌瞽叟之所为瑟，益之八弦，以为二十三弦之瑟。

——《吕氏春秋·卷五·仲夏纪·古乐》

这里比较明确地讲到了瞽叟在帝尧时期为乐师，而且将五弦之瑟改进为十五弦之瑟。到了帝舜时代，延这位乐师又将瞽叟改造过的瑟"益之八弦"，为二十三弦瑟。

帝舜的母亲，据皇甫谧《帝王世纪》载，名叫握登：

瞽瞍妻曰握登，见大虹，意感而生舜于姚墟，故姓姚氏，字都君。

——《帝王世纪辑存·自皇古至五帝第一》

看了这段，大家是不是觉得很熟悉？没错，这又是一个牵强附会的感生神话，这次是帝舜的母亲感应到一条大虹，也就是一条大龙，因此怀孕，在姚墟生下虞舜，所以姓姚。

握登就是女登，是对有蟜氏首领的称谓。有蟜氏中的这个"蟜"，我们在第三章与大家探讨过，就是虹，是一种头尾都各长一个脑袋的龙。女登出自有蟜氏，所以她感大虹而怀上虞舜，这就能自圆其说了。

握登生下帝舜不久就去世了，瞽叟又娶了一个老婆，清代著名经学家、训诂学家张澍萃在给《世本》作的注中说，帝舜的这位继母出自东泽氏，名叫壬女。壬女生有一子，名象。

帝舜有三个妻子，一个是娥皇，一个是女英，还有一个叫癸比氏。娥皇无子。一般认为，女英生有一子，叫义均。但是《路史·后纪》却说，女英还有一个儿子，叫季釐：

女莹生义钧及季釐。季釐，封缗。

——《路史·卷二十一·后纪十二·疏仡纪·有虞氏》

但《路史》此处所载或许有误。这个季釐应该是少昊之子，《山海经·大荒南经》载"帝俊生季釐"，而且这个季釐应该就是"帝喾八元"中的"季狸"。没有理由帝舜时候的女英却生下帝喾，甚至是少昊时候的季釐。

癸比氏见载于《山海经》：

舜妻登比氏，生宵明、烛光，处河大泽，二女之灵能照此所方百里。一曰登北氏。

——《山海经·海经·海内北经第十二》

登比氏生了两个女儿，一个叫宵明，一个叫烛光，生活在黄河溢漫的大泽边上。从二女的名字看，似乎她们发明了夜里照明的东西，所以说"二女之灵能照此所方百里"。

篡位

自《尚书》和《史记》对"丹朱不肖"和帝尧禅位给帝舜做了定论，两千多年来，中国传统史学一直把这一定论奉为圭臬。

当然了，历史上也不是没有人对此提出过异议，比如韩非子就在《说疑》中借所谓奸臣党羽之口说：

古之所谓圣君明王者，非长幼弱也，及以次序也；以其构党与，聚巷族，逼上弑君而求其利也。"彼曰："何知其然也？"因曰："舜逼尧，禹逼舜，汤放桀，武王伐纣。此四王者，人臣弑其君者也，而天下誉之。……"

——《韩非子·说疑第四十四》

这充分说明，至少在韩非子时代，就已经有"舜逼尧"的说法，只不过声音很微弱，而且出自"奸臣党羽"之口，相信的人不多。

事情自从一部史书的出土而发生了转折，这部史书就是《竹书纪年》，它是春秋时期晋国史官和战国时期魏国史官所作的一部编年体通史，亦称《古文纪年》《汲冢纪年》。此书于西晋咸宁五年（279年），被汲郡（今河南汲县）人不准在盗发战国时期魏襄王（或曰魏安厘王）的墓葬时发现。从内容看，《竹书纪年》与长沙马王堆汉初古墓所出古书近似，而其诸多记载也同甲骨文、青铜铭文、秦简、《系年》相类，证明其记载具有相当高的可信性。

关于帝尧禅让帝舜这件事，《竹书纪年》有着与传统史观截然相反、而与上引《韩非子》所载"奸臣党羽"的说法高度相似的记述：

昔尧德衰，为舜所囚也。……舜囚尧于平阳，取之帝位。……舜放尧于平阳。……舜囚尧，复偃塞丹朱，使不与父相见也。……后稷放帝子丹朱于丹水。

——《竹书纪年·附：五帝本纪》

这几段文字不但把帝舜从神坛拉下，更是对传统儒家史观形成了致命的冲击。它使我们明白，上古时期的所谓和平禅让根本不存在，不管是尧让舜，还是舜让禹，都是儒家史家别有用心的编造。唐代大文学家柳宗元曾写过一篇文章，叫《舜禹之事》，对历史上的所谓禅让做了自己的评价：

魏公子丕，由其父得汉禅。还自南郊，谓其人曰："舜禹之事，吾知之矣。"由丕以来皆笑之。

——《全唐文·卷五百八十六·柳宗元·舜禹之事》

魏文帝曹丕的这句"舜禹之事，吾知之矣"可谓意味深长，道出了尧舜禹时的所谓禅让与汉献帝刀架脖子上的被逼禅让是一样的这个真相。

治政

关于帝舜的治政成绩，《尚书·舜典》总结得非常全面，我们在这里简单罗列一下：

以相对和平的方式，接替帝尧，较平稳地完成政权交接：

舜让于德，弗嗣。正月上日，受终于文祖。在璿玑玉衡，以齐七政。肆类于上帝，禋于六宗，望于山川，遍于群神。辑五瑞。既月乃日，觐四岳群牧，班瑞于群后。

——《尚书·虞书·舜典第二》

在正月的一个吉日，舜在尧的太庙接受了禅让的册命。他观察了北斗七星，列出了七项政事。于是向天帝报告继承帝位的事，又祭祀了天地四时，祭祀山川和群神。又聚敛了诸侯的五种圭玉，选择吉月吉日，接受四方诸侯君长的朝见，把圭玉颁发给各位君长。

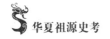

第二，建立天子巡视制度，规定国家（氏族联盟）祭祀礼仪：

岁二月，东巡守，至于岱宗，柴。望秩于山川，肆觐东后。协时月正日，同律度量衡。修五礼、五玉、三帛、二生、一死贽。如五器，卒乃复。五月南巡守，至于南岳，如岱礼。八月西巡守，至于西岳，如初。十有一月朔巡守，至于北岳，如西礼。归，格于艺祖，用特。五载一巡守，群后四朝。敷奏以言，明试以功，车服以庸。

——《尚书·虞书·舜典第二》

这段文字的意思是：这年二月，舜到东方巡视，到达泰山，举行了柴祭。对于其他山川，都按地位尊卑依次举行了祭祀，然后，接受了东方诸侯君长的朝见。协调春夏秋冬四时的月份，确定天数，统一音律、度、量、衡。制定了公侯伯子男朝聘的礼节、五种瑞玉、三种不同颜色的丝绸、活羊羔、活雁、死野鸡，分别作为诸侯、卿大夫和士朝见时的贡物。而五种瑞玉，朝见完毕后，仍然还给诸侯。五月，舜到南方巡视，到达南岳，所行的礼节同在泰山时一样。八月，舜到西方巡视，到达西岳，所行的礼节同当初一样。十一月，舜到北方巡视，所行的礼节同在西岳一样。回来后，到尧的太庙祭祀，用一头牛做祭品。以后，每五年巡视一次，诸侯在四岳朝见。普遍地使他们报告政务，然后考察他们的政绩，赏赐车马衣物作为酬劳。帝舜后来就死于最后一次对苍梧之野的巡视中，葬于江南九嶷山，称为"零陵"。

第三，划定氏族联盟十二州的行政疆域：

肇十有二州，封十有二山，浚川。

——《尚书·虞书·舜典第二》

舜划定十二州的疆界，在十二州的名山上封土为坛举行祭祀，又疏通了河道。

第四，制定五刑，完善刑罚制度：

象以典刑，流宥五刑，鞭作官刑，扑作教刑，金作赎刑。眚灾肆赦，怙终贼刑。流共工于幽州，放欢兜于崇山，窜三苗于三危，殛鲧于羽山，四罪而天下咸服。

——《尚书·虞书·舜典第二》

舜又在器物上刻画五种常用的刑罚。用流放的办法宽恕犯了五刑的罪人，用鞭打作为官的刑罚，用木条打作为学校的刑罚，用赎金作为赎罪的刑罚。因过失犯罪，就赦免他；有所依仗不知悔改，就要施加刑罚。于是把共工流放到幽州，把驩兜流放到崇山，把三苗驱逐到三危，把鲧流放到羽山。这四个人处罚了，天下的人都心悦诚服。

第五，建立更加完善的国家行政管理体制和官员铨考制度。

帝尧死后，舜在政治上继续执行帝尧时期的方针政策，信任和使用帝尧时期的原班人马，但给每个人规定了更明确的管理职责，使每个人都能做到人尽其责。他任命大禹担任司空，负责治理水土；命弃担任后稷，掌管农业；命契担任司徒，推行教化；命皋陶担任"士"，执掌刑法；命垂担任"共工"，掌管百工；命益担任"虞"，掌管山林；命伯夷担任"秩宗"，主持礼仪；命夔为乐官，掌管音乐和教育；命龙担任"纳言"，负责发布命令，收集意见。

帝舜还规定三年考察一次官员的政绩，由考察三次的结果决定提升或罢免。通过这样的整顿，"庶绩咸熙"，各项工作都出现了新面貌。上述这些人都建树了辉煌的业绩，而其中禹的成就最大，

第六，平定三苗之乱。根据《竹书纪年》等历史文献的记载，帝尧统治末期，舜族崛起，帝舜很可能是以暴力手段逼帝尧逊位，又把自己的这位老丈人囚禁起来。尧子丹朱知道后，曾求助反对舜篡位的三苗部族起兵"讨逆"，帝舜命夏后氏首领大禹率氏族联盟的军队前往镇压，这场战争打得异常残酷。据《墨子》载：

> 昔者三苗大乱，天命殛之。日妖宵出，雨血三朝，龙生于庙，犬哭乎市，夏水，地坼及泉，五谷变化，民乃大振。高阳乃命玄宫，禹亲把天之瑞令，以征有苗。四电诱祇，有神人面鸟身，若瑾以侍，搤矢有苗之祥。苗师大乱，后乃遂几。
>
> ——《墨子·卷十五·非攻下第十九》

意思是：从前三苗大乱，上天下命诛杀他。太阳为妖祥居然在晚上出来，下了三天血雨，龙在祖庙出现，狗在市上哭叫，夏天水结冰，土地开裂而下及泉水，五谷不能成熟，百姓于是大为震惊。这是多么悲惨的一幅景象！帝舜在颛顼庙向禹下达命令，禹亲自拿着天赐的玉符，去征讨三苗。这时雷电大震，有一位人面鸟身的神，恭谨地侍立，用箭射死三苗的将领，苗军大乱，后来叛乱就平息了，三苗余众都被流放到西部的三危地区，是所谓"窜三苗于三危"（《尚书·舜典》语）。

"有神人面鸟身"是说帝舜去求助了东夷族军队,这才把三苗之乱平定。战后,帝舜让后稷把丹朱流放在丹水,把三苗流放到西部的三危地区。

第七,"禅让"于大禹。

舜在年老的时候,因为自己的儿子商均"不肖","不得已"确定了威望最高的大禹为继任者。有史家认为大禹和当初帝舜一样是"抢班夺权"上的位,这个我们会在下面讲大禹时再跟大家探讨。但总体来说,帝舜到大禹的权力过渡还算平稳,相比后来的商汤灭夏、武王伐纣和封建时代数不过来的以大规模惨烈的战争、数千万人的生命为代价的改朝换代方式,要温和得多。

帝舜氏族联盟的主要成员

• 董父(豢龙氏)——夏末谏臣关龙逄之祖

龙本来是神话之物,自然界中并无龙的存在,顶多是龙的局部的原型,也就是蛇,但是一些古史却记载有人驯养过龙,这可能是怎么回事呢?

据《左传》载,帝尧时候有个叫董父的就养过龙:

昔有飂叔安,有裔子曰董父,实甚好龙,能求其耆欲以饮食之,龙多归之。乃扰畜龙,以服事帝舜。帝赐之姓曰董,氏曰豢龙。封诸鬷川,鬷夷氏其后也。故帝舜氏世有畜龙。

——《左传·昭公二十九年》

飂叔安又称蓼叔安,是皋陶的后代,封于蓼国。蓼叔安的裔子中有个叫董父的,实在很喜欢龙,能根据龙的嗜欲特点来喂养它们,龙于是去他那里的很多,他就逐渐掌握了驯养龙的本事,以此来服事帝舜。帝舜赐他姓董,氏叫豢龙,封他在鬷(音 zōng)川,即今天的山西闻喜县,鬷夷氏就是他的后代。

后来到了夏代帝孔甲时,龙现于黄河和汉水,孔甲感叹身边没有豢龙氏,不知道怎么驯养这些龙,结果有个叫刘累的人自告奋勇说曾跟豢龙氏董父学过养龙,孔甲就让他养,结果养死了一只,刘累把它做成肉酱献给孔甲,孔甲吃了还觉得挺好吃,就让刘累继续进献,刘累拿不出只好跑了。这个刘累竟然就是后来的汉高祖刘邦的祖先。

夏代时，董父的后代豢夷氏在今天的山东定陶一带建立了名为三鬷的部落方国，夏桀时的著名谏臣关龙逄，又称豢龙逄，或为三鬷首领。关龙逄以忠谏被夏桀所杀，但是三鬷对夏桀的忠心不改。商汤灭夏时，夏桀曾跑到三鬷，三鬷拼死力保，此事见载于《竹书纪年》：

（桀）三十一年，商自陑征夏邑，克昆吾。战于鸣条。桀出奔三朡，商师征三朡。战于郕。

——《今本竹书纪年·卷四·帝癸》

《尚书》也记载有此事：

汤与桀战于鸣条。败走，保三鬷。汤从之，遂伐三鬷，俘厥宝玉。

——《尚书·商书·汤誓第一·典宝》

宝玉是上古时期人们祭祀祖先之用。宝玉被商人掠走，说明三鬷惨遭国破祀灭了。

三鬷之后，史载不详。有人推断三国时威震天下的蜀汉大将关羽为关龙逄后裔，但因为二者相距过于久远，真实性难考，权当一说。

• 石户之农

石户之农是帝舜时的隐士，帝舜曾经想把天下让给他。《庄子·让王》载：

舜以天下让其友石户之农，石户之农曰："卷卷乎后之为人，葆力之士也！"以舜之德为未至也，于是夫负妻戴，携子以入于海，终身不反也。

——《庄子·杂篇·让王第二十八》

舜想把天下让给他的朋友——石户地方的一位农夫，这位农夫说："君后您才是那个吃苦受累、劳命操心的人，我这闲云野鹤过不惯这样的生活。"他认为舜的德行还未能达到最高的境界，于是夫妻二人背的背、扛的扛，带着子女逃到海上的荒岛，终身不再返回。

- 舜七友

《战国策·齐策》有"尧有九佐，舜有七友"的说法，这"舜七友"，据《尸子》载为"六友"：

舜事亲养老，为天下法。其游也，得六人，曰雒陶、方回、续身、伯阳、东不识、秦不空，皆一国之贤者也。

陶渊明《集圣贤群辅录》的"舜七友"为：雄陶、方回、续牙、伯阳、东不訾、秦不虚、灵甫。

《路史》所载"舜七友"与上述差不多：

小大说之，秀士以从，雄陶、方回、续牙、伯阳，东不訾、秦不宇、灵甫不辟，而至周旋历濩之间，为之七友。追既禅，七人者始逃之。

——《路史·卷二十一·后纪十二·疏仡纪·有虞氏》

雄陶就是雒陶，续牙就是续身，东不訾就是东不识，秦不虚就是秦不空，灵甫就是灵甫不辟。

七人中，方回，帝尧时就知名，我们前面讲过了；续牙，据《路史》所载，本为帝喾之子，源出帝喾妃娵訾氏常仪，是后者的所谓二十八子之一；伯阳是帝舜时的贤人，《墨子·所染》有"舜染于许由、伯阳"的记载，《吕氏春秋·本味》也载说"故黄帝立四面，尧舜得伯阳、续耳然后成，凡贤人之德有以知之也"；东不訾据说族出伏羲氏。其他几人情况不详。

帝尧为了考察帝舜，就把他派往雷泽（疑似流放），这七人都是一路跟随帝舜到雷泽的，他们为帝舜最后得以执掌大权做出了贡献，但都没有在帝舜朝为官，选择了逃归山林。

- 朱斨（殳斨）

朱斨（音qiāng），帝舜朝大臣，炎帝后裔伯陵之子殳（事载《山海经·海内经》）的后代，又称殳斨。据《尚书·舜典》载，帝舜执掌政权后，曾想让垂任共工之职，垂则推荐了殳斨和另一位大臣伯与。殳斨其他事迹无考。

五　帝禹夏后氏

世系

禹，姒姓，名文命，字高密，号禹，后世尊称大禹，夏后氏首领。
关于大禹世系，《世本》载：

黄帝生昌意、昌意生颛顼，颛顼生鲧。鲧取有辛氏女，谓之女志，是生高密。
禹取涂山氏女，名女娲，生启。

——《世本八种·王谟辑本·夏世系》

需要指出的是，这句话中的"昌意生颛顼""颛顼生鲧"都是一种概说，不表示
直接的承续关系，确切地说颛顼是昌意的后代，而鲧是颛顼的后代。但是不管怎么
说，至少从上述世系看，大禹的父系是黄帝族系。
然而关于鲧的祖先，《山海经》却有另一种说法：

黄帝生骆明，骆明生白马，白马是为鲧。

——《山海经·海经·海内经第十八》

我们在第三章讲黄帝之子夷鼓时，曾经说过，夷鼓可能参与了对帝鸿氏黄帝的
弑杀行动，后来被黄帝氏族联盟的军队追杀，夷鼓部落的一部分人，被黄帝流放到
雒水（南洛水），建立己姓雒国（部落）。在那里，夷鼓部落与当地一个以黑身白鬣
的马为图腾的部族不断通婚，他们把这种马也按照自己部族的名字称作"雒"，而把
夷鼓部落的创始人夷鼓称为"雒明"，意谓"雒人之神明"。雒明后又被写成是骆明，
骆明部族最后又分支出白马部族，白马部族的后代中出了一个人物，这就是鲧。
上述两种说法，看似差别很大，但如果从鲧的族源上去说，则两种说法都是黄
帝族系，只不过是出自黄帝之子的不同支系了，一个是昌意-颛顼支系，一个是夷
鼓-骆明支系。现有史料都不足以单独支撑或推翻上述两种观点，所以，我们姑且
搁置。

【宋】马麟《夏禹王像》，现藏台北故宫博物院

禹母修蛇氏——或揭示禹父鲧被杀的真正原因

大禹之父为崇伯，为有崇氏部落方国的首领。崇指崇山，据专家考证就是今天河南的嵩山。有崇氏因为善于营造宫殿，所以被帝尧的大臣四岳推荐担任帝尧氏族联盟的水官共工，称崇伯共工。崇伯共工治水不利被杀后，民间传说他变成了一种大鱼，这种大鱼被称为是"鲧"，实际上这个字就是共工的快读。

现在几乎所有的民间传说和正史都说崇伯鲧被杀是因为治水失败，但在当时，治水失败是常态，鲧之前的共工也是治水失败，但不至于因此而惹来杀身之祸。如果我们联系鲧妻家族的情况来看，鲧被杀或许另有原因。

根据《世本》所载，大禹的母亲出自有辛氏，名叫女志，而根据皇甫谧的《帝王世纪》载，大禹母亲为修巳：

伯禹，夏后氏，姒姓也，母曰修己，见流星贯昴，梦接意感，又吞神珠薏苡，胸坼而生禹于石纽。

——《帝王世纪辑存·夏第二》

"胸坼而生"应该就是剖腹产。修己就是修巳，也就是修蛇，与帝尧时大羿"斩修蛇于洞庭"的那个修蛇应该是同族。注意，这个恐怕才是后来禹父鲧被杀的真正原因！

"斩修蛇于洞庭"这场大祸之后，修蛇氏人可能逃归自己的母族有莘氏。有学者认为有莘氏就是高辛氏的另一种叫法，高辛氏就是帝喾所在的部落，而这个部落源出于有蟜氏，帝喾父亲蟜极可能就是这个部落的首领。有蟜氏的族姓为巳，也就是姒。推而论之，则高辛氏、有莘氏的族姓应该都是巳、姒。大禹的母亲叫修巳，又叫女志，出自有莘氏，其族姓也为姒。

或者正是因为这一层原因，帝尧在大禹接替父亲从事治水事务取得成功后，就赐大禹为"姒"姓，相当于承认大禹认祖归宗，并赦免禹母之族修蛇氏曾参与反对帝尧的叛乱的罪行。据《吴越春秋》载：

尧曰："俞！以固冀于此。"乃号禹曰伯禹，官曰司空，赐姓姒氏，领统州伯，以巡十二部。

——《吴越春秋·越王无余外传第六》

姒姓是有蟜氏的族姓，这个有蟜氏是十分了得的，炎帝神农氏和黄帝轩辕氏的母族就是有蟜氏。所以，与其说帝尧赐姒姓给大禹，不如说这是让大禹认祖归宗。有些史料说夏王朝之所以姓姒，是因为大禹的母亲修巳吞薏苡而怀孕，所以姓姒，这是有待商榷的。大禹母亲本来就姓姒，大禹父亲被赐姓姒，这都与薏苡无关。

禹妻"九尾狐"

大禹之妻名叫女娇、女趫，出于涂山氏，《世本·夏世系》则称"女娲"。这个娇，疑就是蟜，也就是有蟜氏，女娇极有可能也出自有蟜氏。但与我们对有蟜氏以龙（蛇）为图腾的认知不一样的是，女娇所在的涂山氏以九尾狐为图腾，这可能是因为女娇之父出自九尾狐氏。据东汉历史学家赵晔的《吴越春秋》记载：

禹三十未娶，行到涂山，恐时之暮，失其度制，乃辞云："吾娶也，必有应矣。"乃有白狐九尾造于禹。……禹因娶涂山，谓之女娇。取辛壬癸甲，禹行。十月，女娇生子启。启生不见父，昼夕呱呱啼泣。

——《吴越春秋·越王无余外传第六》

女娇生下了夏启，从这个意义上说，夏启之后的夏代君主都是九尾狐部族的后代。

关于九尾狐部族，我们在第四章讲过，少昊氏族联盟时期的"青丘之国""白民之国"就是以九尾狐和白狐为图腾，而这个狐很有可能不是我们现在说的狐狸的狐，而是狐狸的"狸"，也就是狸猫，"少昊八子"中的季狸或许就是以狸猫为图腾。季狸就是季釐，是僖姓的黄帝之子帝鸿氏的后代。九尾狐或白狐应该是季狸部落的图腾。狸猫算虎族，所以九尾狐或白狐也属于黄帝族系。

禹子夏启

禹子名启，也称夏启、帝启、夏后启、夏王启，夏朝的第二任君王。根据《竹书纪年》所载，帝夏启王在位三十九年，约七十八岁驾崩。

夏启的帝位是从伯益手里夺取的，这一点我们在前面讲伯益时已经论述过，就不再赘述。有因必有果，夏启不惜以武力夺取帝位，其晚年也发生了儿子们争夺继承权的骨肉相残，这就是"武观之乱"。据今本《竹书纪年》载：

> （启）十一年，放王季子武观于西河。十五年，武观以西河叛，彭伯寿师师征西河，武观来归。
>
> ——《今本竹书纪年疏证·帝禹夏后氏》

武观是夏启的幼子。夏启晚年发生了诸子争立的动乱，武观因此被放逐西河。后来，当继任问题进一步提到日程上时，武观发动叛乱，效仿夏启当初用暴力夺取继承权。这场权力之争几乎瓦解了夏王朝的统治，如果不是当时的师相和军队统帅彭伯寿率军平乱，夏王朝可能就"刚开张就关门了"。

禹之功

• 治水

关于大禹治水的传说，民间流传的非常多，这里就不再过多赘述，仅引述《史记》一段记述，使大家明白大禹治水的艰难和治水成功的意义：

> 禹乃遂与益、后稷奉帝命，命诸侯百姓兴人徒以傅土，行山表木，定高山大川。禹伤先人父鲧功之不成受诛，乃劳身焦思，居外十三年，过家门不敢入。薄衣食，致孝于鬼神。卑宫室，致费于沟淢。陆行乘车，水行乘船，泥行乘橇，山行乘檋。左准绳，右规矩，载四时，以开九州，通九道，陂九泽，度九山。令益予众庶稻，可种卑湿。命后稷予众庶难得之食。食少，调有余相给，以均诸侯。禹乃行相地宜所有以贡，及山川之便利。
>
> ——《史记·卷二·夏本纪第二》

意思是：帝尧时，中原洪水为灾。大禹的父亲鲧受命治理水患，用了九年时间，洪水未平。舜巡视天下，发现鲧用堵截的办法治水，一点成绩也没有，最后在羽山将其处死。接着命鲧的儿子禹继任治水之事。禹接受了舜帝的命令，与益、后稷一起到任，命令诸侯百官发动那些被罚服劳役的罪人分治九州土地。他一路上穿山越岭，树立木桩作为标志，测定高山大川的状貌。禹为父亲鲧因治水无功而受罚感到难过，就不顾劳累，苦苦的思索，在外面生活了十三年，几次从家门前路过都没敢进去。他节衣缩食，尽力孝敬鬼神；居室简陋，把资财用于治理河川。他在地上行走乘车，在水中行走乘船，在泥沼中行走就乘木橇，在山路上路上行走就穿上带铁齿的鞋。他左手拿着准和绳，右手拿着规和矩，还装载着测四时定方向的仪器，开发九州土地，疏导九条河道，修治九个大湖，测量九座大山。他让益给民众分发稻种，可以种植在低洼潮湿的土地上。又让后稷赈济吃粮艰难的民众。粮食匮乏时，就让一些地区把余粮调济给缺粮地区，以便使各诸侯国都能有粮食吃。禹一边行进，一边考察各地的物产情况，规定了应该向天子交纳的贡赋，并考察了各地的山川地形，以便弄清诸侯朝贡时交通是否方便。

《韩非子》的一段记载也证实了大禹治水有多么辛苦：

> 禹之王天下也，身执耒锸以为民先，股无胈，胫不生毛，虽臣虏之劳，不苦于此矣。
>
> ——《韩非子·五蠹第四十九》

禹统治天下的时候，亲自拿着锹锄带领人们干活，累得大腿消瘦，小腿上的汗毛都没有了，就是奴隶们的劳役也没有这么辛苦。

由于禹治水成功，帝舜在隆重的祭祀仪式上，将一块黑色的玉圭赐给禹，以表彰他的功绩，并向天地万民宣告成功和天下大治。不久，又封禹为伯，以夏为其封国。《史记》载：

> 帝舜荐禹于天，为嗣。十七年而帝舜崩。三年丧毕，禹辞辟舜之子商均于阳城。天下诸侯皆去商均而朝禹。禹于是遂即天子位，南面朝天下，国号曰夏后，姓姒氏。
>
> ——《史记·卷二·夏本纪第二》

帝舜在位三十三年时，正式将禹推荐给上天，把天子位禅让给禹。十七年以后，舜在南巡中逝世。三年治丧结束，禹避居阳城，将帝位让给舜的儿子商均。但天下的诸侯都离开商均去朝见禹。在诸侯的拥戴下，禹正式即天子位，以安邑（今山西夏县）为都城，国号夏，姓姒氏。

【明】仇英 帝王道统万年图之"大禹治水"

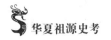

• 划九州、定五服

在治水的过程中，禹走遍天下，对各地的地形、习俗、物产，都了如指掌。他重新将天下规划为九个州，这就是冀州、沇州、青州、徐州、扬州、荆州、豫州、梁州、雍州。

大禹还下令以天子国都为中心，向外辐散，由近及远，设立"五服"。天子国都以外五百里的地区为甸服，即为天子服田役纳谷税的地区：紧靠王城百里以内要交纳收割的整棵庄稼；一百里以外到二百里以内要交纳禾穗；二百里以外到三百里以内要交纳谷粒；三百里以外到四百里以内要交纳粗米；四百里以外到五百里以内要交纳精米。

甸服以外五百里的地区为侯服，即为天子侦察顺逆和服侍王命的地区：靠近甸服一百里以内是卿大夫的采邑；往外二百里以内为小的封国；再往外二百里以内为诸侯的封地。

侯服以外五百里的地区为绥服，即受天子安抚，推行教化的地区：靠近侯服三百里以内视情况来推行礼乐法度、文章教化；往外二百里以内要振兴武威，保卫天子。

绥服以外五百里的地区为要服，即受天子约束服从天子的地区：靠近绥服三百里以内要遵守教化，和平相处；往外二百里以内要遵守王法。

要服以外五百里的地区为荒服，即为天子守卫远边的荒远地区：靠近要服三百里以内荒凉落后，那里的人来去不受限制；再往外二百里以内可以随意居处，不受约束。

大禹制定的"五服"，到了西周时期发展成"九服"：

乃辨九服之邦国：方千里曰王畿，其外方五百里曰侯服，又其外方五百里曰甸服，又其外方五百里曰男服，又其外方五百里曰采服，又其外方五百里曰卫服，又其外方五百里曰蛮服，又其外方五百里曰夷服，又其外方五百里曰镇服，又其外方五百里曰藩服。

——《周礼•夏官司马第四•职方氏》

五服和九服制度的实行，直接促成了"中国"这个概念的出现。1963年，陕西宝鸡出土了一个西周青铜器"何尊"，尊内底铸有铭文十二行、一百二十二字铭文，

何尊铭文拓片，所圈四字为："宅兹中国"

记述的是成王继承武王遗志，营建东都成周（今河南洛阳）之事。这件青铜器之所以载入史册，是因为它是记录"中国"这个名称的最早实物。

禹之臣

·防风氏

按照《史记·夏本纪》的说法，大禹在帝舜死后，曾经有意把帝位让舜子商均来坐，但是天下人都不干，大禹无奈才勉为其难，当了大首领。但真实情况可能未必如此，大禹登位，或为逼宫。据《韩非子》载：

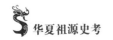

曰："古之所谓圣君明王者，……逼上弒君而求其利也。"彼曰："何知其然也？"因曰："舜逼尧，禹逼舜，汤放桀，武王伐纣。此四王者，人臣弒其君者也，而天下誉之。"

——《韩非子·说疑第四十四》

大禹逼宫上位后，除了操纵舆论，为其行为做粉饰，还为了以正视听，想组织一次华夏氏族联盟首领大会，即所谓的"群神大会"，可能是仿效当年黄帝搞"釜山会盟"，通过这种方式宣告其登位的合法性，并树立权威。

这次大会的目的，司马迁说得很明确：

自虞、夏时，贡赋备矣。或言禹会诸侯江南，计功而崩，因葬焉，命日会稽。会稽者，会计也。

——《史记·卷二·夏本纪第二》

与会各方诸侯都要带各种特产和宝物来进献新君，大禹同时还要结合诸侯们在舜禹递嬗过程中的表现计功行赏，所谓会稽，即会计。结果有个倒霉蛋因为迟到而被杀，成为大禹杀一儆百、行权立威的牺牲品，这个人就是防风氏首领，《竹书纪年》载：

（帝禹夏后氏）八年春，会诸侯于会稽，杀防风氏。夏六月，雨金于夏邑。秋八月，帝陟于会稽。禹立四十五年。

——《今本竹书纪年疏证·卷上·帝禹夏后氏》

防风氏世传为巨人，但是考证诸史，把防风氏说成是巨人的最早的权威是孔子。据《国语·鲁语》载：

吴伐越，堕会稽，获骨焉，节专车。吴子使来好聘，且问之仲尼，……客执骨而问曰："敢问骨何为大？"仲尼曰："丘闻之：昔禹致群神于会稽之山，防风氏后至，禹杀而戮之，其骨节专车。此为大矣。"

——《国语·卷五·鲁语下》

春秋时期，吴国攻打越国，占领了越国都城会稽，获得一种巨大的骨头。大到一节骨就要用一辆车来装。不久，吴国使臣带着巨骨出使鲁国，向博学多才的孔夫子问起这件事。孔子说："我听说过一段往事。当年大禹治水成功后，召集群臣在会稽山开大会，有个叫防风氏的迟到了，大禹将他斩首示众。防风氏的骨头一节可以装一车，确实是很大。"

孔子说的这个大人骨节可以装一辆车，很值得怀疑，因为至今没有考古人类学的证明。防风氏可能身材高大一些，但最多也就是今天的北方人，如山东人和南方一些广东人之间的差别，不可能高得离谱。孔子他们看到的巨骨，十有八九不是人类的骨骼，或许为象骨。我们前面讲过，尧舜时期，在洞庭湖一带生活着巴蛇氏，有所谓"巴蛇食象"的说法，这里的巴蛇指的不是蛇，而是巴蛇氏人，他们有过猎捕大象而吃的事。所以，越人、吴人发现象骨是完全有可能的。

孔子说防风氏为漆姓，《路史·国名纪》说是"防风，厘姓"。我们知道，厘姓就是釐姓，就是僖姓，是黄帝二十五宗的帝鸿氏的姓，则防风氏很有可能是帝鸿氏支系，这个支系的人还有苗民、巴人、彝人等。

• 奚仲

奚仲是夏禹之时的车正，职掌车服诸事，其祖先可以追溯到黄帝之子禺貌，据载：

帝俊生禺号，禺号生淫梁，淫梁生番禺，是始为舟。番禺生奚仲，奚仲生吉光，吉光是始以木为车。

——《山海经·海经·海内经卷十八》

我们在第三章讲过，禺貌之母为嫫母，嫫母很有可能就是西王母族的一位女首领，他们都属于黄帝族系中的虎族。禺貌被黄帝赐姓为黄帝十二姓中的任姓，所以禺貌支系的后代都应该是任姓。禺貌之子为禺阳，禺阳就是奚仲的祖先，奚仲的族姓也就应该是任姓。

奚仲的主要贡献是发明了马车，之前可能主要是人力车或者牛车。在古代，车正是很重要的官员，不在于他们在国家政权管理中起多大的作用，而是因为他们是帝王近臣，帝王会随时就军机大事垂询他们的意见。奚仲和他的儿子吉光都是驯马驾车的好手，所以大禹在"会稽群神会"上大封诸侯，就把奚仲封到了一个盛产薛草的地方薛地，其地在今天山东的滕县南。

周武王立国后，大行封建诸侯，也包括对远古圣王后裔的追封，就把奚仲后裔畛，复封于薛国，爵为侯。周显王四十六年（前323年），任姓薛国被田氏齐国所灭。任姓薛国自任畛开始，相传三十一世，历时一千五百多年。

• 相土

相土又作乘杜，是帝喾之子契的孙子，契之子名昭明，昭明之子就是相土。

契在尧舜时期，因为辅佐大禹治水有功，在帝舜朝被封为司徒，封邑于商，就是今天的河南商丘一带。相土为商族首领时，在其有效治理下，商族的农业、手工业和商业都有较大发展。随着生产力的发展，商族部落日益繁荣强盛，于是便决意向东方扩张势力，所到之处，其他弱小部落相继被征服，其势力范围一直延伸到山东渤海边上。《诗经·商颂·长发》中有"相土烈烈，海外有截"的诗句，意思是说相土干得轰轰烈烈，四海诸侯都归服于他。

相土是个驯服野马的高手，《世本·作篇》载"相土作乘马"，就是说相土首先驯服了马，而且学会了骑马，相土的后代王亥学会了用牛拉车。马、牛被广泛用于交通工具，使商人的足迹更远、更广，商族的手工业产品、土特产品等流通到更多地方，商族因此而逐渐富庶而强大。我们今天还在用到的"商人""经商""商品"等概念，都可以说是古代商族人的文化遗存。

• 仪狄

仪狄是夏禹时代的造酒官，相传是我国最早的酿酒人之一（应该是指黄酒或者米酒一类）。《吕氏春秋》有"仪狄造酒"的记载。

《战国策》也有仪狄献酒于大禹的记载，但是提了一个更深刻的问题，就是酒色误国，并且认为仪狄就是始作俑者之一：

> 昔者帝女令仪狄作酒而美，进之禹，禹饮而甘之，遂疏仪狄，绝旨酒，曰："后世必有以酒亡其国者。"
>
> ——《战国策·魏二·梁王魏婴觞诸侯于范台》

这段文字的背景是，魏惠王魏婴在范台宴请各国诸侯。酒兴正浓的时候，魏惠王向鲁共公敬酒。鲁共公站起身，离开自己的坐席，正色道："从前，大禹的女儿让仪狄酿酒，酒味醇美。仪狄把酒献给了大禹，大禹喝了之后也觉得味道醇美，但却因此疏远了仪狄，戒绝了美酒，并且说道：'后代一定有因为美酒而使国家灭亡的。'"

《梁王魏婴觞诸侯于范台》是《战国策》中的名篇，这里只引了很少一部分，古今学者在讲述酒色误国的问题时，经常拿这篇文章来说事，即使在今天，读来仍有现实意义和针对性。

禹后姒姓国

大禹的儿子启建立了姒姓夏王朝。之后，根据《史记》的记载，在夏商周三代，姒姓的部落方国和诸侯国还有夏后氏、有扈氏、有男氏、斟鄩氏、彤城氏、褒氏、费氏、杞氏、缯氏、辛氏、冥氏、斟（氏）戈氏等（《史记·夏本纪》）。

• 有扈氏

有扈氏是夏代的一个部落或酋邦，又称扈国、鄠国。传说禹时就曾发生过"攻有扈"，"以行其教"的战争。启接任帝位后，在钧台大宴各地部落首领，有扈氏对启破坏禅让制度的做法十分不满，拒绝出席钧台之会，启以"恭行天之罚"的名义讨伐有扈氏，事见《史记·夏本纪》：

> 有扈氏不服，启伐之，大战于甘。
>
> ——《史记·卷二·夏本纪第二》

启伐有扈氏，史载不多，倒是战前的一个动员令，作为迄今发现的最早的带有军法性质的规范，而在历史上非常著名，这就是《尚书·甘誓》：

> 大战于甘，乃召六卿。王曰："嗟！六事之人，予誓告汝：有扈氏威侮五行，怠弃三正，天用剿绝其命。今予惟恭行天之罚。左不攻于左，汝不恭命；右不攻于右，汝不恭命；御非其马之正，汝不恭命。用命，赏于祖；不用命，戮于社，予则孥戮汝。"
>
> ——《尚书·夏书·甘誓第二》

【明】仇英 帝王道统万年图之夏启

意思是：启将要在甘进行一场大战，于是召集了六军的将领。夏王说："啊！你们六军的主将和全体将士，我要向你们宣告：有扈氏违背天意，轻视关乎民生的金木水火土这五行之说，怠慢天子任命的三卿。上天因此要断绝他们的国运，现在我只有奉行上天对他们的惩罚。战车左边的兵士如果不善于用箭射杀敌人，你们就是不奉行我的命令；战车右边的兵士如果不善于用矛刺杀敌人，你们也是不奉行我的命令；中间驾车的兵士如果不能使车马进退得当，你们也是不奉行我的命令。服从命令的人，将在祖庙神主受到奖赏；不服从命令的人，将在社神神主前受到惩罚。我将把你们降为奴隶，或者杀掉。"

《甘誓》和伐三苗的《禹誓》相比，措辞十分严厉，可见启作为最高行政长官的权威是前一个历史时代无法相比的。

战争的结果是有扈氏被打败，有扈氏族众沦为牧奴。

• 有男氏

又称有南氏，夏朝的诸侯国，禹的后裔所建。据《逸周书·史记》载，有男氏曾有两大臣极受君王宠信，双方势均力敌，最后导致国土分裂。

• 斟鄩国

亦称斟灌国，夏时仲康之子所建。据传，夏代太康、仲康先建都斟鄩（今河南洛阳偃师市西南），而后为了加强对东方的控制，仲康把他的儿子派到了北方建国。由于他是从斟鄩过来的，后人便把他在潍坊西南建立的国家称为斟鄩国。

对于斟鄩国的溯源，还另有一说。夏朝建立之初，夏启将大位传于其子太康，太康却"盘于游田，不恤民事"（《史记·夏本纪》），引起诸侯不满，此时一向有野心且在夏王室为官的东夷有穷国首领后羿，乘机作乱，控制了夏朝天子太康，"因夏民以代夏政"（《左传·襄公四年》）。

篡夺夏政的后羿，虽掌握着夏的实权，但却还是打着夏朝天子的旗号行政，故太康之弟仲康、仲康之子相，还能够相继继承王位。后羿在主政期间，依仗自己善射，"不修民事，而淫于原兽"（《左传·襄公四年》），同时抛弃武罗、伯因、熊髡、龙圉等良臣，而重用谗臣寒浞。寒浞最后烹杀后羿，夺取夏政权并占有羿之妻室，先后生下儿子浇和殪，后来派遣浇一举伐灭夏朝宗亲国斟灌、斟鄩，并诛杀夏后相，自己登上天子宝座。

当时，夏朝遗臣伯靡逃奔有鬲氏（今山东德州）之国，已有身孕的后相妻逃奔其娘家有仍氏（今山东济宁）之国，并顺利生下遗腹子少康。少康长大后，积极收拢夏朝遗民准备复国，后来在伯靡及斟灌、斟鄩两国余众的帮助下，一举消灭寒浞及其子，恢复夏朝，这就是历史上有名的少康中兴。

之后，少康以斟鄩、斟灌为主力的夏军，随即开展对后羿和寒浞两个部落方国的征伐，并最终灭其国家。为了监视统治这一地区的遗民，保证夏朝安全，少康便将其斟灌、斟鄩氏的全部或部分留在了羿、浞核心聚居区，建立斟鄩国。

斟鄩国历经夏、商两朝，到周武王灭商之初，迫于大势，归顺周武王，成为西

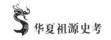

周附庸国。西周成王时，趁三监叛乱之机，斟鄩国与奄、蒲姑、斟灌等国一同起兵反周，被成王所灭，其地入于吕尚之齐国。

• 彤城氏

为夏朝的封国。夏末衰败，诸侯多不朝奉。夏桀六年，夏桀以"夏朝旧制"的名义，举行大朝。夏桀讨伐不来入朝的彤城氏和党高氏，以儆效尤。彤城氏与夏宗室同姓，属于虽亲必伐；党高氏在北方（接近内蒙古），属于虽远必伐。彤城氏因此大败灭国。

• 褒国——褒姒"祖国"

启的弟弟有褒氏建立了姒姓褒国，这个褒国历经夏、商、周三朝三代，存续时间达两千年。褒国末代国君叫褒珦，为周幽王的大夫，因耿直直谏，得罪了昏庸的幽王，被囚入牢狱。其子洪德为救父，献褒国美女褒姒于幽王。后来的故事大家就都耳熟能详了，周幽王为博褒姒一笑，烽火戏诸侯，断送了西周，周平王不得不东迁洛邑，另起炉灶，史称东周。

• 费氏

伯益是夏启父亲大禹的重臣，而且是大禹钦点的继承人，因功被封到费，称大费。大禹死后，伯益参与争夺大位，被夏启所杀，这就是《竹书纪年》所载的"益干启位，启杀之"。不久，夏启又割裂费国的地域，封给同姓的子弟，建立了姒姓费国。这个费国一直延续到西周时期，曾为鲁国的附庸，后为鲁所灭。

• 杞国

杞国，就是成语"杞人忧天"中的那个杞人所在的国，是中国历史上自夏代到战国初年的一个诸侯国，国祚延绵一千五百多年，国君为姒姓，大禹的直系后裔。周武王灭亡商朝之后，寻找夏朝开国君主禹的后裔，结果找到了杞东楼公，便封他到杞地，延续杞国国祚，主管对夏朝君主的祭祀。周天子始封杞国为侯爵，后至春秋时又降为伯爵。

自杞东楼公起，有史料可考的传了二十位国君。直到公元前445年，杞国亡于楚国，其地尽归楚国。

• 鄫国——曾子"祖国"

又叫缯国，为开创了"少康中兴"的夏王少康的次子曲烈建立，历时一千八百年，鲁襄公六年（前567年），被莒国所灭。这个鄫国建国虽然长，但是没什么显赫的功业，倒是出了一位古今闻名的圣人，这就是曾子。《战国策》曾记载了这么一件事：

昔者曾子处费，费人有与曾子同名族者而杀人，人告曾子母曰："曾参杀人。"曾子之母曰："吾子不杀人。"织自若。有顷焉，人又曰："曾参杀人。"其母尚织自若也。顷之，一人又告之曰："曾参杀人。"其母惧，投杼逾墙而走。

——《战国策·卷四·秦策二》

这个费就是姒姓费国，当时是鲁国的附庸。费人有个跟曾子同名同族的杀了人，外界一时传言是曾子杀了人。曾子的母亲开始不信，说："我儿子怎么会杀人呢？"接着神态自若地继续织布。后来架不住一而再再而三老有人说曾子杀人，曾母也害怕了，扔下织布梭子跳墙跑了。这个故事本来是讲中国文化上的一个著名的典故——"曾参杀人"——"曾参岂是杀人者？谗言三及慈母惊"（李白《《答王十二寒夜独酌有怀》），反映的是众口铄金、积毁销骨的道理。但史家却从中研读出曾子的家姓，这就是姒姓。

• 有莘国——周太姒"祖国"

夏启封支子于莘（今陕西合阳），称"有莘国"，简称莘国、辛国。这个莘国一直延续到周代，周文王元妃、武王之母太姒就出自这个莘国。历史上还有一个莘国，一说在河南省开封东，一说在山东省曹县，为大禹的母族有莘氏所建。商朝的开国君主成汤通过与有莘氏通婚，取得了"有莘氏媵臣"（《史记·殷本纪》）伊尹的辅佐，从而实现了灭夏的大业。

• 冥国

又称幂国，夏朝同姓诸侯国。其他信息不详。

- 越国

少康的小儿子无余，建立了姒姓于越国，春秋时期出了一位霸主，这就是越王勾践。所以，以后如果有人跟你说勾践姓勾时，你要理直气壮地反驳他说，勾践姓姒，不姓勾。

春秋初期，吴越争霸。公元前494年，吴王夫差击败勾践于夫椒，并把他围困在会稽山上。勾践派大臣文种贿赂吴国宰嚭，向吴国求和。作为条件，勾践屈身为夫差奴仆，替夫差喂马，卧薪尝胆，委曲求全，寻机东山再起。两年后，夫差不顾一代名将伍子胥的坚决反对，将勾践放归。之后，越国在勾践和名臣范蠡、文种的治理下，厉兵秣马，富国强兵，国力不断强盛，并施反间计，让夫差杀死伍子胥。公元前473年，越国大军攻破吴国，夫差羞愧自杀。勾践成为春秋时期的最后一位霸主。

　　说起来，这部书的出版还是有一点波折的，仅准备资料便用了四五年的时间，真正动笔是在2017年春天，截至2018年5月13日收笔，历时近一年半。之后，由于我的拖沓，稿子几经删易，迟迟不能终稿，把出版人折磨到忍无可忍，出版社也下了最后通牒，这才有了这本书的最终破茧。为此，我特别要向这本书的责任编辑卜伟欣和中国文史出版社表示深深的歉意，感谢你们容忍我的懒散和任性。请允许我向你们举手加额，鞠躬致敬！

　　关于这部书，我最要感谢的是我的妻子、幸福社创始人樊晓艳，在我从北京某报社辞职后，她独立操持公司，任劳任怨，辛苦努力，成为家里唯一的经济来源，但从来没有因为我"吃软饭"而抱怨，相反给我提供了力所能及的各种帮助。今年因为疫情，企业经营困难，举步维艰，但她没有因此而减少对出版这部书的支持。这部书的出版也是对她的包容和理解的最好回报。

　　最后，感谢所有不厌其烦听我唠叨，而对这本书有所期待的朋友们！让你们久等了，深表歉意！